中国最早的水泥厂——澳门青洲英坭厂。始建于1886年，采用外国立窑技术。图为工厂远眺。(摄于1920年)

中国最早的民族水泥企业——唐山细绵土厂(唐山启新水泥厂的前身)。始建于1889年，先采用外国立窑技术建厂，后用外国干法中空回转窑技术改建。上图为20世纪70年代启新水泥厂厂区一角；右图为20世纪40年代建的干法中空回转窑。

中国水泥生产技术发展的第一个里程碑——采用国产设备建设立窑生产线的昆明水泥厂（云南水泥有限公司的前身）。始建于1939年，图为昆明水泥厂当时的全景。

中国最早的国产普通立窑——昆明水泥厂建成投产时所用的两台立窑。图中左侧为中国第一台国产普通立窑。

在中国大量存在的机立窑水泥厂。上图为两个地方的机立窑生产线全景。(摄于20世纪90年代)

中国的改进型机立窑厂。图为广东塔牌集团有限公司的改进型机立窑生产线一角。(中国水泥网提供)

中国最早投产的湿法水泥厂——中国水泥厂。始建于1921年，采用外国湿法技术。图为该厂厂区一角。（摄于20世纪70年代）

中国最早引进投产的湿法回转窑。图为中国水泥厂早期引进的两台湿法回转窑。

中国水泥生产技术发展的第二个里程碑——采用国产设备建设湿法生产线的湖南湘乡水泥厂（湖南韶峰集团有限公司的前身）。该厂始建于1958年，先后建成四条“华新”湿法窑生产线。上图是生产区远眺（摄于20世纪80年代）；左图为第一条国产“华新”湿法窑。

20世纪中叶，中国著名的华新水泥厂（今华新水泥股份有限公司的核心企业）。该厂始建于1946年，先后建成三条湿法生产线。图为生产区全景。图中左边两条采用外国设备建成；右边一条采用国产“华新”窑设备建成。（摄于20世纪70年代）

全部采用国产“华新”窑建成的大型湿法厂——浙江长兴水泥厂（今浙江三狮集团的核心企业）。该厂始建于1978年。图为现已停产的五条国产“华新”窑湿法生产线。

中国采用全套引进设备建设的第一个大型预分解窑新型干法厂——冀东水泥厂（今冀东水泥股份有限公司的核心企业）。该厂始建于1979年，当时规模为日产4 000吨熟料。图为生产线全景。（摄于20世纪80年代）

扩建后的冀东水泥厂。图右侧为90年代扩建的日产4 000吨熟料预分解窑新型干法生产线。

中国水泥生产技术发展的第三个里程碑

——采用国产设备建设的日产 2 000 吨熟料预分解窑新型干法生产线的江西水泥厂（今江西万年青水泥股份有限公司的核心企业）。该厂 1984 年建成投产。

消化吸收外国设备专利技术“一条龙”建设的吉林双阳水泥厂日产 2 000 吨熟料预分解窑新型干法生产线。1993 年建成投产，被誉为“中国第一线”。图为双阳水泥厂（今吉林亚泰水泥有限公司核心企业）新型干法生产线一角。

海螺集团宁国水泥厂率先突破低投资难关而建设的日产 2 000 吨熟料预分解窑新型干法生产线。1997 年建成投产。图中右侧是继冀东水泥厂之后采用引进设备建成的日产 4 000 吨熟料新型干法生产线；左侧是低投资建设的国产化日产 2 000 吨熟料新型干法生产线。

中国水泥生产技术发展的第四个里程碑——采用国产设备、低投资建设日产5 000吨熟料预分解窑新型干法生产线的海螺集团。图为海螺集团双峰海螺水泥有限公司日产5 000吨熟料新型干法生产线一瞥。

采用预分解窑新型干法技术全面改造悬浮预热窑生产线的济南山水集团山东水泥厂。图为改造后的主厂区，左侧是1997年由四级旋风悬浮预热窑生产线改成的日产2 000吨熟料预分解窑新型干法生产线。右侧是继宁国水泥厂之后，1999年突破低投资难关建成投产的日产2 500吨熟料预分解窑新型干法生产线。

立窑水泥厂建设预分解窑新型干法生产线。图为广东塔牌集团建成投产的日产5 000吨熟料新型干法生产线一角。

湿法水泥厂建设预分解窑新型干法生产线。图为浙江三狮集团长兴水泥厂建成投产的日产5 000吨熟料新型干法生产线。（中国水泥网提供）

新型干法水泥厂发展日产5 000吨熟料预分解窑新型干法生产线。图为济南山水集团平阴水泥有限公司的两条日产5 000吨熟料新型干法生产线，分别于2003年和2004年建成投产。

新型干法水泥厂发展日产5 000吨熟料预分解窑新型干法生产线。图为中联水泥公司鲁南水泥厂日产5 000吨熟料新型干法生产线的预分解窑，2004年建成投产。

民营企业投资建设水泥新型干法生产线。图为浙江民企光宇集团建设的浙江水泥有限公司常山分公司日产5 000吨熟料预分解窑新型干法生产线，2004年建成投产。

新型干法生产线上建纯低温余热发电装置。图为海螺集团宁国水泥厂与日本川崎重工业公司合作，于1998年在日产4 000吨熟料生产线上建成运行的纯低温余热发电装置。

新型干法生产线上建补燃余热发电装置。图为冀东水泥股份有限公司日产4 000吨熟料生产线的补燃余热发电装置。

海螺集团建成目前世界上最大的日产万吨水泥熟料生产线。图为铜陵海螺水泥有限公司2004年建成投产的两条日产万吨熟料预分解窑新型干法生产线。

水泥生产与自然环境和谐融合的典范——海螺集团池州海螺水泥股份有限公司年产558万吨水泥熟料生产基地。图右侧是两条低投资建设的国产化、日产5 000吨熟料预分解窑新型干法生产线，分别于2002年初和年末投产；左侧是采用引进设备建设的日产8 000吨熟料新型干法生产线，于2003年投产。

中国水泥发展史

第 2 版

王燕谋　刘作毅　孙 铃　编著

中国建材工业出版社

图书在版编目（CIP）数据

中国水泥发展史 / 王燕谋，刘作毅，孙铃编著. --2 版. --北京：中国建材工业出版社，2017.10

ISBN 978-7-5160-1953-5

Ⅰ.①中… Ⅱ.①王… ②刘… ③孙… Ⅲ.①水泥工业-工业史-中国 Ⅳ.①F426.7

中国版本图书馆 CIP 数据核字（2017）第 180508 号

中国水泥发展史（第 2 版）
王燕谋　刘作毅　孙 铃　编著

出版发行：中国建材工业出版社
地　　址：北京市海淀区三里河路 1 号
邮　　编：100044
经　　销：全国各地新华书店
印　　刷：北京雁林吉兆印刷有限公司
开　　本：889mm × 1194mm　1/32
印　　张：20.25
插　　页：8
字　　数：500 千字
版　　次：2017 年 10 月第 2 版
印　　次：2017 年 10 月第 1 次
定　　价：138.00 元

本社网址：www.jccbs.com　　微信公众号：zgjcgycbs
本书如出现印装质量问题，由我社市场营销部负责调换。联系电话：(010)88386906

作 者 简 介

王燕谋，男，1932 年 11 月生，江苏省张家港市人。

1956 年毕业于南京工学院(现东南大学)化工系本科，1958 年底赴苏联列宁格勒建工学院(现俄罗斯圣·彼得堡建筑大学)留学，1962 年获苏联技术科学副博士学位。

大学毕业后在中国建筑材料科学研究院工作，留学苏联归国后仍回到研究院工作，历任水泥工艺室负责人、水泥研究所负责人、副院长和院长等职务，获工程师、高级工程师等职称。1982 年调国家建筑材料工业局工作，历任副局长、局长等职务。

曾任第八届全国政协委员；中国硅酸盐学会第五届理事会理事长；国家建筑材料工业局第二、三、四届科学技术委员会主任；中国建材协会名誉会长。

在中国建材研究院工作期间，参加试制大坝水泥；主持研究油井水泥缓凝机理；指导研究开发硫铝酸盐水泥、铁铝酸盐水泥和玻璃纤维增强水泥；主管水泥预分解窑试验项目。1978 年建议购买国外预分解窑新型干法成套设备，后被借调到国家建材总局任引进办公室负责人，组织引进国外日产 4000 吨熟料水泥新型干法成套设备，用于冀东水泥厂和宁国水泥厂建设。

在国家建材局工作期间，主持研究制订和组织实施中国建材工业技术政策；决策建设水泥新型干法、玻璃浮法、建筑陶瓷自动流水作业和玻璃纤维万吨池窑拉丝等主要建材产品新技术示范生产线；领导制订和实施建材工业“出口、节能、调整”发展方针；倡导和启动墙体材料革新和建筑节能；重点推进水泥预分解窑新型干法的发展，决定引进水泥新型干法设备设计和制造专利技术，提出和领导实施水泥T型发展战略；按中共中央十四届三中全会精神积极推进国家重点大中型建材企业改革。

1994年卸任国家建材工业局局长职务后，任中国国际工程咨询公司专家委员会顾问、中国投资协会特邀顾问和中国水泥协会高级顾问等职，继续帮助建材企业改革和发展。

参加试制大坝水泥，获全国科技大会奖；主持研究油井水泥缓凝机理，获建材部科技大会奖；指导研究开发铁铝酸盐水泥，获国家发明二等奖；主持研究制订中国建材工业技术政策，取得显著成效，获国家科技进步一等奖。

著作有：著《中国建筑材料工业概论》；合著《硫铝酸盐水泥》；编著《中国玻璃纤维增强水泥》、《中国水泥发展史》（第1版）；合编著《中国特种水泥》；主编《当代中国的建筑材料工业》和《新中国建筑材料工业的创业者》。

刘作毅，男，1951 年 8 月生于上海。高级工程师。

1968—1971 年，插队知青（内蒙古）。

1971—1975 年，河南省新乡地区李固水泥厂工人。

1975—1979 年，湖北省黄石市轴承厂工人。

1979—1980 年，北京管庄建材研究院水泥所自动化室工人。

1980—1982 年，中国人民解放军军械学院计算机系学生。

1982—1984 年，北京管庄建材研究院水泥所自动化室技术员。

1985—1991 年，国家建材局计算机中心软件处处长。

1991—2002 年，在美国、日本及国内网络、咨询公司工作，工程师、高管。

2003—2012 年，中国水泥协会副秘书长，《数字水泥》总裁。

2013 年至今，《水泥地理》董事长/总裁。

在水泥行业拥有 20 年工作经验，1993 年开始接触水泥咨询工作，2003 年组建以数据为基础的水泥数据库。数据库内容涉及广泛，从国家宏观经济、水泥相关产业，到水泥生产、经济、投资和市场数据，涵盖国家、地区、省市区、企业 4 个层面，大部分数据自上世纪八十年代改革开放以来，水泥产量数据自新中国成立以来。数据既有历史回溯性，又具广泛性，受到行业和资本市场极大关注，为水泥上市公司首推数据。

在数据库基础上，通过全国大范围、持续的市场实地调研，将数据组织起来形成资料库，多角度、历史地反映地方水泥工业变化。

在长期数据积累和实地调研基础上，形成水泥市场独立的观点和见解，并对未来市场进行研判。

先后组建《数字水泥》（期刊、网站）和《水泥地理》（网站、微信）。为国内众多大企业集团编制发展战略规划和市场分析报告。2009 年以来，作为行业分析师，为企业和资本市场进行路演交流。

孙铃，男，1941年5月生于天津市宝坻县。

1964年7月于北京建筑材料工业学院毕业，后在中国建筑材料科学研究院、北京玻璃钢研究设计院工作，先后获工程师、高级工程师等职称。历任研究室主任、玻璃钢制品质量监测中心副主任、第一副主任。1981年9月至1983年9月赴日留学进修，任大阪市立大学工学部客员研究员。1991年11月由北京玻璃钢研究设计院调入国家建材局工作，先后任综合计划司调研员、规划发展司副司长。期间，1995年9月到中共中央党校进修部学习，并于1996年1月毕业。

在北京玻璃钢院工作期间，主要从事的研究项目“X射线照相法在玻璃钢材料中的应用”获建材科技大会奖；“玻璃钢大喷管无损检验的研究”获国防尖端科研成果奖；“玻璃纤维增强聚酯波纹板GB/T 14206—93”获国家技术监督局科技进步奖。在主持建材局玻璃钢制品质量监测中心期间，通过改进管理和加强软硬件的建设，使监测中心达到国家级质检中心标准，在通过国家技术监督局的考核、验收后升格为国家级的玻璃钢制品质量监测中心。

在国家建材局规划发展司，主管建材工业规划和限额以上项目的前期工作；主持编制了《建筑材料工业“九五”计划和2010年远景目标》；参与了《中国建筑材料工业跨世纪发展战略》的编制工作；完成了建材产业技术政策要点的研究和编写工作，为国家产业政策研究制定及后来发布的《当前国家重点鼓励发展的产业、产品和技术目录》提供了重要的基础资料。

第 2 版序言

中国文明的伟大复兴是当代世界人类发展史上的主要特征。21 世纪初中国水泥工业的飞速进步是中国文明兴旺的重要方面。出版发行《中国水泥发展史》第 2 版，对推动现代中国文明发展有着重要的现实意义。

《中国水泥发展史》第 1 版写到 2004 年。此后，中国水泥行业发生了巨变。水泥产量高速增长后出现拐点；生产技术实现由落后技术向先进技术的跨越；一大批现代大型企业兴起，使行业面貌焕然一新；行业进程已踏入绿色发展和国际产能合作的新时代。及时记载这些历程，出版发行《中国水泥发展史》第 2 版显然是十分必要的，也为众望所归。

《中国水泥发展史》第 2 版不仅在内容上进行了大量补充，并且按史书的一般写法和行业特点，对篇章编排做了新的调整。全书分五个部分：

第一部分　开篇，第一章到第三章；

第二部分　1889—1949 年，第四章到第七章；

第三部分　1950—2004 年，第八章到第十七章；

第四部分　2005—2015 年，第十八章到第二十章；

第五部分　时代人物，第二十一章到第二十四章。

由于史实的连续性，第二部分到第四部分的三个时段之间略有交叉。中国史书有多种体裁，最主要的有纪事体、编年体和纪传体三种。本书第一部分是纪事体，第二部分到第四部分属编年体，第五部分为纪传体。三种体裁同集于一书，是全面表达史实的需要，也是《中国水泥发展史》作为一部行业史具有的重要特色。新的编排有助于读者全面、清晰地了解中国水泥行业的史况。

《中国水泥发展史》第2版会给读者以多种感受：对前人的艰辛感到敬佩；对祖国的强大感到自豪；对自己的工作感到必须加倍努力。这是一本催人奋进的行业史书。

在中华民族伟大复兴的洪流中，《中国水泥发展史》第2版的出版发行正当时。

王燕谋

2017年5月

第 1 版序

中国水泥工业经过百余年的发展，2003 年，水泥年产量已达 8.6 亿吨，约占世界总产量的百分之四十，雄居世界第一位。然而，至今尚无一本全面叙述中国水泥工业发展历史的书。

中国水泥史跨越的时代虽不长，但其内容浩瀚，对她的研究，非个人之力所能承担，非短期内所能完成。作者在退休之后，出于对事业的责任感，抽出时间对中国水泥史做了些初步研究探索，现将其结果汇编成册，抛砖引玉，希望能引起更多人来关注水泥工业的发展。

为全面客观地评述中国水泥史，作者将中国水泥工业发展过程置于中国近代社会史和世界水泥发展史的进程中来进行考察和研究，注重了历史的相关性和继承性，以及历史的经验。

水泥，是建筑用胶凝材料。中国古代曾有过辉煌的建筑胶凝材料史。早在新石器时代的仰韶文化时期，我们的祖先就懂得用“白灰面”涂抹山洞，此后又学会用黄泥浆砌筑土坯墙，至公元前 7 世纪，开始出现了石灰。在公元 5 世纪的南北朝时代，出现了一种名叫“三合土”的建筑材料，然而，由于社会与经济的停滞，我国建筑胶凝材料发展到“三合土”阶段似乎就停止不前了。在欧美国家，建筑胶凝材料的发展则在罗马砂浆的基础上不断提高，最终发明了波特兰水泥。相应的，水泥工业成长壮大，其生产技术不断进步。当时的中国从外国输入水泥，输入生产技术，许多人当时把水泥称为“洋灰”。

中国水泥工业在各个时期的发展都与当时国内外所发生的政

治事件有关。清朝末期，鸦片战争打开了中国闭关自守的大门，世界列强纷纷入侵中国，输入商品，开办工厂，恣意掠夺，其中包括输入水泥和在中国开办水泥厂。清末的“洋务运动”中，军事工业和民用工业建设需要大量水泥，促使中国民族水泥工业兴起。20世纪初的日俄战争后，日本水泥资本随日本侵略势力的入侵进入中国，开办了一批日资水泥企业。第一次世界大战中，世界列强热衷于国内战争，无暇顾及对中国的进一步掠夺，中国民族水泥工业乘机获得较大发展。抗日战争期间，沦陷区民族工业遭挫折和破坏，敌后的西南、华中和西北地区由于战争和经济建设需要而产生了一些小水泥厂。新中国成立后，百废待兴，大兴土木，在计划经济体制时期国家建设了一大批水泥企业，改革开放使中国现代水泥企业纷纷诞生。

中国水泥生产技术水平随着时代的进步而不断提高，由低到高大致分为立窑、湿法回转窑、日产2000吨熟料预分解窑新型干法和日产5000吨熟料预分解窑新型干法等四个层次。每一个层次的发展基本上都是先购买外国成套技术设备，然后进行自主开发，实行设备国产化，最后达到全国普遍推广。中国水泥史上设备国产化的进程中有四个里程碑：昆明水泥厂（后改名云南水泥有限公司）是国产设备建设立窑厂的里程碑；湘乡水泥厂（后改名韶峰水泥集团有限公司）是国产设备建设湿法回转窑厂的里程碑；江西水泥厂（后改名江西万年青水泥股份有限公司）是国产设备建设日产2000吨熟料预分解窑新型干法厂的里程碑；安徽海螺集团有限责任公司是国产设备建设日产5000吨熟料预分解窑新型干法厂的里程碑，中国水泥工业现代化步伐从此大大加快。

从经济体制的变化看，中国水泥工业先后经历了半封建、半殖民地的市场经济体制和社会主义的计划经济体制，又经历了由计划经济体制向社会主义市场经济体制的转变。半封建、半殖民地市场经济体制下创建的民族水泥工业，不仅作为新中国水泥工业的发展基础而给以肯定，而且它们的筹资方法、领导体制和市场竞争等情况，对正在向社会主义市场经济体制转变中的水泥企业也有一定的参考价值。在计划经济体制下创建的水泥企业大都采用技术落后的湿法窑和立窑，它们却是中国现代水泥工业的基础，是我国水泥工业发展中的一个重要阶段，对国民经济建设和国防建设做出了不可磨灭的贡献。社会主义市场经济催生出一大批以预分解窑新型干法为标志的新一代水泥企业。预分解窑新型干法是当代最先进的、可持续发展的水泥生产方法。中国水泥工业正经历着用预分解窑新型干法淘汰湿法窑和立窑的历史任务，以适应人类社会协调发展的要求。

企业是社会生产的基石，水泥工业主要由众多水泥企业所组成。中国水泥工业在历史进程中不断发生企业的兴衰，一些企业诞生或壮大，一些企业消亡或衰落。在计划经济转向市场经济的过程中，发生了同样的现象，一些企业兴盛，一些企业没落。以海螺水泥股份有限公司为代表的一批水泥骨干企业在改革开放大潮中，不断创新，努力奋进，茁壮成长，成为时代的幸运者。本书介绍了这些企业的壮大过程和成就，并以专门章节叙述了“海螺水泥”和“山水集团”，其他企业则在有关章节中叙述。

历史是人民创造的。中国水泥史是由千千万万的中国水泥工作者所谱写。在中国水泥工业发展的不同时期涌现出许多佼佼者，如：民国时期水泥界叱咤风云的“水泥大王”王涛；共和国初期水泥工业发展的总指挥、“布衣”部长赖际发；水泥界的传奇人物刘公诚；改革开放时期发展现代水泥工业的旗手郭文叁，等等。他们的经历和业绩分别在有关章节中做了介绍。

本书谨以“发展史”为名，献给读者。作者虽然尽最大努力从多方搜集史料，但限于能力和条件，收集到的资料不够全，有些发展过程的叙述尚不够全面、完整，在评述中还难免有所偏颇，望读者批评指正。

书中的历史事实都是以文献资料、对有关人员的采访和作者亲身经历作为依据。所用资料名称按引用顺序列于书后。

学史可明志，温故而知新。企盼本书的出版对中国水泥工业发展有所裨益。

王燕谋

2004年11月

目　录

第一部分　开　篇

第二部分　1889—1949 年

第三部分　1950—2004 年

第四部分　2005—2015年

第五部分　时代人物

第 一 部 分

开 篇

第一章　水泥的发明

水泥是建筑用胶凝材料，按化学组成可分为硅酸盐水泥、铝酸盐水泥和硫铝酸盐水泥等等。硅酸盐水泥是普遍常用的水泥，又称波特兰水泥，铝酸盐水泥和硫铝酸盐水泥等是特种用途的水泥，本章讲述的是硅酸盐水泥的发明。

有人戏称水泥为建筑的“粮食”，在人类文明中占有重要地位。现在，全世界水泥产量 40 多亿吨，是现代社会不可或缺的大宗产品。

水泥的发明是人类在长期生产实践中不断积累的结果，是在古代建筑胶凝材料的基础上发展起来的，经历了一个漫长的历史过程。

一、西方古代的建筑胶凝材料

在水泥发明前的数千年岁月中，西方最初采用黏土作胶凝材料。古埃及人采用尼罗河的泥浆砌筑未经煅烧的土砖。为增加强度和减少收缩，在泥浆中还掺入砂子和草。用这种泥土建造的建筑物不耐水，经不住雨淋和河水冲刷，但在干燥地区可保存许多年。

大约在公元前 3000 年—公元前 2000 年间，古埃及人开始采用煅烧石膏作建筑胶凝材料，埃及古金字塔的建造中使用了煅烧石膏。公元前 30 年，埃及并入罗马帝国版图之前，古埃及人都是使用煅烧石膏来砌筑建筑物。

古希腊人与埃及人不同，在建筑中所用胶凝材料是将石灰石经煅烧后而制得的石灰。公元前146年，罗马帝国吞并希腊，同时继承了希腊人生产和使用石灰的传统。罗马人使用石灰的方法是先将石灰加水消解，与砂子混合成砂浆，然后用此砂浆砌筑建筑物。采用石灰砂浆的古罗马建筑，其中有些非常坚固，甚至保留到现在。

古罗马人对石灰使用工艺进行过改进，在石灰中不仅掺砂子，还掺磨细的火山灰，在没有火山灰的地区，则掺入与火山灰具有同样效果的磨细碎砖。这种砂浆在强度和耐水性方面较“石灰-砂子”的二组分砂浆都有很大改善，用其砌筑的普通建筑和水中建筑都较耐久。有人将“石灰-火山灰-砂子”三组分砂浆称之为“罗马砂浆”。

罗马人制造砂浆的知识传播较广。在古代法国和英国都曾普遍采用这种三组分砂浆，用它砌筑各种建筑。

在欧洲建筑史上，“罗马砂浆”的应用延续了很长时间。不过，在公元第9—11世纪，该砂浆技术几乎失传。在这漫长的岁月中，砂浆采用的石灰是煅烧不良的石灰石块，碎砖也不磨细，质量很差。到公元第12—14世纪这段时期，石灰煅烧质量逐渐好转，碎砖和火山灰也已磨细，“罗马砂浆”的质量恢复到原来的水平。

二、中国古代的建筑胶凝材料

中国建筑胶凝材料的发展有着自己特有的一个很长的历史过程。

1. “白灰面”

早在公元前5000年—公元前3000年的新石器时代的仰韶文

化时期，就有人用“白灰面”涂抹山洞、地穴的地面和四壁，使其变得光滑和坚硬。“白灰面”因呈白色粉末状而得名，它由天然姜石磨细而成。姜石是一种含二氧化硅较高的石灰石块，常夹杂在黄土中，是黄土中的钙质结核。“白灰面”是至今被发现的中国古代最早的建筑胶凝材料。

2. 黄泥浆

公元前16世纪的商代，地穴建筑迅速向木结构建筑发展，此时除继续用“白灰面”抹地以外，开始采用黄泥浆砌筑土坯墙。在公元前403年—公元前221年的战国时代，出现用草拌黄泥浆筑墙，还用它在土墙上衬砌墙面砖。在中国建筑史上，“白灰面”很早就被淘汰，而黄泥浆和草拌黄泥浆作为胶凝材料则一直沿用到近代社会。

3. 石灰

公元前7世纪的周朝出现了石灰，周朝的石灰是用大蛤的外壳烧制而成。蛤壳的主要成分是碳酸钙，将它煅烧到碳酸气全部逸出即成石灰。《左传》中有记载：“成公二年（公元前635年）八月宋文公卒，始厚葬用蜃灰”。蜃灰就是用蛤壳烧制而成的石灰材料，在周朝就已发现它具有良好的吸湿防潮性能和胶凝性能。在崇尚厚葬的古代，在墓葬中将蜃灰用作吸湿防潮材料，以图长期保存墓葬物；在墓穴建造中将蜃灰作为胶凝材料来修筑陵墓等。在明代《天工开物》一书中有“烧砺房法的图示”，这说明蜃灰的生产和使用，自周朝开始到明代仍未失传，在中国历史上流传了很长时间。

到秦汉时代，除木结构建筑外，砖石结构建筑占重要地位。砖石结构需用优良性能的胶凝材料进行砌筑，这就促使石灰制造业迅速发展，纷纷采用各地都能采集到的石灰石烧制石灰，石灰生产点应运而生。那时，石灰的使用方法是先将石灰与水混合制成石灰浆体，然后用浆体砌筑条石、砖墙和砖石拱券以及粉刷墙面。在汉代，石灰的应用已很普遍，采用石灰砌筑的砖石结构能建造多层楼阁。

中国万里长城修筑于公元前 7 世纪至公元 17 世纪，先后有 20 多个朝代主持或参与建造。秦、汉、明三个朝代修筑最长，在总长 5 万公里的长城中修筑了 5 000 余公里。在这三个朝代，石灰胶凝材料已发展到较高水平，大量用于修建长城。所以，长城的许多地段，后人发现它是用石灰砌筑而成的。

明代《天工开物》一书中，详细记载了石灰的生产方法。清代《营造法原》一书中，则记载了石灰烧制工艺与石灰性能之间的关系。这些记载说明我国到明、清时代已积累了较为丰富的石灰生产和使用的知识。

4. “三合土”

在公元 5 世纪的中国南北朝时代，出现一种名叫“三合土”的建筑材料，它由石灰、黏土和细砂所组成。到明代，有石灰、陶粉和碎石组成的“三合土”。在清代，除石灰、黏土和细砂组成的“三合土”外，还有石灰、炉渣与砂子组成的“三合土”。清代《宫式石桥做法》一书中对“三合土”的配比做了说明：“灰土即石灰与黄土之混合，或谓三合土”；“灰土按四六掺合，石灰四成，黄土六成”。以现代人眼光看，“三合土”也就是以石灰与黄土或其他火山灰质材料作胶凝材料，以细砂、碎石或炉渣作填料的混凝土。“三合土”与古罗马的三组分砂浆即“罗马砂浆”有许多类似之处。

“三合土”自问世后一般用作地面、屋面、房基和地面垫层。“三合土”经夯实后不仅具有较高的强度，还有较好的防水性，在清代还将它用于夯筑水坝。

在欧洲大陆采用“罗马砂浆”的时候，遥远的东方古国——中国也在采用类似“罗马砂浆”的“三合土”，这是一个很有趣的历史巧合。

5. 石灰掺有机物的胶凝材料

中国古代建筑胶凝材料发展中一个鲜明的特点是采用石灰掺有机物的胶凝材料，如“石灰-糯米”“石灰-桐油”“石灰-血料”“石灰-白芨”，以及“石灰-糯米-明矾”等。另外，在使用“三合土”时，掺入糯米和血料等有机物。

据民间传说，秦代修筑长城时，采用糯米汁砌筑砖石。考古发现，南北朝时期的河南邓县的画像砖墙是用含有淀粉的胶凝材料衬砌；河南登封县的少林寺，北宋宣和二年、明代弘治十二年和嘉靖四十年等不同年代的塔，在建造时都采用了掺有淀粉的石灰作胶凝材料。《宋会要》记载，南宋乾道六年（公元1170年）修筑和州城，“其城壁表里各用砖灰五层包砌，糯米粥调灰铺砌城面兼楼橹，委皆雄壮，经久坚固。”明代修筑的南京城是世界上规模最大的砖石城垣，以条石为基，上筑夯土，外砌巨砖，用石灰作胶凝材料，在重要部位则用石灰加糯米汁灌浆，城垣上部用桐油和土拌和结顶，非常坚固。采用桐油或糯米汁拌和明矾与石灰制成的胶凝材料，其黏结性非常好，常用于修补假山石，至今在古建筑修缮中仍在沿用。

用有机物拌和“三合土”作建筑物的工法，在史料中屡有所见。明代《天工开物》一书中记载：“用以襄墓及贮水池则灰一分入河砂，黄土二分，用糯米、羊桃藤汁和匀，经筑坚固，永不隳坏，名曰三合土”。在中国建筑史上看到，清康熙乾隆年间，北京卢沟桥南北岸，用糯米汁拌“三合土”建筑河堤数里，使北京南郊从此免去水患之灾。在石桥建筑史中记载，用糯米和牛血拌“三合土”砌筑石桥，凝固后与花岗石一样坚固。糯米汁拌“三合土”的建筑物非常坚硬，还有韧性，用铁镐刨时会迸发出火星，有的甚至要用火药才能炸开。

中国历史悠久，在人类文明创造过程中有过辉煌成就，做出过重要贡献。英国著名科学史学家李约瑟在《中国科学技术史》一书中写道：“在公元3世纪到13世纪之间，中国保持着西方国家所望尘莫及的科学知识水平”；“中国的那些发明和发现远远超过同时代的欧洲，特别是在15世纪之前更是如此”。中国古代建筑胶凝材料发展的进程是，从“白灰面”和黄泥浆起步，发展到石灰和“三合土”，进而发展到石灰掺有机物的胶凝材料。从这段历史进程可以得出与科学史学家李约瑟相似的结论，中国古代建筑胶凝材料有过自己辉煌的历史，在与西方古代建筑胶凝材料基本同步发展的过程中，由于广泛采用石灰与有机物相结合的胶凝材料而显得略高一筹。

然而，近几个世纪以来中国落后了，尤其是到清朝乾隆年间末期，即18世纪末期以后，科学技术与西方差距愈来愈大。中国古代建筑胶凝材料的发展，到达石灰掺有机物的胶凝材料阶段后就停止不前，未能在此基点上跨出一步。西方古代建筑胶凝材料则在“罗马砂浆”的基础上继续发展，朝着现代水泥的方向不断提高，最终发明水泥。

三、现代水泥的发明

现代水泥的发明有一个渐进的过程，并不是一蹴而就的。

1. 水硬性石灰

18世纪中叶，英国航海业已较发达，但船只触礁和撞滩等海难事故频繁发生。为避免海难事故，采用灯塔进行导航。当时英国建造灯塔的材料有两种：木材和“罗马砂浆”。然而，木材易燃，遇海水易腐烂；“罗马砂浆”虽然有一定的耐水性能，但尚经不住海水的侵蚀和冲刷。由于材料在海水中不耐久，所以灯塔经常损坏，船只无法安全航行，迅速发展的航运业遇到重大障碍。为解决航运安全问题，寻找抗海水侵蚀的材料和建造耐久的灯塔成为18世纪50年代英国经济发展中的当务之急。对此，英国国会不惜重金，礼聘人才。被尊称为“英国土木之父”的工程师史密顿（J. Smeaton）应聘承担建设灯塔的任务。

1756年，史密顿在建造灯塔的过程中，研究了“石灰-火山灰-砂子”三组分砂浆中不同石灰石对砂浆性能的影响，发现含有黏土的石灰石，经煅烧和细磨处理后，加水制成的砂浆能慢慢硬化，在海水中的强度较“罗马砂浆”高得多，能耐海水的冲刷。史密顿使用新发现的砂浆建造了举世闻名的普利茅斯港的漩岩（Eddystone）大灯塔。

用含黏土、石灰石制成的石灰被称为水硬性石灰。史密顿的这一发现是水泥发明过程中知识积累的一大飞跃，不仅对英国航海业做出了贡献，也对“波特兰水泥”的发明起到了重要作用。然而，史密顿研究成功的水硬性石灰并未获得广泛应用，当时大量使用的仍是由石灰、火山灰和砂子组成的“罗马砂浆”。

2. 罗马水泥

1796年，英国人派克（J. Parker）将称之为Sepa Tria的黏土质石灰岩，磨细后制成料球，在高于烧石灰的温度下煅烧，然后进行磨细制成水泥。派克称这种水泥为“罗马水泥”（Roman Cement），并取得了该水泥的专利权。“罗马水泥”凝结较快，可用于与水接触的工程，在英国曾得到广泛应用，一直沿用到被“波特兰水泥”所取代。

差不多在“罗马水泥”产生的同时期，法国人采用Boulogne地区的化学成分接近现代水泥成分的泥灰岩也制造出水泥。这种与现代水泥化学成分接近的天然泥灰岩称之为水泥灰岩，用此灰岩制成的水泥则称为天然水泥。美国人用 Rosendale 和 Louisville 地区的水泥灰岩也制成了天然水泥。在 19 世纪 80 年代及以后的很长一段时间里，天然水泥在美国得到广泛应用，在建筑业中曾占很重要的地位。

3. 英国水泥

英国人福斯特（J. Foster）是一位致力于水泥的研究者。他将两份重量白垩和一份重量黏土混合后加水湿磨成泥浆，送入料槽进行沉淀，置沉淀物于大气中干燥，然后放入石灰窑中煅烧，温度以料子中碳酸气完全挥发为准，烧成产品呈浅黄色，冷却后细磨成水泥。福斯特称该水泥为“英国水泥”（British Cement），于 1822 年 10 月 22 日获得英国第 4679 号专利。

“英国水泥”由于煅烧温度较低，其质量明显不及“罗马水泥”，所以售价较低，销售量不大。这种水泥虽然未能被大量推广，但其制造方法已是近代水泥制造的雏形，是水泥知识积累中的又一次重大飞跃。福斯特在现代水泥的发明过程中也是有贡献的。

4. 波特兰水泥（硅酸盐水泥）

1824 年 10 月 21 日，英国利兹（Leeds）城的泥水匠阿斯普丁（J. Aspdin）获得英国第 5022 号的“波特兰水泥”专利证书，从而一举成为流芳百世的水泥发明人。

他的专利证书上叙述的“波特兰水泥”的制造方法是：“把石灰石捣成细粉，配合一定量黏土，掺水后以人工或机械搅和均匀成泥浆。置泥浆于盘上，加热干燥。将干料打击成块，然后装入石灰窑煅烧，烧至石灰石内碳酸气全部逸出。煅烧后的烧块再将其冷却和打碎磨细，制成水泥。使用水泥时加入少量水分，拌和成适当稠度的砂浆，可应用于各种不同的工作场合。”

该水泥水化硬化后的颜色类似于英国波特兰地区建筑用石料的颜色，所以被称为“波特兰水泥”。

阿斯普丁在英国的 Wakefield 建设了第一个波特兰水泥厂。后来，他的儿子在英国的 Grateshead 又建设一个厂，1856 年在德国再建设一个厂，并在那里度过了他的晚年。

阿斯普丁父子长期对“波特兰水泥”的生产方法保密，采取了各种保密措施：在工厂周围建筑高墙，未经他们父子许可，任何人不得进入工厂；工人不准到自己工作岗位以外的地段走动；为制造假象，经常用盘子盛着硫酸铜或其他粉料，在装窑时将其撒在干料上。

阿斯普丁专利证书上所叙述的“波特兰水泥”的制造方法，与福斯特的“英国水泥”并无根本差别，煅烧温度都是以物料中碳酸气完全挥发为准。根据水泥生产的一般常识，在该温度条件下制成的“波特兰水泥”，其质量不可能优于“英国水泥”。然而在市场上“波特兰水泥”的竞争力大于“英国水泥”。1838 年重建泰晤士河隧道工程时，“波特兰水泥”的价格比“英国水泥”要高很多，但业主还是选用了“波特兰水泥”。很明显，阿斯普丁出于保密原因在专利证书上并未把“波特兰水泥”的生产技术都写出来，他实际掌握的水泥生产知识比专利证书上表明的要多。阿斯普丁在工厂生产中一定采用过较高煅烧温度，否则水泥硬化后不会具有波特兰地区石料那样的颜色，其产品也不可能有那样高的竞争力。

不过，根据专利证书所载内容和有关资料，阿斯普丁未能掌握“波特兰水泥”确切的烧成温度和正确的原料配比，因此他的工厂生产出的产品的质量很不稳定，甚至造成有些建筑物因水泥质量问题而倒塌。

在英国，与阿斯普丁同一时代的另一位水泥研究天才是强生

(I. C. Johnson)。他是英国天鹅谷怀特公司的经理，专门制造“罗马水泥”和“英国水泥”。1845 年，强生在一次实验中偶然发现，煅烧到含有一定数量玻璃体的水泥烧块，经磨细后具有非常好的水硬性。另外还发现，在烧成物中含有石灰会使水泥硬化后开裂。根据这些意外的发现，强生确定了水泥制造的两个基本条件：第一是烧窑的温度必须高到足以使烧块含一定量玻璃体并呈黑绿色；第二是原料比例必须正确而固定，烧成物内部不能含过量石灰，水泥硬化后不能开裂。这些条件确保了“波特兰水泥”的质量，解决了阿斯普丁无法解决的质量不稳定问题。从此，现代水泥生产的基本参数已被发现。

1909 年，强生 98 岁高龄时，向英国政府提出申诉，说他于 1845 年制成的水泥才是真正的“波特兰水泥”，阿斯普丁并未做出质量稳定的水泥，不能称他为“波特兰水泥”的发明者。然而，英国政府没有同意强生的申诉，仍旧维持阿斯普丁具有“波特兰水泥”专利权的决定。英国和德国的同行们对强生的工作有很高评价，认为他对“波特兰水泥”的发明做出了不可磨灭的重要贡献。

18 世纪的欧洲发生了人类历史上第一次工业革命，推动了西方各国社会经济的迅猛向前，建筑胶凝材料的发展步伐也随之加快。西方国家在“罗马砂浆”的基础上，1756 年发现水硬性石灰；1796 年发明“罗马水泥”以及类似的天然水泥；1822 年出现“英国水泥”；1824 年英国政府发布第一个“波特兰水泥”专利。当代建筑“粮食”——“波特兰水泥”（硅酸盐水泥）就这样在西方徐徐诞生，同时踏上了不断改进的征途。

第二章　水泥生产技术的进步

水泥的发明是一个渐进的过程。水泥生产技术随着社会生产力发展，也有一个不断进步、成熟和完善的过程。

今天，人们把水泥的生产过程形象地概括为“二磨一烧”，即按一定比例配合的原料，先经粉磨制成生料，再在窑内烧成熟料，最后通过粉磨制成水泥。在这个过程中，窑是核心设备，所以人们在研究水泥技术发展史的时候，往往以窑为代表。回顾这过去了的近二百年，水泥生产先后经历了仓窑、立窑、干法回转窑、湿法回转窑和新型干法回转窑等发展阶段，最终形成现代的预分解窑新型干法。

一、仓　窑

1824 年阿斯普丁获得波特兰水泥专利时所用的煅烧设备叫瓶窑（Bottle Kiln），其形状像瓶子，因此而得名。瓶窑的剖面和外形如图 2-1 所示。

瓶窑在当时是用于煅烧石灰的设备，阿斯普丁将它用来煅烧波特兰水泥。煅烧的方法与烧石灰类似。原料先制成砖状的料块，自上端装入瓶窑，一层料砖、一层煤炭，逐层堆砌，直到装满为止。然后，点燃煤炭，待煤炭烧尽和料块冷却后出窑。由于煅烧不均匀，出窑的料块有三种：欠烧料、正烧料和过烧料。正烧料被挑出后用于制造水泥，欠烧料和过烧料一概废弃。十分明显，从热利用和成品率等方面来衡量，用瓶窑烧水泥是很不经济的。

1872年强生在瓶窑的基础上，发明专门用于烧制水泥的仓窑，并获得专利。

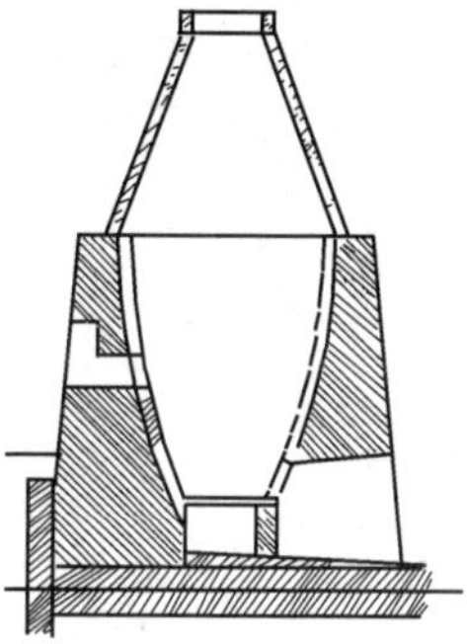

（a）剖面图

（b）一排瓶窑外形图

图2-1　瓶窑

仓窑是由一个个竖着的瓶窑和一个横向的长仓组成，其剖面和外形如图2-2所示。长仓用作料块的烘干和预烧，瓶窑则用作烧成。生料块先被装入长仓，在这里进行烘干和预烧，然后将预烧过的料块按一层煤炭、一层料块依次装入瓶窑。来自瓶窑的热气流依靠烟囱吸力而进入长仓，在此与堆放的料块进行热交换，气温显著降低，然后通过烟囱逸入大气。

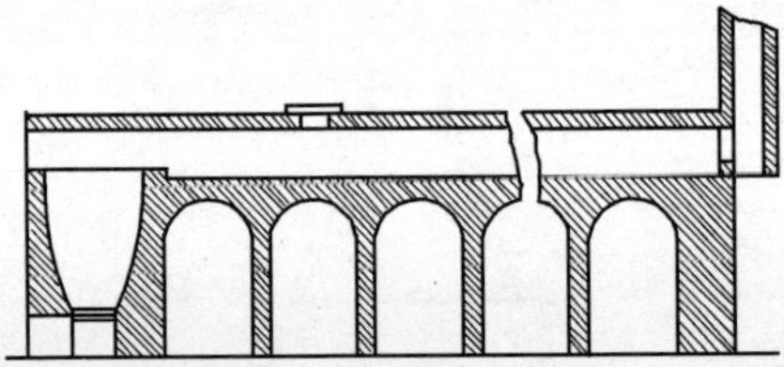

（a）剖面图

（b）仓窑外形图

图2-2　仓窑

从这里不难看出强生极其巧妙的构思，他将水泥熟料烧成过程分成干燥、预烧和烧成等三个阶段，从而不仅能节省燃料，还能提高成品率。该技术构思奠定了今后一百多年水泥窑型发展的基础。

仓窑是在瓶窑被沿用了48年后出现的专门用于烧制水泥熟料的烧成设备，是水泥技术史上第一代水泥窑型。如果说瓶窑是第一代水泥窑的雏形的话，那么，仓窑就是第一代水泥窑的最终定型。仓窑在19世纪后期曾一度风靡欧洲，造就了一个水泥工业的仓窑时代。

强生在水泥发明过程中曾对波特兰水泥化学成分和烧成温度

的确定有过重要发现，对水泥烧成设备的技术进步也有重大创新，从而使波特兰水泥的质量和生产效率大幅度提高。强生对世界水泥工业的产生和发展做出了卓越贡献，不愧是水泥生产技术的奠基者之一。

二、立　窑

1884 年在德国，狄兹赫（Dietzsch）发明立窑，并取得专利权。立窑与仓窑的最大区别在于窑内的烧成过程，后者沿水平方向进行，前者则沿垂直方向完成。狄兹赫发明的窑型是以两个竖直的立窑为一组，两窑背向而立，如图 2-3（a）所示。先将生料制成料块，然后将料块由喂料门 A 投入，落在加热室 C 内，在此干燥和预热到适当温度后，经火门 E 用铁耙将它从加热室 C 耙到煅烧室 F，同时从 C 门喂入燃料，在煅烧室内完成煅烧过程，烧成的料块经冷却室 H 卸出。燃烧用空气由冷却室 H 吸入，通过烧成的料块时一方面冷却熟料，另一方面使自己加热，预热的空气在煅烧室进行助燃后经加热室逸入大气。

立窑的烧成过程，与仓窑相比，不同点是：在立窑内多了一个料块的冷却过程，即除了有加热室和煅烧室外还有冷却室。立窑具有操作简便、通风好和热效率高等优点，显然，比仓窑先进。不过，该种窑型仍然属于人工间隙生产，从窑内卸出的料块仍须挑选，拣出的烧成料块供制造水泥，欠烧的料块返回立窑重新煅烧。

立窑在德国诞生后，很快便流传到英国、丹麦等欧洲国家，水泥生产技术由仓窑进入立窑的新阶段。

丹麦人史柯佛（Schoefer）对立窑进行过多次改进。当时人们将狄兹赫（Dietzsch）发明的立窑称为狄兹赫立窑，将史柯佛改进 的立窑称为史柯佛立窑，如图2-3（b）所示。该窑的主要

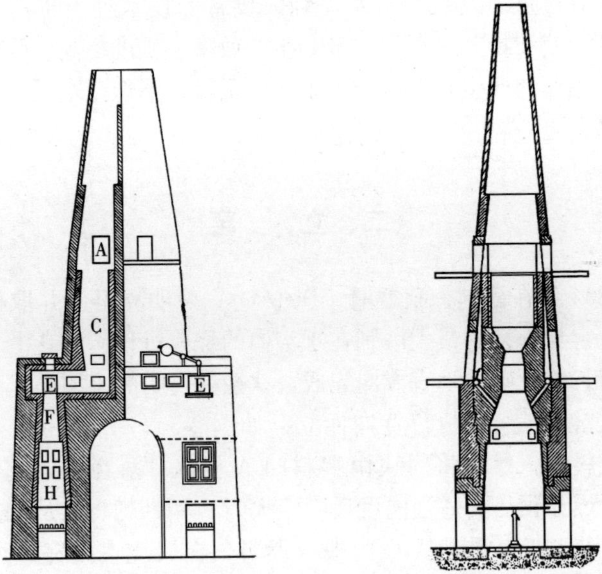

（a）狄兹赫立窑　　　　（b）史柯佛立窑

A—喂料门；C—加热室；E—火门；F—煅烧室；H—冷却室

（c）成组排列的立窑外形图

图2-3　立窑

改进之处是不必使用铁耙将料块耙入煅烧室，而是一层料块、一层煤炭间隔装入的物料靠自重由上而下地向下移动，经烧成和冷却后卸出，使操作更为简便，热能利用得更好。

英国人首先在立窑上采用机械通风。在烟囱口安装一台排风机，用机械力从窑内抽出气体并将它排入大气，从而增强窑内通风，加速热能交换，改善截面温度的均匀性，使立窑产量和产品质量大大提高。机械通风的发明是立窑技术的一次飞跃，它对以后水泥生产技术的进步产生了巨大影响。

1913 年前后，德国人开始在立窑上采用移动式炉篦子（Movable Grate），使熟料自动卸出，同时进一步改善通风。这标志着立窑由人工间隙式作业过渡到机械化连续生产，是立窑技术的又一次飞跃。后来，德国人又完成了立窑喂料的机械化，用成球筒将生料制成料球，用撒料器将料球均匀撒入窑内，使立窑的机械化生产更加完善。

在中国，人工间隙作业的立窑称为普通立窑，机械化连续生产的立窑称为机立窑。机立窑与普通立窑相比，能显著降低劳动强度，大幅度提高产量，使产品质量得到很大改善。

普通立窑是机立窑的雏形，经过近三十年的不断创新，才完成了向机立窑的过渡。机立窑当时盛行于德国，后又传到世界各国，在水泥技术史上曾是一代普遍采用的窑型。机立窑在水泥生产上占统治地位的时间并不长，后来很快被其他窑型所取代。然而，由于它具有投资小、建设快等优点，在欧洲大陆到 20 世纪 80 年代才销声匿迹。在一些发展中国家，特别是在中国，延续使用时间较长，到 21 世纪初才被基本淘汰。

三、干法回转窑

干法回转窑的发展是从干法中空回转窑起步的，由此产生出余热锅炉窑、干法长窑和立波尔窑等，成为一代窑型，在水泥生产史上延续了很长时间。

1. 干法中空回转窑

早在立窑发明之前，英国人柯兰敦（Cramton）就有关于回转窑烧制波特兰水泥熟料的构思，并于1877年6月22日取得英国专利权。构思的主要内容可归纳为如下三点：

1）生料在旋转的筒内煅烧，在连续不断的翻转中与热气流进行热交换；

2）燃料在筒内燃烧，其产生的热气流在连续运转中灼烧物料；

3）混合、干燥、预热、烧成和冷却等过程都在一个旋转的筒内完成。

柯兰敦经过多次试验，都以失败而告终，制造不出品质稳定的水泥熟料，最终未能使自己的构思在实践中取得成功。

英国土木工程师兰松（F. Ransome）和史杜克斯（S. Stokes）于1885年、1887年和1888年按柯兰敦的构思又先后做了多次试验。他们设计的回转窑系统由三个能旋转的圆筒组成，即干燥筒、煅烧筒和冷却筒。干燥筒呈水平装置，煅烧筒和冷却筒的设置都有轻微角度。试验中采用半干法。干燥筒外壳下部浸在装有含40%~50%水分料浆的槽中；旋转的干燥筒外壳粘着料浆上转；由于筒内有高温气体通过，外壳的料浆立即被烘干；刮料装置将干料刮下，经送料机送入煅烧筒灼烧，烧成熟料借自重落入冷却筒冷却。

兰松和史杜克斯的试验，同样未能取得成功，他们认为失败的原因是：

1）煅烧筒内没有适当的耐火材料，无法长期运转；

2）经常产生熔融或半熔融状大块，无法正常运转；

3）尾气温度高，窑端常被烧坏，被逼停窑；

4）烧成的熟料，制成水泥后往往凝结太快。

兰松和史杜克斯的试验虽然失败，但在发明回转窑的征途上已前进了一大步。

经过十八年来的一次次试验和一次次失败，在1895年，美国工程师亨利（Hurry）和化验师西蒙（Seaman）进行回转窑煅烧波特兰水泥的试验，终于获得成功，并在英国取得第23145号专利证。

亨利和西蒙在兰松和史杜克斯工作的基础上设计出自己的回转窑系统，如图2-4所示。该系统包括三个旋转筒，在第一个筒内进行干燥、预热和烧成等过程，在第二、第三个筒内分别进行熟料初冷和终冷。在进行初冷的冷却筒内镶有耐火材料，在终冷的冷却筒内装有扬料板。生料由下料管m喂入回转窑A，烧成的熟料经溜槽D流入第一个冷却筒F，初冷的熟料进入破碎机G，破碎后的熟料落入第二个冷却筒H进行终冷。燃料由喷管K

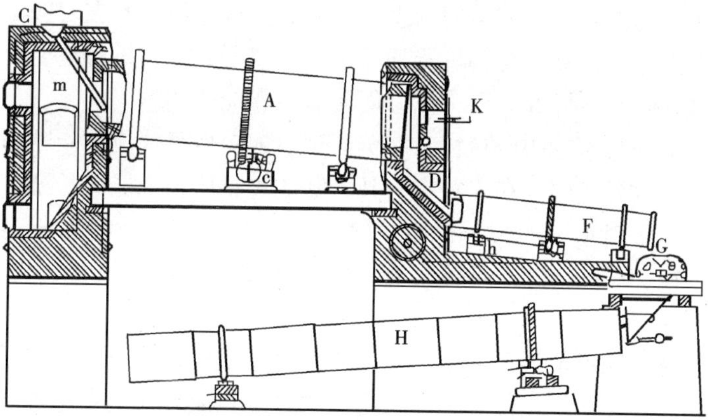

图2-4 世界首次试验成功的水泥回转窑

m—下料管；A—回转窑；D—溜槽；F—冷却筒；G—破碎机；H—冷却筒；C—烟囱；K—喷管

喷入，废气由烟囱C排入大气。

亨利和西蒙在试验中采用美国Lehigh地区的水泥岩作原料，以重油作燃料，取得了意外的良好结果，回转窑运转时间大大延长，水泥熟料的品质优良而稳定，试验获得成功。当时认为成功的经验是：

1）由于采用水泥岩，生料中石灰含量高，不易结大块，适合回转窑烧成；

2）因为生料在回转窑内停留时间短，原料必须磨得非常细；

3）干生料加入时要适当加水润湿。

从上述英国人和美国人发明回转窑的过程可以得出，柯兰敦的构思是正确的；兰松和史杜克斯设计的回转窑设备，其主机并没有大的缺陷，只是因为配套件问题未能解决和沿用立窑生料而失败；亨利和西蒙简化了主机流程，采用了优质耐火材料，改变了生料成分，从而获得成功。这些情况充分说明，一项新设备的发明，既要有一个完美的构思，还要有按构思设计并在实践中能正常操作的机器，在新机器试验中，不仅要完善主机，还要改进辅机和附件，另外，在工艺方面还需做相应的调整。

亨利和西蒙的回转窑，在美国试验成功后很快流传到欧洲和亚洲等世界各国。在实践中对其不断改进，增长烧成筒长度，干生料不必用水湿润，两个冷却筒改为一个冷却筒，技术渐趋成熟。在20世纪初，回转窑直径一般为2m左右，长径比为15左右。

有人风趣地说，回转窑的发明只是把水泥窑从竖的改成了横的。其实并不那么简单，回转窑与立窑在烧成方式上有着实质性差别。

物料在立窑内完成烧成过程时是自上而下地移动。立窑边壁处散热快，中心处散热慢，造成截面方向温度分布不均，使窑边温度低，窑中温度高。在这种情况下，中心处物料达正烧时，边壁处物料会欠烧；反之，边壁处物料达正烧时，中心处物料会过烧。所以，立窑烧成的水泥熟料质量，虽比仓窑烧的要好，但总是存在一个不均匀问题。另外，截面温度不均匀问题还使立窑体积不能过大，因为体积愈大，边壁与中心温度差愈大，产品质量就愈不均匀。所以，立窑产量不能大幅提高，只限用于小型水泥企业。

物料在回转窑内靠着窑的转动而使自己不停地翻动，一面翻动，一面自左至右地移动，逐步完成预烧 、烧成和冷却等过程。回转窑不存在截面方向温度不均问题，其烧成方式可使产品质量均匀，其热工制度可使窑体容积在机械设备许可的条件下大幅度增大。回转窑的发明不仅使水泥工业实现大批量连续生产，而且使水泥质量显著提高，这是水泥生产技术的又一次重大进步。

亨利等人试验成功的回转窑是将生料干粉直接喂入窑内，并不像立窑生产那样必须先将生料粉制成砖块或料球后才能入窑。人们将这种窑型称为干法中空回转窑。该窑问世后，随着其技术的改进，逐渐流行于世界各国，立窑纷纷被取代，水泥生产技术由立窑进入干法回转窑的新阶段。

2. 余热锅炉窑

干法中空回转窑生产方法虽较立窑生产有很大优点，但也有突出缺点，主要是从窑尾排出的废气温度很高，热利用率低，所以，干法中空回转窑自发明后接着在降低热耗方面不断对其进行开发研究。

干法中空回转窑窑尾废气温度高达 800～900℃，将其排入大气，热损失很大，实属严重浪费。1897 年德国贝赫门（I. A. Bachman）博士发明余热锅炉窑。在干法中空窑尾部设置一个锅炉，窑尾排出的废气加热锅炉，所产生的蒸汽用于发电。余热锅炉窑在生产水泥熟料的同时生产电力，发电量达 120 ~ 150kW·h/t 熟料，此时熟料的热耗为 4.18 ×(1 600 ~ 1 700)kJ/kg 熟料，回收用于发电的热能为其中的 4.18 ×500kJ/kg 熟料。

余热锅炉窑作为一种窑型在水泥生产发展史上流传的时间较长，到 20 世纪 70 年代在日本还留有多台，在中国尚有数十台。但是该窑型在世界各国并不普遍，只是用于缺电或电价较高的地区，它的热利用率毕竟较低，在正常条件下其经济效益尚不及其他窑型。在众多窑型中，余热锅炉窑只能算作是一种特殊用途的窑型，并不是普遍采用的水泥烧成设备。

3. 干法长窑

为提高热利用率，在发展余热锅炉窑的同时，水泥研究者开发出干法长窑。将干法中空窑的长径比加大，并在窑尾冷端设置各种热交换器。在 20 世纪三四十年代采用的干法长窑，其长径比为 30 ~40 之间，比干法中空窑大一倍多，最大尺寸为 ϕ6.3/5.5 ×178m，日产量高达 2 500 吨熟料。这种窑型由于热效率仍不理想，窑尾粉尘飞扬很大，未能在世界各国普遍推广，只是在有些国家被少量采用。

4. 立波尔窑

20 世纪 20 年代，德国人立雷帕（Lellep）博士提出了将干法中空窑的干燥和预热过程移到窑外回转箆式加热机上来完成的设想，如图 2-5 所示。先将干料粉在回转式成球筒内制成料球，然后喂在加热机上，物料在转动的加热机上一边被干燥和预热，一边被慢慢送入回转窑。从回转窑出来的高温气体通过箆式加热机上的料层时与物料进行热交换，温度降低，最后由排风机排入大气。

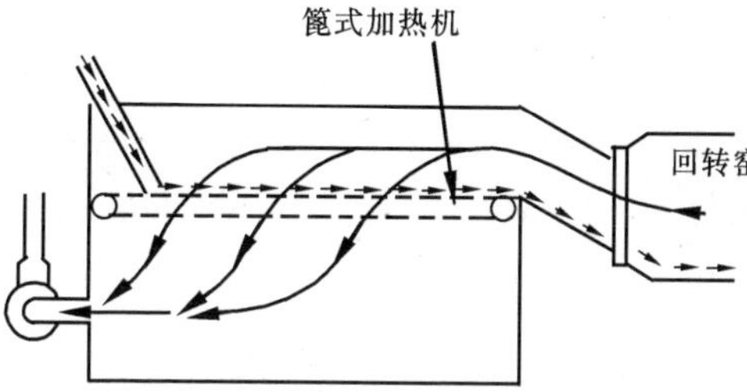

→→→→料流方向　——→气流方向

图 2-5　立波尔窑物流与气流示意图

1928 年，立雷帕博士与德国水泥机械公司伯力鸠斯(Polysius)合作，制造出窑尾带回转篦式加热机的干法回转窑。这种窑型人们称它为“Lepol”窑，其名称是由 Lellep 的 Le 和 Polysius 的 Pol 两者合并而成。在中国，该窑型称为立波尔窑。第二次世界大战末，立雷帕博士移居美国。他始终感到与伯力鸠斯公司合作制造的立波尔窑尚不尽如人意。刚入窑的带 10% ~12% 水分的料球，骤然遇到灼热的气体后经常发生爆裂，使加热机通风恶化，影响整个窑系统的操作。为解决这一问题，立雷帕博士与美国的爱立斯·强默（Allis-Chalmers）公司合作，开发出新一代的立波尔窑，如图 2-6 所示，该窑的加热机分成相互隔开的两个室，即干

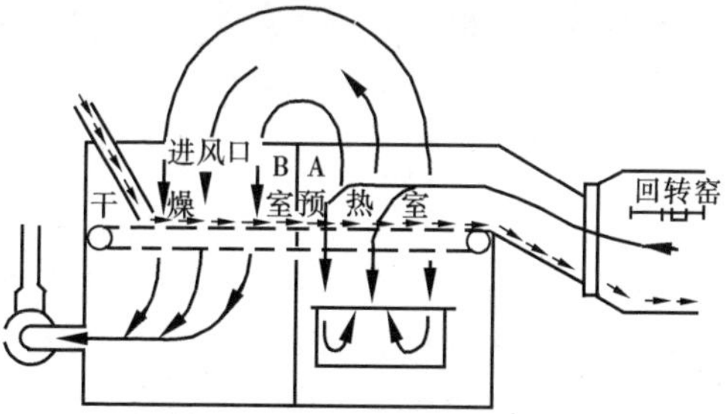

——→气流方向 →→→料流方向

图 2-6　二次通过立波尔窑物流与气流示意图

燥室B和预热室A。从回转窑尾部出来的高温气体先通过A室料层，温度下降，然后再通过B室料层，最后排入大气。这样，刚入窑的冷料球遇到较低温度的气体，不易产生爆裂，使窑系统内保持通风良好，从而提高熟料的产量和质量。在中国，将新一代的立波尔窑称为二次通过立波尔窑，将老的立波尔窑称为一次通过立波尔窑。

立波尔窑是水泥干法回转窑发展过程中的最终窑型，曾一度盛行于世界各国，直到20世纪60年代才开始被新的窑型所取代。

四、湿法回转窑

干法中空回转窑不仅热利用率低，而且不适用于湿原料。客观需要，催生出湿法回转窑生产技术。最早发明的是普通湿法回转窑，此后又发展出料浆蒸发机湿法窑和湿法长窑。

1. 普通湿法回转窑

丹麦Alba岛盛产的白垩土，是品质极佳的石灰石原料，但含水分很高，显然不适宜用它在干法回转窑上生产水泥。1912年前后，丹麦史密斯（F. L. Smith）水泥机械公司用白垩土和其他辅助原料制成水泥生料浆，在回转窑上用它取代干生料粉进行煅烧试验，取得成功，从而开创出湿法回转窑生产水泥的新方法。

在湿法生产中发现，由于生料浆比干料粉较易搅拌均匀，所产熟料质量比干法好得多，此外，粉尘污染也较轻。所以，湿法回转窑虽然为利用湿原料白垩土而发明，但后来很快成为采用普通干原料石灰石生产水泥的主要窑型，并在世界各国得到普遍推广，发展为国际上一度盛行的一代烧成设备。最初的湿法回转窑人们称它为普通湿法窑，其直径较小，一般为2～3m，长度也较短，长径比一般为 30 左右。

2. 料浆蒸发机湿法窑

湿法回转窑生产具有熟料质量好和粉尘污染较轻等优点，但其主要缺点是热耗较高，要耗费大量热能去蒸发水分。为了提高热利用率，一些企业开展了提高回转窑水分蒸发效率的研究，于是出现了料浆蒸发机湿法窑和湿法长窑。

料浆蒸发机湿法窑是在回转窑冷端外设置一个料浆蒸发机，蒸发机内装有增加蒸发面积的瓷圈填充物，蒸发机与窑一样不停地旋转。生料浆喂入蒸发机，在这里烘干成干粉后进入回转窑。从回转窑出来的高温气体，经过蒸发机时将料浆烘干，同时将带出的粉尘滤掉，然后排入大气。带蒸发机的湿法回转窑，其长径比一般在 20 左右，在 20 世纪二三十年代曾被一些国家所采用。

3. 湿法长窑

该窑型的直径一般在 3 ~ 5m，长径比大于 30，在窑冷端设置链条带，以增加料浆蒸发面积和挡住粉尘。湿法长窑在 20 世纪四五十年代曾盛极一时，一些能源丰富的国家，在发展水泥生产时，采用这种窑型几乎成为唯一的选择。那时在工业发达国家盛行的湿法长窑，其直径都为 4 ~ 5m，长径比为 30 ~ 40，最大的湿法窑达到 ϕ7. 6/6. 4/6. 9 × 231m，日产熟料 3 400 吨。湿法长窑是湿法回转窑的最终窑型，有过辉煌的历史，从 20 世纪 60 年代起，与立波尔窑一样，也逐步被更先进的窑型取代。

20 世纪上半叶，在水泥回转窑技术发展过程中同时出现了以湿法长窑为代表的湿法生产和以立波尔窑（又称半干法）为代表的干法生产两种生产方法。于是，在国际水泥界发生了众所周知的“干、湿”之争。

“干、湿”之争的缘由在于这两种方法各有优点和缺点。在原料制备过程中，湿法的料浆容易搅拌均匀，干法的粉料则不易混合均匀；在烧成过程中，湿法窑能使部分有害物碱($K_2O + Na_2O$)排出进入大气，干法立波尔窑则不能将碱大量排出。所以，湿法窑的熟料质量比立波尔窑的高，熟料强度一般要高出5~10MPa，碱含量也较低。湿法回转窑在烧成过程中要蒸发35%~40%水分，干法立波尔窑则不必蒸发那么多的水分，因此湿法的热耗比立波尔窑一般要高出4.18×300kJ/kg熟料。

立波尔窑不仅热耗低，窑单位容积产量也高，比湿法窑大致要高一倍。然而立波尔窑除了产品质量较差的缺点外，还有两个明显的问题：一是多了一个生料粉成球的工艺环节；二是为了成球，必须选用具有一定可塑性的硅铝原料，这就为立波尔窑的推广增添了一个原料方面的限制。

"干、湿"之争延续了近半个世纪，水泥生产在争论中发展，实际情况是，在能源丰富的国家，如前苏联和美国等，主要采用湿法长窑；在能源比较贫乏的国家，如德国和日本等，则采用立波尔窑较多。新型干法出现后，湿法长窑和干法立波尔窑都被远远地抛在时代的后面，"干、湿"之争也就到此而平息。

五、新型干法回转窑

事物的发展往往是在矛盾对立统一中前进。水泥生产技术在克服干、湿法缺点和发扬干、湿法优点的过程中，不断取得进步。在20世纪50年代出现悬浮预热窑，20年后由此发展出预分解窑。

1. 悬浮预热窑

为克服湿法生产中热耗高的缺点，人们对干法技术进行了大量的研究工作，到20世纪50年代，在三个方面取得突破。

第一是生料均化。通过原料预均化、生料磨自动控制和生料均化库均化等均化系统制成的生料粉，其均匀性完全可以达到湿法的水平。

第二是窑尾收尘。在窑尾采用电收尘器，即使是干法生产，都能使窑尾粉尘排放浓度降到 100mg/Nm^3 以下。

第三是窑尾余热利用。曾在丹麦史密斯水泥机械公司工作过的工程师伏杰尔-彦琴森（M. Vogel-Jörgensen）于 1932 年 6 月 1 日向捷克斯洛伐克共和国专利办公室（Patent Office）首次提出四级旋风筒悬浮预热器的专利申请。专利于 1934 年 7 月 25 日被批准并公布，编号为 48169。然而，此项专利由于遇到许多技术上的问题而未能在生产中得到应用。直到 20 世纪 50 年代初，德国洪堡公司才将它用于水泥工业。1951 年，德国工程师密勒（F. Muller）对专利内容做了多处改进，在此基础上洪堡公司制造出世界上第 1 台四级旋风悬浮预热器。图 2-7 为该预热器料流和气流示意图。生料喂入四级旋风筒与三级旋风筒之间的管道中，随气流进入四级旋风筒，在旋风筒内与气体分离后落入三级旋风筒与二级旋风筒之间的管道中，依次类推，最后在一级旋风筒内与气体分离后落入回转窑。从回转窑出来的热气体在进入一级旋风筒的管道内遇到由二级旋风筒落下的生料，将生料带入一

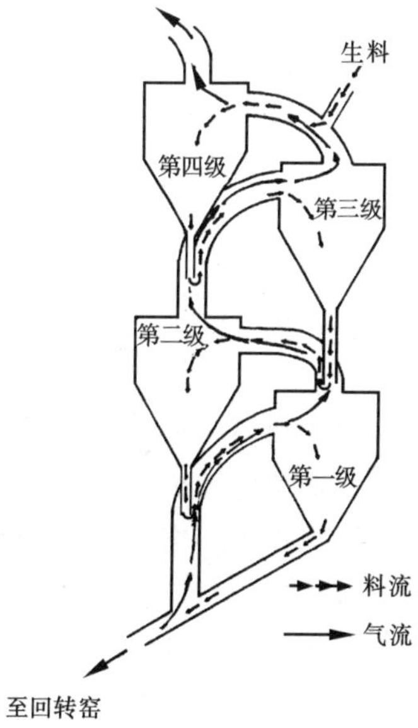

图 2-7 四级旋风悬浮预热器料流和气流示意图

级旋风筒，在筒内靠旋风离心力将生料分离后进入二级旋风筒，依次类推，在四级旋风筒内将生料分离后排到预热器之外。热气体主要在管道内与生料进行热交换，管道内风速高，热交换快，从预热器排出时，温度已下降到300～400℃，生料进入回转窑时，其温度已被加热到800℃以上，有10%～15%的料发生碳酸钙分解。旋风悬浮预热器的开发成功是干法回转窑窑尾余热利用的重大突破。

此后不久，德国的水泥设备制造商开发出立筒型悬浮预热器。该预热器虽有结构简单和不易堵塞的特点，但热效率较低，所以未能大量推广。旋风悬浮预热器的热效率高，在大型化的情况下也不易堵塞，因而获得广泛应用。该预热器在技术上不断进步，收尘效率和热效率都有很大提高。现在大量采用的是五级旋风悬浮预热器。

洪堡公司将四级旋风悬浮预热器取代立波尔窑的回转篦式加热机而首先推出旋风悬浮预热窑，一般称之为“洪堡窑”，这是继立波尔窑和湿法长窑之后的又一代新窑型。

悬浮预热器简称SP，这是Suspension Preheater的缩写。带悬浮预热器的回转窑称为悬浮预热窑，简称SP窑。由原料预均化、粉磨兼烘干的生料制造、生料均化、SP窑和高效收尘设备组成的工艺线则称为悬浮预热窑新型干法。

悬浮预热窑新型干法兼容了湿法长窑和立波尔窑的优点，又克服了它们的缺点，其熟料质量可达湿法窑水平。热耗与湿法窑相比下降了40%以上，并且比立波尔窑还要低。在一般情况下，湿法长窑热耗为4.18×(1 400～1 500)kJ/kg，立波尔窑为4.18×(1 000～1 100)kJ/kg,悬浮预热窑仅为4.18×(800～900)kJ/kg。此外，与立波尔窑相比，入窑生料不必事前成球，省去了成球工艺环节和消除了对硅铝质原料的可塑性限制。在20世纪50年代末到70年代初的10多年间，悬浮预热窑新型干法在世界各国得到广泛应用，在德国、日本等能源贫乏的国家采用得尤为普遍。

2. 预分解窑

1971 年，日本石川岛播磨重工业公司在洪堡窑的基础上首创水泥预分解窑。该公司对日本秩父水泥公司的一台 ϕ3.9 × 51.4m 立波尔窑进行改造，将窑尾的加热机改装成四级旋风悬浮预热器，在预热器的一级筒和二级筒之间增设一个 SF 型预分解炉。该系统的料流和气流示意图如图 2-8 所示。石川岛播磨重工业公司所创预分解窑的料流，与洪堡窑的不同之处是，二级旋风筒的物料不进入一级旋风筒，而是落入 SF 型预分解炉，在炉内加热到 800 ~900℃、分解率达 90% 左右后随气流进入一级旋风筒，在此与气体分流，落入回转窑。预分解窑的另一股物流是燃料，对 SF 型预分解炉，60% 的燃料加入预分解炉预烧生料，

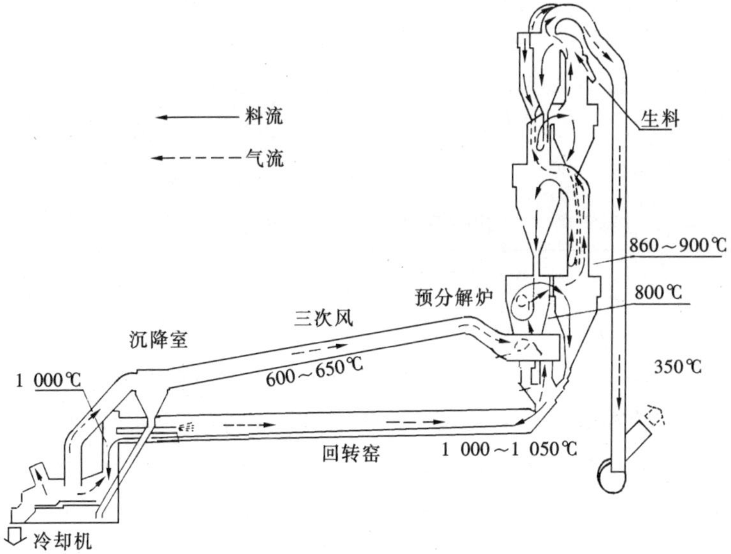

图 2-8　SF 预分解窑料流和气流示意图

40%的燃料从窑头喷入用于烧成熟料。预分解窑的气体流向与悬浮预热窑的不同之点是，窑尾气体不流入一级旋风筒而是进入预分解炉，另外，冷却机出来的部分新鲜空气通过三次风管也进入预分解炉，供燃料燃烧后与窑尾来的热气体一同进入一级旋风筒，最后从预热器排出作他用。

预分解窑简称 NSP 窑，又称 PC 窑。NSP 是 New Suspension Preheater 的缩写，PC 是 Precalciner 的缩写。自石川岛播磨重工业公司开发出 SF 型预分解炉后，日本三菱重工业公司与三菱材料公司共同开发出 MFC 型预分解炉，日本小野田水泥公司开发出 RSP 型预分解炉，日本神户之钢公司开发出 DD 预分解炉，德国伯力鸠斯公司开发出 Prepol 系列预分解炉，丹麦史密斯公司开发出 ILC 和 SLC 型预分解炉等等。各国开发出的预分解炉型式很多，现在还在发展，但都大同小异，技术经济指标上没有大的差别，要注意的是预分解炉型式必须与所用燃料相适应。

预分解窑的发明是水泥生产技术的又一重大进展，其技术经济指标较悬浮预热窑又进一步提高，使湿法长窑和立波尔窑更是望尘莫及。中等规模各种窑型一般的主要技术经济指标列于表2-1。

表 2-1 中等规模各种窑型一般的主要技术经济指标

窑 型	单位容积产量 kg/(m³ · h)	热耗 kJ/kg ×4.18	熟料 28 天强度 MPa
湿法长窑	20 ~ 30	1 400 ~ 1 500	60 ~ 65
立波尔窑	50 ~ 60	1 000 ~ 1 100	55 ~ 60
悬浮预热窑	60 ~ 70	800 ~ 900	60 ~ 65
预分解窑	120 ~ 130	700 ~ 800	65 ~ 75

从表 2-1 可看到，预分解窑与其他窑型相比具有最好的技术

经济指标，热耗最低，熟料质量最好，尤为突出的是单位容积产量很高，为悬浮预热窑的二倍、湿法长窑的四倍多。

窑单位容积产量高，这意味着单机产量高。现代世界水泥工业中，预分解窑的熟料生产线规模已提高到前所未有的水平。日产4 000～5 000吨的生产线已很普遍，日产10 000～12 000吨的生产线也不罕见。同时，水泥工厂的规模也相应成倍扩大，世界上年产1 000万吨以上的水泥熟料工厂已有多处。预分解窑的发明为水泥工业开创出了一个崭新的局面。

从传热的方式看，预分解窑与悬浮预热窑是一样的，因此两者的单位产量热耗也应是相同的，然而，由于预分解窑单位容积产量高，单位产量的散热面积小，所以单位产量的热耗比悬浮预热窑低。海螺水泥股份公司日产12 000吨熟料生产线的热耗为4.18×710kJ/kg左右。水泥熟料烧成热耗能达到如此低的水平，在20世纪70年代还是不敢设想的事。

预分解窑所需燃料的60%在预分解炉内燃烧，40%在回转窑内燃烧，烧成带的热负荷低，可以煅烧高硅酸率和高石灰饱和率的生料。这样配比的生料在立窑、立波尔窑、湿法长窑和悬浮预热窑内很难烧成。采用高石灰饱和率和高硅酸率的生料可烧出高质量的熟料，所以在预分解窑上，可轻而易举地烧出28天耐压强度为70MPa以上的熟料，如果客观需要，许多厂能烧出75MPa以上的熟料。

预分解窑是新型干法回转窑的最终窑型，到20世纪末，它成为当代最先进的水泥烧成设备。这种窑型的优越性是显而易见的，然而它是经历了190多年的不断研究开发而成。为清楚表达水泥窑型的发展过程，特将其制成表2-2。

表2-2说明，水泥生产技术的代表、烧成设备的技术进步依次分五个阶段，在每个阶段中，水泥窑型都由雏形发展到终形，而后又被下个阶段更先进的窑型所取代。第一个，仓窑阶段，由

瓶窑发展到仓窑，并迅速取代了瓶窑。第二个，立窑阶段，由普通立窑发展到机立窑，它逐步取代了仓窑。第三个，干法回转窑阶段，由干法中空回转窑发展到立波尔窑，逐步取代了机立窑。第四个，湿法回转窑阶段，由普通湿法窑发展到湿法长窑，在能源丰富的国家，这种窑型又逐步取代了立波尔窑。第五个，新型干法回转窑阶段，由悬浮预热窑发展到预分解窑，在世界各国，不论工业发达国家还是发展中国家，都用此窑型逐步取代湿法长窑和立波尔窑。

表 2-2 截至 2000 年水泥窑型的发展过程表

发展阶段名称	雏形		终形	
	产生时间（年）	窑型名称	产生时间（年）	窑型名称
仓窑	1824	瓶窑	1872	仓窑
立窑	1884	普通立窑	20 世纪 20 年代	机立窑
干法回转窑	1895	干法中空回转窑	1928	立波尔窑
湿法回转窑	1912	普通湿法窑	20 世纪 30 年代	湿法长窑
新型干法回转窑	1951	悬浮预热窑	1971	预分解窑

预分解窑经历了上述五个发展阶段后最终脱颖而出。它发明于 1971 年，到 20 世纪末已遍及全世界，成为当代主流水泥烧成设备。

六、现代预分解窑新型干法

预分解窑诞生后很快取代悬浮预热窑，悬浮预热窑新型干法相应发展成预分解窑新型干法。20 世纪 80 年代以来，预分解窑新型干法在生料制备、熟料烧成、水泥制成、计算机控制与管理和增强环境相融性等方面都取得巨大技术进步，从而诞生现代预分解窑新型干法，一个节省资源、环境友好的水泥生产新方法呈现在世人面前，水泥生产技术进入了一个崭新的发展阶段。现代预分解窑新型干法的主要技术特征如下。

1. 生料制备方面

新型干法生料制备过程主要包括原料预均化、生料粉磨和生料均化等工序。近期的技术进展是生料粉磨工序由立式辊磨终粉磨系统取代了落后的粉磨兼烘干风扫磨或中卸磨闭路循环粉磨系统，使生料制备电耗下降20%～30%，系统电耗达到20kW·h/t以下。最近又出现粉磨兼烘干挤压磨终粉磨系统，可使生料制备系统电耗进一步下降。在原料水分较低的北方地区，大有取代立式辊磨终粉磨系统的趋势。

2. 熟料烧成方面

新型干法熟料烧成技术除预分解窑外还包括低温余热发电、减排粉尘和减排有害气体 NO_x 等。

1）低温余热发电

水泥窑余热发电分高温余热发电、中温余热发电和低温余热发电等三种。三者的区别在于发电所用余热气体温度不同，高温余热发电的气体是由中空干法回转窑排出的800～900℃高温气体；中温余热发电的气体是由预分解窑排出的气体和补燃锅炉发出的气体相混合后的600～700℃中温气体；低温余热发电的气体是由预分解窑1级旋风预热器排出的350～400℃低温气体和篦冷机排出的更低温度的150～200℃气体。利用预分解窑低温气体余热发电的技术措施俗称低温余热发电，其所发电量能满足全厂30%～40%的用电量。

在中国，低温余热发电获普遍推广，已成为预分解窑新型干法的重要组成部分，其技术水平达到最低热耗条件下每吨熟料发电量，各厂均达到30～42kW·h的水平。

2）减排粉尘

熟料烧成时的粉尘排放是水泥工厂影响环境的主要污染源。为减排粉尘，必须采取除尘措施。预分解窑窑尾设置电收尘器或袋式收尘器；窑头冷却机一般安装袋式收尘器。现代新型干法烧成设备粉尘排放浓度可达到20mg/Nm^3 以下。在这样的排放浓度下，用肉眼已看不到窑尾烟囱有粉尘排出，完全能满足国家粉尘减排要求。

3）减排 NO_x

水泥窑排出的 NO_x 来源于两个方面：一个是燃料中的氮氧化物经燃烧而产生，这叫低温 NO_x；另一个是由空气中的 N_2 在1 500℃以上的高温下经氧化而成，这叫高温 NO_x。预分解窑60%的燃料在分解炉内900～1 000℃的条件下燃烧，此时不产生高温 NO_x；40%燃料在窑内燃烧，气流温度最高能达1 750℃，要产生高温 NO_x。湿法长窑、立波尔窑和悬浮预热窑的100%燃料在窑内燃烧，在1 700℃以上的高温气流下产生大量高温 NO_x。所以，在相同熟料产量条件下，预分解窑产生的 NO_x 量，比其他窑型要低得多。

为进一步降低 NO_x 排放量，欧洲一些著名水泥机械制造公司对预分解炉都做了改进。图2-9为改进后的预分解炉结构示意图。

燃料分两路进入预分解炉：一路在三次风入口处的上部进入，与含新鲜热空气的三次风相遇，形成一个氧化区；另一路加在窑尾烟气入口附近，与缺氧的烟气相遇，形成一个还原区。烟气内所含 NO_x 在还原区内发生还原作用，转化成无害的 N_2，从而使预分解窑排出废气中的 NO_x 含量大幅降低。这种方法可使

预分解窑的 NO_x 排放浓度从 700 ~ 800mg/Nm^3 下降到 400 ~ 500mg/Nm^3。如果需进一步降低 NO_x 排放量，可在分解炉内再加入还原剂，通常采用的还原剂是尿素或氨水。加还原剂的办法能使预分解窑 NO_x 排放浓度下降到 300mg/Nm^3 以下。

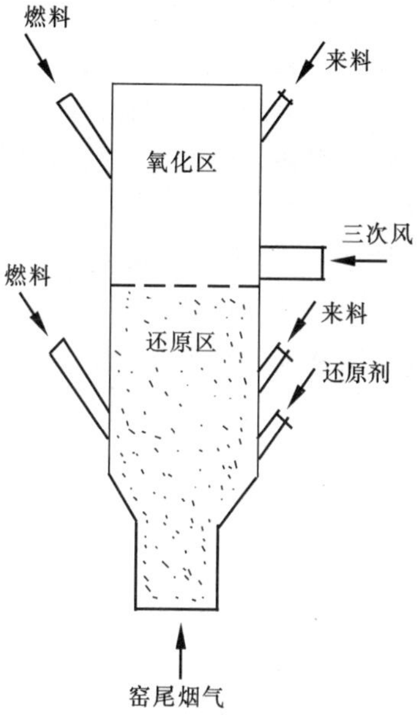

图 2-9　改进后的预分解炉结构示意图

3. 水泥制成方面

新型干法水泥制成方法有两种，一种是物料混合粉磨，另一种是物料分别粉磨后按品种规格混合搅拌而成。不论何种方法，关键工序是物料粉磨。此前，水泥粉磨一般采用管磨与离心式选粉机组成的闭路循环粉磨系统。20 世纪 80 年代以来，德国人发明水泥挤压磨，日本人首创 Osepa 高效选粉机，美国人将挤压磨作为预粉磨与 Osepa 选粉机、管磨匹配成闭路循环粉磨系统，也就是后来人们称谓的水泥挤压磨半终粉磨闭路循环系统，其电耗可下降 30%，这是粉磨技术的巨大进步。目前正在开发立式辊磨水泥终粉磨系统，可使电耗进一步降低。

4. 计算机控制与管理方面

电子计算机控制与管理是现代预分解窑新型干法的重要标志之一。新型干法生产过程的计算机控制已由过去的模拟控制发展到目前的集散控制。计算机控制使水泥厂的生产面貌发生巨大变化，取消了岗位工制度，由中央控制室集中管控生产全过程，用巡检工进行辅助。生产管控制度的改变不仅大大提高了劳动生产率，还使设备运转稳定，从而改善产品质量，增加产量和降低维修费用。

20世纪90年代兴起的电子机算机互联网技术应用于水泥企业，建立起企业内部、企业与企业、企业与用户的互联网，加强物流、资金流和信息流的管理，同时减少库存和降低销售费用，取得最佳经营效果。

目前，计算机控制和管理技术正在向智能化的方向发展。

5. 环境相容性方面

在工业发达国家和一些新兴国家，新型干法水泥厂协同处置城市废弃物和工业废料的产业已悄然兴起。城市废弃物有生活垃圾、废轮胎、废塑料、废木料和污水处理厂污泥等等；工业废料包括钢铁厂、石化厂、化工厂、制药厂、焦化厂、半导体厂、电池厂和机械制造厂等等的废渣、废油、废液和其他废料等。对这些废弃物和废料一般都用焚烧炉进行焚烧处理，近期通过研究开发得出，可采用预分解窑协同处置的方法。该方法与焚烧炉焚烧相比，具有如下优点。

1）能处理难烧废物

预分解窑内气流温度最高可达1 750℃，完全能处理须在1 200～1 400℃才能烧解的废物。焚烧炉气流温度仅1 200℃，无法处理难烧废物。

2）不会有残渣排出

在预分解窑内煅烧废物的残渣都混入水泥熟料，残渣中的有害重金属在高温下被熟料矿物所固熔，熟料遇水后不会被浸出。在焚烧炉焚烧废物要产生残渣，含有毒性重金属的残渣会造成二次污染。

3）有机物二噁英、呋喃的排出量较少

二噁英和呋喃的形成温度范围是 340～470℃。预分解窑尾气排出后冷却速度很快，在此温度范围内停留的时间极短，形成二噁英和呋喃的量很少，能达到低于 0.1ng/Nm^3 的国家规定。焚烧炉内排出的二噁英和呋喃量较高，据报道，日本大气中 80% 的二噁英都来自焚烧炉。

研究者认为水泥窑煅烧是处理城市废弃物和工业废料最好的办法。还有人认为，在 21 世纪某些工业发达国家之所以能保留少量水泥厂，就是因为它具有处理废物的良好功能。

由于预分解窑新型干法的诞生，水泥工厂对环境造成的负面影响大为减弱，而另一方面，它吸纳环境污染物的功能大幅提高，与社会环境的相容性大大增强了。

水泥生产技术的进步是与社会发展同步的。现代预分解窑新型干法就是现阶段人类信息社会的产物。随着社会进步，它将继续向前发展。

第三章　中国最早的水泥厂

编著中国水泥发展史，自然要从研究中国最早的水泥厂开始。据历史资料考证：中国最早的水泥厂是中外合资企业澳门的青洲英坭厂；唐山细绵土厂是中国最早的民族水泥企业。

一、青洲英坭厂的创办

清朝末期，澳门建筑用水泥都来自英国，所以当地人称水泥为英坭(或泥)。按英语译音，在当时，中国又将水泥称为细绵土或士敏土。由于水泥是从外国引入的舶来品，因此还称它“洋灰”。

据《香山县志续篇》记载：“澳门青洲岛设有英坭厂。这个厂由英国商人向三巴仔圣若瑟修院，以年租一千二百两银租得土地，鸠工庀材，建成厂房，于清光绪十二年，即一八八六年开设。”“英坭厂以广东英德石和就地挖取河泥、山石作原料，炼制英坭”。

澳门李鹏翥所著《澳门古今》一书中有“青洲英泥百年史”一节，其中写道：“九十多年前，澳门的青洲岛即设有青洲英坭厂。青洲英泥，质量不俗，除用于本销外，还大量外销。全澳第一条水泥马路——伯多禄局长街，筑于1917年，就是工务局采用青洲英泥建成的。其他本地较大的建筑和新辟的马路，也多采用青洲英坭厂的产品”。“青洲英坭厂经营了四十多年，到三十年代因为陈济棠在广东主政，限制英德石出口，原料无以为继，生产大不如前，只好结业迁到香港九龙。时至今日，九龙的青洲英坭厂还在开设，且有股票上市”。“青洲英坭厂的遗址，后来易为万国火柴厂。到 20 世纪 60 年代末，火柴厂也结束了。”

香港的青洲英坭有限公司为纪念创建 100 周年，在 1987 年 3 月 27 日香港《南华早报》广告栏中刊登了题为“澳门青洲”的资料，在该资料中写道：“1886 年 5 月 11 日执掌澳门及葡属帝汶两地之总督汤马士（Thomas de Sousa Rosa）颁发牌照予一名香港律师艾云斯（Greasy Ewens）在澳门附近之青洲（Ilha Verde or Green Island）建立一间水泥制造厂。此厂房位于内港，以便由邻近之广东省输入石料及输出水泥往中国。当时青洲英泥不但提供就业机会及促进出口贸易，更承造多项主要公共建设，例如部分内港填海工程。多年来，青洲英泥不断兴盛，但在 1930 年，因广东省当局禁止水泥进口，公司主要收入大减，青洲英泥于 1936 年被迫关闭其澳门厂房”。在资料中还列出澳门青洲英坭厂摄于 1920 年的全厂远景图，见书前彩页首图。

1983 年新建投产的澳门水泥厂在其宣传资料中的“澳门水泥生产历史悠久”一文中写道：“九十多年前，澳门青洲已有一间著名的水泥厂，叫作青洲英坭厂。这个厂经营了五十年，颇见规模，所产翡翠牌水泥远销各地。不过，这个厂于三十年代结业，全部迁往香港”。

由《澳门日报》提供的澳门青洲英坭厂的全景图，见图 3-1。

从上述历史资料可以得出，1886 年英国人在澳门附近的青洲岛开办了一个厂名叫青洲英坭厂的水泥工厂。这个厂用广东省英德县的石灰石和当地的河泥、山石作原料，生产出的水泥，取“翡翠牌”商标，除供当地建设需要外，还出口到广东省。从图 3-1 看到，青洲岛的青洲英坭厂到 1920 年已具有相当大的规模。

1987 年 3 月 27 日香港《南华早报》广告栏中，在刊登“澳门青洲”为题的资料的同时，刊出“青洲水泥与香港”一文。文中写道：“青洲英泥早年在香港曾名噪一时，其公司创建于

Green Island Cement Factories, Macao.

图3-1 澳门青洲英坭厂全景图

1887 年 1 月 3 日，工厂设置在九龙海岸，当时那里还是一个不出名的地方。青洲英泥的历史，几乎在整个世纪里，与香港的历史是并行不悖的。她们在同一块土地上，幸免了战争的磨难，面临过改善生活的挑战，促进地方经济的兴起和打破贸易限制，以及保护自由市场经济的发展。青洲英泥公司为很多香港建筑工程提供水泥，如第一海军码头、市政工程、启德机场和许多香港的标志性建筑等等”。

香港青洲英坭有限公司所产水泥的商标是翡翠牌，见图3-2。在图中可看到标有“创自 1887 年”的字样。

图 3-2　香港青洲英坭厂水泥商标

广州水泥厂的史料中写道，香港青洲英坭公司采用广东省花县的石灰石作原料，用立窑生产水泥。1907 年曾派员帮助广东士敏土厂安装立窑等机器设备，1909 年又派窑工和化验师帮助操作立窑，解决生产难题，使工厂正常生产，并大幅度提高产量。

根据这些历史资料可以进一步得出：英国商人于1886年在澳门的青洲岛开办了第一个水泥厂，1887年在香港的九龙海岸又开办了第二个水泥厂；两厂同属青洲英坭公司，同取一个翡翠牌商标；1936年澳门的青洲英坭厂关闭，香港的青洲英坭厂则继续发展。

二、澳门和香港的有关历史

澳门包括澳门半岛、凼仔岛和路环岛等，历来是中国的领土，明、清时期归属广东省香山县（今中山市、珠海市）管辖。明朝嘉靖年间，葡萄牙人于1535年贿赂广东地方官吏，取得澳门半岛停靠船舶和经商贸易的便利，继而于1553年借曝晒水浸物品为名，在澳门半岛长期居留。鸦片战争后，葡萄牙人趁清政府战败之机，于1851年、1864年相继侵占了澳门半岛南面的凼仔岛和路环岛。光绪十三年，即公元1887年，葡萄牙政府迫使清政府先后签订了《中葡会议草约》和《中葡北京条约》，其中规定："葡国永驻管理澳门以及属澳之地，与葡国治理他处无异"。

据澳门史料记载："中国在青洲岛畔驻防的水师，直至光绪十六年（1889年）由两广总督答允葡人将水师船只移驻前山。此后，葡人便在莲峰庙，筑堤直通青洲，使青洲成为半岛，与澳门相连"。

众所周知，1949年中国革命胜利，中华人民共和国诞生，从中国大陆赶走了西方列强的侵略，洗刷了中国近200年来帝国主义强加给中国人民的耻辱。1999年12月20日，澳门继香港之后回到了祖国怀抱，成为中华人民共和国中央人民政府直辖的一个特别行政区。

从澳门的历史可以得出，在1886年澳门的青洲英坭厂创建时，澳门实际管理权虽已落入葡人之手，但从法律上讲，澳门仍属中国的领土，而澳门的青洲岛到1889年后才被葡萄牙殖民统治者所完全控制。1999年12月，澳门全部回归祖国，又成为中国领土的一部分。

香港包括香港岛、九龙和新界，归属广东省新安县管辖，自古以来就是中国的领土。1840年英国发动鸦片战争，强迫清政府于1842年签订《南京条约》，割让香港岛。1856年，英国又发动第二次鸦片战争，迫使清政府于1860年缔结《北京条约》，割让九龙。1895年中日甲午战争后，英国又趁列强瓜分中国之机，逼迫清政府于1898年签订《展拓香港界址专条》，强租新界，租期99年，到1997年6月30日期满。1982年9月英国首相撒切尔夫人访问中国期间，就中方提出的香港回归问题进行了讨论。1984年12月19日，中英两国政府领导人签署中英关于香港问题的联合声明。确定中国政府于1997年7月1日对香港恢复行使主权，英国政府届时将香港交还给中华人民共和国。中国政府对香港实施“港人治港”“一国两制”的政策。1997年7月1日香港顺利回归祖国，属中央政府直辖的特别行政区。

对照香港的历史可以看到，香港的青洲英坭厂于1887年创建时，香港岛和九龙的主权，无论是实际控制权或从法律意义上讲，都已落入英国人之手，这与澳门的青洲英坭厂开办时的历史背景尚有所不同。包括九龙和新界在内的整个香港于1997年7月1日又重新成为中国领土不可分割的一部分。

三、澳门青洲英坭厂与唐山细绵土厂

《启新洋灰公司史料》一书中记载，光绪十五年（公元1889年）十一月初五，唐山开平矿务局（开滦矿务局前身）督办唐廷枢，在筹建唐山细绵土厂过程中，给李鸿章的一份禀帖中写道："嗣于光绪十二年（1886年）冬间，请假回粤，路经澳门，知有余姓友人合资10万元，开办细绵土厂，询其所用物料，采用澳门之泥，英德县之灰石合炼，及细验其灰石，却逊于唐山所产者，而其泥亦不如香山县（广东省）里河之坦泥，职道因即函托之故陈道树棠，取来香山之坦泥，托交澳门细绵土厂制炼成锭，拉试其力，计以英德之灰石与澳门泥合炼者，能受重300磅；以英德之灰石与香山泥合炼者，却能受重360磅。旋将唐山之灰石寄至澳门厂，与香山之泥合炼成锭，拉试其力，竟有400磅之多。是知唐山之灰石，配合香山之泥，制作细绵土较比澳门厂所做者差胜"。光绪十五年十一月初十，李鸿章给唐廷枢的奏批："迅速妥议章程，克期开办"，即批准唐廷枢筹办唐山细绵土厂。

这段史料说明，澳门青洲英坭厂是合资企业，中国人持有一定股份；它曾为唐山细绵土厂做过建厂前的原料试烧，在唐山细绵土厂创办时早已生产水泥。

分析多方历史资料后可以做出判断：英国人办的合资企业澳门青洲英坭厂创办于1886年，当时工厂所在地澳门青洲岛属中国领土，是在中国最早出现的水泥厂；唐山细绵土厂始创于1889年，比澳门的青洲英坭厂晚了3年，是中国人开办的第一个水泥厂。也就是说，中国最早的水泥厂是中外合资企业澳门青洲英坭厂，唐山细绵土厂是中国最早的民族水泥企业。

四、澳门的水泥业

澳门的青洲英坭厂自建成后，生产规模不断扩大，经营日益兴旺，所产水泥除供当地建筑业的需要外，还大量出口，主要销往广东省。在海关统计资料中有据可查的是：1913年开始向中国出口；1921年出口高达1.7万吨；1930年仍出口1.2万吨。

广东省政府在澳门青洲英坭厂的影响下，于1905—1906年间开始办水泥厂，也采用立窑。该厂于1909年投产，不过产量很小，远不能满足广东市场之需要。随后在1929年开始建设回转窑厂。工厂于1932年投产，开始大批量生产水泥，1935年的年产量已达12万吨，与进口水泥发生激烈竞争。广东省政府为保护水泥市场，防止澳门青洲水泥进入本地，采用了中断石灰石供应和禁止进口等保护措施，迫使澳门青洲英坭厂无法继续生产，于1936年关闭。

在澳门，自青洲英坭厂关闭后，在很长一段时间内没有水泥生产企业，所用水泥全赖进口。20世纪70年代末，澳门经济迅速发展，尤其是建筑业，其增长速度远远超过往年。在这种形势下，澳门知名人士赵善略先生于1979年发起创建澳门水泥厂公司，开始筹建澳门水泥厂。工厂于1981年破土动工，1983年建成投产，年产量为65万吨水泥。

澳门水泥厂公司总投资为葡币2亿元，资本额葡币1亿元，股东包括澳门著名人士何贤和马万祺等，中国国际信托投资公司也是主要股东之一。水泥厂坐落在路环九澳，背山面海，由公路和海运与外界相接，占地123 800m^2。新建工厂是一个水泥粉磨厂，不生产熟料，建厂初期从日本进口熟料，后来又从大陆和其他地区购买。工厂由法国F. C. B公司设计，主要设备购自F. C. B公司，部分设备从德国购置。工厂全景如图3-3所示。从图可看到，这是一个现代化水泥粉磨厂。

澳门水泥工业中断47年后，由于澳门水泥厂公司的创建而得以延续。不过，企业名称、工厂位置、股本结构和技术水平等都发生了很大变化。创始人赵善略先生于1985年逝世，其后中国国际信托投资公司收购了赵先生的股份，成为澳门水泥厂公司的控股公司。现在，澳门水泥厂公司正在继续谱写着澳门水泥工业发展的历史。

图 3-3 澳门水泥厂

五、香港青洲英坭公司的发展

香港青洲英坭厂自 1887 年创立以后，不断革新技术，逐步扩大生产，所产水泥除供香港市场外还进入大陆市场，特别是在广东市场上，其竞争力很强。据中国海关 1904 年到 1947 年的进口水泥统计资料，香港青洲英坭厂在 1904 年就向大陆出口水泥 1 万多吨；在广东士敏土厂能正常生产的 1909 年，向大陆出口水泥近 4.3 万吨；在广东西村士敏土厂投产前的 1930 年，向大陆出口水泥高达 8 万吨。这样的数字在当时已是一个很大的进口量。此后，香港青洲英坭厂年年向大陆出口水泥，直到统计最后一年的 1947 年。

1949 年，中华人民共和国成立，西方列强侵略势力被赶出中国大陆。但是，他们不甘心失败，对中国大陆实行经济封锁，香港从而成为中国大陆与西方国家联系的唯一通道，发挥着经济桥梁作用。随着中国经济起飞，香港的经济桥梁地位日益显著，使她逐渐步入快速发展轨道。香港水泥的消费量相应地与日俱增，由水泥出口地区变成水泥进口地区。大部分水泥从大陆、台湾地区和日本进口，1965 年单从大陆进口水泥就有 68 万吨，1980 年达 83 万吨。

香港水泥市场引起了外国投资者的兴趣。美国凯撒（Kaiser）工程咨询公司于 20 世纪 80 年代初开始在香港建设一条日产 5000t 熟料的预分解窑新型干法生产线。厂址位于香港新界踏石角，占地 16 万平方米。由于工厂运输主要靠水运，建设了可容纳 6 万吨级货轮的主码头、可容纳 1 万吨级货轮的辅助码头和可容纳 6 艘 1 千吨级驳船的驳船码头。工厂于 1983 年建成投产，厂名叫中国水泥（香港）有限公司，商标取金鹰牌。

香港区域较小，既不出煤又无石灰石资源，在那里办水泥厂本来就是先天不足。在这种条件下凯撒公司在香港办水泥厂理应先解决石灰石矿山资源问题。然而，它却反其道而行之，先建成工厂后再去找石灰石矿。走遍了中国东南沿海各地，仍无法落实石灰石资源，不是没有资源，就是运输不便。只得从外国进口石灰石，成本很高，造成生产经营十分困难，陷入了不能自拔的困境。工厂停产了一年多，最后不得不在损失4 000万美元的情况下，于1985年将中国水泥（香港）有限公司卖给了香港的中国银行。

中国银行收购中国水泥（香港）有限公司后曾想将它转售给国家建材局，与局领导进行过多次接触，由于各种原因未能办成。后来，福建省信托投资公司和香港的长江实业（集团）公司都对此项收购表示兴趣，最终由长江实业（集团）公司从中国银行手中成功购得。

长江实业（集团）公司早已取得香港青洲英坭公司的控股权，购得中国水泥（香港）公司后，便将这两个公司合并组成青洲英泥（集团）公司，成为属下的一个子公司。

青洲英泥（集团）公司关闭了其在九龙的工厂，中国水泥（香港）公司在踏石角的工厂便成为自己的生产核心工厂，这样，全面刷新了落后的生产面貌，一跃而成为现代化的水泥企业，如图3-4所示。

中国水泥（香港）公司归青洲英泥（集团）公司后，先启动水泥粉磨系统，从国外进口熟料，制成水泥后出售。后来，与日本水泥厂商达成协议，以合理价格进口石灰石原料，接着就启动烧成系统，生产熟料，这样停产多年的设备全部开动了起来，美国凯撒公司建设的新型干法水泥厂重新恢复了生产。

中国水泥（香港）公司的工厂建于20世纪80年代初，其生产方法虽然采用了预分解窑新型干法，但许多技术装备已经落后。在预分解窑上采用四级旋风预热器，出口气体温度较高；生

图3-4　香港青洲英泥（集团）公司踏石角厂

料粉磨系统采用中卸磨而不是现在流行的立式辊磨；水泥粉磨系统采用传统的闭路管磨而不是现已普遍推广的预粉磨系统。这些因素造成生产热耗和电耗都比21世纪初建设的新型干法厂高得多，加上原、燃料都要长途跋涉从外地运来，所以工厂生产成本较高。

青洲英泥（集团）公司十分重视营销和市场工作。在香港各地设立了许多水泥仓库和分销站，此外还在广东省的珠海、深圳、沙田和沙角等沿海各地设立水泥转运站，通过这些设施以稳定客户和控制市场。在香港地区政府和企业的密切配合下，香港水泥市场比较有序。进入香港市场的水泥，其质量必须接受工务局的检验和获得许可；企业间组织起来的销售网络合作得很紧密，新来的销售商一般不易进入；水泥价格比较稳定并保持在一个较高的价位上。青洲英泥（集团）公司的水泥销售量占香港水泥需要量的一半，对市场做了大量工作，发挥了重要作用。由于销售和市场工作做得比较好，中国水泥（香港）公司自重新恢复生产以来，虽然成本较高，但是仍然取得了很好的经济效益，以致后来还能在香港上市发行股票。

青洲英泥（集团）公司经营中国水泥（香港）公司取得成功后，便向中国大陆扩张，先后在广东省建设了汕头水泥厂，兼并了云浮水泥厂。汕头水泥厂是一个水泥粉磨厂，采用从九龙厂拆下的旧设备而建成，所需熟料在全国采购，有时从国外进口，年产水泥70万吨。云浮水泥厂被兼并后改名为广信青洲水泥有限公司，有一条年产60万吨熟料的新型干法生产线，全套设备购自法国F. C. B公司，所产水泥主要在珠江三角洲销售。广信青洲水泥有限公司拥有丰富的石灰石资源，且品质优良，市场需要时可建设新的生产线。

在考证中国最早的水泥厂的过程中，同时看到了我国港澳地区水泥业的发展历史，它与中国大陆水泥业的发展有着密切联系。唐廷枢创建中国人办的第一个水泥企业唐山细绵土厂时，借鉴了澳门青洲英坭厂的许多经验；中国人创办第二个水泥企业广东士敏土厂时，得到香港青洲英坭厂的帮助。澳、港地区水泥业的诞生对中国民族水泥业的兴起发挥了积极作用。在漫长的岁月中，中国港、澳地区与大陆的水泥产品互有进出，在水泥市场上既有竞争，又有互补。随着香港的回归，青洲英泥（集团）公司已成为中国南方的一个重要水泥企业。澳门的青洲英坭厂与唐山细绵土厂一起在中国水泥史上写下了重要的开篇。

第 二 部 分

1889—1949 年

第四章　中国民族水泥工业的兴起

清末光绪十五年（1889 年）到光绪三十三年（1907 年）间，中国先后诞生了三个水泥厂，即最早的民族水泥企业唐山细绵土厂，以及相继开办的广东士敏土厂和湖北水泥厂。这标志着中国民族水泥工业的兴起。

一、兴起的历史背景

19 世纪 40 年代清朝鸦片战争失败，中国从此由一个腐败、落后、封闭的封建社会沦为半封建、半殖民地的社会。政治上，领土完整被破坏，关税主权和司法主权受到严重侵犯，失去了独立自主的地位；经济上，门户被打开，列强各国大量倾销商品，自给自足的自然经济沦为商品市场和原料供应地。中国人民更加贫困，广大农民陷入饥饿、死亡的悲惨境地，农民起义烽火四起，最为突出的太平天国农民战争，虽然失败，但沉重地冲击了清政府统治。

面对西方列强侵略和国内人民反抗，清政府处于“内忧外患”的双重威胁之下，深感武器低劣，力不从心。于是，清政府内部贵族与官僚主张学习西方工艺技术，提出“中学为体、西学为用”的指导思想，以“自强”为口号，19 世纪 60 年代开始创办近代军事工业，以“寓强于富”为口号，70 年代又开始创办近代民用工业。

主张学习西方技艺的这些贵族与官僚，后人称他们为洋务派。创办近代军事工业和民用工业的活动则称之为洋务运动。洋务派的主要代表在中央政府中有奕䜣，在地方封疆大吏中有曾国藩、李鸿章、左宗棠、崇厚和后起的张之洞等。

从1861年曾国藩创办安庆军械所算起，到19世纪90年代，清政府陆续开办了近代军事企业24个。其中比较著名的有：曾国藩、李鸿章于1865年创办的江南机器制造总局；李鸿章同年在南京创办的金陵机器局；左宗棠于1866年创办的福州船政局；崇厚在1867年创办的天津机器局以及张之洞在1890年创办的湖北枪炮厂等。

洋务派在创办军事工业的过程中认识到，军事工业必须由民用工业作支撑，通过开办民用工业解决原材料供应和财政困难问题。为了求强必先求富，于是在开始创办军事工业的一年后，便开始创办民用工业。

民用工业除少数采用官办或官商合办外，大都采用官督商办形式。当时比较著名的民用企业有：1872年开办的轮船招商局，1877年创办的开平煤矿，1880年设立的天津电报局，以及陆续兴建的上海机器织布局、上海燮昌火柴厂、湖北织布局和汉阳铁厂等等。

洋务运动从19世纪60年代开始，延续了仅30多年，然而它对中国现代工业的创建和发展有着深远的积极影响。现代工业的产生必然促进现代建筑业的兴起，而现代建筑业的存在和发展又必须以水泥工业为基础。就这样，在中国大地上，一个前所未有的崭新的水泥市场产生了。当时，中国没有水泥厂，也就没有水泥供应，建筑业所用水泥全靠进口。从当年海关贸易册统计资料中查得：清末民初年间，水泥进口数量见表4-1，表中所列的仅是通过海关进口的数量，而大量不经海关走私到内地的尚不包括在内。不过，从这里可窥出当时中国水泥进口状况的一斑。光绪年间历年进口大量水泥，清朝末年，即1910年，水泥进口量近10万吨。

表4-1　清末民初年间水泥进口数量统计表　　单位：担

年份	进口总量	主要出口国与地区及其出口量				
		日　本	香港地区	越　南	澳门地区	朝　鲜
1904	553 581	19 511	214 438			
1905	553 581	40 024	450 203			
1906	913 309	41 490	574 175			
1907	1 592 147	105 062	576 362			
1908	1 411 194	305 036	632 448			
1909	1 855 232	362 638	867 412			
1910	1 973 548	669 998	675 926			
1911	779 531	272 638	370 029			
1912	489 156	134 003	226 472			
1913	618 019	305 177	137 596	76 314	25 715	
1914	901 263	337 994	314 104	88 951	40 956	
1915	701 119	190 393	327 594	29 434	92 871	
1916	826 878	374 126	199 963	14 423	152 403	
1917	705 734	306 060	254 412	33 683	51 561	
1918	862 320	591 114	117 637	11 060	98 380	5 255
1919	1 515 189	1 056 255	150 883	109 665	151 152	5 021
1920	1 751 845	684 356	252 569	322 527	284 358	220 958
1921	2 533 918	972 468	470 176	422 287	344 969	269 517

在洋务运动创办现代工业的潮流中，在新生水泥市场的强力拉动下，中国民族水泥工业诞生了。

二、唐山细绵土厂的创办和再建

光绪三年（1877 年），广东籍人士唐廷枢开始任开平煤矿总办。他在长期工作中屡屡看到，工程建设所用大量水泥全由国外进口，而且价格非常昂贵，每桶达银洋 20 元。后又了解到，唐山有大量能用以制造水泥的原料石灰石。于是，萌发了创办细绵土厂的想法。

光绪十三年（1887 年）冬，唐廷枢回到广东故里，从余姓朋友那里得知，澳门青洲英坭厂采用广东英德县石灰石与澳门当地河泥作原料，已成功地烧制出水泥。又获悉，用广东香山县里河坦泥烧制水泥比澳门河泥更好。唐廷枢返回开平煤矿后，随即将唐山石灰石与里河坦泥送往澳门青洲英坭厂试烧。在那里试烧成功后，为可靠起见，又多次将原料送到英国试烧。英国的屡次试验结果都证明，采用唐山石灰石和香山县里河坦泥可制得品质优良的水泥。

唐廷枢通过多次试验掌握了可靠数据后，决定创办细绵土厂。于光绪十五年（1889 年）十一月初五向李鸿章上奏禀帖，陈述了寻找原料的经过和试验结果，提出拟在唐山建立细绵土厂。

李鸿章接唐廷枢禀帖后的第五天即批示："前将唐山所产灰石与香山里河坦泥配合炼成，经英国著名化验师并卜伦各厂迭次试验，推为头等细绵土，受拉之力竟有四百磅之多，果如所言，询为最上之品。此项细绵土系制造工程必需之物，若能自造合用，较之购之外洋，运费大省。……迅速妥议章程，克期开办，以资应用。"从此，批准唐廷枢开办细绵土厂。

光绪十五年十一月十五日，唐廷枢再次给李鸿章奏禀帖，报告细绵土厂筹办情况，并呈办厂章程，包括办厂宗旨、资本筹集等条款。就这样，唐廷枢在李鸿章的支持下正式开办唐山细绵土厂。

唐山细绵土厂是官商合办的企业，开始办厂时筹得6万两银子，其中政府军械局出资2万两，开平煤矿出资2万两，里河坦泥产地香山县绅士、唐廷枢好友出资2万两。工厂厂址选定在唐山大城山南麓，即今唐山陶瓷厂院内。主要原料石灰石就地开采，土料由广东香山股东雇人挖取，将其制成砖坯经晾干后运到澳门，再雇船或用开平煤矿运煤船返空时运回。煤炭由开平煤矿按成本供给。光绪十六年（1890年）秋，外国设备运抵工厂并开始安装，次年即建成投产。工厂占地66亩，有立窑4座及相应设备，日产量近30吨。

唐山细绵土厂投产后，生产成本很高，水泥质量较差，甚至不如当地土产石灰，销售十分困难，因此工厂亏损严重，不仅股本亏赔尽失，还欠开平煤矿银10万余两。1892年，工厂创始人唐廷枢病故，江苏候补道张翼接替唐廷枢任开平煤矿总办。张翼见细绵土厂亏赔数额巨大，于1893年便奏请朝廷关闭。唐山细绵土厂从1889年开办到1893年关闭，生产时间仅两年多。

甲午中日战争后，中国出现“设厂”浪潮。开平矿务局总办周学熙于光绪二十六年（1900年）初，奏章清朝直隶总督裕禄，请求重新开办细绵土厂。

周学熙系安徽秋浦县人，清朝举人，花翎头品顶戴，工部郎中，直隶补用道。历任直隶通永道、天津河间府兵备道、长芦盐运使、直隶按察使。除在官府任职外，还担任过矿业联合会正理事、全国棉业筹备处督办兼领长芦棉垦局事务、中国实业银行总经理等职。周学熙请求重办细绵土厂时任长芦盐运使。

光绪二十六年七月，裕禄准奏并委派周学熙重办唐山细绵土厂。周学熙接任后随即委任开平矿务局矿师李希明任工厂总经理，着手重办工厂事宜。

在周学熙重办细绵土厂过程中，八国联军出兵中国，镇压义和团运动，很快就攻占了天津和唐山，英军在天津逮捕了张翼。在英军的威逼利诱下，张翼将开平矿务局产权出卖给英国墨林公司，唐山细绵土厂随开平矿务局同时被英国人所占有。周学熙重办细绵土厂事宜由此而被搁浅。

1903年袁世凯出任北洋大臣后，先后三次上奏朝廷参张翼出卖主权。清政府因此责成张翼收回开平矿务局和细绵土厂。张翼经多次交涉，始终未果。1906年，袁世凯以北洋大臣身份责令周学熙收回细绵土厂。经过几番周折，周学熙于1906年8月终于从英国人手中收回该厂，将工厂改名为唐山洋灰公司，又开始重办工作。

唐山细绵土厂自1893年关闭到1906年收回重办，已停办了13年，工厂设备不仅技术已落后于时代，而且由于长期搁置而破烂不堪，必须投入资金进行改造和扩建。周学熙用低价收购了工厂全部资产，并还清了旧股债务。此后，在袁世凯的支持下，一面恢复生产，一面募集资金，着手改、扩建事宜。

公元1907年8月16日周学熙等人制定“洋灰公司创办章程”。章程规定：“公司定名为启新洋灰有限公司”。中国水泥史上赫赫有名的“启新”就在这里诞生。章程还规定：“一切均照有限公司定例办理”，因而章程对股票、账目、营业、股息分红等事宜，以及公司组织机构、领导人选举等都做出明文具体规定。可见，中国民族水泥工业在创始阶段是按西方国家的模式开办企业的。

启新洋灰公司是中国金融史上最早发行股票募集资金的企业。章程第五条规定：“资本。本公司资本，以100万元为额，凡系本国人民，均可附设，无论官、绅、商、庶入股者均一律享股东之权利。”章程第七条规定：“股票。本公司正股数定为2万股，每股龙洋50元。其先入之1万股，每10股另给优先股一股，以示提倡。”周学熙在章程公布后不久即招齐100万元股金。

启新洋灰有限公司选举周学熙为第一任总经理。他任此职由1907年开始到1927年止，长达20年。周学熙吸取了细绵土厂因技术落后和产品质量低下而导致失败的经验教训，抛弃了立窑生产方式，采用当时世界上最先进的干法回转窑技术，不惜重金向丹麦史密斯公司购买了2台 $\phi 2.1\times 30m$ 干法中空回转窑，以及生料磨、水泥磨和其他相应设备。同时聘请德国人昆德为总技师（总工程师）、德国人鲍楼布克和马赤担任烧窑工，以确保生产顺利进行。

回转窑生产线建在老厂以东500米处，占地300余亩。1907年3月开始边施工、边安装设备，到11月建设工程竣工，设备安装就绪。1908年1月正式投产，每天生产水泥700桶（每桶170公斤），产品商标为太极图牌，后又改为马牌，其质量可与进口水泥相媲美，很快就取得海内外信誉。

启新洋灰有限公司的成立，使启新水泥厂从唐山细绵土厂开始的百年征途中走上了一个新阶段。纵观中国水泥发展史，唐山细绵土厂是在华夏大地上中国人办的第一个水泥企业，它是中国民族水泥工业兴起的脊梁，对促进民族水泥工业发展起到了重要作用。启新洋灰有限公司在中国首先采用干法中空回转窑取代落后的立窑，这对当时中国水泥工业的技术进步具有示范作用。

唐廷枢和周学熙先生是启新水泥厂的创始人，也是中国民族水泥工业的先躯，他们对中国水泥工业发展做出了不可磨灭的贡献。

三、广东士敏土厂的创建

光绪三十一年到三十二年（1905—1906年）间，岑春煊主持广东政务，奉朝廷之命欲前往广西剿匪。因军饷欠缺，向前任广州海关库书周东生筹饷，遭拒绝。于是，岑春煊将他任内的舞弊案向朝廷告发，清政府将周东生财产全部没收。在没收的财产中有供香港青洲英坭厂石灰石的花鼠岩矿山和广州河南草芳园一带的田产等。

此时广东水泥全靠进口，市场紧俏，利润极佳。岑春煊经报清政府同意，决定利用没收财产创办广东士敏土厂。用飞鼠岩石灰石作原料，厂址建在广州河南草芳园田产上。

为开办士敏土厂，岑春煊募得资金共120万银元。其中，广东善后总局和两广盐运使拨官银40万银元，向进口商贷款80万银元。由洋务督办温宗尧向德国礼和洋行订购日产500桶生产能力的立窑生产设备。

光绪三十三年（1907年）开始工厂土木建筑和设备安装。聘用德国工程师赛仁作技术指导。在建设过程中，赛仁与中方闹翻，礼和洋行另聘一名叫克利希的德国工程师取代赛仁。然而，克利希不熟悉水泥设备，安装工作无法顺利进行。在这种情况下，厂方只得聘请香港青洲英坭厂机械师李国赛来指导机器安装。开工建设两年后，即1909年的1月，全厂设备终于安装就位，接着投入试生产。水泥商标取名为威凤祥麟牌。

在三个月的试生产中，每窑每天只能出熟料3～6桶，产量无法提高。厂方与礼和洋行交涉，由于德国人推诿为窑工不熟悉操作，于是雇佣香港青洲英坭厂的熟练窑工上岗，虽将工厂产量提高到日产100余桶，但与500桶的协议产量仍然相差很大。1909年7月，工厂总办聘请香港青洲英坭厂化验师施䌹裳担任广东士敏土厂化验师。施䌹裳对工厂设备进行全面考察后，提出了诸如改善立窑通风等一系列技术措施。此时正值工厂领导更迭，新任厂总办迷信西洋设备，不敢采纳施䌹裳的建议，只是与礼和洋行交涉，要求赔偿。礼和洋行仍然推诿窑工操作不熟练，要求厂方用高薪聘请德国立窑窑工来厂培训工人。工厂总办接受德方要求，对值班窑工都按德方要求进行了训练，但生产仍无起色。1911年，工厂总办再次更换，继任者采取了施䌹裳的建议，从此生产状况大有好转，工厂日产量由100余桶猛增至400~500桶，基本达到协议产量。厂领导决定由化验师施绸裳兼管烧窑，工厂生产管理和产品经营都有很大改观，威凤祥麟牌水泥在进口水泥一统天下的广东水泥市场上取得了一定份额。广东士敏土厂就这样艰难地创建起来。特别要指出的是，这个厂完全是官办的，说明在清朝末期，我国就产生国有水泥企业。广东士敏土厂是我国最早的国有水泥厂。

四、湖北水泥厂的开办

光绪三十三年（1907年）初，湖广总督张之洞根据修筑粤汉铁路需要大量水泥的情况，发布告示招商兴办水泥厂。同年2月，清华实业公司总经理程祖福上书应招。7月，张之洞批准商办湖北水泥厂，并委任程祖福为该厂总办。

程祖福获准办厂后便开始筹集资金。筹得42万两银股本金后即开展选择厂址、置地和采购机器等建厂事宜，边建设边筹集资金。

湖北水泥厂建设总投资近200万两银。除42万两银的股本金外，其余都靠借贷筹得。在1908年到1910年间，分别向吉林官银号借68万两银、向湖北官银号借13万两银、向日本三菱公司借日币72万元，共借款150万两银，每年还本付息达22.5万两银。由于股本金太低，还本付息负担过重，这就种下了日后工厂陷入财务困难和遭兼并的根子。

水泥厂厂址选定在湖北省大冶县黄石港明家咀。该地紧靠石灰石矿山，面临长江，上游距武汉143公里，下游可直达南京、上海各大商埠，运输十分便利。

程祖福在上海通过德商瑞记洋行购得全套干法回转窑工艺设备，包括2台 $\phi 2.1 \times 35m$ 回转窑、2台 $\phi 1.8 \times 7.3m$ 生料磨、2

台 $\phi1.8\times7.3$m 水泥磨和 2 台 $\phi1.8\times18$m 回转式干燥机等等。工厂土木工程由上海姚新记承建，整套设备由瑞记洋行负责安装。

经过近两年的建设，工厂于 1909 年 5 月 2 日建成投产，日产水泥 180～200 吨，使用宝塔牌商标。宝塔牌水泥品质优良，曾获清宣统二年（1910 年）在南京举办的南洋劝业会金、银奖各一枚，为中外人士所信赖，很快就打开了国内外市场。

湖北水泥厂的崛起是中国民族水泥工业的重大拓展，在广阔中原大地上升起了一颗灿烂的水泥生产新星，与启新洋灰有限公司、广东士敏土厂形成北、南、中三足鼎立之势，分布在中华大地上，共同开创了民族水泥工业兴起的新局面。

从上述三家企业创办过程可以看出，中国民族水泥工业都是在政府的提倡和支持下兴起的，或由政府出资，或由民间出资，或由政府与民间共同出资。早在 1907 年就采用发行股票的方法来募集资金建厂。

中国水泥工业产生时，正值欧洲各国水泥界流行立窑生产技术，所以在 19 世纪末我国所建水泥厂都采用立窑。1895 年美国人发明回转窑后，到 20 世纪初，干法回转窑技术已趋成熟，在欧美各国作为一项新技术而被迅速推广。此时，中国水泥工业生产技术也随之由立窑转向干法回转窑，启新洋灰有限公司于 1906 年由立窑改用干法回转窑，湖北水泥厂创办时就直接选用干法回转窑生产技术。采用回转窑的工厂，投产都较顺利，达到预期产量的时间都较短；产品质量好，很快就能打开销路，那时就已充分显示出回转窑生产技术的优越性。

清朝末年，即宣统三年（1911 年），启新洋灰有限公司、广东士敏土厂和湖北水泥厂等三家厂的水泥总产量为年产 10 万多吨。这个数量今天看来并不大，然而已接近清末年间有据可查的水泥最高年进口量（1910 年），当时已相当可观，这象征着中国民族水泥工业已经兴起，并为今后发展打下了基础。

第五章　日本水泥资本进入中国

外资水泥企业很早以来就是中国水泥工业中不能忽视的一部分。在不同历史时期，中国的外资水泥企业屡见不鲜。1886 年，在澳门创办了中英合资青洲英坭厂后，日本水泥资本从 1905 年开始进入中国，陆续开办了一大批外国独资水泥企业。

一、日资进入的历史背景

1868 年，日本发生资产阶级革命，明治维新推翻德川幕府统治，建立带有封建色彩的资产阶级天皇制政权，从此走上资本主义发展道路。明治维新后，日本政府为商品生产扩展市场，制定了旨在征服中国和东亚各国的大陆政策，加入了西方列强行列，侵略亚洲各国，把自己置于同亚洲各民族对立的地位，迅速发展成为军事帝国主义国家。

19 世纪 70 年代末，日本多次武装侵略朝鲜，夺取政治、经济上的特权。1885 年，日本与中国清朝政府签订《天津会议专条》，其中规定，朝鲜如果发生重大事变，中日两国有同等出兵权利。1887 年，日本制定《讨清国策》，决定以 5 年为期完成侵华战争准备。至 19 世纪 90 年代初，日本已建成新式陆、海军，拟订了入侵朝鲜和对中国作战的计划。

1894 年初，朝鲜东学党发动大规模农民起义。朝鲜国王要求清政府派兵协助镇压。日本获此情报后便秘密下达战争动员令，并通过外交途径怂恿清政府派兵“助剿”。当年 6 月，中国清政府派1 500名官兵入朝。日本以《天津会议专条》为据，乘机出兵入侵朝鲜。日本政府训令日驻朝公使："促成中日之冲突，为今日之急务。为断行此事，可取任何手段"。十分明显，日本蓄谋制造侵略中国和朝鲜的借口。

清政府官兵到达朝鲜牙山时，东学党起义已经结束。清政府照会日本，要求双方同时撤军。日本拒不撤退。1894年7月，部分清军移驻平壤，同时租用"高升号"等轮船载兵增援牙山清军。7月25日，日本海军在牙山口外丰岛海面，突袭中国载兵轮船，"高升号"被击沉，800多人壮烈牺牲。7月28日，日军进攻驻牙山清军。清军失守牙山，残部退至平壤。8月1日，中日双方同时宣战，甲午战争正式爆发。

在战争中，日军占领了朝鲜，清军退回中国境内。经过黄海大战和威海卫战役，清政府消耗大量钱财和人力建立的北洋海军全军覆没。在辽东战役中，日军分两路大举入侵，一路偷渡鸭绿江攻占丹东东北的九连城和丹东市；另一路从花园口登陆，占领金州，攻陷旅顺、大连。日军在旅顺进行大屠杀，全城18 000多居民全部被杀害，仅留36人埋尸。1895年3月，日军发动总攻，占领了山海关外的牛庄、营口和田庄台。在海上，日本还攻击了澎湖列岛等地。

在日军大举进攻下，清政府决意求和，派李鸿章到日本马关（今为下关）进行谈判。1895年4月17日，清政府接受日方条件，签订了丧权辱国的《马关条约》。主要内容有：清政府承认日本对朝鲜的控制；割让辽东半岛、台湾和澎湖列岛；赔款白银2亿两；增开重庆、沙市、苏州、杭州为通商口岸；允许日本人在中国通商口岸设立工厂等。

签约后，沙皇俄国因日本占领辽东半岛，有碍它向中国东北的扩张，立即纠合法国、德国，要求日本放弃对辽东半岛的占有。日本被迫同意清政府交付3 000万两白银"赎回"辽东半岛。从此开始，日俄两国在中国东北地区进行不断的争斗。

1896年6月，沙皇俄国乘中国在鸦片战争失败后被世界列强纷纷入侵和瓜分势力范围之机，诱使清政府签订了《御敌互相援助条约》，又称《中俄密约》。该条约以保护中国不受日本侵略为名，使沙皇俄国从中国取得修筑和经营中东铁路的特权。后来又窃取了对这条铁路沿线地区的经营管理权，以及沿铁路地区开采煤矿、采伐木材的权利。1897年，沙皇俄国出兵侵占旅顺口，强迫清政府签订《旅大租地条约》，强“租”辽东半岛25年；并给予修筑中东铁路支线（南满铁路）的特权。就这样，中国辽阔富饶的东北地区都成了沙皇俄国的势力范围。

沙皇俄国在远东地区不断扩张势力，与日本的侵略政策发生了冲突。1904年2月8日，日本不宣而战，突然进攻驻守在旅顺口的俄国舰队，2月10日，日本对俄正式宣战，在中国土地上爆发了日俄战争。这场战争以沙皇俄国的失败而告终。在美国的调停下，1905年9月5日，日俄签订《朴资茅斯和约》。在和约第5条中，俄国承认将从中国攫取的辽东半岛租借地及其附属的一切权益转让给日本；第6条中，俄国承认将从长春到旅大间的铁路与其支线，以及铁路所附属的一切特权和财产，包括煤矿在内，都转让给日本。此外，日俄两国合谋，以保护满洲铁路为名，在《附约》中规定，在他们各自霸占的铁路沿线，平均每一公里有配备15名“守备兵”的权利。从此以后，我国东北地区的南部就变成为日本的势力范围，北部成为沙皇俄国的势力范围。

民国七年（1918年），段祺瑞政府与日本政府秘密签订《共同防敌军事协定》，派出军队由日本人指挥，随同日军出兵西伯利亚，干涉俄国革命。短期内进入东北的日军达7.8万人，日本迅速取代了沙皇俄国在东北北部的侵略地位，从此日本侵略势力扩展到整个东北地区。

1931 年 9 月 18 日，发生“九·一八事变”，日军对沈阳发动进攻，第二天占领沈阳全城，不到 4 个月就侵占了整个东北地区，中国东北沦为日本的军事占领区。1937 年 7 月 7 日，爆发“卢沟桥事变”，日本帝国主义的侵略魔爪开始伸向华北、乃至全中国。

随着日本侵略范围在中国的扩张，日本水泥资本大举进入中国，首先在东北地区发展，后来又拓展到华北地区。

二、小野田洋灰制造株式会社进入东北地区

19 世纪 80 年代，日本有两家著名的水泥制造商。一家叫小野田洋灰制造株式会社，属日本三井财团系统，从 1884 年开始生产水泥；另一家叫浅野洋灰株式会社，具有日本三菱财团的背景，从 1886 年开始生产水泥。这两个企业在很长一段时期内占据着日本水泥工业的主导地位。日俄战争后，小野田洋灰制造株式会社作为日本水泥资本率先进入我国东北地区。

光绪三十一年（1905 年），小野田洋灰制造株式会社派员到中国东北地区对矿山资源等建厂条件进行考察，最后选定在大连建厂，厂名叫小野田洋灰制造株式会社大连支社。大连是南满铁路终点，又濒临大海，通过铁路可将产品运抵东北腹地，通过海运，可将水泥运到日本、东南亚和中国沿海地区。这里不仅交通方便，而且石灰石资源丰富、品位高、容易开采，建厂条件非常好。

小野田洋灰制造株式会社在大连选定周水子泡崖屯为大连支社的建厂地。光绪三十三年（1907 年）破土动工，采用当时世界上技术先进的干法回转窑工艺，一开始就建设 2 台 $\phi 2 \times 30m$ 干法中空回转窑，以及生料磨、水泥磨等其他配套设施。经过近两年的建设，于宣统元年（1909 年）竣工投产。工厂设计能力

年产水泥3万吨，实际年产量达2.6万吨。产品用龙牌商标，全由日本三井物产株式会社包销，主要在东北地区销售。

清朝末年（1911年），青洲英坭厂所在地澳门已归属葡萄牙，这样，在中国大陆有4个水泥厂：启新洋灰有限公司、广东士敏土厂、湖北水泥厂和日本独资的小野田洋灰制造株式会社大连支社，年总产量为13万吨左右。这四个厂中，有三个厂采用干法回转窑工艺，其产量占全国总产量的80%多；只有广东士敏土厂采用立窑工艺，其产量不到总产量的20%。可见，当时我国水泥工业就有回转窑与立窑并存的技术结构，而且回转窑水泥产量比立窑水泥要多。

第一次世界大战结束后，小野田洋灰制造株式会社趁德国战败之机，于1918年冬天接办了德国人在青岛仓口区的立窑水泥厂。该厂名叫山东洋灰公司，年产水泥1.5万吨，行销青岛、大连和上海等地。

1922年到1923年，小野田洋灰制造株式会社大连支社进行第一次扩建，增设一条$\phi 3/2.5 \times 60m$带余热锅炉的干法回转窑生产线，使全厂水泥年生产能力增加到13.6万吨。1927年到1928年又进行第二次扩建，增设一条$\phi 3 \times 60m$带余热锅炉的干法回转窑生产线，使全厂水泥年生产能力进一步增加到25万吨，实际最高年产量达到20万吨。

随着产量增加，大连支社不断开辟新的水泥市场。除继续在东北地区销售外，还向华北、华中、华南和台湾地区销售水泥，另外还返回日本和出口到南洋群岛各国。带余热锅炉的干法回转窑在20世纪初是一项干法水泥生产的新技术。小野田洋灰株式会社于1919年在日本工厂建设了第一条这种窑型的生产线。在大连支社1922年到1923年的第一次扩建中也采用了该窑型。这是中国从外国引进的第一条带余热锅炉的干法回转窑，它对我国水泥窑型的发展产生了一定影响。

"九·一八"事变后，日本军队占领了整个东北。日本水泥资本随之在东北地区进行全方位扩展，迅速建立起一批水泥工厂。

小野田洋灰制造株式会社对大连支社完成二次扩建后，于1934年4月在鞍山建成鞍山工厂。由大连支社供应熟料，利用鞍山钢铁厂高炉矿渣作混合材，生产高炉矿渣水泥，工厂设计能力为年产水泥13万吨。鞍山工厂投产后，小野田洋灰制造株式会社在中国成立关东州小野田洋灰制造株式会社，统管中国事务。大连支社和鞍山工厂相应更名为关东州小野田洋灰制造株式会社大连工厂和关东州小野田洋灰制造株式会社鞍山工厂。

1935年5月，关东州小野田洋灰制造株式会社在辽宁省昌图县开始建设泉头工厂，于1936年4月竣工投产，设计能力为年产水泥16万吨。建设泉头工厂是为了沈阳市场的需要。

1941年11月，关东州小野田洋灰制造株式会社又在辽阳建成设计能力为年产水泥15万吨的小屯工厂。该厂所采用的生产技术与大连工厂和泉头工厂都不同，是立波尔窑技术。回转窑尺寸为$\phi 4\times 42$m，炉篦子加热机尺寸为3.27×21.5m，设计小时产量为21吨熟料。立波尔窑的操作比中空回转窑复杂，影响因素多，致使投产后经很长一段时间才运行正常。

至此，日本小野田洋灰制造株式会社于1905年到1941年间在中国开办了4家水泥企业，水泥年生产能力达69万吨。另外接办了一家年产水泥1.5万吨的立窑厂。

三、浅野洋灰株式会社进入东北地区

日本另一家著名水泥制造商浅野洋灰株式会社作为日本水泥资本，步小野田洋灰制造株式会社之后尘，从1932年开始进入中国。

首先在东北的辽宁省辽阳县建设满洲磐城洋灰株式会社辽阳

工厂，其设计年产水泥能力为13万吨，于1933年建成投产。满洲磐城洋灰株式会社是浅野洋灰株式会社在中国组建的管理中国事务的企业。

接着，派员北上，到哈尔滨考察建厂条件。1934年开始建设哈尔滨洋灰股份有限公司哈尔滨总厂。在这里建设一条$\phi 3.5\times 65m$干法中空回转窑生产线，设计小时产量15吨熟料，于1935年建成投产，年产水泥能力为10万吨。

1936年8月，浅野洋灰株式会社在辽宁本溪建成满洲磐城洋灰株式会社本溪工厂。该厂装备一条$\phi 3.5\times 60m$干法中空回转窑生产线，设计能力为年产矿渣水泥10万吨。由于销路很好，于1938年扩建一条$\phi 3.7/3.3\times 70m$干法中空回转窑生产线，新增生产能力10万吨，使本溪工厂总生产能力达到年产水泥20万吨。

本溪工厂厂区面积狭窄，无法进一步扩大生产，满洲磐城洋灰株式会社为扩大生产，只得另选厂址。1940年选定本溪的团山子为新的厂址，开始建设本溪工厂分厂。利用从日本富田工厂和富山工厂拆迁来的旧设备，于1942年建成2条$\phi 3.3/3.7\times 70m$干法中空回转窑生产线，年产水泥能力17万吨。

满洲磐城洋灰株式会社在扩建本溪工厂的同时，沿铁路南下，到安东（今丹东）建厂。安东与朝鲜接壤，近临大海，是辽东半岛上一个很有前景的商业城市。于1940年建成安东工厂，设计能力为年产水泥18万吨。

浅野洋灰株式会社在建成哈尔滨洋灰股份有限公司哈尔滨总厂后，沿中东铁路东进，在牡丹江建设哈尔滨洋灰股份有限公司牡丹江分厂。该分厂于1938年8月破土动工，建设一条立波尔窑生产线，立波尔窑的规格尺寸与小野田洋灰制造株式会社小屯工厂的完全一样，生产线的设计能力也是年产15万吨水泥。牡丹江分厂的立波尔窑生产线于1941年4月建成投产，比小屯工厂的投产日期早半年多，是我国最早建成的立波尔窑生产线。

立波尔窑在20世纪20年代发明于德国。后来，日本从德国购买立波尔窑设备建成一批水泥工厂。牡丹江分厂和小屯工厂的立波尔窑设备都是从日本拆迁到中国来的德国设备。从此，德国的立波尔窑技术通过日本的转手而引入到中国。这为中国立波尔窑的发展创造了技术条件，对中国水泥窑型的发展增加了一个新的选择。

哈尔滨洋灰股份有限公司牡丹江分厂的石灰石矿山在吉林省汪清县的庙岭。浅野洋灰株式会社利用资源的便利，在那里建设了年产9万吨水泥的庙岭工厂，产品在周围地区销售。

浅野洋灰株式会社乘吉林丰满水电站建设需要大量水泥之机，建设了年产25万吨水泥的满洲浅野洋灰株式会社吉林工厂。该厂有2条干法中空回转窑生产线，生产水泥除供应吉林外，还销往长春等城市。

锦州是东北的南部重镇，临近关内广大地区，是东北入关的必经之路。1939年，浅野洋灰株式会社开始在锦州建厂，利用从日本拆迁来的旧设备建设两条干法中空回转窑生产线，于1942年竣工投产，年设计能力为20万吨水泥。工厂最初定名为大同洋灰株式会社锦州工厂，后来改名为满洲浅野洋灰株式会社锦州工厂。

1944年，浅野洋灰株式会社通过其所属的大同洋灰株式会社收购了抚顺洋灰株式会社的抚顺工厂。该厂有2条中空回转窑干法生产线，年设计能力为30万吨水泥。抚顺工厂被收购后改名为满洲浅野洋灰株式会社抚顺工厂。满洲浅野洋灰株式会社是浅野洋灰株式会社的专管中国事务的另一个企业。

至此，浅野洋灰株式会社于1932年到1942年的11年间，在中国建成10个水泥厂，水泥总生产能力为177万吨，与小野田洋灰制造株式会社相比，真是后来居上。

四、成立满洲水泥生产统制组合

自日俄战争到第二次世界大战结束，即1905年到1945年的40年间，日本水泥资本在中国东北地区投资建设了14个水泥厂。在太平洋战争爆发后，日本伪满政府为加强对水泥厂的管理，于1943年8月成立满洲水泥生产统制组合。当年该统制组合将哈尔滨洋灰股份有限公司的哈尔滨总厂和牡丹江分厂，以及浅野洋灰株式会社的庙岭工厂都划归关东州小野田洋灰制造株式会社管理。这样，关东州小野田洋灰制造株式会社管理东北地区的7个工厂；满洲磐城洋灰株式会社管理东北地区的4个工厂；满洲浅野水泥株式会社管理东北地区的3个工厂。1943—1945年间满洲水泥生产统制组合下属的日资水泥企业名称列于表5-1。表中所列14个水泥厂的水泥年生产能力总共为246万吨，占当时全中国水泥总生产能力的57%，成为中国水泥工业的重要组成部分。

表5-1　1943—1945年间满洲水泥生产统制组合下属日资水泥企业名称

序号	企业名称		水泥生产能力
	公司	工厂	万吨/年
1	关东州小野田洋灰制造株式会社	大连工厂	25
2	关东州小野田洋灰制造株式会社	鞍山工厂	13
3	关东州小野田洋灰制造株式会社	泉头工厂	16
4	关东州小野田洋灰制造株式会社	小屯工厂	15
5	关东州小野田洋灰制造株式会社	哈尔滨工厂	10
6	关东州小野田洋灰制造株式会社	牡丹江工厂	15
7	关东州小野田洋灰制造株式会社	庙岭工厂	9
8	满洲磐城洋灰株式会社	本溪工厂	20
9	满洲磐城洋灰株式会社	本溪工厂分厂	17

续表

序号	企业名称		水泥生产能力 万吨/年
	公司	工厂	
10	满洲磐城洋灰株式会社	安东工厂	18
11	满洲磐城洋灰株式会社	辽阳工厂	13
12	满洲浅野洋灰株式会社	吉林工厂	25
13	满洲浅野洋灰株式会社	锦州工厂	20
14	满洲浅野洋灰株式会社	抚顺工厂	30

五、日本水泥资本进入华北地区

“七·七卢沟桥事变”后，日军迅速占领我国华北地区，日本水泥企业随之到华北建厂。1939 年初浅野洋灰株式会社牵头，召集日本主要水泥生产企业，筹备成立了华北洋灰股份有限公司。公司资本总额为 1 000 万日元，每股 50 元，共 20 万股。主要股东是：浅野洋灰株式会社，占 57 690 股；小野田洋灰制造株式会社，占 39 700 股；大阪窑业洋灰株式会社，占 16 840 股；满洲磐城洋灰株式会社，占 12 780 股。4 个水泥企业的股份为总股份的百分之六十多，占控股地位。建厂地址选定在北京市郊的琉璃河。这里离周口店石灰石矿山 15 公里，靠近京汉铁路和京保公路，还有水路可直达天津，产品和燃料运输比较方便。工厂设备是从日本浅野洋灰株式会社深川第一工厂拆迁来的旧机器。主要机电设备有：$\phi 2.4 \times 39.1m$ 带余热锅炉的干法中空回转窑 4 台，台时设计能力 4.6 吨，已使用 20 年；$\phi 2.13 \times 7.31m$ 生料磨 2 台，台时设计能力 15 吨，已使用 25 年；$\phi 2.13 \times 8.50m$ 水泥磨 1 台、$\phi 2.2 \times 12m$ 水泥磨 1 台，台时设计能力为 11 吨，已使用 12 年；1 250kW 余热发电机 1 台、3 000kW 的 1 台，都已使用多年。1939 年 10 月破土动工建设，1943 年建成 2 条生产线后即开始试生产。1944年5月4条生产线全部建成，并正式投产，年产水泥能力为16万吨。日本人建成该厂后经营了16个月22天就投降了，共生产水泥67 238吨。水泥主要供军用，为侵华战争服务。

1938年，即山西大同沦陷后的第二年，日本浅野洋灰株式会社的满洲磐城洋灰株式会社在大同市成立蒙疆洋灰公司，同时在附近的口泉地区着手筹建口泉洋灰厂。工厂采用口泉七峰山石灰石矿，安装一套德国造$\phi 2.5\times 10m$机械化立窑生产线设备，1940年建成投产，当时设定的年生产能力为水泥3万吨。口泉洋灰厂的德国造机械化立窑，带有盘式自动喂料装置，是中国第一台从国外引进的机械化立窑，对我国立窑技术的发展有一定促进作用。

日本水泥企业在中国投资建设的水泥厂从总体上看具有明显的技术特点。在20世纪三四十年代，水泥生产技术有很多选择，如机立窑、湿法回转窑、干法回转窑，包括预热锅炉窑、立波尔窑和干法中空回转窑等。特别是湿法窑，在当时已成为美国、英国和前苏联等工业发达国家的主要水泥生产方法。然而，日本企业在中国建厂所选用的技术，除华北一个厂是机立窑外，其他都是干法回转窑生产技术。我国东北水泥企业这一鲜明的技术特点在水泥工业史上保持了很长时间。日本企业之所以选择干法回转窑技术，一方面由于东北地区寒冷的天气条件，另一方面与日本水泥生产的技术传统不无关系。

从1905年到抗日战争结束的1945年，日本水泥资本在中国创办了16个水泥厂，水泥年总生产能力为265万吨。他们创办这些水泥厂是为日本帝国主义侵略服务，为了进一步掠夺财富和欺压中国人民。后来，中国人民取得抗日战争和解放战争的胜利，赶走了日本侵略者，推翻了国民党的统治，日资水泥企业转为人民政府管理，在社会主义建设中发挥了重要作用。

第六章　民国初期民族水泥工业的壮大与企业竞争

进入民国时期后，新兴的中国民族水泥工业逐步壮大，老厂扩建，新厂增多。同时，企业间的竞争随之产生，有的被兼并，有些则进行短暂的联合。

一、壮大的历史背景

1911 年 10 月 10 日，爆发辛亥革命，推翻了统治中国 260 多年的满清王朝，从而结束了中国两千多年的封建专制制度。1912 年 1 月 1 日（农历辛亥年十一月十三日），中华民国临时政府在南京正式成立，宣告实行民主共和政体，改用公历，以 1912 年为民国元年，中国从此进入民国时期。这次政体变革在一定程度上有利于生产力的发展，有利于民族工业的兴起和壮大。

辛亥革命虽然推翻了一个封建王朝，但未能废除封建土地所有制，未能赶走世界列强侵略势力。在民国时期，帝国主义和封建主义继续统治着中国。

民国成立后不久，1914 年 8 月第一次世界大战爆发。大战期间，欧洲各国忙于火并厮杀，无暇在中国扩大投资，暂时放松了对中国的掠夺。政体变革后的中国民族资本乘机获得发展。一时间，纺织、轻工企业急剧增多，煤炭、生铁产量大幅提高，交通运输和建筑业相应发展。民族工业的蓬勃兴起，使水泥需求量进一步增加，从而推动民族水泥工业的逐步壮大。

二、老厂扩建

启新洋灰有限公司于民国成立的前一年，即1911年，曾进行过一次扩建。招添股本150万银元，从丹麦史密斯公司购置2套ϕ2.1×45m干法中空回转窑生产线设备，建成后，日产水泥1 200桶。

在市场需求的刺激下，启新洋灰公司于1920年进行第二次更大规模的扩建。增添股本228万银元，又向丹麦史密斯公司购买ϕ2.7×60m和ϕ3×60m干法中空回转窑生产线设备各一套，于1922年建成投产，日产水泥2 600桶。

启新洋灰有限公司经过1911年和1920年的两次扩建，其总生产能力由日产水泥700桶增加到4 500桶，即年产水泥由3.6万吨增加到23万吨。启新洋灰有限公司的实力壮大了。

三、创办新厂

第一次世界大战期间，欧洲水泥在中国市场几乎绝迹。这时，中国仅有的5家水泥厂：启新洋灰有限公司、广东士敏土厂、湖北水泥厂、日商小野田洋灰制造株式会社的大连支社和山东洋灰公司，他们的产品非常畅销，每桶水泥价格由5银元涨到12银元。市场旺盛的需求，催生出新的水泥企业。

1. 华商上海水泥股份有限公司的创建

第一次世界大战结束后，上海已发展成为东亚最大的商埠之一。中国国内工业和国际贸易的迅速发展，使上海各行各业大兴土木，新式住宅大量兴建，高楼大厦陆续出现。据上海公共租界工部局捐务处报告，在公共租界内，1912年有华式房屋52 461

幢、洋式房屋 3 216 幢，1920 年分别增加到 60 989 幢和 3 496 幢。又据统计，在上海公共租界内，1919 年新建工厂 28 家、堆栈 52 家，1920 年则分别增至 51 家和 84 家。因此，上海的水泥需求量可以说是日增月盛。然而，当时中国的水泥产量远不能满足建设需要，估计缺口约 100 万桶。显然，经营水泥已是一项确实有利可图的事业。

1920 年夏，裕甡锰矿公司经理李翼敬与怡和洋行华顺栈房刘宝余鉴于水泥业前景可佳，打算在上海创办水泥工厂。经与湖北水泥厂德国工程师马礼泰（Morilta）商量，感到此项工业非自己财力所能办成，于是约请上海巨富刘鸿生投资。

刘鸿生先生 1888 年出生在浙江省定海县的一个殷实富裕家庭。13 岁进上海圣约翰中学，17 岁升入圣约翰大学。他勤奋好学，是大学里的一位荣誉生。当升入大学二年级时，因拒绝校长欲将他培养成为基督教牧师的要求而被开除。刘鸿生离校后曾在上海当过教员和翻译，1909 年进入英商上海开平矿务局任推销员。由于精心策划和勤奋努力，很快在上海和江浙一带打开销路，1911 年被提升为上海开平矿务局经销经理，设立了“刘鸿生记账房”。1912 年，开平矿务局与滦州矿务局合并，组成开滦矿务局，刘鸿生又成为上海开滦矿务局经销经理。随后，他又与上海义泰兴煤号合作，经销开滦煤，除按月领取薪金外，还有销煤的佣金收入。

八国联军入侵中国，开平矿务局被英国人占有。第一次世界大战爆发后，开滦矿务局的英籍职员多被征召回国，行驶在中国沿海的开滦矿务局自备运煤船只被英国政府所征用，因此秦皇岛码头堆满了开滦煤而无法外运。在这种无奈的情况下，矿务局与刘鸿生约定，开滦南运的煤由上海交货改为秦皇岛码头交货。从此，刘鸿生自租船只，从秦皇岛运煤到上海销售，开始从事贩卖开滦煤的业务。当时开滦煤在秦皇岛码头交货价每吨约银 6 两，每吨运费约银3至4两，合计每吨开滦煤成本银9～10两，而上海的煤价为银14两左右，所以刘鸿生每运销1吨煤，就可赚银4至5两。一战后中国国内工业迅速发展，煤需要量急剧增加，贩运开滦煤的生意获利很大。刘鸿生从事这一煤炭买卖有三年多时间，赚银达百万余两，加上他长年积累起来的销煤佣金，从而成为上海著名的百万富翁。

1919年爆发“五·四”运动，提倡国货，抵制洋货，中国各地民族工业进一步大规模兴起。此时，刘鸿生对开办工业发生了兴趣。1920年1月与人合伙在苏州创办了第一个实业——鸿生火柴厂。1930年6月，鸿生火柴厂与上海几家火柴厂合并成立大中华火柴公司，刘鸿生投入巨资，被推举为总经理。大中华火柴公司成立后，兼并了外地5家火柴厂，其总产量达到全国火柴总产量的15%，成为全国最大的火柴公司。刘鸿生也被称为“火柴大王”。刘鸿生自开办火柴厂后，发展实业的热情愈发不可收拾，接着又创办了华商上海水泥公司、华丰搪瓷公司、中华工业公司（纺织）、章华毛绒纺织厂和华东煤矿公司。同时，开办了大华保险公司和中国企业银行等金融企业。其间，他还将自己过去经营煤炭时创立的码头和货栈集中起来成立了中华码头公司。刘鸿生创办了一个包括实业、金融和物流为内容的企业群，所以当时在上海又称他为“企业大王”。

1937年爆发抗日战争，在日本军侵犯上海的“八·一三”战火中，刘鸿生率领全家男子到抗日前线，救护伤员，投身于全民抗日运动。上海沦陷后，他不忍日本人的欺压而出逃到香港，后又转赴抗日大后方重庆、贵州和西北等地办厂。先后开办了华业和记火柴公司、中国火柴原料公司、中国毛纺织公司、西北洗毛厂和西北毛纺织公司等。抗日战争胜利后，刘鸿生回到上海，收回了他在沦陷区的全部企业，积极组织复工并图谋发展。由于国民党政府在经济上倒行逆施，洋货如潮涌至，金圆券日夜贬值，民族工业纷纷陷入困境和倒闭。刘鸿生经营的企业也不例外，到1948年已全部陷入瘫痪。1949年5月22日，刘鸿生被国民党京沪杭警备司令部派人押送离开上海去台湾，途经广州时，乘机出逃到香港。

1949年5月27日上海解放。同年10月，刘鸿生离开香港经天津、北京返回上海。在北京时，受到周恩来总理的接见。以后，刘鸿生历任上海市人民政府委员、全国政协委员、全国人民代表大会代表、全国工商联常务委员和上海市工商联副主任委员等职。1954年，刘鸿生经营的华东煤矿公司首先实行公私合营，到1956年年初，他的其他企业全部实行公私合营。1956年10月1日，刘鸿生因病逝世。刘鸿生先生是一位爱国民族企业家，对中国民族工业发展做出过贡献。

1920年年中，刘鸿生被邀创办水泥厂，正符合他当时兴办实业的志趣。此外，他还有如下两个方面的考虑：第一，水泥是笨重之物，从外国远道运来的费用昂贵，而在中国就地生产就地销售的成本较低，自己生产的水泥只要质量合格，就能与外国竞争。第二，水泥生产要消耗大量煤炭，而自己经营的煤堆栈中经常积存很难销出去的煤屑，正好可用它来煅烧水泥熟料，既解决了煤屑的出路，又能降低水泥生产成本，真是一举两得。刘鸿生经多方权衡，决定偕其弟刘吉生和约请人李翼敬、刘宝余共同邀集上海总商会会长朱葆三等23人共同发起创办水泥公司。

1920年9月19日在上海举行第一次发起人会议。会议决定：公司名称为上海龙华水泥有限公司；额定资本120万银元，分12 000股，每股100银元；聘刘宝余为经理、马礼泰为工程师，委派他们前往各地勘探原料矿山，赴外国订购水泥机器设备，以及其他计划建厂事宜。同年9月23日，在第二次发起人会议上，决定改公司名称为华商上海水泥公司，在呈报注册时正名为华商上海水泥股份有限公司（简称华商公司）。

1921年1月，华商公司举行第一次董事会，宣告董事会成立，公推朱葆三为董事长，韩芸根为总经理。朱葆三是当时上海有很高社会声誉的人物，由他任董事长有利于工厂建设。韩芸根是上海涌记煤号经理，有很强经济实力，由他出任总经理是希望他能增大投资。然而，韩芸根后来不愿投资并提出了辞呈。1922年8月23日的第10次董事会上，公推刘鸿生担任总经理。当时公司实收资本127万银元，合12 700股。其中，刘鸿生出资66.33万银元，占总股本的52.2%；其弟刘吉生出资10万银元，占总股本的7.9%；其他股东出资50.67万银元，占总股本的39.9%。可见，刘鸿生兄弟在公司占有大部分股份，华商公司是刘氏家族控股的公司。

华商公司选择上海龙华镇为厂址，购地151亩。然后，选定浙江长兴县的陈湾山为石灰石原料基地，江苏青浦县的佘山地区的山丘为黏土原料基地。经赴日本、美国和德国等国考察，1921年5月向德国伯力鸠斯（Polysius）公司订购了日产水泥1 200桶的湿法回转窑生产线全套设备，含2台$\phi 2.3/2.8\times 54m$湿法回转窑、$\phi 2\times 11m$的生料磨与水泥磨各1台等。

湿法回转窑生产技术问世于20世纪初叶。由于其熟料质量比干法回转窑的优越，所以很快在全世界范围内得到推广。华商公司为保证产品高质量，以提高自己竞争能力，在当时世界上存在多种水泥生产技术的情况下，选择了最为先进的湿法回转窑生产工艺和设备，不失为具有远大眼光之举，在中国水泥史上成为首先订购湿法回转窑的生产企业。

1922年，各种机器设备由德国陆续运抵上海龙华工地，工厂建设逐渐进入全面施工阶段。1923年8月各种机器安装就绪，并正式开始运行，当年水泥产量为189 635桶，1924年产水泥362 623桶，即达到预期产量。

华商公司采用五彩“象牌”作为水泥商标。由于选用湿法回转窑生产技术，不仅投产后很快达到预期产量，而且产品质量优等。投产后不久，1923 年 10 月 25 日，该产品便取得工部局发给的合格证，证明“象牌”水泥的拉力、压力均超过了合格指标，适合各类建筑使用。“象牌”水泥在众多品牌水泥的竞争中脱颖而出，很快就在上海市取得优势地位。

2. 中国水泥股份有限公司的创立

前景看好的上海水泥市场不仅促使刘鸿生等实业家决定投资水泥工业，还引起上海其他人士投资水泥的兴趣。在华商公司开始筹建后不久，1921 年初，姚锡舟与上海金融界巨头吴麟书和握有矿山资源的屠述三等人开始筹组中国水泥股份有限公司南京龙潭工厂。

姚锡舟先生 1875 年（光绪元年）生于上海南姚的一个农民家庭，生活清苦，幼年失学。12 岁时就独身出外谋生，在上海租界为外国人拾网球，在街头贩卖瓜果。1893 年充当马路小工，由于刻苦勤奋工作，得到包工头赏识，不久便提升为班首，后又升为小包工、包工。在工余时间，经常向上海营造业前辈杨斯盛求教，潜心钻研营造技术。由于聪明好学，在杨斯盛的提携下，不久就成为既懂技术又能经营的营造业专门人才。

1900 年姚锡舟在上海闸北创办姚新记营造厂，从此开始他的创业之旅。首次承包的上海电话大厦工程，如期落成，中外人士都刮目相看。1906 年上海外白渡桥重建，外商遇工程难题被迫停工，破例登报向华人商界招标。姚新记营造厂应标，巧妙地利用浮力原理拔出水桩数十根，解决了大桥施工难题。英租界工部局鉴于此便将外白渡桥工程转包给该厂，工程按质按量如期完成，从此姚新记营造厂在上海名声大振。尤其是他在 1926 年开始承建的南京中山陵主体工程，气势雄伟、建造精良、用料考究，获得中外人士盛赞，姚新记扬名全中国。姚锡舟是一位白手起家，完全靠自己勤奋努力而成长起来的中国著名营造家。

姚锡舟从事营造业的同时还创办工业企业。先后开办了大通纺织股份有限公司、中国水泥股份有限公司、永新麻织厂和华伦造纸股份有限公司等。1944 年 8 月 17 日，在上海因病逝世。

姚锡舟等人开始筹划创立水泥厂时，经友人举荐，选定在南京龙潭镇建厂。龙潭镇地处江宁县与句容县交界，三面环山，北临长江，石灰石资源丰富，还有江南少见的煤炭资源，很早以前这里就建有石灰窑和煤窑。在这里建厂可以大大减少运输量，不必运输使用量很大的石灰石原料和黏土原料，也不必运输烧水泥所需的煤炭，都可就地取材，生产经营时只需运输产品水泥即可，而水泥的运输量比原料和燃料的运输量要少得多。1921 年 2 月正式勘定龙潭镇青龙山的北麓为厂址，并决定在这里开挖一条长 430 米的小河，与便民河相连，直通长江。水泥可经长江顺流而下直运上海市场销售。

从这里可以明显地看出，我国早期水泥工业发展中在选择厂址方面存在两种思想：一种是以华商公司为代表的将工厂建在靠近市场，原料靠长距离运输进入工厂；一种是以中国水泥股份有限公司为代表的将工厂建在靠近矿山，产品水泥靠长距离运输进入市场。历史地看，两种选择厂址的思路各有利弊，最后的决择则与当时当地的经济制度和社会环境密切相关。

中国水泥股份有限公司厂址确定后，便紧锣密鼓地开始各项筹备工作。1921 年 5 月召开第一次建厂筹备会议，公推姚锡舟为筹备主任。当年 8 月召开首届董事会，公推吴麟书为董事长，姚锡舟为总经理，会上通过了公司章程和使用泰山牌商标的决定。1921 年 9 月 3 日，宣告中国水泥股份有限公司正式成立。

第一次建厂筹备会议后，即着手订购机器和购置矿山与厂基地产等事宜。1921 年 7 月向德国订购了 1 条 $\phi 2.25 \times 46m$ 湿法回转窑生产线的全套设备。订购湿法窑的时间比华商公司晚两个月。1922 年 4 月开工建设厂房，同年 7 月设备运抵上海。1923 年 3 月厂房建设竣工，设备安装接近尾声。同年 4 月，工厂正式开工投产，日产水泥 500 桶。投产时间比华商公司早了约 4 个月。这样，中国水泥股份有限公司成为中国水泥史上湿法回转窑投产最早的生产企业。湿法窑在中国盛行了半个多世纪，华商上海水泥股份有限公司和中国水泥股份有限公司是中国水泥湿法生产的先驱，为中国水泥湿法生产技术发展发挥了示范作用。

中国水泥股份有限公司龙潭工厂由于只有一台小窑生产，产量低、成本高，加之国内军阀混战，交通受阻，产销不畅，投产后连年亏损。为提高竞争能力，用工厂全部固定资产作抵押，向上海财界银团借得银 100 万两，于 1926 年夏兼并了即将开工建设的无锡太湖水泥厂，将尚未开封的两套德国造 $\phi 2.85 \times 60m$ 湿法回转窑生产线的设备全部运到龙潭厂安装，于 1927 年竣工投产，全厂水泥日产量达到 510 吨。1934 年又从德国购回一套 $\phi 3 \times 44m$ 湿法回转窑设备，1935 年生产线建成投产，使全厂水泥日产量提高到 715 吨，一举成为当时中国民族水泥工业的第二大厂。此后，该厂对湿法窑陆续进行改造，分别在窑尾增设料浆蒸发机，使热耗下降，产量进一步增加。

3. 广东西村士敏土厂的开办

第一次世界大战后民族工商业的迅速发展，使广东的水泥需求量大增。然而，当地只有一家广东士敏土厂，而且技术落后，设备陈旧，产品质量不稳定，日产水泥仅 35 吨左右，占市场份额不到 10%，在质和量上都不能满足市场需求，造成国外水泥大量进口。

1928 年 3 月，民国政府为修筑粤汉铁路，派员到广东考察水泥供应事宜。各界人士普遍认为，在广东建设水泥厂确是有利可图之事。有人主张商办，有人主张官办，也有人主张官商合办，意见不一。海内外商人鉴于官办企业的腐败情况，都不敢染指。最后，当时主政的民国广东政治分会议决，由省政府创办新的水泥厂。省政府责成广东省建设厅筹建，委任黄肇祥为总工程师兼筹备主任。

新厂厂址初时曾一度勘定在拥有石灰石资源的广东省英德县白石咀，因交通不便，管理困难，后改选在广州西村狮头岗。由于广东士敏土厂位于广州的河南，而新厂在广州的西村，所以将新厂定名为广东西村士敏土厂。西村狮头岗西临珠江河涌，河上能通航装载数百吨的船只，大批原燃料可通过船只运抵工厂。此处有储量丰富的黏土，地基较理想，花县飞鼠岩石灰石矿离西村也不算很远。另外，在广州市招工方便，生活和治安条件都比英德要好得多。选定西村为厂址后，初次征地120多亩，三年后又征地300余亩。由此可见，广东西村士敏土厂与华商公司一样采取了厂址靠近市场的选址原则。

1929年1月，丹麦史密斯公司的代表尼尔逊介绍了建厂技术方案，提出干法回转窑和湿法回转窑两种生产工艺。广东西村士敏土厂吸取广东士敏土厂立窑工艺的教训，经过对比，决定选择湿法回转窑生产工艺。当时英国、德国和丹麦等国公司纷纷竞争承接设备订货，最后由丹麦史密斯公司夺标。订购了日产1200桶水泥湿法回转窑生产线全套设备，包括1条$\phi2.4\times82$m湿法回转窑和2台$\phi2\times11$m管磨等。

工厂总投资为400万银元，一部分向中央银行贷款，自1929年3月到1930年分22期逐期付给；另一部分由广东省财政厅每月拨给10万元港币。规定待工厂投产后，由省建设厅负责偿还。可见，广东西村士敏土厂和广东士敏土厂一样，是一家纯粹的官办企业。

工厂建设工程于1929年秋天开工，1932年4月16日，第一台日产200吨（即1 200桶）水泥的湿法回转窑生产线建成。经过4个月的试车，于9月29日至30日由广东省政府组织各方人员会同丹麦史密斯公司进行验收，结果良好，熟料产量超过合同规定的20%，煤耗节约12%，产品质量也超过控制指标。1933年5月，根据广东水泥市场的需求情况，工厂筹款232万银元，开始筹建第2号回转窑生产线。1935年4月，2号线建成投产，全厂生产能力达日产400吨水泥。1936年再筹集扩建资金300万银元，扩建第3号窑，1937年7月建成投产，使全厂生产能力达日产水泥600吨以上。至此，广东西村士敏土厂有3台$\phi 2.4\times 80m$湿法回转窑，6台$\phi 2\times 11m$磨机，占地420亩，年产水泥近20万吨。

广东西村士敏土厂生产的水泥采用“五羊牌”商标。鉴于市民对国货信心不足，投产一开始就在产品质量上下功夫，目标是使“五羊牌”水泥一定要胜出当时充斥市场的日本帆船牌水泥、香港青洲水泥和越南的龙牌水泥。围绕此目标，在生产技术管理上建立了各种规章制度，对各生产环节坚守制度，严格管理。为扩大宣传，省建设厅召集全市工程管理人员、广东工业试验所、广州市工务局、广州市土木工程师学会和大的建筑商到厂集会，当场进行化学试验和物理试验，其结果均超过各项标准指标，从而获得各界的信任。为获得国际认可，工厂还把“五羊牌”水泥试样分送给丹麦、德国、英国和美国等国的权威工程检验单位按各国标准进行化学和物理试验，其结果都达到或超过标准规定的指标，从而使“五羊牌”水泥为世人所赏识。

清朝末期建立的广州河南的广东士敏土厂，自投产以后即遇到激烈的市场竞争。长期占领广东市场的进口水泥削价竞销，工厂在质量和价格上都无法与其抗衡，生产和经营长期不景气。在第一次世界大战时期，水泥进口大减，而市场需求依然旺盛，加之产品质量已有改进，工厂生产经营曾一度好转。当时的广州大新公司工程（即现在的南方大厦）第二层至第九层全部选用了广东士敏土厂的威凤祥麟牌水泥。

广东士敏土厂是一个官办企业，从1909年投产到1919年的11年间共换了10个总办，这些总办们都是以官僚身份赴任，既不懂生产，更不懂技术，他们视总办岗位为肥缺，从工厂中肆行渔利，在这样的经营条件下，再好的企业也是无法长期生存下去的。1921年，工厂在陷入沉重困境的情况下，不得不招商承包。当时军阀盘踞广州，有钱商贾四处外逃，无人承包因而作罢。从1925年到1930年间，工厂停办，荒废多年。直到1932年10月，广东省建设厅决定与广州市民国政府合办广东士敏土厂，由广州市政府借出20万银元，作营业基金，维修设备复产，日产量达400余桶。当时全国正掀起买国货运动，产品销售较好，复产一年便还清20万银元本息，并获利22万银元，生产经营状况达历史最好水平。

1932年4月，广东西村士敏土厂建成第一条湿法回转窑生产线。为统一管理，广东省建设厅于1933年7月将广东士敏土厂并入广东西村士敏土厂，并改名为广东西村士敏土厂河南分厂。这是中国水泥史上第一个行政命令下的企业兼并。河南分厂成立后便拆除立窑，改为水泥粉磨站，将广东西村士敏土厂的熟料磨制成水泥出售。广东西村士敏土厂第2号湿法回转窑生产线投产后，1935年4月，河南分厂因工艺设备陈旧落后而全部关闭。广东西村士敏土厂从此成为当时中国南方唯一的水泥厂。

在20世纪20年代，中国新建了三个民族水泥企业。它们都采用湿法回转窑技术，能向市场提供大批量水泥，而且产品质量优秀，在市场竞争中完全能与进口水泥相抗衡。中国民族水泥工业的实力因此而大大增强。

四、市场竞争中的企业兼并

凡有市场就有竞争，这是一个普遍的经济规律。在市场经济体制下新兴的中国民族水泥工业也不例外，清朝末期三个民族水泥企业诞生后不久，在市场上很快就相互进行竞争。企业兼并是竞争结果的表现形式之一，启新洋灰有限公司兼并湖北水泥厂就是一个具体的例子。

湖北水泥厂的建立，迅速打破了启新洋灰有限公司马牌水泥独占华中市场的局面，很快就占领华中市场的很大份额，这引起启新洋灰有限公司的妒忌。在湖北水泥厂开业之初，该公司曾托人到上海游说两厂合并事宜，遭到拒绝。从此，启新洋灰有限公司对湖北水泥厂一直虎视眈眈，待机兼并。

湖北水泥厂建成投产后不久便陷入债务危机。1911 年日本三菱公司的借款到期，第一期本息虽能付清，但第二、三期到期债款已无力支付。湖北水泥厂总办程祖福于 1912 年 5 月 16 日与三菱公司在上海的负责人大坂中岛协商，要求延期付款。三菱公司提出，可以借给巨款，用以偿还债务，但要将湖北水泥厂交三菱公司管理。程祖福拒绝日本人要求，并筹得 8 万多银元，付清第二期本息。然而，三菱公司提出须将到期债款一次付清，否则仍要交出工厂管理权。程祖福聘请律师与之交涉，三菱公司却向湖北省政府提出查封湖北水泥厂的要求。

日俄战争以后，日本努力在中国大肆扩张，染指了我国东北南部地区后，接着向天津、上海等中国南方迅速渗透。1911 年的辛亥革命虽然推翻了满清政府，但对外国帝国主义在华侵略势力未有触动，他们在中国仍然我行我素，肆意掠夺。1913 年 3 月，湖北水泥厂向日本三菱公司借的第四期贷款到期，仍不能履约。三菱公司拟具正式诉状，再次向湖北省政府提出：查封湖北水泥厂一切财产，限一周内偿还，否则变产归还。同时，日本驻武汉领事馆向湖北省政府交涉，限两日内清还欠款，否则即封厂变产解决。两日限期过后，湖北水泥厂仍无法清还。湖北省政府在日本的威胁下，同意日方将湖北水泥厂在上海、湖北大冶和武汉三处的财产全部查封。

湖北水泥厂被查封后，有骨气的民族企业家程祖福先生宁愿把管理权出让给中国人也不让落入日本人之手，在百般无奈之际，毅然决定，以出让工厂管理权为条件向天津保商银行借长期贷款140万两银。1914年3月31日，湖北水泥厂还清了三菱公司全部借款，收回一切担保品，从而结束了这笔债务纠纷。

启新洋灰有限公司获悉程祖福与保商银行签了以出让管理权为条件的借款合同，认为时机已到，董事会决定在股东中推选出7人，组成华丰兴业社，专与保商银行洽谈转让问题。结果，以140万两银为代价，于1914年4月11日取得湖北水泥厂经营管理权，并将它改名为华记湖北水泥厂。

启新洋灰有限公司接管湖北水泥厂后，即任命新领导，充实技术员工，增添设备，强化管理，生产蒸蒸日上，加之当时南方政局暂时稳定，打开了市场新局面，工厂很快就扭亏为盈。到1935年，由于程祖福无法偿还贷款，最后由政府判决，以厂抵债。从此，启新洋灰有限公司完全兼并了湖北水泥厂的管理权和产权，同时将华记湖北水泥厂改名为启新华记水泥厂。

1914年启新洋灰公司对湖北水泥厂的兼并，是中国水泥史上最早一起市场竞争中的兼并活动，开创了市场经济条件下水泥企业兼并的先例。1926年中国水泥股份有限公司对正在筹建中的无锡太湖水泥厂的兼并，是水泥企业兼并的继续。中国民族水泥工厂在发展初期就发生了两次兼并活动，市场竞争的残酷性可见一斑。

五、市场竞争中的企业联合

企业兼并是市场竞争结果的一种形式，企业联合则是另一种形式。民国初期，中国水泥界发生过企业间短暂联合的事例。

华北、华中和华东地区的水泥市场当时原本是启新洋灰公司一统天下。自1923年华商公司和南京的中国水泥股份有限公司分别建成投产后，这些地区的水泥市场格局被打破。华商公司不仅在上海打开了销路，还将水泥销往华中、华北和华南。中国水泥股份有限公司凭借姚锡舟在建筑行业的影响，也很快在江浙一带取得市场份额。启新洋灰有限公司此时遇到了强劲的竞争对手，很快就失去了华北、华中和华东水泥市场的垄断地位。例如，1923年启新洋灰有限公司在南方销售出52万桶洋灰，1924年仅售出30万桶，其余20余万桶市场份额都被夺走。启新洋灰有限公司意识到，如果这样发展下去，将有更大的市场份额被流失，而且自己无法采取像对待湖北水泥厂那样的办法去兼并华商公司和中国水泥股份有限公司。于是，1924年7月向华商公司提出联合经营的倡议并得到响应。在双方协商过程中，启新洋灰有限公司坚持限制“华商公司象牌水泥北运”，华商公司未能同意，致使联营谈判中止。随后，启新洋灰有限公司将华记湖北水泥厂的塔牌水泥运抵上海，削价倾销，与华商公司抗争。尽管如此，但损失惨重，深感前景黯淡。

联合经营谈判中止后不久，华商公司在报纸上获悉，日本水泥行业由于产量供过于求，正在日本展开削价竞销，还将向海外倾销。上海市场是日本水泥的首当其冲。在这样的形势下，华商公司以“共制外货、绝其销路”和“力避争竞、以免两伤”为由，向启新洋灰有限公司妥协，重开联营谈判。1925年5月间，双方达成谅解，同年6月30日，启新洋灰有限公司与华商公司签署联合经营合同，自1925年7月1日生效，期限5年。主要合同条款摘录如下：

第一条　联合经营之货品，以启新洋灰有限公司出品之马牌洋灰、华商上海水泥股份有限公司出品之象牌水泥为限。

第二条　联合营业之区域，协定以左列地方为限：江苏之苏、松、太、常、镇五旧府属；浙江省全省；福建全省；广东全省连香港。

第三条　在联合区域以内，二公司每年总销数假定为70万桶，“启新”占45%，“华商”占55%。若其销数超过70万桶之时，则其溢出之数，由二公司均分。俟“华商”销数达到40万桶后，余数悉归“启新”销售。

但如二公司在联合营业区域内，每年总销数在60万桶或60万桶以下时，“启新”允许“华商”占60%，“启新”占40%。如超过60万桶销数时，则仍按照“启新”占45%、“华商”占55%计算。余照上项办理。

第五条　二公司逐月之售价，由二公司按照本年度过去各月份实在之销数协议规定，以能使二公司销数符合于第三条之比额为标准。但二公司货品在上海交栈单之净价，每桶最低不得小于银2两8钱（包括征税一道在内）。为抵制他牌及投标协定特价时，不在此限。

第六条　自实行联合营业之日起，“华商”允许不运象牌水泥至联合区域以外之国内各埠销售。

第九条　华商允许在联合期限中，不增加产额。

……

第十五条　二公司在联合期限内，如有左列事项发生，协定罚例如左：

（甲）私自跌价。按跌价售出之桶数，加倍列入销数。

（乙）隐匿销售。查出后，按隐匿之桶数，加倍列入销数。

（丙）运往禁止运销之埠。查出罚令全部运回原厂，如已售出，则按运销之桶数，加倍列为联合区域内之销数。

（丁）私自投标。除得标之货照列入销数外，再罚去津贴。

第十六条　在联合期限中，如有一公司违反本合同之条件，致他一公司受损失，其损失之数，得向违约之公司索偿。

“启新”与“华商”联营后，两个月内即联合涨价两次，得益甚厚。后为抵制日本龙牌水泥的竞销，于同年10月2日又共同减价，马牌和象牌水泥每桶价格各减银3钱。两厂实行联合涨价或减价对经营情况有很大改善。例如：“华商”1925年的产量和储量均较1924年增加6.84%和9.32%，并转亏为盈，由1924年亏损3.8万余元，转为1925年盈余1.2万余元，1926年盈余更增至12万余元。

“启新”与“华商”虽已实行联营，并有合同约束，但二厂在各地市场上仍旧时有摩擦。例如，在华南市场上共同抵御日货竞销的过程中，开价方面往往各行其是；在暗盘、纸袋金和放赈等办法上也经常暗中竞争。

“启新”与“华商”联营时，中国水泥股份有限公司（以下简称“中国水泥”）仅日产水泥500桶，产量低，成本高，尚无力与之公开抗争，到1927年，“中国水泥”兼合无锡太湖水泥厂后，其产量急增至日产2 500桶，甚至超出了“华商”的日产量，此时直接威胁到联营厂所占市场，特别是南方市场的销售。鉴此，“华商”于1927年8月倡议将两厂联营扩大至包括“中国水泥”在内的三厂联营。“启新”对“中国水泥”的扩展虽然十分恼火，但担心他往北方拓展，挑起北方市场竞争，有损自己利益，所以也赞同与“中国水泥”联营。1928年8月，经三厂代表多次磋商，议定联合营业大纲，于同年9月24日签订正式合同，定于1929年1月1日开始生效。正在此时，“启新”马牌水泥脱销，“中国水泥”认为这是销货大好时机，不愿受合同的某些条款所束缚，于是找借口对联营提出异议。“启新”和“华商”认为“中国水泥”没有联营诚意，决定先与他一战。先对袋装洋灰减价，专门向“中国水泥”计价最高、交易最多的订户兜售，以撼动其最得力的交易。继而趁他阴历年关金融紧张之际，进一步降低售价，再给以沉重打击。1929年7月，“启新”“华商”又一次发动攻势，将“马牌”和“象牌”水泥同时降价。“中国水泥”不甘示弱，将泰山牌降价以迎战。双方水泥价格一降再降，每袋水泥价格只相当于降价前的30%。这场价格战打得大家都损失惨重。

最后，“中国水泥”不得不就范，到1930年上半年，三家企业重新协商联合经营条款。1931年7月1日，“启新”“华商”“中国水泥”三家终于打破僵局，在天津签署了三公司“联合营业草约”，为期1年。

草约规定：以全国及国外市场之可以运销联营水泥者为联合营业区域，但“启新”公司经“华商”和“中国水泥”两公司的同意，得酌定河北、山东、山西、绥远、陕西、甘肃、东三省及大连、威海为其专销区域，而如遇“华商”“中国水泥”两公司的销数不能维持其协定比率时，“启新”公司应立即将该专销区域开放，以便按额扯销。销额比率按各公司生产设备的生产能力来确定，但自联营合同订立日起，6个月内三公司销额应按“启新”约185万桶、“中国水泥”约75万桶、“华商”约50万桶之假定数为比率而算定之。售价则按三公司共同随时随市议定的价格发售，不得以任何方式私自抑减。联营事务由三公司各派委员一人，合组联营管理委员会，并在上海设立联合营业所，以全体一致同意的决议管理，委员会及联合营业所的经费，由三公司按所销桶数来摊派。联营成立后，任何一公司非经其他公司同意，不得扩充或添加机器。如遇其他国内外同业相竞销，则不论为和为战，三公司当共同一致进行，如有损失，应按额分担。

20 世纪 30 年代初，“启新”“中国水泥”和“华商”的总产量占全国国产水泥的 84.4%。三家联营对国产水泥市场产生巨大影响，基本上左右了当时的水泥价格。所以，联营对三家公司都带来了经营上的好处。例如，“华商”1931 年度 9 个月的产量和销量分别较 1930 年度增加了 7.18% 和 0.98%；盈余则高达 48 万余元，较 1930 年度增加了 5 倍多。

1932 年 7 月，三公司联营合同期满，又相互展开竞销，尤其在江浙一带竞销十分剧烈，都想占领这块市场。1933 年 4 月，“启新”提出重开联营谈判，同年 5 月，三公司开始接触，各方派代表进行了多次协商，由于各自主张不同，未能达成协议。1935 年三公司又一次开始协商联营，1936 年签订了《共同合作契约》，但次年抗日战争爆发，中国北方和南方沿海一带被日本帝国主义所侵占，水泥产销被日寇所控制，联营也就失去意义。

从这段历史的叙述中清楚地看到，市场经济条件下的中国民族水泥工业在早期成长过程中就存在企业间的竞争，在竞争中有的实行兼并，有的实行联营。兼并使水泥工业的生产力布局自动调整，联合经营可避免由于无序竞争而给企业带来的巨大伤害。

第七章　战争中民族水泥工业的苦难

民国年间，中国发生了两场全面战争，即抗日战争和解放战争。抗日战争爆发前，在清末民初建成的三个老厂之后，20世纪30年代又产生四个新厂。抗日战争爆发后，在敌后建设了一批立窑小型水泥厂，1943年开始筹建华新水泥股份有限公司。在两场战争中，这些企业在经营管理和工厂建设上都经历了不同的遭遇，受尽各种苦难。

一、两场战争的相关历史

民国成立后，国内局部战争连年不断。1937年7月7日，爆发“卢沟桥事变”，日军全面入侵中国，从而拉开了中国人民全面抗日作战的序幕。抗日战争从一开始就在两个战场展开。以国民党军队为主与日军进行正面作战；以共产党军队为主在敌后进行游击战。这两个战场互相配合，相互协作，不怕牺牲，共同杀敌，为中华民族的独立和解放写下了壮丽诗篇。

抗日战争初期的主战场是国民党军队担负的正面战场。这一时期，国民党军队连续进行了太原、淞沪、徐州、武汉等几个大规模的会战，打破了日军三个月灭亡中国的狂妄计划。在会战中，中国军队顽强抵抗，英勇奋战，表现了中国军民同仇敌忾、反抗侵略的爱国主义精神。但是，一方面由于敌强我弱，当时日本的军力和经济实力都强于中国；另一方面由于国民党奉行片面的抗日路线，在战略战术上实行消极防御方针，因此这些会战，除某些战斗和战役胜利外，多数都是以失败而告终。自 1937 年“卢沟桥事变”后的 15 个月抗战中，国民党军队从华北、华东、华中和华南一直退到西南和西北地区，大半个中国国土沦陷。

在这期间，共产党领导的八路军、新四军开赴华北和华中，深入敌占区，开展游击战，建立抗日根据地。建立了晋察冀、晋绥、晋冀鲁豫、山东和华中等抗日根据地。共产党领导的东北联军，在很困难的条件下，坚持东北地区的游击战。共产党领导的军队在敌后展开游击战争，配合国民党正面战场作战，取得了辉煌成绩。沉重地打击了敌人，牵制住了大量日军兵力，同时迅速壮大了自己的力量。

1938 年 10 月，日本帝国主义占领了武汉、广州等地后，民国政府以重庆为临时首都，将西南和西北广大地区连成一片作为后方，与日对抗。中国共产党深入敌后，广泛发动敌占区群众，开展抗日游击战争，打击和牵制了敌人。随着日本占领区的扩大，侵略战争的战线不断延长，日本兵力和资源的不足问题更加突出。在国际上，美、英和前苏联等国都以不同方式支援中国人民抗击日本侵略者。这些因素迫使日本军队停止战略进攻，抗日战争进入相持阶段。

1939 年，德国法西斯发动第二次世界大战。1940 年，德国进行所谓“闪电”攻势，侵占了欧洲的许多国家。1941 年日本偷袭美国珍珠港，接着向美、英等国宣战，发动太平洋战争。同时，分兵五路进犯菲律宾、印尼、马来西亚半岛、缅甸和香港等地，并很快占领了这些地方。1943 年 2 月，苏联红军在对德作战中，取得斯大林格勒战役的胜利，从战略防御转入战略进攻。美英盟军在北非战场取得胜利后，在意大利半岛登陆，意大利政府宣布无条件投降。1944 年 6 月，美英盟军在法国登陆，开辟第二战场。1945 年初，苏、美、英军队分路攻入德国。5 月初苏军攻克柏林。5月8日，德国宣布无条件投降。

此后，美英联军集中力量在太平洋地区展开对日作战。1945年8月6日，美国空军在日本广岛和长崎投下两枚原子弹，造成很大伤亡。8月8日，苏联对日宣战，150万军队开入中国东北和朝鲜，经十多天作战，消灭日本精锐部队——关东军70多万人。在这期间，中国人民抗日武装力量由相持阶段转入大反攻，全面出击日本侵略者。在苏、美、英等盟国军队的沉重打击下，在中国人民长达十四年的抗击下，1945年8月15日，日本宣布无条件投降，中国人民的抗日战争取得了伟大胜利。

抗日战争胜利后，蒋介石领导的民国政府便加紧部署全面内战。1946年初，调动130万人的军队到内战前线，向解放区进攻。3月，在美国帮助下调动50万人的军队进入东北，占领了除大连、旅顺以外的各主要城市。与此同时，中国共产党调集30万人的干部和军队进入东北，与抗日联军会合，建立东北解放区，占领了广大农村和少数城市，与民国政府军进行政治与军事较量。

1946年6月，蒋介石的民国政府完成军队的调集后大举围攻中原解放区，挑起全面内战。经过无数次大小军事战斗，1948年11月，中国人民解放军取得辽沈战役的重大胜利，东北全境获得解放。1948年11月到1949年1月的平津战役和淮海战役，基本解放了天津和长江以北的广大地区。1949年4月，中国人民解放军百万雄师强渡长江，占领民国政府首府南京。年底，解放了除西藏以外的中国大陆，中国人民取得解放战争的胜利。1949年10月1日，中华人民共和国宣告成立。

二、新　厂

抗日战争爆发前的四个新厂是南京的江南水泥股份有限公司、太原的西北洋灰厂、重庆的四川水泥股份有限公司和济南的致敬洋灰股份有限公司。

1. 江南水泥股份有限公司

启新洋灰有限公司为夺回失去的华中市场，于 1914 年接管了湖北水泥厂。为保住华北市场和避免在其他市场上的无序竞争，于 1925 年与华商上海水泥股份有限公司联营，为期 5 年。1931 年，又进而与华商上海水泥股份有限公司和中国水泥公司实行三家联营，为期 1 年。1932 年联营期满，水泥市场无序竞争再起，而且愈演愈烈。在销量很大的华东市场上，启新洋灰有限公司由于远离市场，运费较高，在竞争中往往处于劣势。“九·一八事变”后，日本侵占了整个东北，其侵略势力迅速向华北扩张，冀东地区实际上已处于日军的监视与控制之下，启新洋灰有限公司前途难卜。为了提高华东市场的竞争能力和应对时局的变化，公司决定在江苏长江沿岸一带觅地建设新厂，同时指定总技师王涛负责主持筹备工作。王涛从唐山交通大学请来在美国专学冶金的老同学赵庆杰等人一起筹备新厂。

1933 年，王涛派赵庆杰到江苏江南一带勘察选址。经近一年调查，发现离中国水泥厂不远的南京栖霞山东麓有储量丰富的石灰石和黏土资源，开采条件好，水陆交通便利。由于此处是民国政府的江防要地，于是委托曾任北洋政府内阁大臣的颜惠庆面见蒋介石，提出办厂请求，获得允准。为防止中国水泥股份有限公司和华商上海水泥股份有限公司同行冤家的阻挠，1934 年以办“模范农林畜牧场”的名义，在栖霞山麓购置矿山和工厂基地两千多亩，开始建厂前的准备工作。

1935 年 3 月，民国政府军事委员会正式批复颜惠庆等人准予在栖霞山开设工厂。同年 5 月，启新洋灰有限公司股东会议做出决议：成立江南水泥股份有限公司；将上年和当年应分之股息、红利全部拨作股本，不足之处另行筹集；选举颜惠庆为董事长，袁克桓、陈范有为常务董事，聘袁克桓和陈范有为筹备组正、副组长，王涛为技术专员。1935年5月23日与丹麦史密斯公司签订合同，购买2条湿法回转窑生产线，总规模为年产水泥20万吨。1937年11月4日工厂建设竣工，进行了空载试机，情况基本良好。

正当投产之际，1937年12月初日军进攻南京，战火迫近，工厂只得全部停顿和疏散。将主要配件和工具都在当地隐藏起来，将所有图纸资料和账册文件分装7箱，西移汉口，寄存在启新洋灰股份有限公司汉口办事处。这些资料在与启新华记水泥厂一起迁往湘西辰溪途中，被日本飞机空袭，中弹起火，化为灰烬。1937年12月13日，日军占领南京，进行惨绝人寰的大屠杀，30多万中国人遭杀害，工厂沦陷，地方一片混乱。在这种情况下，公司为应付时局，想利用德国为“轴心国”、丹麦为中立国的关系，商请出售设备的该两国洋行派代表赴厂，协同留厂员工共同保护工厂。德国人昆德和丹麦人辛波应邀来厂，昆德任代理厂长，在厂区悬挂德国和丹麦国旗，使工厂暂时得到保护。当时曾有3万多南京平民百姓逃进工厂避难，免遭日军杀害。江南水泥股份有限公司为保护千万民众生灵立了大功。

在日伪统治下，日军多次诱迫江南水泥股份有限公司开工生产。公司本着不与日军合作的宗旨，屡屡拒绝。公司主要借口是设备货款未清，其产权尚属丹麦和德国，不能随意动用。1941年，日本三井物产株式会社以受日本军部托管名义，要求江南水泥股份有限公司投产并实行产品统销，未能得逞。1943年7月，日本军部突然通知江南水泥股份有限公司董事会，称山东张店制铝厂需该公司的主要机电设备，拟着手拆迁，迅速与日本轻金属株式会社商定合作或租借契约，公司仍严词拒绝。于是，日军唆使南京汪精卫傀儡政府实业部于同年12月17日下令限期拆迁。日本轻金属株式会社在进驻工厂的日军配合下，分三批强行把2台回转窑、5台管磨及其附件和相应电气设备全部拆除，运往山东张店。就这样，一个崭新的当时技术很先进的水泥工厂被日本侵略者洗劫一空。

日本投降后，江南水泥股份有限公司分别向民国政府行政院山东青岛区产业处理局和经济部鲁豫特派员办事处呈请发还被劫机电设备。1947 年 2 月接产业处理局通知，准予发还，但所列清单中设备名称与数量短缺很多。在未获批准发还前，公司分析当时政治经济形势，估计民国政府在短期内难以恢复胶济及津浦铁路交通，一时难以运回残缺的机器，为早日重建工厂，决定另谋出路，再次筹办设备。由于第二次世界大战刚刚结束，欧洲工业尚未恢复，于是通过民国政府行政院救济总署，转请联合国救济总署配售。1946 年 12 月向史密斯公司美国分公司订购了二套 $\phi 3.5/2.6/2.9 \times 134m$ 湿法回转窑生产线主要设备；1947 年 5 月又托史密斯公司在美国订购了部分机械装备和全套电气设备。1947 年秋，美国设备陆续到货，接着便开始重新安装。1948 年底全部设备再次安装竣工，但供电问题未得到解决，不能开工投产。此时中国人民解放军已兵临南京城下，解放在即。1949 年 4 月 23 日南京解放。在中国人民解放军南京市军事管制委员会强有力的组织下，1949 年 8 月到 1950 年 5 月完成了南京市到栖霞山的第一条高压线路。人民政府的预付款订货方式给工厂解决了资金不足、原燃材料缺乏及产品销路问题。1950 年 9 月 17 日，单窑顺利点火试运转，接着正式投入生产。至此，结束了战争给工厂造成的艰难曲折历程。

2. 西北洋灰厂

抗日战争前的 1933 到 1935 年间，正当在中国华东地区水泥企业开展剧烈竞争和正在筹建江南水泥股份有限公司的时候，在当时水泥工业尚属空白的西北地区太原和西南地区重庆都开始筹建新的水泥企业。

1934 年 5 月，山西军阀阎锡山的西北实业公司挂牌筹建西北洋灰厂。利用修筑同蒲铁路的预付款法币60万元作资金；选定原燃料都很丰富的太原西山西铭村为厂址；向日本大阪栗本铁工所订购了一条$\phi 2.3\times 38.1m$干法回转窑生产线全套机械设备，向三菱公司订购了相应的电气设备。这是中国民族工业中最早采用日本水泥设备的一家企业。1935年4月14日工厂建成投产，日产水泥80吨，采用狮头牌商标。投产后不久就开始盈利，利润率很高，只需用一年半时间就能赚回全部投资。1936年秋，决定扩建第二条生产线，继续向日本订购了一条$\phi 2.7/2.3\times 41.1m$干法回转窑生产线全套设备，打算使工厂生产能力由日产80吨提高到日产200吨。1937年春，设备陆续到厂，扩建工程接着开工。第二条生产线尚未完全建成时，太原失守，工厂落入日军魔爪。

西北洋灰厂离太原城较远，又不在交通要道，1937年11月8日太原沦陷后，日军力量尚控制不到远郊地区，并没有马上进驻工厂。此时大部分管理人员已弃厂逃跑，只剩下少数人员留守。在当年12月下旬，工厂附近农民在工人带领下成群结队拥入厂区，将能拆、能运的机器及其备件和桌椅等财物都一起搬走，将不能搬运的机器和厂房都放火烧毁。日军发觉工厂被烧，第二天便派遣部队驻厂。1938年2月19日，日本浅野洋灰株式会社受日本军部“委托”对西北洋灰厂实行“军管理”下的“委托代管”，编为“军管理山西第三十五厂”。1942年4月1日，日本财阀集团联合组成“山西产业株式会社”，工厂又改名为“山西产业株式会社西山洋灰厂”。在抗日战争期间，西北洋灰厂被日本帝国主义全面占领。工厂各领导岗位都是日本人把持，一般管理人员也大多是日本人。对工人实行“把头制”，日本人任把头，全厂分“田中组”“桥本组”等把头组织，以此来控制工人的人身自由。在日本人统治下，工厂1号窑于1939年2月14日恢复生产，4月底，2号窑开始运转，最高年产量为1941年的64 000吨，约为设计能力的97%。

1945 年 8 月，日本投降。9 月中旬，阎锡山的西北实业公司派人从日本人手中接管了工厂，恢复原来的厂名为西北洋灰厂。从日本投降到太原解放的三年多时间里，工厂最高年产量为 1946 年的 38 000 吨，解放前一年，1948 年的年产量为 26 000 吨，为设计能力的 39%。在抗日战争和解放战争期间，工厂水泥主要用于构筑军事设施，少部分用于民用建筑。

3. 四川水泥股份有限公司

在重庆创办水泥厂的动议是由实业家胡仲实兄弟的华西兴业公司提出的。该公司在向当时地方军政当局呈报的《开发华西计划书》中，就列有“在重庆建水泥厂”一项。1934 年秋，华西兴业公司派常务董事宁芷村先生到上海、北京参观考察，听取了上海实业家刘鸿生先生力主创办水泥厂的意见，还得到他关于大力支持的承诺。在此基础上，华西实业公司提出关于在重庆创办水泥厂的倡议，得到重庆金融界、航运界、政界和军方的支持，特别是民生公司总经理卢作孚先生愿将他正在筹办的建国水泥厂停办，把已购买好的渠县琅琊石膏矿、北碚石庙子石灰石矿作为股份入股，赞成集中力量办好西南第一家现代化水泥厂。1935 年 10 月，正式成立了四川水泥股份有限公司筹备处，推选宁芷村先生为筹备主任，开展对外招股等各项筹备工作。按股募集资金，募得总金额 200 万元，主要是商股，投资较多的是川盐银行 28 万元、重庆银行 22 万元，私人投资最多的是宁芷村 5 万元，还接纳了当时重庆行辕投入的 24 万元官股款，占总股份的近八分之一。所以公司性质属民族资本企业。1936 年 10 月 20 日，四川水泥股份有限公司正式成立，民国政府实业部于 1937 年 4 月 12 日以商字第 54290 号文批准发给营业执照。公司第一任董事长为川盐银行董事长吴受彤，第一任总经理为宁芷村。向丹麦史密斯公司购置 1 条 $\phi 2.3/2.7 \times 82.4$m 湿法回转窑生产线的全套设备。1936 年 4 月生产线建设开始施工，1937年9月竣工，同年10月开始出水泥。生产能力为年产水泥4.5万吨，产品商标采用“川牌”。

四川水泥股份有限公司开始出售水泥之时，正值中国全面抗日战争爆发，民国政府及沿海工商企业相继纷纷内迁，水泥需求量剧增，工厂生产供不应求，企业呈现一片兴旺繁荣景象。从1937年10月投产到1939年初，公司账面利润达62.8万元。然而，好景不长，1939年6月，民国政府以水泥为国防需要的战略物资必须由国家控制为由，对水泥销售和价格实行管制。一方面由经济部、军政部、交通部、四银行联合办事处和四川水泥股份有限公司各派1名代表共同组成水泥管制委员会；另一方面由经济部于1939年6月1日颁布《实施水泥管理十条》，对工厂实行全面管制。按管制委员会和《十条》规定：工厂必须逐日向管制委员会填报生产与销售的数量、价格与运发地点；购用水泥者必须先向管制委员会申请，核准发证后才能配售；水泥利润不准超过25%；水泥价格必须由管制委员会核定等。这些硬性规定，完全剥夺了公司作为一个法人的自主经营权利。管制委员会一个月才召开一次会议，很多重大问题根本不能及时解决。即使开会，能代表公司利益反映意见和提出问题的也只有1人，公司在管制委员会内起不到作用。当时持续通货膨胀，物价一日数变，公司毫无应变能力，致使公司从管制前的盈利，很快就陷入亏损。从1939年6月开始管制到9月，仅三个多月时间就亏损法币十余亿元。1942年1月，每桶水泥生产成本达700元，而管制委员会规定的售价只有420元。仅此一项，就足以置公司于死地。所以公司自管制之日起即陷入困境，只得靠商业银行的高利贷度日，为维持生产，债务越背越重。

1945年8月，抗日战争取得胜利。然而，公司又有新的问题。一方面民国政府和工商企业纷纷内迁离开重庆，水泥销售锐减；另一方面接着爆发内战，物价飞涨，百业俱衰，经济萧条，借高利贷度日的四川水泥股份有限公司更是难以生存。另外，公司内部争权夺利，营私舞弊，工人被残酷压榨，不堪忍受，奋起反抗。到解放战争宣告结束前的1949年5月，公司负债累计达金圆券50余亿元，资金周转失灵，不得不于6月12日宣布停工倒闭。

4. 致敬洋灰股份有限公司

致敬洋灰股份有限公司是由山东济南的民族实业家朱敬舆先生投资创办。该公司虽然于1920年就开始筹办，但到1935年才正式投产。工厂设在济南市刘长山，向德国订购了普通立窑等设备，聘请德国技师指导建设和投产。试生产屡遭失败，到1931年才试烧出合格熟料。由于资金困难，当时未能投入正常运行。1935年，通过招募新股获得资金，工厂得以正式开工，生产出第一批“车头牌”水泥，日产量42吨。

然而，开工后生产好景不长。抗日战争爆发，济南市被日寇占领，1938年，致敬洋灰股份有限公司被日军“军管理”，由日本满洲磐城洋灰株式会社经营，同时改名为军管理济南致敬洋灰股份有限公司，从此工厂完全沦落日本人之手。

1945年抗战胜利，致敬洋灰股份有限公司先由国民党“山东党政接收委员会”接管，后移交给“敌伪产业处理局”监管。1947年工厂被国民党军队强占，机器设备和厂房遭到破坏，生产无法继续，只得关闭。1948年济南解放，同年，致敬洋灰股份有限公司全面恢复生产，由私营改为公私合营，商标改为“红星牌”，1949年全国解放时年产量已达到15 000多吨。后来该厂改名为济南水泥厂。

三、老　　厂

抗日战争前夕，有5个于清末民初建成的老厂：广东西村士敏土厂、华商上海水泥股份有限公司、中国水泥股份有限公司、启新洋灰股份有限公司和启新华记水泥厂。

1. 广东西村士敏土厂

1937年，全国展开全面抗日战争，水泥已成为当时的军需品。广东西村士敏土厂生产的水泥，要供应湖南、福建、广西和广东各省修筑防御工程和其他国防工程，以及粤汉铁路、湘桂铁路等交通运输工程。1937年8月19日，日军飞机开始轰炸广州，广东西村士敏土厂是轰炸目标之一。被空袭了67次，命中13次，落弹63枚，最大洗泥池全座被毁，其他机械也有损伤，但窑磨主机尚能运转。全厂员工抱着全民抗日的热忱，同仇敌忾，随炸随修，日夜坚守岗位，不间断地组织生产，保证军用之急需。1938年10月12日，日军在大亚湾和大鹏湾登陆，广东战局出现逆转。广东西村士敏土厂奉建设厅指示，把档案存放于沙面租界，疏散部分员工。当时国民党政府实行“焦土抗战”政策，对广东省省营的各厂，凡不易拆卸和搬运的设备进行炸毁，以免为日寇所用。1938年10月21日，广州被放弃，开始总撤退。是日清晨，广东西村士敏土厂开始炸毁设备，将破碎机、回转窑、磨机和发电机等主要设备全部破坏。10月22日留厂员工全部撤退到广宁县。广东西村士敏土厂随着广州的失陷而全部落入日军之手。

广州沦陷一年后，日本浅野洋灰株式会社于1939年底进驻广东西村士敏土厂。由于设备被严重毁坏，日本人只得将1号窑和2号窑两条生产线上尚能修理的设备拆下，经修好后在3号窑原址上拼出一条生产线。花了一年多时间，到1940年初安装工作结束，接着开工生产。花县飞鼠岩石灰石矿山上，设备全部散失，只得用老办法手工开采和搬运。飞鼠岩矿靠近游击区，常被游击队袭击，后来改用南海县象岗和虎头岗的石灰石。由于生产设备全是改装拼凑而成，生产线技术经济指标达不到工艺要求，石灰石质量又差，所以，日本人生产出来的水泥质量很低。当时生产两个品种：一种是军用水泥；一种是民用水泥。名义上分两个品种，实际上是把质量好一些的供军用，质量次的给民用。日本人驻厂期间，将已被损坏的2号窑系统设备全都拆运到山东张店，作制氧化铝用。广东西村士敏土厂在抗日战争期间始终维持1条线生产。1945年8月，日本战败投降后，日军将这条唯一的生产线破坏后才撤走。在抗日战争期间，广东西村士敏土厂曾遭到三次大破坏，被拆走了一条生产线，可谓灾难深重。

日本投降后，广东省建设厅派人接管广东西村士敏土厂，粤桂闽特派员办公处派员到厂监收。为恢复生产，工厂制订了分三步进行的修复计划。1946年3月完成第一步，修复3号窑，6月点火投产，生产能力达200吨/日，产品质量也恢复到战前水平。1947年3月完成第二步，修复1号窑，但由于缺乏电力和燃料，到解放战争结束未能投产。第三步是重建2号窑。由于原2号窑已被日本人拆走，须重新购置。1947年6月广东西村士敏土厂向丹麦史密斯公司订购了与原2号窑相同型号的湿法回转窑生产线设备。其大部分设备于1949年都已运到工厂，但配套电机等小部分设备没有到厂，至1949年10月广州解放前夕，2号窑的重建工程仍未能完成。广东西村士敏土厂从1946年6月到1949年底的三年多时间里，基本只维持一条窑生产，1949年水泥年产量为3.2万吨。

2. 华商上海水泥股份有限公司

1937年8月13日，日本侵略军进攻上海，11月9日占领华商上海水泥股份有限公司在龙华的水泥工厂。日军随即对工厂实行“军管理”，交由日本三井财团系统的三井物产株式会社与小野田洋灰制造株式会社经营。1941年太平洋战争爆发，日本侵略者为便于控制“军管理”企业，改变了赤裸裸的军事占领手法，1943年1月决定解除“军管理”，改由日本三井物产株式会社和小野田洋灰制造株式会社“租赁”经营。日本人经营工厂期间，只图眼前生产，拼命生产水泥，对机器不检修、不保养，造成生产设备损伤极大。1945年初开始，美军飞机经常飞临上海侦察和轰炸。由于水泥厂紧靠日本军事基地龙华飞机场，在美军轰炸龙华飞机场时，水泥厂常被波及。据统计，美军飞机先后向水泥厂投下炸弹36枚，15人身亡，多人受伤，部分厂房和机器被毁。日本投降时工厂已经瘫痪，无法运转。

1945年12月9日国民党政府将水泥厂资产发还给华商上海水泥股份有限公司。经过近半年的修复工作，1946年6月15日复产，日产量仅100多吨。即使产量不多，由于美国水泥在上海倾销，工厂所生产水泥在库内大量积压，销不出去，加之国民党政府对燃料滥行管制，水泥厂复工不到半年就不得不再次停工。1947年初，全国通货膨胀急剧，物价上涨飞速，水泥也成了囤积投机的对象，造成市场上对水泥的虚假需求。公司于是组织力量使水泥厂再次复工。燃料由煤改为从美国进口的柴油，1947年6月，2号窑首先开工生产。1948年3月，1号窑相继投产，年产量达到43 000多吨，接近1936年最高年产量98 000吨的一半。1949年4月中国人民解放军横渡长江，解放南京，包围上海，国民党军队进驻水泥厂。他们拉走工人作壮丁，强迫工人修筑军事工程，打算负隅顽抗，企图垂死挣扎。在这种情况下，工厂被迫再次停工。直到中华人民共和国成立后才恢复生产。

3. 中国水泥股份有限公司

南京沦陷后，日本侵略军不久就进驻公司的龙潭工厂，实行“军管理”。与华商上海水泥股份有限公司不同的是，交给三菱财团系统的满洲磐城洋灰株式会社代管。1942年12月，日本人变换侵占手法，改“军管理”为满洲磐城洋灰株式会社“租赁”

经营，所产水泥由日本三菱株式会社南京支店经销。1945 年日本投降后，国民党政府派员到厂接收，经清理审查后，将工厂资产发还给中国水泥股份有限公司。在解放战争期间，原燃料匮缺，外国水泥在华倾销，物价狂涨，工厂生产经营十分困难。经常只有一两条窑维持生产，1948 年水泥年产量为 9 万多吨，不到生产能力的 50%。

4. 启新洋灰股份有限公司

在抗日战争中，启新洋灰股份有限公司是沦陷区内唯一未被日军占领的中国民族水泥企业，但它也无法逃脱日本侵略者的染指。天津、唐山等地沦陷后，日本驻华使馆派顾问进驻公司，要求接受日方投资、改组管理机构和设立“推进机关”，另一方面又做出“中日亲善”姿态，对公司上层领导进行拉拢。为避免被日本人吞并，公司领导一方面婉言拒绝日方投资的要求，另一方面同意设立“推进机关”和改组管理机构。在“推进机关”授意下进行了改组，免去对日本怀有不满情绪的管理人员的职务，在公司领导层中安插了与日本人关系密切的人，水泥销售改由日本三井洋行包销。这样，公司虽然未被日本人军事占领，但已被置于敌人的控制之下。

“七·七事变”后，日本侵略军向全国迅速扩张，大量修筑军事设施，水泥需求量骤增。在这种形势下，日方要求增加投资，扩大生产。1940 年 5 月，公司召开临时股东会议，议决从美商手中购买丹麦史密斯公司的 $\phi 2.9 \times 78$m 干法回转窑 1 台、原料磨 1 台、水泥磨 1 台，以及其他配套设备，投资 261 万元，进行建厂以来的第四次扩建。启新洋灰股份有限公司在抗战前的 1935 年曾进行过第三次扩建，安装了一条 $\phi 2.1 \times 45$m 干法回转窑生产线。经第四次扩建后，全厂水泥总生产能力达到年产 30 万吨。日本包销的水泥不仅流向全国，还运到南洋群岛各日本占领区。

1945年抗日战争胜利，不久便爆发国内战争。此时，启新洋灰股份有限公司虽已摆脱日本侵略者的控制，但接着便陷入通货膨胀、资金枯竭和交通梗阻、产品滞销的困境。公司最高实际年产量是1942年的水泥27万吨，1948年产量下降到水泥13万吨，仅为最高年产量的一半。

5. 启新华记水泥厂

抗日战争中，国民党军队在天津失守后，爱国志士王涛不愿为日本人服务，毅然辞去启新洋灰股份有限公司总技师职务，跟随国民党军队南下，投身到全民族抗日救国的洪流中。1938年5月到达武汉，当时民国政府经济部正在筹划工厂内迁事宜。启新华记水泥厂在当地是重要企业之一。时任经济部长的翁文灏得知王涛到达武汉，立即召见，要他负责将启新华记水泥厂拆迁到敌后方去。因王涛已脱离启新洋灰股份有限公司，无权代表该公司迁厂，翁文灏于1938年7月7日，以经济部名义，发出迁厂命令，并决定由经济部资源委员会借给王涛法币60万元，作迁建费。

当时，日寇已经侵占安庆，正沿江西进，九江告急。王涛持经济部命令来到启新华记水泥厂时，已有部分职员逃离。他立即派员到湘西选择厂址，遣人去租用和购置驳船，责令员工着手拆卸机器，并向全体职员和工人传达政府命令，申明拆迁大义，得到了大家的积极支持。职工们日以继夜，废寝忘食，在短短24天时间内，完成了全厂一半设备的拆卸任务，连同材料分别装了几十只木船，分批运出明家嘴，向武汉进发。7月下旬，九江陷入敌手，获悉政府即将封锁长江，破坏工厂。此时厂区已闻炮声，尚有一组回转窑设备来不及拆卸，只得放弃。9月初，装满机件和材料的船只抵达汉口。10月8日明家嘴沦陷时，工厂的船队已向湘西进发。船队自武汉出发，逆江而上，经岳阳城陵矶进入洞庭湖，行两百余里，从常德进入沅江，不料此时遇到了难关。这段沅江是逆水行舟，滩多水急，冬季水枯时小轮及驳船不能行驶，必须换浅水船拉纤上驶。启新华记水泥厂船队装的窑、磨设备，体积庞大，在沅江行驶的小船都无法装载。于是派人到湘潭造船厂赶制浅水大木船 10 艘，3 000 多吨设备分批转运。历尽 1 年多的艰辛，1939 年 10 月 15 日才将最后一批物资运抵目的地。

王涛在工厂拆运前就已派人赴湘西选择厂址，后来又亲临现场复查，最后选定在湖南辰溪的梨子垸建新厂。工厂面临麻阳河，对岸有辰溪煤矿和辰溪电厂，石灰石矿山相距 1 公里，原料和能源条件较好，唯交通运输不够理想。虽有湘黔公路干线，东到长沙，西至贵阳，东南抵衡阳，西北达重庆，但公路运量小、运费高，因此新厂所产水泥全靠水路运出。经麻阳河往北 6 公里入沅江，过洞庭湖，经长沙抵达衡阳。在冬季水位低枯时节，产品运输停滞；在春夏大水季节，把水泥抢运到衡阳，然后转运各地。

新厂在设备运输过程中就开始建设。1939 年元月破土动工，4 月 15 日开始安装机器，12 月 1 日正式投产。全厂机轮滚滚、电灯齐明，员工和家属都以万分喜悦的心情，庆祝拆迁和建厂的重大胜利。从此，新厂定名为华中水泥厂。

1938 年以后，迁往辰溪的工厂日渐增多，在那里逐步形成了一个战时工业区。自从 1939 年 9 月以后，日军飞机经常飞临辰溪，进行狂轰滥炸，华中水泥厂 6 次被炸，损失惨重。1939 年 9 月 21 日，日本飞机 27 架，对正在建设中的华中水泥厂周围投弹 30 余枚，炸毁了部分房屋，机器设备未被损坏。1940 年 9 月 9 日，敌机 27 架，在厂区投弹 100 多枚，主机被炸，回转窑窑身穿洞多处，齿轮也被炸坏，烟道炸塌，房屋炸毁 200 多间，损失很大。但经职工奋力抢修后，仍继续生产。1940 年生产水泥16 300多吨，供敌后抗战军事工程之急需。1941年4月1日到7日连遭敌机三次轰炸，损失非常严重，被迫停产。1941年5月7日，日机又轰炸停产的工厂，这次炸毁的是化验室和厂警队，其他部门未被波及。

华中水泥厂连遭敌机轰炸造成直接损失达法币2 575 406元，到处破瓦颓垣，一片沉寂，职工心情非常沉痛，企业经济状况十分困难。王涛带着克服困难的设想奔赴陪都重庆，找经济部商量。经济部为了战时需要，尽力慰勉，同意王涛的想法，决定采取增加资本和成立股份有限公司等措施。经发起人会议，由重庆立信会计事务所对华中水泥厂进行清产核资，聘请经济部和中国银行参加投资。经核资，华中水泥厂资产作股340万元，中国银行投资140万元，经济部连同以前借给的迁建费共投资70万元，总资本为550万元。1941年6月5日，在重庆成立董事会，选举霍宝树为董事长，工厂改名为华中水泥厂股份有限公司。公司成立后，用增加的资本迅即采购必要的设备和器材，开始艰巨的修复工作。经过四个多月的紧张抢修，损坏的机器全部修复，全厂职工鸣鞭庆贺抢修工作的重大胜利。虽然经历了这样大的磨难，工厂还是在当年生产了4 766吨抗战急需的水泥。

在王涛的带领下，华中水泥厂职工为抗日战争做出了巨大贡献。他们冒着敌人的炮火，百折不挠，努力生产。从1940年到1945年的6年间，共生产水泥51 230吨，供应战时国防、敌后交通、工业和水利建设的需要。在衡阳失守后，甚至用飞机将水泥运抵敌后。他们在与敌人抗争中所表现的民族气节，是中国水泥界的骄傲，应为后人所称颂和学习。

抗战胜利后，华中水泥厂继续生产，1947年达最高年产量21 406吨，接近生产能力。1948年9月工厂暂时停工。工厂技术员工除少部分留厂看守设备外，大部分调到正在筹建的华新水泥厂。

当时湘西地方武装颇多，其中部分系土匪性质。国民党残军溃逃时，部分地区政权呈现真空状态。以张玉琳为首的一股匪徒趁隙于1949年3月1日占领湘西重镇沅陵，洗劫全城。3月5日占领辰溪，同时窜入华中水泥厂。3月9日匪徒们对工厂大肆抢劫，除不能搬走的笨重机器和物资外，所有公私财物被洗劫一空，厂警的枪支也全被掳走。致使华中水泥厂在解放前夕又遭一劫。事后厂方会同当地士绅，要求张玉琳给予保护，同时立即办理救济和遣散员工事宜，将积存的产品和原燃材料抢运出境。湘西解放后，张匪残部逃入山中，后经中国人民解放军围剿，全部歼灭。

中华人民共和国成立后，中央政府将华中水泥厂固定资产移交给湖南省政府管理。该厂后来改名为辰溪水泥厂。

四、抗日敌后的立窑小型水泥厂

在抗日战争期间，中国水泥业界发生的另一面情况是在敌后迅速发展出一批立窑小型水泥企业。

1937年“卢沟桥事变”后，日本侵略军大举南侵，平、津相继沦陷，民国政府从南京迁都重庆，战区许多工商企业亦纷纷内迁西南，集聚昆明、重庆等地。仅上海一地在失守前迁往西南地区的民营企业就有148家。这些内迁企业在恢复生产时需要大量水泥，战时构筑军事设施也急需水泥。当时全国水泥厂基本上都陷入敌手，西南地区仅有四川重庆的一家水泥厂，加上邻近昆明的湖南辰溪华中水泥厂，合计年生产能力只有7万吨，水泥供不应求。昆明地区交通不便，而西南方面的国际通路又先后被日军封锁，水泥难以进口，市场上水泥奇缺。因此昆明工业界人士邀请正在负责建设华中水泥厂的王涛前来昆明创办水泥厂，以解决市场水泥之急需。

王涛应邀来到昆明，经考察后认为在昆明可以办厂，即与云南富滇新银行行长缪云台洽商投资事宜。缪云台赞同办水泥厂，但表示富滇新银行财力不足，仅能部分投资。于是王涛又赴香港与中国银行和交通银行洽谈，达成协议，最后确定由富滇新、中国、交通和新华等4家银行及华中水泥厂共同投资建厂。1939年5月4日，各股东代表在昆明富滇新银行召开昆明水泥股份有限公司创立会，在这个会上确定了董事会组成和投资分配。富滇新银行投资法币24万元，中国银行投资法币12万元，交通银行投资法币6万元，新华银行投资法币3万元，华中水泥厂投资法币15万元，集得总投资法币60万元。同时召开第一次董事会，选举缪云台为董事长，聘王涛任总经理，公司设在昆明。

经过对原料资源、电力供应和交通运输等建厂条件的调查研究，确定在离昆明市30公里的昆阳县海口镇附近的磨盘山旁建厂。厂址紧靠滇池，水陆交通尚属方便，也便于躲避敌机空袭。考虑到资金有限，市场急需水泥，向国外订货在时间和运输上都无把握，王涛等人在此困难条件下决定采用立窑生产技术建厂。他们在战争时期背井离乡，身边缺乏参考资料，只好凭记忆和经验，边回忆、边绘图，用3个月时间于1939年8月设计出一台$\phi 2.5\times 12m$的钢筒体立窑，完成了全厂工艺设计。接着，到上海订制立窑设备，与丹麦史密斯公司签订了购买一台$\phi 1.45\times 2.8m$磨机的合同，又与德国禅臣洋行和美国电气公司签订了购买电气设备的合同。根据昆明运输条件，所订设备均为越南海防交货，以便利用滇越铁路将设备运抵工厂。

1940年4月，在上海订制的立窑及部分通用机械设备经海防运到工厂。电气设备和另一部分通用设备由于日军已攻占海防而未能运出，全部丢失，损失价值达法币22万多元。原定海防交货的丹麦磨机由于滇越铁路中断而被迫改为缅甸仰光交货。磨机于5月14日运到仰光，雇印度民工由滇越公路历经一个多月，行程1146公里，于6月26日抢运到工厂。因欧洲战局紧张，美国和德国的电气设备无法交货。有些设备只得分别向云南经济委员会、耀龙电力公司和“五三”兵工厂借用，另一些设备与配件，或向华中水泥厂求援，或由自己绘图在昆明制造，以确保投产的最低条件。10月，全部设备安装就绪；11月7日，立窑点火试烧；12月14日，产出水泥。从此，我国自行设计的立窑厂建成投产。该立窑生产线只有1窑1磨，年生产能力为6 000吨，水泥采用龙门牌注册商标。

建厂工程冲破了重重艰难险阻，基本达到了预期目标。但因海防丢失设备而造成的损失、设备转口进厂、物价上涨和货币贬值等不可预见因素的影响，建厂总投资大大突破原预算，实际总支出达法币213.2万元，为原预算的3.55倍。为解决突破预算问题，1940年2月14日的股东会议上决定增资90万元，将总资本提高到法币150万元，另外向中国银行透支法币63.2万元。

昆明水泥厂投产后，产品供不应求，须按民国政府军事委员会昆明行营批准的分配方案来销售水泥。1942年4月11日召开的股东会议上决定再增资法币150万元进行扩建，以增加产量。陆续增设了自行设计的$\phi2.5\times12$m钢筋混凝土筒体立窑1台和不同尺寸的砖砌立窑4座；安装了由重庆顺昌机器厂制造的$\phi1.39\times2.84$m水泥磨2台；将原来的1台$\phi1.45\times2.80$m磨机改成专磨生料。扩建完成后，工厂生产能力扩大到年产水泥1.2万吨。

昆明水泥厂的建设对中国水泥工业发展有着重要影响。昆明水泥厂（后改名云南水泥厂，现名云南水泥有限公司），它是中国国产普通立窑和土立窑的发祥地，也是中国水泥史上采用国产设备建设立窑厂的里程碑。

与昆明水泥厂建设同期，在敌后新建的立窑小型水泥厂还有：江西吉安的江西水泥厂，年产水泥0.5万吨；四川乐山的嘉华水泥厂，年产水泥0.9万吨；甘肃窑街的甘肃水泥厂（后改名窑街水泥厂），年产水泥0.15万吨；湖南零陵的湖南水泥厂（后改名零陵水泥厂），年产水泥0.25万吨；陕西白水的陕西水泥厂（后改名白水水泥厂），年产水泥0.25万吨；贵州贵阳的贵州水泥厂（后改名贵阳水泥厂），年产水泥0.25万吨。

早期我国民族水泥工业起步时曾采用立窑生产技术。随着世界上水泥生产技术的进步，逐渐都采用回转窑技术。后者虽然价格昂贵，要求投资大，但业界为了占领市场，都纷纷采用此项技术，先用干法，后又采用湿法。抗日战争中，资金缺乏又急需水泥，水泥业界就不得不采用上马快、投资省的立窑技术。这种技术的倒退是战争所造成，实属无奈，这正说明中国民族工业在战争中发展之艰难。

在抗日战争中艰难发展起来的这批立窑小型水泥企业，虽然技术落后，规模很小，但对敌后国防建设、生产发展却发挥了重要作用，对抗日战争做出了贡献。

五、华新水泥股份有限公司

抗日战争期间，水泥界一些有识之士在极困难的条件下不得不办了一批立窑小水泥厂，然而他们还是想方设法要创办技术先进的大型水泥企业。

1943年2月，苏联取得斯大林格勒战役的重大胜利，扭转了第二次世界大战的整个战略格局。在太平洋战区，同盟国已取得主动权，中国人民的抗日战争也开始由战略防守转为战略进攻，胜利指日可待。在这样的形势下，王涛等敌后水泥精英们开始筹划抗日战争胜利后建设大型水泥厂。1943年5月1日在重庆中国银行召开了华中水泥厂股份有限公司和昆明水泥股份有限公司两公司的股东联席会议，会议按民国政府“公司法”决定两公司合并，增资改组、成立华新水泥股份有限公司。选出翁文灏为董事长，聘王涛为总经理，张宝华为总工程师。确定总资本为法币 3 000 万元。华中水泥公司原有股本 550 万元和昆明水泥公司原有股本 300 万元都加入华新水泥股份有限公司。另增加资本2 150 万元,按原股份比例分认。1943 年 6 月 12 日，华中水泥厂股份有限公司和昆明水泥股份有限公司出示布告，分别更名为华新水泥股份有限公司华中水泥厂、华新水泥股份有限公司昆明水泥厂。

华新水泥股份有限公司总部设在昆明。为筹建新厂，先后将华中水泥厂和昆明水泥厂两厂的股本和盈利，再加上部分借款，购买了 150 万美元存入美国花旗银行。另外还筹集资金，在湘西购买了 10 多处木材山场，以备战后建设新厂之用。1944 年春，王涛等人商定，在湖北沿江的大冶建厂，采用世界上最先进的技术建设远东最大的水泥厂。这样，工厂生产出的水泥将是成本低、质量高，沿着长江顺流而下直达南京、上海，可挤入华商上海水泥股份有限公司和中国水泥股份有限公司的市场。7 月，公司派出总工程师张宝华赴美国洽购水泥生产设备。

1945 年 8 月，华新水泥股份有限公司大冶水泥厂筹建处正式成立。同年 9 月，张宝华在美国与爱立斯 · 强默公司签订购买日产 1 200 吨水泥熟料湿法回转窑生产线全套设备的合同，全部货款为 130 万美元，后又与美国著名工厂设计公司麦唐纳建筑公司签订工厂设计合同。10 月，华新水泥股份有限公司总部由昆明迁到汉口，直接领导大冶水泥厂筹建工作。

经详细勘察，选定湖北省黄石市枫叶山麓为大冶水泥厂厂址。此处面临长江，后靠矿山，石灰石质量好、储量大，还有公路直通武汉，工厂外部条件非常好。购得土地 890 亩，工厂于 1946 年 9 月破土动工建设。在美国购买的主机设备有：$\phi3.5\times145$m 湿法回转窑 2 台，带有水力分离器的闭路循环 $\phi2.74\times$

3.96m 湿法生料球磨机 2 台，带有空气分离器的闭路循环 ϕ2.74×3.96m 水泥球磨机 4 台。这些都是当时世界上技术最先进的水泥生产设备。全部设备于 1947 年年底运抵建设工地，接着便全面进入机器安装阶段。

1948 年，人民解放军取得节节胜利，南京民国政府面临即将灭亡的命运。国民党统治区货币急剧贬值，物价暴涨，政治经济一片混乱。大冶水泥厂建设也陷入了严重困境。虽然在开工前夕的 1946 年 6 月，公司曾将总资本从 3 000 万元扩大到 4 000 万元，但已全部用完，而且债台高筑，再也找不到借主，大冶水泥厂建设已无法进行下去。为寻找一线生机，决定按能生产出水泥的最低条件先装出 1 条生产线。1949 年 4 月，第一条生产线基本建成，4 月 5 日回转窑出熟料，4 月 9 日水泥磨生产出水泥，共生产了 1 000 多吨水泥，商标取堡垒牌。然而，这些水泥找不到一家用户，好不容易拼凑起来的生产线不得不停止运转，想通过生产寻找出路的希望完全破灭。当时，职工已有 100 多天没有拿到分文工资，连吃饭也发生了困难，华新水泥股份有限公司几乎走到了绝境。

华新水泥股份有限公司是一个大企业，解放前，中国共产党在大冶水泥厂已发展地下组织。在这极度困难的时刻，大冶水泥厂在地下党组织领导下，组织职工互助自救。工厂将部分存煤和闲置设备进行廉价拍卖，动员富有职工和家属捐献金银首饰和积蓄，然后换回粮食分给职工，勉强度日。解放前夕，公司组织了护厂队，设立岗哨，昼夜巡逻，看护设备。国民党军队撤退时数次进入厂区，以炸毁工厂相威胁。护厂人员想尽办法与他们周旋，把工厂完整地保存了下来。

在战争期间，除建设一批立窑小水泥厂和大冶水泥厂外，1941 年在上海新建了天祥实业股份有限公司水泥厂，有 2 台小型干法回转窑，水泥年产量仅 1.8 万吨；1946 年王卓然先生在江苏苏州新建了白水泥厂，有1台 $\phi0.93/1.18\times20.86$m 干法中空回转窑，小时产量0.5吨，这是中国最早的特种水泥厂。

抗日战争和解放战争期间中国民族水泥工业的状况是：所有企业都遭受到不同苦难；一些企业在艰难的条件下有所发展；不同企业在产量上有减有增，在技术上有退有进，总体上有一定发展但非常缓慢。

第 三 部 分

1950—2004 年

第八章　水泥企业的国有化

民国年间，两场全面战争的结局是两次政权的大更迭，从而使企业的产权制度相应地发生变更。在20世纪40年代到60年代产权制度变更的结果是水泥企业都实行了国有化。由于政治经历和产权制度的不同，各水泥企业有着不同的国有化过程。

表8-1所列为1945年抗日战争结束时中国大陆已创办的水泥企业。从表8-1可看到，1945年中国大陆已有35家水泥企业，年生产总能力已达432万吨。从此表还可看出，35家水泥企业的资产性质是不同的，其中，17家是日伪资产；3家是官营资产；15家是民营资产。

表8-1　1945年中国大陆的水泥企业

序号	企业名称	资产性质	技术类型	年生产能力（万吨）
1	启新洋灰股份有限公司	中资民营	干法回转窑	30
2	华商上海水泥股份有限公司	中资民营	湿法回转窑	10
3	中国水泥公司	中资民营	湿法回转窑	22
4	广东西村士敏土厂	中资官营	湿法回转窑	20
5	西北洋灰厂	中资官营	干法回转窑	7
6	四川水泥股份有限公司	中资官营	湿法回转窑	4.5
7	江南水泥股份有限公司	中资民营	湿法回转窑	20
8	致敬洋灰股份有限公司	中资民营	普通立窑	1.5

续表

序号	企　业　名　称	资产性质	技术类型	年生产能力（万吨）
9	“华新”华中水泥厂	中资民营	湿法回转窑	2.5
10	“华新”昆明水泥厂	中资民营	普通立窑	1.2
11	“华新”大冶水泥厂	中资民营	湿法回转窑	50
12	江西水泥厂	中资民营	普通立窑	0.5
13	贵州水泥厂	中资民营	普通立窑	0.25
14	嘉华水泥厂	中资民营	普通立窑	0.9
15	甘肃水泥公司	中资民营	普通立窑	0.15
16	湖南水泥厂	中资民营	普通立窑	0.25
17	陕西水泥厂	中资民营	普通立窑	0.25
18	天祥实业股份有限公司水泥厂	中资民营	干法回转窑	1.8
19	“小野田”山东洋灰公司	日伪	普通立窑	1.5
20	华北洋灰股份有限公司	日伪	干法回转窑	16
21	蒙疆洋灰公司口泉洋灰厂	日伪	机械立窑	3
22	“小野田”大连工厂	日伪	干法回转窑	25
23	“小野田”鞍山工厂	日伪	干法回转窑	13
24	“小野田”泉头工厂	日伪	干法回转窑	16
25	“小野田”小屯工厂	日伪	立波尔窑	15
26	“小野田”哈尔滨工厂	日伪	干法回转窑	10
27	“小野田”牡丹江工厂	日伪	立波尔窑	15
28	“小野田”庙岭工厂	日伪	干法回转窑	9
29	“磐城”本溪工厂	日伪	干法回转窑	20
30	“磐城”本溪工厂分厂	日伪	干法回转窑	17

续表

序号	企业名称	资产性质	技术类型	年生产能力（万吨）
31	“磐城”安东工厂	日伪	干法回转窑	18
32	“磐城”辽阳工厂	日伪	干法回转窑	13
33	“浅野”吉林工厂	日伪	干法回转窑	25
34	“浅野”锦州工厂	日伪	干法回转窑	20
35	“浅野”抚顺工厂	日伪	干法回转窑	30

注：1. “华新”指华新水泥股份有限公司。
2. “小野田”指关东洲小野田洋灰制造株式会社。
3. “磐城”指满洲磐城洋灰株式会社。
4. “浅野”指满洲浅野洋灰株式会社。

抗日战争胜利并日伪政权垮台后，民国政府没收日伪资产为国家所有，同时将民营资产归还给原业主经营。中国共产党领导的人民政府于1946年就开始在东北解放区没收日伪资产。1949年解放战争胜利和中华人民共和国成立后，人民政府继续没收日伪资产，此外，对官营企业，与日伪企业一样，没收其资产归国家所有；对民营企业，则通过调整工商业和社会主义工商业改造等不同阶段的工作，实现民营资产的国有化。各类企业具体的国有化过程分别叙述如下。

一、日伪资产企业的国有化

东北和华北地区的17个日伪企业，都是通过没收的办法实现了其资产的国有化，也有少数企业由于战争破坏和苏军进入东北后拆走大量机电设备而关闭，未能形成国有资产。各企业资产国有化过程有所不同。

1. “小野田”哈尔滨工厂

“小野田”哈尔滨工厂自日本投降后即停产。工人们在中共地下党领导下组成护厂队，保卫工厂。1945 年 8 月下旬，苏联红军委派秋林公司代管水泥厂并用一个班的兵力进驻工厂，和工人们一起护厂。不久，国民党在哈尔滨成立政府，派保安队接替苏军进驻工厂。1946 年 4 月 28 日，哈尔滨解放，国民党政府垮台，其军队败退，地方人民政府派干部进厂，开展各项政治工作，组织工人生产自救，并将厂名改为东建洋灰厂。经过一段时间的整顿，1947 年 10 月开始检修设备和开展其他各项生产恢复工作。1948 年 10 月东北人民政府设立工业部企业管理局水泥公司，将东建洋灰厂划归水泥公司管理。到当年年底，工厂基本修复，共修整道路 4 条，新建和修补厂房、宿舍 37 处，修复主要设备 23 台。1949 年 1 月正式投产，全年共生产水泥 71 292 吨，产品商标取“长白山牌”。由于是东北解放后第一个修复的水泥企业，东北人民政府将厂名改称为第一水泥厂。1952 年中央人民政府重工业部设立建筑材料工业管理局，将第一水泥厂收为中央直属企业，由建筑材料工业管理局管理。接着就开始第二条生产线的扩建工作，$\phi2.4/2.8 \times 50m$ 回转窑干法生产线于 1955 年建成投产，使全厂水泥产量提高到年产 32 万吨。1956 年国务院撤销重工业部，成立建筑材料工业部，工厂成为部属企业，将厂名改为哈尔滨水泥厂。

2. “小野田”鞍山工厂等五个厂

抗战胜利后，随着国民党军队进入东北，民国政府经济部东北特派员办公处和行政院资源委员会先后接管了“小野田”的鞍山工厂、小屯工厂，“磐城”的本溪工厂，“浅野”的锦州工厂、抚顺工厂。在民国政府接管期间，这些工厂中仅有小屯工厂、锦州工厂和抚顺工厂曾进行过短暂时间生产，其他工厂由于破坏严重而都没有运营过。1948年11月东北全境解放，东北人民政府接管了民国政府所属水泥工厂，接着有选择地开展工厂修复工作。按恢复生产的先后次序，将“磐城”本溪工厂改名为第二水泥厂；“小野田”小屯工厂改为第三水泥厂；“浅野”抚顺工厂改为第四水泥厂；“浅野”锦州工厂改为第五水泥厂；“小野田”鞍山工厂改为第六水泥厂。后来，这些水泥厂与第一水泥厂一样，又分别改名为本溪水泥厂、小屯水泥厂、抚顺水泥厂、锦西水泥厂、鞍山水泥厂，也都成为建筑材料工业部的直属企业。

3. “小野田”大连工厂

“小野田”大连工厂在日本无条件投降后就停止生产，接着被苏联红军接管，实行军事管制。此时，大连工厂工人在市总工会领导下组织了工会。苏军委托工会恢复工厂生产。经过大量维修，首先将3号窑修复投产。1947年4月1日，大连工厂被取消军管，改由中苏合营，划归远东电业股份有限公司管理，改名为远东电业股份有限公司洋灰工厂。1950年4月，四条生产线全部修复投产，水泥产量达历史最好水平。年底，根据“中华人民共和国、苏维埃社会主义共和国联盟关于中国长春铁路、旅顺口及大连的协定”和“苏联方面临时代管或租用财产的具体办法之议定书”，苏联政府将远东电业股份有限公司洋灰工厂移交给中国政府。1951年1月1日，东北人民政府工业部建筑材料工业局接管了该工厂。由于接管时间是在第六水泥厂修复投产之后，所以将工厂定名为第七水泥厂。后来，第七水泥厂被划归建筑材料工业部管辖，同时改名为大连水泥厂。

4. “小野田”牡丹江工厂等三个厂

“小野田”牡丹江工厂在日本人投降撤退时被严重破坏。东北人民政府工业部企业管理局于1950年5月决定对其进行复建，到1953年7月才建成投产。按复建投产时间顺序，工厂被改名为第八水泥厂。“盘城”本溪工厂分厂的磨机、减速机和电气设备全被苏军拆走，仅剩下2台破旧回转窑，复建工作十分艰巨，到1956年才恢复生产，改名为第九水泥厂。第八水泥厂和第九水泥厂成为建筑材料工业部直属企业后分别改名为牡丹江水泥厂和工源水泥厂。

“浅野”吉林工厂在日本投降后被破坏得更为严重。建筑材料工业部于1958年决定对其进行重建，建设1条$\phi 3.3 \times 52.3$m立波尔窑生产线，于1960年建成投产，年产水泥25万吨。工厂改为部属松江水泥厂。

5. 华北洋灰股份有限公司

日资华北洋灰股份有限公司在日本投降后先由国民党河北省政府接管。经一个多月，省政府移交给民国政府冀、热、察、绥区特派员办公处管理。1946年2月又移交给行政院资源委员会领导。资源委员会接管后将厂名改为华北水泥有限公司琉璃河厂。

民国政府行政院资源委员会接收日伪水泥企业后成立3个水泥公司：东北水泥有限公司、华北水泥有限公司和台湾水泥有限公司。东北水泥有限公司管辖“盘城”本溪工厂和“小野田”小屯工厂等；华北水泥有限公司管辖“浅野”锦州工厂和华北洋灰股份有限公司。

琉璃河厂在民国政府统治时期，生产一直不正常，机器时停时开。从1946年2月资源委员会接管到1948年12月琉璃河地区解放，在2年又10个月的时间里，生产水泥3万多吨，仅为日伪时期1年又8个月水泥生产量67 000吨的一半。

北京琉璃河地区解放后，华北人民政府于1948年12月15

日派军管组进驻琉璃河厂接管，实行军事管制，开展恢复生产工作。1949年8月，中央金属工业处奉中央财委会令组建华北窑业公司。此后华北水泥公司琉璃河厂便属华北窑业公司管辖，改名为华北窑业公司琉璃河水泥厂。1949年11月，中央人民政府设立重工业部，撤销中央金属工业处，琉璃河水泥厂隶属于重工业部华北窑业公司领导。

琉璃河水泥厂自1949年4月正式恢复生产以后，生产和管理逐步走上正轨，1950年生产水泥11万吨，1951年生产水泥13万吨，1952年生产水泥20万吨，超出日本人建厂设计能力的年产水泥16万吨的25%。1956年中央国务院撤销重工业部，成立建筑材料工业部，琉璃河水泥厂与东北的哈尔滨水泥厂等一起成为建筑材料工业部的直属企业。

6. 蒙疆洋灰公司口泉洋灰厂

华北地区的另一个日资企业蒙疆洋灰公司口泉洋灰厂自日本投降后就停止生产。1945年10月，阎锡山的二战区对其进行接管，同年11月移交给阎锡山的西北实业公司管理，并改名为西北洋灰厂大同分厂。1947年阎锡山预感到自己对大同地区统治时间不会太长，于是决定将大同分厂拆运到太原。除不易拆运的机立窑、生料磨和水泥磨外，其余设备则分批运往太原钢铁公司北库。解放前夕，西北洋灰厂大同分厂内已是杂草丛生，一片荒凉。

1949年初大同解放，人民解放军随即派部队驻厂保卫。不久，察哈尔省工业厅正式接收西北洋灰厂大同分厂，并将其改名为大同水泥厂。察哈尔省建制撤销后，水泥厂归山西省工业厅领导，1953年山西省移交给中央人民政府重工业部建筑材料工业管理局管辖，此后又改名为口泉水泥厂。同年，重工业部决定复建口泉水泥厂。1954年4月15日动工，1955年2月1

日我国唯一的一条机械化立窑生产线重新投产，复建时确定的设计能力为年产水泥 3 万吨，1956 年水泥产量就超过设计能力。口泉水泥厂于 1956 年成为建筑材料工业部直属企业，1958 年工厂建制被撤销，作为一个水泥生产车间，并入新成立的大同水泥厂。

7. 未能复产的工厂

“小野田”泉头工厂、“磐城”安东工厂和辽阳工厂，由于破坏太严重，民国期间没有复产，解放以后也没有复建，这些日伪企业未能形成国有资产。“小野田”庙岭工厂在民国期间一直停产。解放后，建筑材料工业部将其设备拆运到河南，建设洛阳水泥厂，地方政府在该厂基础上又建设了一个小型水泥厂，定名为庙岭水泥厂。

二、官营资产企业的国有化

1. 广东西村士敏土厂

广东西村士敏土厂自创办之日起就是一个官营企业。中华人民共和国成立后，广州市军管会派员进厂接管，此后，工厂就成为人民政府的全民所有制企业。人民政府接管后，排除战争留下的种种困难，1950 年，使 1 号窑和 3 号窑都恢复了生产。1953 年，将中华人民共和国成立前就运到工厂的史密斯公司设备安装完毕，恢复了被日本人拆走的 2 号窑生产线，从而使全厂 1954 年产量达 30 万吨。工厂于 1953 年由省营划归中央人民政府重工业部建筑材料工业局管理，成为中央直属企业，并改名为广州西村水泥厂。1955 年建筑材料工业局又将厂名改为广州水泥厂。该厂生产的五羊牌水泥从 1955 年起开始出口到港、澳、东南亚等地，是中华人民共和国成立后我国水泥界首次出口的品牌。五羊牌后来成为中国水泥的驰名商标。

2. 西北洋灰厂

西北洋灰厂的资产属阎锡山官僚资本。1949年4月2日太原解放后，太原市军事管制委员会工业接管组派员接管了该厂。当年7月，军管会交给人民政府管理，将工厂改名为太原洋灰厂，两年后又改名为太原水泥厂。1951年，1号水泥窑时产达4.6吨，超出设计指标；1952年，由于抗日战争而未能建成的2号水泥窑生产线投产，全厂产量达到9.7万吨，创历史最高水平。1953年太原水泥厂归中央重工业部建筑材料工业局领导，后来又成为建筑材料工业部的直属企业。

3. 四川水泥股份有限公司

四川水泥股份有限公司原属民族资本私营企业，民国政府的官股很少。1949年11月29日重庆解放，1950年初，政府特派员进厂，负责监督生产和经营活动，以及清理公司资产、债权债务。特派员进厂后即发动群众恢复生产，使工厂很快走上正轨，当年就扭亏为盈，上缴利润56.7万元。经民生公司推荐，1951年公司购买了解放前金城银行从美国爱立斯·强默公司进口的$\phi 2.28 \times 75m$湿法回转窑生产线成套设备，建设年产水泥5.4万吨的第二条生产线，于1953年竣工投产，使全厂水泥产量翻番。特派员在抓恢复生产的同时，还组织专业人员与公司一起对资产及债权债务进行清理。通过两年的清产核资，查明四川水泥股份有限公司的负债大于资产60余亿元（旧币），其中欠政府债务占总资产的80%以上。1952年6月召开的股东大会上做出决议，请求人民政府接收公司全部资产，作为偿还债务，不足部分则请求政府代为偿还，经西南化工局呈报中央重工业部建筑材料工业局审批。建筑材料工业局权衡各方面情况，批准四川水泥股份有限公司的请求，将公司收为中央直属国有企业，改厂名为四川水泥厂。1955 年又改名为重庆水泥厂。

三、民营资产企业的国有化

全国解放后，中国政府对私人资本国有化问题采取了与苏联不同的策略。苏联鉴于当时国内、国际的政治环境采取了无偿没收的政策。中国对官僚资本（包括国家垄断企业）也是采取无偿没收，对民族私人资本则采取赎买的政策。在经济恢复时期，国家一方面对资本主义工商业进行结构性调整，另一方面对民族资本工商业通过加工、订货、统购和包销等办法使其纳入国家计划的轨道。在此基础上，国家对民族资本企业实行公私合营，由个别的公私合营发展到全行业的公私合营。公私合营后，对生产资料进行清理估价，核定私股股额，根据私股股额，国家以年息 5 厘计算，按期发给持私股者固定利率的股息。实行定息制度的期限为 7 年，后来又延长 3 年。通过这种赎买的办法，使民族资本企业成为国家所有制的社会主义国有企业。

中国几家著名民营水泥大企业的资本结构往往既有民间资本，又有官僚资本，其国有化过程基本上都按上述办法和程序进行，但具体情况也有所差别。

1. 启新洋灰股份有限公司

唐山解放前夕，启新洋灰股份有限公司水泥滞销，资金枯竭，设备失修，生产和职工生活极度困难。1948 年 12 月 12 日唐山解放，12 月 21 日中国人民解放军唐山军事管制委员会向公司派驻军代表组，负责处理一切有关事宜。军代表组进入公司后，团结广大职工，首先帮助公司恢复生产和解决职工生活困难问题，在人民政府领导下，积极创造条件促成国营华北贸易公司与“启新”签订包销合同，以解决水泥滞销问题；说服华北贸易公司提高水泥价格33.7%，以解决财务亏损问题；请求中国人民银行和天津市合营银行贷款145亿元（旧币），以支持发展生产。通过这些措施，1950年10月生产水泥25 000吨，创建厂以来月产量的最高纪录。

在恢复和发展生产的同时，启新洋灰股份有限公司在军代表组的领导下，开展了民主改革运动。通过改革，清除落后的层层包工制度和其他不合理的用工制度，改善了劳资关系；革新各种规章制度，建立了合理的生产秩序。1952年上半年，军代表组遵照党中央和省委指示，领导全公司干部、职工开展了“三反”（反贪污、反浪费、反官僚主义）、“五反”（反行贿、反偷税、反盗窃国家财产、反偷工减料、反盗窃国家经济情报）运动。通过运动，清理了公司的一切不良行为，使公司走上依法经营的道路。

军代表进驻公司后开展的一系列工作都为公私合营创造了有利的物质条件和政治环境。

1953年9月7日，中国共产党毛泽东主席在全国政协会议期间，就资本主义工商业改造问题同民主党派和部分工商业代表座谈。启新洋灰股份有限公司总经理周叔韬参加了这次座谈会。周叔韬根据在中华人民共和国成立后军代表和人民政府帮助恢复生产、民主改革和“三反”“五反”运动中的亲身体验，感到只有走中国共产党指明的道路才是工商业者的唯一出路。在座谈会上，周叔韬提出了启新洋灰股份有限公司进行公私合营的要求。他回到公司后，随即召开第328次董事会，传达了座谈会精神，做出了关于“响应政府号召，争取公私合营”的决议。1954年4月，公司资方致函唐山市军管会，表明对公私合营的态度。信中说：“在政府宣布过渡时期总路线、总任务之后，我们经过学习，深刻认识到国家资本主义是资本主义工商业社会主义改造的光明大道，在国营经济的直接参加和领导下，改变生产关系和改善经营方法，生产力才能提高。”随后，正式向人民政府递交了公私合营申请书，希望接受请求，早日改组为公私合营企业。

1954年4月22日，毛泽东主席在铁道部滕代远、公安部副部长汪东兴等陪同下，视察了启新洋灰股份有限公司，巡视了原料车间5号生料磨和烧成车间8号水泥窑，听取了生产情况的简要汇报。毛泽东主席还在列车上接见了军代表兼党委书记赵光和正在工厂的资方第一副经理姒南笙，勉励他们："好好学习、好好工作"。毛泽东主席的视察对公司公私合营有很大促进作用，更加坚定了资方走社会主义改造的道路。

华北行政委员会根据“国家的需要、改造的可能、资本家的自愿”三个条件，于1954年6月16日批准启新洋灰股份有限公司公私合营的申请，同时指出，把该公司的生产、供应、销售等都纳入国家计划；由中央重工业部建筑材料工业管理局与资方协商合营事宜，唐山市政府协助。

重工业部建筑材料工业管理局派副局长杨思九负责启新洋灰股份有限公司公私合营的协商事宜。在签订公私合营协议之前，公私双方各自做了必要的准备工作。公方根据华北局和重工业部指示，研究确定公私合营7条原则，主要内容包括人事安排、清产定股和政府投资等问题。私方召开了董事会，也确定了合营原则。1954年7月到9月，公私双方代表进行过四次协商，商定成立公私合营筹委会、筹委会人选名单和公私合营协议书草案等。

1954年9月3日，公私双方举行协议书签字仪式，宣布公私合营筹备委员会正式成立，当天召开了筹备委员会第一次会议，筹委会主任由重工业部建筑材料工业管理局杨思九担任，副主任由私方代表周叔韬和军代表赵光担任。筹委会还决定将公司名称改为公私合营启新水泥股份有限公司。

公私合营筹备委员会成立后即全面开展清产估价工作，成立了清估委员会和清估办公室。清估委员会由资方周叔韬任主任，公方赵光任副主任。办公室下设房屋建筑、机械动力、材料器具和债权债务等四个专业小组和十个基层清点小组，负责全厂清产具体工作。清估委员会确定了工作原则：第一，对企业原有财产的估价应根据公平合理原则，实事求是地进行；第二，清估是一件十分复杂的工作，关系到合营企业的经济核算和股息红利的分配，应当依靠广大群众认真地清查核实，同时应经过公私双方的充分协商；第三，企业实行公私合营，应包括企业原来的实有财产，不允许有任何分散财产、逃避资金的行为；第四，对于呆滞材料和其他合营企业不需要的财产，可经公私双方协商进行适当折扣，或列作私股的待处理财产。为搞好清估工作，办公室还派出学习小组前往天津六大盐业公司永利碱厂和天津恒源纱厂学习清估工作经验；组织清估人员学习国家清估政策和清估具体办法；拟定了清产定股办法草案。

清估工作自1954年11月正式开始，到1955年5月基本结束。清估委员会根据清产定股办法确定了公司原企业资产净值，并造具出财产清册呈报重工业部建筑材料工业管理局。1955年5月5日，建材管理局以“建工财字0051号文”通知审查结果并提出调整资产估值项目。公私双方一致同意建材管理局意见，将资产估值做了修正。清估结果是：

1）原企业资产净值2 091.44亿元（旧币，下同），其中以2 055.96亿元作为原企业资产转入合营企业的总股本，其余35.48亿元并入待处部分。

2）“五反”退财346.74亿元作为公股转入总股本，至此总股本为2 402.48亿元，其中公股占30.24%，合营股占12.67%，私股占55.34%，债票股占1.75%。

3）1955年5月4日政府投资了新人民币250万元，合营企业总股本为新人民币 3 652. 43 万元，股份比例列于表 8-2。

表 8-2　公私合营启新水泥股份有限公司股份比例

股　东	股份比例（%）
公股	36. 81
合营股	11. 48
私　股	50. 12
债票股	1. 59

清产定股工作完成后，1955 年 6 月 30 日公私合营筹备委员会召开第三次会议，研究成立董事会问题。会议决定合营企业董事会由公股董事 12 人、合营股董事 1 人、私股董事 15 人组成；私方董事周叔韬任董事长、公方董事杨思九任副董事长。会议对董事会的性质和权力做出规定，董事会是公私双方协商议事机关，有权对本公司章程的拟定或修改、有关投资或增资事项、盈余分配方案及有关公私关系重要事项进行协商；有权听取本公司有关生产、经营情况和年度决算报告并做出相应决议。筹委会第三次会议后，即召开了第一次董事会，会上讨论通过了《公私合营启新水泥公司章程》，听取了公私合营筹委会工作报告，通过了 1954 年盈余分配方案和车马费支付办法。董事会成立的当天，宣布筹委会撤销，公私合营启新水泥公司正式成立，公司生产经营纳入国家计划轨道的工作最终完成。

公私合营前，“启新”按国家政策规定，实行“四马分肥”的利润分配办法，即将本企业每年的利润按国家所得税、企业公积金、职工福利基金和资方股金红利等 4 部分分配。1955 年 11 月，全国工商联执委会在北京举行会议，讨论中共中央提出的逐步地、和平地改造资本主义工商业问题以及在公私合营企业中推行定息办法等问题。董事长周叔韬参加了这次会议，在会上发言赞成实行定息办法。1956 年 4 月 27 日，在天津召开了公私合营第一届私股股东大会，会议一致同意实行定息办法。8月20日董事会根据建筑材料工业部指示，向股东发出通知，1956年8月起，定息5厘，全部发放现金。定息发放到1966年9月结束。就这样，启新洋灰股份有限公司完成了国有化过程，由一个私人资本的企业改变成国家资本企业。该公司当时隶属建筑材料工业部，为中央直属企业，后又改名为公私合营启新水泥厂。

2. 华商上海水泥股份有限公司等三个企业

表8-3是华商上海水泥股份有限公司、中国水泥股份有限公司和江南水泥股份有限公司的股份比例表。从该表可以看到，该三家公司总股本结构与启新洋灰股份有限公司类似，都是私股占多数，公股比例较小，所以它们的国有化过程与“启新”相似。这三个企业都经历了统购包销、民主改革和“三反”“五反”运动，为公私合营创造好物质基础和政治条件，然后，由资方提出公私合营申请，经政府批准申请后进行清产估价、确定股额，最后对私股采用定息办法进行赎买，使企业实现国有化。华商上海水泥股份公司公私合营后改名为公私合营上海水泥厂；中国水泥

表8-3　三家私人资本水泥企业的股份比例表

公司名称	私股(%)	合营企业股(%)	合股(%)	代管股(%)	未登记股(%)	其他股(%)	备　注
华商上海水泥股份有限公司	89.95	0.73	8.88			0.44	
中国水泥股份有限公司	82.94		17.06				
江南水泥股份有限公司	43.63	46.50	3.54	2.55	3.78		合营股属“启新”股

注：“启新”指公私合营启新水泥公司。

股份有限公司改名为公私合营中国水泥股份有限公司，简称公私合营中国水泥厂；江南水泥股份有限公司改名为公私合营江南水泥厂。这三家企业当时都成为建筑材料工业部的直属企业，生产经营都纳入国家计划。

3. 华新水泥股份有限公司

华新水泥股份有限公司在全国解放时的情况与前述四个民营企业不同，前者的工厂建设尚未完成，生产、建设、经营和职工生活正处在极度困难之中。另外，该公司虽是按民营方式经营，但在资本结构中，官僚资本所占比例较多，民间私股较少。所以，其国有化过程有自己的特点。

1949 年 5 月 15 日，湖北黄石解放，武汉军事管制委员会派军管组接管了华新水泥股份有限公司和大冶水泥厂。军管组到厂后，随即帮助工厂向人民政府申请资金支持、要求调拨物资器材和收购水泥产品。到 1949 年底，政府支持工厂获得资金达 26. 6 亿元（旧币），使工厂迅速恢复生产，同时组织全厂职工艰苦奋斗，对第一条生产线进一步完善，并安装建设第二条生产线。经过三个月苦干，第二条生产线于 1950 年 12 月胜利竣工。大冶水泥厂在抗日战争中筹划、在解放战争中动工兴建、经历八年的艰难曲折，到中华人民共和国成立后终于按原计划完全建成投产。

军管组接管工厂后即对工厂资产进行清点，按人民政府政策没收了官僚资本和国民党政府所属国家垄断企业的资产。1949 年中华人民共和国成立前夕，华新水泥股份有限公司的股份比例列于表 8-4。军管组清点没收后的股份比例列于表 8-5。从表 8-4 可看到，华新水泥股份有限公司的资本大部分属民国政府及其所属企业的资产。从表 8-5可看出，该公司的股份中，公股占绝对优势。

军管组在恢复生产、完成基本建设和清点资产的同时，领导工厂进行民主改革，以建立正常的生产、经营秩序。1951 年 1

月16日，中南军政委员会决定撤销军管组，结束军事管制，并以“工业部办字第604号文”通知，恢复董事会，改组董事会组成，原民国政府资源委员会、富滇新银行的8名董事由人民政府派出，中国银行和交通银行5名董事由交通银行派出，启新洋灰股份有限公司董事中的4名有效，新华银行1名及私股中的2名有效，其他董事均予取消，暂留空悬名额3名，待新股东大会另行改选。接着就召开了解放后的第一次董事会。

表8-4 1949年华新水泥股份有限公司股份比例表

股　东	股份（%）	派任董事名额
民国政府资源委员会	28.6	6
启新洋灰股份有限公司	24.1	5
中国银行	17.6	3
富滇新银行	8.0	2
新华银行	1.3	1
交通银行	3.7	2
私人零股	16.7	4
共计	100.0	23

表8-5 军管组清点没收后的股份比例表

股　东	股　份（%）
公股	62.1
私人企业股	27.1
私人零股	10.8
合　计	100.0

1951年6月3日，董事会召开解放后的第一次股东大会，会上

讨论决定增发新股。1952年1月，经中央财政部批准，公开发行280亿元（旧币）股票，其中绝大部分由公股认购，私人购买的份额极少。至此，华新水泥股份有限公司股份中公股的份额更大，这就决定了其国有化过程与以私股为主的企业不同，要容易些。

1950年4月，为管理方便起见，华新水泥股份有限公司从武汉迁到黄石，与大冶水泥厂合并。1952年，董事会决定昆明水泥厂独立经营，将该厂的公股资本移交给西南财政委员会。这样，华新水泥股份有限公司的绝大部分股本是大冶水泥厂的资产。1953年9月8日，经中央重工业部批准，华新水泥股份有限公司改名为公私合营华新水泥厂。

公私合营华新水泥厂根据人民政府政策于1956年对私股采用定息制进行赎买，年息5厘，发放10年后完全实现了国有化。公私合营华新水泥厂从1953年起属中央重工业部建筑材料工业局领导，生产销售都纳入国家计划，到1956年成为建筑材料工业部的直属企业。

4. 若干小型水泥企业

在抗战期间大后方建成的一批立窑小型水泥企业，解放后由地方人民政府从民国政府手中接管，成为地方国有企业。江西水泥厂由于生产条件不理想，在抗日战争胜利后一直未被恢复。日资山东洋灰公司被民国政府接管后，于1947年卖给私人经营，不久便停产倒闭。在抗日战争沦陷区开办的天祥实业股份有限公司水泥厂，后来并入公私合营上海水泥厂，成为该厂的一个车间。在解放战争时期创办的光华水泥厂，解放后与其他民营企业一样，进行了公私合营，实行资产的国有化。由于该厂是全国唯一的白水泥厂，当时白水泥奇缺，所以中央人民政府有关部门将该厂收为中央直属企业，把白水泥生产也纳入国家计划。

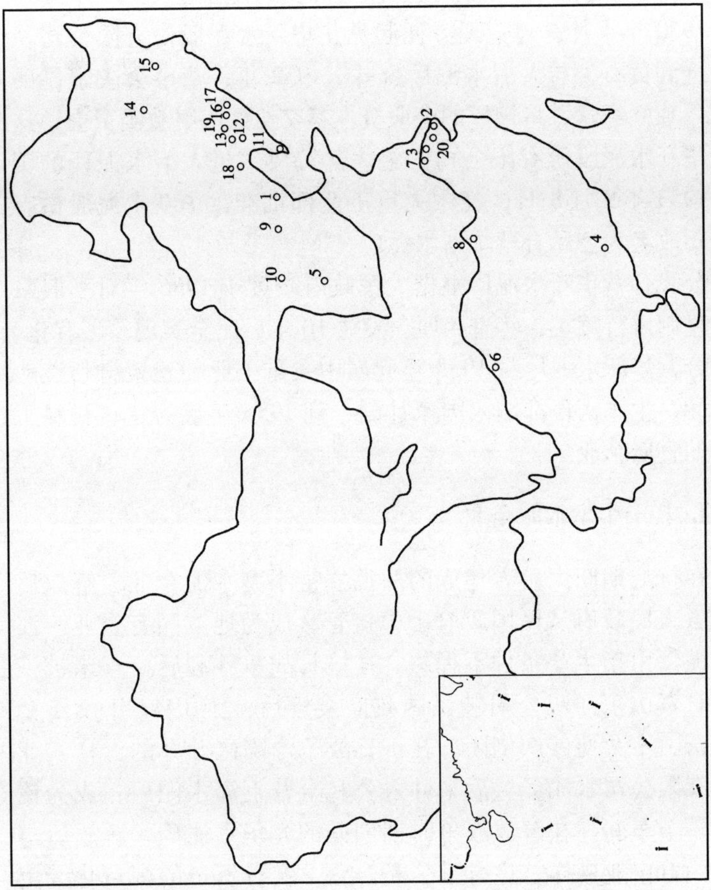

图 8-1　1956 年中央直属水泥企业分布图

注：图中 1、2、3……对应表 8-6 之序号及相应的企业名称。

到 1956 年，中国大陆水泥企业基本实现国有化，到 1966 年则完全实现了国有化。同时，计划经济体制下的水泥工业管理体制也已基本形成，大中型水泥企业由中央直接管理，小型水泥企业由地方政府管理。

1956 年中央直属水泥企业名单列于表 8-6，其分布图列于图 8-1。从表 8-6 看出，1956 年中央政府有 20 个直属水泥企业，水泥年总产量为 598 万吨。从图 8-1 看到，当时我国的大中型水泥企业都集中分布在东北和东南沿海地区。必须强调的是，这些企业都是中华人民共和国成立后水泥工业发展的重要基础，不仅为社会主义建设提供了大量水泥，还为水泥工业发展提供了必不可少的技术和人才。它们在中国水泥史上做出了巨大贡献，写下了光辉的一页。

表 8-6　1956 年中央直属水泥企业名单

序号	1945 年 水泥企业名称	1956 年 水泥企业名称	年产量 （万吨）	技术类型
1	启新洋灰股份有限公司	公私合营 启新水泥厂	58	干法回转窑
2	华商上海水泥股份有限公司	公私合营 上海水泥厂	19	湿法回转窑
3	中国水泥股份有限公司	公私合营 中国水泥厂	34	湿法回转窑
4	广东西村士敏土厂	广州水泥厂	34	湿法回转窑
5	西北洋灰厂	太原水泥厂	20	干法回转窑
6	四川水泥股份有限公司	重庆水泥厂	24	湿法回转窑
7	江南水泥股份有限公司	公私合营 江南水泥厂	28	湿法回转窑

续表

序号	1945年 水泥企业名称	1956年 水泥企业名称	年产量 （万吨）	技术类型
8	“华新”大冶水泥厂	公私合营 华新水泥厂	55	湿法回转窑
9	华北洋灰股份有限公司	琉璃河水泥厂	42	干法回转窑
10	蒙疆洋灰公司口泉洋灰厂	口泉水泥厂	3	机立窑
11	“小野田”大连工厂	大连水泥厂	41	干法回转窑
12	“小野田”鞍山工厂	鞍山水泥厂	16	干法回转窑
13	“小野田”小屯工厂	小屯水泥厂	20	立波尔窑
14	“小野田”哈尔滨工厂	哈尔滨水泥厂	32	干法回转窑
15	“小野田”牡丹江工厂	牡丹江水泥厂	31	立波尔窑
16	“磐城”本溪工厂	本溪水泥厂	53	干法回转窑
17	“磐城”本溪工厂分厂	工源水泥厂	13	干法回转窑
18	“浅野”锦州工厂	锦西水泥厂	33	干法回转窑
19	“浅野”抚顺工厂	抚顺水泥厂	42	干法回转窑
20		公私合营 光华水泥厂	0.2	白水泥， 干法回转窑

注：同表8-1注。

第九章　20 世纪中国台湾水泥工业发展概述

中国台湾地区的水泥工业有近一百年的历史，截至 2000 年大致分四个发展阶段：第一阶段是日本占领时期的初创阶段；第二阶段是民国政府接管后的恢复阶段；第三阶段是四年建设计划时期的新厂建设阶段；第四阶段是采用先进技术改造和扩建老厂的阶段。

一、历 史 背 景

1894 年，日本制造借口发动了旨在侵吞中国的甲午战争。在战争中，中国满清政府战败，派李鸿章去日本马关求和，于 1895 年 4 月 17 日签订了《马关条约》，割让台湾和澎湖列岛。消息传到台湾，台北人民鸣锣罢市，表示抗议，并发出檄文，誓杀卖国贼李鸿章。同年 5 月，日本军队在基隆登陆，清政府巡抚弃城逃回大陆，台北不战而失。此时，台湾军民迅速投入反抗日军的战斗。台湾人民自发组成抗日义军协同守备在台南的清军，先后在新竹、台中和彰化等地与日军作战。彰化军民在城内与敌人展开巷战，损失惨重。10 月，义军、清军和高山族人民在台南地区进行激战，终因敌我军力相差悬殊，台南失守。1895 年 11 月，日本宣告“平定”台湾，宝岛台湾被日本所侵吞，但台湾人民反抗日本侵略者的斗争自此从未停息过。

第二次世界大战日本战败后，1945 年 10 月 25 日，民国政府根据中、美、英三国首脑发表的《开罗宣言》和《波茨坦公告》，正式收复台湾、澎湖列岛，恢复对台湾行使主权。1949年，国民党军队在解放战争中失败，民国政府撤退到台湾岛。

台湾和澎湖列岛自古以来是中国领土不可分割的一部分，与祖国大陆隔海相望，大陆与台湾迟早要统一。

二、日本占领时期的初创阶段

日本占领台湾后，便将它作为进一步侵略东南亚各国的据点，于是大兴土木，筑码头、铺铁路、办糖厂和建设各种城市设施。建设所用水泥，初期都来自日本，由日本浅野洋灰株式会社和小野田洋灰制造株式会社提供。随着土木工程规模的扩大，水泥用量增多，引发日本企业在台湾建设水泥厂的设想。

1. 浅野洋灰株式会社高雄工场的建设

1912 年，浅野洋灰株式会社派人对台湾水泥原料资源进行调查，发现在台南高雄寿山有储量巨大的石灰石矿，其品质完全符合水泥原料要求。经过多方筹划，于 1915 年开始建设高雄工场。其间，建成 $\phi 2.74 \times 54.86$m 干法中空回转窑生产线一条，熟料小时产量为 13 吨。1917 年 7 月投产后，当年生产水泥 10 185吨，1918 年全年生产水泥32 950吨。

为提高产量，高雄工场在 $\phi 2.74 \times 54.86$m 回转窑的干法线上由石灰石配料改为石灰配料。为此，新建 7 座石灰窑和若干台生料磨和水泥磨。到 1926 年高雄工场水泥年产量达 127 060吨。

高雄工场虽然尽力提高产量，但凭借当时的生产设备无论如何都无法满足日益增长的市场需求。于是，1929 年 5 月开始建设第二条生产线。在该线上装备一条 $\phi 3.15/3.45 \times 59.80$m 干法中空回转窑，小时产量为17吨熟料。1931年7月第二条生产线建成投产，使全工场水泥年生产能力达到24万吨。然而，由于工场的大部分设备都是从日本旧厂拆迁而来的，其运转率较低，所以实际水泥产量仅为生产能力的一半多，如1937年全年实际水泥产量为146 283吨。

高雄工场将第一条生产线改为石灰配料后，虽然产量大幅度提高，但发现其生产程序复杂，环境污染严重，管理非常困难。于是，在第二条生产线建成后便开始将第一条生产线由石灰配料改为原来的石灰石配料。重新添置生料磨机等设备，修改工艺线路，到1938年9月完成改造工作，停止石灰配料的生产方法。

1938年，侵入中国北方的日军大举南下，占领了中国大片领土，进而入侵到东南亚国家。为构筑军事设施，急需大量水泥。若从日本运输，路途遥远，很不合算。在这种情况下，高雄工场从日本佐柏工场拆运旧机器到台湾，建设了第三条生产线。该生产线的干法中空回转窑尺寸是ϕ3.8/3.3/3.2×76.9m，小时产量为230吨熟料。经过两次扩建，高雄工场水泥年生产能力达到41万吨，但实际生产量要低得多，最高实际年产量为1944年的229 713吨水泥。

2. 台湾化成工业株式会社苏澳工场的建设

高雄工场水泥销售很好，利润丰厚，引起各方人士的青睐。1940年，在台湾经商的几个日本人集资成立台湾化成工业株式会社，决定以此名义创办水泥工场。“化成”在苏澳地区的西帽山和太白山两处都探明了储量丰富和品质优良的石灰石矿，于是，选定在矿区附近炮台山下的白米溪边作为建厂场地，然后采用从日本拆运来的旧设备建设两条小时产量分别为12.5吨和15.0吨熟料的干法中空回转窑生产线，于1942年3月建成投产。

苏澳工场面向外海，经常遭受台风袭击。1942年7月，工场建成不久便遇到一次强台风侵袭，人员和机器都损失惨重，全厂停工，几近破产。后经多方筹措，增资1 050万日元，修复被破坏的机器和设施，历时半年多，于1943年3月勉强复工，渡过难关。

苏澳工场的设备在日本已用过30多年，由于当时工人技术水平低下、设备安装质量较差，造成生产线运转率很低。苏澳工场两条生产线年产能力应当是20万吨水泥，但工场实际最高年产量在1944年仅为73 725吨水泥。

3. 南方洋灰株式会社竹东工场的建设

1940年，台湾电力株式会社为扩充电源，拟在台湾中部大甲溪流域构筑水坝，增建新的水力发电厂。日本南方洋灰株式会社为配合水电厂建设，决定在台湾建设新的水泥制造厂。1941年，南方洋灰株式会社在竹东地区的赤柯山找到石灰石矿，1942年正式创立南方洋灰株式会社竹东工场，开始建设水泥工厂。南方洋灰株式会社与浅野洋灰株式会社和台湾化成工业株式会社一样，也是从日本拆运旧机器到台湾建厂。拆运的是南方洋灰株式会社高滨工场一条时产熟料12.5吨的立波尔窑生产线全套设备。在工场建设工作完成到将近60%的时候，日本投降，竹东工场未能投产，日本人撤退时将一个未建成的水泥厂留了下来。

日本人统治台湾历时50年，在那里建设三个水泥厂共6条干法回转窑生产线，其中有一条生产线未曾投产，6条生产线的总生产能力为年产水泥70万吨。生产线的设备都拆运自日本水泥工厂，比较陈旧，实际生产效率低下。高雄工场和苏澳工场年实际水泥产量列于表9-1。1944年台湾水泥总产量近30万吨，1945年水泥总产量近8万吨。

表9-1 日本占领期间（1939—1945年）台湾水泥产量

年 份	水泥年产量（t）	
	高雄工场	苏澳工场
1939	224 425	
1940	221 213	
1941	212 473	
1942	215 076	12 716
1943	217 250	59 739
1944	229 713	73 725
1945	59 378	19 242

1945年日本投降前夕，美国飞机轰炸台湾工业设施。高雄工场和苏澳工场都是轰炸目标，数次遭到炸弹袭击，损失很大。日本人在台湾建设的水泥厂不仅设备陈旧，而且还遭过战争的破坏。

三、民国政府接管后的恢复阶段

日本宣布投降后，台湾回归祖国。在台湾的工业设施，全数都由当时统治中国的民国政府接管，其资产归国家所有。台湾水泥企业也不例外，由行政院资源委员会接管。接管后，即着手对水泥厂进行修复。由于水泥奇缺，当时对水泥市场实行了管制。

1. 接管工厂

民国政府行政院资源委员会委派徐宗涑到台湾负责接管台湾水泥企业。徐宗涑是一位美国麻省理工学院化学博士，曾任四川水泥股份有限公司总工程师。他到台湾后，会同台湾行政长官公署，立即开展接收工作。共接收了四个工厂，包括浅野洋灰株式会社高雄工场、台湾化成工业株式会社苏澳工场、南方洋灰株式会社竹东工场和台湾水泥管株式会社松山工场。1946年6月1日，行政院资源委员会批准成立台湾水泥有限公司，由资源委员会会同台湾省政府负责经营管理，徐宗涑博士任公司总经理。所接收的水泥工场分别改名为台湾水泥有限公司高雄厂、台湾水泥有限公司苏澳厂、台湾水泥有限公司竹东厂以及台湾水泥有限公司台北水泥制品厂。

2. 修复工厂

台湾回归之初，大小城市断壁残垣，工矿企业满目疮夷，各方面都是百废待举，急需大量水泥供应。然而，日本人留下的水泥厂，其陈旧的机器设备均已瘫痪，等待遣返的日本技术人员消极怠工，要开工生产并非易事。肩负重任的徐宗涑面对这样的状态，首先开展的工作是招聘人才和募集资金。他从大陆邀聘了一批技术专家到台湾，其中包括化学专家汤大纶、施昌辉，电机专家李文光、陈厚封，机械专家李濬源等。这批大陆来的专家是台湾水泥业的基本技术力量，不仅在恢复阶段，而且在此后的快速发展阶段和技术改造阶段都发挥了重要作用。现代台湾水泥业的技术进步与大陆专家的贡献是密不可分的。

为修复工厂和开工生产，需要足够资金，但政府和台湾水泥有限公司都无法支付，徐宗涑不得不四处求援。先获得联合国善后救济总署资助的150万美元，后又得到第四次美援贷款50万美元和加拿大政府贷款26万美元，合计凑得226万美元。有了资金和技术专家后，便开始恢复生产和工厂全面修复工作。由于急需水泥，先把高雄厂和苏澳厂尽可能地勉强运转起来，然后再逐步修整和完善，同时完成竹东厂的安装工程。

日本人在台湾的水泥厂，都是采用从本土拆运来的设备因陋就简地建设而成，其设备非常陈旧，工艺上存在很多缺陷。并且，从1915年日本人开始建厂到1945年民国政府接管，已相隔30余年。在这段时间里，水泥生产工艺和装备都有许多进步。因此，在修复中对工艺和装备不仅要复原，还要采用新技术进行改造，这样工作量就非常大。

在高雄厂，石灰石矿山添置了新式采矿机，采用新的采石方法；增建了新式生料空气搅拌库；选用新发明的福勒（Fuller）泵；将圆筒冷却机更换成先进的福勒（Fuller）篦式振动冷却机；翻修了#1、#2、#3回转窑和#5、#6水泥磨；调整和改建了其他一些工艺设施等。

在苏澳厂，修整运输矿石的架空索道；采用全新部件，修复3台生料磨；将旧的煤粉机换为新式的雷蒙磨；更换了回转窑大齿轮；在生料磨和水泥磨上都安装了新型布袋收尘机，以减少粉尘污染。

在竹东厂，继续完成生产线建设，同时采用新技术对原设计方案进行改进和完善。

高雄厂、苏澳厂和竹东厂在修复过程中和修复后的水泥产量列于表9-2。从表中可看到，在台湾政府开始执行四年计划第一年的1953年，台湾全岛水泥产量接近52万吨。这是台湾省水泥工业发展的重要基础。徐宗涑先生对台湾水泥工业做出了贡献。

表9-2　1946—1954年台湾水泥业恢复阶段产量

年　份	水泥年产量（t）		
	高雄厂	苏澳厂	竹东厂
1946	71 894	22 207	2 559
1947	140 671	39 226	12 703
1948	159 330	57 742	18 479
1949	196 022	69 702	25 446
1950	210 010	84 090	37 876
1951	235 156	113 507	40 370
1952	245 866	134 283	65 469
1953	266 012	172 861	80 803
1954	282 213	171 630	82 573

3. 水泥市场的管制

在日本占领时期，台湾水泥奇缺，水泥销售实行配售制，由台湾总督府物资动员课实施配售制度。日本投降后，台湾省政府废除水泥销售的配售制，改为民间买卖。1946 年 2 月，水泥供不应求，台湾省政府只得恢复配售制，由行政长官公署工矿处具体实施配售，对水泥市场实行管制。1949 年 4 月，台湾省政府宣布成立台湾省水泥分配审议委员会，专门负责水泥配售事宜。

水泥配售时实行优先制，其优先次序为：

第一优先，纯军用水泥（包括直接作战、机场及碉堡等）；

第二优先，电力、水利、兵营、物资仓库及由工业委员会通过的重要计划；

第三优先，生产、运输、公共事业、公共建设、防空以及疏散设施等；

第四优先，一般工程、水泥加工和零售用户。

台湾水泥配售制必然会造成水泥的黑市交易。在黑市上，价高时，1 袋水泥价格与 1 袋面粉相等。有些工程单位设法购得多余水泥，在黑市上高价出售，谋取额外利润。更有甚者，通过特殊关系，购得水泥提货单，在黑市上出售货单，获得非法利益。水泥配售制实行了 12 年，直到 1957 年，由于若干条大型水泥窑投产，水泥供求接近平衡，该制度才告结束。

四、四年建设计划时期的新厂建设阶段

1953 年，台湾政府开始实施经济建设四年计划。该计划共执行了 6 期，到 1976 年才告结束。在这期间，台湾水泥有限公司实现了民营化，全省新建了许多水泥企业。

1. 台湾水泥有限公司的民营化

在第一个四年计划的第二年，即1954年，台湾政府实施中华民国创始人孙中山先生提倡的“耕者有其田”政策，进行土地改革。将水泥业、纸业、工矿和农林等四个国有公司的资产，以股票形式折合成地价，向地主购得土地，然后将土地转让给农民，使耕者拥有土地，同时使国有企业实现民营化。经济学家认为，20世纪60年代以后台湾经济的高速发展与政府实施“耕者有其田”的土地改革以及国有企业的民营化有着密切的关系。

台湾水泥有限公司就是用土地换股票的办法实现民营化的。辜振甫先生在土地换股票的过程中成为台湾水泥有限公司的大股东之一。他出身在台湾名门；毕业于台湾大学，后留学日本东京大学，研究财经和工商管理；娶清末民初思想家严复的孙女严倬云为妻，从而进入台湾上层社会的裙带圈子。辜振甫从父亲手中继承得大量田产，在“耕者有其田”的土地改革中，他不但自己积极配合政府将田产换成台湾水泥公司股票，而且还鼓励亲友效法，因此得到时任经济部长张兹闿的赏识，被聘为经济部顾问，派往台湾水泥股份有限公司任股东大会秘书处处长，负责筹划有关民营化事宜。台湾水泥股份有限公司民营化完成后，辜振甫当选为常务董事兼公司协理。

台湾水泥股份有限公司是当时台湾省获利最为丰厚的企业之一，股东数量众多，其董事几乎包括了台湾所有的大地主和工商界头面人物。辜振甫在公司内有董事长林伯寿的举荐，在公司外有经济部长张兹闿的支持，加之本人具有善处人事关系的才能，于1959年当上了台湾水泥股份有限公司的总经理，时年42岁。台湾水泥股份有限公司是当时台湾最大的民营企业，担任过蒋介石日文翻译的辜振甫出任总经理后，台湾政界和商界要人都对他刮目相看。他在台湾工商界元老束云章的提携下，后又出任“工商协进会”理事长，从而奠定了在台湾工商界的重要地位。

辜振甫精通日语，其妻严倬云毕业于上海圣约翰大学，说得一口流利英语，在日、美等国都有众多社会关系。台湾政府为外交工作需要，欲将辜振甫造就成半官方游说大使，于1962年成立“台湾证券交易所”时，指派他任董事长。1966年政府又给他以政府特许，创办“中华证券投资公司”。从此辜振甫继工商界后又一跃而成为金融界显要人物，其家族在日后所积聚的财富不久就领先于其他台湾富豪家族。1973年，台湾水泥股份有限公司董事长林伯寿80岁高龄时自请退休，在台湾工商界和金融界都具显赫地位的辜振甫很自然地被董事会推选为董事长。这样，辜振甫取得了台湾水泥股份有限公司的最高领导权，并集董事长和总经理于一身。到1991年他将总经理一职交给其次子辜成允担任。

2. 嘉新水泥公司的创立

台湾水泥有限公司民营化后，最先创立的水泥新企业是嘉新水泥公司。1953年，台湾政府实施四年建设计划时制订了奖励投资条例，将水泥、人造丝和炼焦等三种行业列为必须发展的基础工业。来自上海的纺织和面粉业厂商张敏钰和翁明昌等人联系部分香港华商共同倡议筹建水泥工厂。1954年12月，工厂建设获政府批准和完成登记工作，将企业定名为嘉新水泥公司，资本额为新台币2 400万元。经政府经济部同意，嘉新水泥公司建设项目列为美国援助项目之一，同时列为第一期四年建设计划奖励投资典型项目之一。经多次奔波，获美国援助资金190万美元，作为购买外国机器的费用。

嘉新水泥公司经多方调查，在高雄县小冈山找到石灰石矿，其蕴藏量和品质都符合水泥生产的要求。于是选定在小冈山麓建厂，占地 46 公顷。因为是美援项目，设备采购必须交中央信托局公开招标。当时国际水泥界盛行立波尔窑生产技术，嘉新水泥公司向信托局提出申请，要求采用该技术建厂。经美援会负责工业审定事务的怀特公司同意，由拥有二次通过立波尔窑技术的美商爱立斯·强默公司夺标。该公司又将设备转包给日本神户制钢所制造。1956 年底，设备运抵厂区，经近一年的安装和调试，于 1957 年 10 月机器安装完毕并点火投产，所产“五洲”牌水泥开始面世。立波尔窑的规格是 $\phi3.5\times45.1$m，日产熟料 450 吨，年产水泥 15 万吨。嘉新水泥公司是继台湾水泥公司竹东厂之后在台湾第二个采用立波尔窑的企业。1960 年 9 月，该公司在小冈山又建成第二条相同规模的立波尔窑生产线，使全厂生产能力达到年产水泥 30 万吨。1967 年，嘉新水泥公司将两条立波尔窑生产线进行了改造，使总产量提高到年产水泥 50 万吨。

3. 小型水泥企业的兴起

在台湾水泥工业发展过程中，曾一度出现建设小型水泥厂的热潮。台湾政府实施第一个四年计划的初期，水泥紧缺，黑市交易盛行，业界利润非常好，引发了众多投资者对开办水泥厂的浓厚兴趣。建设小型水泥厂投资少，建设期短，可以很快得到回报。于是，在面积不到 4 万平方公里的台湾岛上，1956 年一年内就新建 7 个小型水泥企业，它们是：

1）东亚水泥公司，采用 $\phi1.83\times25.91$m 干法中空回转窑，水泥年产能力 1.5 万吨；

2）台昌白水泥厂，年产白水泥 0.36 万吨；

3）永康工业开发公司埔心水泥厂，采用 $\phi2.85\times37.00$m 干法中空回转窑，水泥年产能力 5.5 万吨；

4）建台水泥公司，采用干法中空小回转窑，水泥年产能力为2万吨；

5）大陆水泥厂，采用干法中空小回转窑，水泥年产能力为2万吨；

6）启信实业公司，采用干法中空小回转窑，水泥年产能力为1.5万吨；

7）东南水泥公司，采用干法中空小回转窑，水泥年产能力为2.0万吨。

台湾小型水泥企业的技术特点是都采用岛内本土制造的干法中空小回转窑，而不是采用适合小型水泥企业的立窑。在经营过程中，小型水泥企业与大中型企业相比暴露出明显劣势：成本高、产量低、环保差，市场竞争力较弱。所以，此后在台湾都新建较大规模的水泥厂，除个别情况外，一般不再建小厂。

4. 亚洲水泥公司的创建

上海纺织业富商徐有庠于1957年元月筹组亚洲水泥公司，投资5 500万元新台币，并获美国开发贷款300万美元。亚洲水泥公司于1957年3月获政府批准成立，选定新竹县赤柯山为石灰石矿区，又选横山乡大肚村为厂址。1960年7月建成第一条$\phi 3.5 \times 45m$立波尔窑生产线，水泥年产能力为15万吨。1962年4月又建成第二条相同规模的立波尔窑生产线，使新竹厂总生产能力达到年产水泥30万吨。

5. 环球水泥公司等7个水泥企业的开办

四年建设计划期间，水泥市场兴旺，水泥企业利润很高，这吸引了众多投资者。在小型水泥厂建设热潮过后，投资者吸取了教训，纷纷转向开办大中型水泥厂。继20世纪50年代新办的嘉新水泥公司和亚洲水泥公司之后，从1960年到1974年间又创立了7个中型水泥企业。

1）环球水泥公司

台南纺织界人士吴三连等人拟集资创办水泥厂，于是向政府工业委员会提出了建厂申请。当时工业委员会主管以台湾水泥市场有限为由，劝告他们不要插足该行业。吴三连等人到工业委员会据理力争，经多方工作，终于在1960年3月21日获得政府批准成立环球水泥公司，公司总资本为1亿元新台币，获准采用大冈山矿区石灰石，选定高雄县路竹乡的大湖为厂址，占地20公顷。1963年2月第一条$\phi 3.6 \times 48m$立波尔窑生产线建成投产，日产水泥770吨，“环球牌”水泥从此在台湾问世。1965年2月又建成第二条$\phi 3.8 \times 56m$立波尔窑生产线，日产水泥1 030吨，全厂总生产能力达到年产水泥60万吨。

2）正泰水泥公司

该公司于1960年被批准成立，建厂于高雄县半屏山麓。建厂初期，曾采用台湾制造的干法中空回转窑，年产水泥7万吨。1973年从美国福勒公司购进$\phi 4 \times 59m$旋风悬浮预热窑干法生产线全套设备，于1975年生产线建成投产。

3）信大水泥股份有限公司

公司原名为信大矿石水泥有限公司，以开采石灰石为主业，是一个纯家族式企业。1970年用台湾制造的干法中空回转窑在台北南圣湖创办了一个年产10万吨的水泥工厂。到1980年，公司进行增资扩股，并改名为信大水泥股份有限公司，由台湾士敏工程公司设计，在南圣湖又扩建了一条$\phi 4.2 \times 66m$旋风悬浮预热窑干法生产线，使全厂水泥产量达到年产60万吨。

4）南华水泥公司

南华水泥公司由新竹地区的企业界人士所创办。1968年底在新竹县关西镇新富里设厂，占地约4公顷，安装1条$\phi 2 \times 48m$

旋风悬浮预热窑干法生产线，年产水泥6万吨，在新竹地区销售。该厂规模虽小，但已采用当时世界上最先进的生产技术，与20世纪50年代发展起来的小型水泥厂有着根本性区别。

5）中国力霸股份有限公司水泥部

中国力霸股份有限公司是经营钢架、铝门窗和纺织等企业的集团公司。公司主持人李正方在由新加坡返回台湾途中飞机失事，不幸遇难。事后由嘉新水泥公司总经理翁明昌出任董事长。翁熟悉水泥业务，于1973年秋决定投资6 400万元，增设水泥部，筹划建设水泥厂。经调查和勘探，选定采用宜兰县兰崁山的石灰石矿，在距矿山15公里的冬山建厂。用980万美元向美国爱立斯·强默公司购得$\phi 4.8\times 70m$旋风悬浮预热窑干法生产线全套设备，并用120万美元购进矿区所需各种机器。工厂于1976年10月建成投产，日产水泥2 100吨，全年水泥产量为70万吨。

6）欣欣水泥公司

欣欣水泥公司是由国民党军队退役官兵辅导委员会邀请民资和侨资共同投资创办的水泥企业，于1974年被正式批准成立。工厂设在嘉义县番路乡触口村，占地13公顷，采用附近公田矿的石灰石作主要原料。于1979年8月建成一条$\phi 4\times 65m$旋风悬浮预热窑干法生产线，其全套设备由德国伯力鸠斯公司提供，年产水泥50万吨。

7）幸福水泥公司

幸福水泥公司创办于1974年5月7日，是台湾各水泥公司中成立最晚的一家水泥企业。为响应政府开发东部的号召，幸福水泥公司经慎重筹划，选定在宜兰县南澳乡的东澳设厂，占地面积45公顷。采用附近西帽山与和仁的石灰石矿，主要设备购自德国洪堡公司，部分辅机由台湾制造。1979年开始建厂，建设一条旋风悬浮预热窑生产线，于1981年建成投产，年产水泥60万吨。

自 1953 年台湾政府开始实施四年建设计划到 1976 年结束的 24 年中，在台湾新建了不同规模的 16 个水泥厂，此时水泥市场已发生变化，供需之间已基本平衡。水泥企业在市场上开始剧烈竞争，都面临着优胜劣汰的洗礼。为免遭淘汰和提高经济效益，许多水泥企业竞相采用先进技术改造和扩建生产线。从此，台湾水泥业的发展过程由新厂建设阶段转入采用现代技术对老厂进行改造和扩建的阶段。

五、采用先进技术改造和扩建老厂阶段

1. 台湾水泥股份有限公司的扩建和改造

台湾水泥公司可以说是台湾水泥业发展历史的缩影，经历了台湾水泥工业发展的全过程。在台湾各地纷纷建设新厂期间，它进行了大规模的扩建和更新；在台湾各水泥企业都采用先进技术进行自身改造的时候，它凭借自己雄厚的资金和人才实力，在采用新技术方面更是一马当先。

台湾水泥公司 1954 年实行民营化，当时有 3 个下属工厂：高雄厂、苏澳厂和竹东厂。

1）高雄厂

高雄厂原有 3 条干法中空回转窑生产线。1962 年 6 月扩建第四条生产线，采用 $\phi3.5\times53$m 立波尔窑等设备，日产熟料 750 吨。1967 年扩建第五条生产线，在这条线上采用了当时世界上最为先进的旋风悬浮预热窑，日产熟料 1 250 吨。1971 年扩建第六条生产线，此时不仅采用旋风悬浮预热窑，而且采用德国莱歇公司（Losche）的立式磨作原料磨。1975 年扩建第七条生产线，除继续采用先进的立式生料磨外，毅然采用了日本于 1971 年才公布发明的石川岛播磨型预分解窑，日产熟料 2 120 吨。台湾水

泥公司在台湾较早地采用旋风悬浮预热窑、立式生料磨和预分解窑，对照现代水泥生产技术的发展过程，不难看出，该公司采用新技术非常大胆和积极，这对台湾水泥生产的现代化无疑发挥了重要作用。

高雄厂由于石灰石矿山开采权于1993年11月到期而无法继续开矿，水泥生产成了无米之炊，在1994年7月全厂正式停止生产熟料。

2）苏澳厂

苏澳厂原有两条干法中空回转窑生产线。1969年采用$\phi 4\times 66m$旋风悬浮预热窑等设备，扩建第三条生产线，日产熟料1 180吨。该线投产后不久，即关闭第二条干法中空回转窑生产线。1975年又采用旋风悬浮预热窑等设备扩建第四条生产线，日产熟料1 250吨。接着关闭了第一条干法中空回转窑生产线。至此，公司民营化前的老设备全部被淘汰。1980年采用预分解窑等设备扩建第五条生产线，日产熟料3 300吨。1987年将第四条生产线的旋风悬浮预热窑系统改造成预分解窑系统，使生产线每年增产熟料32万吨。1992年又采用预分解窑等设备扩建第六条生产线，日产熟料4 800吨。此后不久便关闭采用旋风悬浮预热窑的第三条生产线。经过不断扩建和改造，到1995年，苏澳厂只保留有3条预分解窑生产线，全厂熟料年生产能力达340万吨。在此要提出的是，从苏澳厂生产线的变化过程可看出，台湾水泥公司在采用先进技术的时候，对淘汰落后技术是毫不吝惜的。

3）竹东厂

竹东厂原有一条立波尔窑生产线。1957年扩建了第二条立波尔窑生产线。1971年采用$\phi 4.4\times 70m$旋风悬浮预热窑和$\phi 2.8m$立式原料磨等设备扩建第三条生产线。1977年则采用$\phi 3.8\times 54m$预分解窑等设备扩建第四条生产线。第四条生产线建成后关闭了落后的第一条立波尔窑生产线。1983 年将第三条生产线上的旋风悬浮预热窑系统改造成预分解窑系统，使该条线的熟料年生产能力提高了 14 万吨。此后又关闭了第二条立波尔窑生产线。到 1995 年，竹东厂最后只保留两条预分解窑生产线，实现了全厂生产的现代化，同时使全厂熟料年生产能力达到 120 多万吨。

4）花莲厂

为响应台湾政府关于开发东部地区的号召，台湾水泥公司历时三年，耗资5 400万元，于 1961 年 5 月在花莲市美仑工业区建成一条立波尔窑生产线，年产水泥 6 万吨。1974 年 8 月扩建一条 $\phi3.3\times50$m 旋风悬浮预热窑生产线，日产熟料 630 吨。花莲厂原计划淘汰两条老的生产线，新建一条年产熟料 150 万吨的预分解窑生产线，由于某种原因，该计划未能实施，只是关闭了立波尔窑生产线，保留一条旋风预热窑生产线维持生产，年产熟料近 21 万吨。

台湾水泥公司于 1954 年民营以后，到 1995 年已由五条干法中空回转窑生产线和一条立波尔窑生产线发展成五条预分解窑生产线和一条旋风悬浮预热窑生产线。其总产量由 52 万吨提高到 570 余万吨，增加十多倍。同时，产品质量显著提高，热耗大幅下降，生产技术有巨大进步。

5）水泥粉磨站和混凝土搅拌站

台湾水泥公司在发展生产的同时，紧跟时代步伐，采用现代水泥营销理念，不断进行销售领域的扩充和建设。1962 年在香港成立香港水泥股份有限公司，兴建年产水泥 26 万吨的熟料粉磨站和可满足 43 万吨水泥年销售量的储运设施。从台湾运到香港的熟料和水泥在此粉磨和储存，然后转运到香港市场销售。1988 年起，台湾水泥公司还先后在台湾的中坜、嘉义、台南、仁武及大雅等地建立混凝土搅拌站，出售水泥的下游产品——商品混凝土。

台湾水泥公司在市场竞争中不断推陈出新，将一个具有近90年历史的老厂改变成一个现代化水泥企业。台湾地区其他水泥企业经过市场筛选，有的倒闭，有的被兼并，有的则通过不断技术改造，与台湾水泥公司一样，也壮大成现代化大中型水泥企业。

2. 中小型水泥企业的淘汰、兼并和壮大

东亚水泥公司、台昌白水泥厂、大陆水泥厂和启信实业公司因规模过小、成本高，难以经营，都先后倒闭。

南华水泥公司由于连年亏损，于1982年元月停止生产，后被亚洲水泥公司收购作为熟料粉磨站，最终还是由于经营不善而完全倒闭。

正泰水泥公司虽然是年产40万吨水泥的中型厂，但债台高筑、营运所得资金不足以支付利息，于1977年7月不得不停产，1982年3月被东南水泥公司兼并。

永康工业开发公司埔心工厂由于财务状况恶化而在1985年停产，后于1992年被幸福水泥公司兼并，改成熟料粉磨站。

在小型水泥企业中，唯有东南水泥公司和建台水泥公司经受住市场考验，抓住机遇，加速壮大，在台湾水泥界终于获得一席之地。

东南水泥公司原是年产2万吨水泥的工厂，坐落在高雄市半屏山麓，与正泰水泥公司的工厂相邻。1960年扩建一条立波尔窑生产线，使全厂水泥产量达10万吨。1965年又扩建一条$\phi3.6\times46m$的立波尔窑生产线，从而使全厂水泥总产量猛增到35万吨。后来，关闭了1956年建的第一条干法中空窑生产线，并于1976年增建1条$\phi4.6\times75.0m$旋风悬浮预热窑生产线，1980年又将该生产线改造成预分解窑生产线，使其熟料日产量由2 200

吨提高到3 300吨。此后，将60年代建的两条立波尔窑生产线全部淘汰，只保留一条预分解窑生产线维持生产，全厂熟料年生产能力为110万吨。1982年兼并正泰水泥公司后，将此厂改名为第一工场，将正泰水泥公司的工厂改名为第二工场。这样，东南水泥公司的熟料年生产能力达150万吨，由一个年产2万吨水泥的小企业改造成为台湾的现代化中型水泥企业。

东南水泥公司在发展水泥生产的同时，也发展水泥深加工产业。1964年创立台湾混凝土工业公司，先后在台北、台中和高雄等地开办混凝土搅拌站和水泥制品厂，在当地销售商品混凝土和各种水泥制品。

建台水泥公司原来也是一个年产水泥2万吨的小型企业。1965年11月增资扩股，改组为建台水泥股份有限公司。接着，扩建一条ϕ4.4×65m旋风悬浮预热窑生产线；1976年又增建一条ϕ4.0×65m预分解窑生产线；1980年将ϕ4.4×65m旋风悬浮预热窑生产线改造成预分解窑生产线，从而使全厂熟料年生产能力达到170多万吨。经过多年发展，建台水泥股份有限公司成为台湾地区具有两条预分解窑的现代化中型水泥企业。

3. 亚洲水泥公司的扩建和改造

亚洲水泥公司建厂较台湾水泥公司晚，因此，其生产技术起点较高。20世纪60年代初期，在新竹建厂时采用当时流行的立波尔窑，1965年9月首先在台湾建成当时最先进的旋风悬浮预热窑生产线。这是新竹厂的第三条生产线，日产熟料1 200吨。1970年建设第四条生产线时仍采用旋风悬浮预热窑，1980年将该系统改造成预分解窑系统，使第四条生产线的熟料年产量达到76万吨。接着又扩建第五条生产线，采用ϕ4.6×64m预分解窑，熟料日产量为3 500吨。在20世纪90年代，新竹厂将第一、二、三条生产线都先后关闭，只留两条预分解窑生产线，使熟料总生产能力保持在176万吨。

亚洲水泥公司为响应政府开发东部地区的号召，1976年开始到台湾东部的花莲县建厂，厂址选择在秀竹乡的新城，采用新城山的石灰石矿。1975年建成采用旋风悬浮预热窑的第一条生产线，1987年将该条线改造成预分解窑，使其熟料年生产能力达到100多万吨。1980年扩建第二条生产线，采用年产熟料近120万吨的预分解窑。1992年又扩建第三条生产线，采用$\phi 5 \times 55m$的预分解窑，其特点是长径比小、单位容积产量高，日产熟料4 800吨。亚洲水泥公司花莲厂经过两次扩建和一次改造，其熟料年生产能力达到380万吨。

亚洲水泥公司在台湾地区新竹和花莲两厂的熟料总生产能力为556万吨。在建设水泥生产厂的同时，在台湾各地建设了熟料粉磨站、水泥转运站和混凝土搅拌站。亚洲水泥公司还有船队和码头，自己具备比较完善的流通设施和工具。

4. 嘉新水泥公司等水泥企业的扩建和改造

1）嘉新水泥公司

嘉新水泥公司在冈山建成两条立波尔窑生产线后，1975年扩建第三条生产线，采用日产熟料1 650吨的旋风悬浮预热窑。1980年又建成第四条生产线，在这条线上采用的是日产熟料3 000吨的$\phi 4.6 \times 67m$预分解窑。1986年将第三条生产线的旋风预热系统改成预分解窑，使熟料年产量由55万吨提高到70多万吨。自1976年以后，在自己的销售区内陆续建立了熟料粉磨站、商品混凝土搅拌站和运销设施，在高雄市还建立了水泥包装纸袋厂。

嘉新水泥公司随着新生产线的建设，逐步淘汰立波尔窑生产线，在台湾地区最后保留两条预分解窑生产线，总的熟料年产能力为186万吨。

2）环球水泥公司

环球水泥公司于1963年到1965年间在高雄大湖建成两条立波尔窑生产线；1976年在附近的阿莲乡建成一条日产2 200吨熟料的预分解窑生产线。在阿莲厂投产后的第九年，将大湖厂两条立波尔窑生产线改造成一条$\phi 3.8 \times 54m$的预分解窑生产线，熟料生产能力由两条线的年产60万吨提高到一条线的年产75万吨。环球水泥公司两厂的熟料年生产能力为155万吨。

3）其他水泥企业

信大水泥股份有限公司、中国力霸水泥部、欣欣水泥公司和幸福水泥公司由于建厂较晚，在建厂初期就采用较为先进的旋风悬浮预热窑。进入80年代后，都将这些窑改造成更为先进的预分解窑。信大水泥股份有限公司和幸福水泥公司除改造外还都扩建了一条预分解窑生产线。

六、水泥工业综述

前面按历史进程纵向地叙述了台湾水泥工业的发展概况。下面按企业、装备、标准与品种和产量等方面，横向地综述台湾水泥工业的概况。

1. 企业

台湾水泥企业在市场竞争中通过兼并和淘汰，从1977年的17个企业减少到1995年的10个企业。这10个企业通过不断地更新改造，最后剩下有15个水泥熟料生产厂的25条回转窑。这些回转窑的类型、规格和熟料生产能力列于表9-3。从表9-3可看到，1995年台湾水泥企业的熟料总生产能力为2 200多万吨。台湾水泥熟料生产厂的分布如图9-1。从图9-1看出，台湾水泥企业大都分布在东部和西南部沿海地区。

表9-3 1995年台湾地区水泥窑生产能力表

公司名称	工厂名称	窑型尺寸（m）	熟料生产能力（t）	工厂总能力（t）
台湾水泥公司	苏澳厂	#1NSPϕ4.0×64	726 000	3 399 000
		#2NSPϕ4.6×68	1 089 000	
		#3NSPϕ4.8×76	1 584 000	
	竹东厂	#1NSPϕ4.4×70	681 000	1 216 000
		#2NSPϕ3.8×54	535 000	
	花莲厂	SPϕ3.3×50	208 000	208 000
亚洲水泥公司	新竹厂	#1NSPϕ4.8×76	760 000	1 760 000
		#2NSPϕ4.6×64	1 000 000	
	花莲厂	#1NSPϕ4.8×72	1 056 000	3 790 000
		#2NSPϕ4.6×64	1 150 000	
		#3NSPϕ5.0×55	1 584 000	
嘉新水泥公司	冈山厂	#1NSPϕ4.6×67	706 000	1 859 000
		#2NSPϕ4.6×67	1 153 000	
环球水泥公司	大湖厂	NSPϕ3.8×54	750 000	750 000
	阿莲厂	NSPϕ4.0×65	800 000	800 000
东南水泥公司	第一工场	NSPϕ4.6×75	1 089 000	1 089 000
	第二工场	SPϕ4.0×59	400 000	400 000
建台水泥公司	高雄厂	#1NSPϕ4.2×66	990 000	1 716 000
		#2NSPϕ4.0×65	726 000	
中国力霸公司	冬山厂	NSPϕ4.9×70	1 000 000	1 000 000
欣欣水泥公司	嘉义厂	NSPϕ4.0×65	800 000	800 000
信大水泥公司	南圣湖厂	#1NSPϕ4.2×65	550 000	1 400 000
		#2NSPϕ4.2×60	850 000	
幸福水泥公司	东澳厂	#1NSPϕ4.4×64	1 200 000	2 000 000
		#2NSPϕ3.8×64	800 000	

注：NSP—预分解窑；SP—旋风悬浮预热窑。

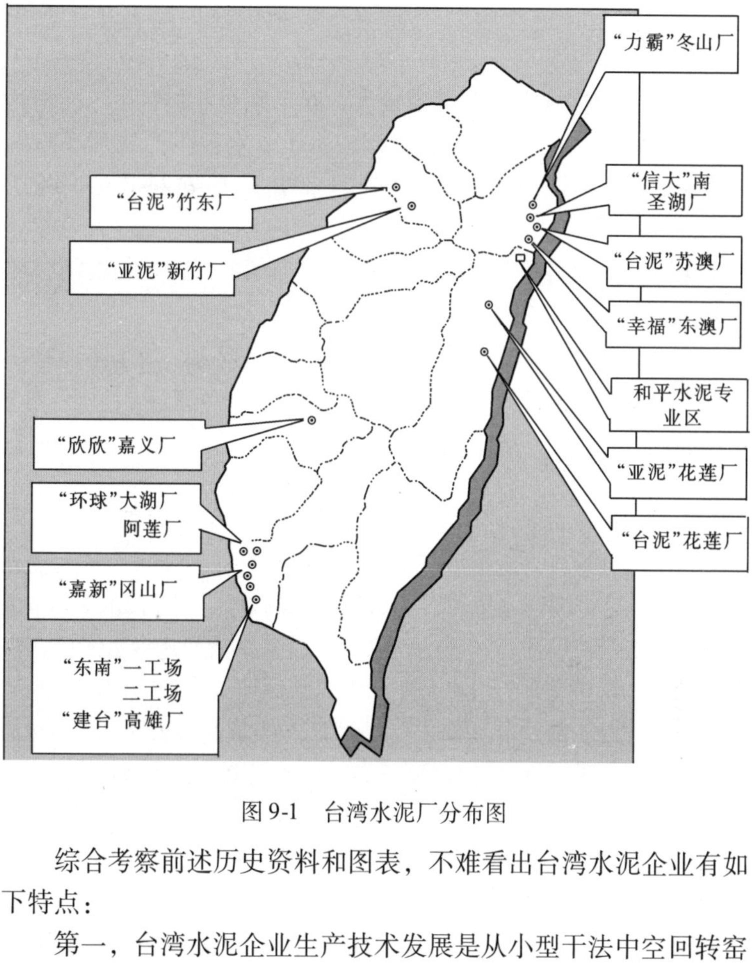

图9-1 台湾水泥厂分布图

综合考察前述历史资料和图表，不难看出台湾水泥企业有如下特点：

第一，台湾水泥企业生产技术发展是从小型干法中空回转窑起步的，在20世纪的50年代主要建立波尔窑，60年代建旋风悬浮预热窑，到70年代后期则发展预分解窑，并没有经历过立窑和湿法窑的阶段。

第二，现在正在运转的水泥生产线中，绝大部分是先进水平的预分解窑新型干法生产线，落后的立波尔窑和中空干法回转窑已统统被淘汰，台湾水泥工业的技术结构在国际上是比较先进的。

第三，台湾水泥企业规模较大，除个别企业熟料生产能力为年产80万吨以外，其余都在百万吨以上。水泥生产线规模除旋风预热窑较小外，预分解窑生产线都是日产熟料2 000吨以上的。

第四，水泥企业都发展下游产品，在销售区内建粉磨站，建混凝土搅拌站，销售水泥的同时销售商品混凝土。

第五，大型水泥公司拥有较完善的流通设施，包括水泥转运站、专用码头等，少数企业还有散装水泥船队。

2. 水泥装备业

台湾地区在水泥业发展过程中相应地产生了水泥机械制造业。台昌铁工厂就是台湾最早生产水泥设备的工厂。1952年，从大陆赴台的机械工程专家张志忠与台湾水泥公司高雄厂厂长李濬源合作经营台昌铁工厂，设计和制造小型水泥厂设备。诸如建台水泥厂、永康水泥厂、启信实业公司水泥厂和大陆水泥厂等小型水泥厂的回转窑、磨机等设备都是台昌铁工厂的产品。接货过多而无力制造时，台昌铁工厂提供图纸，将水泥设备转交给台湾机械公司承制。

继台昌铁工厂开始生产水泥设备之后，台湾水泥公司于1972年在高雄成立制造水泥设备的高雄机械厂，1974年又将高雄机械厂改名为台湾士敏工程公司，除设计、制造水泥设备外，还将业务扩大到水泥厂设计和工程建设以及生产服务。士敏工程公司在70年代购买了以下一些设备生产许可证：日本石川岛播磨的预分解炉；日本“宇部兴产”的立式煤烘干机；德国莱歇公司的立式磨；德国“O&K”的大型水泥管磨和日本“新田”的脉动式袋式收尘器。士敏工程公司不仅为台湾水泥公司，也为台湾其他水泥公司提供设备和工程服务。台湾水泥业发展过程中，有的全套采用外国设备，有的则部分采用本地设备，关键设备和部件采用外国的。

3. 标准与品种

台湾有些大型水泥企业都设立自己的研发机构，开展标准、质量、品种和生产技术等方面的研究与开发。台湾地区水泥标准由当地政府制订，其内容属美国 ASTM 波特兰水泥标准体系。在台湾，1958 年试制成功 ASTM 波特兰水泥标准的Ⅱ型水泥；60 年代初开始生产早强水泥，即 ASTM 波特兰水泥标准的Ⅲ型水泥；1962 年批量生产白色水泥，供各种装饰、装修工程使用；1973 年试制成功 API 标准的 G 级油井水泥，用于台湾海域深井钻探；1974 年开发成功桥梁建筑用的高强水泥；1982 年又试制出 ASTM 波特兰水泥标准的Ⅴ型水泥，即高抗硫酸盐水泥。

台湾水泥研发机构对工业废渣在水泥和混凝土工业中的应用做过大量工作。1966 年在台湾开始生产粉煤灰水泥，其中掺粉煤灰 25%，供农田水利建设之用。台湾电厂排出的粉煤灰已能做到基本用完：用于预拌混凝土占 80%；用于水泥工业占 10%；用于水泥制品占 5%；用于其他方面占 5%。对冶金业排出的高炉矿渣也进行过研究。1994 年台湾省政府标准局批准在Ⅰ型波特兰水泥中可加入 5% 以下的矿渣后仍可视作Ⅰ型波特兰水泥。曾试制过不同掺量的矿渣水泥，但未被普遍使用，也没有相关标准。不过，在预拌混凝土中已开始采用细磨高炉矿渣。

4. 产量

表 9-4 显示了台湾地区水泥工业在不同发展阶段的水泥总量的变化。从该表可以看到，在日本占领时期，台湾水泥工业经过 30 年发展，最高年产量达到 30 余万吨；由于战争破坏，日本统

治结束时的1945年，产量不到8万吨。民国政府接管后，经八年恢复，水泥产量达到52万吨。在四年计划建设时期的新厂建设阶段，台湾水泥年产量迅速提高到876万吨，而后通过采用新技术进行扩建和改造，进一步增加到1993年的2 476万吨，这是台湾省有史以来的最高年产量。1994年开始，台湾水泥产量逐年下降，到2000年降到1 756万吨。2000年台湾地区水泥生产能力约2 500万吨，远高于实际产量。

表9-4 台湾水泥业不同发展阶段水泥总产量变化

发展阶段	年代（年）	产量（t）
日本占领时期的初创阶段	1916	0
	1917	10 185
	1944	303 438
	1945	78 620
民国政府接管后的恢复阶段	1946	97 269
	1952	445 618
四年计划建设时期的新厂建设阶段	1953	519 676
	1954	536 416
	1976	8 756 707
采用先进技术对老厂进行扩建和改造的阶段	1977	10 334 465
	1990	18 456 133
	1993	24 760 183
	1994	23 432 129
	1995	22 760 280
	1998	19 637 602
	1999	18 168 003
	2000	17 561 973

5. 进出口量

表9-5是台湾地区1985—2000年水泥进出口量变化表。从

该表看出，台湾地区过去熟料和水泥进口量很少，1985年仅进口水泥5 600吨。到1990年进口量开始剧增，熟料和水泥进口量达到93万吨，1995年进一步增加到近500万吨。1995年后，台湾地区的熟料和水泥进口量呈下降趋势，2000年进口量已下降到近370万吨。从表9-5还可看出，台湾原是大量出口熟料和水泥的地区，1985年出口量近400万吨，占总生产量的27%。1990年出口量骤减，下降到94万吨，占总生产量的比例降低到5%。到1994年，继续降低到2%。1996年开始，熟料和水泥出口量明显回升，2000年出口量已增加到270多万吨，占总生产量的16%。2000年台湾地区水泥总生产能力远超过当年实际生产量，台湾水泥企业具有很大出口潜力。

表9-5　1985—2000年台湾水泥进出口量变化表

年　份	进口（t）		出口（t）	
	熟　料	水　泥	熟料+水泥	占产量比例(%)
1985	0	5 598	3 910 134	26.91
1986	0	10 408	3 576 815	24.00
1987	12	42 340	3 028 968	19.32
1988	31	184 474	3 400 245	19.51
1989	64 111	348 237	2 229 469	12.28
1990	275 835	654 189	936 374	5.08
1991	350 530	835 967	961 994	4.96
1992	753 844	2 510 345	1 162 516	5.40
1993	1 581 777	4 101 607	876 690	3.66
1994	1 081 733	4 302 575	476 070	2.10
1995	872 872	4 093 157	607 814	2.72
1996	—	—	1 844 901	8.57
1997	—	—	2 439 801	11.34
1998	—	—	1 715 692	8.74
1999	—	—	2 230 829	12.28
2000	335 000	3 355 000	2 722 706	15.50

6. 消费量

图9-2是台湾省水泥人均消费量的历年变化图。从图看出，台湾地区水泥人均消费量，在20世纪60年代尚处于较低水平，1970年人均仅240多公斤，到1977年后才保持在500公斤/人以上。不过，在1990年后便急剧增加，到1993年达到1 300多公斤/人，并连续3年保持在1 200公斤/人以上。1995年后，台湾水泥人均消费量开始下降，2000年的人均消费量为830公斤。即使是这个数值，也充分说明台湾地区对水泥的消费仍保持在一个较高水平。

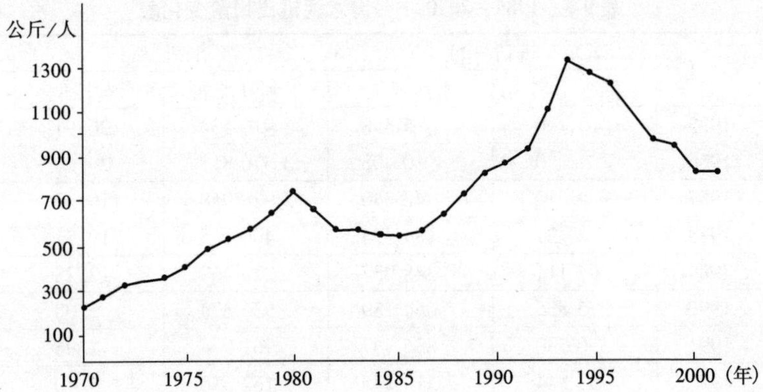

图9-2 台湾省水泥人均消费量历年变化图

7. 和平水泥专业区

台湾水泥业发展早期都集中在西部地区，经过多年开发，那里的石灰石资源几近枯竭。鉴此，台湾省政府经济部于1984年提出在台湾东部的花莲县设立和平水泥专业区的计划方案，以促进水泥业的进一步发展。经多方磋商和协调，该计划长期未能兑现。1995年后，台湾水泥公司开始在那里建设两条日产8 600吨水泥熟料生产线，建成投产后，虽关闭了高雄和竹东的两个工厂，但其水泥总生产能力将达近千万吨，遥遥领先于台湾的其他水泥公司。该公司在和平水泥专业区建设水泥厂的同时还建设发电厂。水泥厂原料石灰石供电厂脱硫，电厂废渣粉煤灰供水泥厂作混合材，形成水泥厂与发电厂的环保型联合生产体。

第十章 新中国计划经济时期大中型水泥厂的建设

1949 年 10 月 1 日，中华人民共和国宣告成立。饱受封建势力压迫和帝国主义列强欺凌的中国人民终于站起来了。灾难深重的中国从此走出了衰落的深渊，以崭新的面貌屹立在世界的东方，踏上了独立自强的道路，开创各族人民美好的未来。

中华人民共和国成立后，在经济领域内即实行计划经济体制。在这时期，中国水泥工业在共和国政府领导下得到迅速发展，以前所未有的速度和规模进行大中型水泥厂建设，创办新厂，改造老厂。经过三十年艰苦奋斗，水泥行业面貌焕然一新。

计划经济时期大中型水泥厂建设按以下七个方面进行叙述：政治经济背景；借助外力起步；实现装备国产化；建设中的一次大起大落；配合“三线”建设创办新厂；老厂的改造和扩建；建设的主要特点。

一、政治经济背景

中华人民共和国成立后，便开展了镇压反革命、土地改革和抗美援朝等政治运动，同时着手治理经济秩序。没收官僚资本，建立和发展国营经济；对私人资本主义工商业采取保护、限制和利用政策，扶植其恢复生产；统一财政、打击投机倒把，控制物价，调整私人资本主义工商业，在繁荣城乡市场的同时，将市场经济朝着计划经济的方向逐步过渡。到 1952 年国民经济得到恢复，工农业总产值等各项指标都达到历史最好水平。

1953 年，开始进行第一个五年计划经济建设，开展以苏联援助 156 个项目为重点的工业建设。1956 年完成农业、手工业和私人资本主义工商业的社会主义改造，建立起社会主义计划经济体制，全国上下呈现一派繁荣景象。

1957 年“反右”运动后，1958 年中共中央提出“鼓足干劲，力争上游，多快好省地建设社会主义”总路线。在工业上开展以土法炼钢为中心的“大跃进”运动；在农业上推行以“一大二公”为目标的“人民公社化”运动。1960 年冬天，中共中央发现其问题后，随即采取“调整、巩固、充实、提高”的方针，迅速纠正经济运行中存在的问题，对国民经济进行中华人民共和国成立以来的第一次调整。调整工作很快取得成效，1965 年基本完成调整任务，国民经济在新的基础上获得稳定协调发展，各项经济指标都大大超过 1956 年水平。

1965 年，中共中央提出“建设祖国，准备打仗”的方针，开始进行“三线”建设，实行“山、散、洞”。“三线”分“大三线”和“小三线”。那时将中国分为三条战线：沿海地区为一线；中部为二线；西部为三线。这三条线叫“大三线”。还将一个省或自治区分成三条战线：平原地区为一线；平原与山区接壤区为二线；山区为三线。这三条线叫“小三线”。“山、散、洞”就是指工厂建设要进山、分散、挖洞。

1966 年 5 月开始“文化大革命”运动，整个国家陷入空前的动乱之中，对国民经济造成很大损失。1976 年，以“四人帮”垮台为标志，“文化大革命”宣告结束。

1978 年底，中共中央召开十一届三中全会，决定党的工作重点转向现代化建设，实行改革开放。从此，经济体制开始由计划经济逐步过渡到社会主义市场经济，人民共和国走上强国富民的道路。

二、借助外力起步

在计划经济体制下，工业生产和发展都由政府部门主管。中华人民共和国成立初期，管理水泥工业的政府部门是重工业部建筑材料工业管理局（简称建材管理局)。中华人民共和国成立后，百业待兴，举国上下都需水泥。建材管理局尽力恢复老厂，增加生产，但远不能满足需要，于是决定建设新厂。

共和国成立后决定新建的第一个水泥厂是山西的大同水泥厂，厂址在山西省大同市口泉镇，那里矿山资源丰富，有一个机立窑水泥厂作为依托，具有较好建厂条件。

工厂于1952年开始筹备，随即遇到建设队伍、工厂设备、工厂设计和设备安装等问题。旧中国水泥工业虽有一定基础，但各企业在工厂建设中的设备、设计和安装等问题都依靠外国公司解决。新中国水泥厂建设既没有条件也不允许都依赖于外国。建材管理局决定采用以我为主、借助国外力量的方针来解决建厂中的问题。

首先是组建基本建设队伍。一开始组建队伍时，主要是调集东北人民政府的力量。东北地区在中华人民共和国成立前就已解放，东北人民政府工业部较早地组织起专业队伍，对东北地区各水泥厂进行修建、恢复和扩大生产。这支队伍初建时主要从当地各企业抽调管理和技术骨干，也吸收了少量在抗日战争结束后留厂的日本工程技术人员，当时，这些日本人在技术上发挥了一定作用，不久，他们都陆续回国。1950年，工业部到我国南方招募一大批大学毕业生和水泥厂工程技术人员，使专业队伍进一步扩大。专业队伍在东北地区水泥厂的修复工作中得到锻炼和提高，成为新中国水泥工业组建基本建设队伍的基点。按大同水泥厂建设需要，重工业部建材管理局以东北专业队伍为骨干，于1952年组建了建材设备安装公司和建材土建公司，于1953年建立了建材设计公司和非金属矿地质勘探公司，创建了一支配套的基本建设队伍。

接着是解决设备问题。共和国建国初期，机械工业基础薄弱，不掌握设计技术，也不具备加工条件，不能生产水泥设备。如果自主开发，那就需要很长时间，远水解不了近渴。在这种情况下，建材管理局经上级同意，决定购买外国水泥成套设备来解决建设新厂的燃眉之急。当时世界上都流行湿法，为建设大同水泥厂，向当时的民主德国购买了四套湿法长窑生产线成套设备。考虑到其他新厂建设的需要，还购买了一大批水泥成套设备。在20世纪50年代，向国外共购买了：民主德国的18套湿法回转窑和3条立波尔窑生产线成套设备；罗马尼亚的12套湿法回转窑生产线成套设备；捷克的6套湿法回转窑生产线成套设备和丹麦的2套大型湿法回转窑生产线成套设备。购买这些外国设备，对共和国建国初期水泥工业迅速发展发挥了重要作用。

新组建的建材设计公司从未进行过水泥工厂全厂设计，建材安装公司和土建公司对这样一个大型水泥厂的设备安装和土建施工也缺乏经验。正在这束手无策之际，建材管理局决定聘请苏联专家指导工厂设计和现场施工，聘请外国专家指导设备安装。

大同水泥厂于1953年动工兴建。建材管理局与地方政府共同抽调干部组成建设指挥部。设计、土建施工、设备安装和地质矿山等各方面力量，在指挥部统一组织下，密切协作，边干边学，奋力拼搏，成功完成了建设任务。首期建设的三条$\phi 3.3/3.0/3.3\times 118m$湿法回转窑生产线，于1957年建成投产。接着扩建一条同样的生产线，于1959年完工点火。全厂总生产能力达到年产水泥56万吨。

大同水泥厂的建成，不仅为新成立的共和国提供了急需的水泥生产能力，而且为具有70多年历史的中国水泥工业培养出了第一支配套的基本建设专业队伍。大同水泥厂既是新中国成立后新建的第一个大中型水泥厂，也是新中国水泥工业建设的摇篮，它的建设成功具有重大意义。

继大同水泥厂之后，在20世纪50年代，采用外国设备起步建设的大中型水泥厂还有：昆明水泥厂、永登水泥厂、江油水泥厂、耀县水泥厂和洛阳水泥厂。

昆明水泥厂建在云南省昆明市西山区，1953年开始筹建，1957年采用民主德国设备建成第一条$\phi3.3/3.0/3.3\times118m$湿法回转窑生产线，1959年建成第二条同样的生产线，全厂设计生产能力达到年产水泥28万吨。

永登水泥厂位于甘肃省永登县，1954年开始筹建，1958年采用民主德国设备建成三条$\phi3.3/3.0/3.3\times180m$湿法回转窑生产线，1959年又建成一条同样的生产线，全厂设计生产能力达到年产水泥56万吨。1972年开始，该厂陆续将4条窑的筒体尺寸扩大为$\phi3.5/3.3/3.0/3.3\times180m$，使水泥产量进一步提高。

江油水泥厂设在四川省江油县，1956年开始筹建，1959年采用民主德国设备建成三条$\phi3.6/3.3/3.6\times150m$湿法回转窑生产线，全厂生产能力为年产水泥69万吨。

耀县水泥厂坐落在陕西省耀县境内，1956年开始筹建，1959年采用民主德国设备建成三条$\phi3.6/3.3/3.6\times150m$湿法回转窑生产线，全厂生产能力为年产水泥69万吨。

洛阳水泥厂位于河南省洛阳市，始建于1956年，建成于1958年。该厂装备有一条$\phi3.7/4.1/3.7\times69m$带料浆蒸发机的湿法回转窑生产线和一条$\phi3.5/4.0/3.5\times69m$带料浆蒸发机的湿法回转窑生产线。这两条回转窑是从日本人建的吉林庙岭水泥厂拆迁到洛阳水泥厂后经适当改造而建成的，生产线上的原料磨和水泥磨是分别从民主德国和波兰进口的。全厂设计生产能力为年产水泥30万吨。洛阳水泥厂的设备是由几方面拼装而成，因此投产初期运行较困难，经过较长时间的调试，才达到设计产量。

经过上述各厂的先后建成与投产，我国迅速提高了湿法回转窑水泥生产能力，培养出一支技术过硬的基建队伍。大中型水泥厂建设借助外力起步，取得成功，为今后开展更大规模的建设打下了良好基础。

三、实现装备国产化

在大中型水泥厂建设起步中，设计单位学会了工厂设计，建设单位掌握了安装与施工技术，但水泥设备还不能自制。很显然，中国水泥工业的发展不能长期依赖于进口装备，必须发展自己的水泥设备制造业，实现装备的国产化。

1. 开发湿法生产设备

20世纪50年代中期，国家建材主管部门着手筹划在国内制造水泥成套设备，决定以华新水泥厂为样本，仿造湿法生产设备。

华新水泥厂全套湿法设备是20世纪40年代从美国进口，当时属国际最先进的。十多年后该套设备在中国仍不失其先进性。华新水泥厂总工程师张宝华受总经理王涛指派到美国购买设备时，曾获得该套设备图纸。在仿造过程中，张宝华之子张大埜工程师向国家献出华新水泥厂设备全套图纸。北京水泥设计院在该套图纸基础上，经过现场测绘和转化，重新绘制出适用于我国机械厂制造的图纸，交东北的抚顺重型机械厂生产。国家建材主管部门决定将第一套仿造的国产湿法设备用于建设湘乡水泥厂。

湘乡水泥厂建在湖南省湘乡县，选在这里建厂全凭石灰石资源丰富，其他建厂条件非常不足，既无煤电，又无铁路、公路，这就大大增加了建厂投资和延长建厂时间。在确定厂址时，广西壮族自治区政府与湖南省政府都争立这个项目。于是，国家建材主管部门发出公示，哪里先搞好“三通一平”建厂条件，就在哪里建厂。在这样的激励下，湖南省政府发动群众打“人海战役”，仅用一个月时间就把公路修到工厂，水电接到工地，将施工现场全部平整完毕，赢得了建厂的优先权。

湘乡水泥厂于1958年开始筹备，1959年正式开工建设。第一套国产设备制造正值“大跃进”时期，加工质量上存在许多问题。回转窑筒体厚度尺寸不符合要求，各段对接不上；托轮直径差别大，而且表面砂眼密布。许多设备都要现场返修，有的要运回工厂重新制造。这些问题都为生产线建设造成很大困难。该厂在建设过程中还遇上了我国国民经济的第一次调整，虽然未被列入停建计划，但也被放慢了建设进度。采用国产设备同时建设三条湿法生产线，到1967年建成投产，全厂设计生产能力为年产水泥50万吨。这套国产湿法回转窑水泥设备，后来被简称为“华新窑”成套设备。

湘乡水泥厂是中国采用自制设备、自行设计和自行安装建成的第一个大中型水泥工厂，当时被称为“三自”工厂，中国水泥工作者无不为之而自豪。湘乡水泥厂的建成投产，开创了中国依靠自己力量建设大中型水泥厂的历史，是中国水泥史上采用国产设备建设湿法回转窑厂的一个里程碑。

为搞好湘乡水泥厂建设，国家建材主管部门向该厂调进了一批干部，其中有王健行工程师。他大学毕业后不久被招聘到东北人民政府工业部参加东北地区水泥厂复建工作，后被调到国家重工业部建材管理局从事水泥厂基建管理。建设大同水泥厂时，他被派往该厂任中央建材主管部门的驻厂组组长。工程结束后，被调到湘乡水泥厂，在该厂工程建设中担任技术领导工作。在工作中，他勤奋进取，实事求是，讲究科学，解决了工程中许多难题，出色地完成了任务。此后，国家建材主管部门的最高领导赖际发部长亲自点名把他调回北京，担当全国建材基本建设管理任务。1982 年，王健行同志被任命为国家建材局副局长，主管计划和基建工作。东北人民政府工业部组建的水泥专业队伍是共和国水泥基建力量的发祥点，王健行就是发祥点的一员。在中国水泥工业发展史上，共和国计划经济时期有两个标志性工程，一个是中国水泥基建队伍成长的摇篮、新中国建设的第一个大中型水泥企业大同水泥厂，另一个是中国湿法生产发展的里程碑，采用国产设备建设的湘乡水泥厂。王健行工程师自始至终地参加领导建设这两个工厂，投入了无数智慧和辛劳，创造了突出业绩。他还参加领导其他水泥厂的建设，是共和国计划经济时期大中型水泥厂建设的元老和功臣之一。

用国产“华新窑”成套设备建成的第二个水泥厂是英德水泥厂。该厂位于广东省英德县，于 1958 年与湘乡水泥厂同时开始筹建。在国民经济第一次调整中，其遭遇与湘乡水泥厂不同，于 1962 年被停建。1969 年，英德水泥厂开始重建，1972 年建成第一条“华新窑”生产线，1974 年建成第二条同样的生产线，设计生产能力为年产水泥 45 万吨。

20 世纪 50 年代末，为提高湿法生产技术，水泥设计院工程技术人员提出建议，进口国际上先进的湿法生产线成套设备。国家建材主管部门采纳了这个建议，从丹麦购进 2 套当时国际上流行的 $\phi 4.4/4.2/4.4 \times 180m$ 湿法回转窑生产线全套设备。水泥设计院对这套设备进行了测绘等消化吸收工作，并用所获技术改进“华新窑”。改进后的第一套“华新窑”用于建设水城水泥厂，表现出明显改进效果。后来，水泥界对水城水泥厂的这套设备又称为提高型“华新窑”，简称仍是“华新窑”。20 世纪七八十年代大量推广的就是提高型“华新窑”，水城水泥厂对我国湿法水泥生产技术的提高也做出了贡献。“华新窑”在全中国水泥厂扩建和新建中广泛流传，延续时间达二十多年，在中国水泥史上形成了一个“华新窑”时代，其功绩不可磨灭。

在开始开发“华新窑”的同一时期，为援助柬埔寨新建水泥厂，国家建材主管部门组织有关单位对上海水泥厂 $\phi2.5\times75m$ 湿法回转窑生产线全套设备进行仿造。后来，根据上海水泥厂经验，将回转窑烧成带扩大，其尺寸改为 $\phi3.0/2.5\times75m$。这套设备在水泥界简称为“上海窑”，当时被列为水泥生产定型设备之一，曾用于安徽胜利水泥厂建设，此后并未得到进一步推广应用。

2. 开发立波尔窑生产设备

20世纪50年代，国际上水泥生产方法主要流行湿法，但也有一些能源贫乏的国家，如德国和日本等国家较多地采用立波尔窑生产方法。国家建材主管部门继仿造华新水泥厂湿法生产设备后，又决定以小屯水泥厂为样本，仿造立波尔窑生产设备。中国水泥界对这套设备简称为“小屯窑”。先后制造了四套“小屯窑”，两套用于西卓子山水泥厂建设，另两套用于建设福建永安水泥厂。

西卓子山水泥厂位于内蒙古自治区乌海市。1958年“大跃进”时期开始筹建，在第一次国民经济调整中停建，到1966年复建。1970年建成第一条 $\phi4\times51m$“小屯窑”生产线，次年建成第二条同样的生产线，全厂设计年产水泥47万吨。这两条生产线投产时都十分困难，工艺环节问题多，设备事故频繁，达标达产时间非常长，投产多年尚达不到设计产量，造成生产管理和经营很被动。

对永安水泥厂建设中采用立波尔窑生产方法问题，当时在水泥界颇有争议。从图 8-1 的 1965 年中央直属水泥企业分布图上可以看到，那时干法水泥厂都分布在北方，湿法水泥厂都在南方。因此，在水泥界自然形成“北干南湿”的传统建厂原则。于是，不少人对在多雨的南方地区采用干法建厂持否定态度。最后由主管部门领导裁决，永安水泥厂采用“小屯窑”建厂，以试验在南方地区能否采用干法。

永安水泥厂位于福建省永安市。该厂与西卓子山水泥厂同时开始筹建，由于同样的原因又同时停建，1970 年复建，1971 年建成两条“小屯窑”生产线，全厂设计年产水泥 47 万吨。永安水泥厂投产时遇到的问题比西卓子山水泥厂更多，生产管理更加困难，除了设备问题，还有处理湿黏土的工艺问题。南方多雨，湿黏土在开采、储存、装卸、运输、破碎和干燥等作业中发生一连串的黏结问题，当时缺乏有效解决办法，造成全厂设备运转率很低，长期不能达到设计产量，生产管理十分艰难。

西卓子山水泥厂和永安水泥厂投产的困难情况，在全国水泥界产生了很大影响。后来，立波尔窑生产方法除了北方个别厂新建和少数厂扩建外，未能像湿法“华新窑”那样在全国得到普遍推广。

为了提高我国立波尔窑技术水平，20 世纪 50 年代末，国家建材主管部门组织进口了三套民主德国产 $\phi4\times60$m 立波尔窑生产线成套设备。水泥设计院对这些设备进行消化吸收，用所获技术对“小屯窑”进行改进。可惜，改进后的“小屯窑”未能在我国推广。然而，消化吸收进口立波尔窑生产线设备所获技术，其中有相当一部分在我国发展新型干法的过程中得到应用。如 $\phi4\times60$m 回转窑和 $\phi3.2\times8.5$m 粉磨兼烘干中卸磨等技术，在开发悬浮预热窑新型干法和预分解窑新型干法生产线成套设备中发挥了重要作用。

3. 干法中空窑

1955年开始筹建、1958年建成投产的新疆水泥厂装置了两条国产的 $\phi 2.4 \times 60m$ 干法中空回转窑。该设备是按一冶水泥厂的干法中空回转窑经测绘仿造而成。1971年，一冶水泥厂已将该落后设备拆除而新建一条 $\phi 3.6 \times 122m$ 的湿法回转窑。新疆水泥厂曾在1966年将窑筒体扩大到 $\phi 3.0/2.4 \times 60m$，后被预分解窑所淘汰。这套干法中空回转窑设备规模小、技术落后，在国家大中型水泥企业建设中没有被推广。

在人民共和国计划经济时期，国家建材主管部门在购买外国设备建厂的同时，组织开发湿法窑、立波尔窑和干法中空窑等生产设备，开发出的湿法“华新窑”得到普遍推广，逐步实现了水泥设备的国产化。中国水泥工业有史以来首次进入采用国产设备建设大中型水泥厂的发展历程。

四、建设中的一次大起大落

新中国成立以来，国民经济总是在发展、调整、再发展和再调整中螺旋式不断起伏上升。水泥工业也一样，它随着国民经济的起伏而逐步向前发展。在20世纪50年代末到60年代初，大中型水泥厂建设就有一个特别明显的大起大落。

1. “大跃进”中建设的大提速

在1958年到1960年间发生的“大跃进”运动中，全国掀起工农业建设的大高潮，有些方面的建设甚至超越了实际允许的能力。水泥工业也不例外，大中型水泥厂建设大提速，国家建材主管部门在1958年的一年内，按“每省、市、区至少建1个大中型水泥厂”的方针，在全国布点筹建了一大批水泥厂，其数量达15个之多。在1959年到1960年间建成的水泥厂就有6个，它们是：

1）贵州水泥厂。位于贵州省贵阳市，1959年建成4条从罗马尼亚进口的$\phi3\times89m$湿法回转窑生产线，全厂设计年产水泥40万吨。

2）江山水泥厂。位于浙江省江山县，1959年建成两条从罗马尼亚进口的$\phi3\times89m$湿法回转窑生产线，全厂设计年产水泥20万吨。

3）巢湖水泥厂。位于安徽省巢县，1960年建成三条从罗马尼亚进口的$\phi3\times89m$湿法回转窑生产线，全厂设计年产水泥30万吨。

4）松江水泥厂。该厂原是日本浅野洋灰株式会社吉林工厂，位于吉林省吉林市，由于破坏严重，战后一直未能复产。直到1958年才由中央人民政府建材主管部门决定对其重建。将日本人留下的一条$\phi3.3\times52m$干法中空回转窑改造成立波尔窑，采用波兰进口的原料磨和民主德国进口的水泥磨，于1960年建成一条立波尔窑干法生产线，设计年产水泥25万吨。

5）庐山水泥厂。位于江西境内著名旅游地——庐山脚下。这里建厂条件较差，离石灰石矿山较远，交通不便。在中共中央办公厅直属的庐山管理处的强烈要求下，中央建材主管部门采用捷克设备在此建设一条$\phi2.5/2.2\times77m$湿法回转窑生产线，于1959年建成投产，设计年产水泥8万吨。该厂产品归庐山管理处自产自销，未列入国家统配计划，所以庐山水泥厂不属国家大中型水泥厂之列。

6）湖州水泥厂。位于浙江省湖州市。1958年上海市人民政府从中央政府调拨到两套捷克产$\phi2.5/2.2\times77m$湿法回转窑生产成套设备，在湖州市的太湖之滨，利用当地石灰石资源，建成两条湿法水泥生产线，设计年产水泥16万吨。由于产品归上海市分配，所以也未列入国家大中型水泥厂系列。不久，该厂划归湖州市管辖。

2. 经济调整中建设的大减速

1961年，国民经济开始进行共和国建国以来的第一次调整。国家建材部门和其他工业部门一样，对基本建设规模进行压缩。在“大跃进”时期已经布点建设的15个项目中，首先中止了永安水泥厂、西卓子山水泥厂、开远水泥厂和山东水泥厂等4个厂的建设。1962年，又决定将邯郸水泥厂、英德水泥厂和柳州水泥厂等3个厂停建。这样，除6个水泥厂在“大跃进”中已建成外，通过调整，在建的水泥厂中只剩下湘乡水泥厂和山东铝厂水泥厂，然而这两个厂也都放慢了建设进度。正如前所述，湘乡水泥厂拖到1967年才建成投产。

山东铝厂水泥厂位于山东省淄博市，采用制铝废渣赤泥作黏土质原料，由冶金部自建。于1963年建成第一条$\phi3.3 \times 60$m湿法回转窑生产线，接着又建成$\phi3.3 \times 60$m和$\phi3.6 \times 65$m湿法回转窑生产线各一条，设计年产水泥64万吨。由于其产品归国家统一分配，所以山东铝厂水泥厂被列入国家大中型水泥厂系列。

3. 经济复苏中的逐个复建

国民经济经调整后，1963年开始复苏，停建的水泥厂逐个复建。最早复建的是柳州水泥厂。

柳州水泥厂设在广西壮族自治区柳州市。1962年，工程正进入施工高潮时被迫停工，造成巨大损失。为减少更大损失，停建一年后即复工，于1964年建成三条捷克设备的$\phi4.0/3.5 \times 129$m湿法回转窑生产线，全厂设计年产水泥60万吨。该厂的投产过程在当时新建的若干工厂中最为顺利，很快就达产达标，其设计和施工质量都获得水泥界好评。

在柳州水泥厂之后较早复建的是邯郸水泥厂。该厂建在河北省邯郸市峰峰矿区。1962 年停建后于 1965 年复建，采用民主德国产立波尔窑生产线成套设备，1968 年建成三条干法生产线，全厂设计年产水泥 100 万吨，成为当时全国最大规模的水泥厂。

以后陆续复建的，有前已叙述的西卓子山水泥厂、英德水泥厂和永安水泥厂，还有开远水泥厂。

开远水泥厂建在云南省南部的开远县，1961 年停建后于 1967 年复建，1969 年建成两条采用民主德国设备的 $\phi3.3/3.0/3.3\times118$m 湿法回转窑生产线，设计年产水泥 27 万吨。该厂主要生产特点是采用褐煤作燃料。褐煤挥发分为 46%，热值只有 2 969大卡/千克。开远水泥厂能用这样的煤烧出 600 号质量的水泥熟料，在当时中国水泥界是一大创举。

在经济调整中停建的大中型水泥厂，除山东水泥厂外，都逐个复建，先后建成投产。山东水泥厂原计划采用从丹麦进口的大型湿法设备在山东省济南市建厂，停建后未能按原计划复建，而改建成试验厂。

五、配合“三线”建设创办新厂

1965 年，中共中央做出关于“三线”建设的战略决策。中国古话说：“兵马未动、粮草先行”。水泥是建筑的粮食，“三线”建设时自然首先要开办水泥厂。国家建材主管部门按中共中央决策，对大中型水泥厂建设布局做出重大调整，决定在“大三线”和“小三线”筹建一批水泥厂。

1. 配合“大三线”建设

新建峨眉水泥厂是配合“大三线”建设的第一个项目，建于四川省乐山县。为尽快完成该项目，国家建材主管部门决定将停业已达五年之久的山东水泥厂筹建处，包括筹建处班子及其所属全套丹麦进口设备，整建制地内迁到乐山县，将筹建处改名为峨眉水泥厂筹建处，让其易地建设新厂。

建设开始就遇到设备运输问题。原山东水泥厂厂址在山东省济南市市郊的党家庄。停建时，进口的丹麦湿法回转窑设备都已运抵山东，小件设备存放在党家庄工地，大件设备由于运输条件问题未解决而暂存在青岛港口的油脂公司院内。该水泥大件设备，最大的直径达5.3米，重达50多吨，无法通过隧道，不能用铁路运输，只能采用水路和公路运输，这是一项非常艰巨的任务。首先将设备从青岛港经黄海和东海运到上海，在此从海轮卸到甲板驳上。然后，沿长江逆水而上运抵重庆，在此从甲板驳卸到木驳上，再经宜宾沿岷江运到乐山码头。从宜宾到乐山的岷江，航道窄、浅滩多、水量小，历来只能航行几十吨的木船，要通航重载千吨的驳船实是难上加难。为此，特地勘察了航道，重新树立航标，制订具体进航措施。后来决定趁丰水期进行拖运，在岷江航运史上破天荒地第一次将千吨重载驳船从宜宾拖到乐山。筹建处职工与水运部门密切协作，历尽千辛万苦，经过近三个月的日日夜夜，完成了水上运输任务。最后，为将设备从码头搬到工厂工地，专门修筑了公路，加固了桥梁，采用60吨大卡车拖运，每天运一至二趟，历时近两个月，完成了公路运输任务。

在建设期间，1966年开始“文化大革命”，红卫兵到工地造反，揪斗走资本主义道路当权派，建设计划无法完成，进度十分缓慢，工地基本陷入瘫痪状态。此事惊动了党中央，周恩来总理进行了过问。1970年初，四川省革命委员会向峨眉水泥厂建设工程指挥部派驻军代表，实行军事管制，并提出要求：抓革命，促生产；备战备荒为人民；搞好“三线”建设，让毛主席他老人家放心；集中力量，打歼灭战。此后军管会发动了万人大会战，工程进度大大加快，到1970年10月，两条ϕ4.4/4.0/4.4×180m大型湿法回转窑生产线基本建成。

峨眉水泥厂生产线是通过大会战抢建而成，当时在“极左”思潮干扰下，无政府主义泛滥，无人负责现象严重，所以工程质量非常差。投产后，矿山、工艺和设备等方面都存在大量问题，致使工厂生产长期处在所谓“三低一大”的被动局面，即设备利用率低、劳动生产率低、经济效益低和浪费大的局面。在这极度困难时刻，国家建材主管部门派任曰淼同志到峨眉水泥厂担任领导，全面负责工厂工作。任曰淼同志是一位经过长期革命战争考验的卓有才能的军队领导干部。全国解放后，他被抽调到地方工作，曾任小屯水泥厂厂长，由于工作业绩突出，后又被调到国家建筑材料工业部水泥局任副局长。他正被下放在“五七”干校劳动锻炼时，千里迢迢来到四川省乐山县工作。经历过“文化大革命”的人都清楚，那时提倡的是“造反有理”。在这种气氛下，工厂各种规章制度都遭破坏，青年职工不好好学习，随心所欲地不按规程操作机器。当时还提倡“一不怕苦、二不怕死”“先顾坡、后顾窝”，工厂领导对职工生活也不敢多加过问。任曰淼同志到厂后，凭借自己高度的责任感，冒着被打成“走资本主义道路当权派”的风险，力排众议，挺身而出，大胆地抓生产。从组织职工学技术和建立各种管理制度着手，大力整顿生产秩序，攻克一个又一个生产技术难关，逐步提高干部和工人的管理水平和操作水平。任曰淼同志在抓生产的同时关心职工生活。峨眉水泥厂生活区离厂区隔着一片稻田，职工上下班必须绕道走路，特别是下雨天，道路泥泞，走路十分不便。他设法在纵贯稻田的一条水沟上铺设水泥板，修出一条水泥小路，使职工上下班不必绕道而可直接进厂，既不占农田，又方便了群众。在20世纪60年代的越南战争中，外国记者将北越军队的运输线称为胡志明小道。工厂职工将这条水泥小路戏称为“任曰森小道”，以褒扬他的善举。任曰森同志经过五年的不懈努力，终于使峨眉水泥厂生产走向正常，达到预期产量，彻底改变了混乱局面。他在动乱的“文化大革命”时期能创造出这样的业绩，是非常了不起的，其美名在当时中国水泥界曾一度盛传，博得了一片赞扬声。从这里可看到，新中国水泥工业的创建，不仅有建设者的功劳，同时包含着以任曰森同志为代表的生产管理干部和企业千万职工的丰功伟绩。配合“大三线”建设而新建的水泥厂，除峨眉水泥厂外，还有水城水泥厂、渡口水泥厂、青海水泥厂和武山水泥厂。

水城水泥厂位于贵州省水城特区，专为贵州六盘水“大三线”煤炭基地建设而新建。在建设中，该厂采用了提高型“华新窑”，同时建成两条湿法生产线，于1970年投产，设计年产水泥50万吨。

渡口水泥厂建在四川省渡口市，特为“大三线”重点建设项目——攀枝花钢铁基地而新建。该厂建设两条湿法生产线，采用20世纪50年代购买、到60年代尚未用完的罗马尼亚 $\phi3\times100m$ 湿法回转窑等成套设备，于1968年建成投产，设计年产水泥22万吨。

青海水泥厂位于大西北的青海省西宁市，于1970年开始筹建。该厂建设与其他厂不同的是采用了立筒悬浮预热窑新型干法技术。20世纪60年代末，科研单位研究成功立筒悬浮预热窑。设计单位在此基础上，采纳了邯郸水泥厂立波尔窑干法生产的部分技术，设计出 $\phi4\times60m$ 立筒悬浮预热窑新型干法成套设备图纸。国家建材主管部门按此图纸安排制造出两套设备，其中一套用于青海水泥厂建设。工厂于1977年建成投产。然而，由于工艺不成熟、设备不过关，投产后长期达不到年产30万吨水泥的设计指标。直到20世纪80年代初，其实际产量尚不到设计产量的一半。

武山水泥厂位于大西北甘肃省的武山市，于1971年开始筹建。国家建材主管部门组织制造的另一套$\phi 4 \times 60m$立筒悬浮预热窑新型干法成套设备，用于武山水泥厂的建设。历时十年，该厂到1981年才建成投产，设计年产水泥30万吨。其投产情况，与青海水泥厂相比要好一些，但也是长期无法达产达标。

2. 配合“小三线”建设

大中型水泥厂建设，除配合“大三线”建设外，还配合“小三线”建设进行布点设厂。其中包括胜利水泥厂、光化水泥厂、新化水泥厂、江西水泥厂和荆门水泥厂等。

胜利水泥厂位于安徽省宁国县。“文化大革命”时期，该县是上海市的“小三线”。1969年，上海市人民政府在此筹建水泥厂，1970年到1972年间先后建成了三条$\phi 3.1/2.5 \times 75m$“上海窑”，形成24万吨水泥的年产能力。胜利水泥厂熟料质量非常好，按当时国家标准做的28天水泥耐压强度常年保持在700号以上，居全国水泥熟料质量排名的首位。究其原因，业内大多数人士认为是由于石灰石和黏土质量好。

光化水泥厂在湖北省老河口市，于1969年破土动工。1970年开始边基建边生产，由于受“文化大革命”极左思潮的影响，许多基础工程都推倒重建，基建工作延续了很长时间，到1981年才正式竣工验收。该厂采用两套从捷克进口的$\phi 2.7/3.1 \times 95m$湿法回转窑生产线设备，全厂设计年产水泥26万吨。

新化水泥厂建在湖南省新化县。1971年开始建设两条“华新窑”湿法生产线，工程于1978年全部完工，设计年产水泥50万吨。

江西水泥厂位于江西省万年县。1975年建成两条“华新窑”湿法生产线，设计年产水泥50万吨。

荆门水泥厂厂址在湖北省荆门市。1975年建成一条“华新窑”湿法生产线，设计年产水泥30万吨。这个厂专为建设长江葛洲坝水电站服务，后来改名为葛洲坝水泥厂，从国家建材主管部门划归水利部管辖。

3. “三线”建设的延伸

“文化大革命”接近尾声时，配合“三线”建设进行的大中型水泥厂建设布点开始转移。鉴于东南沿海一些地区水泥产量不能满足需要，于是将“三线”建设布点延伸到该地区，开始筹建白马山水泥厂、金山水泥厂和长兴水泥厂。

白马山水泥厂位于长江下游的安徽省芜湖市。1975年开始筹建，1978年开工建设，1982年建成两条“华新窑”湿法生产线。

金山水泥厂建在上海市郊区的金山县，1978年开始筹建，1981年建成一条“华新窑”湿法生产线。

长兴水泥厂厂址在浙江省长兴县，1978年开始筹建，1983年建成两条“华新窑”湿法生产线。

自20世纪70年代初以来，在中国新建的湿法大中型水泥厂，除采用积存未用完的外国设备外，都普遍采用“华新窑”，而且建设时得心应手，投产时非常顺利。这些情况说明，国产“华新窑”技术已相当成熟，“华新窑”设备已成为当时中国发展水泥工业的主力。

在配合大小“三线”进行布点建厂的过程中，山东省政府自丹麦水泥设备从济南市搬迁到四川省乐山县后，不断向中央有关部门提出要求续建山东水泥厂。国家建材主管部门在山东省政府的要求下，考虑到水泥生产新技术开发的需要，决定在山东水泥厂原址，采用由科研单位不久前研究成功的立筒悬浮预热窑技术，重建山东水泥厂，并将厂名改为山东水泥试验厂。该厂于1972年动工，1977年建成一条$\phi 3 \times 45m$立筒悬浮预热窑生产线。生产线投产后，由于技术不成熟和“文化大革命”的影响，长期无法正常生产。管理部门数次派出领导干部到该厂蹲点，进行帮助，也是无济于事，在很长一段时间内实际产量与设计指标有很大差距。

人民共和国计划经济时期共建成30个大中型水泥企业，还有4个已经开工而尚未建成。30个大中型企业1979年共生产了1 418万吨水泥，占总产量的57%。可见，新厂建设在新中国水泥工业发展中起着主力军作用。

六、老厂的改造和扩建

在新厂建设的同时，中央直属大中型水泥企业几乎都进行了改造和扩建。北方地区的干法中空回转窑企业都在窑尾增设余热锅炉和发电装置，如大连、鞍山、哈尔滨、本溪和工源等水泥厂都将干法中空回转窑改成余热锅炉窑，以利用余热，节约热耗。这一期间，在大中型水泥企业中还有一种普遍流行的改造方法就是扩大回转窑筒体，主要是扩大烧成带筒体。湿法厂，如上海、中国、江南、广州和重庆等水泥厂；干法厂，如大连、哈尔滨和太原等水泥厂，都采用扩大筒体的办法进行改造。一般认为，扩大窑筒体是投资省、见效快的好办法，但从实际效果看，有些厂扩大筒体后增加产量较大，取得显著成效；有些厂扩大筒体后增产效果不大，经济上不合算，还给操作运行增添麻烦。

老厂扩建是大幅增产的好办法。自第一个五年计划时期到1979年，许多中央直属大中型水泥企业都进行了扩建。其资金由中央投入，组织建设以工厂为主。在扩建中，大多数工厂采用自行设计和自己组织制造的设备。例如：大连水泥厂在1976年采用按原有$\phi 3.5/3 \times 60m$余热锅炉窑仿造的设备，扩建了一条干法生产线；中国水泥厂于1971年扩建了一条按现有设备仿造

的 ϕ3.6/4.1×70m 料浆蒸发机湿法窑生产线；江南水泥厂于1973年扩建了一条自己组织制造的 ϕ4/4.5×135m 湿法回转窑生产线；琉璃河水泥厂分别于1958年和1975年扩建两条自制的 ϕ3.7×50m 立波尔窑生产线。另外，如广州、锦西和抚顺等厂都采用自制设备进行了扩建。有些大中型水泥企业则采用定型设备进行扩建。如上海水泥厂于1973年采用“上海窑”扩建一条湿法生产线；华新水泥厂于1977年扩建一条“华新窑”生产线；哈尔滨水泥厂分别于1974年和1980年采用“小屯型”立波尔窑扩建了两条干法生产线；重庆水泥厂于1958年采用从罗马尼亚进口的 ϕ3×89m 回转窑扩建了一条湿法生产线。在扩建过程中，采用定型设备的工厂其投产都比较顺利，运行中问题较少；采用自制设备的工厂，其投产和运行过程的问题则较多。江南水泥厂1973年采用自制设备扩建的一条湿法回转窑生产线，由于回转窑筒体的问题，烧成带耐火砖经常掉落，使运转率降低，熟料产量达不到预期指标。

20世纪60年代，水泥研究、设计单位在工业试验基础上，参照外国图纸，设计出 ϕ4×60m 四级旋风悬浮预热窑，建材主管部门按此设计组织某重型机器厂制造出四套设备，其中一套安装在太原水泥厂，一套安装在山东水泥试验厂，一套安装在永安水泥厂，还有一套原打算安装在哈尔滨水泥厂，由于该厂没有接受而被陕西省政府将其安装在地方所属的铜川市新川水泥厂。用这四套设备建设的生产线，与采用立筒悬浮预热窑的生产线一样，都由于技术不过关而造成运转率很低，长期达不到设计产量。

老厂改造和扩建是计划经济时期大中型水泥厂建设的重要方面。虽然有少数厂因采用四级旋风悬浮预热窑而未能取得理想效果，但绝大多数工厂都大幅度增加了产量，改善了技术经济指标，改变了厂容厂貌。中国水泥工业通过计划经济时期的老厂改造和扩建而新增水泥产量在1979年达到670万吨，占总产量的

27%，占1979年新增产量的32%。可见老厂改造和扩建对推进新中国水泥工业发展起着重要作用。

七、建设的主要特点

我国20世纪50年代的经济体制、水泥工业基础以及国际水泥生产技术状况，与现在相比有很大不同。正是这些社会条件和技术因素使当时大中型水泥厂建设具有以下一些特点。

1. 以湿法长窑为主，湿法长窑与立波尔窑、余热锅炉窑并举

国家建材主管部门建设的大中型水泥厂都采用回转窑，一律不用立窑，这是一个鲜明特点。新建厂中大部分采用湿法长窑，少数采用立波尔窑，个别厂用干法中空窑。老厂都是在原有的技术基础上进行改造和扩建。如：湿法厂一般都扩建湿法长窑；立波尔窑厂一般都扩建立波尔窑；中空干法窑厂一般都改造成余热锅炉窑。通过新建和老厂改造与扩建，在计划经济时期的大中型水泥企业中，形成了一个以湿法长窑为主，湿法长窑与立波尔窑、余热锅炉窑并存的技术结构模式。

2. 规模较小

1979年，我国大中型水泥厂平均规模为50万吨水泥。与当时工业发达国家相比，工厂规模较小。此外，我国水泥厂的设备规格也较小，如湿法长窑直径，除峨眉水泥厂外，无论是进口设备还是国产设备，都在4米以下。小直径湿法长窑不仅规模效益差，而且，如将它改造成新型干法窑时往往不合算。

3. 小而全

新厂建设和老厂扩建都包含了从矿山到水泥粉磨、包装等全

部水泥制造工序，一律不搞熟料基地——水泥粉磨站的企业结构模式。此外，当时的建厂指导思想是工厂必须靠近矿山。石灰石矿山一般都远离城市，地区偏僻，这就使每个新建厂在建设生产线的同时必须建设一个设备齐全的机修车间和功能完备的生活区。这样的机修车间要负担工厂的大修、中修和小修，往往忙闲不均，设备和人力资源不能被充分利用。生活区除大片职工宿舍和食堂外，还包括医院、商店、学校和治安机关等等。这相当于一个小社会，大大增加了工厂管理的负担。

4. 封闭的流通体系

产品主要用纸袋包装。虽在20世纪60年代开始组织推广水泥散装，但推广进度很慢，到1979年，大中型水泥企业的散装率不到10%。产品运输主要靠铁路，因此每建一个新厂都要建专用铁路，即使地处大江大河边的工厂也建铁路，很少考虑利用水路。铁路运输袋装水泥，构成了我国计划经济时期水泥流通体系最基本的特色。这种流通体系能适应中国大陆水泥的流通，但不能与国际水泥市场接轨，不能适应对外开放的新形势，是一种封闭式的体系。

5. 平均布局

人民共和国成立时，水泥企业都集中在东南沿海和东北地区。第一个五年计划建设时期，大中型水泥厂建设转向中西部地区。1958年，国家建材主管部门提出“每个省、市、区至少建1个大中型水泥厂”的布点方针，从此，中国水泥工业全面实行平均布局的建厂格局。平均布局实质上是凭人的主观意志的定点方式，完全是计划经济的产物，这与市场机制所产生的客观定点行为是完全不同的。

6. 实现自主建设

我国在计划经济体制下大中型水泥厂的建设过程，从技术上看，是一个从不会到学会的过程，是从依靠进口设备和外国专家指导到采用国产设备自主建设的过程。在硬件建设结出丰硕成果的同时，软件建设也取得很大成功。在这过程中，建设者表现出的奋进精神和创业方法为后人树立了榜样，为中国水泥工业发展积累了宝贵经验。

通过新厂建设和老厂改造与扩建，1979 年，全国大中型水泥企业的总产量达到 2 476 万吨，比 1953 年的 388 万吨增加了 2 088万吨。到 1979 年为止的大中型水泥企业名单列于表 10-1。这些企业的分布图如图 10-1。从图可看出，全国大中型水泥企业布局已有大大改善。据统计，此时水泥平均运输距离已由 700 ~ 800 公里下降到 300 ~ 400 公里。

表 10-1　1979 年大中型水泥企业名单

序号	企业名称	产量（万吨）	技术特征	备注
1	启新水泥厂	53	余热锅炉窑	
2	上海水泥厂	67	湿法回转窑	
3	中国水泥厂	53	料浆蒸发机湿法窑	
4	广州水泥厂	57	湿法回转窑、立窑	
5	太原水泥厂	27	干法中空回转窑、旋风悬浮预热窑	
6	重庆水泥厂	44	湿法回转窑	
7	江南水泥厂	56	湿法回转窑	
8	华新水泥厂	95	湿法回转窑	
9	琉璃河水泥厂	123	余热锅炉窑、立波尔窑	

续表

序号	企业名称	产量（万吨）	技术特征	备注
10	大同水泥厂	74	湿法回转窑	
11	大连水泥厂	58	余热锅炉窑	
12	鞍山水泥厂	24	余热锅炉窑	
13	小屯水泥厂	42	立波尔窑	
14	哈尔滨水泥厂	72	余热锅炉窑、立波尔窑	
15	牡丹江水泥厂	34	立波尔窑	
16	本溪水泥厂	56	余热锅炉窑	
17	工源水泥厂	75	余热锅炉窑	
18	锦西水泥厂	68	余热锅炉窑	
19	抚顺水泥厂	54	余热锅炉窑	
20	光华水泥厂	4	干法中空回转窑	白水泥
21	一冶水泥厂	24	湿法回转窑	
22	昆明水泥厂	35	湿法回转窑	
23	永登水泥厂	72	湿法回转窑	
24	新疆水泥厂	23	余热锅炉窑	
25	洛阳水泥厂	47	料浆蒸发机湿法窑	
26	江油水泥厂	70	湿法回转窑	
27	贵州水泥厂	35	湿法回转窑	
28	耀县水泥厂	90	湿法回转窑	
29	江山水泥厂	31	湿法回转窑	
30	巢湖水泥厂	50	湿法回转窑	
31	松江水泥厂	50	立波尔窑	
32	山东铝厂水泥厂	56	湿法回转窑	

续表

序号	企业名称	产量（万吨）	技术特征	备注
33	柳州水泥厂	68	湿法回转窑	
34	渡口水泥厂	29	湿法回转窑	
35	湘乡水泥厂	74	湿法回转窑	
36	邯郸水泥厂	120	立波尔窑	
37	开远水泥厂	29	湿法回转窑	
38	西卓子山水泥厂	43	立波尔窑	
39	光化水泥厂	15	湿法回转窑	
40	峨眉水泥厂	86	湿法回转窑	
41	水城水泥厂	48	湿法回转窑	
42	胜利水泥厂	28	湿法回转窑	
43	永安水泥厂	47	立波尔窑、旋风悬浮预热窑	
44	英德水泥厂	31	湿法回转窑	
45	荆门水泥厂	26	湿法回转窑	
46	江西水泥厂	46	湿法回转窑	
47	青海水泥厂	10	立筒悬浮预热窑	
48	山东水泥试验厂	10	立筒悬浮预热窑、旋风悬浮预热窑	
49	新化水泥厂	41	湿法回转窑	
50	金山水泥厂	—	湿法回转窑	在建
51	武山水泥厂	—	立筒悬浮预热窑	在建
52	白马山水泥厂	—	湿法回转窑	在建
53	长兴水泥厂	—	湿法回转窑	在建

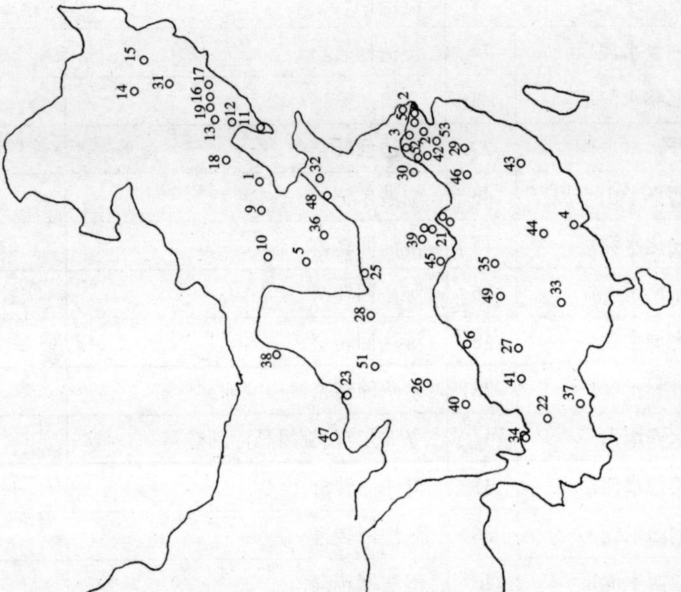

图 10-1 1979 年大中型水泥企业分布图

注：图中 1、2、3……对应表 10-1 中的序号及相应的企业名称。

这些大中型水泥企业都曾是国家建材主管部门的直属企业，其产品都由国家统一分配。在20世纪70年代，这些企业陆续下放给地方管理，产品仍归中央分配，所以称为统配水泥厂。20世纪90年代初，大、中、小型水泥厂按年产量重新划分，统配水泥企业又改称为国家重点大中型水泥厂。

中国水泥工业在人民共和国成立到1979年改革开放的计划经济时期内，发展得比以往任何时期都快，取得了有史以来最辉煌的成就。虽然这些大中型水泥企业所采用的生产技术已被淘汰，但它们对中国经济建设发挥了重要作用，为中国水泥工业的持续发展，打下了不可或缺的基础，建立了历史功勋。

第十一章　水泥预分解窑新型干法的研究与开发

随着政治经济形势变化，我国水泥预分解窑新型干法的研发，从 1973 年到 2002 年经历了 30 年艰难而又漫长的过程。从试验研究起步，开发小型生产线；引进技术与自主创新相结合，开发大中型生产线；制度改革与继续研发并举，攻克低投资建设新型干法生产线难关；在此基础上开发出万吨巨型生产线，研发成果为 2003 年后我国预分解窑新型干法生产建设大发展奠定了技术基础，完成了我国新世纪水泥工业转型升级和技术装备与工程服务走向世界的准备阶段。

一、政治和经济形势

1966 年，在中国发生“文化大革命”。“十年动乱”给国家政治和经济带来灾难，损失巨大。

1976 年，“文化大革命”宣告结束。由于当时政治上和经济工作中的极“左”思潮尚未被清算和纠正，经济建设中执行了脱离实际的高指标政策方针，使本已失衡的经济结构进一步恶化。

1978 年 12 月，在邓小平同志领导下，中共中央召开十一届三中全会，确立了以现代化建设作为党的工作重点和实行改革开放的政策路线。从此，中国社会由封闭模式转向开放模式，经济体制开始了由计划经济逐步向社会主义市场经济的转变。

从 1979 年起，中共中央在政治和经济战线上同时进行“拨乱反正”，对政治上的冤假错案进行平反，对国民经济进行中华人民共和国成立以来的第二次调整。在这次调整中，采用了“调整、改革、整顿、提高”的八字方针。整顿取得了实效，挽救了我国濒临破产边缘的经济。1981 年，第二次调整基本结束，启动第六个“五年计划”建设，中国经济再次获得蓬勃发展。

党的十一届三中全会后，虽然不再搞全国性的政治运动，但由于经济活动中的一些深层次问题尚未解决，经济发展仍然是波浪式前进的格局。到 1985 年愈来愈明显地看到，基本建设规模扩大过多，生产速度和消费基金增长过快，货币发行量过大，物价不断上涨，通货膨胀日益严重。到 1988 年，眼看这种状况已不能再继续下去，当年年底，党的十三届三中全会做出决定，对国民经济进行共和国建立以来的第三次调整，采取“治理经济环境、整顿经济秩序、全面深化改革”的 18 字方针。这次调整一直延续到 1990 年，使国民经济在更高的基础上协调发展。1992 年邓小平同志南方讲话发表后，全国经济又进入快速发展轨道。

为防止经济再度过热，政府采取了紧缩银根，严格控制货币发行量和压缩基本建设等措施。1996 年，我国经济生活中发生一个历史性重大转折，出现产品积压，物价下降，由卖方市场转向买方市场。在这种情况下，国有企业普遍陷入困境，全国经济明显地呈现出通货紧缩的态势。到 1998 年，国家开始对传统产业采取“控制总量、调整结构”的方针，同时实施积极的财政政策和稳健的货币政策，在适当控制货币发行量的同时，发行长期国债，加强基础设施建设和老企业改造，以拉动国民经济增长。这些方针和措施取得明显成效，在东南亚金融危机冲击和世界经济发展步伐放慢的条件下，我国国内生产总值在 20 世纪末的连续数年内都保持 7% 以上的增长。进入 21 世纪后，国民经济继续稳步增长。

二、试 验 研 究

我国水泥新型干法技术的研究要追溯到20世纪50年代。1956年，国家建材主管部门的工程技术人员，根据国外资料报道，立项研究悬浮预热器，在上海天祥水泥厂小窑上进行试验。后来由于机构变动，人员离散，这项试验未能继续下去。到60年代初，国外悬浮预热窑新型干法迅速发展，在这样的形势下，建筑材料科学研究院（中国建材研究总院前身，以下简称建材研究院）立项研究悬浮预热窑。先在实验室进行小试，后到工厂进行扩大试验，在太原水泥厂进行四级旋风预热器的试验，在杭州水泥厂进行立筒预热器的试验。

就在我国进行悬浮预热器扩大试验的同时，著名水泥专家王涛向国家建材主管部门提出建议，引进悬浮预热窑新型干法成套技术设备。然而，这项建议未被采纳。后来许多人认为，如果当时能采纳这个建议，引进一套悬浮预热窑新型干法装备，那么我国预分解窑新型干法的技术开发也许会顺利些。国家建材主管部门虽然未采纳王涛的建议，但还是数次组团赴东欧国家考察新型干法生产，收集技术资料。在考察中，曾获得一套四级旋风悬浮预热器图纸。建材部水泥设计院（天津水泥设计研究院、南京水泥设计研究院、成都建材设计研究院前身，以下简称水泥设计院）根据科研单位试验结果并参考这套图纸，设计出$\phi 4 \times 60$m四级旋风悬浮预热窑和不同规格的立筒悬浮预热窑。国家建材主管部门按这些设计，在我国建设了多条悬浮预热窑新型干法生产线。由于技术和管理等多种原因，这些生产线建成投产后几乎都不能正常运行，使企业纷纷陷入困境，造成悬浮预热窑无法进一步推广。所以，在中国水泥技术发展史上，未能像西方国家那样形成一个悬浮预热窑新型干法的发展阶段。悬浮预热窑虽然未能在中国发展，但对其进行的试验研究工作为后来预分解窑的研究奠定了一定的技术基础。这一阶段的研究试验工作，也可视为我国水泥预分解窑新型干法技术研究的“前奏”。

1970 年，建材研究院赵正一工程师在立筒悬浮预热器研究过程中萌发出“窑尾加把火”的设想，也就是在立筒悬浮预热器与回转窑之间增设一个燃烧点，使生料在此进行一次预烧，然后进入窑内烧成。该设想与现代预分解窑的原理基本相似，建材研究院热工室按此设想曾进行探索性试验。当时正值“文化大革命”，科研单位搬迁外地，科技人员下放到“五七”干校劳动锻炼，试验也就随之中断。

1972 年，建材研究院复建，1973 年正式立项开展“窑尾加把火”项目研究，先后进行了烧油和烧煤试验。

1. 烧油试验

在建材研究院院部组织评审项目技术方案时，情报室提供了关于日本石川岛播磨重工株式会社于 1971 年开发出烧油的新型悬浮预热窑（NSP），即预分解窑的消息，这对中国预分解窑的研究无疑增强了信心。1974 年，石川岛播磨重工株式会社派佐佐木先生来华进行关于 NSP 窑的技术交流，对当时建材研究院预分解窑的研究有一定帮助。

建材研究院院部将预分解窑项目交给由李俭之同志任主任的新技术室具体组织试验工作。当时试验的主要对象是预分解炉，采用重油作燃料。先进行预分解炉冷模型试验，接着进行热模型试验，最后在实验室的 $\phi0.7 \times 7m$ 小窑上进行试烧。

试验工作进行了差不多一年，1974 年夏天的一个晚上，年过古稀的水泥专家王涛老先生兴致勃勃地坐在一旁观看试验，看到在 $\phi0.7 \times 7m$ 小窑上增设预分解系统后确实有大幅增产的效果，非常兴奋，与年轻人一起坚持到深夜才回家休息。隔天早晨，他一早就到办公室向院部主管人员提出建议："可以组织中间试验了。"从此，建材研究院开始组织中间试验工作。

通过国家建材主管部门，建材研究院向国家科委申请到500万元试验费，并向国家计委申请到设备和钢材指标，接着便开始选点工作。选点工作分两组进行：一组到南方的江苏、浙江一带选点；一组到北方的山西、河南、辽宁、吉林一带选点。先到太原水泥厂调查，以吸取旋风预热窑试验的经验和教训。有两点经验教训在选点中被采纳：一是试验时所选回转窑必须是新的，旧窑设备故障多，影响试验效果；二是所选地区要有利于关键设备高温排风机的订购。因为太原水泥厂为在上海某厂试制一台高温排风机花了一年多时间，使试验工作大大延期。

"文化大革命"中，极"左"思想影响到每个角落，"知识无用论"风云一时，这时科学试验选点自然亦非一帆风顺。在北方组河南就吃了个闭门羹，正在热衷于搞土立窑的省局某处处长不但不欢迎，还责问："搞什么试验？你们知道农民急需用水泥吗？"在辽宁也碰了壁，省局的一位处长说："别来添乱，一定要搞，那就到缺水泥的辽西去。"然而在吉林省则遇到另一种情况，省革委会表示欢迎，省革委会副主任特地接见了选点组全体成员，答应选点组提出的条件，帮助解决试验用油问题和在四平鼓风机厂订购高温排风机问题，并许诺将试验线建设作为省建委的重点建设项目。

北方选点组在吉林省建委派员陪同下到松江水泥厂、庙岭水泥厂和四平石岭水泥厂等企业进行考察。石岭水泥厂隶属吉林省司法局管理，与各厂条件相比，在这里定点搞试验具有以下优势：省司法局和工厂领导都非常欢迎，表示将积极配合完成任务；厂内场地开阔平坦，不需新征土地；该厂比较安定，没有"文化大革命"的干扰；该厂工人中有不少人掌握机电技术，具有一定技术力量。选点组一致认为，在吉林省四平石岭水泥厂进行烧油预分解窑中间试验比较理想。在回北京的路上，选点组还顺道考察了大连水泥厂。

南方选点组到苏州水泥厂、杭州水泥厂和浙江金华水泥厂等企业考察，最后选择金华水泥厂为中试点。

两个选点组提出了两个试验点，这在新技术室产生了不同的意见，分歧较大，争论的焦点是在石岭厂搞试验问题。在这种情况下，建材研究院院部要求新技术室主要在试验条件的比较方面深入讨论，提出选点意见，向院部写出书面报告。通过讨论，新技术室基本统一了意见，并将此意见书面上报院部。其意见是：第一候选点是石岭水泥厂，第二候选点是金华水泥厂，第三候选点是大连水泥厂。建材研究院根据新技术室的报告，向国家建材主管部门写出了关于烧油预分解窑中间试验线定点在石岭水泥厂的报告，很顺利地获得批准。

试验点确定后，建材研究院的院、室领导一起到吉林省四平石岭水泥厂最后敲定有关建设事项。同时，商定由石岭水泥厂与新技术室组成建设指挥部，石岭水泥厂冯厂长担任总指挥。

1975 年初，建设工程全面展开，进度很快。到 1976 年初，企图夺取“文化大革命”运动领导权的“四人帮”又掀起所谓“反击右倾翻案风”的风波。此时，国家建材主管部门机关内少数人起来向领导发难，认为批准在石岭厂搞中间试验是“右倾”的表现，应当批判，给以“反击”。有关部门领导到建材研究院调查此事，院有关人员进行了解释并出示主管领导的书面批示和新技术室的书面报告。经过调查，他们召开专门的座谈会进行了说明并做出决定，石岭水泥厂预分解窑中间试验线建设只能上，不能下，而且一定要搞好。预分解窑试验线建设，就这样逃过一劫。

几乎与此同时，试验线建设工地传来消息，吉林省司法局将工地指挥冯厂长调离，送进了学习班，批判他“业务挂帅”“走白专道路”，从而使即将竣工的试验线建设全部停工。为解决这个问题，建材研究院请求国家建材主管部门的有关领导到石岭水泥厂视察试验线建设，并将领导视察的消息传到吉林方面。吉林省司法局得此消息后，随即将冯厂长“放”回工地，从此工地又恢复生机，工程继续取得进展。国家建材主管部门的有关领导视察工地后做出决定，凡是出差来此的国家建材主管部门的干部，都要到石岭水泥厂来参观，学习新技术。这一决定使研究院试验人员和石岭水泥厂的干部职工受到很大鼓舞。这样，预分解窑试验线建设又逃过一劫。

1976年6月，石岭水泥厂烧油预分解窑中间试验线建成投入试验。回转窑规格为$\phi 2.4\times 40m$，预分解炉属喷腾型，设计小时产量是17吨熟料。建材研究院新技术室的同志全力以赴地投入紧张的试验工作。试验初期，由于不掌握预分解窑操作规律，又采用了许多新设备，经常发生窑尾系统堵塞和设备事故等问题。

经过半年多日以继夜的紧张工作，基本达到试验要求。3天连续标定的平均小时产量达到15吨熟料，充分说明预分解窑的单位容积产量比立波尔窑和悬浮预热窑提高一倍。通过试验，不仅取得了预分解窑的一系列技术数据，而且掌握了一些操作经验。石岭水泥厂预分解窑中间试验线是中国水泥工业史上第一条工业化连续生产的预分解窑，其运行的成功对我国水泥生产技术发展有着深远意义。首先，中国水泥界消除了疑虑，正确评价这项新技术，使更多的有识之士较早地认定预分解窑是水泥技术发展的方向，从而加速技术开发，积极推进我国预分解窑新型干法的发展。其次，试验成果为下一步烧煤预分解窑及其进一步发展打下了技术基础。

石岭水泥厂预分解窑中间试验取得成功，建材研究院做出了重要贡献，也是国家建材主管部门和吉林省政府大力支持的结果。1977年10月30日，这项中间试验在现场进行了技术鉴定。图11-1是通过鉴定后的全体与会人员合影。参加合影的有国家建

图 11-1　石岭水泥厂预分解窑试验成果鉴定会参加者合影

材主管部门和吉林省有关单位的领导、参加鉴定会的技术专家、石岭水泥厂有关干部，以及建材研究院领导和试验人员。合影背景是中国大陆的第一台水泥预分解窑。

2. 烧煤试验

1975年，建材研究院新技术室在烧油预分解窑试验的基础上，开始在实验室内 $\phi0.7\times7m$ 小窑上进行烧煤预分解窑试验。试验中遇到的主要问题是煤粉在预分解炉内不着火，烧不起来。然而，在一次试验中偶然发现，先将回转窑点火运行使其正常出料，待分解炉内温度逐渐上升到800℃以上时，喷入煤粉即能点燃，并不会灭火。现在看来，这只是一个十分简单的道理。世界上许多事情往往就是这样，一件极容易的事在发现前总是一个很难的问题。在实验室小窑上取得必要的技术数据后，建材研究院院部便着手筹备烧煤预分解窑的中间试验。

1976年，辽宁省本溪水泥厂打算扩建一条 $\phi3.7\times50m$ 余热锅炉窑，由于缺乏资金，回转窑安装完毕后，无能力继续建设锅炉和发电设备，整个工程停工待建。通过考察和讨论，建材研究院选定利用这条新窑来建设中间试验线。

1978年3月，在建材主管部门的支持下，本溪水泥厂烧煤预分解窑中间试验线建成并投入运行。试验结果表明，预分解窑不仅能烧油，而且完全可以烧煤；烧煤预分解窑与烧油预分解窑一样都能大幅度提高产量和降低热耗。在 $\phi3.7\times50m$ 烧煤预分解窑上，熟料小时产量达到52吨，热耗为 $4.18\times800\sim4.18\times850kJ/kg$，大大优于任何一种窑型的技术指标。这些试验结果，对我国预分解窑新型干法的技术开发无疑产生很大推动作用。

我国烧油预分解窑试验成功的时间比日本晚6年，烧煤预分解窑开始试验的时间则与日本处在差不多同一个时期。试验时间虽然相差不多，但日本预分解窑试验的技术基础与我国则有着很大差别。

日本水泥工业在其强大的钢铁业和机械制造业的支撑下曾有一个悬浮预热窑新型干法的发展阶段。经过这个阶段，烧油预分解窑试验成功后其成果就能很快被推广。1973 年发生世界性能源危机，日本水泥行业由烧油改为烧煤，于是便试验烧煤预分解窑。试验成功后，很快就形成现代最先进的预分解窑新型干法技术，并在短期内获得普遍应用。

我国水泥工业史上未能形成悬浮预热窑新型干法的发展阶段，只有悬浮预热窑技术开发时留下的部分条件。石岭水泥厂烧油预分解窑中间试验线规模较小，这些留下的条件尚可使该条试验窑的附属设备得以勉强配套，在中间试验后的正常生产中尚能维持长期连续运转。本溪水泥厂的中间试验线则遇到了另一种命运。该试验线规模较大，日产熟料 1 200 吨，由于我国基本上没有经过悬浮预热窑的发展阶段，没有能与试验窑配套相适用的冷却机和排风机等附属设备，也没有条件引进，只能采用性能相近的设备凑合。在中间试验时，这些凑合的设备尚能勉强维持试验窑运转，但在试验结束后的正常生产中，这些附属设备常出故障，不能保证长期连续运转，使预分解窑长期处在停停开开的状态，不能连续生产。

本溪水泥厂烧煤预分解窑中间试验的状况进一步提高了水泥界对我国发展预分解窑新型干法的认识。该厂的中间试验实际上只属于预分解炉单元试验，要实现开发出整个预分解窑系统的目标尚任重道远，要达到预分解窑新型干法的技术水平则需走更长的路。

三、开发小型（日产熟料 700 ~ 1 000 吨）生产线

小型预分解窑新型干法生产线的开发经历了科研单位工艺试验、设计单位装备开发和总体设计的过程。这些工作是由建材研

究院、江油水泥研究所和水泥设计院，以及相关工厂共同协作完成的。

1. 建材研究院的工作

建材研究院的本溪水泥厂烧煤预分解窑中间试验，作为预分解炉单元试验取得了成功，获得一些有用数据。然而，这些数据尚不完整，与新技术推广要求存在很大差距，须进一步试验。为此，首先要建设一条能连续运转的预分解窑试验线。建材研究院吸取本溪试验线的经验教训，根据我国当时水泥设备配套条件，决定建设规模较小的日产熟料700吨的预分解窑试验线，选定回转窑尺寸为$\phi 3.5\times 45m$，建设地点在对新技术积极性高的新疆水泥厂。

经多方努力，新疆水泥厂预分解窑试验线被列入“五五”期间基本建设计划。该项目于1978年5月开始动工建设，在第二次国民经济调整中，由于属新技术项目而被保留，但放慢了建设速度，到1981年才竣工投产。在建设中，试验线生料制备系统是在老的工艺线上进行“填平补齐”，未能完全按新型干法技术要求重建，所以这条试验线并非是完整的预分解窑新型干法生产线。

在试验中遇到的主要工艺问题，除堵窑外就是经常结大块，有时能结出直径达1米左右的“大蛋”。主要原因是生料成分波动大、硅酸率太低和碱含量过高。生料成分波动大，不仅影响熟料质量，还会造成操作不稳定，引起堵塞，所以预分解窑生产技术必须与现代水泥生料干法制备方法相匹配。由于硅酸率低，除结“大蛋”外，还在预分解窑上烧不出应有的高质量熟料，所以预分解窑所用生料的硅酸率一定要配得比湿法窑和立窑高。而碱含量过高的后果，一个是引起堵塞，另一个是使熟料质量下降，所以预分解窑所用生料中的少量成分，如钾、钠和氯等都要控制在一定范围内。预分解窑的堵塞并不可怕，只要操作稳定，一般情况下就不会发生，所以必须创造各种条件使预分解窑操作稳定。

通过试验得出，新疆水泥厂预分解窑试验线达到了长期运行的建设预期，成为我国第一条烧煤预分解窑生产线。在试验中取得的一系列技术数据和实践经验，对我国预分解窑新型干法的进一步研发具有技术基础性意义。

2. 江油水泥研究所的工作

江油水泥研究所（合肥水泥研究设计院前身）在建材研究院开始研发预分解窑后，在太原水泥厂旋风预热器试验窑上开展烧煤预分解炉单元试验。取得成功后，便在江苏省邳县水泥厂进行日产熟料 700 吨生产线的试验。这条试验线与新疆厂一样也是一条不完善的新型干法生产线，投产时间较新疆厂晚，取得了相近的试验结果。江油水泥研究所的研发工作对本单位的成长壮大和我国新型干法技术发展都有所帮助。

3. 水泥设计院的工作

水泥设计院在 20 世纪 60 年代设计出悬浮预热窑，以后陆续研发了一些新型干法的配套设备，除窑、磨外，有冷却机、提升机、预均化堆场和生料均化库等。这些研究成果为小型预分解窑新型干法生产线设计积累了一定技术储备。建材研究院完成新疆水泥厂日产熟料 700 吨预分解窑的试验后，天津水泥设计研究院参照科研单位试验成果和采用自己的技术积累，设计出各工艺环节较完整的日产熟料 700 吨预分解窑新型干法生产线。设计完成后即用于国家建材局与上海市政府共同组织的川沙水泥厂示范线建设；1987 年用于北京燕山水泥厂建设。这两条生产线的试车投产，与新疆水泥厂和邳县水泥厂的相比，都顺利得多。燕山厂投产后半年内即达设计产量，质量和其他技术经济指标也达预期目标，小型预分解窑新型干法的研发取得成功。

在成功的基础上，天津水泥设计研究院通过进一步改进，设计出日产熟料1 000吨生产线。当时，我国水泥工业正值购买外国成套设备建设预分解窑新型干法生产线的发展阶段，单位产品投资非常高，日产1 000吨熟料生产线由于投资低、上马快，很快在全国被推广，成为当时我国水泥工业发展新技术的一个重要方面。大中型生产线开发成功后，日产1 000吨熟料生产线由于其技术经济指标较差而被逐步淘汰。不过应当看到，小型生产线建设对大中型生产线开发具有基础性作用，在我国新型干法发展进程中不可忽略。

在我国预分解窑新型干法研发中，建材研究院成功开启了研发的步伐，江油水泥研究所发展为合肥水泥研究设计院，是重点研发单位；水泥设计院则是全面的成套的技术研发单位。它们都做出了巨大贡献。

四、开发大中型（日产熟料2 000～5 000吨）生产线

在本溪水泥厂预分解窑中间试验中清楚地认识到，由于我国工业水平较低、水泥工业并未经历悬浮热窑新型干法发展阶段而缺乏新型干法的技术储备，研发大中型预分解窑新型干法生产线将是一个十分漫长的过程。为加快研发进程，建材主管部门有关领导利用改革开放有利时机，选择了购买外国成套设备、组织科技攻关、引进国外单机设计与制造专利技术和消化吸收引进技术建设示范线的技术开发途径。

1. 购买外国成套设备

1976年，“文化大革命”结束。当时的中央领导实行高指标

政策，大搞基本建设，鼓励各行业从国外购买设备，加速扩大生产。对这种超出国力的盲目发展，后来人们称之为“洋冒进”。当时，冶金、化工和电力等行业都纷纷提出申请购买外国成套设备。国家建材主管部门根据建材研究院建议和自己的实际情况，于1978年5月向国家计委提出从西方国家进口两套预分解窑新型干法生产设备的申请，当月就获得批准。这一举措得到水泥界工程技术人员的广泛认同。随着我国预分解窑试验工作的深入，进一步认识到，从西方国家进口两套设备，对加快我国预分解窑新型干法的技术开发是十分必要的。

1978年年中，国家建材主管部门组团赴日本考察。日方获悉中国要进口两套水泥设备，因而代表团受到格外的热情接待，参观了多个现代化水泥工厂，考察了多种先进生产设备，真是大开眼界。日本自1971年发明预分解窑以来，预分解窑新型干法发展十分迅速，1978年已达60多条生产线，其产量已占总产量的70%以上。相比之下，当时中国水泥生产技术基本停留在湿法回转窑和立波尔窑的水平，落后了整整一个时代。

自日本考察归国后，当时的国家建材主管部门国家建材总局即成立引进办公室，具体组织预分解窑新型干法设备的进口工作。引进办公室为搞好工作，特地到湖北武汉钢铁公司和河北滦河电厂调查1.7米轧机和发电设备的进口情况。取得的经验有两条：一条是进口设备一定要成套；第二条是组织技术谈判要有一个技术单位作依托。在以后的进口工作中，采纳了这两条经验。

新型干法与湿法不同，其设备选型与原料性能密切有关，在进口设备技术谈判开始前，必须做完建厂的选点工作。然而有关单位并未为此做好准备。为加快进口工作，引进办公室在领导安排下参与了选点工作。当时有关单位提出两个建设地点，一个是湖北枝城，另一个是吉林双阳。但是湖北枝城点存在矿山问题，吉林双阳点则存在铁路问题。引进办公室的同志冒着长江“火炉”的八月酷暑，到湖北枝城考察矿山，在武汉求见当时的湖北省委书记，要求从速安排矿山勘探工作。湖北省调动了煤炭部门的6台钻机同时上山钻探，发现溶洞较多，地质情况复杂，对矿山是否能用，一时无法做出结论，需做进一步勘探。由于领导要求加快进口工作，引进办公室只得放弃枝城，将选点工作转移到唐山。1976年，唐山发生大地震，唐山水泥厂遭到严重破坏。国家建材总局计划把唐山水泥厂易地重建，在附近找到一个石灰石矿山，对其进行过勘探，已获得足够地质资料。引进办公室认为，在这里建设预分解窑新型干法生产线在技术上没有问题。河北省政府也强烈要求定点在唐山。国家建材总局领导根据引进办公室的建议和河北省的要求，便决定将建设地点由枝城改为唐山。在建厂地点大区位确定后，对具体的厂址曾有不同意见。矿山离唐山新市区丰润有9公里，有些人按计划经济时期的传统设计思想主张建在矿山附近，另一些人则主张建在新市区，以方便群众生活。1978年，全国经济工作会议一改过去“先治坡，后顾窝”的极“左”提法，提出了发展生产力的最终目标是改善人民物质与文化生活的主张。根据当年经济工作会议精神，同时考虑到矿山离市区9公里的运输问题，完全可以采用日本的长皮带运输技术来解决，引进办公室与总局有关领导商定，工厂建在丰润新市区，这就是原名为冀东水泥厂的冀东水泥股份有限公司的现址。

为解决双阳的铁路问题，引进办公室到铁道部进行磋商，该部有关局领导认为从长春到双阳的铁路无法在近期内修通。据建材地质队反映，双阳厂区地质复杂，有一条断层贯穿，需做详细工程地质勘察。在这种情况下，按照领导关于尽快进口设备的要求，建议将建设地点从双阳改到安徽省宁国县的上海胜利水泥厂所在地。1975年12月，建材总局曾到胜利水泥厂研究采用预分解窑进行扩建事宜。上海市政府为水泥厂扩建已在厂区旁购置一大片土地，已基本完成“三通一平”，正等待中央安排项目。这里虽有铁道运量低、地区偏僻和交通不便等缺点，但建厂条件基本具备，时间已不允许再做更多的选择，总局领导采纳了引进办公室的建议，第二套进口设备放在安徽省宁国县，这就是安徽海螺水泥股份有限公司安徽省宁国水泥厂的现址。

厂址确定后，通过中国技术进出口公司向世界上著名水泥设备厂商发出询价书，接着就组织技术谈判。谈判班子以水泥设计院为主，科研单位和工厂参加。通过谈判了解到，日本厂商报的成套设备，其中许多关键设备都选自德国，有些设备是引进美国技术在日本制造的；日本是预分解窑的发祥地，其业绩多，技术掌握较成熟。十分明显，日本设备的总体技术水平较高，运行较可靠。因此，选定三家日本公司参加中国技术进出口公司组织的商务谈判，经过数次讨价还价，最后确定冀东水泥厂购置日本石川岛播磨重工株式会社的设备，宁国水泥厂购买日本三菱重工株式会社的设备。

1979 年 6 月，与日方签订冀东水泥厂购买石川岛播磨重工株式会社设备的合同。这是自 1960 年购买丹麦湿法长窑成套设备后中国又一次向国外购买水泥成套设备。时隔 19 年后购买的这套设备已是新一代的预分解窑新型干法设备，是当时世界上最先进的水泥生产设备。设备中，有大型矿山钻孔机和装载机，大型一段破碎机，9 公里长皮带，原料预均化堆、取料机，连续式均化库，大型熟料提升机，$\phi 4.7\times 74$mNSF 型预分解窑，福勒型冷却机和计算机程序控制设备等。在技术谈判过程中，曾研究选用立式生料磨，由于冀东水泥厂石灰石质地较硬并含燧石，当时日本尚缺乏立式磨粉磨硬质原料的经验，所以未用立式磨而采用了两台粉磨兼烘干的球磨机。

1979 年下半年，正准备与日方签订宁国水泥厂购买三菱重工株式会社成套设备的合同时，国家计委因外汇储备锐减而要求压缩进口，减少用汇。根据武汉钢铁公司关于必须成套进口的经验，引进办公室决定成套进口生料制备、熟料烧成和水泥制造等三部分设备，矿山和水泥包装等一前一后的设备不进口，采用国产设备。当时有人打趣说，宁国水泥厂的全厂设备是“身穿西装，头戴草帽，脚踏草鞋”。宁国水泥厂的设备合同于1979年12月与日方正式签订。这套设备与冀东水泥厂的不同点除了矿山和包装设备外，采用一台$\phi5\times15.5m$的大直径中卸式原料磨，分解炉是MFC沸腾型。

自签订两套设备合同后，国家经济环境发生急剧变化，“洋冒进”宣告结束，国民经济进行中华人民共和国成立以来的第二次大调整，大量压缩基本建设规模。国家投资政策也随之改变，国家基本建设项目先由国家拨款改为“拨改贷”，即低利率的一种国家贷款，后由“拨改贷”改为一般的商业银行贷款。

冀东水泥厂动工较早，其投资的85%是国家拨款，15%是“拨改贷”。在第二次国民经济调整中，冀东水泥厂建设属保留项目，其建设进度基本不受影响，于1984年12月建成投产。

宁国水泥厂建设就没有冀东水泥厂那样幸运，1980年被列入缓建项目，到1982年才破土动工，1985年建成试生产。由于国家缺乏外汇，申请使用了科威特贷款。在国家投资政策改变后，国家拨款比例降低，即使是“拨改贷”也不多，并且在国家建材项目建设中首批开始使用商业银行贷款。于是，宁国水泥厂建设资金构成为22%国家拨款，26%“拨改贷”，23%商业银行贷款，29%科威特贷款。显然，该厂的还贷任务比冀东水泥厂大得多。在试生产过程中，矿山和包装工序的国产设备暴露问题很多，严重影响正常生产，致使全厂到1987年才进行施工验收，正式投产。

冀东水泥厂和宁国水泥厂的设备进口、工程建设和投入生产，使我国水泥生产技术得到全面提升。水泥设计院通过技术谈判和设计转化，开始熟悉预分解窑新型干法的设计；建材建设公司在设备安装和工业建筑施工中学会了水泥新设备的安装和新设施的建筑技术；水泥企业通过技术培训和投产，学到了操作技术和管理方法，开始由传统的岗位操作转变为中央控制室集中操作与巡检相结合的操作制度，这是我国水泥工业生产管理的重大跨越。

在国家建材主管部门、河北省政府和安徽省政府的支持下，经过设计科研院、工厂、建设公司和其他建设单位的艰苦奋战和密切合作，先后成功地建成先进的冀东水泥厂和宁国水泥厂，有力地推动了我国水泥预分解窑新型干法技术的发展。

在冀东水泥厂和宁国水泥厂的影响下，若干地方政府于 20 世纪 80 年代也分别组织进口外国设备建设水泥预分解窑新型干法生产线。广西壮族自治区政府利用丹麦政府出口信贷进口丹麦史密斯公司的预分解窑新型干法成套设备，在柳州水泥厂扩建一条日产 3 200 吨熟料生产线。广州市政府从丹麦史密斯公司购买一套日产 4 000 吨熟料的预分解窑新型干法成套设备，新建珠江水泥厂。福建省政府利用澳大利亚政府贷款，从澳大利亚进口由 BHP 公司采用史密斯公司技术制造的预分解窑新型干法成套设备，新建年产 70 万吨水泥的顺昌水泥厂。广东省政府利用法国政府出口信贷，向法国 FCB 公司购买日产 2 000 吨熟料预分解窑新型干法成套设备，新建云浮水泥厂。

在这个时期，水泥新型干法技术又有新的进展，在烧成系统出现长径比接近 10 的仅两个支点的短窑；在粉磨系统出现了挤压磨，接着就产生挤压磨—高效选粉机—管磨的预粉磨系统，可使系统电耗大大下降。然而，这些技术并非集中在一个公司，而是为若干公司所分别拥有。新疆维吾尔自治区政府在新疆水泥厂购买外国成套设备建设日产 2 000 吨熟料预分解窑新型干法的过程中，根据国家建材局的建议，决定采用“点菜拼盘”的进口办法，使进口设备技术达到国际上最先进水平。通过技术谈判和商务谈判，向德国洪堡公司购买了采用挤压磨的生料制备系统设备和以短窑为特征的烧成系统设备，向美国福勒公司购买了挤压磨预粉磨系统的水泥制造设备。两家公司设备经组套后建成的日产2 000吨熟料预分解窑新型干法生产线，成为当时世界相同规模最先进的水泥生产线，对我国新型干法的技术开发有很大帮助。

各地方政府在冀东水泥厂和宁国水泥厂的影响下，大胆决策进口成套设备，建设预分解窑新型干法生产线，在进口和建设过程中主要依靠的技术力量是在冀东水泥厂和宁国水泥厂创建过程中得到提高的水泥设计院和建材建设公司。从这里，我们再一次看到冀东水泥厂和宁国水泥厂对我国水泥工业技术进步所发挥的巨大推动作用。

20 世纪 80 年代购买外国成套设备建设的预分解窑新型干法生产线列于表 11-1。表中所列生产线的建成投产，标志着我国水泥工业在发展预分解窑新型干法生产的道路上跨出了重要一步。

表 11-1 20 世纪 80 年代购买外国成套设备建设的预分解窑新型干法生产线

序号	企业名称	生产线规模（t/d）	预分解窑型号规格	设备卖方
1	冀东水泥厂	4 000	NSFϕ4.7×74m	日本石川岛播磨重工株式会社
2	安徽宁国水泥厂	4 000	MFCϕ4.7×75m	日本三菱重工株式会社
3	广州珠江水泥厂	4 000	FLSϕ4.75×75m	丹麦 F. L. Smith 公司
4	柳州水泥厂	3 200	FLSϕ4.55×68m	丹麦 F. L. Smith 公司
5	新疆水泥厂	2 000	KHDϕ4.0×43m	德国洪堡公司 美国福勒公司

续表

序号	企业名称	生产线规模（t/d）	预分解窑型号规格	设备卖方
6	广东云浮水泥厂	2 000	FCBϕ4.0×58m	法国 FCB 公司
7	福建顺昌水泥厂	2 000	FLSϕ3.95×56m	澳大利亚 BHP 公司

2. 组织日产 2 000 吨熟料生产线科技攻关

20 世纪 80 年代初，我国水泥界发生新一轮的“干湿”之争，即湿法与预分解窑新型干法之间的争论。1982 年年中，国家建材局一次安排 10 条“华新”湿法窑生产线的建设，使“干湿”之争进一步激化，甚至出现一些老水泥专家到国家计委去申辩，表明必须发展新型干法的观点，“干湿”之争已成为我国水泥工业当时必须解决的问题。1983 年年初，国家建材局在国家科委的部署下开始制定技术政策，组织计划、生产、基建和科技系统的领导和专家进行研究和反复讨论，经过近半年的工作，最终在各种意见基本统一的基础上制定出建材工业技术政策要点。要点中明确提出，水泥工业要发展预分解窑新型干法，一般情况下不再扩建和新建湿法和老的干法生产线；根据条件采用日产 700 吨、2 000 吨和 4 000 吨熟料等不同规模的工艺和设备，近期以日产 2 000 吨熟料的生产线为主。从此，水泥生产发展有了政策依据，全行业都明确要发展不同规模的预分解窑新型干法。

1983 年，国家建材局决定对正在筹备中的江西水泥厂日产 2 000吨熟料预分解窑新型干法生产线组织科技攻关，并列入“六五”计划期间的国家科技攻关计划。

江西水泥厂这条新型干法生产线与新疆水泥厂有很大不同，

后者在生料制备方面都沿用老的干法，在熟料烧成方面除窑尾系统是新设计的外，其他设备都是选择现有的进行配套；前者在生料制备方面都按现代新型干法进行装备，在熟料烧成方面有新设计的预分解窑，与其配套的附属设备，如冷却机和排风机等也都是新设计的。此外，第一次采用了全厂计算机集中控制，这是一条由天津水泥设计研究院在多年技术积累基础上的全新设计，是真正意义上的预分解窑新型干法生产线。为稳妥起见，曾聘请美国凯瑟（Kaiser）工程咨询公司专家对该生产线设计进行咨询。按咨询意见，由于矿山石灰石成分波动不大，取消了石灰石预均化堆场，但燃煤和其他原料的预均化设施仍保留。

江西水泥厂日产2 000吨熟料预分解窑生产线于1984年4月动工兴建，到1986年2月建成投入试生产。试生产过程非常艰难，既有工艺问题，又有设备问题，尤其是设备事故频繁，无法正常运转。在这种困难时期，一家日本公司提出承包江西水泥厂日产2 000吨熟料生产线的投产任务。国家建材局婉拒了这一建议，目的是让设计院和工厂的工程技术人员在解决各种问题的过程中得到锻炼和提高，即使在经济上受到更大损失也在所不惜。

江西水泥厂和天津水泥设计研究院对生产线进行了三次重大改造，历经长达3年的调试工作，终于使生产线运行状况达到国家科技攻关要求的指标，连续10天产量达到日产2 000吨熟料，通过了国家级验收。

这条生产线是我国自行设计，主要采用国产设备建成的第一条日产2 000吨熟料预分解窑新型干法生产线。它的建成投产并通过国家级验收，是水泥科技攻关的重大成果，在中国水泥技术发展史上是采用国产设备建设预分解窑新型干法厂的一个里程碑。从此开始，我国水泥生产技术快步进入预分解窑新型干法的新时代。

在生产线调试过程中，江西水泥厂职工在负责基建和科技攻关任务的魏新安副厂长带领下认真作业，冒着酷暑修设备，迎着高温捅堵塞，他们精心操作，献计献策，克服了一个又一个困难，历尽千辛万苦。在三年的试生产中，江西水泥厂投入了大量人力、物力和财力，因长期不能正常生产而得不到应有回报，在经济上做出了巨大牺牲。天津水泥设计研究院工程技术人员在侯宝荣院长带领下，与水泥厂职工并肩工作，老专家和年轻专家都值班指挥，奋不顾身地组织调试。他们长期驻厂，艰苦奋斗，解决了一个又一个技术难题，付出了巨大代价。在调试的关键时刻，请来了宁国水泥厂进行帮助，时任制成车间主任的郭文叁工程师带队到江西水泥厂指导操作，毫无保留地传授预分解窑操作经验。

江西水泥厂预分解窑新型干法生产线的运行虽然达到了科技攻关要求，但月平均产量尚达不到日产 2 000 吨熟料的水平，离年平均产量的指标则存在更大差距。其原因主要是一些附属设备和部件常出故障，造成生产线的运转率很低。这些附属设备都是首次试制的，难免出现这样那样的问题，需要不断改进。另一方面，受国内工业水平所限，制造这些附属设备的材料和元器件质量太差，这个问题在国内也是一时难以解决的。

3. 引进和消化吸收国外设备设计与制造专利技术

为加快技术开发进度，国家建材局利用改革开放的有利条件，决定采取与国外合作的办法解决预分解窑新型干法生产线存在的设备问题。在与国外合作方式上当时有两种不同意见：一种意见是与外国水泥设备制造公司全面合作；另一种意见是向外国公司分别购买单机设计制造专利技术。经调查研究，第一种意见的做法当时行不通，于是采纳第二种意见，决定分别购买外国单机设计制造专利技术，得到国家计委批准，并可以用国家外汇支付所需费用。这项任务由国家建材局下达给中国建材机械装备公司负责组织有关单位完成。经大量工作，总共花了四千多万美元，购买了预分解炉、冷却机、提升机、电收尘器、袋收尘器、减速机、预均化堆取料机、高效选粉机、均化库和包装机等13项设备设计制造专利技术。机械工业部下属企业同时也引进了高温排风机、立式原料磨和一段破碎机等3项设备制造专利技术。

为做好引进技术的消化吸收工作，国家建材局要求组织天津水泥设计研究院、合肥水泥研究设计院和相关企业共同完成引进工作。例如：天津院与沈阳水泥机械厂合作完成冷却机、与山东淄博中专学校试验厂合作完成高效选粉机、与邯郸建材安装公司平顶山厂合作完成电收尘器的技术引进任务等。此外，国家建材局的科研设计单位还协助机械工业部有关工厂消化吸收引进技术。例如，合肥院协助沈阳重机厂在哈尔滨水泥厂消化立磨技术等。按国家建材局要求，消化吸收引进技术制造的设备，陆续应用于预分解窑新型干法生产线建设，并在应用中不断创新。

4. 建设消化吸收引进技术示范线

① 日产2 000吨熟料示范线

在江西水泥厂建设日产2 000吨熟料预分解窑新型干法生产线之后，国家建材局接着在陕西耀县水泥厂扩建一条同样的生产线。由于设备制造速度赶不上生产线建设进度，这条生产线未能采用引进技术制造的设备，在设计和建设中虽然已吸取江西水泥厂的经验教训，做了许多改进，但投产时仍十分困难，长期不能达到设计指标。继耀县水泥厂之后，国家建材局在鲁南水泥厂新建两条日产2 000吨熟料预分解窑新型干法生产线，此时用引进技术制造的设备已有小部分生产出来，这两条生产线便采用了这些设备，投产时虽然也很困难，但比前两条生产线的情况要好得多。按国家经委关于组织引进、消化吸收外国技术“一条龙”

项目的要求，国家建材局决定建设双阳水泥厂日产 2 000 吨熟料新型干法示范线，作为“一条龙”项目，将所有采用引进技术制造的设备都集中使用到这一条生产线上，由天津水泥设计研究院负责全厂设计。江西水泥厂、耀县水泥厂和鲁南水泥厂的此类生产线都是两台生料磨和两台水泥磨，在双阳水泥厂则采用新设计的一台生料磨和一台水泥磨。双阳水泥厂生产线建成投产出乎意料地顺利，很快就达到设计指标，这里当然有前三条生产线所积累经验的因素，但主要应归功于引进国外单机设计制造专利技术的正确决策。由业主、设计院和设备制造单位合作建成的双阳水泥厂日产 2 000 吨熟料预分解窑新型干法示范线，曾被国家建材局领导誉为“中国第一线”。

② 日产 4 000 吨熟料示范线

1993 年国家建材局在日产 2 000 吨熟料示范线顺利成功投产的基础上，决定建设日产 4 000 吨熟料示范线，地点选择在冀东水泥厂。

天津水泥设计研究院利用在购买外国成套设备建设生产线和消化吸收国外专利技术中所获得的技术积累，自主开发出日产 4 000吨熟料生产线的工艺和装备，用于冀东水泥厂示范线建设。

按厂方意见，日产 4 000 吨熟料示范线中，采用了部分外国设备，如生料立磨等，国产化率为 60%。冀东水泥厂采用部分外国设备建设示范线的措施，为我国大型新型干法生产线建设开辟了新的技术途径，后被许多企业效仿。

示范线投产中出现的主要问题是熟料冷却机常出事故，致使烧成系统运转率低下，长期不能达到设计指标。冀东水泥厂聘请 BMH 公司对冷却机进行改造，同时对一些附属设备进行更新。由于采取了这些技术措施，示范线很快就达到或超出预期技术经济指标，取得了成功。

通过示范线建设看到了技术引进和消化吸收的成果，日产

2 000吨熟料生产线设备实现了全盘国产化，日产4 000 吨熟料生产线设备由全套进口转化为部分进口，大部分设备实现了国产化。同时也认清了存在的问题，部分设备须从国外进口，一些已开发出的新设备尚存在这样那样的问题，有待改进。提高国产化率和改进新设备的需求推动了我国大型水泥设备的开发。以企业（包括科技企业和生产企业）为主体，科研与生产相结合，开发出了立式辊磨、挤压磨、冷却机、超高提升机和高温袋收尘器等新设备和相应的新工艺。消化吸收引进技术建设示范线的成果是我国预分解窑新型干法发展的技术基础；是方向标，指引着水泥工业向着正确的方向不断进步。

购买外国成套装备建设的生产线和自主开发的示范线，它们的生产实践表明，日产 4 000 吨熟料、直径 4.7m 预分解窑的新型干法生产线产量可标定为日产 5 000 吨熟料，在工况好的条件下，其实际产量可达5 000 ~5 600 吨熟料。在此后的发展中，这类生产线在中国称之为日产 5 000 吨熟料生产线，在某些情况下还称它为日产 4 500 吨熟料生产线。同样，日产 2 000 吨熟料、直径 4m 的预分解窑新型干法生产线产量可标定为日产 2 500 吨，这类生产线也改称为日产 2 500 吨熟料生产线，或 2 000 ~2 500 吨熟料生产线。

五、攻克低投资建设难关

20 世纪 80 年代末到 90 年代中期，中国水泥工业利用外资建成一批预分解窑新型干法生产线；采用国产日产 2 000 吨熟料生产设备新建了一些新型干法企业；利用预分解窑新型干法技术改造了不少老企业，在现代化道路上跨出了艰难而又重要的一步。然而，在这起步过程中，水泥界的同仁们都十分清楚，新型干法发展有一个很大难题，那就是投资大、单位产品投资高。在外商投资企业中，江南-小野田水泥有限公司建设日产 4 000 吨熟料生产线花了 2.2 亿美元，京阳水泥有限公司投入 2.5 亿美元建成日产 5 500 吨熟料生产线，大宇水泥（山东）有限公司建设日产 7 200 吨熟料生产线支出了 2.9 亿美元。这些生产线的吨水泥投资都在 135 美元以上。在我国新建日产 2 000 吨熟料生产线的企业中，北京水泥厂花了人民币 8 亿元；浩良河水泥厂投资了人民币 9 亿元；海南昌江水泥厂支出了人民币近 12 亿元；利用世界银行贷款建设安徽铜陵水泥厂日产 4 000 吨熟料生产线的总投资达 16 亿元，这些生产线的吨水泥投资都在人民币 1100 元以上。老厂扩建一般比新厂建设的投资要省，但湘乡水泥厂扩建一条日产 2 000 吨熟料生产线花了人民币 7 亿元，冀东水泥厂扩建日产 4 000 吨熟料示范线的投资为 11 亿元。这么高的投资使许多企业望而却步，感到高不可攀。特别是在国家投资政策改变后，要求项目资金中必须含有 30% 左右自有资金的情况下，企业更无能力筹建。高投资问题成了中国发展预分解窑新型干法的拦路虎，如何降低投资成为每个中国水泥工作者经常思考和必须探索的课题。

1. 攻克日产 2 000 吨熟料生产线难关

1997 年下半年，我国经济环境发生变化，国民经济开始产生明显的通货紧缩现象，水泥产品过剩，企业普遍亏损。为摆脱困境，当时国家主管部门领导公开宣布，三年不上建材项目，即使是技术进步的也不上。这就切断了企业利用国家商业银行贷款建设的路子，给水泥预分解窑新型干法的发展增添了新的困难。在“九五”计划期间，水泥基本建设项目没有一个能被国家所批准，“八五”期间水泥预分解窑新型干法的发展势头在“九五”期间明显减弱。

在预分解窑新型干法生产发展遇到重重困难的时刻，安徽海螺集团有限责任公司始终坚持发展水泥新型干法，在降低投资的难关上首先取得重大突破。集团所属安徽省宁国水泥厂于1995年扩建一条日产2 000吨熟料生产线，其投资下降到3.4亿元。在此基础上，集团所属的白马山水泥厂扩建一条日产2 500吨熟料生产线时，投资进一步降低到3亿元以下。这在中国水泥界引起了巨大震惊，使业内人士感到无比欣慰，看到了新型干法大发展的希望。1999—2001年间，海螺集团用5亿元在安徽省芜湖市荻港建成全新的两条日产2 500吨熟料生产线、年产150万吨熟料的生产基地。与此同时，济南山水集团所属山东水泥厂和吉林亚泰水泥公司分别用2.8亿元和3亿元建成日产2 500吨熟料生产线，从而在全国范围内取得降低预分解窑新型干法生产线建设投资的重大突破，这是水泥新型干法生产发展历程中的一次重大跨越。

2. 攻克日产5 000吨熟料生产线难关

海螺集团在低投资建设日产2000吨熟料新型干法生产线取得成功后，于2000年提出对低投资、国产化日产5 000吨熟料预分解窑新型干法生产线进行攻关，得到国家经贸委领导的积极支持。在企业与设计院、制造厂的密切配合下，经过近两年的设备试制和工程建设，于2002年年初在海螺集团所属的池州海螺水泥股份有限公司和铜陵海螺水泥有限公司，分别建成一条日产5 000吨熟料示范生产线。其立式原料磨、五级旋风悬浮预热器带分解炉的烧成系统、熟料冷却机、煤粉立磨、高效电收尘等主要装备完全国产化，生产线设备国产化率超过90%。池州海螺水泥股份有限公司的生产线完全是新建，建设投资为5亿元；铜陵海螺水泥有限公司的生产线是扩建，矿山和码头等设施不必新建，建设投资为3亿元。经过半年的试生产，这两条生产线运行正常，月产量都已超过15万吨的预计指标。海螺集团率先突破了低投资、国产化日产 5 000 吨熟料新型干法生产线这一难关，促进了我国日产 5 000 吨熟料生产线建设的蓬勃兴起，使我国新型干法生产技术提高到一个新水平。这是中国水泥技术发展史上采用国产设备建设预分解窑新型干法厂的又一个里程碑，中国水泥工业现代化步伐从此大大加快。海螺集团为我国水泥工业的发展又做出新的重大贡献。图 11-2 为池州海螺水泥股份有限公司低投资建设的国产化日产 5000 吨熟料新型干法生产示范线。

图 11-2　池州海螺水泥股份有限公司低投资、国产化日产 5 000 吨熟料新型干法生产示范线

3. 降低投资的主要因素

安徽海螺集团有限责任公司降低建设投资的主要因素有如下几点：

1）投资法人到位。海螺集团完全用自己筹措的资金进行投资，十分明确自己的责任，不仅负责投入，还要负责项目建成投产后有良好的运营效益，投资法人从项目开始就已经到位，因此，在投入资金时能精打细算，节省每一分钱；在项目管理上能精心运作，最大限度地提高效益；在机制设置上，调动每个投资者和建设者的积极性，使工期大大缩短和建设成本大幅下降。

2）有足够的技术力量。海螺集团在多年生产实践中已积聚了雄厚的水泥预分解窑新型干法生产的技术力量，在建设过程中能充分发挥投资主体的作用。他们与设计院密切合作，对厂址选择、总图布置、设备成套、工艺技术、大型建筑结构和环保技术等多方面不断优化，着力追求最佳方案，大大节省了投资，保证生产线建成后能迅速达到设计指标。

3）装备国产化。由于科研、设计、制造单位与生产企业对引进设备技术的消化吸收和不断自主开发创新，以及我国冶金和机械工业技术的快速进步，水泥装备的国产化率迅速提高，其可靠性也大为改善。海螺集团1999年至2000年建设日产2 500吨熟料生产线所用的成套装备，其国产化率高达96%左右，2002年建成投产的日产5 000吨熟料生产线设备国产化率提高到90%以上。

4）投资环境改善。国家财政收支制度有很大的改变，各级政府都将经济发展作为第一要务，优化投资环境，加大招商引资力度，对优势项目在资源、税收和建厂外部条件等方面都给予优惠扶持，基本上消除了过去对国家项目进行“雁过拔毛”的现象。另外，比较低的银行贷款利率也有利于投资。

5）有一个好的领导班子。以郭文叁同志为首的一班人廉洁奉公、多谋善断、与时俱进、赏罚分明，是企业发达兴旺、健康和可持续发展的力量源泉。

六、开发巨型（日产熟料 10 000 吨）生产线

1992 年中共“十四大”以来，水泥工业技术开发进展在很大程度上得益于以经济体制改革为基础的科技体制改革，在开发巨型生产线中尤为突出。

1. 科技体制改革

1992 年 11 月中共“十四大”决定，我国经济体制改革的目标是建立社会主义市场经济体制。从此，我国经济体制由计划经济开始转向社会主义市场经济。在计划经济体制条件下，不论是基础研究，还是应用研究和技术开发，都是以国家计划为依据、以政府为主体；在市场经济体制条件下，技术开发应是以市场为导向、企业为主体。我国水泥新型干法的技术开发，随着市场经济的发育，项目来源由国家计划安排转变为市场导向，开发主体由国家建材局转变为企业（包括生产企业和科技企业）。购买外国成套设备建设生产线、组织日产 2 000 吨熟料生产线科技攻关、引进国外单机设计与制造专利技术等都是列入了国家计委和国家科委计划，以建材部或国家建材局为主体。为开发大型水泥生产线，在冀东水泥厂日产 4 000 吨熟料示范线建设中，虽由国家建材局主导，但企业的主体作用已经显示，表现在按工厂意见选择了中外技术相结合的途径，加快了示范线建设和投产取得成功。在攻克低投资建设难关中，完全体现了科技体制改革的要求。海螺集团公司充分发挥主体作用，在天津水泥设计研究院、合肥水泥研究设计院和沈阳重型机械厂等单位的密切协作下，攻克了难关，解决了我国水泥预分解窑新型干法发展的瓶颈问题。可以这样认为，没有科技体制改革就没有预分解窑新型干法大发展的今天。与水泥科技体制改革现实相违背的说法和做法都是不

可取的。

开发巨型生产线的成功有赖于以市场为导向、企业为主体、多方协作的科技新体制。

2. 开发万吨生产线

我国首先开发出万吨生产线的主体是生产企业海螺集团公司。在攻克低投资建设难关中，海螺集团已开发出日产5 000吨熟料生产线的生料立磨终粉磨系统。开发万吨生产线时采用两套这样的粉磨系统，并配置相应的原、燃料预均化和生料均化等设施，组成万吨生产线的生料制备系统。

开发万吨线的难点在烧成系统，这个难点是通过与外国公司合作来解决的。海螺集团向丹麦史密斯公司和德国伯力鸠斯公司各购买了两套日产10 000吨熟料的预分解窑设备，向德国CP公司同时签订了4台配套的大型冷却机合同。史密斯公司日产10 000吨熟料预分解窑的预热器原来是单系列的，海螺集团与史密斯公司协作开发出双系列预热器的预分解窑。进口设备采用了分交措施，许多部件在国内制造，有些设备在国内组装。

通过与设计、施工和设备制造等单位密切协作，海螺集团在同一时期建成4条万吨生产线。两套建在铜陵海螺水泥有限公司，一套建在枞阳海螺水泥股份公司，另一套建在徐州海螺水泥有限公司。铜陵海螺的万吨生产线于2004年6月投产，当年7月即通过72小时达标验收，取得成功。其他万吨线都于2004年下半年先后顺利投产。经过2年多时间，海螺水泥生产技术由日产5 000吨熟料提高到日产10 000吨熟料的更高水平。

与此同时，科技企业中国中材集团（由水泥设计院和建材建设公司改制而成）成功开发出万吨生产线技术，应用于国内外建设。

多条万吨生产线的成功投产标志着我国预分解窑新型干法生产技术已达到国际先进水平。

30 多年来的研究开发工作取得了巨大成果，为 21 世纪我国预分解窑新型干法生产大发展做好了准备，打好了基础。

七、研发期间预分解窑新型干法生产的发展

在研发期间，国家建材局根据不同时期的经济和技术条件，一方面组织技术开发，另一方面推动预分解窑新型干法生产的发展，利用外资建设现代新型干法生产线，采用自主开发出的 1 000吨和 2 000 吨熟料生产线技术改造老厂和建设新线。为有效合理发展新型干法生产，制定了 T 型发展战略。

1. 制定 T 型发展战略

1989 年，时值国民经济第三次调整，大量压缩基本建设规模，正在制订的“八五”计划中，国家准备给建材行业的总投资仅 35 亿元，用这些钱只能建两条半日产 4 000 吨熟料的生产线，建材投资规模非常小。面对这样的困难局面，必须提出一个可吸引人的发展思路，以动员起有利于建材工业发展的各种资金力量，包括说服国家计委能扩大建材工业的投资规模。在调查研究基础上，国家建材局提出了“出口、节能、调整”的建设发展方针。出口，即建设建材出口基地，扩大建材产品出口；节能，即节电、节煤、节水，也包括节土；调整，就是调整建材工业结构。这个发展方针得到国务院领导和国家计委领导的认同。

根据建材工业发展总方针，当时国家建材局提出了水泥工业发展的具体方针，主要是实施水泥 T 型发展战略，加快建设预分解窑新型干法生产基地。所谓 T 型发展战略，就是在沿长江和东部沿海建设水泥厂或建设熟料基地与水泥粉磨厂，因其布局似 T 字形，所以冠名为 T 型。T 型发展战略是根据我国改革开放的新形势和资源特点而提出来的，其意义主要在于：

1）建设重点转向中东部地区。共和国成立后，长期以来水泥工业发展都是按全国平均布局，新厂建设大都在中西部地区。改革开放后，中东部地区经济发展较快，水泥工业发展要适应经济发展需要，工厂建设重点也应做相应转移。

2）解决东南沿海地区水泥的生产和供应问题。我国石灰石矿的分布特点是：自渤海湾以南直到北部湾的广大沿海地区都缺乏石灰石资源，而在湖北、江西、安徽和江苏等省的沿长江地区则分布着丰富的高品位石灰石矿藏。顺应这个特点，在长江沿岸建熟料基地，在东南沿海建水泥粉磨厂，基地的熟料沿长江顺流而下运到各粉磨厂生产水泥，供应当地市场需要，以确保各种建设工程的顺利进行。

3）创建新的水泥流通体系。在计划经济体制下，我国水泥生产主要是满足国内经济建设需要，相应地建立了以袋装与铁路运输为主的水泥流通体系。为适应改革开放新形势和建筑施工的现代化，必须建立散装与船运的水泥流通体系。为建立新的流通体系，在新建水泥厂的同时要建设水泥和熟料的散装专用码头与装、卸船设施，以及散装水泥或熟料的转运站等。

4）水泥市场与国际接轨，可大量出口水泥。1990年我国水泥出口由300万吨猛增到1 000万吨，1991年又突降到300多万吨。下降的原因是：沿海地区缺少高质量的回转窑水泥，大量出口的是立窑厂生产的低质量水泥；没有散装水泥海运设施，出口水泥都是袋装，不适应国外现代建筑施工要求。因此，1990年所出现的中国出口水泥热必然难以持久。在沿江、沿海地区大量建设水泥预分解窑新型干法企业和散装与水运设施，就可使中国水泥市场与国际水泥市场接轨，可大量出口水泥。

5）形成大市场，建设大基地，创造高效益。众所周知，水运价格要比陆路运输便宜得多。因此，随着水运流通体系的建立，沿长江、沿海的一些水泥市场便实行对接，形成一个大的水泥市场，使水泥价格在一个较大的范围内自行平衡，有利于提高社会效益。水泥大市场为建设大的水泥生产基地创造了条件，例如沿长江就可建设日产 5 000 吨以上熟料生产线，可建年产 500 万吨甚至年产 1 000 万吨的熟料基地，从而使生产成本下降，大大提高水泥企业的竞争能力。

6）调整水泥工业结构。山东、江苏和广东等都是我国立窑水泥大省。在沿长江、沿海建设一大批预分解窑新型干法生产线，可使这些地区的水泥工业结构得到调整，迅速改变其落后面貌。

为实施水泥 T 型发展战略，首先须解决资源问题。国家建材局指令其所属建材地质队伍将其勘探工作重点转向渤海湾地区和长江流域地区，对已经普查的进行初探，对已经初探的则进行详探，达到能建厂的要求。当时国家拨的地质勘探费较少，难以满足沿江、沿海勘探工作的需要，于是便采取与地方政府共同出资的办法解决资金不足的问题。就这样，查明了一大批能达到建厂要求的矿点，为实施 T 型发展战略奠定了物质基础。

2. 利用外资建设新厂

为加速发展新型干法生产，国家建材局在改革开放的新形势下决定利用外资建设新厂。20 世纪 80 年代到 90 年代，国家建材局和地方政府吸引外资近 20 亿美元，包括世界银行贷款、亚洲银行贷款、外国政府贷款和外商直接投资，建成了 12 条预分解窑新型干法生产线。这些生产线列于表 11-2。

表中所列生产线除山西晋牌水泥集团有限公司以外，都是按 T 型发展战略而组织建设的，大部分公司在建设生产线的同时都建了散装水泥或散装熟料的专用水运码头。这些生产线的建成投产为建立散装水运流通体系和实施 T 型发展战略奠定了基础。

表11-2 20世纪90年代利用外资建成的水泥预分解窑新型干法生产线

序号	企业名称	资金来源	生产线规模（t/d）	预分解窑型号规格
1	大连华能-小野田水泥有限公司	日本投资	4 000	RSPϕ4. 6×72m
2	江南-小野田水泥有限公司	日本投资	4 000	RSPϕ4. 6×72m
3	秦皇岛浅野水泥有限公司	日本投资	4 000	DDϕ4. 6×72m
4	烟台三菱水泥有限公司	日本投资	3 000	MFCϕ4. 35×67m
5	大宇水泥（山东）有限公司	韩国投资	7 200	Polysiusϕ5. 6×87m
6	嘉新京阳水泥有限公司	台湾投资	5 500	KHDϕ5. 2×61m
7	亚东水泥有限公司	台湾投资	4 000	KHDϕ4. 8×52m
8	福建龙岩三德水泥建材工业公司	新加坡投资	2 000	KHDϕ4×47m
9	安徽铜陵海螺水泥有限公司	世界银行贷款	4 000	FLSϕ4. 75×74m
10	中国水泥厂	世界银行贷款	2 000	KHDϕ4×47m
11	山西晋牌水泥集团有限公司	加拿大政府贷款	2 000	NSFϕ4×43m
12	华新水泥股份有限公司	亚洲银行贷款	4 000	FLSϕ4. 75×74m

外商投资企业在生产线建设中都采用当时最先进的水泥生产技术，并且各厂都有自己的技术特点，预分解窑的特点列于表11-2 中。其他方面的特点如：大连华能-小野田水泥有限公司采用挤压磨-高效选粉机-管磨的水泥预粉磨系统；嘉新京阳水泥有限公司采用立磨-高效选粉机-管磨的水泥预粉磨系统；秦皇岛浅野水泥有限公司在预分解窑上采用悬臂摆动式新型冷却机，在水泥制备方面采用 CK 磨-管磨预粉磨系统；亚东水泥有限公司采用挤压磨生料终粉磨系统；烟台三菱水泥有限公司采用水泥冷却系统。大宇水泥（山东）有限公司生产线的主要特点是设备规格的大型化，大型窑能烧出好熟料，大型磨能磨出高质量水泥。另外，该公司在中国首先采用立磨制备含有砂岩的四组分生料，取得成功，这为我国水泥界采用四组分配料开创了先例。外资企业的建立迅速提高了当时我国水泥产业的技术水平，优化了产业结构。

外商投资企业不仅有助于我国水泥工业技术结构调整，而且还发挥以下三方面的有益作用。

1）示范作用

外商企业都采用国际先进技术和现代化经营管理，对正在发展先进新型干法技术的中国水泥工业具有示范作用。

2）激发企业竞争意识

外商企业在中国市场销售价廉质优产品，使习惯于计划经济经营理念的企业领导产生危机感，激发出竞争意识，加快经营理念向市场经济方向转变。

3）培养人才

我国一批工程技术人员在外商企业得到培养和锻炼，很快成长为专业人才。在人才市场流动中，这些专业人才对我国水泥新型干法企业技术和管理水平的改进有一定帮助。

中国水泥发展史上，在旧中国有过水泥外商投资企业。那时，它们随帝国主义侵略势力进入中国，掠夺资源，欺压民众，是帝国主义的帮凶。在新中国改革开放新形势下引进的水泥外商企业与旧中国有根本区别，是为了帮助发展水泥新技术，推动新型干法生产。实践证明，在20世纪90年代先后建成投产的水泥外商企业对推动我国预分解新型干法技术的发展是有帮助的。

3. 利用自主开发的新技术改造老厂

自开发出日产1 000吨熟料预分解窑新型干法生产线到日产万吨熟料生产线，间隔了近20年。在这期间，为加快新型干法生产发展，采用自主开发技术及时进行新线建设和老厂改造。

老厂改造是国家建材主管部门多年的话题，在20世纪70年代就开始讨论这个课题，由于各种条件限制，一直未能实施。1987年，国家建材局提出的14个老厂（共和国成立前建设的老厂）改造计划获得国务院批准。1990年，向国务院争取到14个老厂可在每吨水泥销售额中提取5元钱作为技术改造费的政策，以推进这些厂的改造工作。进入“八五”计划时期，国家建材局在执行“出口、节能、调整”建材发展总方针下，将水泥厂的节能改造作为主要任务之一。1990年，在国家建材局和物价局的共同努力下，国务院批准东北、华东和华南地区国家重点大中型水泥企业的水泥价格“并轨”，接着又特批华北、中南和西北地区一批同类水泥厂价格“并轨”。当时，我国主要工业产品价格都实行国家定价和市场定价同时存在的“双轨”制，价格“并轨”就是取消国家定价而实行市场定价，实质上就是价格放开。由于价格放开，国家重点大中型水泥企业在1992年到1995年间获得非常丰厚的利润，积累了可观的资金，为工厂技术改造创造了资金条件。在此期间，全国老厂改造在14个老厂的基础上全面展开。

随着预分解窑新型干法技术的成熟，采用此项技术改造老厂成为企业的主要选择。用预分解窑新型干法技术改造老厂主要通过如下三个途径：第一是扩建新的生产线，第二是改造湿法窑生产线，第三是改造悬浮预热窑生产线。

在“八五”计划期间，扩建日产 2 000 吨熟料预分解窑新型干法生产线的老厂有启新水泥厂、上海水泥厂、重庆水泥厂、北京市琉璃河水泥厂、中国水泥厂、华新水泥厂、邯郸水泥厂、湘乡水泥厂和葛洲坝水泥厂等。这些老厂扩建的预分解窑新型干法生产线和新建厂一样，都具有当代国际先进水平，这不仅大大提升了老厂的技术结构，还在很大程度上改变了老厂的落后面貌。

20 世纪 80 年代末，国家建材局开始组织实施采用预分解窑新型干法技术改造湿法回转窑生产线的四项示范性工程：

第一项是上海市金山水泥厂的“全干法”改造工程。将一台“华新”湿法窑改造成带四级旋风悬浮预热器的预分解窑，湿法生料制备系统全都改为干法制备系统。把作为黏土质原料的浦江泥浆喷入粉磨兼烘干的原料磨。

第二项是安徽省白马山水泥厂的“湿磨干烧法”改造工程。将一台“华新”湿法窑改造成带二级旋风悬浮预热器的预分解窑，湿法生料制备系统保留，在生料系统与预分解窑系统之间增设过滤机和快速烘干机。料浆经过滤机滤去部分水分后进入快速烘干机，出来的干粉进入预分解窑煅烧。白马山水泥厂生料的塑性高、过滤性能差，所以采用了板框压滤机。

第三项是广州水泥厂的“湿磨干烧法”改造工程。它与白马山水泥厂不同的是：将老窑拆除，新建一条 $\phi3.5\times53$m 带二级悬浮预热器的预分解窑；增设一个转筒型料浆真空过滤机。广州水泥厂生料的过滤性能好，允许采用可连续生产的劳动强度较低的真空过滤机。

第四项是湖北光化水泥厂的“混合法”改造工程。湿法制备生料浆的系统保留，增设干生料粉制备系统和快速烘干机，增建一条 ϕ3.5×54m 带二级旋风悬浮预热器的预分解窑。料浆和干生料粉同时喂入快速烘干机，出来的干粉喂入预分解窑煅烧。

金山水泥厂的“全干法”曾被推广到安徽巢湖铁道水泥厂，后者将“华新窑”湿法生产线改造成 ϕ3.5×54m 带五级旋风悬浮预热器的预分解窑新型干法线，效果并不理想，没有被进一步推广。光化水泥厂“混合法”生产线投产时很不顺利，由于各种原因，长期不能达到设计指标，后来也未能被推广。“湿磨干烧法”得到了较广泛的应用，截至2002年6月，全国建成水泥“湿磨干烧”生产线共13条，列于表11-3。后期建的“湿磨干烧”生产线，都采用盘式真空过滤机取代转筒型真空过滤机；对于塑性高的料浆，采用砂岩配料以提高料浆的过滤性；不再采用板框压滤机。“湿磨干烧法”的热耗一般为4.18×800～4.18×900kJ/kg，略高于同规模预分解窑新型干法；生料系统电耗一般为20kW·h/t，与现代新型干法接近。

表11-3　截至2002年6月中国水泥企业的湿磨干烧预分解窑生产线

序号	企业名称	生产线		熟料生产线能力（万吨/年）	备注
		熟料(t/d)	条		
1	广州水泥厂	2 000	1	84	
		700	1		
2	广东南华水泥有限公司	1 700	1	53	原英德水泥厂
3	广西柳州鱼峰水泥股份有限公司	2 000	1	62	

续表

序号	企业名称	生产线		熟料生产线能力（万吨/年）	备注
		熟料(t/d)	条		
4	四川省渠江水泥厂	1 000	1	31	
5	湖北宝石水泥集团有限公司	1 000	1	31	原光化水泥厂
6	四川双马水泥股份有限公司	1 500	1	47	原江油水泥厂
7	安徽省白马山水泥厂	800	1	25	
8	江山虎山集团江山水泥股份有限公司	1 000	2	62	原江山水泥厂
9	宁夏赛马水泥有限责任公司	2 300	1	71	原宁夏水泥厂
10	浙江三狮水泥股份有限公司湖州达强水泥厂	1 000	1	31	
11	皖维高新材料股份有限公司水泥厂	1 000	1	31	

当时，我国水泥界对湿法厂的改造方法问题，大多数人的共识是：湿法厂改造应以扩建预分解窑新型干法为主，在一定时期内实行干湿并举，然后根据市场和设备状况逐步淘汰湿法窑；在生料制备系统有相当的富余能力、石灰石原料采用管道输送、原料水分非常高等特殊情况下，可以选择“湿磨干烧”；我国湿法窑直径都比较小，设备大都已老化，不值得再对其进行改造。

20世纪60年代到70年代，山东水泥试验厂、青海水泥厂、武山水泥厂、永安水泥厂和太原水泥厂等都分别新建或扩建了悬浮预热窑生产线。这些生产线投产时都十分困难，长期不能正常生产，到80年代仍达不到设计指标。1979年江苏淮海水泥厂用罗马尼亚设备建设了一条四级旋风悬浮预热窑新型干法生产线，设计年产水泥100万吨。该生产线建成投产后，设备事故频繁，运转率很低，水泥年产量长期保持在30万吨左右，生产管理非常吃力，工厂长期处于亏损困境。山东水泥试验厂、淮海水泥厂和青海水泥厂成为20世纪80年代我国国家重点大中型水泥企业中闻名的“老大难”厂。

1990年，山东水泥试验厂正在十分困难的时刻，张才奎出任该厂党委书记兼厂长。他以身作则，带领全厂职工艰苦奋斗，一手抓精神文明建设，一手抓生产技术管理。首先将$\phi 3.5\times 45m$立筒悬浮预热窑改成预分解窑，取得成功后又将$\phi 4\times 60m$旋风悬浮预热窑改成预分解窑，使经营情况彻底好转，工厂面貌焕然一新。在20世纪90年代末又扩建一条日产2 500吨熟料预分解窑新型干法生产线，全厂年产水泥达200多万吨，成为全国最具活力的先进企业之一。

1991年，国家建材局组织了淮海水泥厂的改造工作，将$\phi 5.8\times 97m$四级旋风悬浮预热窑改造成MFC型预分解窑，同时改造了冷却机和自动化控制系统。南京水泥设计研究院负责改造设计，安徽省宁国水泥厂帮助投产。通过这次技术改造，淮海水泥厂全年水泥产量很快达到90万吨，后来又超过100万吨。在这期间，青海水泥厂在合肥水泥研究设计院的帮助下，通过技术改造，其生产情况也很快好转，完全摆脱了困境。

永安水泥厂和太原水泥厂也先后将$\phi 4\times 60m$四级旋风悬浮预热窑改造成预分解窑，都取得了大幅度提高产量的效果，使工厂能稳定正常生产，取得显著经济效益。

4. 利用自主开发的新技术建设新生产线

在研发期间建设的新线主要是日产 700 ~ 1 000 吨熟料和日产 2 000 ~ 2 500 吨熟料预分解窑新型干法生产线，以及少量日产 4 000 ~ 5 000 吨熟料生产线。

1）日产 700 ~ 1 000 吨熟料生产线。自 1987 年上海川沙水泥厂和北京燕山水泥厂日产 700 吨熟料预分解窑新型干法生产线顺利投产后，在全国新建了一批日产 700 ~ 1 000 吨熟料新型干法生产线。例如，河南确山水泥厂、安徽东关水泥厂、河北宣化水泥厂和吉林庙岭水泥厂等都建了日产 700 吨熟料生产线，河南洛阳水泥厂、天津市水泥厂、南宁蒲庙水泥厂、云南滇西水泥厂和河南七里岗水泥厂等都建了日产 1 000 吨熟料生产线。这些生产线的技术水平较低，各项技术经济指标较差，虽然总投资较低，但吨水泥投资并不低。

在日产 2 000 ~ 5 000 吨熟料生产线低投资建设难题解决后，日产 700 ~ 1 000 吨熟料生产线逐渐被淘汰，到 21 世纪初已基本灭迹。

2）日产 2 000 吨熟料生产线。1999 年，国家实行积极的财政政策和稳健的货币政策，发放长期国债，主要用于国家基础建设，部分用于企业改造贷款贴息，支持老企业产品更新和生产技术的提升。由于受“三年不上建材项目”的影响，主管部门在第一批“国债贴息”项目中没有列入水泥方面的项目。国家经贸委投资规划司甘智和司长向有关方面进行了大量解释工作，对水泥项目不能一概而论，立窑和湿法窑水泥项目应当不上，而新型干法水泥项目则应当上。解释工作取得了效果，经主管领导批准，新型干法改造水泥企业的项目也列入“国债贴息”支持的重点之一。2000 年，第二批“国债贴息”项目中开始有了水泥项目，以后几批中愈来愈多，到第七批达二十多个，这对水泥新型干法在21世纪初开始快速发展，具有十分重要的启动作用。

海螺集团和山水集团等企业在降低建设投资方面的突破，国家采用国债贴息的有力支持，以及随之而来国家商业银行对水泥项目贷款的开放，使预分解窑新型干法水泥的发展经历了一个困难的起步阶段后，从2000年起开始进入一个快速发展的新阶段。从此，一般具有融资能力的国家重点大中型企业都建设日产2 000～2 500吨熟料新型干法生产线，就像20世纪80年代大中型企业自如地建设“华新”湿法回转窑生产线一样。而且，许多民营企业和立窑企业也纷纷建设此类熟料生产线。

采用日产2 000吨熟料预分解窑新型干法技术建设的新厂有浩良河水泥厂、北京市昌平水泥厂、天津市振兴水泥厂、海南昌江水泥厂、河南鹤壁水泥厂和内蒙古乌兰水泥厂等。这些企业的生产线都采用了具有现代新型干法特征的工艺和装备，除预分解窑外，有石灰石一阶段破碎、原燃料预均化、立式生料磨、生料均化库、电子计算机集散控制系统等。有些厂的生产线上还有挤压磨预粉磨系统，北京市昌平水泥厂在预分解窑上采用了窑尾布袋收尘设备，取得良好效果，为中国水泥企业采用这种收尘设备积累了经验。这些新建水泥企业的投产都比较顺利，设备事故普遍明显减少，只要人员培训搞得好，没有其他特殊情况的话，很快就能达到设计指标。

3）日产4 000～5 000吨熟料生产线。自2001年起，国家经贸委投资司对国债贴息水泥项目提出新的要求：在中、东部地区只支持日产4 000吨熟料及其以上规模的新型干法技改项目；在西部地区可支持日产2 000吨熟料的新型干法技改项目。由于国家经贸委投资司的政策引导，以及海螺集团在降低投资方面的突破，国家重点大中型企业、立窑企业和民营企业都已开始采用日产5 000吨熟料新型干法进行扩建和改造，到2002年，正在建设和准备建设的这类生产线已达数十条之多。在预分解窑新型干法蓬勃发展的进程中，一个按市场运作规律合理布局建设日产

2 500吨、5 000 吨熟料生产线的新局面已经形成。

截至2002 年6 月海螺集团除已建成的2 条日产5 000 吨熟料示范生产线外，正在建设的该类生产线就有8 条，并在筹备开发日产10 000 吨熟料生产线。海螺真不愧是中国水泥工业技术进步、走新型工业化道路的“领头羊”。

预分解窑新型干法的研发在中国经历了试验研究、技术开发和生产发展等三个阶段后，据不完全统计，到2002 年6 月，日产700 吨熟料以上规模的生产线有150 多条，熟料年生产能力达8 000 多万吨。中国主要企业的预分解窑新型干法生产线列于表11-4，其分布如图11-3。

表11-4　截至2002 年6 月中国主要水泥企业的预分解窑新型干法生产线

序号	企业名称	生产线		控股公司名称	熟料总生产能力（万吨/年）
		t/d	条		
1	安徽省宁国水泥厂	4 000	1	安徽海螺集团有限责任公司	1 150
		2 000	1		
2	安徽省白马山水泥厂	2 500	1		
3	安徽铜陵海螺水泥有限公司	4 000	1		
		5 000	1		
4	安徽荻港海螺水泥股份有限公司	2 500	2		
5	安徽枞阳海螺水泥股份有限公司	2 500	2		
6	安徽池州海螺水泥股份有限公司	5 000	2		
7	中国水泥厂公司	2 000	1		
8	唐山冀东水泥股份有限公司	4 000	2	唐山冀东水泥股份有限公司	372
		3 000	1		
9	冀东水泥吉林有限责任公司	1 000	1		

续表

序号	企业名称	生产线 t/d	生产线 条	控股公司名称	熟料总生产能力（万吨/年）
10	大连华能-小野田水泥有限公司	4 000	1	太平洋水泥（中国）投资公司	372
11	江南－小野田水泥有限公司	4 000	1		
12	秦皇岛浅野水泥有限公司	4 000	1		
13	山东鲁南水泥有限公司	2 000	2	中国联合水泥有限责任公司	279
14	浩良河水泥有限责任公司	2 000	1		
15	江苏巨龙水泥集团有限公司	3 000	1		
16	大宇水泥（山东）有限公司	7 200	1	大宇国际株式会社	223
17	吉林亚泰水泥有限公司	2 000	2	吉林亚泰（集团）股份有限公司	202
		2 500	1		
18	北京水泥厂有限责任公司	2 000	1	北京金隅集团有限责任公司	202
19	北京市琉璃河水泥厂	2 000	1		
		2 500	1		
20	福建水泥股份有限公司炼石水泥厂	2 000	1	福建水泥股份有限公司	202
		2 500	1		
21	福建水泥股份有限公司福建水泥厂	2 000	1		
22	华新水泥股份有限公司	4 000	1	华新水泥股份有限公司	186
		2 000	1		

续表

序号	企业名称	生产线		控股公司名称	熟料总生产能力（万吨/年）
		t/d	条		
23	广州市珠江水泥厂	4 000	1	广州越秀水泥集团有限公司	186
24	河北省唐山市启新水泥有限公司	2 000	1		
25	广州广信青州水泥有限公司	2 000	1	（香港）青州英泥（集团）有限公司	186
26	中国水泥（香港）有限公司	4 000	1		
27	山东水泥厂	2 500	1	济南山水集团有限公司	171
		2 000	1		
		1 000	1		
28	嘉新京阳水泥有限公司	5 500	1	嘉新水泥公司	171
29	葛洲坝股份有限公司水泥厂	2 500	1	葛洲坝股份有限公司	162
		2 000	1		
		700	1		
30	陕西秦岭水泥股份有限公司	2 500	1	陕西秦岭水泥股份有限公司	140
		2 000	1		
31	牡丹江水泥股份有限公司	2 500	1	牡丹江水泥股份有限公司	140
		2 000	1		
32	江西万年青水泥股份有限公司	2 000	2	江西万年青水泥股份有限公司	124
33	江西亚东水泥有限公司	4 000	1	亚洲水泥股份有限公司	124
34	都江堰拉法基水泥有限公司	4 000	1	拉法基公司	124

续表

序号	企业名称	生产线		控股公司名称	熟料总生产能力(万吨/年)
		t/d	条		
35	广西柳州鱼峰水泥股份有限公司	3 200	1	广西柳州鱼峰水泥股份有限公司	99
36	烟台三菱水泥股份有限公司	3 000	1	三菱材料公司	93
37	青海水泥股份有限公司	2 000	1	青海水泥股份有限公司	93
		1 000	1		
38	新疆天山股份有限公司	2 000	1	新疆天山股份有限公司	84
		700	1		
39	福建龙岩三德水泥建材工业有限公司	2 000	1	新加坡三德有限公司	62
40	国投海南水泥有限公司	2 000	1	国家开发投资公司	62
41	山西晋牌水泥集团有限公司	2 000	1	山西晋牌水泥集团有限公司	62
42	天津市振兴水泥有限公司	2 000	1	天津市振兴水泥有限公司	62
43	内蒙古乌兰水泥有限责任公司	2 000	1	内蒙古乌兰水泥有限责任公司	62
44	河南省豫鹤水泥有限公司	2 000	1	河南省豫鹤水泥有限公司	62
45	上海联合水泥有限公司	2 000	1	香港联合国际工业（上海）公司	62
46	重庆水泥厂	2 000	1	重庆水泥厂	62
47	河北太行水泥股份有限公司	2 000	1	河北太行水泥股份有限公司	62
48	湖南韶峰水泥集团有限公司	2 000	1	湖南韶峰水泥集团有限公司	62

续表

序号	企业名称	生产线		控股公司名称	熟料总生产能力(万吨/年)
		t/d	条		
49	安徽巢东水泥股份有限公司	2 000	1	安徽巢东水泥股份有限公司	62
50	祁连山水泥股份有限公司	2 000	1	祁连山水泥股份有限公司	62
51	浙江三狮水泥股份有限公司	2 500	1	浙江三狮水泥股份有限公司	78
52	红塔滇西水泥股份有限公司	1 000	3	红塔滇西水泥股份有限公司	93

分析表11-4所列情况可以得出如下几点：

1）21世纪初预分解窑新型干法已成为中国水泥行业骨干企业的生产方法。众所周知，1979年我国水泥行业骨干企业还都采用湿法和立波尔窑与余热锅炉窑的干法，时隔二十多年，则以预分解窑新型干法取而代之，中国水泥骨干企业的技术结构发生了划时代的进步。

2）主要水泥企业的平均规模扩大了。1979年在49个大中型企业中，年产水泥100万吨以上的仅2个，最小的企业年产水泥仅10万吨。现在52个主要水泥企业中，新型干法年产熟料100万吨以上的有26个，年产熟料60万吨以上的有25个，企业的平均规模增大很多。

3）大型水泥企业集团脱颖而出。新型干法生产熟料年产超200万吨以上的已有8个企业，海螺集团用新型干法生产的熟料年产量超出1 000万吨，迅速崛起，一枝独秀。

4）预分解窑新型干法线已分布在全国各地。截至2002年6月，除西藏自治区外，全国其他省、市、自治区都已建成预分解

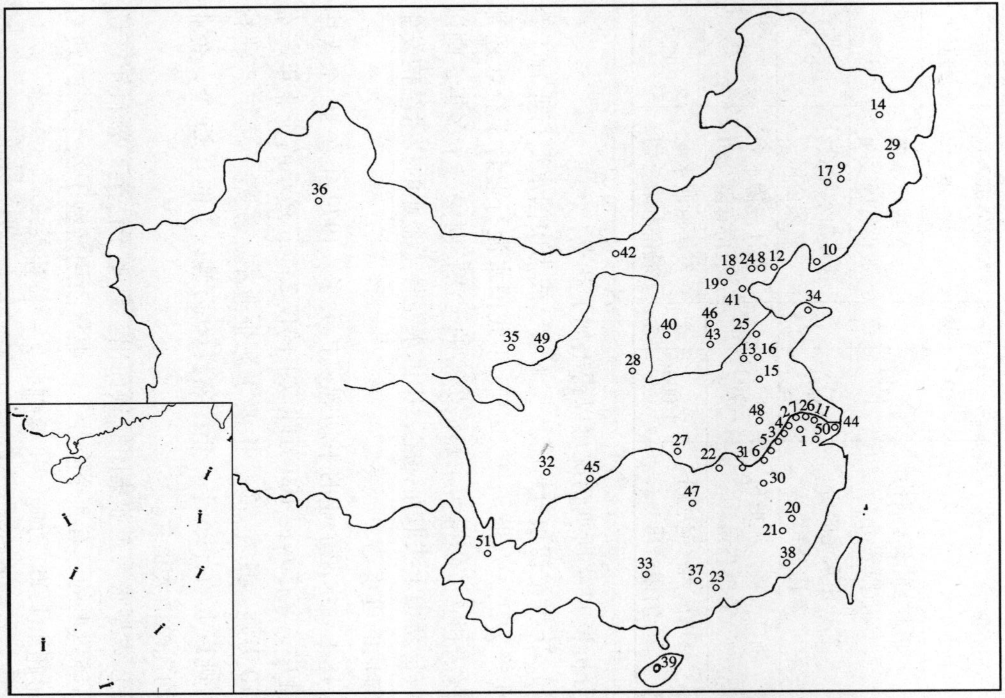

图 11-3　截至 2002 年 6 月中国具有预分解窑新型干法线的主要企业分布图

注：图中 1、2、3……对应表 11-4 中的序号及相应的企业名称。

窑新型干法生产线。

5）预分解窑新型干法生产线在中、东部地区较多。在计划经济体制条件下，水泥厂建设布局都由国家统一安排。1979 年后，随着改革开放的深入，水泥厂布局愈来愈受市场所支配。中东部地区经济发展快，市场水泥需求大，水泥厂建设必然较多。预分解窑新型干法生产线的建设符合社会主义市场经济规律。

6）水泥 T 型发展战略已经基本实现。从图 11-3 可以看到，在沿渤海湾和沿长江分布着大量预分解窑新型干法生产线，特别是在安徽和江苏的长江两岸，其分布非常密集，T 型已经显现。

1998 年至 2001 年中国水泥预分解窑新型干法产量变化列于表 11-5。从此表可看到，2001 年新型干法产量从 5 612 万吨增加到 7 355 万吨，占总产量的比例由 9.4% 增加到 11.1%，说明我国预分解窑新型干法生产发展正进入快速发展时期。

表 11-5　21 世纪前后中国预分解窑新型干法水泥产量

年　份		1998	1999	2000	2001
全国水泥总产量（万吨）		51 551.0	57 300.0	59 700.0	66 100.0
新型干法预分解窑	产量（万吨）	4 580.0	5 479.0	5 612.0	7 355.0
	比例（%）	8.9	9.0	9.4	11.1

第十二章　中国水泥立窑的发展与淘汰

立窑由德国人发明于1884年，不久便传入中国，先后被澳门青洲英坭厂和唐山细绵土厂所采用，从此开始了它在中国长达一个多世纪的发展过程。纵观其历史，中国立窑在技术上有土立窑与普通立窑、机立窑、改进型机立窑等发展阶段，在生产上有六个发展高潮，每个高潮都有各自的政治、经济背景和技术特点。按事物发展规律，中国水泥立窑像湿法窑和其他落后技术一样，按自身发展和消亡的轨迹被基本淘汰。

一、第一个发展高潮（中国立窑水泥厂始创时期）

进入20世纪后，广东士敏土厂继澳门青洲英坭厂和唐山细绵土厂之后，于1907年采用立窑建厂；1917年德国人在山东青岛创办立窑厂；时隔四年后的1921年，致敬洋灰股份有限公司在山东济南也开始筹办一个立窑水泥厂。中国在清末民初期间，延绵30多年时间里成立的这几个立窑水泥厂，它们都采用购自国外的技术尚处于初级阶段的立窑设备，其装、卸料都是人工作业，往往只是在操作技术很高的条件下，才能生产出符合质量要求的产品。

1937年抗日战争全面爆发，日军不断蚕食中国领土，工厂纷纷内迁，战事日趋严峻，敌后水泥奇缺。由于当地设备制造和采购条件极差，建设资金又十分短缺，于是在敌后广大地区开始兴建立窑水泥厂，在3～5年内就办起了7个立窑厂，这就是中国水泥史上兴办立窑厂的第一个高潮。抗日战争期间敌后新建的立窑水泥厂列于表12-1。

表12-1　抗日战争期间敌后新建的立窑水泥厂

序号	厂　　名	地　点	水泥年生产能力（吨）
1	昆明水泥厂（后改名云南水泥厂）	云南昆明	12 000
2	江西水泥厂	江西吉安	5 000
3	嘉华水泥厂	四川乐山	9 000
4	甘肃水泥厂（后改名窑街水泥厂）	甘肃窑街	1 500
5	湖南水泥厂（后改名零陵水泥厂）	湖南零陵	2 500
6	陕西水泥厂（后改名白水水泥厂）	陕西白水	2 500
7	贵州水泥厂（后改名贵阳水泥厂）	贵州贵阳	2 500

表12-1中所列企业采用的立窑设备都是由中国设计制造，技术比较落后，规模都很小。例如昆明水泥厂，该厂在王涛总经理的技术指导下自行设计建造了一条人工装、卸料的$\phi 2.5\times 12$m钢筒体立窑；在建设第二条生产线时，由于受条件所限，只得自行建造钢筋混凝土筒体的同规格立窑；为应付市场的急需，后来甚至建造了4条不同尺寸的砖砌筒体立窑。在中国，对这种人工装、卸料的规格不定型的砖砌的或钢筋混凝土筒体的立窑，人们统称为土立窑；对人工卸料的规格定型的钢筒体立窑则称为普通立窑。昆明水泥厂是中国国产普通立窑和土立窑的发祥地。抗日战争期间敌后地区所建立窑水泥厂，其生产技术都处在土立窑和普通立窑的水平，它们对当地经济和国防建设发挥了重要作用。如昆明水泥厂，当时该厂生产的水泥主要用于诸如滇缅公路、滇越铁路、昆明空军基地、“五一”兵工厂等为战事服务的

各种设施建设，对抗日战争的胜利做出了贡献。

在抗日战争时期的沦陷区内，除青岛和济南的两个立窑厂外，1940年，日本人在大同的口泉镇建成一个立窑水泥厂，采用德国制造 $\phi 2.5 \times 10m$ 的机械装、卸料的钢筒体立窑，年产水泥3万吨。这种机械化装料和卸料的钢筒体立窑，在中国称为机械化立窑，简称机立窑。口泉水泥厂是中国第一个机立窑厂。

在清末民初开始采用立窑到中华人民共和国成立的近半个世纪里，立窑生产随着技术进步和政治形势变化而不断发展和淘汰。唐山细绵土厂的立窑生产，于1906年在该厂重建时被淘汰，改用回转窑生产。广东士敏土厂的立窑在广东西村士敏土厂回转窑生产线建成后便停止生产，改为水泥粉磨厂。山东青岛立窑水泥厂在第一次世界大战中被日本人从德国人手中接管，抗日战争胜利后又被国民党政府所接收，1947年被卖给一家私人企业后不久就停产关闭。在抗日战争期间新建的一大批立窑厂中，江西水泥厂由于生产条件不足，在抗战胜利后未能继续运行。这样，到1949年中华人民共和国成立时共有8个立窑水泥厂，它们是：四川省嘉华水泥厂、湖南省零陵水泥厂、陕西省白水水泥厂、甘肃省窑街水泥厂、云南省云南水泥厂、贵州省贵阳水泥厂、山东省济南水泥厂、山西省口泉水泥厂。

这些厂的年水泥生产能力总共为7.2万吨，后来都成为共和国立窑水泥企业的发展基础。

二、共和国的“小水泥”

中华人民共和国成立后，水泥产品根据企业生产技术和隶属关系的不同，分为“大水泥”和“小水泥”的不同称谓。在计划经济时期，“大水泥”是指国家大中型水泥企业生产的、由中央人民政府统一分配销售的水泥。这些企业都采用回转窑技术进行生产，其水泥质量由国家检验机关进行统一例行检验和监督，有可靠保证。“小水泥”是指地方小型水泥企业生产的、由地方政府分配销售或进入市场的水泥。这些企业的产品90%以上是采用立窑技术进行生产,约有6% ~8%是采用小回转窑生产,其水泥质量良莠不齐。在改革开放时期,随着经济体制改革的深化,水泥统配制度被撤销,水泥工业统计方法也发生变化。进入20世纪90年代后,将年产20万吨以上水泥的立窑厂都列入大中型企业,于是“大水泥”和“小水泥”的含义略起变化。现在“大水泥”一般是指回转窑生产的水泥,“小水泥”是指立窑生产的水泥,也有一些人将小型回转窑生产的水泥仍然视作“小水泥”。

根据国家统计资料，我国第一个五年计划建设的第一年1953年到1990年，“小水泥”历年产量列于表12-2。由于“小水泥”中90%以上是由立窑生产的，所以“小水泥”的变化在很大程度上可反映立窑水泥企业生产的发展状况。按国家统计资料测算出的1991年到2002年立窑企业水泥产量列于表12-3。

表12-2 1953—1990年“小水泥”产量

年份	水泥总产量（万吨）	“小水泥”		年份	水泥总产量（万吨）	“小水泥”	
		产量（万吨）	比例（%）			产量（万吨）	比例（%）
1953	385	5	1~2	1962	600	95	16
1954	460	7	1~2	1963	806	133	17
1955	450	12	2~3	1964	1 209	317	26
1956	639	21	3~4	1965	1 634	528	32
1957	686	19	2~3	1966	2 015	704	35
1958	930	27	2~3	1967	1 462	565	39
1959	1 227	210	17	1968	1 262	518	41
1960	1 565	463	30	1969	1 829	723	40
1961	621	182	30	1970	2 575	1 058	41

续表

年份	水泥总产量（万吨）	“小水泥”		年份	水泥总产量（万吨）	“小水泥”	
		产量（万吨）	比例（%）			产量（万吨）	比例（%）
1971	3 158	1 397	44	1981	8 290	5 784	70
1972	3 547	1 741	49	1982	9 520	6 927	73
1973	3 731	1 965	53	1983	10 825	8 107	75
1974	3 709	2 131	58	1984	12 302	9 396	76
1975	4 626	2 720	59	1985	14 595	11 436	78
1976	4 670	2 911	62	1986	16 606	13 371	82
1977	5 565	3 655	66	1987	18 625	15 202	82
1978	6 524	4 253	65	1988	21 013	17 468	83
1979	7 390	4 918	67	1989	21 030	17 438	83
1980	7 986	5 427	68	1990	20 971	16 986	81

表 12-3 1991—2002 年立窑水泥产量

年份	水泥总产量（万吨）	立窑水泥		年份	水泥总产量（万吨）	立窑水泥	
		产量（万吨）	比例（%）			产量（万吨）	比例（%）
1991	25 261	18 861	75	1997	51 300	39 397	77
1992	30 823	24 478	79	1998	56 600	43 050	80
1993	36 333	28 700	79	1999	57 600	46 081	81
1994	42 119	33 478	79	2000	59 700	48 088	80
1995	47 591	38 491	81	2001	66 000	52 799	80
1996	49 212	38 857	79	2002	72 500	55 500	77

1949 年共和国成立的当年，全国水泥总产量为 66 万吨，其中立窑企业生产的水泥不足 5 万吨。1950 年到 1952 年的经济恢复时期，立窑企业的水泥产量没有增加，只是在年产 5 万吨左右

波动。1953 年进入第一个五年计划建设期后，立窑企业水泥生产开始发生明显变化。为更加清楚地表达“小水泥”产量变化，

图 12-1　1956 年到 1976 年“小水泥”产量变化图

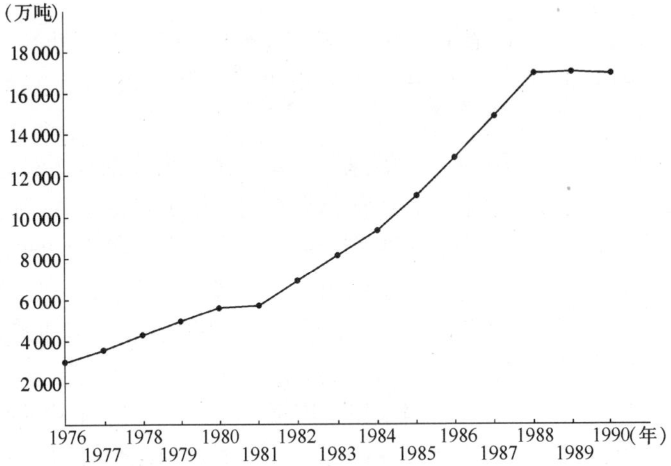

图 12-2　1976 年到 1990 年“小水泥”产量变化图

将表12-2的数字相应制成图12-1和图12-2，将表12-3的数字制成图12-3。

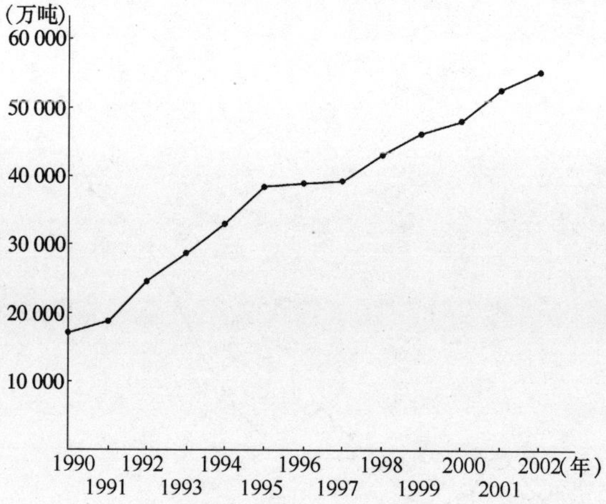

图12-3　1990年到2002年立窑企业水泥产量变化图

三、第二个发展高潮（“大跃进”时期）

从图12-1可以看到，1958年到1960年有一个“小水泥”产量的高增长期，这是中国水泥史上立窑生产的第二个发展高潮。

1958年，全国掀起“大跃进”运动，工业大炼钢铁，农业大搞农田水利建设，工业、农业都急需水泥，中央建材主管部门在中共中央关于“大、中、小并举”和“土洋结合”等方针的指引下，发动全国各地建设立窑水泥企业，抽调工程技术人员分赴河北、河南、山东、浙江、安徽、广东和甘肃等地帮助当地建厂。在河北省获鹿县建立立窑小水泥实验厂，作示范和培训地方办厂人员。在河南郑州召开全国水泥生产促进会，推广河南偃师和河北满城等地用土立窑生产水泥的经验。在短短的几个月内，土立窑厂在全国各地就遍地开花，数量达9 000多个，工厂生产规模从日产 10 多公斤到 100 多吨的都有，真是“八仙过海，各显神通”。这些厂的生产设备都非常简陋，大都是砖砌的土立窑，规格五花八门，有的甚至用手拉风箱烧熟料，用石碾子磨水泥。许多厂的产品质量非常低劣，有的只能算作石灰烧黏土水泥，用于修筑公路后，汽车一压就碎。这是一场非常盲目的建设立窑水泥企业的群众运动，与大炼钢铁一样，劳民伤财，得不偿失。

面对这一场群众运动，中央建材主管部门进行了及时引导，并于 1958 年下半年在唐山市连续两次召开全国小型水泥企业会议，提出“从土到洋”的技术改造意见。会议指出，建设企业要“四靠”“三就”，即靠资源、靠水源、靠电源、靠交通；就地取材、就地生产、就地使用。还指出，工厂必须装备破碎机、球磨机、鼓风机、成球机和煅烧窑等。此时，水泥设计院参照云南水泥厂经验，及时设计出 $\phi 2 \times 8$m 和 $\phi 2.5 \times 10$m 普通立窑及其生产线配套设备图纸，并以此为基础编制出我国第一个年产 3.2 万吨水泥立窑厂定型设计。中央建材主管部门的引导和这个定型设计的普遍推广，基本扭转了盲目发展立窑水泥厂的混乱局面。到 1960 年，立窑水泥厂减少为 665 个，小水泥产量由 1958 年的 27 万吨增加到 463 万吨。

1960 年冬，党和政府对国民经济进行调整，中央建材主管部门对不符合要求的立窑水泥企业一律实行“关、停、并、转”。那时，中央政府的命令十分有效，真正能做到令行禁止。从此，关停了一大批立窑水泥企业，到 1962 年只剩下 30 多家，小水泥产量由 463 万吨下降到 95 万吨，仅为 1960 年的五分之一。

四、第三个发展高潮（“文化大革命”时期）

图 12-1 显示，1962 年到 1966 年间，小水泥产量一度增长，这是国民经济调整后得到稳步提高的结果。1966 年到 1968 年

间，小水泥产量曾一度回落，这是由于1966年开始了“文化大革命”，国民经济全面下滑，导致小水泥产量相应下降。然而，从1968年开始到“文革”宣告结束的1976年，小水泥产量急剧大幅增长，这就是中国水泥史上立窑生产的第三个发展高潮。

“文革”开始后不久，中共中央发起“农业学大寨”运动，全国范围内再次掀起大兴农田水利建设的热潮。当时水泥奇缺，大水泥远不能满足实际的需要。面对这样的局面，中央建材主管部门决定采取“大跃进”时期曾经使用过的办法，发动群众大力兴办立窑小型水泥企业。自1968年11月在广东东莞召开地方水泥工业发展经验交流会后，连续三年，每年都召开一次现场交流会，对小水泥支农进行宣传，对立窑水泥建设进行发动和政策引导。如1971年的泰安会议，提出了“五个为主”的方针，即方向以为农业服务为主、资金以自筹和自己积累为主、原料以就地取材为主、设备以修旧利废和自己制造为主、技术力量以自己培养为主。在中央建材主管部门的发动下，全国各地，从省到县、乡、村，各行各业凡有条件的地方和单位都纷纷兴办立窑水泥厂。“文革”前夕，全国立窑水泥厂仅200多家，到1976年立窑水泥厂发展到3 000多家。1973年小水泥产量达到1 965万吨，首次超过大水泥产量，占总产量的53%；1976年小水泥产量已达到2 911万吨，占总产量的62%。

这一时期新建的立窑水泥厂，其技术特点除极少数厂以外，绝大多数属土立窑与普通立窑范畴，而且都是由各地政府在中央建材主管部门“五个为主”方针引导下，采用因陋就简、“土法上马”的办法建设起来的。一般都是先建一台砖砌的土立窑和一台球磨机，既磨生料又磨水泥，然后再增加一台磨机，将生料和水泥在各自的磨机内制备，以后再增添各种储库和包装设备，逐步提升到水泥设计院编制的年产3.2万吨水泥的普通立窑定型设计的水平。许多厂的技术非常落后，化验室不规范，少数厂甚至没有化验室，生料配方是从别厂抄来的，一年四季都不变，水泥强度检验采用土办法，产品质量得不到保证。在这个时期，有少数省、市地方政府所建的小水泥厂，甚至还采用比立窑更为落后的“鸭蛋窑”烧水泥熟料，其产品质量很低、劳动条件极差、燃煤浪费很大、环境污染更加严重。这种窑型往往在“土法上马”时采用，或者为尽快满足需要而采取应急措施时采用，在全国小水泥厂中并未广泛应用。

在“文革”期间，中央综合经济管理部门提倡搞小钢铁、小化肥和小水泥等的所谓“五小”工业，有些人甚至错误地认为小水泥可取代大水泥，因此造成大水泥的国家建设投资极低，使其产量增长很慢，到“文革”结束时小水泥产量已超出大水泥产量，所占比例达66%。中国水泥界有识之士对这样的发展形势感到十分忧虑。当时，水泥设计院何奇伟副院长从“五七”干校劳动锻炼后回到工作岗位，发表了主张发展大水泥的文章，讲出了广大水泥技术干部和管理干部的心声，大家对他实事求是、敢于直言的精神深表钦佩。

在有关政府部门倡导下，我国小水泥企业迅速发展起来，而且小水泥产量超过了大水泥。这种不合理局面的产生，一方面由于“文革”“极左”思潮的影响，小水泥发展一度被提高到不恰当的地位，水泥工业在发展方向上产生了偏差；另一方面由于我国人口多，底子薄，经济不发达，缺乏发展现代水泥工业所需的大量资金，但又要加速发展经济，急需大量水泥，只得发展技术落后、投资少、见效快的小水泥。因此，中国水泥工业形成了小水泥产量多于大水泥的结构模式。

小水泥作为大水泥的一个补充，对我国经济建设发挥了重要作用，在第二次和第三次发展高潮中，小水泥广泛应用于农村的各种建设，如水利基本建设的小型水库、水渠、扬水站和防洪闸等；农业建设的晒场、粮囤、畜舍、沼气池、道路和桥梁等，满足了农村建设的需要。

五、机立窑技术的发展

20世纪50年代末，水泥设计院设计出普通立窑设备后，紧接着就参照山西大同口泉水泥厂机立窑资料，设计出$\phi 2.5\times 10m$机立窑及其配套设备，相应地提供了年产水泥8.8万吨的机立窑水泥厂定型设计，从此在我国开始发展水泥机立窑的技术和生产。

机立窑的关键部件是机械卸料装置。我国机立窑卸料设备先是采用按口泉水泥厂德国立窑仿制的盘式卸料器，后是采用按原苏联机立窑仿制的塔式篦子卸料器，此后各地科研单位和机械厂又陆续开发出往复式炉篦子卸料器、辊式卸料器、摆辊式卸料器和盘塔式卸料器等，采用最广泛的是塔式篦子卸料器。

机立窑卸料器的密封装置十分重要，通常采用三道闸门装置进行密封，其结构复杂、价格贵、容易磨损、维修不便。1972年水泥设计院工程师杨大华参照原苏联机立窑大口径管的料封出料器图纸，开发出小口径管的料封卸料器。此种料封管与三道闸门相比，漏风小、设备简单、投资省、维修容易和便于除尘处理。1台$\phi 2.5\times 10m$机立窑将三道闸门改料封管可节省设备费用1/8，漏风量可减少到入窑风量的2%～3%。在采用高压鼓风提高产量时，料封管更能显示其不漏风的优越性。小口径料封管密封装置开发成功后立即得到广泛使用，很受工厂欢迎，有力地推动了普通立窑改造成机立窑。

料封卸料器正常运行的关键是管内料位的控制，常用控制方法有三种：γ射线控制、电容式控制和压差式控制。用得最多的是压差式控制，γ射线控制对放射性防护有严格要求。曾发生过这样一件事，一个机立窑厂由于经营不善被迫停产，一年多后发现该厂γ射线同位素源不知去向，厂长非常紧张，感到责任重大，一面报警，一面发动大家各处寻找，后在一个废品回收站找到了这个同位素源，一场虚惊才告结束，好在尚未发现丢失过程中造成不良后果。针对这一事件，中央建材主管部门特将此事通报全国，规定机立窑厂关闭时首先要将γ射线同位素源交当地有关部门妥善处置。

20世纪60年代，建材研究院等单位在天津水泥厂曾进行机立窑扩径试验，将1台机立窑的直径由2.5m扩大到3.6m。在短期内进行精心操作的情况下，收到了提高产量的效果。在正常操作情况下，过分扩大直径带来的窑截面温度不均匀问题难以解决，会使熟料质量下降。然而在试验中发现，将窑径适当扩大到3.0m左右时，可达到熟料质量不降低的条件下增加产量。此后，不少立窑厂将立窑直径由2.5m扩大到3.0m。于是，在机立窑规格系列中增加了ϕ3.0×10m的规格。

六、“文革”后的一次大调整

“文革”结束后，立窑水泥企业继续发展，其产量仍然每年以900万吨左右的幅度增长。到1979年，小水泥产量达到4 918万吨，占全国水泥总产量的67%。这一年，国民经济开始进行共和国建国以来的第二次调整，实施“调整、改革、整顿、提高”的八字方针。

中央建材主管部门——建材部为贯彻调整方针，在调查研究的基础上向国务院写出了《关于小水泥工业调整工作的报告》。这份报告提出：“像我们这样一个国土大、人口多、底子薄、经济落后的国家，采取在建设一批技术上比较先进、劳动生产率比较高的大中型水泥骨干企业的同时，建设一批技术上不那么先进、但在发展中可以不断提高的小水泥厂，是加快发展我国水泥工业的正确途径。”该报告获得国务院领导的批准。

建材部根据报告精神，1979年开始对立窑水泥企业进行全面的调整和整顿。这次调整与1960年冬季开始的那一次有很大不同，除了对资源缺乏、交通不便、质量很差和长期亏损的企业进行“关、停、并、转”外，对资源、运输和市场等条件较好的企业，帮助他们提高管理水平和进行技术改造，将土立窑与普通立窑改成机立窑，同时在工艺和设备方面进行填平补齐，最终实现产量、质量和管理水平的升级。

这次大调整工作是从整顿产品质量开始的。1981年，国务院以国发〔1981〕125号文向全国各地政府批转了建材部、国家经委等部门《关于进一步整顿小水泥企业产品质量报告的通知》。这是中华人民共和国成立以来国务院为建材工业颁发的第一个文件。质量整顿工作历时两年多，取得明显效果。县以上立窑水泥厂都建立起化验室，完善检测手段，健全质量控制和产品检验制度，基本保证了出厂水泥质量符合国家标准。

为提高管理水平，继建材部以后的中央建材主管部门——国家建材局，围绕质量、成本和设备等三个主要内容，颁布了《小水泥企业质量管理规程》，编辑出版了《地方水泥厂化验室工作手册》《小水泥企业经济核算与成本管理》《中小水泥厂设备工作者手册》等书籍。以此为教材，组织各省、自治区、直辖市政府有关部门大规模举办立窑水泥企业各类管理人员的培训班，这对提高管理水平有明显效果。

为推动立窑企业技术改造，国家批准了两项经济措施：第一是中央财政每年补贴1.5亿元，同时上调300万吨符合国家质量标准的立窑水泥由国家分配，连续三年不变，这就是所谓的“买能力”；第二是对专区及专区以下各级政府办的小水泥厂实行工商税减半征收。中央政府出台这两项政策后，各省、市、自治区政府也都拿出不等量的资金补助立窑厂改造。

当时，小水泥不属国家分配，不按国家定价销售，而是归地方政府分配或进入市场，价格随行就市。小水泥企业从销售利润中进行自我积累，从而使自己由小到大、“从土到洋”地发展起来。由于自我积累的资金毕竟有限，技术改造通常很慢。政府对小水泥企业的补贴和减税措施大大加快了立窑企业的改造步伐，全面推动了我国立窑水泥生产由土立窑与普通立窑水平向机立窑水平的提升。从 1983 年开始，国家建材局会同农业部和各省、自治区、直辖市建材管理部门组织编制了立窑水泥厂改造规划，以便分期分批有步骤地将土立窑与普通立窑改造成机立窑，还举办了机立窑厂工厂设计招标活动，评出 4 个优秀设计。按此设计组织建设机立窑厂技术改造示范性工程，如陕西汉中水泥厂年产水泥 10 万吨和浙江嘉兴水泥厂年产水泥 5 万吨的建设工程等。“文革”结束时，全国有近 200 台机立窑，其产量在总产量中所占比例很小。通过 1979 年以来的调整工作，到 1985 年全国机立窑数量达到 1 320 台，比 1976 年增加 5 倍多，其产量占小水泥产量的 50% ~60% 。

政府部门针对“文革”中发展起来的小水泥企业所存在的问题，对于可以保留下来的立窑水泥厂，从企业管理和技术改造两方面着手进行大调整，使大部分企业由手工作坊式生产提高到机械化生产水平。

在这次大调整中，工作最出色的是李明豫同志，得到企业职工和机关干部的广泛赞誉。她工作细致踏实，认真负责，进取心强，善于思考，提出了许多对推动工作很有效的建议，积极地组织开展了许多调整工作，而每项工作都是有始有终，做出了好的成效。立窑水泥厂在全国广为分布，有的在城镇，更多的在山区乡村。她克服困难，坚忍不拔，跋山涉水，深入基层，开展调查研究，推广管理和技术经验，把一件件工作落到实处。李明豫同志自始至终地参加这次大调整工作，是具体的组织者之一，和大家一起为立窑企业的进步做出了贡献。

七、第四个发展高潮（改革开放初期）

从图12-2和表12-2可以看到，在1985年到1988年间，我国小水泥产量每年以2 000万吨的幅度增长，到1988年小水泥产量达到17 468万吨，占总产量的比例达到83%，创立窑水泥比例的历史最高纪录。这是改革开放初期，中国水泥史上立窑水泥生产发展的第四个高潮。

我国国民经济经过三年调整后，1982年又开始进入快速增长期，相应地水泥需求量大增，从而加快了各地机立窑的发展，使小水泥产量大幅提高。

在20世纪80年代，国家对工业产品价格进行改革，实行“双轨制”，即国家统配的资源由国家定价，不纳入国家统配的由市场定价。自1982年以后，水泥紧缺，其市场价格猛涨，致使价格倒挂，进入市场的质量次的小水泥价格大大高于国家统配的优质的大水泥，这就进一步助长了各地方、各行业发展小水泥的势头，导致小水泥产量猛增。

在第四个发展高潮中，中国立窑水泥生产的主要技术特点与前三个发展高潮有很大区别，这一时期立窑水泥产量增长主要靠老厂的改造和扩建，大量土立窑与普通立窑开始淘汰，被机立窑所取代。到1988年，全国机立窑数量接近4 000台，其产量占立窑水泥总产量的比例达到80%，从而使中国立窑水泥企业整体面貌得到改观。产品质量整体水平有较大提高，小水泥开始进入城市，大量用于各种城市建设，以弥补大水泥的不足，在经济建设和改善人民生活的进程中进一步发挥重要作用。

八、改进型机立窑的产生

我国国民经济从 1988 年起又开始进行中华人民共和国成立以来的第三次调整。在这次调整中，国家建材局总结了前两次对小水泥进行调整的经验，制定出“限制、淘汰、改造、提高”的工作方针，重点是组织 14 项先进适用技术对机立窑生产线进行全线改造。这些技术包括：石灰石简易预均化技术、微型电子计算机自动配料技术、生料均化技术、预加水成球技术、全黑生料技术、窑体通风技术、窑温监控技术、窑体保温技术、复合矿化剂技术、料管密封技术和窑顶收尘技术等。采用这些技术改造的机立窑生产线称之为改进型机立窑。

改进型机立窑与传统机立窑相比，粉尘污染有很大改善，劳动生产率、熟料和水泥质量有很大提高。少数高水平的改进型机立窑熟料 28 天抗压强度可达 55 ~ 60MPa；游离石灰可控制在 2.0% ~ 2.5%；水泥性能波动有较大幅度降低，能稳定生产 42.5 等级的水泥。改进型机立窑的诞生和推广是中央建材主管部门对小水泥工业进行第三次调整的主要成果之一，使我国立窑水泥企业生产技术在原有基础上提高到又一个新水平。

为推广改进型机立窑，国家建材局从 1989 年起利用国家技改专项资金在全国陆续组织了 270 多条机立窑生产线改造。在国家建材局的带动下，各省、市、自治区政府利用地方资金同时进行类似的改造。到 1995 年，全国已有近 1 000 条改进型机立窑，中国水泥立窑企业的总体技术水平进一步提高。

九、第五个发展高潮（20 世纪 90 年代中期）

我国立窑水泥产量自 1989 年停止增长后，延续到 1992 年又开始迅速提高。正如图12-3、表12-3所示，1992年到1995年间，每年平均以5 000万吨的速度增长，其增幅比1985年到1988年间的增幅还高出3 000万吨，进一步创下了立窑水泥增长幅度的最高纪录。这就是中国水泥史上立窑水泥生产的第五个发展高潮。

20世纪90年代初，水泥统配制度取消，价格也由“双轨”制改为完全由市场定价，市场需求成为刺激水泥企业发展生产的主要因素。1992年邓小平同志巡视南方各省、市，推动改革开放进一步发展。他关于“发展才是硬道理”的论述使我国国民经济步入高速发展的轨道，很快就出现水泥奇缺的局面，市场水泥价格飞涨，企业利润非常丰厚，使水泥生产发展进入新的高速增长期。立窑水泥厂建设投资少、见效快，当时一个年产10万吨水泥的机立窑生产线总投资只要4 000万元，当年建设当年就能投产，因此，各地机立窑水泥厂建设非常迅猛，特别是广东、广西等东南沿海省、区，掀起了建设机立窑水泥厂的新高潮。到1995年，全国立窑水泥产量达到创纪录的38 491万吨，占水泥总产量的比例又恢复到80%以上。

立窑水泥生产在第五个发展高潮中的技术特点与第四个发展高潮又有所不同，一大批机立窑厂采用14项先进适用技术进行改造，成为改进型机立窑厂，企业技术档次明显提高。

1996年，我国国民经济发生重大转折，产品滞销、物价下降、消费低迷，出现共和国成立以来从未有过的通货紧缩现象。水泥市场也和其他产品一样，供过于求，价格暴跌，广东省水泥价格几乎下降到最高价的一半。这样，许多立窑企业，特别是新建的立窑厂已变得无利可图，一些在建的立窑水泥厂无法再继续建设下去，不得不停止施工，造成巨大经济损失。1996年全国立窑水泥企业年生产能力达到6亿多吨，当年产量为38 857万吨，仅发挥了总生产能力的65%。

除经济损失外，还出现了社会问题。某县向本县居民集资建设立窑水泥厂，正在建设过程中，水泥市场骤变，价格暴跌，无法偿还集资款，引起居民上街，要求还款。县政府领导劝说无效，省政府不得不向中央政府求助，调用了中央财政资金，最后才平息事件。

十、第六个发展高潮（20 世纪末到 21 世纪初）

从图 12-3 和表 12-3 中可看到，立窑水泥产量在 1996 年和 1997 年停止增长后，1998 年开始上升，到 2002 年的 5 年内，平均年增幅约 3 100 万吨，虽比第五个发展高潮的增幅有所降低，但比第四个发展高潮的增幅要高出 55%。这就是中国水泥史上立窑生产的第六个发展高潮。

1998 年在工业战线上，国家开始实施“控制总量、调整结构”的政策。按照中共中央关于可持续发展战略，国务院制定了有利于结构调整的产业政策，立窑水泥企业被列入限制和禁止的项目。然而，在这一时期，立窑水泥生产非但没有被抑制，反而进入了又一个发展高潮。

这个高潮产生的原因与技术特点如下。

1. 市场拉动

党中央、国务院为解决国民经济通货紧缩问题，从 1998 年开始实施积极的财政政策，发行国债，扩大内需，进行较大规模的基础设施建设。同时，将住房改革推向深入，使房地产业迅速发展。另外，城镇建设步伐也大大加快。这些都拉动了市场对水泥的大量需求。由于新型干法和其他回转窑水泥生产远不能满足需求，这就为立窑水泥生产留出发展空间。

2. 发挥剩余生产能力

1997 年立窑水泥生产能力达到 6 亿多吨，当年立窑水泥企业实际生产了近 4 亿吨水泥，尚有近 50% 的剩余生产能力。在市场拉动下，这些剩余生产能力逐渐发挥出来，很容易地使立窑水泥产量迅速增长。

3. 扩径改造

有关部门在执行禁止和限制发展立窑水泥生产的产业政策过程中，提出先淘汰 ϕ2.2m 及其以下的立窑，再淘汰 ϕ2.5m 的立窑。这个意见公开后，许多立窑企业为免遭淘汰而纷纷采取对策，将 ϕ2.2m 立窑扩大到 ϕ2.5m。有些厂还将 ϕ2.5m 的扩大到 ϕ3.0m。当时业务很不景气的水泥机械厂顿时忙碌起来，承接大量有关扩径的任务。扩径的结果致使立窑水泥生产能力又一次大幅度增长。淘汰立窑应当依法行政，以《环保法》和《产品质量法》等法律法规为依据采取措施。无论是 ϕ2.2m、ϕ2.5m 和 ϕ3.0m 的立窑，还是其他窑型，只要不符合国家法律、法规的都应淘汰，此次以窑径大小为依据来淘汰立窑的做法，收到了适得其反的效果。

4. 新建立窑生产线

在第六次发展高潮中，立窑厂增产的方式主要是发挥剩余生产能力和扩径，也有少数厂新建立窑生产线。据了解，某省 2002 年内新建了十多条立窑生产线，其他省也有类似情况。

分析这次发展高潮产生的原因和技术特点可清楚看出，为了淘汰小水泥，除政府依法行政外，还必须通过市场机制，发展大水泥生产，用足够量的大水泥去占领小水泥的市场空间。

中国立窑水泥企业经历六个发展高潮后，到 2002 年共有

7 000多家，拥有立窑 12 400 多条，其总生产能力达到 7 亿多吨。在生产发展过程中，技术水平逐步提高，在普通立窑的基础上发展出机立窑，进而发展出改进型机立窑。各种窑型的数量不断向技术水平较高的窑型方向递增。2002 年，改进型机立窑生产线增加到约 1 300 条；机立窑生产线约 7 900 条；普通立窑生产线剩下约 3 200 条。各种窑型产量在立窑水泥总产量中所占比例：改进型机立窑产量约占 22%；机立窑产量约占 61%；普通立窑约占 17%。不过，改进型机立窑之间的技术水平也有很大差别。全面采用了 14 项先进适用技术而且管理能跟得上的企业较好。总体看，好的占少数，较差的占多数。

十一、立窑生产的问题

立窑发明于 19 世纪末，流行于 20 世纪初，是比干法中空回转窑和湿法回转窑更为早期的水泥生产方法。在工业发达国家，立窑已被完全淘汰，在新兴工业国家也不再被选用。在当今中国，现代最先进的预分解窑新型干法生产已大规模发展起来，立窑技术虽有很大进步，但相比之下，仍存在如下主要问题。

1. 质量较差

新中国成立后，立窑技术水平不断提高，由普通立窑提高到机立窑，进而又提高到改进型机立窑。随着技术进步，熟料质量逐步改善，应用范围相应扩大。然而，技术虽有很大提高，但立窑煅烧的基本原理并没有改变，煅烧的不均匀性和煅烧过程难以控制等问题依然存在。煅烧原理上的基本缺陷，使立窑熟料质量无法进一步提高，与预分解新型干法熟料质量相比，存在较大差距。

用立窑无法烧出高硅酸率的熟料，其所产熟料硅酸率通常在

2.0左右。预分解窑新型干法生产出的熟料，不仅石灰饱和率高，而且硅酸率高，通常都在2.6以上。熟料中石灰饱和率和硅酸率高，表明其硅酸盐矿物含量多，因此强度高。所以，预分解窑新型干法水泥厂可以轻而易举地生产出28天抗压强度为70～75MPa的熟料。在实际生产中，这些工厂为适应市场需求和提高产量，对熟料28天强度一般控制在60～65MPa的水平上。

立窑熟料中硅酸盐矿物含量较少，其强度无法达到预分解窑新型干法那样高的水平，改进型立窑熟料28天抗压强度一般在50～55MPa，在极少数情况下才能达到55～60MPa。

立窑熟料硅酸率低还表明其熔煤矿物含量多，使立窑水泥对通用的混凝土外加剂的适应性差。外加剂已是现代水泥混凝土必不可少的一个重要组分。混凝土搅拌站为调节混凝土性能和提高混凝土质量都采用外加剂。立窑水泥由于其对外加剂的适应性和本身的均匀性等问题而被许多大型混凝土搅拌站拒绝使用。20世纪90年代，北京、上海、广州和深圳等大、中城市的混凝土搅拌站都已开始不采用立窑水泥。

立窑熟料游离石灰含量高，这是其煅烧基本原理的缺陷所产生的另一个致命弱点。改进型机立窑熟料游离石灰含量在正常情况下为2.0%～2.5%，普通立窑与机立窑熟料游离石灰含量更高。预分解窑新型干法熟料游离石灰含量较低，通常都在1.0%以下。熟料游离石灰含量不仅影响水泥安定性，还影响水泥的其他性能。交通部公路科学研究所的一份报告中有如下表述："在实验室试验中，当水泥熟料中游离石灰含量从0.9%增大到2.7%时，用此熟料制成的水泥混凝土，耐疲劳极限值降低一半甚至七成；在水泥混凝土路面工程建设中，水泥熟料中游离石灰含量对路面动载结构的疲劳性影响很大，即使水泥安定性合格，对疲劳循环周次也有2～3倍的差别；国内有一个公路工程，由于水泥熟料中游离石灰过高，一段20公里的公路路面使用不到半年就发生全线崩溃，省公路局局长和总工程师都被撤职查办。鉴于这些情况，国家交通部已提出要求，高速公路和一级公路路面建设中禁止使用立窑厂生产的水泥。”

为保证工程质量，一些省、市政府已做出关于水泥使用方面的规定。例如，浙江省经济贸易委员会、浙江省建设厅等 4 个单位以浙经贸建冶煤〔2002〕1273 号文联合发出通知，“重要建设工程、城市高层住宅建设、商品混凝土搅拌站，各类大、中型水坝、桥梁、隧道（洞）、水闸和采用水泥修筑的高等级公路路面，各类大、中型建设工程的基础和结构部分（包括大、中型工程所用的承受荷载的预制构件）必须使用回转窑水泥”。全国已有多个省、市做出类似规定。政府的这种规定，使立窑水泥的使用范围受到很大限制，不能用于重要工程。

2. 粉尘污染

立窑厂的粉尘污染非常严重。一台机立窑的粉尘排放量竟达到水泥产量的 3% ~5%，即一个年产水泥 20 万吨的机立窑每年向周围环境要排灰 6 000 吨到 10 000 吨。如此高的粉尘量对企业造成很大浪费，对社会产生很大危害。在改进型机立窑发展进程中，曾研发出窑顶收尘技术。在窑顶设置袋收尘器和加热炉，立窑排出的含水量较高的废气，经加热炉加热，使其通过袋收尘器时保持在露点温度以上，避免过滤袋堵塞。立窑厂为推广该项技术要有一笔较大投入，另外还须有较高管理操作水平。在实践中看到，由于受条件所限，采用窑顶收尘技术的立窑企业为数不多，能坚持长期使用的则更少。窑顶收尘技术未能改变立窑厂粉尘污染的整体状况。多数立窑厂难以达到当时的《水泥工业大气污染物排放标准》（GB 4915—2004）。

2013 年国家环境保护部和国家质量监督检验检疫总局发布了新的《水泥工业大气污染物排放标准》（GB 4915—2013）。该标准中规定，水泥窑粉尘排放限值为30mg/m^3；京津冀、长三角和珠三角等重点地区排放限值为20mg/m^3。在国家环保制度的约束下，立窑生产势必难以为继。粉尘污染是立窑企业的又一个致命弱点。

3. 资源浪费

水泥生产的主要原料是石灰石，生产1吨水泥熟料需要1.3吨石灰石。2002年立窑生产共消耗了大约5亿吨石灰石，这是一个相当大的数量。石灰石矿是不可再生资源，我国石灰石储量丰富，但毕竟用掉一点就消失一点，仍然是十分宝贵的资源。

古今中外，开办水泥厂时一般都是先找石灰石矿，对其进行勘探，圈定范围，收购为工厂自备矿山。然后，在工厂建设中将石灰石矿山建设作为一项重要内容，修筑上山公路，剥离浮盖层，劈出工作面，为自上而下地分段开采创造好条件。最后，矿体开采完后进行复垦或作其他建设用。这种科学开采方法不会产生资源浪费和植被破坏等问题。然而，我国绝大多数立窑水泥企业，为了减少投资，不建自备矿山，而是采取直接购买民采石灰石的办法来解决原料供应问题。民采石灰石矿，往往预先不进行勘探，盲目选点开采，碰到好的就挖，遇到不好的换个地方再挖；选用的开采方法是技术非常落后的“高台段一面墙”开挖。这种野蛮的民采方式使山体和植被遭到大规模破坏，造成矿山资源的巨大浪费。据粗略估计，民采石灰石矿的资源利用率仅为40%。这是一个严重的社会问题。

4. 单机产量低

立窑由于煅烧基本原理缺陷所造成的又一个弱点，就是单机产量低。目前一般的改进型机立窑生产线的产量为年产熟料10多万吨，而通常的预分解窑新型干法生产线是年产熟料155万吨，相差约15倍。单机产量低使改进型机立窑的劳动生产率和生产成本等技术经济指标较差，无法与预分解窑新型干法相比。

十二、立窑的淘汰

中国水泥工业结构最突出的问题是“小水泥”产量远高于“大水泥”，而且，这种不合理的局面长期未能扭转。其原因是多方面的，主要是我国经济实力弱，工业基础差，国家建设又急需水泥；极“左”思潮的影响，以及经济政策中的某些偏差。在新中国成立后的多次经济调整中，除第一次调整外，中央政府通过审批等手段总是压缩大水泥基建规模，然而对地方小水泥生产的扩张却缺乏有效措施进行控制。在经济高速发展时，往往水泥紧缺，“大水泥”由于几经压缩而供应不上，“小水泥”利用投资少、见效快的特点，便乘机高速发展，造成其产量以数倍于“大水泥”的速度增长。

改革开放20年后的中国，经济实力明显增强，人民生活有很大改善，社会文明快速进步，实施可持续发展战略和走新型工业化道路正成为全社会的共识。同时，经济体制改革进展迅速，社会主义市场经济体制愈加完善，市场机制在优化资源配置中的作用日益明显，国家调控市场的手段也日趋完善。这样，淘汰水泥立窑的社会条件已逐步成熟。

在我国自20世纪70年代经过艰难曲折发展起来的水泥预分解窑新型干法，其建厂投资已大大下降，发展的最后瓶颈被突破。规范的新型干法企业具有产品质量高、能源消耗低、可解决粉尘污染、能合理利用矿山资源、可消纳部分废弃物等特点，使其取代水泥立窑已成为社会进步的必然选择。

国务院为调整产业结构而制定的产业政策中明文规定，要淘汰小水泥，发展新型干法水泥。该规定正确体现了中共中央关于

“与时俱进”的指导思想。中国立窑水泥企业在政府依法行政和市场竞争中正走向淘汰。

自2000年以来，一些地方政府根据环保要求，已勒令一些在城市市区和旅游区的立窑水泥企业停产关闭。1920年创办的济南水泥厂，经历了80年历史的风风雨雨，由于粉尘污染市区已被勒令关闭。山东省淄博市政府作出决定，关闭张店城区和近郊14个立窑水泥厂的42条立窑生产线，已于2001年10月开始实施。杭州市、苏州市和广州市等长江三角洲和珠江三角洲地区已关闭一大批立窑生产线。广西桂林市等旅游城市都做出关闭立窑厂的规划，已逐步实施完成。

在很多地区，特别在东南沿海经济发达地区，立窑水泥价格由于质量原因而与回转窑水泥价格拉开了差距，前者曾比后者低10～50元/吨。现在，许多大中型预分解窑新型干法水泥企业的产品生产成本都已低于立窑企业。十分明显，在社会主义市场经济体制日益完善的过程中，立窑企业的竞争力正在减弱。

江苏、浙江、山东、河南、河北、广东、广西和甘肃等全国各省、自治区的一大批立窑企业，为提高竞争力，都在建设预分解窑新型干法生产线。这些企业在20世纪90年代大都建设日产700吨或日产1 000吨熟料生产线。进入21世纪后开始建设日产2 500吨或日产5 000吨熟料生产线。广东塔牌集团是国家控股企业，所属水泥厂大都采用立窑进行生产，水泥年总产量达320万吨。该集团的塔牌水泥是广东省梅州市驰名一方的好品牌，在当地十分畅销。尽管如此，立窑生产的塔牌水泥却不能进入现代大型建设工程。集团领导决定发展预分解窑新型干法取代立窑生产。2002年底，已建成一条日产5 000吨熟料的预分解窑新型干法生产线。该生产线采用无烟煤作燃料，投产很顺利。塔牌集团日产5 000吨熟料新型干法线的建成投产，为全国立窑企业发展树立了榜样。河南天瑞集团是一个民营企业，下属水泥企业也大都是立窑厂，总产量为年产水泥200多万吨，其产品质量和经济效益在河南立窑厂中位于前列。现已建成一条日产2 500吨熟料的预分解窑新型干法生产线，正在建设一条日产5 000吨熟料的新型干法生产线。从2001年到2002年的一年时间里，立窑企业建成投产的预分解窑新型干法生产线有30多条。

优胜劣汰，物竞天择。先进取代落后是科学发展的客观规律，预分解窑新型干法取代立窑是历史发展的必然结果，中国水泥工业结构不合理的局面将被彻底扭转。水泥立窑与湿法回转窑和立波尔窑一样最终将被淘汰。然而，立窑水泥对国家建设所发挥的重大作用和立窑水泥工作者所做出的贡献在中国水泥史上写下了重要篇章。

第十三章　海螺水泥的崛起

安徽海螺水泥股份有限公司简称“海螺水泥”，是由安徽海螺集团有限责任公司独家发起组建的股份公司，其H股和A股分别在香港联交所和上海证交所挂牌上市。

安徽海螺集团有限责任公司简称“海螺集团”，是在安徽省宁国水泥厂发展的基础上改制设立，逐步成长并壮大起来的。“海螺”的名称来源于宁国水泥厂的海螺牌水泥商标，而海螺商标的命名则选自宁国水泥厂石灰石矿山的名称大海螺山和小海螺山。

在十多年的改革和发展中，海螺水泥的产能持续增长，工艺技术装备水平不断提升，发展区域不断扩大，在国内、国际水泥界，她像一颗灿烂耀眼的新星冉冉升起。1993年，宁国水泥厂的产销量仅为154万吨水泥，到2004年12月底，海螺水泥的产销量已达到5 556万吨水泥，增长了36倍，连续12年位居全国第一，年平均增速达到34.8%，按产能规模计算，居世界第六位。

1993年，宁国水泥厂仅有1条从日本引进的日产4 000吨熟料预分解窑新型干法生产线、3条湿法生产线。到2004年12月底，海螺水泥已拥有4条日产10 000吨、1条日产8 000吨、16条日产5 000吨、8条日产2 500吨熟料预分解窑新型干法生产线投入运营。海螺水泥4条日产万吨熟料特大型生产线，与国际上其他企业拥有的3条日产万吨熟料生产线相比，其工艺技术和装备可称得上国际领先水平。

1993 年，宁国水泥厂只是一个单一的水泥工厂，总资产只有 4.6 亿元。到 2004 年，海螺集团已发展成为拥有 80 多家子公司，总资产达 220 亿元，发展区域涉足皖、苏、浙、沪、赣、闽、粤、桂、湘等省、市、自治区，主业突出，多种经营同步发展的大型企业集团。

海螺水泥的脱颖而出不是偶然的，究其原因在于：首先，宁国水泥厂在项目建设阶段，正遇上国家投融资体制的改革，该厂日产 4 000 吨熟料新型干法生产线建设属建材行业改革开放后第一个采用商业贷款的项目，建设开始就承受着还贷压力；所建生产线上矿山、装运等系统配套的是国产设备，经常发生事故，投产后长期为达产达标、摆脱生产经营困境做不懈努力；工厂偏居一隅，交通不便，信息闭塞；这些造就了全厂职工和干部较早地持有一定的市场意识和谋求改革发展的强烈愿望。其次，企业拥有才干卓越的领导人郭文叁和以他为首锐意进取的领导班子，他们准确把握党中央改革开放政策的内涵，在国家和安徽省人民政府的关怀、支持下，敢为人先，勇于突破，正确应对挑战和机遇，坚持以改革促发展，取得了企业快速、健康和持续发展的成功。第三，企业员工队伍一直从事先进工艺和装备的操作，对水泥行业以新型干法为主的发展方向有着十分清晰的认识和体会，多年来积聚和培养了一大批各类专业技术和管理人才。第四，在企业发展的各个不同历史阶段，以郭文叁为首的领导班子，冲破长期计划经济遗留下来的国有企业的体制障碍和思想障碍，不断挖掘企业的创新活力，逐步形成海螺企业文化，为企业发展提供了坚实基础。

一、宁国水泥厂的快速发展促成海螺集团诞生

到 1993 年初，宁国水泥厂已初步摆脱生产经营困境。厂领

导一班人面对的重要课题是必须迅速改变山区工厂产品单一、信息闭塞、交通不便的劣势，谋求企业进一步发展。

宁国水泥厂在认真调查研究的基础上，审时度势，制定了“一业为主，多种经营，跨地区、跨行业”的发展战略。通过盘活资产存量，先后组建了海螺运输公司、海螺建筑安装工程公司和安徽海螺建材股份有限公司。引进外资，合资组建了宁昌塑料包装有限公司和安徽海螺水泥有限公司，形成年产5 000万条水泥包装袋生产能力和建成了宁国水泥厂日产2 000吨熟料预分解窑新型干法生产线。在芜湖投资组建芜湖海螺塑料型材有限公司，形成了海螺型材的发展基础。1995年9月，兼并控股成立铜陵海螺水泥有限公司，完成铜陵日产4 000吨熟料新型干法生产线建设。后来又兼并了芜湖白马山水泥厂。

与此同时，宁国水泥厂通过不断深化改革，加强基础管理，积聚人才、资金和技术力量，为企业快速、健康发展提供有力保障。

经过近四年坚持不懈努力，企业发展取得历史性突破，1996年9月，经安徽省人民政府批准，宁国水泥厂改组为安徽海螺集团有限责任公司，实行国有资产授权经营，完成由一个山区水泥工厂向跨地区、跨行业企业集团的转变。

1. 重大转折

1992年，邓小平同志巡视南方各省并发表重要讲话后，我国改革开放的步伐大大加快。站在改革开放最前沿的深圳市，生产建设热火朝天，城市面貌日新月异。正在开发浦东的上海市招商引资，喜迎八方客，设银行、办工厂，成为改革开放的新亮点。1992年年末，国家建材局领导曾在宁国水泥厂召开过一次座谈会，在这次会上达成这样的共识：宁国水泥厂掌握当代最先进的水泥生产技术，在伊拉克出众地操作过世界上最先进的现代水泥生产线，帮助过我国第一条日产2 000吨熟料预分解窑新型干法示范生产线成功投产；在这改革开放的大潮中，宁国水泥厂的唯一出路是：充分发挥自身优势，加快企业发展，实现“赶冀东、超一流”的目标。

1993年元月，郭文叁同志出任宁国水泥厂常务副厂长，全面主持工厂的各项工作。同年6月，安徽省人民政府正式任命郭文叁为宁国水泥厂厂长。与此同时，省建材局对宁国水泥厂的领导班子进行充实和调整。1993年元月，朱德金同志出任党委副书记，李顺安、纪勤应同志出任副厂长（纪勤应同志于1994年元月调铜陵水泥厂建设指挥部任副指挥长）；1995年6月，郭景彬出任副厂长，张德山同志出任总工程师（张德山同志于同年9月调安徽省建材局任副总工程师）。

以郭文叁同志为首的新班子的成立并全面主持工作，是宁国水泥厂发展中的一个重要转折点。

图13-1　海螺集团郭文叁董事长

郭文叁，1955年出生于山东省利津县。1972年到济南军区后勤部汽车修理连工作。1975年，到上海同济大学读书，1978年9月大学毕业，回到济南军区某部基建处从事基建施工管理等工作。1980年，调往宁国水泥厂，经历了宁国水泥厂建设、生产和发展的各个不同历史阶段，历任技术员、工程师、车间主任、生产安全处处长等职。从小养成的勤奋好学、用心思考、不怕困难的个性，助人为乐、刻苦耐劳、遵章守纪的思想品德与良好的工作作风和娴熟的业务，使他处处受到群众和领导的一致好评。1991年他被任命为副厂长，1993年担任厂长，时年39岁。郭文叁是全国劳动模范，曾获全国“五一”劳动奖章等多项荣誉。他廉洁奉公，为人正直，多谋善断，工作勤恳，思维敏捷，改革开放意识很强。郭文叁十分热爱自己的事业，宁肯放弃被提升为高级干部的机会，留下来带领职工搞好企业。他还具有较强的组织能力，集团公司的董事们说：“郭文叁能充分调动手下每个工作人员的积极性，使大家愿意与他一起努力工作，令人佩服，确非常人所为。”郭文叁带领海螺集团有限责任公司对中国水泥工业发展做出了重大贡献，水泥界称赞他为发展中国现代水泥工业的旗手。

1993年，郭文叁上任厂长伊始，就一手抓改革，一手抓发展。当时，宁国水泥厂领导班子以改革劳动人事制度和工资分配制度为突破口，全面推行养老保险制度、医疗制度和住房制度五项制度改革。把竞争机制引入企业管理内部，坚持干部能上能下、工资能升能降，坚持管理出效益。通过制度改革，促进医疗资源的效能充分发挥，杜绝公费医疗的浪费；改变福利分房的做法，推行有偿出让产权；建立了养老保险。在推行五项制度改革的同时，剥离机修、运输、托儿所和医院等生产辅助设施与生活设施，一方面使这些设施充分发挥作用，另一方面则精干了主体，极大地减轻了企业负担，使企业轻装上阵，蓄势待发。

从1993年到1996年，是中国改革开放以来中国水泥工业最为兴旺的时期。市场上产品供不应求，价格猛涨。由于水泥统配和价格管制体制刚被取消，国家重点大中型水泥企业产品可以自行向市场销售，价格随行就市，从而破天荒地第一次获得自共和国成立以来最丰厚的能归自己支配的利润。许多企业有了钱后都纷纷用来改善生产和生活条件，缓解长期以来在这方面所存在的困难，但也有一些企业不能有效使用资金，进行盲目投资。有的买了歌舞厅，有的买了矿泉水厂，还有的搞房地产，由于无法收回投资而先后陷入困境。

宁国水泥厂和许多水泥厂一样，在这一时期同样赚得丰厚利润。由于五项管理制度改革激活了机制，“剥离辅体、精干主体”使企业减负，加之生产规模大和产品质量高，宁国水泥厂赚得的资金量比其他大中型企业要大得多。然而，这个厂的领导者对资金的使用非常谨慎，珍惜每一分钱，除少部分用于改善职员生活和改善生产条件外，大部分资金则积存起来，作为企业自我发展的原始积累。

宁国水泥厂发展的初始阶段，也曾出现过盲目投资的倾向。郭文叁上任后，立即着手清理无效投资，停止对合肥建材大厦、宣城大理石厂、阜阳粉磨站的投资，并及时进行了处置；取消了在宁国水泥厂建18层办公楼、煤气站项目；压缩了上海、南京、合肥办事处的投资规模，最大限度地减少了投资损失，扭转了盲目投资的倾向。

看来，一个企业家不仅要过好没钱的关，使没有钱的企业转变成有钱的企业；还要过好有钱的关，把钱管好、用好，用在刀刃上。宁国水泥厂领导坚持做强做大主业，坚持发展先进生产能力，坚持多种经营与主业协调发展，很好地渡过了有钱的关。从这方面已经凸现出他们出众的管理才能，以及对国家、企业和职员的高度责任感。

2. 初试资本经营

1992年11月召开的党的十四大，确定了我国经济体制改革的目标是建立健全社会主义市场经济体制。1993年11月召开的党的十四届三中全会，确定了建立社会主义市场经济的框架。框架由五个方面构成：第一，建立现代企业制度；第二，建立市场体系；第三，建立宏观调控体系；第四，建立分配制度；第五，建立保障制度。从这些框架内容可以看出，我国原有的许多经济制度，包括财税制度、投资制度和金融制度等都将进行全面改革，这将使企业生产经营发生重大变化。

面对新的形势，以郭文叁为首的宁国水泥厂领导班子迅速意识到，在社会主义市场经济体制下，企业必须一面经营产品，一面经营资本，不仅要从产品经营中积累资金，还要从资本市场取得资金。国有企业在经营理念上进行根本性转变，是国有企业在经济体制转型时期应对挑战、把握机遇的一个关键问题。为适应新形势，工厂领导班子在郭文叁带领下组织学习，统一思想，然后在职工中进行宣传教育，提高认识。1993年12月，还邀请了国家建材局领导在全厂中层干部会上宣讲党的十四届三中全会决定和关于建立社会主义市场经济体制框架问题，取得了很好效果，对职工转变经营理念有较大帮助。

当时，搞资本经营是有一定政治风险的，国有资产流失的“大帽子”使很多人都不敢触及这个敏感问题。然而，宁国水泥厂领导不考虑个人得失，以“明知山有虎，偏向虎山行”的闯劲，在党的十四届三中全会决定精神的指引下，冒着风险，顶着压力，勇敢地积极开展这方面的工作。他们经营资本是从利用外资做起的。早在1993年，宁国水泥厂以闲置资产与香港昌兴行合资，组建宁昌塑料包装有限公司，迈出利用港资的第一步，对资本运作有了初步体验。在安徽省领导和省政府相关部门的支持和帮助下，宁国水泥厂又积极探索引用外资进行水泥主业技术改造的路子。经过研究合资经营模式、选择外方合作对象、资产评估等大量工作，历时一年有余，于 1995 年 1 月，经国家工商行政管理局正式批准，成立中外合资安徽海螺水泥有限公司。宁国水泥厂以部分资产入股，外方用现金入股，成功利用外资 2 500 万美元，用于企业技术改造。这是我国重点大中型水泥企业中利用外资改造老厂的第一例。

3. 开创低投资建设日产 2 000 吨新型干法线的先例

宁国水泥厂利用自己积累的资金和外资，于 1995 年 4 月开工建设日产 2 000 吨熟料预分解窑新型干法生产线。

该项目与以往预分解窑新型干法生产线建设的最基本区别是：全部投资是由企业自己筹集而得，企业要对资金投入负责，做到了建设项目法人的真正到位；在建设过程中，宁国水泥厂根据日产 4 000 吨生产线建设与运行的实践经验，与设计院密切合作，对设计进行全面优化，充分发挥项目法人的职能，一改过去完全听命于设计院的局面，以确保生产技术的先进与可靠；经与天津水泥工业设计院进行为期半个多月的技术交流和商务谈判，首次实现由企业自己完成日产 2 000 吨熟料新型干法生产线的设备成套；实行全新管理模式，设备购置和施工队伍的选择都进行招标，做到公开、公正、公平；采取日保周、周保月、月保整个工期的办法，促进施工进度按时完成。这条生产线于 1996 年 10 月建成，一次投料成功，当月就达到设计指标。在此之前，我国日产 2 000 吨熟料预分解窑新型干法生产线建设，投资在 8 亿元左右，合理工期为 32 个月，一般情况下都要在投料一年后达到设计指标。宁国水泥厂日产 2 000 吨熟料预分解窑新型干法生产线建设，总投资 3. 4 亿元，工期仅 18 个月，投产后很快就达到设计产量，创下了当时国内外同等规模水泥厂建设中投资最低、工期最短、建设质量最好的新纪录。这在国内水泥界和有关管理部门中引起了轰动，传为佳话。宁国水泥厂日产2 000吨熟料新型干法生产线建设经验的重要意义，在于解决了我国水泥预分解窑新型干法生产技术发展中遇到的投资过高问题，是技术和管理上的重大突破，有力地加快了我国水泥工业结构调整的进度。宁国水泥厂为我国预分解窑新型干法的发展做出了巨大贡献。

4. 兼并铜陵水泥厂，迈出跨地区发展水泥产业的第一步

经过日产2 000吨熟料新型干法生产线建设，企业发展的优势逐渐凸现出来。宁国水泥厂在郭文叁厂长带领下开始实施一业为主，多种经营，跨地区、跨行业的发展战略。宁国水泥厂"跨地区"发展水泥产业的第一步是兼并控股正在建设中的安徽铜陵水泥厂。

铜陵水泥厂建设是利用世界银行贷款项目。此项贷款办理过程非常烦琐。1983年，世界银行派专家来华考察，提出了铜陵水泥厂、中国水泥厂、宁波水泥粉磨厂、南通水泥中转库和温州水泥中转库等一揽子贷款建设项目计划。接着，便开始履行地方政府和中央各有关部门的依次审批手续。在审批过程中，国家建材局不厌其烦地做了大量协调和说服工作。其间，投资项目和投资单位几经改变，进一步增加了工作的难度和审批时间。经过长达10年的工作，1992年世界银行和我国政府最终签订水泥项目贷款协议。从此，铜陵水泥厂建设工作由筹备阶段向建设阶段过渡，1993年水泥厂主体工程正式开工。

按世界银行协议，铜陵水泥厂建设一条日产4 000吨熟料预分解窑新型干法生产线，年产水泥70万吨、商品熟料60万吨，熟料供应宁波水泥粉磨厂。国家建材局将铜陵水泥厂建设确定为实施水泥T型战略的"龙头"项目，作为全国建材工程建设项目中的"重中之重"。该项目最初由国家和安徽省合资建设，后来国家撤出，改由安徽省单独投资。

铜陵水泥厂开工建设时落实的资金基本上都是银行贷款，国家拨款极少。这是我国计划经济体制走向社会主义市场经济体制的普遍做法。在没有一定比例自有资金的条件下，按水泥厂一般利润率和当时银行利率，铜陵水泥厂建成后将难以经营，必将陷入亏本的陷阱而难以自拔。在筹备阶段向建设阶段过渡期间，安徽省人民政府调集各方干部组成铜陵水泥厂建设指挥部，这也是当时我国组织基本建设项目的一般做法。以指挥部充当业主的主要问题是项目法人地位模糊，很难明确它必须对建设项目的投资行为负责，很难明确它必须对建设项目的经济效益负责。法人地位模糊的后果，必然是投资大、建设期长和形成的资产效益低。

由于缺乏投资主体，建设资金难以落实。针对铜陵水泥厂建设中存在的问题，国家建材局领导于 1993 年底提出了由宁国水泥厂控股建设铜陵水泥厂的建议。为落实这个建议，先征求宁国水泥厂郭文叁厂长的意见，他欣然同意。后又奔赴合肥市，分别向省人大、省政协领导和常务副省长与省长提出以上建议。由于条件不成熟和认识上的不一致，这个建议未能被省政府立即采纳。

铜陵水泥厂主体工程建设不久就陷入困境。指挥部班子一换再换，建设概算一超再超。铜陵水泥厂建设概算，最初是 8 亿元，后来调整到 12 亿元，第三次调整到 14 亿元，最后一次调到 16.8 亿元。对此，建设指挥部仍然感到没有把握。这样高的投资必将造成项目投产之日即是企业亏本之时，而且看不到尽头。十分明显，在建的铜陵水泥厂已经成为安徽省政府和承贷银行的一个债务包袱。在这种情况下，中国建设银行提出，铜陵水泥厂建设贷款必须由宁国水泥厂担保，否则不再继续开贷。当时，宁国水泥厂以无能力为由，顶着压力，拒绝担保。1995 年 6 月，建设银行停止贷款，铜陵水泥厂建设被迫停工。停工 3 个月后，

1995年9月安徽省政府决定改变铜陵水泥厂投资结构和建设体制，由宁国水泥厂控股并主持建设工作。根据省政府的决定，宁国水泥厂利用自有资金出资3.156 5亿元，取得铜陵水泥厂55.9%股份，其余股份分别由安徽省建设投资公司和铜陵市建设投资公司所持有。

铜陵水泥厂改制后，撤销建设指挥部，组建董事会，聘任经理班子，郭文叁任董事长兼总经理，实行项目业主负责制。从此，铜陵水泥厂项目开始步入建设的新阶段。

宁国水泥厂自1995年10月接管铜陵水泥厂建设项目后，随即按工程建设需要，精简机构，充实力量；加强现场管理，逐个解决建设中的各种问题；采取有效措施，调动建设者的积极性，加快建设进度；重新审查各子项工程，削减非生产设施，清理不必要的中间环节，节约建设资金。经过9个多月的艰苦奋斗，1996年7月铜陵水泥厂建成投产，一次点火成功，很快就达到设计产量。该项目经结算后的总投资为14亿元，由于宁国水泥厂的最终参与建设，不仅节省投资2.8亿元，同时使这个筹建时间达12年之久的“胡子工程”画上了圆满句号。为此，宁国水泥厂得到国家计委、安徽省政府和建设银行的赞赏。

宁国水泥厂兼并控股铜陵水泥厂取得成功，跨地区发展战略旗开得胜。至此，该厂水泥和商品熟料年生产能力达到400万吨。1997年7月，宁国水泥厂收购了铜陵市建设投资公司12.3%的股份，使在铜陵水泥厂的股权增加到68.2%，进一步巩固了控股地位。

5. 兼并白马山水泥厂，进入芜湖经济技术开发区，总部移师芜湖

宁国水泥厂位于安徽省南部的宣城地区，紧靠著名的商埠芜湖市。改革开放后，芜湖市较早地被国务院批准为沿江开放城市，建立了能享受优惠政策的经济技术开发区。

1993 年，芜湖市政府所属的一家企业与台湾商人合资创办家具厂，在经济技术开发区 120 多亩土地上建造了约 3 万多平方米的厂房。厂房建成后，台商违约，家具厂未能办成，留下的一大片空厂房长期无法利用，给参与合作的这家企业造成了较大的债务负担，面临破产境地。1995 年，在芜湖市政府领导的动员下，宁国水泥厂出资 3 100 万元购买了家具厂所有厂房以及相应的 120 亩土地使用权，从而将自己的“触角”伸进芜湖市区。

在跨地区、跨行业发展的“双跨”战略思想指导下，宁国水泥厂利用在芜湖购置的土地和房产，投资发展塑钢门窗型材项目，同时与德国可耐福公司合资建设年产 2 500 万平方米高档石膏板项目，迈出跨行业发展的第一步。

芜湖市南郊有一个白马山水泥厂，它是国家大中型水泥企业，资产属芜湖市政府，始建于 1975 年，到 1982 年才建成投产。该厂原有两条“华新”湿法回转窑生产线，20 世纪 80 年代末，在国家建材局支持下，将其中一条湿法窑生产线改造成“湿磨干烧”生产线。由于各种原因，这条生产线长期不能正常生产，产量很低，由此拖累全厂陷入生产经营的困境。1993 年到 1995 年，是全国各大中型水泥企业获利丰厚的时期，白马山水泥厂未能抓住机会，1995 年以后企业经营情况更加恶化。在这种情况下，芜湖市政府于 1996 年请求宁国水泥厂收购白马山水泥厂，用获得的资金组建汽车生产企业。经芜湖市政府和宁国水泥厂多次协商，最后宁国水泥厂决定支付 2 亿元现金整体并购芜湖白马山水泥厂，此举不但盘活了白马山水泥厂，而且解决了市政府创办汽车企业的首笔注册资金。

宁国水泥厂兼并白马山水泥厂后，组建了新的领导班子。余彪任厂长，景雨湘任党委书记。新班子成立后，首先投资恢复了第 3 条湿法生产线的扩建，使其很快投产并达产达标。接着改造、完善“湿磨干烧”生产线，使其正常生产，达到预期指标。

与此同时，着手扩建一条日产2 000～2 500吨熟料的预分解窑新型干法生产线。在该条生产线的建设中，大胆采用天津水泥设计研究院开发的第三代篦冷机等3项新技术，自主进行DCS编程，进一步优化设计，实施和完善具有海螺特色的工程管理模式。工程于1997年6月破土动工，到1998年9月即建成投产，生产线很快达到设计指标。白马山水泥厂日产2 000～2 500吨熟料新型干法生产线的建设，其工期仅16个月，总投资下降到2.5亿元，投产后运转率达90%以上，开创了我国低投资建设该类规模生产线的新局面。

白马山水泥厂通过兼并后生产设施的完善和技术改造，自1997年就开始盈利，扩建新型干法生产线后利润迅速增高。宁国水泥厂并购和整合白马山水泥厂取得的成功，为中国水泥界国有大中型企业摆脱困境树立了范例。

1995年，宁国水泥厂与德国可耐福公司合资建设的年产2 500万平方米高档石膏板项目，曾是当年德国总理访华时签署的最大合资项目，总投资达5 500万德国马克。由于投资理念、管理方法上的分歧，又基于对市场的预测和对企业管理能力的评价，以郭文叁厂长为首的领导班子果断决策，决定退出，并拟定了各种退出的应对方式。郭文叁和郭景彬等与外方在上海太平洋大酒店进行了三天三夜的艰苦谈判，终于达成退股协议，获得巨额收益，进一步增加了主业发展后劲。实践证明，宁国水泥厂退出主业外的无效投资、集中财力建设水泥和塑料型材产业的决策，很有远见，十分正确。

宁国水泥厂在创建芜湖塑钢型材厂和兼并白马山水泥厂后，便将工厂总部搬到芜湖市。这里交通发达，信息灵通，融资方便，还有较好的人文环境。总部的搬迁，鼓舞了全厂职工的士气，改善了企业发展的条件，这是工厂领导在实施“双跨”发展战略过程中非常重要和正确的决策。

6. 海螺集团成立，初步构建集团化管理模式

随着企业兼并和跨行业经营的进展，宁国水泥厂的管理体制愈加明显地不适应发展的新形势。安徽省党政领导高度评价和重视宁国水泥厂以资产为纽带的企业扩张，为继续推进扩张，因势利导地决定按现代企业体制组建以宁国水泥厂为核心企业的集团公司。

1996 年 8 月 24 日，安徽省政府在芜湖召开的全省工业工作会议上，正式宣布批准成立安徽海螺集团有限责任公司，同时宣布授予国有资产经营权。从此，宁国水泥厂的发展步入安徽海螺集团有限责任公司的新阶段。

当时，安徽海螺集团有限责任公司所属全资和控股的企业已有安徽省宁国水泥厂、安徽铜陵海螺水泥有限公司、安徽省白马山水泥厂、芜湖海螺塑料型材有限公司和生产水泥复合包装袋的中外合资宁昌塑料包装有限公司，以及从宁国水泥厂剥离出来的服务性企业。

安徽海螺集团有限责任公司成立后，中共安徽省委和省政府任命郭文叁同志任公司董事长兼总经理，李顺安同志任副董事长、副总经理兼宁国水泥厂厂长，朱德金同志任董事、副总经理兼铜陵海螺水泥有限公司总经理，郭景彬同志任董事、副总经理，余彪同志任董事、副总经理兼白马山水泥厂厂长。这些同志就是在郭文叁董事长主持下带领全厂职工不断取得惊人成就的一班人。

安徽海螺集团有限责任公司作为一个控股管理公司，它成立的意义，在于打造了一个现代企业制度的管理架构，有利于企业在社会主义市场经济条件下进一步发展，为海螺水泥跨越发展和崛起奠定了重要基础。

二、海螺水泥的跨越发展和崛起

海螺水泥的发展，自始至终都得到国家和安徽省政府的支持和帮助。1997年，国务院以国发〔1997〕15号文，批准安徽海螺集团有限责任公司为全国120家大型企业集团试点单位之一。这对海螺水泥是一个莫大鞭策，也为其发展创造了有利条件。

海螺集团成立后，特别在中国加入世贸组织以来，牢牢把握国家产业结构调整和扶强扶优的机遇，着眼参与全球经济竞争，瞄准世界先进水平，解放思想、自我加压、奋力拼博，使海螺水泥实现了跨越式发展。自1996年以来，海螺水泥成功地开通融资渠道，开创新的建厂模式，不断推动技术进步，坚持企业制度改革，择机实施企业兼并与资产重组，按科学发展观构造和谐工厂，在规划指导下进行生产和市场的扩张。由此，其生产能力和企业效益高速增长，举世瞩目，已基本控制华东市场，在华南地区的发展也已初具规模。海螺水泥在世界东方巍然崛起。

1. 香港H股发行成功

1996年8月，海螺集团组建后，已初步具备快速健康发展的比较优势，但该公司在融资能力上显得过于薄弱，很难形成强有力的投资主体。以郭文叁董事长为首的领导班子意识到，进一步扩张企业所需资本不能仅限于利用外资方面，必须到资本市场去发行股票，建立融资渠道，以便不断地从资本市场取得企业发展所需资金。

当年9月，便组织人力开始研究和筹措发行股票问题。首先研究发行何种股票，A股、B股抑或H股？为能进一步完善现代企业制度，明晰法人治理结构和在管理上与国际接轨，决定发行H股。接着，开始进行艰难复杂的申报工作。在国家证监会和安徽省人民政府的大力支持和帮助下，1996 年 12 月，国家证监会批准安徽省宁国水泥厂为境外上市预选企业，1997 年元月，成立以郭文叁董事长为首的境外上市领导小组，集中力量，组织上市工作。通过竞争择选，确定了英国香港怡富证券公司为中介机构；在省政府领导下，清退了外资，理清了资产，成立了安徽海螺水泥股份有限公司；按香港股票联合交易所要求编写了各种法律文件。海螺水泥准备上市时，中国电信（后改为中国移动）已准备上市，其预定时间正好相同。

为避免在中国电信之后的发行风险，果断决定采取一切办法提前发行。于 1997 年 9 月 25 日开始国际配售推介工作，10 月 3 日，郭文叁、余彪、郭景彬、章明静等，以及中介机构人员，在伦敦怡富证券公司总部举行定价会。从上午 9 时一直到下午 3 时仍未谈妥，在反复的定价较量中，郭文叁董事长预感到港股有下滑趋势，并发现预购风头异动，认定事不宜迟，必须当机立断，于是毅然拍板，定价为 1 股 2. 28 港元。机构股认购非常顺利，10 月 21 日股票上市公开发行，海螺水泥发行股票宣告成功。此时，1997 年发生的东南亚“金融风暴”席卷香港，定价后的第二天即股票公开发行的当天，香港恒生指数从 15 820 点跌到 11 000点，海螺水泥股票从每股 2. 28 港元跌到 1. 50 港元。然而，海螺水泥募集的资金都已按预期目标安稳地进入自己的账户。海螺集团这次组织股票上市的经历十分惊险，只要迟几天就无法认购，其所以成功主要由于安徽省政府的及时支持、国家证监会的正确指导、海螺集团境外上市领导小组的艰苦努力和郭文叁董事长的果断决策。

在股票发行过程中，安徽海螺水泥股份有限公司从安徽海螺集团有限责任公司脱胎而出。海螺水泥的股份组成是：总股本 98 348万股；海螺集团占总股本的 63. 3%，H 股占 36. 7%。海螺水泥的领导组成是：郭文叁任董事长兼总经理，李顺安任执行董事兼副总经理，朱德金任执行董事兼副总经理，郭景彬任执行董事兼副总经理与董事会秘书，余彪任执行董事兼副总经理，王俊、纪勤应和景雨湘任监事。海螺水泥的诞生标志着计划经济模式下组建的企业——宁国水泥厂基本完成了向社会主义市场经济模式现代企业的过渡，使海螺集团水泥主业发展进入一个新阶段。在这新阶段中，以郭文叁董事长为首的海螺水泥领导班子带领公司广大职工创造了中国水泥史上企业发展的奇迹。

海螺水泥H股上市，以宁国水泥厂日产4 000吨熟料新型干法生产线和白马山水泥厂3条湿法窑生产线的资产，募得资金8亿元。此后，海螺水泥向海螺集团定向收购了宁国水泥厂日产2 000吨熟料新型干法生产线75%股权、铜陵海螺水泥有限公司68.2%的股权和宁波海螺水泥有限公司60%的股权。此外，还扩建了白马山水泥厂日产2 000～2 500吨熟料新型干法生产线。到1997年，海螺水泥成为中国最大的水泥控股公司。铜陵海螺水泥有限公司和宁波海螺水泥有限公司原先都是亏损企业，经优化资产和改善管理逐步减亏，到2000年盈亏持平，2001年都成为盈利企业。

2. 开创"海螺"发展模式

郭文叁董事长领导着一班人始终都是一手抓产品经营，一手抓资本经营，经营资本时不忘经营产品，随时保持"两个轮子"一起转。产品销售是产品经营中的重要一环，海螺水泥在自己的历史进程中不断改革销售体制，由代销改为直销；由各厂销售改为公司统一销售，统一结算；在这基础上又改为在统一结算下的公司总部统一销售与工厂所在地销售相结合，还建立了产品定价程序和产品销售的激励机制。尤为可贵的是，他们十分重视营销策略的研究，针对不同时期、不同地区的情况变化，随时采取不同的营销策略。

1996 年开始，中国水泥市场急转直下，出现衰退，产品滞销，价格下降，使许多企业陷入困境。海螺水泥面对这样的严峻局面，迅速调整市场营销策略。过去，海螺水泥只生产 525 号（相当于新标准 42.5 等级）硅酸盐水泥，销往上海等大城市。在水泥市场不景气的情况下，海螺水泥果断地进行了市场战略和产品战略的调整，组成了由李顺安领导的产品研发小组，研制出适合农村市场、成本较低的 425 号（相当于新标准 32.5 等级）复合水泥，大量使用煤矸石、粉煤灰等工业废渣，抢占农村市场。海螺牌复合水泥质量好、价格低，在当地中小城市和农村十分好销，经常排长队购买，使工厂周围方圆 200 公里内的很多立窑小水泥厂被迫淘汰。在全国许多大中型水泥企业濒临亏本的情况下，海螺水泥由于营销策略的改变而依然获得丰厚利润。32.5 级复合水泥成为农村市场的主导产品。

海螺水泥核心企业宁国水泥厂与上海市的密切关系有其历史渊源。20 世纪 70 年代初，上海市在安徽省宁国县建了一个年产水泥 24 万吨的胜利水泥厂，其产品全部供上海市建设之需要。80 年代，国家建材主管部门与安徽省政府在胜利水泥厂旁建了一个年产 130 万吨的宁国水泥厂，其大部分产品与胜利水泥厂产品一起销往上海市场。1985 年，上海市政府将胜利水泥厂移交给了安徽省政府；1993 年，安徽省政府将胜利水泥厂并入了宁国水泥厂。于是，上海市很自然地成为宁国水泥厂的传统市场。1993 年到 1996 年间，宁国水泥厂在上海市销售水泥每年高达 120 ~ 150 万吨，占当时上海市 525 号水泥市场份额的 50% 以上。上海市主要建筑工程项目都指定用宁国水泥厂海螺牌水泥。

1996 年，有一家地处长江下游的大型水泥厂建成投产，设计年产水泥 200 万吨。到 1997 年，该厂生产情况渐入佳境，产量达到设计指标，此时却遇到了愈加不景气的市场，销售发生困难。为打开上海水泥市场，该企业采取了不惜血本的促销手段，抢得了不少客户，使宁国水泥厂在上海的市场失去了“半壁江山”。

以宁国水泥厂为核心企业的海螺水泥领导为避免恶性竞争，减少损失，决定避其锋芒，暂时退出上海部分市场，实行上海地区营销策略大调整。在上海市及其周围中小城市兼并收购中小型水泥企业，将其改造成粉磨厂，采用从铜陵水泥厂沿长江水运来的熟料和当地的混合材磨制成水泥销售，既降低了水泥生产成本，又占领了被兼并企业的市场，对已失去的市场形成“农村包围城市”的合围之势，同时培育竞争力，以逸待劳，一旦时机成熟便重返上海市场。于是，海螺水泥股份有限公司又开始进行新一轮的企业扩张。

1998 年 10 月，海螺水泥兼并上海奉贤水泥厂，成立上海海螺水泥有限公司，对其控股 55%。该厂位于上海市南部郊区奉贤县的黄浦江边，有 3 条机立窑生产线，年产水泥 25 万吨，还有一个拥有 4 个 1 000 吨级船只泊位的码头。海螺水泥控股后随即对其进行技术改造，拆除立窑生产线，逐步改建成年产 160 万吨水泥的粉磨厂。在这里生产的水泥可在竞争对手无法涉足的上海市郊销售并能随机进入市区。

1998 年 9 月，海螺水泥兼并江苏省张家港水泥厂，成立张家港海螺水泥有限公司，对其控股 95%。该厂位于上海市西边约 80 公里的苏南地区，有水路相通，可直达上海市内。这个厂原是立窑企业，年产水泥 20 万吨，有一个可停靠 15 条 250 吨级船只的码头，由于环保问题，1997 年张家港市政府勒令其立窑停业，此后便购置熟料磨制水泥，维持生产。海螺水泥将其兼并后，随即推倒立窑，改造成为年产 30 万吨水泥的粉磨厂，其产品除在张家港市销售外，还可扩大到其他苏南地区和上海市周边地区。2002—2003 年，根据市场需求状况，张家港海螺水泥有限公司在张家港市沿江经济开发区分两期扩建了四套大型粉磨系统，配套建设2万吨级的出口专用码头，新增水泥产能320万吨。与此同时，原立窑厂所处位置因与市区距离太近，为支持地方城市规划建设，海螺水泥决定将老厂的生产线全部拆除，土地还给了张家港市用于城市建设，磨机则调往福建建阳海螺水泥有限公司。

1999年6月，海螺水泥兼并江苏省南通市水泥厂，成立南通海螺水泥有限公司，对其控股99%。该厂位于上海北面的苏北地区，与上海隔江相望，原是一个立窑小企业，年产水泥15万吨，拥有长江和内河码头各一个，所占长江岸线有210米。海螺水泥将其兼并后，立窑停产，改造成年产120万吨水泥的粉磨厂，其产品既可销售苏北地区，也可到上海出售。

通过兼并上海市奉贤水泥厂、张家港市水泥厂和南通市水泥厂，海螺水泥基本完成了从南、北、西等三个方向对上海市场的合围。与此同时，海螺水泥还收购了南京江北浦口水泥厂和合肥市的长丰县水泥有限公司，分别成立了南京海螺水泥有限公司和长丰海螺水泥有限公司。南京江北水泥厂是一个小回转窑厂，位于南京市长江以北的浦口区，年产水泥15万吨，属南京军区后勤部。由于产能小、负债重、人员多、成本高，经营十分困难，1996年被迫停产，1998年实行破产。经安徽省领导和南京军区首长的牵线搭桥，海螺水泥收购了这个企业，随后分两期将其改造成年产170万吨的粉磨厂，主要在南京市江北地区销售。收购南京江北水泥厂的意义，还在于海螺水泥在长江下游重镇——南京市建立了一个“桥头堡”，为下一步更大的扩张做准备。长丰县水泥公司有一个年产10万吨水泥的立窑厂，海螺水泥将其兼并后即改造成年产60万吨水泥的粉磨厂，从而在省会合肥市建立了一个“据点”。

至此，海螺水泥在沿江、沿海、沿铁路收购、兼并了14个中小型水泥企业，投资改造成粉磨厂，既盘活了存量资产，又实现了市场扩张。

海螺水泥在上海地区实施的营销策略大调整十分有效。那家水泥企业不惜血本的促销手段毕竟不能持久，到1999年就无法再继续下去。此时，海螺水泥在上海周边地区的粉磨厂相继投产，具有很强竞争力，到2000年，便“抬着头，挺着胸”大踏步重返上海市场，夺回失去的市场份额，实现预期目标。苏南和苏北没有石灰石资源，不宜建大中型水泥企业，是传统的水泥输入地区。当时那里经济快速发展，水泥需求量增长极快，已成为水泥产品销售的必争之地。海螺水泥在营销策略调整中，除夺回上海市场外，还获得苏南、苏北部分水泥市场，取得意想不到的效果，也为今后在这个地区的发展奠定了基础。

在中国国际工程咨询公司评审铜陵海螺水泥有限公司扩建项目的会议上，专家们对于在石灰石资源丰富地区建预分解窑新型干法水泥熟料基地，在市场地区兼并小型水泥企业然后将其改造成粉磨厂的建厂方式赞赏有加，誉为“海螺”发展模式。这种水泥企业发展模式后来在全国范围内被广泛学习和推广，成为我国水泥结构调整的主要方案。海螺集团为中国水泥工业发展提供了宝贵经验，再次做出重要贡献。

3. 按“T型”发展思路，制订并实施第一轮战略发展规划

1998年，国家针对通货紧缩问题，对传统产业实施“控制总量，调整结构”的战略性调整，同时开始执行积极的财政政策和稳健的货币政策，发行长期国债，加强基础设施建设和老厂改造。

郭文叁董事长认真分析了当时的形势，既看到了挑战，更看到了机遇，非常敏锐地意识到，为使企业进一步扩张，必须在市场定位的前提下制订出新的发展战略。

在上海地区水泥营销策略进行调整的同时，海螺集团领导班子组织公司有关部门进行了广泛的市场调查。他们走遍了华东地区沿长江、沿海和沿铁路主干线的各主要城市，在调查的基础上写出《中国水泥工业概况和华东水泥市场》的报告，在郭文叁董事长的亲自指导下，制订出《市场建设规划》。

在《市场建设规划》中，海螺水泥近期水泥市场总体定位在华东五省一市，即安徽省、江苏省、浙江省、福建省、江西省和上海市，在具体市场定位中所遵循的基本原则是：依托长江黄金水道，发挥铁路和内河的交通优势；以沿长江、沿海水路城市为主市场，重点开拓铁路沿线的陆路城市市场；立足华东，辐射中国沿海和境外东南亚市场。

为广泛听取各方面专家的意见，郭文叁董事长聘请中国国际工程咨询公司共同制订企业发展规划。用两年多的时间，于2000年初制订出海螺集团3～5年战略发展规划。

在规划中，海螺集团将以水泥为主、化学建材为辅，谨慎发展与主业相关的其他产业。水泥主业的发展目标为：三年内水泥及商品熟料生产能力达1 500万吨，五年内水泥和商品熟料生产能力达到3 000万吨。集团营业收入三年内突破70亿元，五年内超过100亿元。

这个规划在集团公司中高层干部会议上审议时，以98%的高票率获得通过，对海螺水泥的进一步发展产生了很大推动作用。

在第八个五年计划初期，国家建材局制定了水泥“T型”发展战略，在沿长江和沿海城市安排了一个庞大的地质勘探计划，拟利用国内外资金开始建设一大批预分解窑新型干法大型水泥生产线。海螺集团领导在规划实施过程中，正是继承并发展了这一战略思想，对具体项目进行选点和建设。

海螺集团的“T型”发展战略构思主要是，在沿长江拥有丰富石灰石资源的地区建设预分解窑新型干法水泥熟料基地，在长江下游和沿海地区兼并小型水泥企业，将它们改造成粉磨厂或水泥转运站，占领当地市场。在安徽省政府的支持下，在第一轮战略发展规划的指导下，海螺水泥开始更大规模的新型干法水泥熟料基地建设。

1999年初，海螺水泥顶着国家有关部门“三年不准上新项目”的规定，冒着风险在荻港筹建了两条日产2 500吨熟料新型干法建设项目，后来又孕育了池州、枞阳熟料基地项目，为异地建设大型熟料基地积累了经验，从而奠定了发展的基础。可以说，海螺水泥的创业者们把企业的发展和职工的根本利益看得比自己的政治生命还要重要。

1999年9月，开工建设荻港海螺水泥有限公司熟料基地。2001年2月，建成两条日产2 500吨熟料新型干法生产线。熟料基地距长江约两公里，产品和原燃材料都靠水路进入工厂，这种运输方式的运量大且费用低。在建设过程中，最初选定的厂址是一片平坦的农田，为避免占用良田和降低投资成本，郭文叁董事长数次到现场踏勘，历尽艰辛，走遍了荻港镇的山山水水。经过比较，最后选定利用石灰石矿山至码头岸线中间的一座石山作为厂址。在设计时，新型干法生产线各工序由高到低依次建在若干个台段上，有效地利用绝对落差80米。其好处是：可节省大量购地资金，荒坡地价格仅为农田的1/20；可降低生产成本，物料由高到低流动可节约电耗。沿着山坡地分若干台段建设新型干法生产线在我国尚属首例，后来被不少水泥企业所模仿。该项目共采用13项国内新技术，工艺流程最大限度地得到优化，投资大幅度降低。国家有关部门在此召开现场推广会，进一步推动了我国水泥新型干法的发展。

2000年9月，开工建设枞阳海螺水泥股份有限公司熟料基地。2002年2月建成两条日产2 500吨熟料预分解窑新型干法生产线。熟料基地也是靠近长江，产品和原材料主要由水路运输。枞阳海螺水泥股份有限公司是在安徽省政府和地方政府指导下兼并枞阳水泥有限公司而组建的。后者是一个立窑企业，拥有储量丰富的优质石灰石矿山。枞阳海螺水泥股份有限公司成立后，将立窑厂改造成水泥粉磨厂，在立窑厂不远处新建预分解窑新型干法生产线，大部分工人都留下进行新技术培训后转到新型干法线岗位。这是海螺水泥兼并立窑厂并将其改造成新型干法厂的成功范例。

4. 成功开发出低投资、国产化日产5 000吨熟料预分解窑新型干法生产线

2000年年底，开工建设铜陵海螺水泥有限公司第二条日产5 000吨熟料新型干法生产线。自宁国水泥厂开创低投资建设日产2 000吨熟料新型干法生产线的先例后，海螺水泥又连续建设了五条日产2 500吨熟料新型干法生产线。在建设期间，海螺水泥领导人认识到，为加速水泥工业结构调整，还必须进一步开发出低投资、国产化的日产5 000吨熟料预分解窑新型干法生产工艺和装备。郭文叁董事长将这个愿望报告了来厂视察的国家经贸委领导，当即获得积极支持。这位领导还提出具体目标：用5亿元资金、采用国产设备在两年内建成日产5 000吨熟料新型干法生产线。海螺水泥在与国内外有关单位进行技术交流的基础上，与设备制造厂和设计研究单位合作，重点开发了立磨生料制备系统。与沈阳重型机械厂合作开发制造出的两套国产立磨系统，经与我国新开发出的日产5 000吨熟料烧成系统相配套，其中一套用于建设池州海螺水泥股份有限公司第一条新型干法生产线，另一套用于扩建铜陵海螺水泥有限公司第二条日产5 000吨熟料新型干法生产线。这两条日产5 000吨熟料新型干法生产线，都在2002年年初差不多的时间里，同时建成并投入调试，也都遇到了国产立式原料磨的振动问题。经过近半年调试，立磨振动问题得到解决，设备运转正常，这两条生产线熟料日产量都超过了5 000吨的设计指标。池州海螺水泥股份有限公司第一条生产线由于完全是新建，其总投资为5亿多元，铜陵海螺水泥有限公司扩建，由于不需新建矿山和码头，其投资约2.5亿元。这两条生产线的设备国产化率都达90%以上。海螺水泥对低投资、国产化的日产5 000吨熟料新型干法技术攻关取得重大突破，日产5 000吨熟料新型干法生产线现已成为我国水泥工业中的发展主力。海螺水泥的这个重大突破，大大加快了水泥工业结构调整的步伐，有力地推动了我国水泥工业的技术进步，在中国水泥史上树立了又一座丰碑。

5. 调整企业资本和领导层结构，增强企业实力

海螺水泥随着事业的扩大，继续改革管理制度，调整产权结构，加强领导力量和资本运作，不断提高企业的素质和增强企业的实力。

2000年，荻港海螺水泥股份有限公司在熟料基地的建设中，经安徽省体制改革委员会批准，在资产增量中职工持股49%，海螺水泥股份有限公司持股51%。实践证明，职工持股大大增强了职工的凝聚力，使职工真正成为企业的主人。其直接的效果是使建设投资进一步下降，生产效益进一步提高，公司得到更快更好的发展，并能吸引和留住人才。海螺水泥规定，企业管理和技术骨干可多入股，如果辞职离厂，所持股份只能按入股时的原始价退出。这样，企业骨干都被“金手铐”铐住，并能将他们为企业工作的积极性充分调动起来。面对外资企业和民营企业“挖人”的挑战，这个办法很有效。在枞阳海螺水泥股份有限公司、池州海螺水泥股份有限公司熟料基地建设以及铜陵海螺水泥有限公司熟料基地扩建时，都实施了职工入股、调整产权结构的做法。

2001 年，海螺水泥领导层做出调整，董事不兼任经理和董事会秘书，提拔一批在各自岗位做出重大业绩的年轻人进入领导层，担任经理和董事会秘书。由任勇同志担任总经理，何承发、孙屹东和齐生立同志任副总经理，章明静同志任董事会秘书，朱忠平同志接替景雨湘同志任监事。海螺水泥领导层在中国大中型重点企业中尚属一个年轻的班子，他们在年富力强、正当年的时候就补充年轻成员的做法，充分表现出郭文叁董事长领导下的一班人对事业的高度责任感，同时展现出公司未来的美好景象。

经一年多艰巨筹备工作，2002 年 1 月海螺水泥在上海证券交易所发行 2 亿股 A 股取得成功，募集资金 8 亿元。董事会当年决定拿出包括部分净利润和折旧在内的 7 亿元自有资金和 8 亿元股票收入，用于扩建和新建水泥企业，加上银行贷款，海螺水泥 2002 年投资规模超出 30 亿元。

从 2001 年起，海螺水泥开始限制建设日产 2 500 吨熟料生产线，取而代之的是以日产 5 000 吨熟料为主的大型生产线。2002 年至 2004 年，海螺集团分别在安徽铜陵、池州、枞阳、荻港、宁国，江苏南京，浙江建德，广西桂林，湖南双峰，广东英德等地共建成投产日产 5 000 吨生产线 16 条。

海螺水泥在建设熟料基地的同时，在市场附近继续兼并水泥企业和建设粉磨厂或扩建原有的粉磨厂。自 2002 年至 2004 年，分别在江苏张家港、泰州、淮安、太仓，浙江上虞等地建成 12 个 160～300 万吨规模的大型水泥粉磨站。

6. 对宁波星港水泥有限公司、庐山水泥厂、中国水泥厂和雪峰水泥公司的兼并重组

截至 2004 年，海螺集团成功地对 17 个企业进行了兼并重组，以集团公司的无形资产激活国有存量资产达 30 多亿元，盘活各金融机构不良信贷近 20 亿元。通过技术改造、输出管理、移植制度

和文化兼容，这些企业都已焕发生机，大部分已成为集团公司骨干企业。在这里特别要提到的是，海螺集团对宁波星港水泥有限公司、江西庐山水泥厂、中国水泥厂和雪峰水泥公司的兼并重组。

1）宁波星港水泥有限公司是利用世界银行贷款建设的年产水泥70万吨的粉磨厂。浙江省宁波市政府为此设立了宁波星港水泥有限公司，投入3.8亿元。粉磨厂于1996年年中建成投产。由于投资过高、水泥市场不景气和熟料来源不稳定等问题，宁波星港水泥有限公司自粉磨厂投产后便入不敷出，发生经营性亏损。为彻底摆脱经营困境，宁波市政府要求海螺集团给予合作。经反复协商，于1997年8月双方达成协议，商定将企业注册资本由1亿元增加到1.5亿元，海螺集团出资9 000万元持股60%，将宁波星港水泥有限公司改名为宁波海螺水泥有限公司。不久，海螺水泥股份有限公司通过回购将其转为自己的控股子公司。按1997年当时的情况，海螺集团凭自己的技术和管理经验，若在宁波新建一个同等规模的粉磨厂，估计只要用其建设费用的一半就可建成。此次不惜重金去控股这个粉磨厂，主要目的是为了占领浙江的东南沿海市场。宁波海螺水泥有限公司经过2次扩建，水泥生产能力已达360万吨，盘活了资产，还清了世界银行贷款，生产经营步入了良性循环，既对地方经济做出了贡献，又使海螺水泥继进入江苏市场之后，再次实现重大的市场有效扩张。

2）庐山水泥厂位于江西省九江市，是一个年产熟料30万吨的湿法回转窑厂，原是国家大中型水泥骨干企业。进入市场经济以后，由于设备陈旧、历史负担过重和职工观念问题，企业经营举步维艰。为了盘活存量资产，经友好协商，2002年元月，海螺集团对庐山水泥厂实施了兼并重组，改名为江西庐山海螺水泥有限责任公司。该企业地处世界著名的风景名胜区，无法扩建熟料生产线。为解决老企业生存和发展问题，海螺集团投资在工厂码头区扩建一个年产110万吨水泥的粉磨厂，采用沿长江和鄱阳湖水运来的池州海螺水泥股份有限公司的熟料，制成的水泥进入九江市和鄱阳湖周围地区的市场。与此同时，通过新建粉磨站对其进一步分流人员。庐山水泥厂获得了新生，海螺集团对该厂的兼并重组取得成功。

3）中国水泥厂是具有 80 多年历史的老厂，也是原国家大中型水泥骨干企业，位于南京市的京沪铁路沿线，离长江约 3 公里。由于经营不善和历史负担过重，企业到了破产的边缘。在江苏省、南京市等地方政府的支持下，2002 年 2 月，中国水泥厂加盟海螺集团，改制为中国水泥厂有限公司。具有 80 多年历史的中国水泥厂的名字保留了下来，显露了海螺集团领导尊重历史的可贵理念。海螺集团兼并中国水泥厂后，即倾全集团之力，在人力、资金等方面，给这个厂以特别的支持。重组当月，就实现了多年来第一次足额纳税、第一次按时足额交纳电费、第一次现金流量出现正值。经过继续努力，中国水泥厂这个创办于 1921 年的濒临倒闭的老企业恢复了生机，使 3 000 多人的就业得到妥善安置。海螺集团在这里扩建了两条日产 5 000 吨熟料新型干法生产线，加上原有的一条日产 2 000 吨熟料新型干法生产线和四条湿法回转窑生产线，使中国水泥厂成为一个年产 300 万吨水泥和年产 400 万吨熟料的生产基地。

4）雪峰水泥公司前身为湖南省新化水泥厂，创建于 1971 年，职工约 3 000 人。由于管理不善、设备陈旧和历史包袱沉重，到 2003 年 4 月，该公司已处于全线停产状态，职工三个月未发工资，总负债已达 5 亿元，欠职工工资、养老保险等费用超过 4 000 万元。为摆脱困境，湖南省政府领导提出了寻求海螺集团对雪峰水泥公司进行资产重组的设想。经过半年多谈判，2003 年 4 月，双方签订了《协议书》。为稳定职工情绪和减少资产损失，海螺集团应省政府领导要求，在尚未签订《股权转让协议》《资产转让协议》和《人员安置补偿协议》等三个配套文件情况下，于2003年4月提前接管了工厂，并投入大量人力和财力，很快使雪峰水泥公司这个濒临倒闭的企业恢复运行。

海螺集团对国有老企业的收购兼并并不是一帆风顺的。在庐山水泥厂加盟海螺集团的初期，发生了大规模围攻海螺高管人员事件；中国水泥厂由海螺集团兼并后，也接连发生多起围攻海螺高管人员事件，还发生了“三一五”罢工事件，在社会上造成了很坏的政治影响。由此可见，对国有老企业的改造，仅仅依靠输入资金和技术是远远不够的，还必须剔除国有老企业落后的观念和习惯，还必须磨合兼并与被兼并企业间在制度和文化上的差异，这需要相当漫长的时间。

尽管如此，海螺集团对庐山水泥厂、中国水泥厂和雪峰水泥公司等国有老企业的兼并重组，还是得到全国水泥界的赞扬，普遍认为这是盘活国有老企业的最佳选择，也是计划经济转向社会主义市场经济过程中的正常现象。

7. 瞄准世界先进水平，继续推动技术进步，建设日产万吨熟料新型干法生产线

海螺集团在生产发展中不断推动技术进步，其重要发展理念之一就是每新建一条生产线，在技术上都必须有所创新。海螺水泥领导层在开发低投资、国产化日产5 000吨熟料新型干法生产技术时，就开始筹划建设日产10 000吨熟料新型干法生产线。此时，得到原国家建材局主管计划的副局长乔龙德同志的积极支持，这对增强建设万吨熟料生产线的信心大有帮助。在筹划初期，郭文叁董事长组织一百多名技术骨干，分别赴泰国考察日产10 000吨熟料新型干法生产线，赴韩国考察日产8 000吨熟料新型干法生产线，以及这两个国家的年产千万吨级巨型水泥工厂。在考察中，他们看到了特大型熟料生产线和巨型水泥工厂在降低成本和提高产品质量上的巨大优势。结合考察情况，分析自己的技术、资金和区域位置等条件后认为，在引进部分关键技术设备的情况下，可以有把握地建设和运行好这种特大型生产线和巨型工厂。考察坚定了建设万吨熟料生产线的决心。

海螺集团建设日产 10 000 吨熟料新型干法生产线是分两步进行的。先建设日产 8 000 吨熟料新型干法生产线作为技术台阶，然后向技术高峰攀登，建设日产 10 000 吨熟料生产线。2001 年，原国家计委和原国家经贸委分别批准海螺集团立项建设日产 8 000 吨和日产 10 000 吨熟料生产线。

日产 8 000 吨熟料生产线建在池州海螺水泥有限公司熟料基地，所用设备购自大宇（山东）水泥有限公司。该公司于 1997 年在山东省泗水县建成投产了一条设计产量为日产 7 200 吨熟料的新型干法生产线，打算接着就扩建第二条同样规模的生产线，向国外订购了设备。后因缺乏资金，大宇（山东）水泥有限公司没有力量再进行扩建，决定出卖全套设备。这套设备是德国伯力鸠斯公司在法国的分公司生产的，具有鲜明的伯力鸠斯公司的技术特色。购买合同于 2002 年初签订，接着就开始生产线建设。2003 年初，正当工程建设高峰时期，全国性非典型性肺炎疫情突然袭来，给建设队伍的稳定带来很大影响。德国专家不能按时到现场指导设备安装，给工程进展造成很大困难。池州海螺水泥股份有限公司工程建设班子与设计、施工、安装单位密切合作，克服各种困难，将影响降低到最低程度。2003 年 9 月，日产 8 000吨熟料新型干法生产线建成，由于设备安装和操作技术等方面的问题，停停开开地试运转了近三个月后才正常生产。2003 年 11 月，该生产线日产量达到 8 420 吨熟料，创造同类生产线的最高纪录。大宇（山东）水泥公司的生产线产量一般情况下都是日产 7 200 吨，最高达到 7 400 ~ 7 600 吨熟料。虽然生料系统的富余能力不够，但池州海螺水泥有限公司这条生产线的日产量现仍保持在日产熟料 8 000 吨左右。这条生产线于 2003 年 11

月正常生产后正遇上华东地区水泥价格猛涨的时机，取得了惊人的好效益。

日产10 000吨熟料生产线建设的主要技术难点在烧成系统。生料制备系统由两条日产5 000吨熟料的生料系统合并而成，其技术在我国已成熟。海螺集团对这个技术难点是通过向国外购买成套技术设备来解决的。2002年，向丹麦史密斯公司和德国伯力鸠斯公司同期购买各两套日产10 000吨熟料烧成系统成套技术设备，与德国CP公司同时签订了购买四台冷却机的合同。这种批量购买设备的举措，充分显示出集团领导层的自信、精明和宏大气概，国内外同业人士都为之赞叹不已。

史密斯公司的两套设备安装在铜陵海螺水泥有限公司，伯力鸠斯的一套建在枞阳海螺水泥股份有限公司，另一套建在徐州海螺水泥有限公司。2004年6月，铜陵海螺水泥有限公司的第一条日产10 000吨熟料新型干法生产线，在生产、设计和施工等单位密切合作下，建成投产，当年7月即通过72小时达标验收，投产过程很顺利。实践说明，作为技术台阶，先建设日产8 000吨熟料新型干法生产线的决策是很明智的。枞阳海螺水泥股份有限公司日产万吨生产线、铜陵海螺水泥有限公司第二条日产万吨生产线和徐州海螺水泥有限公司的万吨生产线，继铜陵海螺水泥有限公司第一条日产万吨生产线投产后，于2004年下半年先后建成，投产过程也都很顺利。

当时国际上水泥熟料生产线最大规模是日产10 000吨熟料，全世界此前仅三条。2004年一年内，海螺集团就有四条日产10 000吨熟料新型干法生产线成功投产，标志着我国水泥工业的新型干法生产技术已迅速提升到世界先进水平，海螺水泥的生产技术由日产5 000吨熟料已跨越式步入日产10 000吨熟料的世界最高技术殿堂。

8. 重视生态环境保护，构建和谐工厂

随着经济高速发展，生态与环境的保护越来越受到人们的重视。水泥工业作为高能耗、资源性产业，其生态环境保护任务十分繁重。“为人类创造美好的生活空间”是海螺水泥的经营理念和不懈追求。它作为一个在国内外享有盛誉的水泥大型企业集团，不仅重视生产技术的提高和生产规模的扩大，以提高自己的市场竞争力，还有着强烈的社会责任感，重视工厂的环保、美化、绿化和资源综合利用，把构建和谐工厂作为自己的一贯目标。多年来，海螺水泥重视生态环境保护的意识贯穿在工厂的规划、建设和生产等全过程，为此做出了巨大投入，得到当地政府和群众的称赞。

池州海螺水泥股份有限公司熟料基地建在一个国家级鸟类保护区边缘。这里植被茂盛，风景秀丽，矿山资源丰富。早在20世纪80年代，国家建材主管部门做出规划，在此建造一个水泥生产基地，并完成了矿山资源勘探工作。池州海螺水泥在建设和生产过程中十分重视生态和环境保护。在规划和设计中，海螺集团郭文叁董事长要求基地建设的环保必须达到国际先进水平，必须切实执行国家和地方的环保要求。据此，在建设中都按国际排放标准配备环保装置，按国家环保总局的环评批复意见，调整矿山破碎机位置、停建水泥粉磨系统、改变建筑物红色为自然色、对廊道实行全封闭、高噪声设备全部加装消声器、建立鸟类观测站等。在施工过程中，郭文叁董事长还要求不得任意破坏植被，较大树木的移动必须由他批准，建设工作结束后，要加倍复原施工中破坏的植被和搬运的树木。在生产中，池州海螺水泥员工精心维护各种设备和严格执行各项管理规程，避免无组织排放和二次扬尘。2002年7月，国家环保总局主要领导到这里视察时，称赞海螺水泥不但项目搞得好，环境保护工作也非常好，给予了

很高评价。2004年11月，池洲海螺水泥熟料基地顺利通过国家环保验收，各项环保指标均达到或超过国家规定要求。经过近两年观察，保护区内鸟类数量和种类均保持基地建设前的水平。现在，池州海螺水泥熟料基地正坐落在一个青山碧水、鸟语花香、绿树成荫的大花园中，真是人见人爱，成为中国水泥行业构建和谐工厂的楷模。

海螺水泥在沿长江和沿海建设了一批专用码头，用于装卸熟料。预分解窑新型干法生产的熟料与其他方法生产的熟料不同，其颗粒细、粉尘多，装卸时扬灰很大，码头装卸时产生粉尘污染。为解决这种污染问题，国内外尚无成熟技术可采用。2003年，海螺水泥集中力量对码头粉尘污染问题进行技术攻关。经过反复试验，终于取得成功。安徽枞阳、铜陵，江苏张家港、泰州，浙江宁波等专用码头的粉尘污染全部得到治理。海螺水泥在这些地区树立了良好企业形象。

海螺水泥不仅在建设和生产中重视生态环境保护，同时还大量利用各种工业废渣，大胆试验处理社会废弃物，以及大批增建纯低温余热发电设施，积极分摊社会环境污染负担，增强与社会的相融性。

水泥厂纯低温余热发电，不消耗燃料，不排出废气。所以这项技术措施不仅能降低生产成本，还可减轻由于燃煤发电而造成的污染负担，是一举两得的好事，是一项非常有价值的环保工程。1998年3月，海螺水泥股份有限公司宁国水泥厂与日本川崎重工业公司合作，在日产4 000吨新型干法生产线上建成我国第一个水泥厂纯低温余热发电装置，装机容量6 480kW，设计吨熟料发电能力为34kW·h，实际达到39kW·h，发电成本不到0.1元/kW·h，显示出非常好的社会和经济效益。

海螺水泥为进一步贯彻党中央、国务院关于科学发展观和可持续发展方针，以及实现构建和谐社会的目标，在迅速扩大预分解窑新型干法生产的同时，于 2002 年开始筹划大规模推广纯低温余热发电技术措施。经过两年多消化吸收外国技术的开发工作，决定采取在引进外国关键设备条件下，采用自行设计和自行配套的办法，在日产 5 000 吨熟料新型干法生产线上成批建设纯低温余热发电装置。2004 年 10 月，向日本川崎重工业公司订购了 11 套纯低温余热发电关键设备，用这些设备建设的发电装置随后全部建成投产。海螺水泥的纯低温余热发电年总发电量达到 14. 5 亿千瓦时，在全面构建和谐工厂的进程中，取得重大成果。

9. 改革集团产权制度，完善经营激励机制和约束机制

在 2002 年 4 月中共安徽省委召开的稳定工作会议期间，省领导要求海螺集团利用企业管理基础较扎实、经济实力较强、领导班子和职工队伍素质较高的优势，带头改革产权制度，为省属国有大中型企业改革探索出一条路子。

会后，海螺集团的改制工作即在中共安徽省委、省政府的领导下，在省有关厅、局的直接指导下，稳妥、规范地进行。经过一年多的艰苦工作，在 2003 年底顺利完成集团改制，海螺集团由国有独资公司转变为国有控股公司。作为省政府出资人的安徽省投资集团有限公司持股 51%，安徽海螺创业投资有限公司代表海螺集团 7 637 名员工持股 49%。员工持股的资金主要来源于国有企业职工身份置换补偿金和历年来工效挂钩工资节余。改制后，海螺集团的管理架构和决策程序基本未变，对海螺水泥和海螺型材两家上市公司持有的股份比例保持原状，管理层人员保持稳定。

海螺集团改制工作是在 2002 年年中到 2003 年年底进行的。2003 年 11 月 30 日，国务院办公厅国办发〔2003〕96 号文转发了国资委《关于规范国有企业改制工作的意见》。对照这个文件可看出，海螺集团改制工作虽然是在国务院转发文件之前进行的，但在方案制订、资产评估、定价管理和维护职工合法权益等方面都符合国家文件精神。海螺集团的改制具有前瞻性，得到了国家国资委和国家证监委的认可。

在改制过程中，海螺集团领导自始至终发扬民主，坚持“公开、公平、公正”的原则，维护了国家、企业、职工三者合法利益，整个改制过程平稳，没有出现一个职工上访或写信，更没有发生任何一种过激行为，达到了安徽省委和省政府的要求，取得了圆满成功，也为水泥行业国有企业的改制树立了榜样。

1）改制方案由省经贸委牵头制订。

2000年，海螺集团在资产增量中曾进行过产权结构的调整，经营者和职工组成员工持股会，与海螺水泥股份有限公司共同出资建设了新的生产线。两年多的实践证明，由员工持股而形成的企业激励机制和约束机制非常有效，建厂投资大幅下降，生产效率大幅提高，员工成了企业真正的主人。

2002年，海螺集团的产权制度改革是资产存量的变动，与资产增量中产权结构调整有很大不同，涉及面也大得多。《海螺集团公司改制方案》由安徽省原经贸委牵头制订，省分管领导负责把关，依次经省长办公会和中共安徽省委常委会讨论通过，最后由省政府正式批复实施，使方案具有很高的权威性。方案的可操作性和权威性取得了企业员工对改制的信心和决心，为顺利改制创造了有利条件。

在改制方案批复中，省委提出了明确要求：要有利于海螺集团的快速发展，有利于保护经营者和职工的积极性；改制工作要合法、合规；要减持海螺集团的国有股，实现股权多元化，完善母子公司法人治理结构；要依法解除国有全民职工劳动关系，建立新型劳动用工机制；要建立规范的现代企业制度。省委的批复要求，为海螺集团产权制度改革指明了正确的道路和目标。

2）资产整体评估，未做剥离。

资产评估是改制工作的一个重要环节，也是衡量改制工作是否符合国家、企业、职工三方整体利益的主要方面。海螺集团资产评估工作是在改制启动后由安徽国信资产评估有限责任公司承担，评估结果经安徽省财政厅核准。安徽海螺集团有限责任公司是母公司，对其资产进行整体评估，没有剥离，没有折让，实现了国有资产的保值与增值。海螺集团资产评估完全符合国家有关规定，得到政府资产管理部门的好评。

3）妥善解决职工身份置换补偿金和工效挂钩工资节余额的分配问题。

这是改制中的难点问题，也是职工最关心的热点问题。解决这个问题的基本方法是，按“公开、公正、公平”的原则进行规范化操作。首先，按国家有关规定制定分配方案和实施细则，将身份置换补偿金和工资节余额全部量化到个人。然后，将方案和实施细则在全公司范围进行公示、广泛征求意见，再交职工代表大会讨论通过。最后，按通过的方案和细则进行规范化实施。

以郭文叁董事长为首的集团领导班子的无私、公正、以大局为重的高尚情操，在这次解决改制的难点问题时发挥了关键性作用。省政府对改制方案的批复中提出，将30%的工效挂钩工资节余额奖励给7名集团领导成员，将奖励额度中的30%奖给郭文叁董事长。郭文叁董事长和集团领导成员以职工利益为重，为搞好改制工作，都毅然放弃政府给的这个优惠待遇，决定由集团各公司全体在职中、高级干部共享这份奖励。在职工代表大会上，按工作业绩和贡献大小，代表们以无记名投票方式给干部们分别打分，然后按分数高低来分配奖励额度。海螺集团领导的这一举动，得到集团全体员工好评，大大促进分配难题的解决，在国内外资本市场上都给予很高评价，省领导为此对郭文叁董事长及集团领导班子进行了表扬。

4）依法进行股权受让和办理工商变更。

为依法受让股权，经省政府批准，海螺集团原国有企业员工用身份置换补偿金和工资节余额出资，设立了海螺创业投资有限公司，受让了安徽省投资集团有限公司所持海螺集团母公司的股权。海螺创业投资有限公司受授的股权并非是上市公司的国有法人股，这样，集团改制就不涉及上市公司的股权结构。海螺创业投资公司还做出规定，员工持有的股份在内部均不能流通，不得以任何方式转让；员工离开公司时，所持股权必须退出，退出的股权一律经所在公司工会委员会批准，由新进员工购买或转让给老员工。

2003年6月，安徽省原经贸委对改制后的海螺集团的股权结构进行了确认，下达书面批复。同年8月，海螺集团据此办理了工商变更登记手续。海螺集团产权制度改革基本完成。

5）产权制度改革对海螺集团经营既增强了动力，也加大了压力。

通过改制，国有企业员工从“企业人”变成了“社会人”。用工制度的改革，提高了企业管理效率；将个人利益与企业效益紧密捆在一起，员工的积极性得以充分调动起来；用资产纽带将管理层、职工与企业紧密联系起来，形成长期稳定的利益共同体，加强了企业内部的凝聚力；实现企业股权多元化，健全公司法人治理结构，从体制上保证了企业可持续健康发展。这些因素从根本上改善了企业经营激励机制和约束机制，大大增强了改善企业经营的动力。

海螺集团虽有较强的经济实力，负担也较轻，但历年来集团的投资回报率并不高。在改制中，经营者和职工利用身份置换补偿金和工资节余额去置换集团股权，具有较大风险。中国水泥市场难免有所波动，各方面的期望值都较高，企业经营者压力很大。

海螺集团通过改制改善了激励机制和约束机制，会将压力转化为动力，必将取得国家、企业和员工的“三赢”。

10. 实施新一轮战略发展规划，向华南地区进军

自实施第一轮战略发展规划以来，至2002年，海螺水泥已基本完成华东地区生产基地布点，控制了华东沿海最优质市场和最好的石灰石资源，提前实现T型战略发展规划目标，已胜券在握。在这样的形势下，具备永不停息、奋发进取精神的海螺集团领导层，于2002年下半年，开始研究制订新一轮的战略发展规划，准备实现新的跨越。

在2002年7月召开的中共海螺集团代表大会上，决定将2005年的发展目标提高到水泥和商品熟料生产能力为年产8 000万吨，营业收入突破150亿元。会后，郭文叁董事长带领集团领导李顺安、余彪等同志和中层领导杨培林、刘田田等同志一行十多人，随即奔赴华东、华南和西北等地区，进行了历时半年的实地考察。

通过考察，他们对全国水泥工业现状和发展趋势有了更深了解，发现华南地区（广东、广西、湖南）市场潜力较大，结构调整步伐较慢，这里存在发展的机会。一致认为应抓住这个机遇，迅速向华南地区拓展。在全面分析考察的基础上，海螺水泥确立了“立足安徽、巩固华东、拓展华南”的总体发展思路。

根据党代会确定的目标和考察后形成的发展思路，2003年初，海螺集团制订出新一轮战略发展规划。该规划得到中共安徽省委和省政府领导的赞同。海螺集团发展又有了新的蓝图和可靠依据。

2003年，海螺集团开始新一轮的大规模扩张，特别是向华南地区大举进军。到2004年年末，在广东英德已建成两条日产5 000吨熟料预分解窑新型干法生产线；在广西桂林和湖南双峰各建成一条同样规模的新型干法生产线；正在建设广东英德、广西扶绥和兴业等地的多条日产5 000吨熟料新型干法生产线，以及广东江门年产320万吨水泥粉磨厂。

在第一轮规划和新一轮规划指导下，海螺集团进行科学有序的迅猛扩张。截至2004年12月，其熟料生产线和水泥粉磨生产线数量，以及在各省市、区的生产能力，分别列于表13-1、表13-2和表13-3。从表13-1可看到，除湿法和湿磨干烧法生产线外，海螺集团已有日产2 500吨到10 000吨熟料的新型干法生产线29条，其中日产5 000吨熟料的16条，占总生产线数量的55%，已成为主力。从表13-2看出，在水泥粉磨生产线上装置的主要是直径3.8米到4.2米磨机，在建的生产线上则以直径4.2米的磨机居多。表13-3说明，海螺集团的熟料生产能力已达年产4 785万吨，水泥粉磨能力已达年产4 750万吨，在国内遥遥领先，在国际上已进入前列。在华东地区，熟料生产能力为年产4 085万吨，水泥粉磨能力为年产4 235万吨，与该地区所有水泥企业相比，占绝对优势，已控制了那里的主要市场。在华南地区，熟料生产能力为年产700万吨，水泥粉磨能力为年产515万吨，生产能力已具一定规模，生产格局已基本形成。

表13-1 2004年底海螺集团熟料新型干法生产线统计

单位：条

序号	生产线规模	已投产	在建	合计
1	10 000t/d	4		4
2	8 000t/d	1		1
3	5 000t/d	16	9	25
4	2 500t/d	8		8
合计		29	9	38

注：除新型干法外，还有湿法和湿磨干烧法生产线15条。

表 13-2　2004 年底海螺集团水泥粉磨生产线统计

单位：条

序号	生产线磨机规格	已投产	在　建	合计数
1	ϕ5. 4 × 15. 5m	2		2
2	ϕ4. 5 × 13. 0m	2		2
3	ϕ4. 2 × 11. 0m（辊）	17		17
4	ϕ4. 2 × 14. 5m	4	18	22
5	ϕ3. 8 × 13. 0m	33	9	42
6	ϕ3. 0 × 9. 0m	22		22
7	ϕ2. 4 ~ ϕ2. 2m	20		20
合　　计		100	27	127

表 13-3　2004 年底海螺集团水泥、熟料产能分省统计

单位：万吨/年

序　号	省　　份	熟料产能	水泥产能	备　　注
1	安徽省	3120	935	
2	江苏省	690	1 815	
3	浙江省	155	720	
4	上海市	0	240	
5	江西省	120	495	
6	福建省	0	30	
7	湖南省	235	210	
8	广西壮族自治区	155	110	
9	广东省	310	195	
产能合计		4 785	4 750	

2004年下半年，中国水泥市场全面萎缩，唯独广东市场仍保持兴旺。以郭文叁董事长为首的领导班子关于向华南地区大举进军的决策，再次表现出他们超人的远见，使业内人士都拍手叫绝。

到2004年末，海螺水泥在规模和地区方面又跨越到一个更新的高度。

11. 在发展中形成多种优势

海螺水泥在生产能力神速发展的同时，不断积聚实力，形成了自身的各种比较优势。

1）资源优势。海螺水泥已在全国控制了100多亿吨高品位石灰石资源，它们分布在长江中下游的江西、安徽、江苏和浙江，以及华南地区的湖南、广西和广东等地。这为企业可持续发展提供了资源保证，拓展了企业发展空间。

2）技术优势。2000年元月，海螺集团技术中心取得国家认定资格。经过多年努力，技术中心在大型新型干法水泥设备成套、自动控制软件编程、工程管理、生产设备调试和投产运行等方面已达到国内领先水平。集团所属建材设计院已能自主设计320万吨级水泥粉磨站和配套设计大型新型干法生产线。

3）人才优势。培养和造就了一大批熟悉水泥新型干法工艺、装备、生产运行和工程建设等方面的技术骨干和管理专家，以及营销、财务、外贸和金融等方面专业人才。

4）资金优势。海螺水泥通过H股上市和A股增发，实现了企业与国际、国内资本市场的成功对接。优秀的经营业绩又使它具有强大的融资能力。在多家银行已取得大额授信，并评为AAA级企业。

5）市场优势。海螺水泥的市场覆盖华东、华南地区的8个省、市、区，在国内已形成较完善的市场网络，占有这些地区较高市场份额。海螺集团有自营出口权，积累了一定的国际贸易经验，水泥和熟料已远销东南亚、非洲和美国等地市场。广阔的市场空间大大减轻了海螺水泥的市场风险。

6）品牌品势。海螺水泥以其优等的实物质量、强大的保供能力和良好的售后服务赢得了广大客户的信赖，已成为国内、国际的驰名商标。

海螺水泥生产规模遥遥领先，发展中形成的优势使它长期保持领先地位，这些都标志着海螺水泥已经崛起，并将会有更大发展。

三、海螺水泥崛起的重要意义

海螺水泥在改革开放的大潮中崛起，创造了奇迹，积累了许多经验，对中国水泥工业发展有着重要意义，为民族振兴做出了重要贡献。

1. 开发日产 5 000 吨熟料和日产 10 000 吨熟料预分解窑新型干法生产技术，带领中国水泥工业技术进步

在计划经济条件下，技术开发主要靠国家，国家出钱，由国家所属科研设计院负责技术开发工作。在社会主义市场经济条件下，优势企业逐渐成为技术开发主体，海螺水泥已成长为中国水泥行业技术开发的领军企业。它利用自己雄厚的技术储备和资金实力，与国内外科研、设计、设备制造和安装施工等单位合作，不断开发新型干法技术。2002 年成功开发出低投资、国产化日产 5 000 吨熟料新型干法技术，使我国水泥新型干法技术由日产 2 500 吨熟料的水平，迅速提高到日产 5 000 吨熟料的新水平。2004 年，利用从国外引进的关键技术，建成四条双系列预热器单分解炉日产 10 000 吨熟料新型干法生产线，使我国水泥生产技术跨入世界先进水平。海螺水泥为中国水泥工业生产技术进步做出了巨大贡献。

2. 攻克新型干法发展中的高投资难关，推动水泥工业结构调整

在20世纪90年代，预分解窑新型干法生产线建设投资高达吨水泥900~1 200元，致使这种先进生产方法难以普遍推广。海螺集团于1996年到2002年间先后开发出低投资日产2 000~2 500吨熟料和日产5 000吨熟料新型干法技术，使吨水泥投资大幅下降到300元以下，促使水泥新型干法生产技术在全国迅速发展。日产2 000~2 500吨熟料和日产5 000熟料生产线的普遍推广，充分显示出预分解窑新型干法的规模优势和技术优势，使其水泥生产成本低于立窑水泥成本，加快了立窑水泥生产的淘汰。2003年新型干法水泥在水泥总产量中的比例提高了6.3个百分点，立窑水泥的比例下降了5.1个百分点。同时，从2003年开始立窑水泥的产量呈逐年下降之势。海螺水泥率先攻克新型干法发展中的高投资难关，从而加速了我国新型干法水泥生产的发展和立窑水泥生产的淘汰，有力地推动了水泥工业的结构调整。

3. 创造“海螺”建厂模式，提高社会经济效益

长期以来，我国水泥厂建设的基本方式是，将半成品熟料烧成与成品水泥制造都放在一个工厂内，靠近矿山，或靠近市场。这种建厂方式一般称之为“全能厂”模式。海螺水泥在发展中打破“全能厂”模式，创造了“海螺”建厂模式。在长江沿岸有石灰石资源和能源充足的地方建熟料烧成基地，在东南沿海沿江有市场而无资源的地方建水泥粉磨厂，利用长江黄金水道将熟料运到粉磨厂制成水泥出售。“海螺”建厂模式在发展新型干法生产进程中，被众多水泥企业所效仿。其主要好处是：能合理配置各种资源、节省社会运力、减少产品流通中的损耗，以及改善市场供应状况，使水泥工业的社会经济效益得到提高。

4. 实施 T 型发展战略，整合长江三角洲水泥市场

长江三角洲地区缺乏石灰石资源和能源，当地虽有少量水泥厂，但其生产成本高、产量低，所以每年都输入大量水泥。过去输入的水泥中，大部分是立窑生产的低质水泥，也有部分优质的回转窑水泥，有时还从国外进口水泥。在这种情况下，无法形成正常的市场秩序，水泥供应商之间的恶性竞争时有发生。海螺水泥由于实施 T 型发展战略而在长江三角洲水泥市场上具有强大竞争力，特别在产品供应能力、产品质量、生产与销售成本等方面的优势尤为显著。2004 年，海螺水泥在该地区的水泥供应能力达3 710万吨，远高于任何一个竞争对手。海螺水泥提供的产品都是采用新型干法进行生产，其质量优于立窑生产的水泥。按 T 型发展战略建设的水泥熟料基地集中度高，除个别基地外，海螺水泥沿长江建设的熟料基地规模都在年产熟料 300 万吨以上。由于生产集中度高，加上技术和管理优势，海螺水泥产品生产成本比当地任何一个水泥企业都低。T 型发展战略的流通方式是水运，其价格较便宜，使销售成本保持在一个较低的价位。海螺水泥凭借这些优势，取得了水泥市场的主导权，使长江三角洲水泥市场得到整合，引导建立起正常市场秩序，避免恶性竞争，保证消费者获得合理价格的优质水泥。海螺水泥为大型企业整合地区市场提供了宝贵经验。

5. 走新型工业化道路，使中国水泥行业面貌改观

在过去很长的一段时期内，中国水泥行业给人们的印象是粉尘大、规模小、劳动生产率低。海螺水泥在发展过程中，坚持走

（a）首航仪式

（b）整装待发的海轮

图 13-2　海螺集团向美国出口水泥

新型工业化道路，凡新建水泥生产线一律采用当代技术最先进的预分解窑新型干法，其产品质量高、生产消耗低、没有粉尘污染问题，这在国内外树立了高效、清洁生产的良好形象。池州海螺水泥有限公司所建水泥熟料基地，堪称是与自然环境相和谐的工厂，前来采访的国内外人士无不感叹不已，倍加赞赏。

海螺集团在2004年一年内顺利建成投产四条世界最高技术水平的日产10 000吨熟料新型干法生产线，全世界业内人士都为之震惊。在长江沿岸建成一个年产近1 000万吨、两个年产500万吨以上和一批300万吨以上的水泥熟料生产基地，生产集中度达到很高水平，国内外同行们都刮目相看。

在沿长江建设大型熟料基地的同时，海螺水泥建造了多个万吨级装卸水泥和熟料的专用码头，实现了与国际水泥市场的接轨。现在，万吨巨轮满载着海螺集团生产的散装优质水泥向美国、韩国等国家大量出口。这与1990年袋装立窑水泥出口的落后状况形成鲜明对照，中国出口水泥的形象焕然一新。

海螺水泥的崛起使中国水泥行业的面貌得到改观，改善了中国水泥行业在国内外的形象。

进入21世纪，海螺水泥发展仍方兴未艾，中国水泥工业在党中央和国务院正确决策下，正大力发展新型干法，快速调整结构，呈现出一派勃勃生机。世界水泥看中国，中国水泥看海螺，已成为国内外共识。

第十四章　山水集团的脱颖而出

济南山水集团2004年水泥熟料年生产能力达1 431万吨，跃居全国水泥企业生产能力排名前列，在竞相争艳的水泥百花园中脱颖而出。该集团取得如此惊人业绩的经历很不平凡，大致分四个阶段：第一阶段是山东水泥试验厂的苟延残喘；第二阶段是山东水泥厂的起死回生；第三阶段是山东水泥厂的技术跨越；第四阶段是济南山水集团的展翅腾飞。

一、山东水泥试验厂的苟延残喘

20世纪50年代末，中央建材主管部门向丹麦史密斯公司订购了两套$\phi4.4/4.2/4.4\times180m$湿法回转窑生产设备，打算用这两套设备在山东省济南市党家庄建设一座大型水泥工厂。当时，成立了建厂筹备班子，开展建厂前的准备工作，包括矿山勘探、厂址选择和“三通一平”等。1960年末，国民经济开始进行第一次大调整，该项建设被列入停建计划，筹建工作中断。

1965年，中共中央、国务院决定进行“大三线”建设，在西南地区建设一大批军事企业和重要原材料工业基地。为配合建设，国务院要求在那里尽快建成一个大型水泥企业。国家建材主管部门按国务院要求，为加快工程进度，决定将长期搁置在山东省的从丹麦进口的两套大型水泥设备，连同筹建人员一起搬迁到四川省乐山县，建设峨眉水泥厂。在济南市党家庄，设备虽然搬走了，但是石灰石矿山勘探等建厂前期工作已经完成，国家已为此而付出了巨额资金，建水泥厂的条件依然存在。

20世纪60年代，我国正在开发悬浮预热窑新型干法生产技术，并已取得阶段性成果。为完善此项技术，尚须进一步扩大试验和推广应用。自从济南市党家庄的水泥厂停建后，山东省政府不断向中央有关部门提出要求续建。国家建材主管部门为了完善和推广应用悬浮预热窑新型干法技术，为了充分利用党家庄的建厂条件，于1972年决定在那里建设山东水泥试验厂。

中国科研、设计单位开发出的悬浮预热窑包括立筒悬浮预热窑和四级旋风悬浮预热窑两种，决定在山东水泥试验厂建设这两种窑型的生产线各一条。第一条是$\phi 3 \times 45$m立筒悬浮预热窑新型干法生产线，其设计能力是年产熟料11万吨，于1974年5月正式开工建设，1976年9月建成投产。第二条是$\phi 4 \times 60$m四级旋风悬浮预热窑新型干法生产线，其设计能力是年产熟料21万吨，于1978年8月正式开工，1984年12月建成投产。至此，山东水泥试验厂的总设计能力为年产熟料32万吨。

山东水泥试验厂自第一条生产线投产之日起便遇到一连串的问题，长期身陷困境而无法自拔。

悬浮预热窑新型干法技术当时在我国正处于开发阶段，技术上不成熟，在山东水泥试验厂两条生产线上许多工艺设备都是自行设计和试制的。在第一条立筒悬浮预热窑生产线上其设备规格较小，一部分可套用现有的，新试制的较少。在第二条四级旋风悬浮预热窑生产线上，其设备规格大，大部分都要试制，列入国家机电设备试制计划的就有18台（件）之多，如钩头式提升机、回转窑篦式冷却机和1 250kW电动机等。新设计的设备在试用中通常会出现这样那样的问题。我国当时工业基础薄弱，设备加工水平和耐热耐磨材料的质量都比较差，尚不能完全满足水泥新型干法工艺设备的要求。由于这些原因，两条生产线投产后即频繁发生设备事故，时开时停，长期不能连续运转。

悬浮预热窑新型干法技术不成熟还表现在生产操作和管理技术跟不上，预热器经常结皮和堵塞，大窑漏料和漏风非常严重，不仅使运转率下降，而且造成料耗和热耗大幅增高。

山东水泥试验厂第一条生产线建于“文化大革命”时期，工厂设计、设备制造、土建施工和设备安装等工作都深受极“左”思潮的影响，不能严格按国家有关规程、规范进行，造成许多质量问题，这些也给生产增添了很大困难。

由于包括“文化大革命”极“左”思潮在内等多种因素，山东水泥试验厂自投产以来一直没有建立起正常的企业管理制度和生产秩序。职工队伍非常散漫，迟到早退习以为常，酗酒斗殴时有发生，生产和安全责任事故不断出现。厂容厂貌不堪入目，烟囱喷出的烟气，其中的窑灰像雪片一样落下，晴天要打着雨伞进厂，否则会满头满面都是灰。工厂屋顶、设备和地面上都积了很厚的灰，屋顶屡屡压裂，设备严重受损，在地面上走路时，灰尘“扑哧”作响，溅得满鞋都是灰。窑尾漏料量很大，窑灰堆得比窑墩还高，几乎将窑体淹没。全厂一派破落景象。

表14-1列出山东水泥试验厂自投产以来的历年产量。从表14-1可看到，该厂自1977年到1984年的熟料年产量都在5万吨左右；1984年第二条生产线投产后，到1989年全厂熟料年产量增加到14万吨，仅为设计能力的44%。山东水泥试验厂自投产后连年完不成国家生产计划，经济效益在当时全国67家统配水泥企业，即国家重点大、中型水泥企业中连续十多年排名倒数第一。企业经营非常困难，全厂建设总投资为8 967万元，从1977年到1989年累计亏损额竟达4 000多万元。国家三次普调工资，这个厂穷得没法调，有时甚至连基本工资也只发80%。技术骨干纷纷调离工厂，还有不少人打了请调报告。山东水泥试验厂全靠国家资助勉强维持生计，在漫长的岁月中苟延残喘，奄奄一

息，成为全国闻名的“老大难”水泥企业。

表 14-1　山东水泥试验厂历年熟料产量

年　份	熟料产量（万吨）	年　份	熟料产量（万吨）
1977	3.83	1984	5.61
1978	5.90	1985	5.25
1979	6.94	1986	7.77
1980	5.53	1987	9.60
1981	5.18	1988	11.19
1982	4.89	1989	14.00
1983	5.55		

二、山东水泥厂的起死回生

为摆脱困境，政府有关部门对山东水泥厂采取过多种办法：优先享受国家重点大、中型企业的优惠政策；推行扩权让利、承包经营等改革措施；从 1977 年到 1990 年的 13 年里更换了 11 位厂长。这些都无济于事，回天乏术，企业面貌依旧，始终挣扎在死亡线上。1986 年，济南市政府调配了一位“好班长”张才奎同志，他创造性地奉行以人为本的理念，开展“两本”管理和技术革新，大刀阔斧整治企业，使山东水泥厂起死回生。

1. 有了一位“好班长”

山东水泥试验厂是一个由国家建材主管部门投资、山东省建材局代管的企业。1986 年 3 月，中央人民政府和山东省政府决定将这个企业下放给济南市政府。济南市政府接收山东水泥试验厂后随即派出工作组对企业进行整顿。十分明显，工厂自投产以后的十多年里未能形成一个强有力的领导班子，这是一个关键问题，整顿工作从调整和培养领导班子着手。当年，从济南市东方红水泥厂调来张才奎同志任厂党委副书记，一年后提升他任党委书记。1989 年 8 月，山东水泥试验厂改名为山东水泥厂。1990 年春，中共济南市委任命张才奎同志为山东水泥厂党委书记兼厂长。

张才奎同志出身在一个贫农家庭，幼年随父从事农业劳动。在山东劳苦大众特有文化的熏陶下，从小就养成勤奋向上、朴实豪放、大公无私、乐于助人、守信用、重情义、讲原则、敢负责的高尚品德。他 17 岁时到济南东方红水泥厂参加工作。当过搬运工、采矿工、木工和看窑工，干过脏、累、苦和险的体力活。由于人品和能力出众，被提拔为干部。历任保卫干事、政工干部、车间主任兼党支部书记。1982 年被提升为东方红水泥厂副厂长。他在青少年时代初中毕业后未能有机会进一步接受系统的学校教育，但喜爱读书，在劳动和工作之余总是看书习字，经常刻苦用功到深夜，积累的读书笔记和工作随录达数大箱之多，这种习惯保留至今，从不间断。由此知识水平不断提高，最终自学成才。升任厂长后不久，被选送到山东大学深造。在两年大学期间，他如饥似渴地饱览了现代经济和企业管理学理论，使自己丰富多彩的社会实践得到全面的升华，实现了从感性到理性的飞跃，从而大大提高了自己对客观事物的分析能力和处置水平。1990 年张才奎同志担任山东水泥厂党委书记兼厂长后，根据自己对山东水泥厂当时实际情况的判断和理论知识的积累，创造性地用“以人为本”的理念来治理工厂，提出“以人为本、效益为天”的治厂方针，采用“两本”管理和技术革新的措施，着手整顿治理这个“老大难”厂。整治工作取得很大成功，使企业摆脱了困境，张才奎厂长因此获得第五届全国企业管理创新成果一等奖，被国家领导人誉为“好班长”。他坚持改革、锐意进取、不断开拓，团结厂领导一班人，带领全厂职工努力拼搏，在国务院、山东省和济南市政府的支持下，使企业发展跨上一个又一个新台阶，使管理和技术提高到一个又一个新水平，在全国水泥行业中脱颖而出。张才奎同志是全国人大代表、中国水泥协会副会长，曾获全国“五一”劳动奖章，被评为全国劳动模范和全国优秀政治工作者。

2. “两本”管理

“两本”管理是人本管理和成本管理的总称。人本管理是以人为本管理的简称，其含义指在企业管理中首先要做好职工的工作，充分调动他们的积极性和创造性，最终则要提高职工的物质和文化生活水平。也就是说，将以人为本的理念作为企业管理的出发点和落脚点，成为企业各项管理的基础，贯穿在企业的整个管理之中。“两本”管理就是在人本管理基础上的成本管理。

山东水泥厂在治理过程中开展人本管理的内容包括以下几个方面：

1）领导榜样的力量感召人

1990 年，张才奎担任党委书记兼厂长后，面对企业人心涣散、管理混乱和严重亏损的局面，他深知，为扭转这种局面必须从职工队伍抓起，而要做好职工群众的工作，则必须从领导做起，从自身做起。

烧成车间是水泥厂的核心部位，张才奎同志经常到此蹲点。打窑皮是这里最苦最累的工作，为减少停窑损失，还必须争分夺秒、不等窑皮完全冷透就得入窑干活。他遇到这样的工作总是自任突击队长，身披湿淋淋的麻袋，冒着 70℃的高温，第一个钻

图 14-1　山水集团张才奎董事长

进窑内。湿麻袋烘干了淋上水再干，安全帽烤软了换一个继续干，劳保皮鞋烙糊了换一双接着干，和工人们一起顶班到完成任务。2 号窑旋风预热器经常堵塞，捅开时随时会发生塌料险情，危及生命安全。每遇到预热器堵塞情况，张才奎总是亲临现场，自任指挥，和工人一起爬到最危险的地方清堵排险，手臂常被塌落下来的热灰烫伤，至今还留着疤痕。清电收尘也是一桩既脏又险的工作，出高价外包也找不到人愿意干。张才奎带领机关干部率先爬上 40 多米高的架子，在粉尘弥漫的密闭环境中作业，一干就是大半天，爬出电收尘时，一个个都成了“泥人”。厂领导的行动，工人们看在眼里，记在心上，私下议论说：“这个厂长行，是干工厂的把式。”工人们对厂领导有这样的评论，在山东水泥试验厂历史上还是第一次。

1983年，山东水泥试验厂建了一座宿舍楼。当时的厂领导背着职工分房，夜里抢着搬家，引起职工很大不满，造成工人和一些中层干部罢工和集体上访。1992年，在张才奎同志领导下，经济稍有好转，为缓解非常困难的职工住房问题，又盖了一座宿舍楼。分房时大家议论纷纷，眼睛都盯着厂领导，有的还做了抢占住房的准备。可是，当分房方案公布后，名单上没有一位厂领导的名字，全部分给了困难职工，大家平静了。1994年，工厂又建一批住房，厂领导还是没有一个人进入分房之列，全都分给职工。当时张才奎一家三口人就挤在一间仅20平方米的旧房里。次年又分房时，职工们于心不忍，联名写出请愿书，要求职代会通过决议，分房给厂领导，有的职工甚至将拿到手的新房钥匙退还给分房委员会，要求给厂领导分房。

山东水泥厂地处城乡结合部，社会关系十分复杂，加之企业连年亏损，少数职工乘机作乱，个别恶棍式的“刺头”横行乡里，看谁不顺眼就对其随意打骂，有一次工厂武装部长被打得鼻青脸肿，群众敢怒不敢言。张才奎同志在这股恶势力面前一身正气，无私无畏，敢抓、敢管、敢治。为此，他结冤了少数人，这些人便侍机报复。一次，张才奎在走夜路时遭到他们的袭击，被打成重伤，伤口缝了24针，住院半个月。出院后他毫不退缩、毫不手软，照旧理直气壮地与这些歹徒们斗。张才奎还曾收到匿名恐吓信数十封，威胁他及家属的人身安全。他从不把这种信放在眼里，坚信邪不压正，继续敢作敢为。在张才奎同志的带领下，工厂各级领导也都挺起腰板来整治这股歪风邪气，广大职工也敢于起来与这些不良行为作斗争，使这股邪恶势力不得不偃旗息鼓，厂内顿然正气抬头，形成正常的生产和生活环境。

1991年的春节，厂里实在拿不出钱给职工办点实事，帮助一下困难职工。年关临近，天寒地冻，有些职工的生活取暖用煤还没有着落。张才奎厂长得知情况后，带着20多名干部，到煤厂突击制作出80多吨蜂窝煤，亲自拉着板车，挨门挨户把煤送到200多户职工家中。一些老职工感动地说："进厂十几年，没有见过这样的厂长，今后你们让怎么干，我们就怎么干。"

张才奎书记要求全厂党员干部应"吃苦在前，享受在后"。厂领导平常总是早上班、晚下班，利用业余时间开会。1990年5月起，建立了管理干部星期六和星期天义务劳动制度，一直坚持了很长时间。他们工作比一般人忙，但收入却不高。1992年底，上级按承包合同奖励张才奎及厂领导班子二十多万元，他们将这些奖金全部交到财务，用来奖励有突出贡献的一线职工和科技人员。1993年初，山东水泥厂破天荒第一次发给工人奖金，1 000多名工人自动捐献10万元奖励厂长。厂区内贴满了工人自己写的"恳请书"，要求厂长"收下这些钱，好补补身子"。张才奎激动得热泪盈眶，他说："大家的心意我收下，钱一分都不能收，情义本无价。"

厂领导都带头严格执行各项制度。一次，有六名职工在上班时间出去赶集。被查出后，厂长自罚200元，有关车间、科室负责人各罚100元，赶集职工每人罚50元，并通报全厂。违反纪律的职工感到无地自容，被罚得心服口服，以后不敢再违纪，同时，全厂职工受到一次深刻的纪律教育。

2）建立企业制度组织人

在山东水泥厂，为非作歹的人毕竟是少数，更多的人是在思想上抱着法不责众的侥幸心理和"大锅饭"体制下形成的旧习惯意识，在行动上表现为散散漫漫、出工不出力，还有些人是大错不犯、小错不断。在整顿治理过程中，厂领导对当时发生的七起重大违纪违规事件在全厂范围内进行大张旗鼓的认真查处。通过剖析这些事件产生的前因后果，上下结合，制订出8章41条的厂规厂法，号召全厂职工必须实行"三铁""四统一"，即铁的纪律、铁的制度、铁的命令；统一认识、统一思想、统一部署和统一行动。

在整顿纪律的基础上着手建立工作岗位责任制，完善生产经营制度。从厂级领导干部到科室、车间管理人员，从一线生产到各辅助工种和后勤服务人员，全部纳入责任制管理体系，使每个人都能明确知道自己干什么、怎么干、注意哪些问题、达到怎样的要求。同时坚持每天开好两次会，即管理上的生产经营调度会和车间生产班前会，汇报情况，分析问题，安排工作，保证生产经营顺畅运行。

建立岗位责任制后，便本着面向生产、服务一线、便捷高效原则，调整和精简管理机构及其职能分工。厂部职、管部门由33个减少为10个，机关人员压缩了40%，一改过去机构臃肿、人浮于事、效率低下的局面。精减下来的干部量才录用，大部分充实到生产和后勤一线，加强基层管理。

各种制度的建立和严格执行，山东水泥厂的厂容厂貌有很大改观，脏、乱、散的破落景象一去不复返。

3）不拘一格选人

在厂内，打破工人和干部界限和论资排辈的清规戒律，以能力、业绩和人品素质的高低，实行竞争上岗和破格提拔。在1992年的竞争上岗工作中，五名工人被选聘走上干部工作岗位。一位青年电工平时钻研技术，革新成功2号窑的自动喂料和计量系统，使回转窑运转情况大大改善，被提升为车间技术员。一位中专毕业的青年技术员工作认真负责，在业余时间刻苦攻读科学书籍，理论水平提高很快，在技术革新中提出四十多项建议，使工厂产量增加，效益提高，安全环保都明显改善，被破格提拔为工厂技术负责人。一位大学本科毕业的技术员全身心地扑在生产上，与工人打成一片，学习实际操作技术，既懂理论知识又有操作本领，在工人和工程技术人员中都有较高威望，被提拔为厂领导助理。一位职教科科长，将本单位治理得井然有序，表现出很强的组织能力，为进行培养，被调到工作难度较大的烧成车间任主任，很快将这个单位整治成一个先进集体，后被提拔为副厂长。山东水泥厂的选拔制度激发了职工学习上进的热情，调动了职工搞好工作的积极性，给企业各项工作带来了勃勃生机。

山东水泥厂领导为解决本厂技术难题，不仅在厂内选拔优秀人才，还在全国范围内广纳贤达。张才奎厂长从各地聘请十几位水泥专家担任高级技术顾问，不时邀请有关高等院校的教授、学者来厂出谋献策。他还曾六下关东，到一家水泥厂请来一位具有预分解窑实践经验的退休老工程师担任高级技术顾问，常驻工厂指导技术革新工作。

在山东水泥厂，尊重知识、尊重人才，蔚然成风。

4）用物质利益激励人

山东水泥厂在建立各项企业制度过程中，同时改革分配制度，实行职工收入同工作效率挂钩，凭贡献大小来决定其收入的多少，拉开收入差距，彻底取消“吃大锅饭”的做法。例如，在操作岗位上，实行收入与成本管理目标相结合的浮动工资制；在管理岗位上，实行以风险抵押金作保证的经济责任制；在产品销售上，实行“一包两挂”的经营销售奖惩办法，即包销售量，同时与现金收入和价格挂钩，上不封顶、下不保底。

工资制度改革保证了全厂各项制度的严格执行，形成一个有效的激励机制。

5）用先进文化培养人

山东水泥厂在整治过程中，每走一步都组织干部和工人学习毛泽东思想、邓小平理论和党的路线方针政策，以便统一思想，使大家认识到，不改革只有死路一条，唯有坚持改革，企业才能发展，个人才有光明前程。通过学习，他们将民族的光荣传统和党的优良作风与改革开放的现代意识结合起来，在全厂倡导既要创造现代物质文明，又要创造现代精神文明，其中最紧要的是发扬拼搏精神、奉献精神和团队精神。经过多年培育，特别是在厂领导的表率作用感召下，这三种精神已成为山水集团企业文化的主要内容。

工厂制订了全面的职工培训计划，组织职工学文化、学知识、学技术，不断提高他们的思想政治素质、文化素质和劳动技能，使他们能适应现代水泥企业在管理和技术上的要求。

几年来，工厂一直坚持在职工中开展“每月一星”活动，先后评出 72 颗“星”，即 72 位明星式的先进人物。这些明星人物的模范事迹在全厂广为宣传，做到家喻户晓，有效地激励了广大职工的生产工作干劲和参与营造企业正气新风的积极热情。

厂里的职工业余文化生活十分丰富，有文娱演出、体育比赛、诗歌朗诵会、书画展览、春节春联和花灯展等。这些活动既满足了职工审美要求和兴趣爱好，又使职工在精神上得到陶冶和启迪，达到寓教于乐的目的。

作为厂党委书记的张才奎常常用一些朴实无华、简明扼要而又富于哲理的短语去启发和告诫干部与职工群众。例如：“翻身不忘毛泽东，致富感谢邓小平”，这两句话被制成大标语牌，至今仍醒目地竖立在工厂大门口。又如：“以人为本的管理就是关心人、尊重人、理解人和用好人”；“企业领导要当带头羊，不做牧羊人”；“改革不是堵死路，是为了开活路”；“要让职工感到不断地有干头、不断地有想头、不断地有奔头”；“生命有限、事业无限”……这些话在干部和职工中广为流传，已成为该企业特有文化的一部分。

以上就是山东水泥厂在 20 世纪 90 年代初实行人本管理的主要内容，在实践中产生了显著效果。现代工商管理学中，行为科学学派强调管理者最重要的工作是人的管理，要研究人、尊重人、关心人，要调动人的积极性，创造一种能使下级人员充分发挥潜力的工作环境，指导他们的工作。张才奎正是应用行为科学理论，使它与中国传统的以人为本的理念相结合，在整治山东水泥厂的实践中归纳提炼出了人本管理法，这在当时中国水泥行业中是一个重大创举，具有示范作用。随着市场经济发展，人本管理法的内涵得到不断的充实和提升。

2003年召开的中共十六届三中全会的决定中指出，要坚持“以人为本，树立全面、协调、可持续的发展观，促进经济、社会和人的全面发展”。可见，党中央已将以人为本的理念作为治国基本方略。山东水泥厂的实践证明，这个方略是十分正确的，无论是治理国家还是管理企业都要以人为本。

现代企业管理科学的内容包括多个方面，如质量管理、成本管理、人力资源管理、技术创新管理和信息管理等等。山东水泥厂在整治过程中重点实施了以人本管理为基础的成本管理，即“两本”管理。

1990年，山东水泥厂为改变困难局面，实行了吨水泥工资产量包干的办法，使产出与报酬挂钩。到年底发现，产量虽然增加了，但效益没有改善，仍处于亏损边缘。从实践中，他们深刻认识到，为彻底改善经济状况，不仅要提高产量，还必须在降低生产成本上狠下功夫。

1992年起，他们在全厂实行以目标成本控制为主线的承包责任制。对管理科室、车间和班组，以生产成本和各项费用的历史最低水平为测算基数，然后根据市场变化，压减各项基数，最后制定出各单位当年的成本目标。目标一旦确定，无特殊情况不得变更，必须严格执行，到年底进行结算。1991年的成本管理初见成效，吨水泥生产成本比1990年降低12.16元。

1992年，他们进一步细化分解成本考核指标，大幅增加指标数量，加大考核力度。在对原始数据、定额体系和管理制度进一步清理的基础上，修订增补消耗定额 280 项，建立各种制度、标准和规范 72 项，设立 A、B、C 三级 46 个成本控制点，在全厂完善了成本控制体系。过去成本指标只与奖金挂钩，此时改为与奖金和 40% 的工资挂钩，减少固定工资份额，增大浮动工资比例。通过层层分解指标和层层落实任务，使全厂人人有定额、人人有压力。

在推行成本管理过程中，必然会涉及部分人的既得利益，从而产生很大阻力。对此，他们通过细致的思想政治工作，教育大家认识成本决定效益、效益与个人收入紧密相联的道理，树立“人人当家、个个理财”的意识。此外，他们也采取相应的强制措施。整体方案一经职工代表大会通过，每个人就必须不折不扣地执行，不接受任务的被无情淘汰出局，完不成任务的按规定减少收入。

人本管理基础上的成本管理促使广大职工开动脑子，千方百计地去完成成本目标。如动力车间管理的十多台空压机，负责全厂生产供风，原来月耗油 1 200 千克，当消耗定额重新制订落实后，车间领导带领技术员和操作工对机器进行检查维修，合理控制供油量，大大降低了油耗，每月节油达 340 千克。类似事例不胜枚举。通过管理，从 1992 年到 1994 年三年间，吨水泥生产成本分别比上年下降了 7.25 元、5.1 元和 2.16 元。

3. 技术革新

张才奎在整顿治理山东水泥厂时，一手抓管理、一手抓技术，在人本管理的基础上开展技术革新活动。从 1990 年到 1993 年，在 2 号旋风悬浮预热窑新型干法生产线上实施了一百多个小改小革项目，重点改造和革新了回转窑篦冷机、生料喂料和计量设备、窑头、窑尾密封装置和预热器系统等。技术革新使该生产线设备运转率提高，产量较大增长，煤耗、电耗和料耗明显下降，厂内外环境也有一定改善。

通过“两本”管理和技术革新，山东水泥厂生产经营状况明显好转，如表14-2所示。

表14-2　1990年到1994年山东水泥厂生产经营状况

年　份	熟料产量（万吨）	实现利税（万元）	实现利润（万元）
1990	20.23	176.45	1.20
1991	26.46	378.14	101.00
1992	32.29	1 001.10	473.00
1993	39.97	2 037.00	1 092.00
1994	35.25	1 571.50	1 006.40

从表14-2可看到，山东水泥厂在治理整顿的这五年间，熟料产量由20.23万吨提高到35.25万吨，增加74%，超过了全厂年产32万吨熟料的设计指标。同时，利润逐年增加，到1994年实现利润1 000多万元。全厂职工的人均收入也增长了一倍。

山东水泥厂以“两本”管理为主要内容的整顿治理工作取得成效，不仅走出了经营上的困境，而且为今后企业大发展奠定了坚实的基础。

三、山东水泥厂的技术跨越

山东水泥厂在取得治理整顿的成效后，接着就展开全厂技术改造，为实现技术跨越而继续奋进。

1. 改造的技术背景

当山东水泥厂苟延残喘和起死回生的时候，中国水泥工业正在大力发展预分解窑新型干法技术，并不断取得长足的进步。

从20世纪80年代中期开始，一批采用外国成套设备建设的预分解窑新型干法相继竣工。日产4 000吨熟料的冀东水泥厂和宁国水泥厂、日产2 000吨熟料的顺昌水泥厂，以及柳州水泥厂扩建的日产3 200吨熟料预分解窑新型干法线都陆续成功投产。这些企业的生产运行情况显示出预分解窑新型干法技术的无比优越性，产量大、热耗低、产品质量好、劳动生产率非常高。从此，中国广大水泥工作者清楚地看到了自己企业的发展方向。

在购买外国设备建厂的同时，国家建材主管部门紧锣密鼓地组织开发不同规模的预分解窑新型干法技术。第一条日产700吨熟料预分解窑新型干法试验线于1981年在新疆水泥厂建成投产。此后，又在江苏邳县水泥厂和上海川沙水泥厂建设了同样的生产线。这些生产线投产过程中都出现了许多工艺和设备问题，达标期较长。1987年在北京燕山水泥厂建成的日产700吨熟料预分解窑新型干法生产线，其投产非常顺利，半年内就达标，这标志着该项技术已趋成熟。此后我国有关单位又开发出日产1 000吨熟料预分解窑新型干法技术。到20世纪90年代初，日产700～1 000吨熟料的该类生产技术已在全国推广。

1983年，国家建材主管部门组织江西水泥厂和天津水泥设计研究院等单位对日产2 000吨熟料预分解窑新型干法生产技术进行科技攻关。此后，用该项技术在陕西耀县水泥厂和山东鲁南水泥厂建设了三条同样的生产线。这些生产线投产十分艰难，发生了许多设备问题，长期不能达标达产。为解决设备问题，引进了16项新型干法专用设备的设计、制造专利技术。采用引进技术制造的设备集中用来建设吉林双阳水泥厂，于1993年建成并投入运行。该厂投产过程出乎意料地顺利，很快就达标达产。自此，我国日产2 000吨熟料预分解窑新型干法生产的发展，虽然尚存在建厂投资过高的问题，但在技术上已取得重大突破。

山东水泥厂在技术革新中对旋风悬浮预热窑进行过小改小革，其中包括在预热器系统增设三次风管等措施。在实施该项技术并取得效果后亲身体验到，预分解窑新型干法技术比其他水泥生产技术具有更好的前景。

中国预分解窑新型干法技术的进展和本厂小改小革中的亲身经历对山东水泥厂改造技术路线的抉择都有重要影响。

2. 1号窑生产线技术改造

采用什么样的技术路线是工厂改造必须首先解决的问题，当时摆在山东水泥厂面前有多种选择。20世纪90年代初，邓小平同志视察南方讲话发表后，国民经济迅速发展，水泥供不应求，价格飞涨。在这种形势下，许多水泥企业为图眼前利益而大上机立窑；有些国家重点大中型企业置国家技术政策不顾而大上湿法窑；山东省许多水泥企业不仅在省内还到省外去大量建设落后的机立窑生产线。山东水泥厂厂长张才奎面对这样的水泥发展局面，带领技术队伍到全国有关省、市、自治区对预分解窑新型干法生产经营状况进行认真调查。经全面分析研究后，他不被眼前利益所动，而是从国家和企业的长远利益出发，毅然选择采用现代先进技术的路线，利用国内已趋成熟的预分解窑新型干法技术来改造全厂。

1号窑生产线是采用立筒悬浮预热窑的生产线，自1976年投产以来，在18年的生产运行中，虽经多次小改小革，但始终未能达到年产熟料10万吨的设计指标，其机电设备也已非常破旧，年运转率长期只能维持在50%~60%。他们决定首先对1号窑生产线进行改造，除水泥制造系统外，彻底改造生料制备系统和熟料烧成系统，这两个系统的老设备中只保留了窑筒体，其余都进行更新，改造工程相当巨大。

改造总投资 4 500 万元，从多方募集而得：企业自有资金 2 000万元；职工自愿集资 1 500 万元；通过补偿贸易集得 1 000 万元。经多方比较，选定合肥水泥研究设计院承担设计工作，采用该院新开发出的挤压磨预粉磨的生料系统和日产 700 吨熟料 RSP-5型预分解窑的烧成系统。这些系统的工艺至今仍不失其先进性。

1 号窑生产线于 1994 年 3 月 31 日停止生产，开始拆除清运。厂领导在生产一线和机关科、室，每天组织 400 多人，并亲自带头进行日夜突击，共拆除设备 450 吨，挖掉设备基础 9 300m^3，清运建筑垃圾 6 600m^3，因此而节约了建设资金 500 多万元。

同年 6 月 10 日开始动工兴建，边设计、边订货、边施工、边安装。由于工厂、设计和施工单位的密切协作，以及全体施工人员的辛勤奋战，6 个月后全线建成并投入运行，一次点火成功，实现当年停产、当年施工、当年投产。投产后，日产熟料很快就达到 800 吨，后来又提高到日产熟料 1 000 吨，生料制备电耗下降 13kW · h/t，熟料烧成热耗下降 4. 18 ×200kJ/kg。山东水泥厂 1 号窑生产线技术改造取得成功。

3. 2 号窑生产线技术改造

2 号窑生产线是采用四级旋风悬浮预热窑的生产线，于 1984 年 12 月建成投产。自投产以来，其产量长期达不到设计指标。1989 年平均日产熟料仅 400 吨，离日产熟料 700 吨的设计产量有很大差距。在工厂治理整顿期间，曾对该生产线施行了诸如预热器系统等的小改小革，在“两本”管理的条件下，日产量骤然增加到 950 吨熟料，超出设计产量 35%。然而，这样的产量与同尺寸回转窑的预分解窑生产线相比，2 号窑生产线尚有巨大增产潜力。他们在1号窑生产线取得成效后便着手筹备2号窑生产线的改造工程。

经申报，2号窑生产线改造工程被批准列入1996年国家技术改造项目计划，这对筹措改造资金十分有利。该项目的工程量也很大，熟料烧成系统除保留窑筒体外都进行全面改造，生料制备系统和水泥制造系统都进行扩建改造。生产线改造工程设计委托南京水泥工业设计研究院承担，采用该院开发的日产2 000吨熟料的预分解窑新型干法烧成系统。生料制备系统是在原来的粉磨兼烘干中卸磨前增设挤压磨，以提高生料产量，满足烧成系统的要求。

2号窑生产线产量大，对全厂经济效益有着举足轻重的影响，因此，在改造中减少停产时间就显得格外重要。为减少停产损失，厂领导决定破例利用春节和春节前后水泥销售淡季进行技术改造工程建设。1997年2月10日开始停产，在厂领导亲自参加和带领下，500多名职工冒着“三九”严寒，日夜奋战，仅用7天时间就完成2 000多吨建筑物的拆除和清运工作任务，为提前开始土建施工创造了条件。经厂领导详细周密的安排，全厂职工、设计和施工人员一环套一环地相互配合，在做好各项准备工作的前提下，2月18日开始工程建设，3月25日各种设备全部安装就位，27日点火投产，又取得一次点火成功的佳绩。熟料日产量达到1 800吨，后来又提高到2 000吨。完成2号窑生产线改造工程仅停产47天时间，投入资金4 980万元。该工程建设的高速度和效率，在中国水泥发展史上实属罕见，创造了我国老厂改造的奇迹。

4. 技术改造的意义

山东水泥厂1号和2号窑生产线技术改造是山水集团发展过程中的一个重要阶段，具有如下几方面的意义。

1）实现了技术跨越

以烧成设备为代表的世界水泥生产技术发展，如果从立窑算起，那么，经历了干法回转窑、湿法回转窑和新型干法等阶段。新型干法又分20世纪50年代到60年代风行一时的悬浮预热窑新型干法和70年代开始发展起来的现代的预分解窑新型干法两个阶段。山东水泥厂通过1号和2号窑生产线技术改造，其生产方法由悬浮预热窑新型干法阶段完全进入到预分解窑新型干法阶段，由一个在中国技术上尚未成熟的悬浮预热窑新型干法试验厂改变成预分解窑新型干法的现代水泥大厂，实现了生产技术上的时代跨越。

2）实现规模和效益的跨越

山东水泥厂经技术跨越后，其熟料年产量由1994年的35.25万吨增长到1998年的78.23万吨，提高了1.2倍，相应的水泥产量超出了100万吨。该厂经济效益也大幅增加，实现利税总额由1994年的1 571.50万元提高到3 039.00万元，增长了近一倍。众所周知，1996年后，中国经济出现前所未有的通货紧缩，产品供过于求，价格猛跌。1997年，东南亚金融危机对我国经济又带来一定负面影响。1998年，我国水泥行业市场萧条，竞争激烈，出现全行业亏损。在这样的经济条件下，山东水泥厂经济效益非但没有下降，反而增加近一倍，真是难能可贵。还应当指出，山东省是全国的立窑水泥大省，其立窑水泥技术水平在全国首屈一指，立窑厂与立窑厂相比，山东立窑厂产量高、成本低，市场竞争力很强，山东水泥厂在这样的竞争环境中取得如此高的经济效益更加值得称道。山东水泥厂由于实现规模和效益上的跨越，从而使自己进入中国年产百万吨水泥的效益好的先进大型水泥企业行列。

3）培养出一批新型干法技术人才

山东水泥厂以人为本的理念贯穿在整个技术改造工作之中。在充分发挥职工积极性、保证建设工程既快又省的同时，选拔一批优秀人才，有意识地放在重要技术和管理岗位上去历练。在工厂技术改造过程中培养出一支既懂理论又懂实践的新型干法技术队伍，使企业在生产方法和生产管理上都实现了全面的跨越。这支队伍的代表是李延民副总经理、董承田副总经理和于玉川总工程师等。他们都先后进入了以张才奎同志为首的领导班子。

4）确立了正确的技术方向

山东水泥厂在1994年到1997年采用预分解窑新型干法技术改造全厂后，其产品在市场上显示出很强竞争力。实践有力地证明，他们选择的技术路线是正确的。回顾改革开放以来我国水泥工业发展状况，可以看到，不少水泥企业，包括国家重点大中型水泥企业，由于在发展中未能把握好技术方向，有的发展很慢，有的陷入困境而无法自拔，有的则遇到被淘汰的生存危机，这与山东水泥厂的发展形成鲜明对照。这些说明，在发展过程中企业领导者正确选择技术方向非常重要，往往是成败的关键。以张才奎为首的山东水泥厂领导班子高瞻远瞩，在全厂技术改造时很好地把握住了技术方向，同时为今后发展确立了正确的技术路线，顺理成章地走预分解窑新型干法的发展道路。

全厂技术改造使山东水泥厂面貌焕然一新。在生产方法上，由悬浮预热窑新型干法阶段全面进入预分解窑新型干法的新阶段；在规模和效益上，由一个默默无闻的中型厂转变成水泥行业著名的大型工厂；在职工素质上，成长出一大批掌握新型干法的技术人才。山东水泥厂实现了生产技术和管理技术上的全面跨越，同时确立了发展预分解窑新型干法的正确方向。这些都为企业今后的展翅腾飞创建了技术基础。

四、山水集团的展翅腾飞

1996年，山东水泥厂改制成为山水集团的核心企业。以水泥为主业的山水集团，通过整合和产权制度改革，基本建立起现代企业制度，初步形成社会主义市场经济条件下的发展机制。在此基础上，制订发展规划，实现展翅腾飞。

1. 改制成立山水集团

山东水泥厂原是济南市建材工业局的一个直属企业。该工业局所管辖的众多企业，具有相当规模，曾是长江以北津浦铁路沿线的建筑材料重要供应商。但由于缺乏统一规划、长期疏于改造和管理不善，致使这些企业零散、产品档次低、资源利用很不合理、对环境污染严重、经济效益差。1995 年，全局 20 多家企业先后有 7 家被兼并，剩下的 14 家中，只有山东水泥厂一枝独秀，另有 2 家微利，其他都连年亏损，全局盈亏相抵后净亏 200 万元。济南市建材工业局已到了难以为继的地步。

就在这样的情况下，1995 年底，张才奎同志被任命为济南市建材工业局局长兼山东水泥厂厂长。在有些人眼里，这个任命也许是一种累赘。可是他并不这样看，而认为是一个重任和机遇。济南市建材工业局可以更好地依靠山东水泥厂的经济实力和管理经验来脱困，山东水泥厂则可更好地利用济南市建材工业局具有的行政权力和城内、城郊的大片土地等有利条件来进一步发展，两个单位可以相互促进，取得双赢的结果。

为便于开展经营活动，1996 年 8 月，济南市建材工业局申请批准整建制地改制为具有一定行政权力的济南市建材工业集团有限公司，同时被授权经营所属企业的国有资产，张才奎同志改任该公司董事长兼总经理。1997 年 11 月，济南市建材工业集团有限公司正式挂牌营业，其注册资本为31 263万元。随着国家经济体制改革的深入发展，2000 年 8 月，济南市建材工业集团有限公司更名为济南山水集团有限公司（简称山水集团）。

改制后，原济南市建材工业局所属企业都成为山水集团的子公司，包括水泥、水泥制品、加气混凝土、石材制品、砖瓦、砂石和建材机械等企业。在这些企业中有三个水泥厂，即山东水泥厂、济南水泥厂和济南东方红水泥厂。山水集团的大部分销售额和绝大部分利润都来自这三个水泥厂，因此水泥业是该集团的主业。山水集团的成立为今后水泥业的快速发展在体制上创造了有利条件。

2. 整合水泥企业　扩建3号窑生产线

济南水泥厂前身是1921年成立的致敬洋灰股份有限公司，已有80多年的历史。共和国成立后，该厂经不断改造和扩建，至1998年有2台ϕ2.9×9.0m机立窑和2台ϕ3.2×12.0m机立窑，年产能力50万吨水泥。济南东方红水泥厂创建于1958年，到1998年拥有3条ϕ2.8×9.5m机立窑生产线，年产能力30万吨水泥。这两个厂的厂址在建厂时都属城近郊区，当时与市区相距甚远，但经过数十年发展，城市规模扩大，机关、学校、医院和居民区已将两厂四面包围。工厂成年累月飘扬的滚滚黄烟遮天蔽日，设备运转和物料运输发出的噪声日夜不停。济南水泥厂和济南东方红水泥厂都已成为济南市上空的大污染源，危害着四方百姓。两厂还正处在市区的上风口，受害面积很大。市政府对此极为重视，要求工厂尽快解决污染问题。

同时，济南市建材工业集团公司所属三个水泥厂的主要市场都在济南市，经常发生不适当竞争，相互压价，造成集团公司内不应有的损失。济南水泥厂和济南东方红水泥厂都是机立窑厂，与新型干法厂相比，其成本高、质量差、劳动生产率低、环保问题无法彻底解决，按国家产业政策，迟早要被淘汰。以张才奎董事长为首的山水集团领导从济南市大局出发，权衡各方利弊，大胆做出决定，拆除济南水泥厂和济南东方红水泥厂，相应地在山东水泥厂扩建一条日产2 500吨熟料预分解窑新型干法生产线，即3号窑生产线，实施环保迁建工程。这项决定得到山东省和济南市党政领导的赞扬和积极支持，环保迁建工程被列为济南市五年大变样的“六大形象工程”之一。该项工程也得到国家的支持，被列为1998年的国家重点技改项目计划。

集团公司通过土地置换筹措到足够的建设资金，于1998年11月开工建设山东水泥厂3号窑生产线。山东水泥厂成立了新线建设领导班子，实行项目法人制，对设计方案精心优化，主要设备都竞标选择，施工队伍好中选优，采用“两本”管理办法，调动各方面积极性，精打细算，日夜奋战，在设计院和施工单位的密切协作和共同努力下，环保迁建工程于1999年8月竣工投产，历经10个月，投资3.5亿元。山东水泥厂3号窑生产线建设，是继海螺集团建设白马山水泥厂新型干法生产线之后，在中国水泥建设史上创造出低投资、高速度建设日产2 500吨熟料新型干法生产线的又一个范例，对我国预分解窑新型干法的普遍推广做出了重要贡献。

集团公司在整合三个水泥厂过程中的主要困难是3 000多名离退休职工的安置和2 000多名在职员工的分流和下岗问题。公司领导坚持以人为本的理念，从关心人和尊重人的观点出发，较顺利地解决了这个问题。张才奎同志一方面采取“以发展保分流、以分流求稳定”的方针，通过3号生产线扩建和其他新项目建设，尽可能多地增加就业岗位；另一方面则加快国有企业改革步伐，在改革产权制度的同时解决富余人员问题。

1999年，在张才奎同志领导下，集团公司根据中共十五届四中全会精神开始探索“双置换”改革。所谓“双置换”，即用国有资产按工龄长短支付给职工相当的补偿金，置换职工的“国有身份”，同时鼓励和引导职工将领取的补助金入股企业，买断国有资产，成为股东。对留在岗位上继续工作的职工，另签劳动合同，使自己既是股东又是雇员。对于下岗的职工，则按自愿原则，可选定3条出路：①与原企业解除劳动合同，用获得的补偿金出资入股，购买或租赁原企业的部分设备等资产，共同组建股份合作制企业；②与原企业解除劳动合同，领取补偿金自谋职业；③不与原企业解除劳动合同者，进入集团公司再就业服务中心，通过培训择机上岗，三年不能再上岗则解除劳动合同，领取补偿金或生活保障费。

为搞好“双置换”改革，集团公司领导做了大量深入细致的思想政治工作和具体的组织工作，广泛宣传党中央关于推进国企改革的一系列重要指示，让职工把握当前国企改革的形势、面临的问题和政策措施，使职工自觉参加企业改制，自主决定个人的去留，自愿解除与企业的劳动合同。集团公司成立了以张才奎同志为组长的协调服务小组，下属各企业都设立下岗职工专管员，具体负责下岗职工的生活保障、社会保险基金的发放和代缴，负责下岗职工与企业间的沟通联系及再就业信息的传递。普遍开展了对下岗职工的“四个一”活动：工会对下岗职工进行一次家访；书记、厂长与下岗职工见一次面；领导与下岗职工谈一次心；为下岗职工至少提供一次再就业机会。张才奎同志提出并做到了在职代会上专设下岗职工代表团，亲自参加他们的分组讨论会，听取他们的意见和建议，还专门设宴款待他们，对他们顾全大局、支持企业改革和发展的行动表示感谢。

山水集团实施的“双置换”改革取得很大成功，济南水泥厂和济南东方红水泥厂的2 000多名在职员工都妥善分流。山东水泥厂通过“双置换”改革，精简生产人员，剥离非生产设施，其富余人员都得到安置。各厂离退休人员的费用支出都由集团公司承担。这样，三个水泥厂整合中的难题终于解决，保障了企业和社会的稳定大局。

随着环保迁建工程的进展，济南东方红水泥厂于1998年11月停产，济南水泥厂于1999年7月关闭。两厂所在地的粉尘和噪声污染问题彻底解决，居民广为称赞，政府在人民心目中的威望进一步提高，当地的房地产价格倍增，取得很大的社会效益。环保迁建工程完成后，使集团公司水泥年生产能力增加到 270 万吨；由于淘汰了全部立窑生产而使集团公司水泥生产技术水平得到提升，技术经济指标进一步改善；同时三个水泥厂整合成一个大厂，避免了集团公司内部的不恰当竞争。该项工程取得了很好的经济效益。

1998 年，济南市建材工业集团公司在整合公司内部水泥厂的同时还兼并了与山东水泥厂相邻的商河水泥厂和中建八局水泥厂，这两个厂都是小立窑厂。中建八局水泥厂有一条 $\phi2.2 \times 8.5$m 机立窑生产线，年产水泥能力 4.4 万吨。商河水泥厂有一条 $\phi1.7 \times 7.0$m 普通立窑生产线，年产水泥能力仅 2.2 万吨。在建设山东水泥厂 3 号窑生产线时，这两个小立窑厂都被拆除。后来，山东水泥厂在商河县境内择地建设了一座年产水泥 50 万吨的粉磨站。

济南市建材集团公司为建设山东水泥厂日产 2 500 吨熟料预分解窑新型干法生产线，完全拆除了 4 个立窑厂，这为中国水泥工业结构调整树立了榜样，同时成为全国各大城市淘汰立窑，解决粉尘污染等环保问题的先导。

3. 改革产权制度　建设长清水泥厂生产线

在中共十五届四中全会精神的指引下，1999 年以后，一些国有大中型水泥企业开始采取企业职工以法人持股的方式改组国有企业的资本结构。2001 年初，山水集团通过“双置换”改革，组建成立了主要由职工持股的山水世纪创新水泥有限公司（简称世创公司）。这是中国水泥工业产权制度改革中的一个创新。

2001 年 3 月，世创公司收购了即将倒闭的济南市长清水泥厂。这是一个立窑厂，地处济南市郊西南部长清区境内，依山而建，有 $\phi2.8 \times 10.0$m 机立窑 4 台，年产水泥能力 40 万吨。该厂产品质量低，生产成本高，入不敷出，污染环境十分严重。世创公司收购后，首先关闭立窑，将工厂改造成粉磨站，采用山东水泥厂熟料制成水泥出售。接着就利用原有的矿山资源和场地，建设一条日产2 500吨熟料的预分解窑新型干法生产线。

该新型干法生产线由山水集团技术发展中心设计。由水泥生产企业自行设计整条预分解窑新型干法生产线，这在中国尚属首例。生产线沿山坡分3个台段布置，既新颖又紧凑。采用轻型土建结构，既简捷又实用。根据本厂实践经验，对预分解炉和预热器系统，在山东水泥厂3号窑的基础上做了大量改进。设备全部国产化。生产线工艺操作和设备监控都采用计算机，可以做到无人值守。工程于2001年10月动工兴建，2002年8月竣工投产。当月投产，当月达标。长清水泥厂新型干法生产线建设取得成功。总投资仅1.5亿元，工期为10个月。

山水集团山东水泥厂经历过悬浮预热窑新型干法时期的痛苦磨炼，在1号和2号窑生产线改造和3号窑生产线扩建过程中积累了丰富经验。长清水泥厂生产线的建设成功，集中反映出山水集团已熟练掌握日产2 500吨熟料预分解窑新型干法生产线建设和运行技术，已拥有一大批掌握水泥新型干法技术的人才。

长清水泥厂生产线建设还创造了全国新型干法生产线建设投资低、速度快的新纪录。这个成绩的取得，除山水集团具有强大的技术力量外，还应归功于该集团的产权制度改革。职工持股后，人人都关心建设进度，个个都注重节约资金，企业效益与职工利益紧紧地连接在一起，真正实现了职工是企业的主人。职工持股使山水集团人本管理提升到更高层次，为今后快速发展增强了原动力。

世创公司长清水泥厂生产线建设的捷报在国内业界引起广泛注意，参观者络驿不绝，还引起了国际跨国公司的重视。当时世界上水泥产量最大的法国拉法基集团曾三次派员到济南市的世创公司长清水泥厂考察。第三次是在2004年3月12日，由集团水泥运营与技术总裁和亚太地区技术中心执行总裁率领的拉法基集团高级代表团一行11人到厂实地考察和座谈。他们对生产线布置、国产化设备和施工组织等甚感兴趣，称赞生产线建设在节省投资和缩短工期方面是一个奇迹。看来，拉法基集团试图了解山水世创公司建设长清水泥厂新型干法生产线的理念，而且是很认真的。

4. 制订水泥发展规划

到2001年，山水集团基本建立起现代企业制度和完成了一定的资金积累，通过企业改制和重组，实现了政企分开和企社（社会）分开；通过产权制度改革，做到了产权清晰和权责明确；通过生产实践和改革，人本管理的科学化水平不断提升；通过企业整合中的土地置换和企业卓有成效的生产经营，积聚了相当多的资金。山水集团快速发展的条件已经具备，正站在腾飞的起跑线上，蓄势待发。就在这个时候，集团领导考虑的是需要制订一个水泥发展规划。张才奎董事长亲自主持和组织规划工作，在工作中得到中技经投资顾问股份有限公司和有关专家学者的帮助。

市场调查和定位是发展规划的首要内容。对发展中国家而言，经济发展愈快，水泥需要量愈多，水泥市场就愈大。众所周知，中国目前经济发展最快的有三个地区：长江三角洲、珠江三角洲和以北京、天津为中心的环渤海湾地区。山东省地处环渤海湾地区的右翼，经济发展比较快，自然，水泥业大有可为。山水集团的水泥市场主要在济南市，为了求发展，理应将市场扩展到山东全省。于是，对山东省水泥市场和石灰石矿山资源进行了近半年的深入调查。通过分析研究调查资料，认识到如下几点：

1）包括青岛市、烟台市和威海市等在内的胶东半岛是山东省经济最发达的地区，水泥市场很大。然而，青岛等地的沿黄海一带却没有石灰石资源，所用水泥都从外地输入。烟台等地的沿渤海湾一带虽有一些石灰石资源，但储量少，且分散，不宜建大型水泥厂，胶东半岛是一个很好的目标市场。

2）在胶济铁路以北地区，有全国著名的石油基地东营市，还有山东工业重镇德州市等。这里市场上的水泥，有的从外地直接输入，也有从外地长途运输石灰石原料在当地生产出的，水泥成本高。显然，该地区也是一个待开发的市场。

3）山东境内京沪铁路以西地区，如聊城市和菏泽市等，无石灰石资源，不宜建水泥厂。这里虽然经济不甚发达，但不出产水泥，因此也可作为一个目标市场。

4）山东省的石灰石资源主要分布在由济南、淄博、潍坊、临沂、枣庄、济宁和泰安等市所包围的广大区域内。济南、淄博和潍坊等三市经济发达，水泥市场较大，石灰石资源丰富，应当既是生产基地，又是目标市场。临沂、枣庄和济宁等鲁南地区，这里石灰石资源储量大、质量好，但水泥市场较小，而且立窑水泥厂密布，市场竞争非常激烈，历来是全国水泥价格最低的地区之一。这里可暂不作目标市场考虑。

5）山东省大中型新型干法水泥厂的竞争对手主要是遍布全省的大量的机立窑水泥厂。山水集团具有强大的技术实力，已能使新型干法水泥生产成本低于立窑水泥，在市场竞争中足以取胜。如果在拥有石灰石资源的地区建立熟料基地，在缺乏石灰石资源但具有粉煤灰等混合材的目标市场建立水泥粉磨厂，那么，新型干法水泥的竞争力会更强，投资回报率会更高。

山水集团领导根据上述判断，确立了“以济南市为中心，沿胶济铁路东进西扩、南北辐射”的规划思路。东进就是向东扩展到淄博、潍坊，直到青岛等地；西扩就是向西扩展到聊城等地；南北辐射就是向南发展到菏泽、泰安和莱芜等地，向北发展到东营、滨洲和德州等地。规划的总体框架是：建设济南地区、淄博地区和潍坊地区的三大熟料基地；构筑济南、德州、聊城、淄博、东营、滨洲、潍坊和青岛等八大水泥市场。规划目标是 2005 年达到熟料生产能力 2 000 万吨，水泥生产能力为 3 000 万吨。

为完成规划所采取的措施是：

1）因地制宜地选用水泥生产基地、熟料生产基地、水泥粉磨站、水泥转运站等不同组合的企业结构模式，使资源得到最佳配置。

2）实行水泥生产基地和熟料生产基地大型化、水泥粉磨站合理规模化，以降低单位产品投资额和运行成本。

3）控制各种资源，保证企业高效运行和长远持续发展。

4）采用先进技术，降低各种消耗，提高劳动生产率。

5）完善和运作好物流体系，降低产品销售成本和原燃材料进厂费用。

6）搞好市场体系运作，将取得市场控制权作为第一要务，既要搞好集团公司整体大市场运作，又要针对不同地区特点制定相应的营销策略。

7）建立社会主义市场经济的融资管道，使资金运作进入良性循环，保证实施规划所需投资。

8）逐步实现信息管理，采用计算机管理产品销售系统。

9）弘扬以人为本的管理理念和山水集团特有的企业文化，使产品质量精益求精，不断提高职工的物质生活和精神文化水平，充分调动他们的积极性，促使企业日益繁荣昌盛。

5. 山水集团的腾飞

发展规划的制订，吹响了山水集团展翅腾飞的号角。

1）东进

2001 年 11 月收购了久已停产的青岛流亭水泥厂。该厂有一条日产 650 吨熟料的带余热锅炉的干法中空窑，建成于 20 世纪 80 年代，主要原料石灰石从外地经长途运输进厂，投产后长期亏损。

工厂几经转让出售，都未能摆脱困境。山水集团接管该厂后，随即恢复了生产，使熟料产量达到年产20万吨。同时，在这里建设一个年产200万吨水泥的粉磨站，该站已于2003年3月建成投产，其产品在青岛水泥市场上已发挥着举足轻重的作用。

2002年底，兼并了潍坊水泥厂。该厂是一个立窑厂，有3个分厂，年产水泥总能力为100万吨，2002年总产量达到117万吨。兼并后，随即在这里开工建设一条日产2 500吨熟料预分解窑新型干法生产线。同时，还在潍坊市昌乐县建设一条同样的生产线。这两条生产线分别在2003年的10月和6月建成投产，产品主要供应给青岛流亭粉磨站。2003年初，山水集团在潍坊市安丘县发现一个储量为1亿多吨的石灰石矿山，质量好，紧靠省级公路，与青岛市黄岛开发区相距约120公里。为控制青岛水泥市场，决定在此建设两条日产5 000吨熟料预分解窑新型干法生产线，于2003年下半年动工兴建，第一条生产线已于2004年9月建成，第二条2007年建成。这两条生产线与潍坊水泥厂、昌乐水泥厂组成潍坊熟料基地。与熟料基地建设的同时，还建设了日照港粉磨站和潍坊市附近的坊子粉磨站。

2002年10月在淄博市岭子镇开工建设一条日产5 000吨熟料预分解窑新型干法生产线，2003年10月，该生产线建成投产，同时开工建设的第二条生产线，于2004年底建成，从而形成淄博熟料基地。为占领淄博市场，在淄川建设了一个年产150万吨的水泥粉磨站。

2）西扩

济南市西南方向的平阴县，拥有质量好、储量大的石灰石矿山。2002年12月，在这里动工兴建第一条日产5 000吨熟料新型干法生产线。该生产线于2003年底建成。这条日产5 000吨熟料生产线投产时出乎意料地顺利，很快就达到日产5 000吨熟料的设计指标，一个月后便稳定在日产5 500吨熟料。在第一条生产线投产的同时，开工建设同样的第二条生产线，于 2004 年底建成。这两条生产线与山东水泥厂和世创公司长清水泥厂一起组成济南熟料基地。

平阴新型干法生产线是继岭子新型干法生产线以后建设的第二条日产 5 000 吨熟料生产线。在建设中，继承了效益最大化、成本最低化和清洁环保生产的建设理念，与南京水泥设计研究院密切合作，对生产工艺与设备做了许多改进，全厂设备除生料立磨等少数设备从国外进口外，都采用国产的。总投资不到 3 亿元，15 个月建成投产，当月达标，电耗、热耗和环保指标都达到国际先进水平。平阴生产线的建成投产及其所达到的技术经济指标，说明山水集团已掌握日产 5 000 吨熟料预分解窑新型干法技术，集团的生产技术水平已提升到一个新的阶段，实现了又一次重大的技术跨越。

在第一条平阴日产 5 000 吨熟料新型干法生产线建设同时，在聊城市东昌府开工建设年产 200 万吨水泥粉磨站，于 2003 年底建成投产，产品供聊城市场。此外，在聊城的茌平县还建设一个年产 80 万吨的粉磨站，产品除供给聊城外，还进入济南市场。

3）向北辐射

山东德州华能电厂厂区一半在山东省德州市，另一半则在河北省的故城县。山水集团在故城境内紧靠电厂一侧，于 2003 年 8 月动工建设年产 200 万吨水泥粉磨站。采用平阴厂的熟料和德州华能电厂的粉煤灰生产水泥，主要供德州市场，有部分进入河北沧州市场。

在东营市和滨州市分别建设年产 200 万吨水泥粉磨站，用淄博熟料基地的熟料生产水泥，供当地市场。

山水集团在粉磨站建设中，曾采用选粉机-管磨的闭路循环系统和挤压磨-小钢球磨的开流循环系统，现在已采用挤压磨-管磨-高效选粉机的闭路循环系统。相比之下，后者具有通风好、产量高、电耗省和产品细度调节方便等优点。该闭路循环系统的设备都已基本国产化。

2004年底，山水集团的水泥熟料基地列于表14-3，水泥粉磨站列于表14-4。从表14-3可看出，山水集团已投产熟料基地年生产能力为1 431万吨。从表14-4看到，山水集团已经构筑成省内8个具有相当规模的水泥市场。熟料基地和粉磨站的分布如图14-2。在该图能清楚看到，山水集团的东进、西扩和南北辐射的战略已取得巨大进展，熟料基地及与其相配套的水泥粉磨站布满了大半个山东省，而且都是在山东省经济发达和水泥市场潜力大的地区。

表14-3　2004年底山水集团的水泥熟料基地

企业名称	生产线号别	生产方法	设计能力(t/d)	企业生产能力(万吨/年)	熟料基地及生产能力(万吨/年)
山东水泥厂	1	预分解窑	1 000	170	济南熟料基地 558
	2	预分解窑	2 000		
	3	预分解窑	2 500		
世创公司	1	预分解窑	2 500	78	
平阴水泥公司	1	预分解窑	5 000	310	
	2	预分解窑	5 000		
潍坊水泥公司	1~8	机立窑	2 500	155	潍坊熟料基地 563
	1	预分解窑	2 500		
青岛流亭水泥公司	1	余热锅炉窑	650	20	
安　丘水泥公司	1	预分解窑	5 000	310	
	2	预分解窑	5 000		
昌　乐水泥公司	1	预分解窑	2 500	78	
淄　川水泥公司	1	预分解窑	5 000	310	淄博熟料基地 310
	2	预分解窑	5 000		

表 14-4　2004 年底山水集团的水泥粉磨站

企业名称	地　　点	生产能力（万吨/年）	市　　场
山东水泥厂	济南市	300	济南市场
新型建材厂	济南市	50	
世创水泥公司	济南市长清区	100	
商河水泥公司	济南市商河县	50	
聊城粉磨站	聊城市东昌府	200	聊城市场
茌平粉磨站	聊城市茌平县	80	
故城粉磨站	河北省故城县	200	德州市场
淄川粉磨站	淄博市淄川区	150	淄博市场
东营粉磨站	东营市	200	东营市场
滨州粉磨站	滨州市	200	滨州市场
黄岛粉磨站	青岛市黄岛区	200	青岛市场
潍坊水泥厂	潍坊市	200	潍坊市场
坊子粉磨站	潍坊市坊子县	80	
昌乐水泥公司	潍坊市昌乐县	170	
日照粉磨站	日照市	200	国外市场

山水集团 2004 年水泥熟料生产能力超出 1 400 万吨，在中国水泥业界脱颖而出，以其令人敬佩的业绩呈现在世人面前。

山水集团在腾飞，将飞得更快、更远，跨出省界，越出国门，创造出更加宏伟的业绩，为中国水泥工业增添新的光彩。

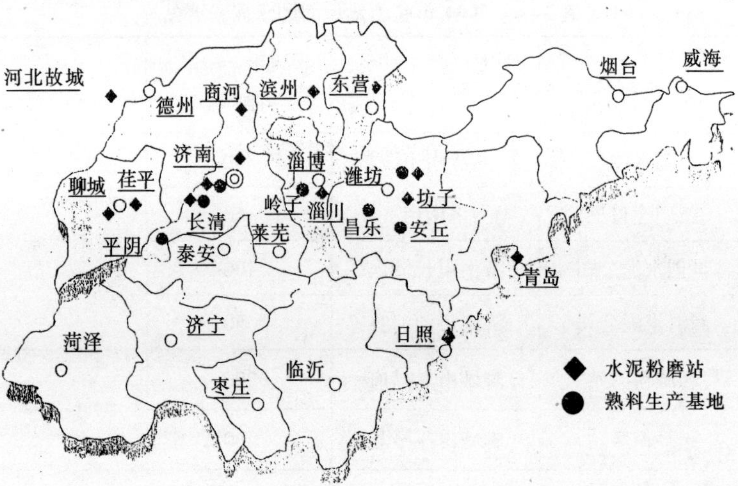

图 14-2 2004 年山水集团熟料生产基地、水泥粉磨站分布示意图

第十五章　国有水泥企业产权制度的改革

中国水泥企业，从1945年没收日本敌伪资产开始到1966年对民族资本赎买结束，历时20余年，完成了全部国有化过程。1979年，国家实行改革开放政策，水泥企业和其他企业一道，作为社会生产的主体，开始逐步进行改革。1988年，企业改革正式步入以发行股票为标志的产权制度改革。水泥企业通过产权制度改革由政府附属品转变为市场主体，在市场机制作用下发展生产。截至2003年底企业产权制度的改革在经济制度上为21世纪新型干法生产大发展创造了条件。

一、改革的政策依据

1978年12月，中共十一届三中全会拉开了中国经济体制改革的序幕。改革是从农村开始的，在全国农村推行家庭联产承包责任制，取得了明显成效，大大促进了农业生产的发展。1984年10月，中共召开十二届三中全会，会议决定改革重点由农村经济体制改革转向城市经济体制改革。在会上通过了《中共中央关于经济体制改革的决定》，《决定》中提出了关于社会主义经济是在公有制基础上的有计划商品经济的论断，同时指出，商品经济的充分发展，是社会经济发展不可逾越的阶段，是实现我国经济现代化的必要条件。《决定》还提出鼓励一部分人先富起来的政策，以及在国家政策和计划指导下实现国家、集体、个人一起上的方针。

在中共十二届三中全会前，对我国经济体制改革目标有不同说法，有的说是以计划经济为主、商品经济为辅，有的说是计划经济与商品经济有机结合。这次全会做出了有计划商品经济的论断，使各方面改革措施都统一在这一思想基础之上。

1987年10月，中共召开第十三次全国代表大会，会议阐明了关于中国还处于社会主义初级阶段的理论，同时指出当前深化经济体制改革的主要任务是，围绕转变企业经营机制这个中心环节，分阶段地进行计划、投资、物资、财政、金融、外贸等方面体制的配套改革，逐步建立起有计划商品经济新体制的基本框架。包括：按照所有权与经营权分离的原则，搞活全民所有制企业；促进横向经济联合的进一步发展；加快建立和培育社会主义市场体系；逐步健全以间接管理为主的宏观经济调节体系；在公有制为主的前提下，继续发展多种所有制经济；实行以按劳分配为主体的多种分配方式和正确的分配政策。

党的第十三次代表大会阐明了我国尚处于社会主义初级阶段的理论，这为我国发展商品经济找到了依据，同时确定了有计划商品经济体制的框架，将改革引向深入。

1992年11月，中共召开第十四次全国代表大会，在会上宣布我国经济体制改革的目标是建立社会主义市场经济体制，同时确定今后改革和建设的首要任务就是围绕社会主义市场经济体制的建立，加快经济体制改革的步伐。这是中国共产党领导经济体制改革实践过程中认识上的提升，是理论上的重大突破，使改革在原有基础上进行新的飞跃。

1993年11月，中共召开十四届三中全会，通过《中共中央关于建立社会主义市场经济体制若干问题的决定》。《决定》要点是：①建立现代企业制度，坚持以公有制为主体，多种经济成分共同发展；②培育和发展市场体系，包括金融市场、劳动力市场、房地产市场、技术市场和信息市场；③建立健全宏观调控体系，加快金融体制、财税体制和投资体制改革；④建立社会保障制度，创建多层次的社会保障体系；⑤完善分配制度，坚持以按劳分配为主、多种分配方式并存的制度，国家依法保护法人和居民的一切合法收入和财产，允许属于个人的资本等生产要素参与收益和分配。

十四届三中全会确定了我国建立社会主义市场经济体制的框架，使改革全面、有序地不断深入进行。在《决定》中明确提出了保护个人财产和允许属于个人的资本等生产要素参与分配，这是理论上的一个突破，为建立现代企业制度，特别是对国有企业产权体制改革，实行产权结构的多元化，解决了难题。

1999 年 9 月召开的中共十五届四中全会，做出了《中共中央关于国有企业改革和发展若干重大问题的决定》。《决定》提出：要从战略上调整国有经济布局，坚持有进有退，有所为有所不为；要积极探索公有制的多种有效实现形式，国有大中型企业尤其是优势企业，宜实行股份制的，要通过规范上市、中外合资和企业互相参股等形式改为股份制企业，发展混合所有制经济；国有资本通过股份制可以吸引和组织更多社会资本，放大国有资本的功能，提高国有经济的控制力、影响力和带动力；要区别不同情况，继续对国有企业实施战略性改组，竞争性领域中具有一定实力的企业，要吸收多方投资加快发展，对产品有市场但负担过重、经营困难的企业，通过兼并、联合等形式盘活存量资产，要继续采取改组、联合、兼并、租赁、承包经营和股份合作制、出售等形式进行资产重组，放开搞活国有小企业。

这个《决定》是我国城市经济体制改革 15 年来对国有企业改革经验的全面总结和提升，在理论上和实践上都有重大发展，对国有企业改革中存在的某些思想禁区又有了新的突破。

2002年召开的中共第十六次代表大会对我国经济体制改革提出了“两个毫不动摇”的指导思想，即毫不动摇地巩固和发展公有制经济，毫不动摇地鼓励、支持和引导个体、私营等非公有制经济发展。

2003年10月中共十六届三中全会通过的《中共中央关于社会主义市场经济体制若干问题的决定》中指出，要大力发展国有资本、集体资本和非公有资本等参股的混合所有制经济，实现投资主体多元化，股份制是公有制的主要实现形式。该《决定》为国有企业产权制度改革正式确立了明确的方向。

中国经济体制改革是不断发展和深化的，从有计划的商品经济发展到社会主义市场经济，在建立社会主义市场经济过程中又深化到国有经济的战略调整，进而明确要大力发展混合所有制经济，确立股份制是公有制的主要实现形式。水泥企业属竞争性行业，在党中央、国务院领导下，不断进行改革，由扩大自主权发展到成为市场主体，其产权结构由清一色的国有资本逐步向多元化发展。到2002年末，立窑水泥企业和其他小型水泥企业，根据中共中央关于放开搞活国有小企业的方针，绝大多数都已出售给个人或由个人租赁经营。国家重点大中型水泥企业，即其产品由国家统一分配销售的企业，是我国水泥行业的骨干企业，其中大部分企业到2004年都已进行产权制度改革，在不同程度上实现了产权结构的多元化。改制的方式包括：发行股票、股票上市企业和外资企业购并国有企业、定向募集民营资本、民营企业购并国有企业、经营者控股和职工持股等。

二、发行股票

在市场经济体系中，资本市场是各种市场中的一个重要市场。国有企业发行股票实质上就是将部分国有资产在资本市场上作价卖给公众，从而募得资金，用于发展生产。通过发行股票，国家所有制经济被改变成混合所有制经济，国有资本的控制力和影响力得到扩大。这是产权制度改革的一种重要方式。

1987 年下半年，中国人民银行开始批准国有企业发行股票。1988 年上半年，政府有关部门开始组织国有企业进行股份制试点。1988 年 8 月，峨眉水泥厂联合西昌铁路局和四川乐山供电局共同发起组建四川金顶（集团）股份有限公司，经四川省乐山市人民政府和中国人民银行乐山分行批准，于 1988 年 9 月向社会公众发行股票。自 1956 年中国水泥企业全部基本国有化以来，事隔 30 多年后，这是第一家水泥企业发行股票。清一色的国有水泥企业的产权制度从此开始走上改革的道路。

峨眉水泥厂有四条湿法窑，两条 ϕ4. 4/4. 0/4. 4 × 180m 大型回转窑、两条“华新”窑。他们将两条大型回转窑的资产用于股票上市，将另两条“华新”窑与港商合资成立合资公司。股份公司拥有两条湿法回转窑的资产，当时核定实有总股本 15 480 万股（1 元 1 股），其中国家股 10 930 万股，占总股本 70. 61%；法人股 550 万股，占总股本 3. 55%；社会公众股 4 000 万股，占总股本 25. 84%。

在四川乐山市，与金顶（集团）股份有限公司同时发行股票的还有由铁合金厂等三家企业为核心组建起来的三个股份公司。股票发行后都自发地进行流通，在当地形成了一个全国最大的民间股票交易市场。股票交易在共和国成立后已消失，相隔近 40 年后又重新兴起，对许多人，特别是年轻人来说完全是陌生的。所以，刚开始时大家还不以为然，后来发现其有利可图后便发展到疯狂的地步。股价无序暴涨，有些人一夜间就成为数万元、数十万元的暴发户，有的人有了钱后不知道该怎么花。

继峨眉水泥厂发行股票之后，第二家发行股票的水泥企业是浙江金华水泥厂。1989 年该厂将债务转成股份，进行股份制改造，成立浙江尖峰集团股份有限公司。经金华市政府和地方金融机构批准，当年即发行股票。发行股票时，市民们通宵排队抢购，甚至动用警力维持秩序。股票发行后即自行交易，1股1元购买的股票最高卖到1股50元，许多人成了富翁。

金华水泥厂是浙江省金华市的一家立窑水泥企业，生产管理和产品质量在全国立窑厂中名列前茅。该厂改组成尖峰集团股份公司后，公司总股本为30 046万股，其中国家股占31.6%，法人股占20.2%，社会公众股占48.2%。股本结构特点是公众股和法人股比例较高。

20世纪80年代末，民间股票市场在各地悄悄兴起，其股票交易很不规范，达到国家不能不管的地步。如果说，过去政府同意发行股票和在一定范围内流通是一种尝试的话，那么，至此时机已经成熟，可在我国正式启动建立资本市场，进一步推动经济体制改革。1990年10月国务院正式创办上海证券交易所，1991年7月，在深圳成立深圳证券交易所，1992年国务院证券委员会和中国证券监督管理委员会正式挂牌成立，对证券的发行和交易进行监管。从此，民间股票交易市场被取缔，规定凡股票交易只准在上海和深圳的两个交易所进行，股票发行须经中央证券机构批准，此前发行的股票必须经过重新审查核准后在国家建立的交易所内发行交易。1998年4月，国务院决定将国务院证券委员会并入中国证券监督管理委员会，建立全国证券和期货市场的政府主管部门。

浙江尖峰集团股份有限公司股票经核准于1993年7月在上海证券交易所挂牌上市交易。金顶（集团）股份有限公司股票经核准于1993年10月在上海证券交易所上市交易。可见，中国水泥企业全部国有化后，最早发行股票的是金顶（集团）股份有限公司，最早正式上市挂牌交易的是浙江尖峰集团股份有限公司。杜自弘董事长思想敏锐，超前地一手操办了尖峰集团股份公司的创建和股票发行，从此他的名字和股份公司一起闻名全国。

自20世纪90年代初中国证券市场正式建立后，国有企业纷纷上市发行股票，水泥企业也不例外。继尖峰集团股份有限公司和金顶（集团）股份有限公司之后，我国第三家上市发行股票的水泥企业是华新水泥股份有限公司。该公司于1994年1月在上海证券所挂牌上市，总股本32 840万股（1元1股），国家股占27.9%，法人股占7.6%，A股占14.6%。当年又发行了B股，B股占总股本的49.9%。1998年瑞士霍德班克（Holderbank）公司（后改名为Holcim公司）购进7 700万B股，占总股本的23.4%，在9名董事成员的董事会中占3名董事席位，参与公司的决策。这个股份公司股本结构的特点是公众股比例很大，占65%，另外是外资股占23.4%并参加董事会。

华新水泥股份公司的核心企业是华新水泥厂，它是新中国成立前建成的一家老水泥企业，原来就是一个股份制公司，在1956年的社会主义工商业改造中，通过没收官僚资本和赎买私人资本而成为国有企业。可见，华新水泥厂有着股份制的底蕴。以傅本一厂长为首的华新水泥厂领导班子，他们思想解放，接受新事物快，较早地树立了既经营产品又经营资本的理念。所以，华新水泥厂在共和国建国前创办的众多水泥老企业中，率先组织股票上市发行，建立融资渠道，与资本市场接轨，顺应了经济体制由计划经济向社会主义市场经济的转变，为今后企业发展创造了必要的条件。

华新水泥股份有限公司在股票上市过程中，忠实地按上市公司规则建立了科学决策机制。特别是在世界著名水泥跨国公司Holcim派员进入董事会后，给他们带来了新的管理思想，使决策机制更具特色，这对避免公司的决策失误有很大帮助。

华新水泥股份有限公司发行股票后，福建水泥股份有限公司和唐山冀东水泥股份有限公司相继上市发行股票，其他水泥企业也接着发行。到2002年底，共有19个水泥生产企业发行股票，上市企业名单列于表15-1。

表15-1 截至2002年12月股票上市的水泥企业

股票简称	公司名称	核心水泥企业名称	总股本（万股）	流通股	
				A股、B股、H股（万股）	占总股本比例（%）
牡丹江	牡丹江水泥股份有限公司	牡丹江水泥厂	23 000	A10152	44
秦岭水泥	陕西秦岭水泥股份有限公司	耀县水泥厂	41 300	A14000	34
西水股份	内蒙古西水创业股份有限公司	西卓子山水泥厂	16 000	A6000	38
巢东股份	安徽巢东水泥股份有限公司	巢湖水泥厂 东关水泥厂	20 000	A8000	40
狮头股份	太原狮头水泥股份有限公司	太原水泥厂	23 000	A8800	38
太行股份	河北太行水泥股份有限公司	邯郸水泥厂	19 000	A5000	26
海螺水泥	安徽海螺水泥股份有限公司	宁国水泥厂 白马山水泥厂	118 348	A20000 H36100	47
尖峰集团	尖峰集团股份有限公司	金华水泥厂	30 046	A14484	48
四川金顶	四川金顶（集团）股份有限公司	峨眉水泥厂	23 266	A9600	41

续表

股票简称	公司名称	核心水泥企业名称	总股本（万股）	流通股	
				A股、B股、H股（万股）	占总股本比例（%）
祁连山	祁连山水泥股份有限公司	永登水泥厂	34 695	A16316	47
华新水泥	华新水泥股份有限公司	华新水泥厂	32 840	A4800 B16400	65
福建水泥	福建水泥股份有限公司	永安水泥厂	28 282	A13430	48
天鹅股份	哈尔滨天鹅水泥股份有限公司	哈尔滨水泥厂	13 217	A4326	33
冀东水泥	唐山冀东水泥股份有限公司	冀东水泥厂	88 179	A26995	31
大同水泥	大同水泥股份有限公司	大同水泥厂	17 340	A5100	29
江西水泥	江西万年青水泥股份有限公司	江西水泥厂	34 050	A11050	33
天山股份	新疆天山股份有限公司	新疆水泥厂	17 335	A7800	45
四川双马	四川双马水泥股份有限公司	江油水泥厂	31 941	A10440	33
天水股份	天津水泥股份有限公司	天津水泥厂	21 700	A7700	36

从表15-1可以看到如下三点：

1. 国家重点大中型水泥企业，即原国家统配水泥企业中，上市发行股票的企业已占相当大的比例。截至2002年12月，我国股票上市的水泥生产性公司有19个，包括的水泥厂有21家，其中统配水泥厂有19家。水泥企业第一只股票发行的1988年，当时有统配水泥厂62家，至今尚存60家，上市发行股票的统配水泥厂占总数的31%。这说明，在2002年末，我国已有近三分之一的国家重点大中型水泥企业通过发行股票而实行产权制度改革，改造成混合所有制企业。

2. 不同企业的流通股数额相差较大。“海螺水泥”流通股达5.61亿股，“冀东水泥”2.70亿股，“华新水泥”2.12亿股；但有些企业的流通股很小，“天鹅股份”仅4 329万股，“大同水泥”5 100万股。从实际情况看，在一定程度上流通股愈多对企业发展的促进作用愈大，流通股愈少对企业发展的促进作用愈小。所以，虽然同是股票上市企业，但它们在经营和发展上都有很大差别。

3. 不同企业流通股占总股本的比例有很大不同。流通股占总股本比例接近50%的有6个企业，不到40%的有10个企业。流通股比例较大，对水泥行业来说在一定程度上有利于加速企业体制现代化进程。

中国人从清朝末期创办启新洋灰股份有限公司到共和国成立前夕建立的华新水泥股份有限公司，都曾采用股份制的办法来募集资金，建设工厂。40年后，中国发展水泥工业重拾股份制的办法来扩大生产，这是历史的再现，说明股份制是市场经济的必然产物，发行股票也是当今水泥企业发展的必然选择之一。

从1988年到2002年底水泥企业发行股票后的情况看，有部分企业通过这种融资手段获得勃勃生机，取得了很大发展；有些企业在资本市场取得资金后，其发展效果并不显著，速度不快；

还有少数企业虽然上市发行了股票，但未能摆脱原来的困境，连维持简单再生产也困难重重。企业融资效果有很大差异，其原因是多方面的，最基本的是，由于我国资本市场初始阶段的不规范因素，有些企业经“包装”上市后，相应的现代企业管理体制和经营机制没有真正建立起来，而是沿用旧有的一套，“穿新鞋，走老路”。在市场经济条件下，资本经营与产品经营是相辅相成的。资本经营要以产品经营为基础，产品利润回报高，才有条件在资本市场融得大量资金。产品经营则要有资本经营的支撑，只有从资本市场取得资金，才能使产品生产有较快发展。所以，水泥企业改制成股份制公司时，必须建立适应市场经济的管理体制和经营机制，为搞好产品经营和资本经营创造条件。

三、上市公司和外资企业购并国有企业

上市公司和外资企业购并国有企业，就是将后者的国有制经济体制改变成混合所有制经济体制，激活国有资产存量，从而使企业摆脱困境。

在计划经济条件下，国有企业发展生产都是靠国家拨款，过渡到市场经济体制后，则需由企业自己筹措资金。在这转变过程中，有些水泥企业能顺应形势变化，通过发行股票、利用外资和发行可转换债券等方式，较超前地在资本市场上找到获得资金的渠道，很快走上了良性循环的发展道路。但有许多水泥老企业未能及时适应新形势，沿用当时惯用的投资办法，完全利用商业银行贷款进行改造和扩建，于是背上了沉重的债务包袱，加上管理不善，先后都陷入困境。在中国水泥界曾一度流传着“不改造等死、要改造找死”的顺口溜，反映了一些水泥企业在发展问题上的两难处境。还有一些20世纪80年代新建的水泥新型干法企业，一方面单位产品投资额很高，另一方面所用投资全是商业

银行贷款，所以投产后即亏损，经营非常困难，而且无法自拔。为了摆脱国有企业困境，20 世纪 90 年代，人民政府鼓励企业兼并，由好的企业兼并困难企业，还出台了兼并的优惠政策。自此，水泥行业内开始发生企业兼并案，随着我国市场经济体制的完善，企业兼并案愈来愈多。老企业的不断破产和被兼并，新企业的不断诞生和壮大，已被业内人士认作是市场经济的重要表象，上市公司和外资企业购并国有企业则被认为是摆脱国有企业困境比较有效的举措。

珠江水泥厂是广州市政府在 20 世纪 80 年代中期开始筹办的一个新型干法企业，有一条日产 4 000 吨熟料预分解窑新型干法生产线，当时投资很大，全部使用商业银行贷款，投产后经营十分困难，连年亏损。为彻底解决企业困难，1993 年底由市政府在向企业输入政府资本金的同时，组织在香港的窗口公司越秀企业（集团）有限公司所属上市公司越秀投资股份有限公司购并珠江水泥厂。含公众股 56% 的越秀投资股份有限公司出资 3. 98 亿元港币，取得珠江水泥厂 49. 7% 的股份。珠江水泥厂经过股权结构改造后，很快就扭亏为盈。当时正值水泥市场兴旺，价格很高，盈利非常丰厚。越秀投资股份公司收购珠江水泥厂时，使用该厂资产到国际资本市场上去募集资金，成功发行了 1. 05 亿美元的欧洲可换债券，净集得资金 1. 02 亿美元，大大超出了并购珠江水泥厂支出的金额。这是我国转向社会主义市场经济体制以来的首例水泥企业兼并案。

越秀投资股份有限公司并购珠江水泥厂，使其从企业生产和募集资金两个方面都取得非常丰厚的效益，在国内外产生了很大影响。中国水泥界从此看到了企业间的收购与兼并确实是水泥企业摆脱负债过重困境的重要途径。此时，国际资本看好中国水泥企业，许多外资企业纷纷进入中国，打算购并水泥企业。越秀投资股份有限公司利用募集的资金乘势又收购了唐山启新水泥厂

51%的股份、广州水泥厂49%的股份和广州花都水泥厂35%的股份。

2001年12月，越秀投资股份有限公司进行资产重组，将所属水泥企业和混凝土企业都出售给了母公司越秀企业（集团）有限公司。后者又将水泥企业和混凝土企业的资产按70%股份比例与德国海德堡（Heidelberg）水泥公司合资组建CCCL合资公司，在百慕大注册登记。四个水泥厂则组建成广州越秀水泥集团公司，其总资本由CCCL合资公司和有关中方的资本所组成。

吉林双阳水泥厂按引进技术消化吸收“一条龙”项目要求，建设了一条日产2 000吨熟料新型干法生产线。工厂投产非常顺利，标志着我国日产2 000吨熟料新型干法技术已趋成熟，为新型干法的发展打下了技术基础，中国水泥界都为之庆幸和感到鼓舞。然而，这种欣喜之情很快就被忧虑所取代，因为该厂投产后不久即陷入了经营困境。在计划经济与市场经济的交替时期，投资体制不完备，双阳水泥厂建设投资绝大部分是贷款，当时欠商业银行的债款高达6亿元之多。一个年产60万吨熟料的水泥厂，其每年实现的利润无法偿还银行的利息，造成年年亏损。

吉林双阳水泥厂在百般无奈之际，厂长徐德复冲破来自各方面的思想阻力，顺应市场经济的规律，说服领导班子做出决定，采用企业兼并的办法来摆脱困境。在长春市人民政府的协调下，于1997年10月，吉林亚泰（集团）股份有限公司整体兼并了吉林双阳水泥厂，以该厂为基础成立吉林亚泰水泥有限公司。

吉林亚泰（集团）股份有限公司是长春市某区所管辖的专营房地产的国有控股上市公司。该公司通过兼并双阳水泥厂被输入了大量优质资产，将这些资产在资本市场上又募集到一大笔资金，不但解决了水泥厂经营上的困难，而且还促进了该厂的发展。据报道，2002年水泥有限公司对亚泰（集团）股份有限公司的利润贡献率达55%，水泥业已成为股份公司两大主营业务之一。吉林亚泰（集团）股份有限公司兼并双阳水泥厂取得了双赢的结果，是中国国有水泥企业成功兼并的突出案例。

自珠江水泥厂和吉林双阳水泥厂被成功兼并后，在中国水泥界接着发生了一系列国家重点大中型水泥企业的并购案。

安徽海螺集团有限责任公司购并了中国水泥厂、庐山水泥厂和雪峰水泥公司。中国水泥厂是一个具有80多年历史的老厂，经不断扩建、改造，有四台湿法回转窑生产线。在国家建材局实施14个老厂改造的过程中，该厂利用世界银行贷款和国家商业贷款建设一条日产2 000吨熟料的预分解窑新型干法生产线。从此，工厂背上了债务包袱，无法解脱，经营困难，亏损严重。2002年上半年，海螺集团承债式购并了中国水泥厂。该厂很快就扭亏为盈，并着手扩建两条日产5 000吨熟料新型干法生产线，规划进一步建设新型干法生产线，以淘汰所有的湿法生产线。两条日产5 000吨熟料生产线已建成投产，中国水泥厂获得了新生。庐山水泥厂拥有两条湿法回转窑生产线，年产水泥50万吨。工厂生产规模小，石灰石矿山离厂远，生产成本高，竞争能力弱，经营状况非常困难。被兼并后，其产品纳入海螺水泥股份有限公司的销售渠道，扩建了一个年产150万吨水泥粉磨厂，一跃而成年产200万吨水泥的大型工厂，大大增强了企业竞争能力，经营状况彻底好转。雪峰水泥公司的前身是新化水泥厂，有四条“华新”窑，由于管理上存在严重问题而濒临倒闭。2003年初，海螺集团兼并了该厂，使该厂摆脱困境，起死回生，恢复正常生产，并规划将湿法生产全都改造成新型干法生产。雪峰水泥公司有了美好的前景。

唐山冀东股份有限公司购并了吉林松江水泥厂，使该厂的经营困难问题得到解决，还易地扩建了一条日产2 500吨熟料新型干法生产线。一个60多年前日本人开办的老厂，从此搭上了中国发展水泥新型干法的快车。

国内重点大中型水泥企业相互兼并的案例还有：福建水泥股份有限公司兼并顺昌水泥厂；祁连山水泥股份有限公司兼并武山水泥厂；中资香港华润集团公司购并黎塘水泥厂等。这些企业被兼并后都达到了改善经营和获得一定发展的目的。

1993 年以后，一些外资企业看好中国水泥市场，进入中国购并水泥企业。除 Holcim 公司持股华新水泥股份有限公司和海德堡水泥公司持股珠江水泥厂等企业外，还有：港商瑞安集团公司购并了江南水泥厂；香港青洲英泥（集团）公司购并了广东云浮水泥厂；香港联合国际工业公司购并了上海水泥厂日产 2 000吨熟料新型干法生产线等。

2003 年初，法国拉法基（Lafarge）公司出资 2.4 亿元人民币购买了重庆水泥厂 70.59% 的股份。重庆水泥厂是 1937 年建成的老厂，地处市区江边，有三条湿法窑，年产水泥能力 44 万吨。该厂在国家建材局实施 14 个老厂改造时，利用商业银行贷款在矿山附近建设了一条日产 2 000 吨熟料新型干法生产线。由于建设期拖得特别长，本来就很高的投资变得更高。生产线投产后，工厂债台高筑，入不敷出，一直艰难经营，更无法发展。1998 年，重庆市政府要求该厂拆迁市区内的所有生产线，经营状况更是雪上加霜。重庆水泥厂经与拉法基公司的长期谈判，最终签署了兼并合同。重庆水泥厂被购并后扭转了困难局面，并扩建了一条日产 2 500 吨熟料新型干法生产线。

截至 2003 年 4 月，由上市公司和外资企业购并的国家重点大中型水泥企业名单列于表 15-2。从该表可看到，被兼并的国家重点大中型水泥企业有 15 个。至此，1988 年的 60 家国家重点大中型企业中有 34 个企业，即占总数 57% 的企业已改成混合所有制企业。在上述的 15 个企业中，共和国建立前建的老厂有 7 个，包括为中国水泥工业输出技术和人才而做出过巨大贡献并曾在中国水泥界显赫一时的启新水泥厂、广州水泥厂、上海水泥厂、中国水泥厂、重庆水泥厂和江南水泥厂等。在被兼并的企业中除老厂外，还有在共和国建立后开办的新厂，其中改革开放后创建的预分解窑新型干法厂就有 4 个，如全国闻名的珠江水泥厂、顺昌水泥厂、云浮水泥厂和双阳水泥厂。

表 15-2　截至 2003 年 4 月由上市公司和外资企业购并的国家重点大中型水泥企业

<table>
<tr><th>国家重点大中型企业</th><th>上市公司和外资企业</th></tr>
<tr><td>启新水泥厂</td><td rowspan="3">香港越秀企业（集团）有限公司
德国海德堡水泥公司</td></tr>
<tr><td>广州水泥厂</td></tr>
<tr><td>珠江水泥厂</td></tr>
<tr><td>中国水泥厂</td><td rowspan="3">安徽海螺集团有限责任公司</td></tr>
<tr><td>庐山水泥厂</td></tr>
<tr><td>新化水泥厂(雪峰水泥公司前身)</td></tr>
<tr><td>吉林双阳水泥厂</td><td>吉林亚泰（集团）股份有限公司</td></tr>
<tr><td>松江水泥厂</td><td>唐山冀东水泥股份有限公司</td></tr>
<tr><td>顺昌水泥厂</td><td>福建水泥股份有限公司</td></tr>
<tr><td>武山水泥厂</td><td>祁连山水泥股份有限公司</td></tr>
<tr><td>重庆水泥厂</td><td>法国拉法基公司</td></tr>
<tr><td>江南水泥厂</td><td>香港瑞安集团公司</td></tr>
<tr><td>上海水泥厂</td><td>香港联合国际工业公司</td></tr>
<tr><td>云浮水泥厂</td><td>香港青州英泥（集团）公司</td></tr>
<tr><td>黎塘水泥厂</td><td>香港华润集团公司</td></tr>
</table>

在民国初期的市场经济条件下，水泥行业内发生过企业的兼并。1914 年启新洋灰公司购并了湖北水泥厂；1926 年中国水泥厂兼并了尚未建成的无锡太湖水泥厂。中国由计划经济时代进入

社会主义市场经济时期后，水泥行业内的企业兼并又重现了，这是一个历史的重演，正好说明水泥企业的兼并确实是市场经济体制中必然会产生的一种社会现象。理性地正确认识企业兼并现象，有利于促进水泥企业产权结构的重组，加速水泥企业结构的优化，取得提高水泥行业整体经济与社会效益的效果。

四、定向募集民营资本

1988 年，国有企业进行股份制试点后，在中国出现了两种股份制：一种是发行股票的股份制；另一种是定向募集的股份制。1990 年国家正式建立证券交易所后，水泥企业的融资手段都集中到发行股票，极少采用定向募集的办法。浙江三狮集团有限公司采用定向募集的办法，向民营资本募集资金，组成混合所有制企业，发展生产，取得了成功。

浙江三狮集团有限公司核心企业长兴水泥厂于 1983 年建成投产，当时有两条“华新”湿法回转窑生产线，属国家重点大中型水泥企业。以后，该厂陆续进行扩建，最终发展成具有五条湿法回转窑、年产熟料百万吨的大型湿法回转窑厂。这个厂对设备和生产设施实行“星级”管理，是全国水泥行业闻名的管理优秀企业。

20 世纪 90 年代，水泥预分解窑新型干法生产在全国各地发展起来，而且愈来愈显示出它比湿法生产具有更大优越性。水泥工业技术进步的新形势使三狮集团有限公司产生强烈危机感。浙江省是缺煤的省份，煤价、电价都很高，使这个企业更加感到自己经营前景的不祥。为紧跟时代步伐，谋求一个好的发展前景，该公司于 1996 年提出，在长兴厂扩建一条日产 4 000 吨熟料新型干法生产线的技改项目，于 1997 年获得国家经贸委批准。然而，由于筹措不到足够资金，项目长期未能动工兴建。1999 年到2000年间，许多国家重点大中型水泥厂纷纷建设新型干法生产线，三狮集团有限公司对已批准的项目仍未能动工，明显地落后于全国的形势。

就在这百般无奈之际，三狮集团有限公司新上任的姚季鑫董事长非常聪明地找到了资金问题的有效解决方案。利用浙江省民营企业发达、民间资本充足的优势，采用合资创办混合所有制子公司的办法，定向募集民营企业资本来建设水泥新型干法生产线。为便于融资，他特地将公司总部从偏辟山区搬入杭州市市区。

经国家工商行政管理局批准，利用以创办混合所有制企业方式而定向募集的资金，在长兴厂建设了第一条日产2 500吨熟料新型干法生产线。这条生产线的股权结构是：三狮集团有限公司的国有股占40%；民营企业在香港设立的公司的外资股占25%；民营企业股占35%。在生产线建设和生产过程中，三狮集团有限公司投入的技术也作价入股，包括在40%的国有股权之中，所以该公司投入现金较少，但仍能对生产线持相对控股权。外资股占25%，可使混合所有制企业享受外资企业的优惠待遇。民营企业的股权中，除浙江民营企业的股份外，还包括三狮集团有限公司经营者和技术骨干出资的股份。这样，对经营者和技术骨干套上了“金手铐”，使他们在企业内安心工作，有利于进一步调动和发挥其积极性。

三狮集团有限公司在长兴厂建设的第一条日产2 500吨熟料新型干法生产线，不久就取得非常好的效益，这为国有企业定向募集民营企业资本建设新型干法生产线树立了榜样，在浙江民营企业中产生了很好反响，前去要求合作的民营企业不断增多。

浙江民营企业拥有大量资金，正在为资金寻找投向。他们十分看好新型干法水泥生产的发展前景，但苦于缺乏技术和人才。三狮集团有限公司拥有水泥生产的技术和人才，但缺乏资金。两者具有很好的互补性，这是一个机遇。姚季鑫董事长首先认清这个大好形势，决定抓住机遇，加速本企业新型干法水泥生产的大发展。

三狮集团有限公司自2001年开始定向募集民营企业资本建设水泥新型干法生产线后，在三年多的时间里，使自己的水泥熟料生产能力由100万吨迅速增加到1 200万吨，成为全国水泥行业中发展特别快的企业之一，水泥界同仁们对三狮集团有限公司近期的迅速发展都同声称赞。

国有企业进行定向募集资金与发行股票集资一样，都是国有经济结构的部分调整，使国家所有制与私人所有制结合在一起形成混合所有制经济体制，从而使国有资本功能放大，提高国有经济的控制力和带动力。经测算，三狮集团有限公司通过定向募集资金及在此以前的企业兼并，截至2003年底已将2亿元国有资本控制了20亿元的民营企业资本与其他社会资本，扩大了国有资本功能，带动了民营资本发展先进生产力，同时把自己的主业做大做强，向大型水泥集团迈出了重大一步，大大提高了在中国水泥业界的地位。

五、民营企业购并国有企业

1998年4月，民营企业家崔玉莲女士出资整体购并了本溪工源水泥（集团）有限责任公司。该公司由全国闻名的国家重点大中型企业工源水泥厂和本溪水泥厂组建而成。这一购并行动虽未见诸报端，却在全国水泥界广为流传，评说不一，同时还惊动了中央有关部门的领导同志。

工源水泥厂创建于1942年，当时日本人建设了两条$\phi3.7/3.3\times70$m干法中空回转窑生产线。抗战胜利后，工厂设备遭严重破坏，生产一度停止。直到共和国成立后的1956年，人民政府将其复建，重又开始生产。1978年，工厂自行增建了第三条$\phi 3.3/2.8 \times 52m$干法中空回转窑生产线。由于受资金所限，生产线设备不配套，长期不能充分发挥生产能力。20世纪80年代末到90年代初，国家建材局实施14个老厂改造计划过程中，该厂又扩建了第四条干法中空回转窑生产线，同时对其他三条生产线进行更新改造，全厂改造工作量很大。这次改造所用的资金与以往不同，都是国家批准的商业贷款，当时的银行利息比较高。由于改造量大，所用商业贷款额相当高，当改造工作完成时，工厂遇到少见的水泥市场大萧条，价格骤降，无法偿还贷款本息，背上了沉重债务包袱，生产经营陷入难以自拔的困境。

在国家建材局提出进行技术改造的14个老厂中，本溪水泥厂也是其中之一。主要改造内容是将早在日本统治时期建的小型生料磨和水泥磨都改成大磨。改造资金也是国家批准的利息较高的商业贷款。工厂改造时仍保持生产，在1992年到1995年水泥市场兴旺时期取得较好收益。然而，该厂由于盲目投资和债务问题，自1996年水泥市场开始不景气以后，其生产经营便愈来愈困难。

到1997年末，本溪工源水泥（集团）有限责任公司所属工源水泥厂和本溪水泥厂两厂共亏损1.2亿元，欠国家税金、电费、职工集资款和职工工资等近1亿元，负债率高达84.7%，流动资金借贷无门，职工工资半年未发，生产经营已到难以为继的地步。在这困难时刻，1998年7月，本溪市政府采取果断措施，对本溪工源水泥（集团）有限责任公司进行改制，将其资产出售给民营企业家崔玉莲女士，转制为民营独资企业，实行全盘民营化。

当时，国家实行“抓大放小”政策，国有小型企业资产出售给个人的案例已较普遍。国有大中型企业改制为民营独资的尚属少见，在水泥行业内，本溪工源水泥（集团）有限责任公司这样一个国有重点大中型企业改制为民营独资的则是第一家。这在公司内或在行业内都有不同的反响，不少人上书中央，状告本溪市政府流失国有资产。上告信引起有关部门的高度重视，1998年到1999年的一年内，中央有关部门数次派调查组到本溪市调查此事。如此兴师动众调查一个水泥企业，自然引起社会多方关注，对本溪市政府有关领导和崔玉莲女士造成很大压力。

崔玉莲并购本溪工源水泥（集团）有限责任公司后，随即投入大量资金，还清拖欠职工的各种费用，结清了拖欠的电费和税金，使企业能在一个较宽松的经济环境中运行。接着进行大刀阔斧的改革，包括管理体制、人事制度和分配制度等的改革。同时采取各种措施降低成本，调整经营策略，大力开拓市场。此外，还投入大量资金对生产工艺和设备进行技术改造，通过改造提高生产效益。

崔玉莲虽然不熟悉水泥生产技术，但能重用原国有企业人才，充分发挥他们的积极作用。她具有出众的经营才能，亲自掌管原燃材料供应和产品销售，接管此项工作一年就降低费用近千万元。在煤炭行业不景气时收购了一个煤矿，不但保证了煤炭及时供应，还使水泥生产成本大幅下降。她很体谅国企职工的疾苦，原企业有在职职工 5 380 人，基本上保持了他们的充分就业，对困难职工还给予特别的照顾。她热心公益事业，经常捐钱献物，积极回报社会，在公司内外造成了一个有利于生产的和谐气氛。

崔玉莲背着企业沉重的债务包袱，顶着巨大的社会舆论压力，历尽艰辛，率领全体员工一步步走出困境，搞活了企业。本溪工源水泥（集团）有限责任公司现已改名为辽宁工源水泥（集团）有限责任公司。2001 年，该公司与民营化前的 1997 年相比，其水泥产量增加 28%，工业增加值增长 82%，职工工资提高 32%。不仅扭转了亏损，而且，1998 年到 2001 年累计上缴国家的税金总额是改制前 4 年总额的 3.3 倍。该公司已成为本溪市唯一不欠职工工资、不欠银行利息、不欠国家税金、不欠养老保险金的企业，为社会、国家做出了贡献。

崔玉莲并购本溪工源水泥（集团）有限责任公司，发展了生产，多交了税金，提高了职工生活水平，符合邓小平同志关于“三个有利于”的根本标准，符合中共十五届四中全会关于从战略上调整国有经济布局决定的精神，最终得到国家经贸委的认可，得到公司离退休干部和绝大多数职工的支持。

中共本溪市委政研室等三单位联合调查组曾对辽宁工源水泥（集团）有限责任公司进行了调查，在2002年所写的调查报告中，做了如下评述：“私营企业出资参与两大水泥厂的产权制度改革，经过苦心经营，改变了原国有企业亏损严重、经营前景黯淡的状况，使企业步入良性发展的轨道，不仅加快了国有企业退出一般性竞争行业的进程，而且释放出新的生产力。实践充分表明，在规范的市场运作条件下，非公有制经济参与国有企业改革和重组，可以有效地盘活国有存量资产，创造出新的生产力。”

崔玉莲对国有企业的并购，以及并购后进行的一系列消化工作，得到了社会多方赞誉。辽宁工源水泥（集团）有限责任公司1998年被辽宁省民营企业协会授予“辽宁十大声望最高的民营企业”；2000年被全国工商联合会测评为“全国民营企业500强”；2001年被国务院发展研究中心授予“东北地区优秀企业”荣誉称号。2002年崔玉莲女士被选为中国水泥协会副会长。

水泥行业属竞争性行业。民营企业家崔玉莲女士并购国有水泥企业是成功的，已成为国有水泥企业实现产权结构多样化的形式之一，促进了水泥行业国有经济布局的战略性调整。

六、经营者控股

1999年中共十五届四中全会后，各地政府加快了国有企业改革。2000 年，浙江省江山市政府将浙江虎山集团有限公司作为江山市深化企业产权制度改革的重点，以全面推进国有企业改革。

浙江虎山集团有限公司是在江山水泥厂的基础上逐步组建起来的。江山水泥厂始建于 1958 年，同时建设两条 $\phi3\times88.7$m 湿法回转窑，1959 年建成投产。当时该厂属国家重点大中型企业，产品由国家统一分配销售，归国家建材主管部门领导。在 20 世纪 70 年代，按国务院部署，中央直属企业下放给地方，江山水泥厂此时也被下放，先下放给浙江省政府，后来省政府又将它下放给江山县，成为县属企业。为转换经营机制，1994 年江山水泥厂用水泥生产主体部分作价入股，以定向募集方式发起成立浙江江山水泥股份有限公司。该厂经屡次扩建，到 1996 年已拥有 6 条 $\phi3\times88.7$m 米湿法回转窑生产线，熟料年产能力 70 多万吨。1998 年，以江山水泥股份有限公司为核心企业的浙江虎山集团有限公司成立，注册资本为 1 亿元人民币。1999 年到 2001 年间，集团公司将两条老的湿法窑生产线分别改建成两条日产 1 000吨熟料的“湿磨干烧”生产线，熟料年生产能力增加到 110 万吨。

虎山集团有限公司以水泥为主业，其水泥生产大多采用落后的湿法技术，其主机设备规格又很小，因此煤耗高、劳动生产率低、生产成本很高。即使是日产 1 000 吨熟料的湿磨干烧生产线，与现在我国已普遍推广的日产 2 500 吨和 5 000 吨熟料新型干法生产线相比，其各项技术经济指标也落后甚多。该集团公司市场竞争力较弱，1996 年水泥市场不景气后曾遇到很大困难。在这困难的岁月里，张剑星董事长带领企业员工大力推进企业改革，狠抓生产技术进步，使集团公司逐步走上良性循环发展轨道。在实践中，江山市政府和企业员工取得一致共识，只有深化企业制度改革，集团公司才会有好的出路。

在产权制度改革过程中，制定出一个好的方案是改革工作的核心。

首先是确定改制的方式。当时曾考虑两种方式：一种是由企业领导者和职工出资将企业资产买断，俗称“内改”；另一种是由社会法人或其他自然人收购，像辽宁工源水泥（集团）有限公司那样，俗称“外改”。江山市政府根据虎山集团有限公司近几年生产经营和上缴利税情况，肯定了现任公司领导班子的工作成绩，决定采取“内改”的改制方式。其次是确定股权设置。江山市政府出于对职工均衡持股要造成新的“大锅饭”和决策迟缓等问题的考虑，要求虎山集团有限公司股权设置必须遵循经营者持大股、经营层要控股、不强求职工入股、反对人人持股的原则。经政府有关部门多次论证，中共江山市委和市政府研究决定：采用内部改制方式；国有资产全部退出，按评估确认的净资产额出让给企业经营者和职工；由现任经营班子持股70%，其中董事长个人持股51%；中层干部持股15%左右；技术骨干、员工持股15%左右。最后是拟定职工身份转换实施办法。这是改制中最敏感的问题，其解决办法是严格统一按照市政府的政策文件规定，不能突破，否则相互攀比，会产生意想不到的后果，不利于改制工作的平稳进行。

在实施改革方案过程中，解决好职工的各种问题是改革工作的关键，也是最大的难点。在市政府的指导和帮助下，经过20多天的宣传、咨询、解释和耐心细致的工作，改革方案得到绝大多数职工的理解和支持，在职工代表大会上，以96.12%的赞成票获得通过。在方案实施过程中，市政府派出的政策咨询组对职工提出的各种问题进行了解释和说明，对有过激情绪和行动的少数职工进行劝说和疏导。企业领导对个案问题进行特殊处理，对困难职工进行个别照顾。通过两个月的艰苦操作，按现代企业制度要求进一步完善了本企业的管理体制，企业员工由 3 000 人减到 1 200 人，2001 年上半年基本完成深化企业产权制度改革任务。当年企业在生产经营和技术改造上就超额完成预期指标，初步显示出改制促使生产力发展和职工生活得到提高的好处。

虎山集团有限公司的改制，是继辽宁工源水泥（集团）有限公司之后，又一个国家重点大中型水泥企业国有资产的全盘民营化，两个企业的国有经济在战略调整中都全部退出了。不过，他们改制的方式有所不同，虎山集团有限公司是“内改”，由经营者控股；辽宁工源水泥（集团）有限公司是“外改”，由社会法人独资经营。这些都是水泥行业产权结构多样化的实现形式，在小型水泥企业的改制中采用较普遍，在国家重点大型水泥企业改制中为数不多。

七、职 工 持 股

20 世纪 80 年代末，我国国有企业进行股份制试点时，有些水泥股份制企业的股权结构中就开始出现职工股。到 90 年代中期，中国证监委决定，新上市的股份公司股权中不得有职工股，已上市的股份公司的职工股不能流通。这样，股票上市公司不再实行职工持股。然而，定向募集的股份公司股权中仍允许有职工股。那时，企业职工都是以自然人方式持股。

20 世纪 90 年代末，水泥行业内出现新的职工持股方式，职工出资组成公司或社团，以公司法人或社团法人的名义（称职工法人）在企业内持股。开始时，水泥企业职工法人都是在资产增量中持股，即国有企业或股份制企业与职工法人共同出资组建新的股份公司，建设新的生产线。一般情况下，职工法人都是在本公司的二级或三级公司内持股。后来，随着国企改革的深入，职工法人由资产增量中持股进入到资产存量中的持股。也就是，在一级公司即母公司的股权中，职工法人占有一定比例，使母公司由国家独资企业转变为混合所有制企业。

改革开放以来，水泥行业最令人瞩目的大事之一是海螺水泥的迅速崛起，成为当时中国规模最大、效益最好、竞争力最强的水泥企业。海螺水泥的崛起，与她不断进行以产权制度改革为核心的企业改革密切相关。其产权制度改革的特点是，不同层次的公司采用不同组成形式的股份制，包括公众持股的发行股票的股份制和职工法人持股的定向募集的股份制。

1996年，海螺集团独家发起建立安徽海螺水泥股份有限公司，于1997年在香港成功上市发行H股。2002年海螺水泥在上海证交所发行A股，取得成功。2003年，又在香港成功增发H股。至此，海螺水泥的股权结构为：海螺集团占49.57%，H股占34.5%，A股占15.93%。

2000年，海螺集团在资产增量中调整股权结构。经安徽省体制改革委员会批准，集团职工组建员工持股会，与海螺水泥股份有限公司共同出资，组建荻港海螺水泥股份有限公司（三级公司），建设新的生产线，员工持股会持股49%，海螺水泥持股51%。此后，海螺集团在若干个三级公司中也进行了相同的股权结构调整，职工在资产增量中进一步扩大股权。

2002年，在安徽省人民政府的主持下，海螺集团开始进行产权制度改革，实行集团职工在资产存量中持股。集团七千多名员工共同出资组建安徽海螺创业投资有限公司。职工资金主要来源于国有企业职工身份置换补助金和历年来工效挂钩的工资节余。海创公司按国家政策和规定程序，规范地出资购买了海螺集团的国有股权。到2003年底，海螺集团顺利完成改制，由国有独资公司转变为国有控股公司，作为省政府出资人的安徽省投资集团公司持股51%，海创公司持股49%。海螺集团的股权结构，简要示意于图15-1。

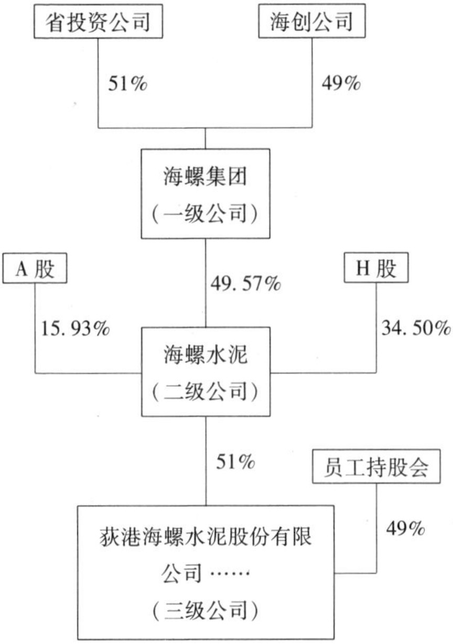

图 15-1　2003 年海螺集团股权结构示意图

中共十六届三中全会指出，股份制是公有制的主要实现形式。从水泥行业国有大中型企业改制的情况看，职工持股的股份制是较好的公有制实现形式，是在产权制度改革中，可供选择的重要形式之一。其突出优点是能使职工利益与企业利益密切结合，充分调动职工积极性，增强企业凝聚力，形成较好的激励机制和约束机制。从实践情况看，经营者与企业经营好坏密切有关，在实施职工持股的改制中，经营者的持股量与一般员工应有所区别，经营者须持大股，一般员工宜持小股，这样可增强经营者的责任，进一步调动经营者的积极性，有利于企业的经营与发展。

现代企业制度的基本要求是产权清晰、权责明确、政企分开和科学管理。国有水泥企业属竞争性行业，为达到这些要求，关键是进行产权制度改革。截至2003年，在1988年的60个国家重点大中型水泥企业中通过各种方式进行产权制度改革的企业达42个，占总数的68%。这42个企业的工业生产总值占60个企业总产值的74%。以上情况说明，水泥企业的产权制度改革已取得决定性进展。

通过产权制度改革，水泥企业产权结构发生了根本性的变化，由清一色的国有制转变成国有制、民营制和混合所有制三者共存的新局面，混合所有制包括公众股、职工持股和管理层持股等3种持股方式。这样的产权结构有利于市场经济中的充分竞争，优胜劣汰，推动先进生产力发展。显然，这段时期的产权制度改革为水泥行业产权结构奠定了基础，为预分解窑新型干法生产大发展在企业制度方面完成了必要的准备工作。

第十六章　新中国水泥品种与产品标准

水泥品种是水泥工业的重要方面，产品标准是保障正常生产和安全使用的必要手段。本章叙述人民共和国建立后到 2004 年水泥品种与产品标准的发展概况。

一、品　　种

水泥品种按用途分两大类：第一类是通用水泥，即一般建设工程普遍采用的水泥，如硅酸盐水泥、普通硅酸盐水泥和矿渣硅酸盐水泥等；第二类是特种水泥，即特种用途的水泥，如大坝水泥、油井水泥等。

1. 通用水泥

就世界范围看，通用水泥产品结构有两种模式：第一种是不分等级、少品种的模式；第二种是多等级、多品种的模式。1949 年新中国成立时，中国通用水泥品种结构属第一种模式，基本上只有波特兰水泥一种，不分等级。20 世纪 50 年代，党中央、国务院在经济建设中推行向苏联全面学习的方针，水泥工业也不例外，于是通用水泥品种结构模式便由不分等级、单一品种的模式过渡到苏联当时采用的多等级、多品种的模式。1956 年公布新的水泥国家标准时，通用水泥就有 3 个品种：普通硅酸盐水泥、矿渣硅酸盐水泥和火山灰质硅酸盐水泥。1979 年修订的水泥国家标准公布试行时，通用水泥品种在原有3个品种的基础上增加了2个品种，即硅酸盐水泥和粉煤灰硅酸盐水泥。1991年又增加了复合硅酸盐水泥1个品种。至此，具有国家标准的中国通用水泥共有6个品种，按2001年4月1日开始执行的水泥标准规定，各个品种的基本特征综合成表16-1。

表16-1 中国通用水泥各品种的基本特征

品种名称	代号	除硅酸盐水泥熟料以外的组成	强度等级
硅酸盐水泥*	P·Ⅰ	适量石膏	42.5、42.5R、52.5、52.5R、62.5、62.5R
	P·Ⅱ	不大于5%石灰石或粒化高炉矿渣 适量石膏	
普通硅酸盐水泥	P·O	6%~15%混合材 适量石膏	32.5、32.5R、42.5、42.5R、52.5、52.5R
矿渣硅酸盐水泥	P·S	20%~70%粒化高炉矿渣** 适量石膏	32.5、32.5R、42.5、42.5R、52.5、52.5R
火山灰质硅酸盐水泥	P·P	20%~50%火山灰质混合材 适量石膏	32.5、32.5R、42.5、42.5R、52.5、52.5R
粉煤灰硅酸盐水泥	P·F	20%~40%粉煤灰 适量石膏	32.5、32.5R、42.5、42.5R、52.5、52.5R
复合硅酸盐水泥	P·C	15%~50%两种或两种以上混合材 适量石膏	32.5、32.5R、42.5、42.5R、52.5、52.5R

*即国外通称的波特兰水泥。

**允许不大于8%的石灰石、窑灰、粉煤灰和火山灰质混合材中的1种材料代替矿渣，替代后水泥中的矿渣不得少于20%。

1973 年世界能源危机后，一些采用单一品种通用水泥的国家，为节省能耗，都开始利用工业废渣生产水泥，向多品种的模式发展，这说明我国采用多品种的通用水泥产品结构是正确的、有预见的。

2. 特种水泥

新中国成立时，中国连续生产的特种水泥只有一个品种，即白色水泥。当时水泥科学研究事业几乎是空白，没有相应机构，更无专业队伍。1954 年中国建材研究院的前身——建材综合研究所成立，内设水泥品种研究机构，从此开始特种水泥的专业研究。中国特种水泥的研究与开发经历了仿照试制、在仿照中自主开发、在物化理论研究基础上的自主创新等三个阶段。

第一个五年计划建设期间，苏联在设计三门峡水电站时提出了大坝水泥技术条件。中国建材研究院按照该技术条件先进行实验室研究，再在太原水泥厂试制出两种大坝水泥：硅酸盐大坝水泥和矿渣大坝水泥，最后成功地应用于三门峡水电站的大坝建设。1963 年参照原苏联国家标准制定出我国第一个大坝水泥国家标准，其分类方法和主要技术指标仍保留在几经修订的现行大坝水泥国家标准之中。按国家标准 GB 200—2003，大坝水泥仍分两个品种，不过已改名为中热硅酸盐水泥和低热矿渣硅酸盐水泥。中热硅酸盐水泥用于大坝溢流面层和水位变动区等耐磨性和抗冻性要求较高的条件；低热矿渣硅酸盐水泥用于大坝或大体积建筑物内部及水下等工程部位。现在，大坝水泥在许多大中型回转窑水泥企业都能生产，在全中国已得到广泛应用。

20 世纪 50 年代初，中国建材研究院仿照原苏联油井水泥技术条件和质量评定标准在江南水泥厂试制成功并批量生产普通油井水泥。当时这种水泥分为冷堵油井水泥和热堵油井水泥两种，冷井水泥用于井温低于 40℃ 固井，热井水泥则在 40 ~

75℃条件下使用。1958年建筑工程部颁发了我国第一个《堵塞水泥技术条件（暂行）》，1962年该《条件》被晋升为国家标准。这两种油井水泥在实际使用中石油部门强烈反映其不能满足我国油井开发的要求。于是，中国建材研究院在冷堵和热堵油井水泥基础上自主研究和开发适合我国油井特点的油井水泥系列。经过多年的实验室研究、工厂试制和实际试用，共开发出5个品种：45℃油井水泥、75℃油井水泥、95℃油井水泥、120℃油井水泥和高温（150～180℃）油井水泥，制订出相应的国家标准，于1978年被批准公布实施。改革开放后，中国石油工业部门的国际合作日益密切，这就要求油井水泥的品种、规格向国际通用的美国石油学会（API）标准靠拢。在新形势下，中国建材研究院仿照API标准开始新一轮油井水泥研制工作。通过工厂大批量试制和多次油井试用，到20世纪80年代中期，我国已能生产对应于API标准的各种级别和各种类型的油井水泥，包括A、B、C、D、E、F、G、H、J等9个级别，以及普通型、中抗硫酸盐型和高抗硫酸盐型等三种类型。它们分别应用于不同深度和地质条件的油田固井。1989年10月，我国正式颁布实施相当于API标准的新的油井水泥国家标准。传统的油井水泥生产厂家有江南水泥厂、中国水泥厂、哈尔滨水泥厂和大连水泥厂等，后来又扩大到新疆水泥厂、四川嘉华水泥厂和山东齐银水泥（集团）股份公司等。

铝酸盐水泥，俗称矾土水泥。该水泥有两种生产方法：间隙式倒焰窑融熔生产法和连续式回转窑烧结生产法。苏联和欧洲国家由于当地矾土原料中含铁量高而都采用前一种方法生产铝酸盐水泥。20世纪50年代初，中国建材研究院在左万信工程师领导下开展铝酸盐水泥研究时，先是仿照苏联采用倒焰窑融熔法，后在研究中发现我国矾土原料中含铁量都比较低，于是改用回转窑烧结法试制，取得成功，实现了该种水泥的大批量连续生产。1963 年国家标准总局正式批准和发布了高铝水泥（即铝酸盐水泥）国家标准，1981 年又进行过修订。铝酸盐水泥研制成功后，中国建材研究院接着就开发出由其派生的一批水泥新品种，如耐火铝酸盐水泥、快硬高强铝酸盐水泥、自应力铝酸盐水泥和自应力硅酸盐水泥等。在 20 世纪 70 年代，英国和中国都相继发现铝酸盐水泥有长期强度倒缩现象，给某些建筑物甚至造成损坏，为此不得不采取补救措施。鉴于这个问题，目前铝酸盐水泥已不再直接使用于建筑结构工程。由其派生的水泥品种，因组分做了调整而不会产生强度倒缩现象，在实际工程中，依然照常使用。

正当水泥品种研究由仿造走向自主开发的时候，1958 年，中国第一个水泥物理化学研究室在中国建材研究院诞生，它标志着水泥科研工作进入更深层次。数十年来，该室对硅酸钙和铝酸钙两大系统，从熟料化学、水化化学和水泥石结构等方面进行了大量研究，获得了丰硕的技术积累，引导水泥品种开发工作走上自主创新的道路。20 世纪 70 年代，水泥物化室苏慕珍工程师、邓君安工程师等在研究水泥有用矿物匹配过程中找到一个新的组成，从此开发出普通硫铝酸盐水泥；20 世纪 80 年代，在 CaO-SiO_2-Al_2O_3-Fe_2O_3-SO_3 五元系统的研究中又发现一个新的水泥相区，从而开发出高铁硫铝酸盐水泥，即铁铝酸盐水泥。这两项科研成果都获得国家科技发明二等奖。1824 年英国人获得波特兰水泥专利，波特兰水泥属硅酸盐类水泥；1908 年法国人获得矾土水泥专利，矾土水泥属铝酸盐类水泥；20 世纪 70 年代和 80 年代，中国人发明的普通硫铝酸盐水泥和高铁硫铝酸盐水泥则属于另一个化学系统的硫铝酸盐类水泥，从此，在世界水泥知识产权宝库中开始有了中国人的一席之地。硫铝酸盐类水泥在中国已得到广泛应用，如南极长城站、北京三环路航天桥工程和 103 米高的沈阳长途电信枢纽工程等建设中都已成功使用，还有少量出口国外。

中国建材研究院自成立至今已开发出数十个特种水泥品种，满足了我国各个历史时期各种工程建设的需要。

中国主要的特种水泥分类表示于表16-2。

表16-2 中国主要特种水泥分类表

类别	系列	特种水泥名称
硅酸盐	油井水泥	A级、B级、C级、D级、E级、F级、G级、H级和J级油井水泥
	大坝水泥	中热硅酸盐水泥
		低热矿渣硅酸盐水泥
	膨胀水泥	铝酸钙膨胀硅酸盐水泥（外掺）
		硫铝酸钙膨胀硅酸盐水泥（外掺）
		明矾石膨胀硅酸盐水泥
		石灰膨胀硅酸盐水泥
	快硬水泥	快硬硅酸盐水泥
		快凝快硬硅酸盐水泥
		道路硅酸盐水泥
		白色硅酸盐水泥
铝酸盐	耐火水泥	铝酸盐水泥
		耐火铝酸盐水泥
		低钙耐火铝酸盐水泥
		纯铝酸钙耐火水泥
	建筑用铝酸盐水泥	快硬高强铝酸盐水泥
		膨胀铝酸盐水泥
		自应力铝酸盐水泥

续表

类　别	系　列	特种水泥名称
硫铝酸盐	普通硫铝酸盐水泥	低碱度硫铝酸盐水泥
		快硬硫铝酸盐水泥
		膨胀硫铝酸盐水泥
		自应力硫铝酸盐水泥
		高强硫铝酸盐水泥
	高铁硫铝酸盐水泥（铁铝酸盐水泥）	快硬铁铝酸盐水泥
		膨胀铁铝酸盐水泥
		自应力铁铝酸盐水泥
		高强铁铝酸盐水泥

3. 水泥品种的特点

分析表 16-1 和表 16-2 所示各品种，可以得出中国水泥品种具有以下一些特点：

①中国的通用水泥和特种水泥的油井水泥与大坝水泥标准都能与相应的国际标准接轨，这为开展国际交流与合作创造了条件。

②通用水泥的多品种产品结构可以大量利用高炉矿渣、粉煤灰和煤矸石等工业废渣，这与人类社会可持续发展的大趋势相一致。

③特种水泥有硅酸盐、铝酸盐和硫铝酸盐三大类，硫铝酸盐类水泥除建筑工程外，还大量应用于自应力压力管、玻璃纤维增强水泥板和非蒸养水泥制品等。硫铝酸盐类水泥的批量生产和广泛应用是中国特种水泥的重要特色之一。

④结合本国原料特点开发特种水泥。例如，我国具有高品位

矾土原料，使铝酸盐水泥生产能采用烧结法，并在此基础上能延伸开发出耐火水泥和建筑用铝酸盐水泥系列产品。

⑤世界各国现已生产的特种水泥品种，我国都能生产，可基本满足国民经济建设和国防建设的需要。

二、标　　准

1. 制订统一标准

中华人民共和国成立之初，没有一个全国统一的水泥标准，东北地区各水泥厂和华北的琉璃河水泥厂都采用日本标准，华北地区的启新洋灰公司和南方各省的水泥厂分别采用英国、美国和德国的标准，这反映了当时中国水泥业带有半殖民地的烙印。水泥标准的不统一给管理和使用都带来很大不便，这种状况显然不能适应当时中国生产和建设发展要求。1950年，中央人民政府政务院财政经济委员会发出关于“必须尽快制订水泥标准”的指示。按照这个指示，东北人民政府工业部建筑材料工业管理局和中央人民政府重工业部的华北窑业公司共同组织工程技术人员着手研究制订全国统一的水泥标准，指定黄大能工程师等人组织试验工作和草拟标准。在苏联专家指导下，经多次讨论和修改，制订出水泥标准草案。1952年11月，中央人民政府重工业部召开由水泥厂、设计和施工单位、高等学校和科研机构参加的第一次全国水泥标准会议，会上讨论通过了标准草案，并于1953年初正式批准实施。从此，中国历史上诞生了全国统一的水泥国家标准。

制订新标准时的国内形势是，在政治上“向苏联一边倒”，在经济上实施苏联援助的156项建设工程，这些工程都是按苏联建筑规范设计的。政治形势和经济建设的实际情况都要求当时水泥标准的制订必须参照苏联标准。这个标准是苏联政府早在

1941 年公布实施的，采用多品种、多标号的产品结构和硬练胶砂强度检验方法。

1953 年批准实施的水泥国家标准，参照苏联标准并根据中国具体情况，把水泥品种分为硅酸盐水泥、矿渣硅酸盐水泥、火山灰质硅酸盐水泥和混合硅酸盐水泥 4 种，每一个品种又分为 200 号、300 号、400 号和 500 号 4 个标号。

为使我国水泥标准中各种水泥所表示的强度数值与苏联的一致，水泥强度检验方法必须与苏联的检验方法标准相同，检验所用标准砂也必须与苏联检验方法标准中所定的伏尔斯克标准砂规格类同。然而，在 1952 年提出标准草案时尚未找到这样的标准砂砂源。由于受标准砂条件所限，只得暂先统一采用仿照日本的 1∶2 软练胶砂强度检验方法，检验所用标准砂采用类似于日本软练胶砂强度检验所用朝鲜九味浦砂的山东白彦细砂。按软练胶砂强度检验法测定的数据，换算成硬练标号，以此对照标准，评定水泥质量。所以，1953 年批准实施的标准是一个暂时性的标准。

1953 年，新的水泥标准实施后，研究单位积极开展选择标准砂的工作，在 337 种天然砂样中通过试验进行比较和逐个淘汰，最后选定福建省的平潭砂作为我国硬练标准砂。该种砂的规格与苏联伏尔斯克砂的规格基本类同，这样就有条件将我国水泥标准强度检验方法改为与苏联基本一致的 1∶3 硬练胶砂强度检验法。

1956 年 4 月，重工业部召开第二次全国水泥标准会议，在会上审定通过的标准中，将 4 个品种改为 3 个，即普通硅酸盐水泥、矿渣硅酸盐水泥和火山灰质硅酸盐水泥，取消了混合硅酸盐水泥一个品种；将水泥标号在原来基础上增加一个 600 号；废除 1∶2 软练胶砂强度检验法和白彦细砂作为标准砂，改用 1∶3 硬练胶砂强度检验法和福建平潭标准砂。该标准于同年由国家建设委员会颁布施行。从此，中国产生了第一个正式的水泥国家标准。

这个被统称为中国的“三大水泥”标准，在全国施行了长达24年之久。

2. 第一次修订

硬练胶砂强度检验方法在历史上是比较老的一种方法，曾被许多国家所采用，已积累了一套较成熟的经验。后来许多研究者发现，硬练强度与塑性混凝土强度的相关性较差，不能反映水泥在实际使用中的情况。因此，世界各国陆续将水泥强度检验方法由硬练法改为水灰比较高的软练法。到20世纪50年代，改为软练法的国家已有当时的西德、日本和瑞典等许多国家，1955年国际标准化组织（ISO）提出的水泥强度检验方法也采用了水灰比固定为0.5的软练胶砂检验法。苏联是软练法研究较早的国家，1950年就将该法列入水泥国家标准草案，但久拖不决，未能付诸实施。原因是苏联大部分地区属寒带，施工期短，预制混凝土建筑比较普遍，干硬性混凝土应用比较广泛，硬练强度与干硬性混凝土相关性较好，苏联部分研究者认为不必改为软练法。然而，苏联对软练法的研究从未停止过，到1960年，经广泛调查后发现，在全苏境内各种工程的水泥混凝土使用量中，塑性混凝土所用水泥占水泥总用量的85%，干硬性混凝土所用水泥仅占15%。于是，不同意见取得一致，马上加快了修订标准的步伐，接着审定通过了硬练改软练的标准草案，1967年，苏联政府正式批准实施采用软练胶砂强度检验法的水泥新标准。

我国1956年制订的水泥国家标准，在生产实践中虽对保证产品质量发挥了重要作用，但愈来愈不适应生产建设的需要。主要问题是水泥标号检验方法不能正确反映水泥在混凝土中的使用效果，特别是对我国产量比例很大的矿渣硅酸盐水泥有明显的水泥强度偏高现象；强度检验中所用设备操作烦琐、劳动强度大、准确性差、不利于生产控制，与国际水泥标准差别大，无法开展国际技术交流。

在20世纪50年代末，中国建材研究院开始研究软练胶砂强度检验方法，根据研究结果，确认该方法应是我国水泥强度检验方法的发展方向，此后向有关部门提出修改我国水泥现行标准的建议，并着手为此开展准备工作。1966年爆发“文化大革命”，科研机构搬迁外地，科研人员下放劳动，标准修订工作被迫中断。1971年国家建委组建包括建工和建材两个方面的科研新机构。该机构根据建材科技人员的意见提出修订水泥标准课题，获批准后，于1972年5月以国家建委名义召开“改革三大水泥标准”座谈会，时任国家建委副主任的赖际发同志和水泥标准专家黄大能工程师等应邀出席会议，会上确定了“改革”的方针和途径，会后，“三大水泥标准”改革的研究工作事隔多年后又重新启动。1972年下半年，国家建委重组中国建材研究院，“三大水泥标准”的修订工作也重归中国建材研究院主持组织和研究。在全国24个省、市75个单位的参加下，中国建材研究院经过四年的努力，完成了10个研究专题，于1976年提出标准修订草案。1977年，国家建委召开审定会议，一致通过了该修订案，并决定于1979年7月1日开始实施，与老标准并行实施一年，1980年1月1日废除老标准。新修订的标准中，水泥品种由三个增加到五个，由“三大水泥”标准改为“五大水泥”标准，增加的品种是硅酸盐水泥和粉煤灰硅酸盐水泥；水泥强度检验方法由硬练法改软练法，这是此次修订标准中最主要的变化。由于这个变化，新标准提高了水泥强度指标与混凝土强度的相关性，同时使全国水泥实物质量普遍提高一个标号。

3. 第二次修订

1990年，东南亚经济飞速发展，水泥十分紧俏，在中国出现水泥出口高潮，出口量由数十万吨猛增到上千万吨，出口地主要是韩国和东南亚各国。这次突如其来的水泥大出口充分暴露出中国水泥工业当时所存在的问题。虽然中国改革开放已达十年，但水泥工业结构仍属封闭型，产品结构、技术结构和流通结构等都不能与国际接轨，水泥界有识之士都预料这种出口形势必定不会持久。果然不出所料，很快就出现问题，水泥进口商强烈反映中国水泥质量差，纷纷要求退货和赔偿，甚至在个别海轮上打出“警惕××水泥”的巨幅标语，在个别港口甚至发生拒卸中国水泥的事件，这些都给中国水泥在国际上造成了很不好的影响。经调查，主要原因是当时我国出口了大量立窑生产的水泥，这些水泥质量虽然都符合我国国家标准，但其实物质量差、凝结慢、早强低、质量很不均匀。从这次国际质量风波中得出的沉痛教训是：立窑水泥实物质量与国际上已很普遍的预分解窑新型干法水泥相比有很大差距；我国国家标准尚不能与国际上通行的水泥标准接轨。

1990年到1991年，中国建材研究院对国家标准再一次进行修订。国家建材局领导在审查标准时提出了两点意见：中国水泥国家标准要与国际标准接轨，作为接轨的第一步可在标准中包含相当于国际通用标准的水泥品种；标准中要将立窑生产的水泥与回转窑生产的水泥相区别。根据这些意见，在这次修订的水泥标准中，将硅酸盐水泥分为Ⅰ型和Ⅱ型水泥，Ⅰ型水泥的强度和各种性能指标采用美国ASTM标准，Ⅱ型水泥的强度和各种性能指标采用英国BS标准；在水泥包装纸袋上，凡回转窑厂出产的都加印“旋窑”两字，以区别立窑厂生产的水泥。

4. 第三次修订

根据1993年国家经贸委和国家质量技术监督局关于国际标准接轨的要求和1994年国家建材局下达的任务，中国建材研究院1993年开始标准砂调研，1994年开始就水泥强度检验方法征求意见，1995 年全面启动第三次修订标准工作，包括研究强度检验方法及其相应的仪器设备和标准砂，在此基础上修改水泥标准。1999 年完成各项工作，提出了包括强度检验方法在内的通用水泥标准修订稿。经开会审定后，1999 年 7 月 30 日，国家质量技术监督局批准发布了新的水泥国家标准，决定于 1999 年 12 月 1 日开始实施，与老标准并行施行 1 年，2000 年 12 月 1 日废止老标准。由于管理上的问题，标准砂厂未能及时建成，老标准废止时间不得不推迟到 2001 年 4 月 1 日。

新标准的主要特点是，采用了 ISO 标准体系。现在世界上水泥标准有三种体系，即 ISO 体系、美国的 ASTM 体系和英国的 BS 体系。据 1991 年调查资料，全世界近一半的国家和地区采用 ISO 体系，它在三大体系中所占比例最高，到 2002 年这个比例又进一步增大。我国水泥新标准采用 ISO 体系后的主要变化是：在水泥胶砂强度检验方法上，标准砂由单级砂（0.25 ~ 0.65mm）改为粗砂（1.0 ~ 2.0mm）、中砂（0.5 ~ 1.0mm）和细砂（0.08 ~ 0.5mm）三级砂，水灰比由 0.44 改为 0.50，灰砂比由 1∶2.5 改为 1∶3；在水泥标准方面，由水泥标号改为水泥等级，老标准强度指标以降低 1 个标号与新标准的强度指标相对应，如 625、525、425 标号对应于 52.5、42.5、32.5 等级，取消 325 标号对应的等级，水泥强度龄期由 3d、7d、28d 改为 3d 和 28d；在所有包装纸袋上都不再加印“旋窑”两字。

以降低 1 个标号使新老标准水泥强度指标相对应的依据，是用新标准检验方法测定的水泥强度比老标准检验方法测定的强度，对不同生产技术生产的水泥平均下降值为 10MPa。实际上，不同生产技术的水泥下降值是不同的，对新型干法基本不降或下降值较小，对湿法回转窑、立波尔窑和立窑等则下降值较大，有的下降 3 ~ 5MPa，有的要下降 13 ~ 15MPa。因此，这次新、老标准的过渡在各个工厂的反应尤其显得有较大的不同。由于使用部门按新、老标准的对应情况而进行对应使用，现在32.5等级水泥取代425号水泥已成为销量最大的品种。各水泥厂由425号水泥改产32.5等级水泥时，新老标准对比下降值低于10MPa的工厂可多掺混合材，对比下降值大于10MPa的工厂则须采取技术措施，调整熟料成分各率值或改善水泥细度等。毋庸置疑，新标准中取消325号对应的强度等级能提高水泥实物质量，但从上述情况看，新标准对提高我国水泥实物质量既有正面作用也有一些负面影响。

中国水泥标准自1956年制订出第一个正式标准后，至2004年进行了三次修订。这个标准对规范产品质量、保障水泥正常生产和安全使用发挥了重要作用。

第十七章　中央建材主管部门及其所属企事业单位的变革

21世纪预分解窑新型干法生产建设大发展前的准备阶段中，除技术开发、企业产权制度改革外，第三项内容就是中央建材主管部门及其企事业单位等服务体系的制度改革。

新中国成立后，中央政府在计划经济体制时期，为管理经济，设立了各个部门，除综合经济部门外，还有工业部门，其中包括建材工业部门。工业部门为发展生产都建立了为生产建设服务的专业齐全的企事业单位。全国各省、自治区、直辖市政府仿照中央政府也都设立了对应的综合经济部门和工业部门，以及部分服务性企事业单位。本章叙述的是中央政府所属建材工业主管部门及其所属企事业单位的历史演变和21世纪前后的改革。

一、中央建材主管部门

1948年12月，中国人民解放军进驻北平城时，有一个民国政府留下的华北水泥有限公司。军事管制委员会将其接管后改名为华北水泥公司。1949年8月，中央人民政府财经委员会撤销华北水泥公司，设立华北窑业公司，负责领导华北地区的水泥、玻璃和陶瓷企业。同年11月，中央人民政府成立重工业部，华北窑业公司划归重工业部领导。1950年12月，重工业部撤销华北窑业公司，成立基本建设局筹备组。1952年12月，又将基本建设局筹备组改名为重工业部建筑材料工业管理局，从此诞生了中国第一个名副其实的专司建筑材料工业管理的中央建材主管部门。

自重工业部建筑材料工业管理局成立后的30年里，中央建材主管部门体制几经变化，可以说是“三起三落”。一起是1956年成立建筑材料工业部（简称建材部）；一落是1958年并入建筑工程部。二起是1965年又成立建材部；二落是1970年并入国家基本建设委员会。三起是1979年再次成立建材部；三落是1982年改成国家建筑材料工业局，简称国家建材局。

国家建材局自1982年5月成立后的20年里，其名称虽未曾变动过，但隶属关系也是几经变化。开始属国家经委管，1984年起直属国务院，1994年改由国家经贸委管。2001年国家建材局被整体撤销，从此，中央人民政府中没有了中央建材主管部门的设置。中央建材主管部门几经变化的情况示于表17-1。

表17-1　中央建材主管部门历年变化情况

部门名称	起止时间(年)	从属单位
建筑材料工业管理局	1952—1956	重工业部
建筑材料工业部	1956—1958	国务院
建筑工程部	1958—1965	国务院
建筑材料工业部	1965—1970	国务院
建筑材料工业局(组)	1970—1975	国家基本建设委员会
建筑材料工业总局	1975—1979	国家经济委员会(代管)
建筑材料工业部	1979—1982	国务院
国家建筑材料工业局	1982—1984	国家经济委员会
国家建筑材料工业局	1984—1994	国务院
国家建筑材料工业局	1994—2001	国家经济贸易委员会

中央建材主管部门是计划经济的产物，在向社会主义市场经济体制转变过程中，其职能逐步分解给了企业、市场和综合经济管理部门，该机构被撤销可以说是改革的结果，也是社会发展的必然。中央建材主管部门在计划经济时期，以及在向市场经济转变过程中，强有力地推动了中国水泥工业的技术进步和生产的迅速扩大，创立了史无前例的业绩，所建立的功勋是不会消失的，将永垂史册。

二、科研单位

中央建材主管部门成立后，为生产和建设需要，与其他工业部门一样，创立了全套服务性企事业单位，包括科研、设计、地质、建设、设备制造和教育等单位。本节介绍科研单位的历史梗概。

1953 年，重工业部建筑材料工业管理局建立了一个试验所，这个所的机构设置和工作内容都很不完善，只能算作科研单位的一个雏形。1954 年，重工业部建筑材料工业管理局将东北人民政府工业部建筑材料工业管理局的一个技术研究室成建制地调进北京，与试验所合并成立建筑材料工业综合研究所，从事水泥、玻璃和陶瓷方面的科学研究，这是我国第一个建材专业科研单位。

1956 年，建筑材料工业部将综合研究所的水泥部分分出，充实人员、增添设备，建立水泥工业研究院，开展水泥品种与性能以及生产技术的科学研究，同时履行水泥质量国家检验机关的职能。1962 年，国务院精简机构，建筑工程部将水泥工业研究院与玻璃陶瓷研究院合并成立建筑材料科学研究院（简称建材研究院），成为当时中国唯一的国家级建材综合科研单位。1964 年，建筑工程部水泥局为生产需要，组建了自己的水泥专业技术研究单位，即唐山水泥工业设备研究所和江油水泥工艺研究所。

“文革”期间，建材研究院按军管会指令被拆迁下放，其水泥部分分别下放到辽宁、四川和湖北等地。1972年起，建材科研单位陆续进行调整和重建。首先复建建材研究院。该院将搬迁到湖北的水泥品种与性能研究部分收回北京，同时新组建水泥生产技术方面的研究机构，使水泥科学研究工作重新恢复和完善。后来，将建材研究院下放到辽宁和四川的水泥生产技术研究力量与江油水泥工艺研究所、唐山水泥工业设备研究所合并组建成合肥水泥研究院，主要从事水泥生产技术的开发研究工作。这是我国唯一的国家级水泥生产技术专业科研单位。至此，中央建材主管部门直属的水泥科研单位有两个：建材研究院和合肥水泥工业研究院。

国家建材局在1992年全国建材工作会议上的报告中指出：“建材科技体制改革要以创办科技实体（产业）为中心，带动各方面的改革”；1993年全国建材工作会议的报告中又指出：“建材科研单位改革的模式大致有两种：一种是进入企业集团，按集团的需要进行研究和开发；二是创办科技产业，在理顺产权特别是知识产权的基础上，用股份制形式发展成科技产业企业集团，由集团及其成员分别领导自己的科研单位”。1999年，国务院决定将工业部门的科研单位都改制成企业，有的可进入企业集团，有的可自行改制成科技企业。

建材研究院可以说是由水泥品种研究起家的一个科研单位。其最早的前身——东北人民政府建材工业管理局技术研究室成立后即开始研究硅酸盐水泥品种，开辟了通用水泥多品种、多标号的技术途径。在建材综合研究所时期，水泥品种成为主要科研内容。水泥工业研究院成立后便全面开展特种水泥的研究与开发。自人民共和国成立以来，建材研究院除通用水泥品种外，开发出硅酸盐、铝酸盐和硫铝酸盐三大类特种水泥品种，包括了我国几乎所有能大批量生产和推广应用的特种水泥，使中国水泥品种开发工作达到国际先进水平，国际上普遍应用的特种水泥在我国都能生产。硫铝酸盐水泥是属中国知识产权的一个特种水泥品种系列，仅在中国批量生产，1995 年至 2004 年，其年产量保持在 60～100 万吨。

建材研究院（包括前身各单位）主持制订了中国第一个全国统一使用的水泥质量国家标准，此后又负责进行多次大的修订。标准的修订和严格执行，确保了水泥生产的正常进行和使用的社会安全，在分解窑新型干法生产发展进程中发挥了重要的推动作用。

建材研究院在水泥工业研究院时期就开始水泥生产技术的研究与开发。20 世纪 60 年代开始研究悬浮预热窑，70 年代开始研究预分解窑。1976 年，在工厂的密切协作下建成了中国第一条烧油预分解窑，规模为日产 400 吨熟料；1978 年建成中国第一条烧煤预分解窑，规模为日产 1 250 吨熟料。这是中国预分解窑新型干法发展的良好开端。

20 世纪 80 年代末，建材研究院改名为中国建材研究院，1999 年开始实行企业化经营。2001 年国家建材局撤销后，中国建材研究院归国有资产监督管理委员会管理，后来进入中国建筑材料集团，并改名为中国建材研究总院。

合肥水泥工业研究院坚持改革，坚持创办科技产业的正确方向，在科研设计中成绩显著。该院在我国较早地开发出并组织批量生产新型干法设备，如立式磨、挤压磨、袋式吸尘器和窑尾提升机等，在水泥生产发展中已得到广泛应用。他们将开发出的新工艺、新设备应用于工厂设计，已有多条日产 2 500 吨熟料和 5 000吨熟料新型干法生产线的设计业绩，并承接国外项目，取得了改革和科技成果双丰收，成功地改制为科技企业。

2001 年，合肥水泥工业研究院进入中国建筑材料集团，成为该集团在新型干法生产发展中的骨干力量。

三、设计单位

1953年，重工业部将东北人民政府工业部建材工业管理局设计处与其所属建材工业管理局设计处合并，在沈阳成立重工业部建筑材料工业管理局建材设计公司。这就是我国第一个建材设计单位。1954年，该公司迁至北京，1955年改名为北京建材工业设计院。1956年建筑材料工业部成立，此后将北京建材工业设计院一分为二，成立建材部玻璃工业设计院和建材部水泥工业设计院，这是我国首次成立的水泥专业设计院。1958年水泥工业设计院部分工程技术人员被调到华东建筑设计院和西南建筑设计院，在两个院内分别设立水泥工业设计室。这样，在北京、上海和四川都有了水泥设计单位，全国由一个水泥设计单位发展到三个。

“文革”期间，水泥工业设计院拆迁下放，分别下放到唐山、耀县、小屯、济南、邯郸和黄石等六个地方，力量分散，无法正常开展工作。在20世纪70年代后期，水泥设计单位进行重组，召回下放人员，分别成立天津水泥工业设计院、南京水泥工业设计院和西南水泥工业设计院。华东建筑设计院水泥工业设计室并入南京水泥工业设计院，西南建筑设计院水泥工业设计室并入西南水泥工业设计院。后来，西南水泥工业设计院与四川温江非金属矿山设计院合并成立四川建材工业设计院。至此，中央建材主管部门又有三个水泥设计单位。

改革开放前，科研、设计、生产三者是割裂的。改革开放后，中央建材主管部门——国家建材局于1982年开始提出和实施科研、设计、生产三结合，设计院围绕设计要搞研究，从事生产技术的科研单位要搞设计。于是，将设计单位都改为设计研究院，将从事生产技术的科研单位都改成研究设计院。这样，在天津、南京和四川的三个水泥设计单位都分别改名为天津水泥工业设计研究院、南京水泥工业设计研究院和四川建材工业设计研究院。在合肥从事生产技术的科研单位改名为合肥水泥工业研究设计院。

20 世纪 50 年代中期，水泥工业设计院在中央建材主管部门的领导下，通过现场测绘和参照原图纸，设计出“华新”湿法回转窑成套设备。用这套设备建成的湘乡水泥厂成为中国水泥史上采用国产设备建厂的第二个里程碑。后来，水泥工业设计院用消化吸收引进设备技术改进“华新”窑成套设备，使其技术水平进一步提高。该套设备是我国在 20 世纪 60 年代到 80 年代发展水泥生产的基本设备，得到了广泛应用，使我国首次完全依靠自己的力量建设大中型回转窑水泥厂，在中国水泥史上取得划时代的进步。

20 世纪 70 年代末，天津水泥工业设计研究院容永泰工程师等工程技术人员开始研究开发日产 2 000 吨熟料新型干法生产设备，如：预均化堆场、均化库、冷却机、提升机、预热器和预分解炉系统等。该院利用研究开发成果，设计出日产 2 000 吨熟料预分解窑新型干法生产线。在国家建材局领导下，天津水泥工业设计研究院和江西水泥厂一起，建设了这条生产线并对其进行科技攻关，达到预期目标。江西水泥厂的生产线成为我国水泥史上采用国产化设备建设水泥厂的第三个里程碑。在此基础上，天津水泥工业设计研究院在消化吸收引进设备专利技术和自主开发的基础上，设计出吉林双阳水泥厂日产 2 000 吨熟料预分解窑新型干法生产线，建成后投产很顺利，技术经济指标达到国际先进水平，从此宣告我国日产 2 000 吨熟料新型干法技术已经成熟。

1996 年，天津水泥工业设计研究院配合海螺集团在宁国水泥厂进行低投资建设日产 2 000 ~ 2 500 吨熟料新型干法生产线，首次取得成功。从此，日产2 000 ~2 500吨熟料的这类生产线得以在全国普遍推广，这是我国水泥新型干法发展进程中的一次重大突破。

进入21世纪后，天津水泥工业设计研究院和南京水泥工业设计研究院已能设计和组织生产各具特色的日产5 000吨熟料新型干法主要设备：烧成系统的燃烧器、冷却机、预热器和预分解炉、生料风扫管磨、大型水泥管磨等。2002年，天津水泥工业设计研究院和南京水泥工业设计研究院配合海螺集团分别对低投资、国产化日产5 000吨熟料新型干法生产线建设进行攻关，都取得成功。这是我国水泥新型干法发展中的又一次重大突破，使日产5 000吨熟料新型干法得以普遍推广。2003年，这两个院配合海螺集团又分别设计日产10 000吨熟料新型干法生产线，到2004年下半年，这些生产线都已建成投产，从此，我国水泥新型干法生产技术由日产5 000吨熟料提高到日产10 000吨熟料的国际先进水平。成都建材工业设计研究院进入21世纪后，除日产2 500吨和日产3 500吨熟料生产线外，已设计出多条低投资国产化日产5 000吨熟料新型干法生产线，有的已经顺利投产。

以上业绩说明，在我国湿法窑发展阶段，水泥设计单位是生产建设的主要技术支撑。在此时的预分解窑新型干法发展阶段，他们已经实现湿法向新型干法的转变，已能担当技术支撑，这是生产建设大发展必不可缺少的重要条件。

国家建材局早在1993年的全国建材工作会议的报告中就指出："为适应基本建设新的管理体制和充分发挥建材专业设计力量的综合优势，应以设计为龙头，把设计、设备成套、安装施工和调试投产等方面力量组织起来，实行'一条龙'的工程承包，成立建材工程建设集团，形成整体优势，更好地为行业服务"。这为设计单位体制改革指出了基本方向。

1999年，成都建材工业设计院与中国建材建设总公司和德国洪堡公司组成联合体，共同投标都江堰拉法基水泥有限公司日产4 000吨熟料生产线建设工程总承包，最后成功夺标。联合体内由成都建材工业设计院承包全厂设计及矿山设计与建设工程；建设总公司承包工厂建设工程；德国洪堡公司提供外国设备。建设工程于2000年6月正式动工，一年半后建成投产。成都建材工业设计院成功地按质、按量、按时完成承包任务，取得了很好经济效益。从此，成都建材工业设计研究院开创了水泥设计单位实施工程承包的先例，在设计体制改革的道路上跨出了重要的一步。此后，天津水泥工业设计研究院和南京水泥工业设计研究院，与有关单位合作，相继开展水泥厂建设的工程总承包，还到国外去承包水泥厂建设工程。

进入21世纪后，天津水泥工业设计研究院加快了经营体制改革步伐。该院实施了在提供工厂设计服务的同时提供成套专业设备的经营方案，将本院开发出的技术，自己组织设备制造，然后将这些设备用于设计之中，成套出售给用户，建成投产时协助调试，保证生产线达到设计技术经济指标。为组织设备制造，天津水泥工业设计院在天津技术开发区创办了第一个专业设备厂，后来通过资产重组兼并了江苏徐州建材机械厂、山东淄博建材机械厂和江苏常熟冶金矿山机械厂等三个厂，使水泥专业设备制造能力达到一定规模。他们能提供的设备有：包括燃烧器、冷却机、回转窑、预热器和分解炉等在内的烧成设备；部分电器与电子设备；大型生料风扫磨和大型水泥磨。目前主要提供日产2 500吨、3 000吨和5 000吨熟料生产线相应规格的设备。天津水泥工业设计研究院通过改革，实现了技术开发、设备制造与工厂设计的“一条龙”服务，在水泥界开创了先例，取得了非常好的经济效益。2003年该院的销售收入中70% ~80%来源于设备销售收入，设计服务费只占20% ~30%。

天津水泥工业设计研究院改革取得成效后，南京水泥工业设计研究院和成都水泥工业设计研究院都相继实行类似改革。

改革开放以来，水泥设计单位较早地实行企业化经营，此后其改革不断深化。由单一的设计改变为设计与研究相结合；由只出售工程设计改变为以设计带动成套设备出售；由出售设计和设备改变为工程总承包；由政府所属的事业单位完全改变为以市场为导向的科技企业。

2001 年国家建材局被撤销后，天津水泥工业设计研究院开始归国家国有资产监督管理委员会管理，后与南京水泥工业设计研究院和四川建材工业设计研究院一样都进入中国材料科工集团公司。水泥设计单位在企业制度和相应经营方式的成功变革，为新型干法生产建设大发展做好了必要的准备。

四、地 质 单 位

1953 年，重工业部建筑材料工业管理局建立非金属矿地质勘探公司。1957 年，建材部将该公司改为非金属矿地质局，下设华北、成都、昆明、株洲和兰州等五个地质大队。不久，这些建材地质队伍按国务院指令都划归地质部所属。1960 年建筑工程部根据工作需要重新组建非金属矿地质公司，1965 年建材部再次成立后即将该公司改名为建材地质总公司，下设东北、华北、中南、华东、西南和西北六个地质公司，管理分布在各省、自治区的 24 个地质队。

“文革”开始后，在科研、设计单位拆迁下放的大潮中，建材地质队伍也都按队建制整体下放给省、自治区的建材主管部门，其间，没有地质队的省和自治区也都相继建立了自己的建材地质队伍。“文革”结束后，1979 年建材部第三次成立，接着又重新设立建材地质公司，先后从地方收回 19 个地质队，同时新建福建和河北两个地质队，对未收回的地质队也实行中央和地方双重领导，这样，除上海、天津和西藏外，全国各省、自治区都有了建材地质队伍。1982 年建材部改为国家建材局后，建材地质公司不断充实力量，一直稳定发展，后来改名为建材地质中心。2001 年该中心进入中国材料科工集团公司。

建材地质队伍是水泥生产和建设的开路先锋，他们长年累月、默默无闻地工作在崇山峻岭，四处奔波于穷乡僻壤，历尽千辛万苦，提供了必不可少的宝贵地质资料。在国家建材局实施水泥 T 型发展战略期间，建材地质公司相应地进行战略重点转移，加强沿江、沿海的地质勘探，适时提供地质资源保证。在 21 世纪初，中国水泥新型干法蓬勃发展的进程中，许多企业都得益于建材地质工作的多年积累。建材地质队伍的干部和职工是共和国水泥工业发展的无名英雄，做出了不可忽视的重要贡献。

建材地质资料表明，截至 2003 年我国探明石灰石保有储量为 524 亿吨，其中可开采储量为 268 亿吨，为水泥新型干法生产建设大发展提供了资源保证。我国石灰石矿产资源很丰富，水泥用石灰岩总储量为 3 ~ 4 万亿吨。为了水泥事业的世代沿袭，我国建材地质工作者的任务十分重大。

五、建 设 单 位

1952 年，重工业部建材工业管理局为当时基本建设需要，创建了建材设备安装公司。1956 年建材部成立后，该公司得到很大加强。然而，到 1958 年建材部并入建筑工程部后，曾一度被撤销。20 世纪 60 年代初，建材基本建设任务日益繁重，建筑工程部重新组建建材工业安装公司，同时新建了建材矿山工程公司。1972 年，国家基本建设委员会将建材工业安装公司与矿山工程公司合并，成立建材建设公司。1987 年，国家建材局将该公司改组为中国建材工业建设总公司，下设唐山、邯郸、苏州、和上饶等4个安装工程公司和天津、兖州、咸阳和南京4个矿山工程公司。2001年国家建材局撤销后，中国建材建设总公司进入中国材料科工集团公司。

长期以来，建材建设总公司一直熟悉水泥湿法生产设备，对这些设备的安装和试运转，可以说是得心应手、操作自如。20世纪80年代，他们在国家建材主管部门的安排下承担了冀东水泥厂和宁国水泥厂从日本进口的日产4 000吨熟料预分解窑新型干法设备安装任务。这是一项新工作，其技术要求比湿法生产高出整整一个时代，特别是电子计算机控制技术在中国水泥行业内首次采用，完全是陌生的。承担这项任务的公司职工面对这样的现代新技术，毫不畏惧，在工作中勤奋学习、刻苦钻研，攻克各种技术难关，最终出色完成安装任务，而且还积极承担了冀东水泥厂投产初期两年的检修“保驾”作业。通过冀东水泥厂和宁国水泥厂建设，建材建设总公司紧跟时代步伐，为实现由湿法向新型干法的转变，跨出了重要一步。

20世纪90年代初，国家建材局按水泥T型发展战略，利用外资在沿江沿海组织建设一批大型预分解窑新型干法生产线，其中，大连华能-小野田水泥有限公司日产4 000吨熟料生产线最早开工建设。在该项建设的设备安装任务招标中，建材建设总公司一举夺标。经过艰苦努力，该公司按业主要求如期完成任务，其安装质量获外商好评，从而在外资水泥企业建设中打响了“第一炮”，赢得了可贵声誉。他们以此为契机，在烟台三菱水泥有限公司日产3 000吨熟料和秦皇岛浅野水泥有限公司日产4 000吨熟料生产线建设招标中，连续夺标。在大宇水泥（山东）有限公司日产7 200吨熟料生产线建设的招标中，竞争非常激烈，建设总公司又艰难夺标。该类大型水泥生产线当时在世界上只有五条，安装难度很大，要求该公司在技术上再度超越自己，达到新的高度。他们不负众望，凭着团结奋进、不怕艰辛的精神，在技术上继续攀登高峰，克服各种困难，终于出色完成任务，从此名声大震，进一步提高了自己的技术水平。在往后的日子里，所有外资新型干法生产线建设的竞标中都取得了胜利。中国建材建设总公司建设新型干法线的技术和业绩在国内独一无二，具有很强竞争力和很高声誉，在20世纪90年代利用国内资金建设新型干法生产线的竞标中屡屡得手，几乎包揽了国内日产熟料2 000吨及其以上新型干法生产线建设中设备安装的所有招标项目。

建材建设总公司薛同祖总经理带领职工不仅将公司技术水平由湿法提升到新型干法的高级阶段，还进行适应市场经济新形势的经营方式的改革。1999年，建材建设总公司参加了都江堰拉法基水泥有限公司日产4 000吨熟料生产线建设工程总承包的竞标，取得了该项目中工厂范围建设工程的承包合同。建材建设总公司的唐山分公司承担此项任务。2001年年末，工程竣工投产，建材建设总公司出色地完成了此项承包合同，取得较好经济效益。该公司对都江堰拉法基水泥厂工程建设进行总承包是自公司组建以来的第一次，是为适应市场经济体制而进行的一次重大改革，从此开创出一条新的经营道路。进入21世纪后，建材建设总公司接获的水泥厂建设工程总承包合同愈来愈多，在这条新的经营道路上愈走愈宽畅。

建材建设单位在生产实践中提高了技术，改革了企业制度和经营方式，为水泥新型干法生产建设大发展完成了准备工作。

六、设备制造单位

新中国建国初期，全国没有一个水泥设备专业制造厂，为满足水泥厂检修需要，建材主管部门创建了一些建材机修厂。东北人民政府工业部在东北铁工厂的基础上进行改造和扩建，建成沈阳水泥机械修配厂，为东北地区的水泥厂提供配件和承担维修任务。中央建材主管部门将唐山的启新洋灰公司机修分厂独立出来，成立唐山水泥机械修配厂，还以华新水泥厂的机修力量为基础，组建了华新机修分厂，为其所属水泥企业提供备品配件。机修厂的产生是建材主管部门创建自己专业设备制造队伍的前奏。

20世纪50年代，中国水泥设备来源除进口外，都由国家综合经济管理部门统一安排在机械工业部门或其他工业部门制造。随着水泥工业迅速发展，国内现有机械加工力量已不能满足需要，中央建材主管部门在20世纪60年代开始筹建水泥设备的专业制造厂。先后将唐山水泥机械修配厂和沈阳水泥机械修配厂分别改建成唐山水泥机械厂和沈阳水泥机械厂，此后又将华新机修分厂扩建成湖北水泥机械厂，将西安红旗水泥制品厂的机修厂扩建成延河水泥机械厂。另外，在贵州省还建立了贵阳建材机械厂，服务于西南地区的水泥企业。

“文革”期间，为满足地方小水泥企业发展需要，若干停办的中央部属建材专科学校将其实验工厂改建成建材机械厂，如山东建材机械厂、徐州建材机械厂等；有些设备安装企业因任务不饱满也改建成建材机械厂，如北京水泥机械厂、邯郸建材机械厂和平顶山电收尘器厂等。

1978年，国务院批准机械工业实行专用设备和通用设备两个制造体系，并决定将原属一机部的六个机械厂划归建材管理部门管理。在这六个企业中，上海新建机器厂、朝阳重型机器厂和西安矿山机械厂都改、扩建为生产水泥专用设备的工厂。

至此，在国家建材主管部门内形成水泥专用设备制造体系。唐山水泥机械厂、上海新建机器厂和朝阳重型机器厂主要生产大中型水泥企业主机设备；延河水泥机械厂和贵阳建材机械厂主要生产中、小型水泥企业主机设备；有些机械厂除一般中、小型主机设备外，还生产各自的专业配套产品，如：沈阳水泥机械厂生产回转窑篦式冷却机、湖北水泥机械厂生产水泥包装机、山东建材机械厂生产高效选粉机等；西安矿山机械厂和平顶山电收尘器厂只生产单一的配套产品——水泥工业用各种收尘设备。

在计划经济时期，中央建材主管部门内设供应分配局，其部分职能是负责对建材机械厂进行管理，如制订改、扩建投资计划、按计划供应原材料和分配建材设备产品等。改革开放后，工业部门的计划职能逐步削弱，经济领域中市场配置作用不断增强。面对新形势，国家建材局以供应分配局的设备处为基础，于1984年组建中国建材机械工业联合公司，代行建材机械的行业管理职能，承担国家投资建设的水泥厂设备的配套和供应，组织水泥新技术设备的科技攻关和技术引进等任务。后来，中国建材机械工业联合公司改名为中国建材机械装备公司。

在工业社会中，设备是生产的基础，先进的工艺都是通过先进的设备来实现，设备工作对产业发展十分重要。中国建材机械装备公司及其前身，在共和国不同时期水泥工业发展进程中确保了设备的供应，在计划经济时期的大中型水泥企业的建设中，组织提供了湿法回转窑生产线和立波尔窑生产线成套设备；在改革开放时期预分解窑新型干法的发展中，组织引进设备设计制造专利技术，提供不同规格的预分解窑新型干法生产线成套设备；在提高立窑生产技术水平的过程中，组织开发机械化立窑生产线成套设备。该公司为新中国水泥工业发展做出了重要贡献。

随着改革的深入，社会主义市场经济日趋成熟，设备生产的部门体制被打破，其社会化程度愈来愈高。水泥设备生产已打破部门体制而全面实行社会化，一些国内著名的大型机械企业和许多民营企业都已生产水泥主辅机设备，在这样的新形势下，中国建材机械装备公司对工作方向已重新定位。国家建材局撤销后，该公司已进入中国材料科工集团公司。

七、教 育 单 位

新中国成立初期，中央建材主管部门有两所直属中等技术专科学校，即淄博建材中等技术学校和沈阳中等技术学校。1958年的“大跃进”中，中国教育事业迅猛发展。国家建材主管部门在这一形势下新建了一批建材中等技术专科学校，并开始创建高等学校。在原沈阳建材学校和沈阳建筑机械学校基础上建立沈阳建筑材料工业学院。同时，调集同济大学和建材部水泥工业研究院的著名教授和专家在北京成立北京建筑工业学院。在“全民办学”的高潮中，又创办了北京硅酸盐工学院，将上海建材学校升格为上海建筑材料工业学院。在“大跃进”时期，国家建材主管部门共创办了4所高等学校。

1960年国民经济进行调整，建材院校和全国院校一样也进行调整。沈阳建筑材料工业学院和北京硅酸盐工学院都合并入北京建筑工业学院，上海建筑材料工业学院退回到上海建材学校。经调整，到“文革”前夕，国家建材主管部门仅有一所高等学校，以及一批中等技术专科学校。

“文革”期间，建材院校和全国院校一样，都停课闹革命，教学设施遭破坏，教师与职工下放劳动锻炼。一些建材专科学校改成了建材机械厂，北京建筑工业学院的教职员工下放到湖南农村劳动。

中国教育事业在“文革”期间遭到很大损害，“文革”结束后，愈来愈显得不能适应国民经济迅速发展需要，加快其发展已成为当务之急。国家教育管理部门一方面采取措施迅速恢复原有的院校，另一方面实施鼓励工业部门办学的方针。

国家建材主管部门在“文革”结束后首先投入力量恢复原

有的建材院校。北京建筑工业学院从湖南农村搬迁到湖北省武汉市，与那里的一所建筑工程学校合并成立湖北建工学院，后改名为武汉建材工业学院。在恢复建材院校的基础上，接着就兴办新的学校。1978 年将淄博建材中等技术学校升格为山东建材工业学院，校址由淄博市迁到济南市；将四川建材工业学校升格为四川建材工业学院，校址由重庆市迁到清华大学绵阳分校旧址绵阳市；后来又将上海建材学校升格为上海建材工业学院；1984 年将洛阳建材工业学校由中专升为大专，定名为洛阳建材工业专科学校。这种中专升格为大学的做法俗称为“中专戴帽”。

经过“文革”后近十年的恢复和发展，国家建材主管部门直属的院校有五所大专学校、一批中专学校和少量技工学校。在 1985 年召开的建材教育会议上，国家建材局提出和开始实施分级办学的方针：大专学校由国家建材主管部门办；中专学校由省、市、自治区建材管理部门办；技工学校由企业办。

在“文革”后建材高等院校大发展的时候，建材行业内以王涛先生为代表的留学归国的一些专家和学者，对教育部推行工业部门办学和国家建材主管部门“中专戴帽”的做法，持不同看法。他们认为，工业部门办学的教育方针不符合现代科学向综合和各学科相互渗透的科学发展方针，大学应由政府教育部门办、由社会办；中专升格为大学，会将中专的教学思想和教学方法带入大学，影响大学的教学质量，发展大学应当是“母鸡下蛋”，即由老大学来创办新大学或扩大。这些不同看法对管理部门和建材院校领导产生了一定影响。高等教育工作者都深知，一所好的高等学校必须是既重视教学又重视科研，必须动员所有的资源，聘任最好的教师和招收最好的学生。从 20 世纪 80 年代初开始，国家建材局和建材高等院校干部与教师一起，共同为提高教学质量采取了许多措施。主要有：

1. “请进来、走出去”，开门办学

武汉建材工业学院经历了从北京到湖南，又到武汉这个搬迁过程，教师流失很多，这直接影响到教学质量。该院当时的骨干教师、后来担任副院长的陶景飏先生，推荐著名水泥专家冯修吉先生到学院任教。冯修吉大学毕业后在广西大学任教时，考取了由洪堡基金资助的德国留学，师从世界著名水泥化学家库尔教授，取得化学博士学位。回国后受聘于王涛先生创办的华新水泥厂，任化验室主任。1956年，建筑材料工业部调他到中国建材研究院工作，任水泥热工室主任。在“文革”期间，辗转“五七”干校，后被下放到四川江油水泥工艺研究所。冯博士是兼具教育、生产和科研等经验于一身的水泥专家。当时“文革”刚结束，学校内极“左”思潮和一些不良倾向尚未纠正，一些人对聘用冯修吉先生这样一位高级知识份子有着非议。陶景飏先生排除各方阻力，极力保举，终于取得成功。冯先生到武汉建材学院任教后，既上台授课，又开展科研活动，建立博士生点，培养博士生，这些对提高教学质量有明显作用。同时，由于冯先生的受聘，武汉建材学院在建材界的声望大大提高了。该院这一聘用人才的结果为建材高等院校开辟了一条提高教师队伍水平和教学质量的捷径。这种在社会上聘用人才到学校来任教的做法俗称为“请进来”。

此后，各建材高等院校都采取了“请进来”的办法，实施优惠政策吸收老高校优秀教师来本校任职，聘请大企业、著名科研和设计单位有丰富实践经验的高级工程师来本校任教或兼职，从事教学或指导科研工作。

从第六个五年计划开始，各建材高校都选派教师出国留学。由于部分教师滞留国外，少数校领导一度对教师留学这种做法产生疑虑。1989年，国家建材局针对这个问题提出了“继续留学，鼓励回国，来去自由”的政策，消除了疑虑，得以继续开展派

遣教师出国深造的做法。除选派出国留学外，各建材高校还选派教师到国内著名高校去研修深造，收效较快，这也是提高教师队伍水平和教学质量的一个好办法。出国留学和去国内高校深造的办法俗称为“走出去”。

2. 创造实验条件，开展科研活动

在国家建材局的支持下，武汉建材学院利用世界银行贷款建设了计算机实验室和理化实验室，还用贷款派员出国培训科研人才。该院经申请争取到国家科技基金，建立了无机非金属材料国家实验室。通过科研条件的建立和科研人员的培养，武汉建材学院的科研工作从无到有、从小到大地迅速发展起来，取得了许多科技成果，其中有多项获国家科技成果奖。尤其值得称道的是，不少成果已转化为产业，形成了一个具有相当规模的科技产业园。科研工作大大提高了教学质量。

3. 增加学科，改制成综合性工科高校

从第七个五年计划开始，各建材高等院校尽力创造条件，逐步增加学科，向多学科办学方向发展。武汉建材学院改制成综合性工业大学，从而改名为武汉工业大学。四川建材学院扩大了工业学科，改名为西南工学院。学校改制不仅提高了教学质量，还十分有利于招收学生。

4. 加强学校硬、软件建设

自第六个五年计划起，国家建材局每年对教育投入的资金都保持在全部事业费的50%以上。在第七个五年计划期间，武汉工业大学争取到1亿元专项建设资金，那时这是一笔很大的款项，使武汉市各高校都对此羡慕不已。

在国家教育部的指导下，各建材高等院校开展了制订教学大纲、审订教科书和组织教学交流等工作，这对提高教学质量发挥了重要作用。

通过主管部门和各建材高等院校的共同努力，教学质量的提高十分显著。武汉工业大学光荣地成为国家重点高等院校。

建材院校已培养出的人才都已成为当今建材行业的中坚力量，许多人担当着重要职务，正在为实现祖国的新型工业化而努力奋斗。建材院校干部和老师所做的杰出贡献之巨大是无法估量的。

工业部门办学可以说是计划经济体制条件下，国家经济被条（部门）、块（地方政府）分割管理的产物，随着经济体制改革的深入，自然不会再持续下去，于20世纪末被逐步取消，改为社会办学，由中央政府或地方政府的教育部门办。国家建材局在其本身被撤销的过程中，将所属学校都移交给了国家教育部或地方政府。武汉工业大学武汉本部与武汉汽车大学、武汉交通科技大学合并后，更名为武汉理工大学。武汉工业大学北京研究生部并入北京工业大学。山东建材工业学院与济南联合大学合并为济南大学。上海建材工业学院并入同济大学。西南工学院改名为西南科技大学。

人力资源是预分解窑新型干法发展的必要条件。通过教育改革，水泥工业的人力资源条件进一步改善，更加丰富，更加适应需求，这对新型干法生产建设大发展十分有利。

第 四 部 分

2005—2015 年

第十八章　中国预分解窑新型干法生产建设大发展

进入21世纪后，我国水泥工业进入蓬勃发展新阶段，水泥产量大幅增长，生产规模不断扩大，技术进一步提升，企业迅速扩张。在经济建设对水泥需求大幅增长的簇拥下，从2003年到2015年间，在中国发生了一个世界上前所未有的预分解窑新型干法生产建设大高潮。

一、社会背景

2001年到2015年，中国历经了“十五”“十一五”“十二五”三个五年计划的建设时期，这是实现我国建设小康社会第一个“一百年”奋斗目标的关键时期。期间，中共第十六、十七、十八次全国代表大会先后召开，明确了我国仍处于可以大有作为的战略机遇期，确立了坚持以经济建设为中心，抓住机遇，加快发展的战略方针。并根据对各时期国内外政治经济形势的分析，提出了各阶段更为具体的奋斗目标。

在新中国半个多世纪经济建设和改革开放二十多年经济发展的基础上，在“三步走”建设小康社会战略目标的指导下，中国经济发展如虎添翼地突飞猛进，在世界经济发展史上创造了中国制造的奇迹。2000年中国的GDP总量为10 808亿美元，在世界上排第6位。经过10年的发展，先后超过法国、英国、德国和日本，成为世界第二大经济体。经济的快速发展促进了水泥产业发展的热潮，也造就了中国新型干法水泥的辉煌。

2002 年 11 月召开的中共第十六次全国代表大会号召全党要高举邓小平理论伟大旗帜，全面贯彻“三个代表”重要思想，全面建设小康社会，开创中国特色社会主义事业新局面。十六大的工作报告中指出，坚持和完善基本经济制度，深化国有资产管理体制改革，必须毫不动摇地巩固和发展公有制经济；必须毫不动摇地鼓励、支持和引导非公有制经济发展，从而坚持公有制为主体，促进非公有制经济发展，使各种所有制经济完全可以在市场竞争中发挥各自优势，相互促进，共同发展。

2003 年 3 月，召开第十届全国人民代表大会，会上产生了新一届中央人民政府。此前，各省、市、自治区各级地方政府都陆续进行了换届，新上任的政府领导都希望尽快做出政绩。在社会主义市场经济体制尚不完善的情况下，政府仍然是经济发展的主要推动力。政府领导创造政绩的迫切愿望是国民经济高速增长的重要因素之一。

随着国家经济实力增强和人民生活日益改善，国民消费结构升级，汽车、住房和家用电器等正迅速成为城市居民的主流消费品。汽车、住房和家用电器等终端产业的快速增长必然会引起钢铁、有色金属、建材、石化和机械装备等中间产业的迅速扩大，进一步促使能源、交通和环保等基础产业的高速发展。这样，在全社会形成一个庞大的投资空间，为经济高速发展创造了条件。

2003 年，我国金融机构的本外币存款余额达到 22 万亿元。在对外经济合作方面，我国实际直接利用外资 535 亿美元，超过美国的 400 亿美元，成为世界上吸收外国直接投资最多的国家。全社会资金量比较充足，助长了经济高速发展的势头。

2003 年 10 月召开的中共十六届三中全会上，做出了《中共中央关于完善社会主义市场经济体制若干问题的决定》。这个《决定》加快了国有企业改革步伐，进一步确立了民营企业在国民经济中的地位，从而在更深的层面上调动和增强了国有企业与民营企业扩大生产的积极性和能力，增强了经济高速发展的原动力。

政治经济条件造就了我国2003年及其以后十多年的期间内全社会固定资产投资的高速增长，如图18-1所示。2003年我国全社会固定资产投资增速达到27.7%，绝对值增长比2002年高出近1.2万亿元，相比20世纪末的“九五”期间更是一个很大的飞跃。

2003年下半年，部分地区和部分行业经济发展过热，煤、电、油、运全面紧张，某些原材料价格迅速上涨。面对这些情况，2003年11月，国务院办公厅以国办发［2003］103号文下发了《国务院办公厅转发发展改革委员会等部门关于制止钢铁、电解铝、水泥行业盲目投资若干意见的通知》，以制止钢铁和电解铝行业的盲目投资，防止水泥行业盲目投资。贯彻103号文的精神，明确了水泥工业发展要有保有压，加快结构调整，支持大企业发展，重点支持在有资源的地方建设日产4 000吨及以上规模新型干法熟料基地项目，坚决遏制落后工艺的水泥项目建设。

2004年以后的三四年间，全社会固定资产投资增速出现稳

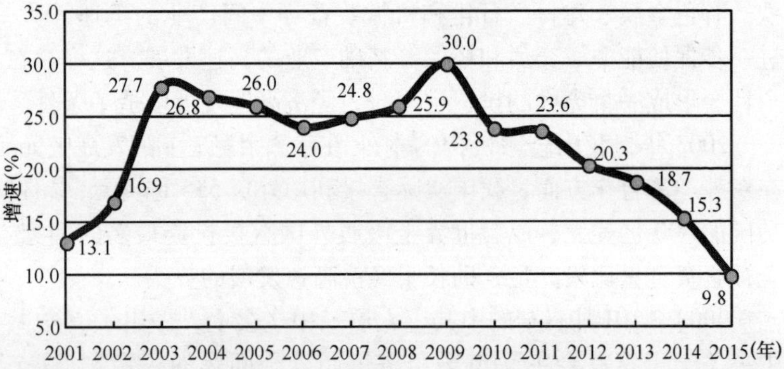

图18-1 2001—2015年全社会固定资产投资增速（%）

中趋降的走势，但依然保持在 24% 以上的高位，经济建设对水泥的需求还是很迫切，水泥产量经过宏观调控在 2005 年达到一个相对低点后又逐渐回升。2008 年发生了世界性的金融危机，政府以“4 万亿投资”的政策加以应对，固定资产投资增速在 2009 年达到了 30% 的高位，更助推了对水泥的需求。

2013 年 11 月 12 日中共第十八届三中全会，做出关于《中共中央关于全面深化改革若干重大问题的决定》。指出：“经济体制改革是全面深化改革的重点，核心问题是处理好政府与市场的关系，使市场在资源配置中起决定性作用和更好发挥政府作用。”“着力解决市场体系不完善、政府干预过多和监管不到位问题。”还指出：“积极发展混合所有制经济。国有资本、集体资本、非公有资本等交叉持股、相互融合的混合所制经济，是基本经济制度的重要实现形式。”“允许更多国有经济和其他所有制经济发展成混合所有制经济。”“允许混合所有制经济实行企业员工持股，形成资本所有者和劳动者利益共同体。”中共十八届三中全会的决定是十五届四中全会以来关于经济体制改革的延续和深化，确保了我国经济不断有序快速发展。

二、新型干法生产大发展

经济的高速增长，固定资产投资增速长达十年保持在 20% 以上，从而持续有力地拉动水泥需求。在我国水泥工业的发展中，水泥预分解窑新型干法的研究试验和引进技术的消化吸收等技术研发工作已取得明显成效，水泥新型干法生产线的设计、装备制造和施工建设等生产技术已趋成熟，水泥行业显露出巨大商机。由于社会主义市场经济体制改革的到位，不论是国有企业还是民营企业都具备了足够的投资实力。在这样的经济和技术背景下，于 21 世纪初，中国水泥行业迎来了一个新型干法生产建设的发展高潮。

1. 水泥产量快速增长

在经济建设需求的强力拉动下，进入21世纪后，一个长达十余年的新型干法建设高潮开始兴起，它不仅满足了国家基本建设快速发展的需要，而且完全改变了中国水泥工业的面貌。2003年全社会固定资产的快速增长和对水泥需求的激增，促进了行业内外投资水泥的积极性，图18-2所示为2001—2014年水泥产业的投资增长情况。

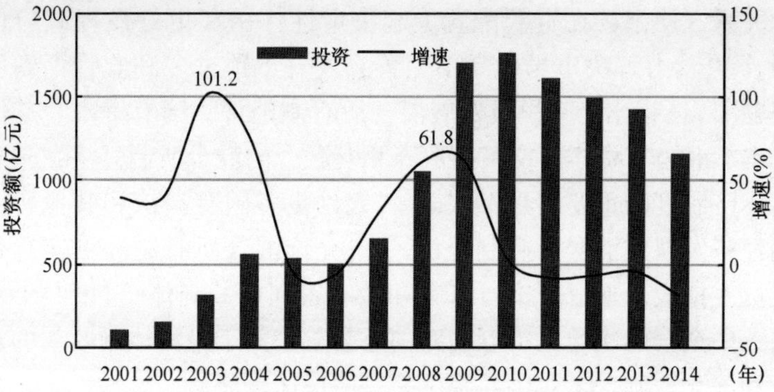

图18-2　2001—2014年水泥投资额及增速

2003年水泥投资增速达到101.2%，形成了水泥发展史上的一个峰值。第二个水泥投资增速峰值在2009年，当年的全社会固定资产投资增速达到30.0%，水泥投资增速为61.8%。由于几年来投资额基数已经增大，所以按两次投资峰值的投资额度来比较，2009年的投资额1 700.7亿元已是2003年321.1亿元的5.3倍。如图所示，2011年投资增速降至负值，但投资总量仍然很大，以至在2014年之前每年都在1000亿元以上。2015年，我国新型干法熟料产能17.99亿吨，其中2003—2014年新增的产能占91%。2001—2015年新增熟料产能如图18-3所示。可见，年度新增产能最高点在2010年，以后便逐年下降。

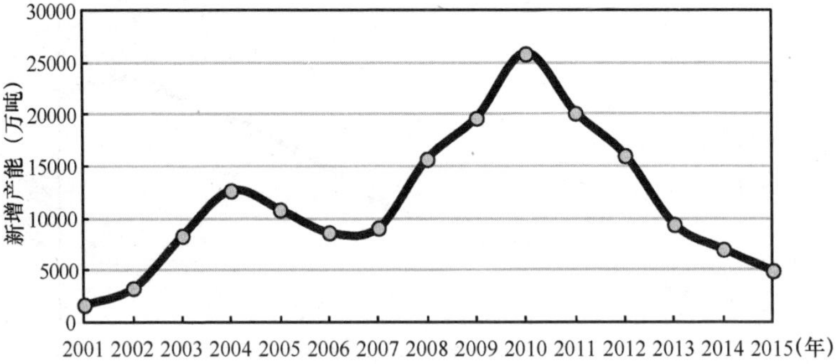

图 18-3　2001—2015 年新增熟料产能（万吨）

投资的快速增长起源于需求的拉动，也必然带来新型干法水泥生产的大发展。水泥不能久储，因此企业都是根据市场需求状况以销定产，且近年来我国水泥 99% 以上是在国内销售。因此水泥年产量基本上可以代表需求量，年产量的变化真实地反映了需求量的变化。2001—2015 年水泥产量如表 18-1 和图 18-4 所示。2014 年我国水泥产量 24.8 亿吨，占世界水泥产量的 60%，也形成了我国水泥产量的最高点。由于需求有所滑落，2015 年水泥产量下降至 23.6 亿吨。

表 18-1　2001—2015 年水泥产量变化表

年　份	产量（亿吨）	年　份	产量（亿吨）
2001	6.6	2009	16.5
2002	7.2	2010	18.8
2003	8.6	2011	21.0
2004	9.7	2012	22.1
2005	10.6	2013	24.2
2006	12.4	2014	24.8
2007	13.6	2015	23.6
2008	14.9		

21 世纪初的 15 年，我国经济处于快速发展阶段，国家基础

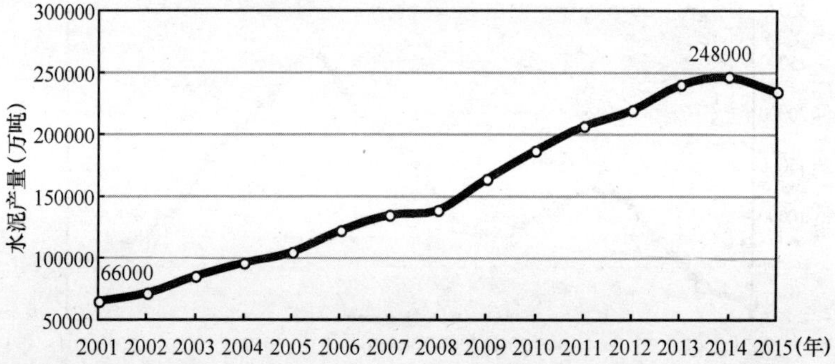

图 18-4　2001—2015 年水泥产量（万吨）

设施建设、农田水利和农民住房、城市房地产产业的发展等诸多领域需要大量的水泥，这些需求都在这个新型干法建设高潮中得以满足。15 年间水泥工业累计生产水泥 233 亿吨，是 1949 年到 2000 年 51 年间生产总量的 3.4 倍，占 1949—2015 年 66 年间累计生产量的 77%，如图 18-5 所示。

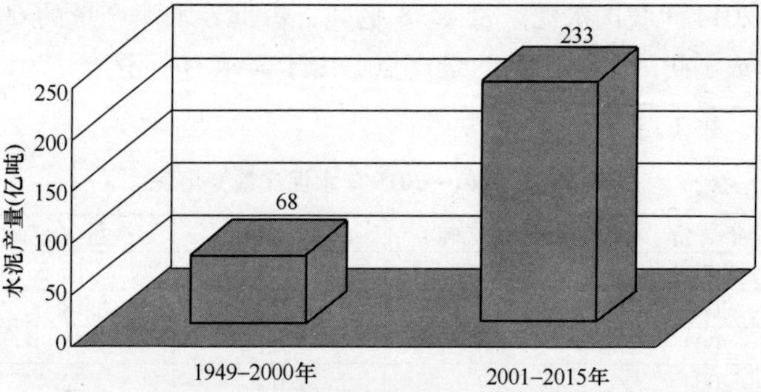

图 18-5　历年累计水泥产量（亿吨）

2. 水泥工业结构华丽转身

1985 年开始，我国水泥产量就保持着世界第一的位置，但是由于长期以来以立窑水泥为主导产品，结构不合理。2000 年，我国水泥产量达到 5.97 亿吨，占世界总产量的三分之一，但新型干法水泥只有 5 612 万吨，占全国总产量的 9.4%。“七五”到“八五”期间，国家建筑材料工业局着手新型干法水泥生产线的建设和布局，为此做了很大的努力，截止到 2000 年 12 月底，除西藏和贵州外，各省、区、市都建成投产了一条或多条新型干法生产线，总数达到了 112 条。然而，新型干法水泥的发展毕竟还是在研究开发阶段，这一时期建设的新型干法生产线规模较小，新型干法水泥在水泥总产量中所占比例较低，各地区发展也不均衡。112 条线的产能共 6 300 万吨，平均规模 1 820t/d，其中 1 000t/d 及以下规模的占了多半数，达到当时世界水平的 4 000t/d 规模以上的生产线只有 12 条，除冀东水泥、海螺水泥各有 1 条线外，其余 10 条都为外资企业所有。从地区分布情况看，新型干法熟料产能比较多的地区依次是山东省（778 万吨/年）、安徽省（741 万吨/年）、江苏省（623 万吨/年）、河北省（549 万吨/年）、湖北省（462 万吨）、江西省（332 万吨）、广东省（270 万吨）。以上 7 个地区的新型干法熟料产能占全国的 60%。在这些地区中，只有安徽省新型干法水泥产量占当地总产量的 30% 以上，湖北省占 20% 以上，其余都在 20% 以下，广东省只占 6% 左右。

伴随着新型干法水泥的发展，立窑水泥不断地被取代和淘汰。在 2003 年开始的新型干法水泥建设高潮中，经过几年的调整，到 2008 年，新型干法水泥的产量和占比提高了一大步。如山东省新型干法水泥产量 7 710 万吨，占全省水泥产量的 56%；安徽省为 4 805 万吨，占比 81%；江苏省 9 682 万吨，占比 76%；河北省 4 561 万吨，占比 51%；江西省 3 221 万吨，占比 61%；湖北省 4 002 万吨，占比 65%；广东省 4 831 万吨，占比 51%。此外，一些地区为适应经济建设形势的发展出台了支持新型干法水泥建设、大力淘汰立窑等落后生产能力的政策，使得新型干法水泥发展的步伐尤为加速，如浙江省新型干法水泥产量达到10 090万吨，占全省水泥产量的99%；河南省达到9 782万吨，占比96%；北京市850万吨，占比97%；上海市765万吨，占比100%；天津市464万吨，占比87%。截止到2008年12月底，全国已建成投产新型干法生产线936条，平均规模提高到2 640t/d。新型干法水泥产量88 055万吨，占总产量138 800万吨的63%。在政府政策指导和监管下，由于市场机制的作用，水泥立窑等落后产能进一步被淘汰，2010年新型干法水泥产量比例达到85%，2015年提升到98.4%，如图18-6所示。

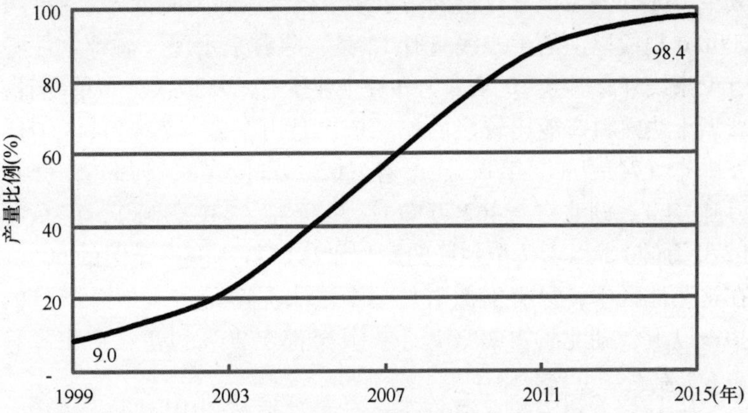

图18-6　全国新型干法水泥比例（%）

新型干法建设高潮形成和发展的过程也是立窑等落后产能逐渐被取代的过程。20世纪末新型干法水泥产量占水泥总产量的比重尚不足10%，2003年以后新型干法水泥比重上升速度加快，2015年新型干法水泥比重达到98.4%，立窑等落后产能基本被淘汰出局。弹指一挥间，水泥工业的技术装备和生产工艺都发生了划时代的变化，水泥工业技术结构实现了华丽转身。

3. 产量增长达到高峰期

从工业发达国家在工业化进程中水泥工业的发展过程看，在经济发展起飞阶段，随着经济的增长，水泥消费量逐渐增加，有一个水泥需求的初始期。然后经济加速增长，水泥的消费量经过高速发展期后逐渐饱和并形成拐点。越过拐点之后，经济继续增长而水泥需求量通常会出现稳定下降期。一些国家和地区的水泥消费峰值发生年份和相应的人均消费量列于表 18-2。该表说明，各工业发达国家和地区水泥产量或消费量的发展进程都有一个高峰期和以后的稳定下降期，但达到峰值的时间、人均消费量和人均积累量则有所差别。

表 18-2　部分国家和地区水泥消费峰值比较

国家或地区	消费峰值年份（年）	人均年消费量（公斤）	人均累积消费量（吨）
德国	1982	800	18
法国	1972	566	19
日本	1973	715	20
韩国	1997	1 000	21
中国台湾地区	1993	1 332	19

从图 18-4 可看到，我国水泥产量增速从 2010 年以后趋缓，2014 年产量达到峰值，2015 年已开始下滑。众所周知，水泥不能久储，产量与消费量几近相等。按此可以算得 2014 年我国水泥人均年消费量约 1 810 公斤，人均累积消费量约 21 吨。

比较表 18-2 可得出：我国水泥消费峰值出现的年份是 2014 年，比较晚；人均年消费量 1 810 公斤，与韩国和中国台湾地区接近；人均累积消费量 21 吨，与韩国相同，与其他国家和地区都较接近。水泥消费峰值的比较可进一步说明，我国水泥产量已达顶峰，水泥工业已进入新的发展时期。

三、关于产能过剩问题

伴随着新型干法生产大发展，水泥行业内不断出现产能过剩的声音。有关经济学界及大多数业内人士对水泥产能过剩的认识和提出的解决办法综述如下。

在市场经济体制中，水泥生产的供与需是矛盾对立的两个方面，供需矛盾是经常的，供需平衡是暂时的，在供与需的不断矛盾和平衡中水泥生产得到发展。产能过剩是供需矛盾表现的一方面，相应地也是经常会发生的。

通常，在一般行业中人们以产能利用率为评判标准，认为产能利用率低于75%～80%的国际通行标准，就出现了产能过剩。实际上，国际通行标准是从危害程度倒推出来的经验数据，并且随国家和行业不同而存在差异。各国更加通行的做法是从影响和危害的角度加以判断。一般来说，产能过剩需要同时具备四个特点：一是价格竞争异常激烈，导致企业亏损成为行业内的普遍现象；二是普遍性的企业亏损持续相当长时间，对企业资产造成严重侵蚀；三是短期内不存在市场需求增长、价格竞争减弱、企业亏损降低的机会；四是企业面临重大退出壁垒，难以采取主动行动调减产能。

水泥行业的产能过剩问题具有自己的特点。水泥市场受施工季节影响有淡季和旺季，水泥设备经一定时间运行后须停产检修，所以即使是在经济快速发展、许多行业满负荷运转时，水泥企业也会有一个合理的产能利用率，从我国水泥发展的历史经验来看，一般波动在70%～80%。产能利用率在合理范围内的产能属正常产能，低于70%则属于产能过剩。同时，我国地区差别大，对不同地区水泥产能过剩与否或过剩程度要从实际出发做具体分析。如果行业经营效益大幅下降，企业大范围难以盈利甚至普遍出现亏损，就要通过分析下决心解决产能过剩的问题。

在2003年以华东地区为主，我国水泥行业曾出现产能过剩问题。当时的过剩，首先是落后立窑的产能过剩，当年立窑等落后产能的产量占总产量的77%，因此，用先进的新型干法工艺淘汰立窑等落后生产力是解决当时产能过剩的重要手段。同时，从21世纪十多年的水泥发展历程不难看出，2003年水泥产能过剩是市场成长过程中出现的过剩，2003年前后水泥的供给和需求不断在增长，水泥行业经济运行一直处于盈利状态，因此当时的过剩是淘汰落后生产力过程中的过剩，是暂时的局部的过剩。通过市场机制的作用和政府的监管、政策指导，立窑等落后产能被淘汰，供需达到新的平衡，推动了水泥生产和技术的不断进步。

2008年发生国际金融风暴，波及我国经济发展，水泥需求量下降。而对于我国经济经过长时期高速发展之后即将进入中高速发展阶段的必然性，行业内普遍认识不足，从而高估水泥市场需求的预期。由于应对金融风暴所采取的4万亿投资和“5·12”汶川地震灾区重建的影响，短期内水泥需求量大增，新型干法进一步快速发展。超常规的需求暴涨不仅掩盖了产能过剩的苗头，还导致了对于水泥生产线的盲目投资，因此“十二五”后期水泥行业出现产能过剩在所难免。2015年，水泥价格一路下滑，虽然在行业中大力提倡限产保价、错峰生产，但难以挽回效益大幅下滑的趋势，亏损企业增多，年终水泥总产量同比下降5.3%，全行业利润总额同比下降58%，产能过剩的压力显现。

产能全局性过剩的形成机制十分复杂。但总的说来其原因仍不外乎主、客观两个方面。客观原因是经济发展中超常规的变化；主观原因既有政府对市场干预过多的问题，又有监管不完全到位的问题。

2008年金融危机爆发，世界经济进入深度转型调整期，国际市场需求长期低迷、竞争加剧、贸易保护主义抬头，进一步削弱了中国制造业的传统竞争优势。我国经济经过改革开放后30多年的高速发展，生产要素成本不断上升、环境与资源约束不断增强、投资效率逐渐下降，使以往过度依赖投资拉动、粗放式规模扩张与要素驱动的增长方式难以为继，经济增长进入从高速到中高速的转换期。“十二五”末期，不少传统工业产品需求峰值已经到来。对于市场需求与固定资产正相关的水泥产业来说，全社会固定资产投资增长率从2011年的23.6%一路下滑到2015年的9.8%，尤其是2014年和2015年需求的不足使供需矛盾在短期内迅速增长。

除了国内外大环境突变的原因之外，造成产能过剩深层次的原因是没有理顺政府和市场的关系。具体表现之一是在部分领域政府干预市场过多，如各地政府竞相低价供应土地等生产要素、税收减免、财政补贴，人为地降低了企业的经营成本，助长企业盲目扩张。招商引资的竞争，扭曲了市场，推动了投资过热的潮涌现象。此外，地方政府采用各种优惠政策保护本地企业，对一些本应淘汰的落后产能企业给予扶持和照应，使市场机制作用不能充分发挥，落后产能继续占有着市场空间，加剧产能过剩。其表现之二是该政府监管的事项监管还没有完全到位。根据国内外经济形势和我国经济运行出现的问题，2009年9月国务院下发了国发［2009］38号文、2013年10月下发了国发［2013］41号文，抑制部分行业产能过剩和重复建设，以化解产能过剩的问题；国家发改委和工业信息化部也先后下发了针对水泥等行业遏制产能盲目扩张的通知。几年来，国家抑制过剩产能的政令不断，然而水泥建设项目并没有完全得到有效控制。从2010年到2014年国务院38号文下达后的5年，共新增熟料产能7.7亿吨，平均每年新增1.54亿吨。由于部分地区监管不到位，国家的宏观调控目标和各地实际执行结果大相径庭。

水泥行业是竞争性行业，解决产能过剩问题必须遵循市场经济规律，在政府监管下充分发挥市场机制作用，通过竞争，优胜劣汰，调节产能在一定的合理范围内，推进生产发展和技术进步。政府要尊重市场、完善市场制度、强化市场机能并弥补市场不足，实现“充分发挥市场的决定性作用与更好发挥政府作用”的高度统一。政府对业主投资行为的监管要加强和改进，监管的主要科目是环保、用地、能耗和产品质量等。在监管的同时，政府应定期发布相关信息，对投资者进行引导。

要解决产能过剩深层次的矛盾，建立防范和化解严重产能过剩的长效机制，关键在于深化改革，理顺市场与政府的关系。首先必须矫正导致系统性产能过剩的体制机制缺陷，约束地方政府招商引资过程中不当干预市场的行为；第二是要健全和完善市场制度，让市场机制在协调供需平衡、调整过剩产能、淘汰落后企业与落后产能、促进产业转型升级方面更为有效地发挥其决定性作用；第三是在供给侧的改革中，鼓励企业通过并购缩减产能，建立稳妥的退出机制，防止产业调整对就业、社会的冲击，弥补市场机制在社会领域的不足。

产能过剩是市场经济中经常产生的一种现象，企业在应对产能过剩问题的过程中将不断取得进步和发展，正确认识产能过剩问题是企业管理者确立经营理念的基础。面对产能过剩的现状，水泥企业要进一步坚持改革开放，建立和完善激励机制和约束机制，加强信息化的应用和管理，沉着应对国内外市场的变化，围绕节约资源和保护环境，加强技术创新，不断降低生产成本和管理成本，不断提高竞争力，力争在市场竞争中立于不败之地。

四、技术提升

在发展高潮中，新型干法生产技术水平伴随着产量增长而迅速提升。表现在两个方面：第一是由日产2 000～2 500吨熟料生产技术提升到日产4 000～5 000吨熟料生产技术，这是整个行业的普遍性技术提升；第二是日产4 000～5 000吨熟料生产技术提升到日产10 000～12 000吨熟料生产技术，这是少数企业的突破性技术提升。

2002年前，新型干法生产线建设中主要采用日产2 000～2 500吨熟料生产技术，掌握日产4 000吨熟料生产技术的企业只有冀东水泥厂和宁国水泥厂等少数几个企业。自海螺集团攻克低投资建设日产4 000～5 000吨熟料新型干法生产线难关后，2003年开始，东部和中部地区的大型水泥企业几乎全部都建设日产4 000～5 000吨及其以上规模的生产线。2002年到2004年新建的新型干法生产线中，日产熟料4 000吨以上规模的数量达到60%。我国新型干法生产技术水平得到普遍性提升，这标志着中国在水泥工厂的设计、设备制造、设备安装和土建施工，以及设备管理与操作技术方面，都已提高到一个崭新的水平，能自主发展现代水泥生产。

突破性技术提升突出表现在海螺集团在2003年成功地建成投产了一条日产8 000吨熟料新型干法生产线，接着又建成4条日产10 000吨熟料新型干法生产线。

海螺集团日产8 000吨熟料新型干法生产线建在池州海螺水泥股份有限公司熟料基地。设备购自大宇（山东）水泥有限公司，由德国伯力鸠斯公司在法国的公司生产，具有鲜明的伯力鸠斯公司的技术特色，烧成主要设备是带双系列预热器的$\phi 5.6 \times 87$m预分解窑。海螺集团建该生产线的目的有两个：第一是节省设备制作时间，大约可提前半年投产；第二是作为技术台阶，以便向日产 10 000 吨熟料新型干法生产技术高峰冲刺。日产 8 000 吨熟料生产线于 2003 年 9 月建成，同年 11 月完成调试工作并进入最佳运行状态。

2004 年海螺集团建成 4 条日产 10 000 吨熟料生产线。由于吸取了建设日产 8 000 吨熟料生产线的经验和教训，这 4 条日产 10 000 吨熟料生产线的建设和投产都比较顺利。在日产 10 000 吨熟料生产线上，烧成系统的成套设备都购自国外，其他系统设备都自主配套，除生料立磨外都采用国产设备。两套烧成设备购自史密斯公司，都是带双系列预热器单分解炉的 $\phi6.4/6.0\times90$m 回转窑。此前世界上日产 10 000 吨熟料新型干法生产线上的烧成设备都是三系列预热器，海螺集团则首先在日产万吨熟料生产线上采用双系列预热器，使预分解窑的烧成技术得到进一步提高。这项技术可将日产 5 000 吨熟料的烧成设备由双系列预热器改为单系列预热器，使投资降低、管理方便，进一步提升该类生产线的技术水平。

进入 21 世纪，中国中材集团公司成功研发出三种形式的日产 10 000 吨熟料生产线，创新能力与创新成果提升到一个新的档次，形成了强有力的国际竞争力。在 2010 年世界上 12 条日产 10 000 吨熟料生产线（含在建）中有 9 条是由中材集团承包设计、装备制造和施工建设的。通过考核，这些生产线的质量、性能和运行可靠性都达到国际先进水平。

2009 年，天瑞集团郑州水泥公司与中材集团协作在我国首先建成日产 12 000 吨熟料生产线。2012 年到 2015 年间，海螺集团分别在安徽芜湖、铜陵和广东阳春等地建成 4 条日产 12 000 吨熟料生产线，海南华盛天涯集团也建成 1 条日产 12 000 吨熟料生产线。

至此，我国已拥有 10 条万吨级熟料生产线。日产 12 000 吨熟料生产线是国际上单线规模最大的生产线，在中国首先建成投产，并已建成6条，在世界上独一无二，我国水泥生产单线规模处于国际领先地位。

21世纪初国内外水泥消费的骤然增长，使国内外水泥技术装备市场出现了前所未有的发展形势。以中国中材集团公司为代表的水泥技术装备产业在学习、赶超和自主创新的基础上，凭借先进技术的自主知识产权，形成了系列化、大型化，并向生态化迈进。2 500～12 000t/d各级别新型干法生产线的技术与装备基本实现国产化。随着12 000t/d生产线的研究应用与推广，大型回转窑、预热器及高效能熟料烧成关键技术集成的我国节能减排型预分解窑烧成系统的技术开发取得重大成果，达到了世界先进水平。

除烧成系统外，大功率立磨和辊压机等先进的大型粉磨设备也不断地被开发和更新。我国新型干法生料粉磨系统，早期采用中卸磨闭路循环系统，其后更新为立式辊磨系统，其电耗为15～20kW·h/t。最近已开发出电耗更低的粉磨兼烘干的生料挤压磨终粉磨系统。山东山水水泥集团在全国最早采用该粉磨系统，长期运行的数据表明，其电耗为10～12kW·h/t，比立式辊磨系统更低。目前，生料挤压磨终粉磨系统正在逐步推广。

在新型干法生产线上常用的水泥粉磨系统有管磨闭路循环粉磨系统、挤压磨预粉磨系统和立式辊磨预粉磨系统。为降低电耗，近期国外已开发出水泥立式辊磨终粉磨系统，台资亚东武汉水泥厂已引进该种粉磨系统。为妥善解决立式辊磨终粉磨系统存在的水泥质量问题，中建材中联公司开发出水泥立式辊磨与管磨联合粉磨系统。立式辊磨的功能是粉磨，管磨的功能主要是改善产品颗粒形态和级配。该系统既能降低电耗又能保证水泥质量，是一个很好的技术构思。

此外，水泥窑低温余热发电装备与技术、水泥窑协同处置技术和水泥窑氮氧化物减排、废渣废料综合利用以及变频调速、大型袋式除尘技术装备等一系列节能减排技术的推广应用都取得了很大进展。

五、物流系统现代化

水泥被称为“短腿”产品，其原因在于无论是主要原材料还是水泥本身，其重量和容积均不可忽视，如果长途运输，其运费将占产品价格很大的比重。况且水泥不宜久储，不可能在运输的淡季集中运来备用。因此物流问题始终是水泥企业设计者、经营者要考虑的重要问题之一。从公路、铁路和水路这三种运输方式来看，无疑是水路运输成本最低且节能环保，铁路运输次之，而公路运输可以补充水运和铁路不能到达的任何地方。传统的水泥厂是把原料、粉磨、烧成、制成等工序集合在一起的全能厂模式，工厂或靠近矿山，或靠近市场。

根据建材工业“八五”计划确定的“节能降耗、出口创汇、调整结构”的主要任务，“八五”初期，国家建材局制定了水泥“T型”发展战略，在沿长江和沿海城市安排了一个庞大的地质勘探计划，拟利用国内外资金建设一批预分解窑新型干法大型水泥生产线，具体地说在长江沿岸石灰石丰富的地区建设熟料基地、在沿海靠近码头和市场的地区建粉磨站。从而提出了建设水泥项目的新思路。

海螺水泥继承并发展了“T型”发展战略的思想，在实践中加以丰富和完善，并在此基础上建立起集团的物流系统。在物流系统建设方面，海螺水泥主要做了以下几个方面的工作，取得了很好的效果。一是在沿长江石灰石资源丰富地区建成若干预分解窑新型干法水泥熟料生产基地，如荻港海螺熟料基地、枞阳海螺熟料基地、铜陵海螺熟料基地、池州海螺熟料基地、芜湖海螺熟料基地等。二是在靠近市场的地区建设粉磨站或兼并小型水泥企业后将其改造成粉磨厂（站），如张家港、泰州、淮安、太仓、上虞等十多座大型粉磨厂（站），从而顺利地在长三角乃至华东地区占据了较大的水泥市场份额。三是在建设熟料基地和大型粉磨站的同时，沿江、沿海建造了多个万吨级装卸水泥和熟料的专用码头，利用长江黄金水道把生产基地和市场连接起来，目前已经形成了遍布长江和沿海地区的物流网络。由于充分利用了廉价的水运手段，使运输成本大为降低。四是在打造海螺水泥物流系统的过程中，实现了工业化和信息化的深度融合。为了高效地进行物流管理，集团下设物流有限公司，在集团总部建设了安徽海螺物流调度中心，以全球定位系统 GPS 和地理信息系统 GIS 为核心的物流调度信息系统获取船舶定位信息，实现了企业物流一体化可视化的调度、监控和管理。

海螺水泥的物流系统把充分利用水运资源运用到极致，使用大小船舶多达六七百艘，每年约 8 000 多万吨的水泥、熟料和原、燃材料通过水路输往目的地。精心打造的物流系统，用信息化优化的物流方式，大大降低了生产成本、销售成本，提高了工作效率、管理效率，使海螺水泥在激烈的市场竞争中立于不败之地。

继海螺水泥之后，华润水泥在中国第二大水路运输大动脉西江打造了规模宏大、管理规范的水运物流系统，为华润水泥的沿江沿海战略提供强大的水运物流保障。华润水泥起步于拥有丰富优质石灰石资源的广西壮族自治区，而且区内的广大区域都处在西江水域，西江水运和出海通道直达经济发达的珠江三角洲和港澳地区，交通运输条件便利。华润水泥依托广西优越的自然条件，确定了以资源、市场和物流为关键环节的“两点一线”发展战略。首先，在广西沿江的平南、桂平、贵港、南宁等地区全面布点建设熟料和水泥生产基地，以珠三角和东南沿海地区为目标市场，用西江作为连接两地的水运通道，把水泥产业做大做强。紧随其后，将水泥生产基地的建设迅速东扩至粤西，在肇庆封开建设大规模的现代化水泥生产基地，至今在封开已建成 5 条 5 000t/d 级的生产线，在广东市场参与竞争，同时保证了在广西的西江上游偶见枯水的情况下，不影响对目标市场的连续供货。至此，华润水泥在海螺之后，成为又一个利用黄金水道把生产基地和市场连接起来，打造水泥企业物流系统现代化的范例。

“十一五”末，华润水泥采用 GPS 船运调度系统，对船舶位置、航行轨迹、装卸状态等进行实时监督，实现了可视化的调度。2009 年 11 月，华润水泥与广西西江航运建设发展有限公司共同组建“润桂公司”，以建设强大的内河船队和港航设施，实施专业化管理；支持自治区政府西江亿吨级黄金水道建设的重大战略，并为华润水泥的沿江沿海战略提供强大的水运物流保障。“十二五”末，华润水泥又启动了利用移动网络优势提升仓储货运管理、对水路运输和生产基地进行高清视频监控的信息化工程。

在近几年水泥工业的高速发展中，各大水泥集团都建起了卓有成效的物流系统并在竞争中不断提高，海螺水泥和华润水泥的物流系统不愧为其中的典范。

六、造就企业新格局

中国水泥企业在各历史时期有不同的格局。进入 21 世纪后，新型干法生产蓬勃发展，企业格局随之发生了翻天覆地的变化。

1. 抗日战争胜利时的企业

1945 年抗日战争胜利时，中国大陆有 35 个水泥企业，如表 8-1 所示。在企业生产技术方面，有 10 个厂采用立窑，18 个厂中空干法回转窑，7 个厂湿法回转窑。在生产规模方面，立窑厂水泥年产能力为0.5～1.2万吨，中空干法回转窑厂9～30万吨，湿法回转窑厂2.5～50万吨。全国水泥总生产能力为432万吨，主要由中空干法窑和湿法窑生产。立窑厂虽有10个，但各厂规模都较小、产量不大，在总产量中所占比例仅2.2%。

2. 中华人民共和国成立初期的企业

中华人民共和国成立后，经过没收官僚资本、恢复生产和工商业改造等过程，在1956年组成20个中央直属水泥企业，如表8-6所示。此外，全国尚有地方政府所属的少量立窑企业。中央直属企业中有12个中空干法回转窑厂、6个湿法回转窑厂，另有1个机立窑厂和1个白水泥厂。企业规模都不大，中空干法回转窑厂年产水泥13～56万吨，湿法回转窑厂19～55万吨，机立窑3万吨。1956年水泥总产量639万吨，其中立窑水泥为21万吨，占总产量的3.3%。

3. 改革开放初期的企业

中华人民共和国成立后实行计划经济体制。中央建材管理部门组织了大规模的水泥新厂建设和老厂改、扩建。到1979年开始改革开放时，产品归中央统一分配的大中型水泥企业增加到53个，如表10-1所示。新建和改、扩建的企业主要采用湿法回转窑，也有少数厂采用立波尔窑或余热锅炉窑，此外，有2个厂采用预分解窑的雏形——悬浮预热器窑。单个企业的规模有所增大，有2个年产水泥90～95万吨的湿法厂和2个年产水泥120～123万吨的立波尔窑厂。大中型水泥企业生产技术和规模水平都有所提高。

在这期间，由于供需矛盾突出，大中型水泥企业无法满足国民经济高速发展的需要，于是，中央建材管理部门大力推广立窑水泥生产，全国各地政府建设了众多立窑水泥厂。到1979年，立窑水泥产量达到全国水泥总产量的67%。由此我国水泥企业格局发生剧变，生产技术和规模水平的整体状况两极化，既有较先进的回转窑厂，又有大量分散落后的立窑企业。

4. 21世纪初的企业

1979年到2001年水泥生产技术状况的变化示于表18-3。从该表可看出，改革开放后，我国立窑水泥生产继续扩大，到21世纪初，其产量在全国总产量中的比例达到80%。立窑水泥企业的生产线，大都是年产水泥3.2万吨或8.8万吨的普通立窑或年产水泥5万吨或10万吨的机立窑，规模都很小，造成水泥行业整体生产非常分散，企业数量高达约7 000个之多。

在这期间，国家建材局于1982年开始组织的预分解窑新型干法技术开发和吸引外资等工作取得巨大进展。如表18-3所示，2001年我国新型干法水泥产量所占总产量的比例达到11.1%。2002年新型干法水泥企业有52家，示于表11-4。该表说明，最大规模的海螺集团年产水泥熟料1 150万吨，最大生产线是大宇（山东）公司的日产7 000吨熟料的新型干法生产线。可见，21世纪初我国新型干法水泥企业已露头角，水泥行业生产技术的全面升级已见曙光。

表18-3　1979年到2001年水泥生产技术状况变化表

年份	总产量（万吨）	占总产量比例（%）		
		干、湿法回转窑	立窑	预分解窑
1979	7 390	33.0	67.0	0.0
2001	16 600	9.0	79.9	11.1

5. 2015年的企业

2002年后我国预分解窑新型干法生产蓬勃发展，立窑等落后生产迅速被淘汰，如表18-4所示。从该表可看到，我国水泥企业，除落后地区的少数立窑企业外，现在绝大多数是新型干法企业。

表18-4 2001年到2015年水泥生产技术状况变化表

年份	总产量（万吨）	占总产量比例（%）		
		干、湿法回转窑	立窑	预分解窑
2001	16 600	9.0	79.9	11.1
2015	236 000	0.0	1.6	98.4

2015年我国预分解窑新型干法生产线有1 614条，熟料总产能为175 141万吨。其中日产熟料4 000吨及其以上的有686条，熟料产能共108 423万吨，占总产能的61.9%。日产熟料2 500吨到4 000吨的有669条，熟料产能共54 712万吨，占总产能的31.3%；日产熟料2 500吨以下的有261条，熟料产能共12 006万吨，占总产能的6.8%。上述数字说明，我国水泥企业主要采用日产熟料2 500吨以上的生产线，其产能占总产能的93.2%，与立窑、湿法窑和立波尔窑等生产线相比，生产线规模大幅提升。全国有5个千万吨级水泥熟料生产基地，企业生产集中度达到前所未有的高水平。

水泥熟料产能全国排名前50位的企业名单列于表18-5。这50家企业的产能占全国新型干法水泥熟料总产能的75.3%，其中前12位企业的熟料产能占总产能的56.2%。从表还可看出，前12位企业的年熟料产能都在2 000万吨以上，最大的企业是中国建筑材料集团，其年熟料产能达2.93亿吨，其次是安徽海螺水泥股份公司，为2.01亿吨。水泥行业的生产集中度空前地大幅提高。

表 18-5　2015 年水泥熟料产能全国排名前 50 位的企业

排名	企业名称	熟料产能（万吨）
1	中国建筑材料集团有限公司	29 309
2	安徽海螺水泥股份有限公司	20 073
3	中国中材集团有限公司	8 485
4	唐山冀东水泥股份有限公司	7 323
5	华润水泥控股有限公司	6 393
6	山东山水水泥集团有限公司	5 946
7	台湾水泥股份有限公司（大陆）	4 340
8	华新水泥股份有限公司	4 247
9	红狮控股集团有限公司	3 968
10	北京金隅股份有限公司	3 339
11	天瑞集团水泥有限公司	2 930
12	亚州水泥股份有限公司（大陆）	2 108
13	拉法基瑞安水泥有限公司	2 071
14	吉林亚泰（集团）股份有限公司	2 052
15	尧柏特种水泥集团有限公司	1 845
16	新疆青松建材化工（集团）股份有限公司	1 522
17	葛洲坝集团水泥有限公司	1 333
18	江苏金峰水泥集团有限公司	1 318
19	内蒙古蒙西水泥股份有限公司	1 287
20	江西万年青水泥股份有限公司	1 271
21	河南同力水泥股份有限公司	1 225
22	云南昆钢水泥建材集团有限公司	1 091
23	上峰水泥股份有限公司	1 039
24	东方希望集团有限公司	1 039

续表

排名	企业名称	熟料产能（万吨）
25	金圆控股集团有限公司	998
26	四川峨胜水泥集团股份有限公司	918
27	华盛天涯水泥有限公司	915
28	广东塔牌集团股份有限公司	853
29	福建水泥股份有限公司	806
30	四川星船城水泥股份有限公司	778
31	盘固水泥集团有限公司	760
32	湖北京兰水泥集团有限公司	713
33	陕西声威建材集团有限公司	698
34	安徽珍珠水泥集团股份有限公司	698
35	辽宁大鹰水泥集团公司	698
36	河南安阳湖波水泥有限责任公司	679
37	河北曲寨集团有限公司	620
38	惠州市光大水泥企业有限公司	620
39	江苏磊达水泥股份有限公司	620
40	云南昆钢嘉华水泥建材有限公司	595
41	陕西生态水泥股份有限公司	465
42	福建金牛水泥有限公司	465
43	吉港水泥有限公司	465
44	枣庄市沃丰水泥有限公司	465
45	河南孟电集团	450
46	新疆天业集团有限公司	434

续表

排名	企业名称	熟料产能（万吨）
47	江苏鹤林水泥有限公司	419
48	贵州豪龙水泥有限公司	415
49	武安市新峰水泥有限公司	403
50	广西鱼峰集团股份有限公司	394
合计		131 898

显然，我国水泥行业经历新型干法生产建设大发展后，企业面貌已焕然一新。

第十九章　新型干法大发展后主要水泥企业概况

为进一步阐明企业新格局，本章概要介绍熟料产能 2015 年全国排名前 11 位的大型企业。

一、中国建筑材料集团有限公司

1. 发展简况

中国建筑材料集团公司的前身是新型建筑材料公司，其经营业务是石膏板和岩棉等轻质建材。国家建材局撤销期间，合肥水泥研究设计院、玻璃设计研究院所和中国建材与设备进出口公司等都进入新型建筑材料公司。这些企事业单位的进入促成新型建筑材料公司的业务范围扩大到水泥、玻璃和玻璃纤维等领域。

2002 年 3 月宋志平同志担任新型建筑材料公司总经理，加快了公司各项业务的发展，特别是水泥生产业务的迅速成长。2003 年新型建筑材料公司更名为中国建筑材料集团公司，当年划归国务院国有资产监督管理委员会，成为国务院专设机构管理的中央企业。中国建筑材料科学研究院先由国务院国资委管理，后划归中国建筑材料集团领导，增强了集团公司的科研和技术开发力量。

2005 年中国建筑材料集团整合本公司水泥、轻质建材和玻璃纤维等业务资源，成立中国建材股份公司。2006 年 3 月 23 日在香港联交所成功挂牌上市发行H股，建立了新的融资渠道，为集团公司水泥业务大发展创造了重要条件。此后，在中联水泥公司基础上组建了南方水泥公司、北方水泥公司和西南水泥公司。中国建筑材料集团公司水泥业务方面的公司架构如图19-1所示。

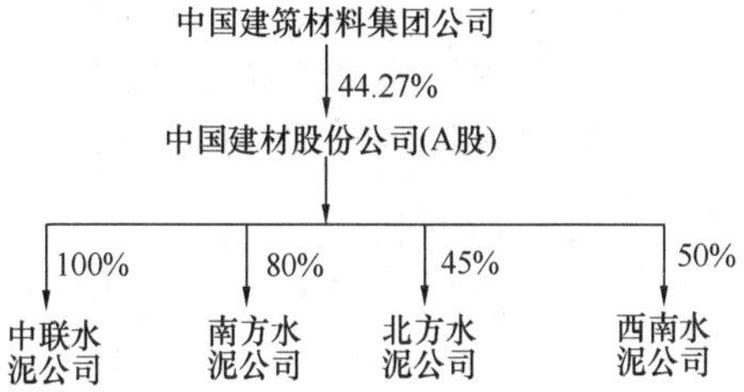

图19-1　中国建筑材料集团公司水泥业务方面的公司架构

2. 中国联合水泥公司（中联水泥公司）

1999年，由新型建筑材料公司、合肥水泥研究设计院和中国建材与设备进出口公司等3个单位发起成立中国联合水泥责任有限公司，属新型建筑材料公司的全资子公司，从此开始经营水泥业务。

当年，中联水泥公司利用国务院关于兼并重组“挂账停息”的优惠政策，兼并了山东鲁南水泥厂，后又利用国家关于军队不得办企业的规定，接收了河南南阳航天水泥厂和河南安阳海工水泥厂，从此跨出了经营水泥业务的第一步。

2000年，在中央国家机关体制改革过程中，财政部将涉及28家水泥企业的26亿元中央级“拨改贷”作为资本金划归新型建筑材料公司，这为进一步兼并重组水泥企业创造了有利条件。

宋志平同志任新型建筑材料公司总经理后非常重视水泥业务，亲自兼任中联水泥公司董事长，组织力量加快水泥业务的发展。2003年，刚改名的中国建筑材料集团公司与河北省内邱县国资局签订协议，通过国有资产划拨兼并了河北鑫磊建材公司年产130万吨水泥熟料的水泥企业。又采用国有资产划转的方式，于2004年兼并了年产熟料168万吨的山东安厦水泥公司。

中国建筑材料集团公司在落实中央级“拨改贷”转划工作中，根据不同情况采取了多种方式：分期支付现金；债转股后控股；债转股后参股。中联水泥公司通过债转股控股或参股的水泥企业有10多家。例如，控股了江苏巨龙水泥集团，对鲁南水泥厂理顺了产权关系后进行控股。

2004年业内有关人士对中联水泥公司所开展的系列兼并工作进行了研判，所得结果报告了该公司领导层。研判后认为，水泥企业加盟中联水泥公司后会获得许多机会，主要有以下几个方面。

1）深化企业体制改革，推进建立现代企业制度。

2003年10月，中共十六届三中全会正式确定股份制是公有制的主要实现形式。水泥企业进入中联水泥公司时往往都要清理资产，在资产的重组中使产权清晰，并使出资人到位。这就为股份制的企业改制和现代企业制度的建立奠定了基础，提供了机遇。企业体制改革和建立现代企业制度是加盟企业改善经营和加速发展的关键，也是中联水泥公司要繁荣昌盛的重要一环。

2）取得融资能力，解决发展瓶颈问题。

中国建筑材料集团公司是一个大型企业，拥有相当规模的优良资产，有能力采用担保、组合优良资产包装上市和发行可转换债券等融资方式，帮助企业建立和开通融资渠道，增强融资能力，从资本市场取得为发展生产所需资金。加盟企业可利用这个条件，通过自身努力，解决发展资金的瓶颈问题。

3）创建物流系统，最佳组合市场、矿山、能源、土地和环保等发展条件，提高经营效益。

在中国，各地区水泥生产发展条件有很大差别。水泥市场比较大的地方，往往缺乏矿山资源，能源和土地价格较贵，环保要求很高。因此，最佳组合生产发展条件成为企业提高经营效益的重要环节之一，而建立合理的物流体系则是实现发展条件最佳组合的基本手段。中国建筑材料集团公司在深圳市成功地创办了中外合资的物流企业，具有经营物流的优秀业绩和丰富经验。中联水泥公司在中国建筑材料集团公司的物流体系中，可组织所属公司，包括全资公司、控股公司和有些参股公司，在全国范围内有选择地建立若干个地区性水泥物流系统，使这些企业在中国建筑材料集团公司物流体系的共享中安排生产与发展，发掘出新的效益增长点。

4）共享技术、信息和人才资源优势，提高技术和管理水平。

中联水泥公司已积聚了日产2 000 ~3 000 吨和5 000 ~6 000 吨熟料预分解窑新型干法生产技术。这是当今中国水泥工业的主流技术，湿法厂和立窑厂进行技术更新时必须学会该项技术，日产2 000 ~3 000 吨熟料的新型干法厂技术升级时应掌握日产5 000 ~6 000 吨熟料新型干法技术。全国著名的专门从事水泥生产技术开发的合肥水泥研究设计院是中国建筑材料集团公司的水泥技术开发中心。中国建筑材料集团公司所属中国凯盛国际工程公司中有一支优秀的水泥设计队伍，开展各种规模新型干法生产线的设计与咨询业务。中联水泥公司的生产和发展有着实力强大的技术后盾。中国建筑材料集团公司面向全国，经营产品多，所属企业分布地域宽广，广域互联网空间大，组成了一个庞大的信息流。众所周知，组织好信息流、资金流和物流是现代企业管理的重要内容，这三者的合理配置是企业提高竞争力的重要手段。中联水泥公司直接管理的六个子公司中有两个曾是计划经济时期的国家重点大中型水泥企业，其人才资源丰厚。中国建筑材料集团公司需要各种人才，有着优秀人才可充分发挥才能的巨大空间，其总部又地处北京，在人才资源的开发方面具有许多有利条件。加盟中联水泥公司的企业，可共享水泥新型干法技术、中国建筑材料集团公司的信息流和人力资源，使自己的技术与管理水平迅速提高。

5）共担中央国有企业的名誉，融入中国建筑材料集团公司的企业文化氛围，提升精神文明水平。

企业加盟中联水泥公司后便成为中央国有企业的全资子公司或控股公司，从此就担当起中央国有企业的一份名誉，同时逐步融入中国建筑材料集团公司的文化氛围，使自己的精神文明得到进一步升华，这将激励本企业干部和职工积极向上，争取在各项工作中都做得更好。

在计划经济体制向社会主义市场经济体制转变过程中，国家重点大中型水泥企业发生了两极分化。部分企业抓住机遇迅速壮大，成为具有强大竞争力的大型企业集团。大部分企业由于各方面原因则发展较慢，在规模和竞争力方面与大型企业集团的差距日益拉大。

自20世纪90年代以来，中国水泥工业进入向新型干法技术转型的新时代，企业经济效益的增长主要依靠采用新型干法取代立窑和湿法生产，以及扩大新型干法生产的规模。任何水泥企业都深知，在这样一个时代潮流中，正如逆水行舟，不进则退，唯有发展才有出路，不发展只有死路一条，最终被淘汰。因此，各种大、中、小型水泥企业都在尽最大努力争取发展。已经壮大起来的大型企业集团，在管理、资金、市场、技术、信息和人才等发展条件方面已形成很大优势，生产发展会愈加迅速，竞争能力会更加强大。发展较慢企业的发展条件相比之下处于明显的劣势，生产发展会愈加困难，竞争能力会更加势单力薄。这些企业为求生存，正在千方百计地寻找发展条件，使自己能够在中国水泥行业中继续保有一席之地。

中联水泥公司可为水泥企业发展提供多方面机会，迎合了许多水泥企业寻求发展的需要。正因为如此，中联水泥公司自成立后就迅速壮大，特别在2002年以后的两年多时间里，控股企业由三个增加到六个，到2004年末熟料年生产能力近1 000万吨，快速进入中国水泥行业生产能力排名前列。

中联水泥公司是水泥企业发展的一个平台，一些困难水泥企业可利用这个平台进行发展。中联水泥公司的成立可以说是改革的产物、时代的需要，已成为中国水泥工业发展中的一个新亮点。随着市场经济体制的完善，水泥企业将加剧分化，需要借助这个平台进行发展的企业将增多，中联水泥公司具有远大前景。

2004年后中联水泥公司开展更大规模的扩张。除在山东、江苏、河南和河北等地区继续兼并重组外，把触角延伸到安徽、山西和内蒙古等地区。有2个事例在我国水泥行业产生了较大影响，一个是2006年购买了徐州海螺水泥公司日产10 000吨熟料生产线，另一个是2011年买下了大宇（山东）水泥公司日产8000吨熟料生产线。

对兼并重组后的企业，凡有条件的都进行扩建或改造。例：鲁南水泥厂、巨龙水泥集团和南阳航天水泥厂等都扩建了日产5 000吨熟料的生产线；在徐州海螺水泥公司扩建了与原生产线同样规模的日产10 000吨熟料生产线。

截至2015年，中联水泥公司拥有全资或控股的水泥企业44家，年熟料总产能达7 374万吨。

3. 南方水泥公司

浙江民营资本雄厚，市场经济发达。2002年水泥预分解窑新型干法技术突破后，他们认为这是百年不遇的巨大商机，于是蜂涌投资建设新型干法水泥厂。许多企业不能遵循建厂规则，对资源、运输和市场等条件缺乏调研，很快就暴露出问题。到2006年在全国，浙江省首先出现新型干法水泥产量过剩，市场竞争激烈，水泥企业普遍陷入微利或亏损窘境。

中国建筑材料集团公司领导层在开拓中联水泥公司业务中认识到，凭借自身优势采用兼并重组为主的发展模式是快速发展并赶超现有大型企业的唯一途径。浙江水泥行业产能过剩的新情况显然是发展的良好机遇。宋志平总经理在擅长资本管理的曹江林副总经理的积极协助下，冒着巨大风险，毅然决定挥师南下，去开创一片新天地。

2007年在上海浦东新区注册成立中国建筑材料集团南方水泥公司。在成立大会上，曾任中共浙江省委书记、时任上海市委书记的习近平同志发来贺信，对南方水泥公司的成立表示祝贺。在贺词中指出："祝愿南方水泥早日实现大规模战略整合的既定目标，为国有企业的改革发展不断探索新路，为促进区域合作、联动发展做出更大贡献。"这给中国建筑材料集团及其所属南方水泥公司极大鼓舞和鞭策。

接着，南方水泥公司进入浙江，得到当地政府和水泥协会的积极支持，民营水泥企业闻讯后纷至沓来，一时间门庭若市。在一个较短的时期内，谈妥兼并了包括规模较大的光宇水泥公司在内的一批民营水泥企业，试水成功。兼并重组的目标不仅是企业的数量和产能的多少，更重要的是取得市场主导权。为此，须要进一步兼并在市场上具有较大影响力的企业。

当时，在浙江具有较大影响力的企业有三个：一个是全国水泥企业中第一个由上海证券交易所批准上市发行股票的浙江尖峰集团股份公司；第二个是原属中央大中型企业后改为民营企业的虎山集团江山水泥公司；第三个是原属中央大中型企业后改为地方国营企业的浙江三狮水泥集团公司。尖峰集团和江山水泥公司先后进入南方水泥公司后，兼并三狮水泥集团成为取得浙江水泥市场主导权的关键。此时有多家企业与三狮集团接触，表达合作意向。然而，三狮集团从稳定市场的大局出发，毅然选择了南方水泥公司，成全其取得市场主导权的目标。

南方水泥公司在浙江省的兼并工作暂告结束后，建筑材料集团公司向该公司派出优秀干部曹江林同志和肖家祥同志分别担任董事长和总经理。在宋志平同志指导下，他们领导组织了被兼并企业的整合工作。对兼并中引进的民营资本，用市场化方式把央企的实力与民企的市场活力有机融合在一起，形成机制竞争力；通过组织整合、资源整合、市场整合和产业链整合，实现高效的一体化管理；通过技术创新、体制创新、经营模式创新、文化创新和发展理念创新，建立持续改进优化的内在机制。

中国建筑材料集团公司兼并重组工作取得举世瞩目的成就。2010 年 12 月南方水泥公司实现利润由 2007 年 12 月的 1.06 亿元大幅提升到 30 多亿元。同年，南方水泥公司兼并重组和管理整合的经验获“第十七届国家级企业管理创新成果一等奖”。2011 年 5 月，中国建筑材料集团以南方水泥公司为主要平台的兼并重组和管理整合的成功经验成为世界著名顶级学府美国哈佛大学商学院教学案例，入选“战略管理”“总经理管理”“全球化经营”等课程教材。

南方水泥公司兼并重组企业在浙江取得成功后便迅速扩展到江苏、安徽、江西、湖南和广西等省区，经整合后现有企业 66 家，到 2015 年熟料总产能达 10 475 万吨。

南方水泥公司注册成立时是中国建筑材料集团公司的全资子公司，在兼并重组过程中逐步扩股，发展成为绝对控股公司。中国建筑材料集团公司占股 80%，其余为法人股，占股者既有地方国营企业也有民营企业。这样，南方水泥公司发展成为央企绝对控股的混合经济体制的企业。这是中国建筑材料集团公司的重大体制创新，现已成为全国国有企业深化改革的范例。

中国建筑材料集团南方水泥公司自2007年创立以来，经过8年发展，已成为全国著名的优秀大型水泥企业，在水泥史上创造了奇迹。

4. 北方水泥公司

继中联水泥公司和南方水泥公司之后，中国建筑材料集团公司将水泥业务延伸到我国东北地区。2009年3月在北京注册成立北方水泥公司。该公司注册资本为10亿元，中国建筑材料集团公司出资4.5亿元，占45%股权；民营企业吉林辽源金刚水泥集团用企业资产出资4.5亿元，占45%股权；弘毅投资公司出资1亿元，占10%股权。北方水泥公司是既有央企又有民企、既有实业资本又有金融资本的混合经济型企业，是中国建筑材料集团的参股子公司。

北方水泥公司充分利用中国建筑材料集团的融资、技术和文化等优势，以辽源金刚水泥集团为基础，主要采用兼并重组的办法，将水泥生产业务迅速扩大到除吉林省以外的辽宁省、黑龙江省和内蒙古自治区等地区。截至2015年，北方水泥公司下属16个企业，年熟料产能达到2 224万吨，拥有“虎鼎”“万厦”“庙岭”“牡丹江”“福庆”“黑龙”“浩良河”和“源泉”等8个富有地域特色、史蕴深厚的地区驰名品牌，一举成为我国东北地区大型骨干水泥企业。

5. 西南水泥公司

四川“5·12”汶川大地震后，2008年7月，中联水泥公司为支援灾区重建，决定在受灾严重的北川县新建一条日产5 000吨熟料的新型干法生产线，于2009年12月建成投产。这为中国建筑材料集团进军西南地区建立了“桥头堡”。

2008年，党中央和国务院为缓解国际金融危机对我国所造成的影响，决定投资4万亿元进行基础设施建设。在西南地区，由于灾后重建和4万亿投资的拉动，水泥需求量急增，市场上水泥紧缺，价格飞涨。许多实业资本认为这是又一个巨大商机，在金融资本支持下纷纷进入西南地区投资水泥项目，其中许多项目属非理性投资。到2011年，西南地区继浙江省之后再次产生水泥产能严重过剩问题，又出现水泥企业难以为继的局面。

此时，中国建筑材料集团公司决定复制南方水泥公司的做法，以中联水泥公司北川水泥厂为基地，大举进入西南地区。2011年12月在成都市注册成立西南水泥公司，注册资本为100亿元。中国建筑材料集团出资50亿元，占50%股权；北京华辰普金公司、上海圳通公司、深圳京达公司分别出资5亿元、15亿元、30亿元，相应占股5%、15%、30%。西南水泥公司是中国建筑材料集团公司的相对控股子公司。

2012年初，西南水泥公司在四川省、重庆市、贵州省和云南省全面铺开兼并水泥企业的工作。重庆万州科华水泥公司、四川利森建材集团公司、贵州荣盛（集团）建材公司和云南兴建水泥公司等近百家企业都进入西南水泥公司。

2013年初西南水泥公司的兼并工作基本告一段落，开始对被兼并企业进行长期艰苦的整合工作。到2015年末西南水泥公司年熟料总产能达到9236万吨，成为该地区规模最大的水泥企业。

6. 业务拓展

中国建筑材料集团公司在1999年从零开始，经过16年的努力拼搏，到2015年共创建了4个水泥子公司，各公司的熟料产能如图19-2所示。

中国建筑材料集团公司以惊人的魄力和毅力，实现制度创新、管理创新、技术创新和文化创新，采用兼并重组为主的方式，使水泥生产业务快速发展，成为全中国最大的水泥供应商，取得举世瞩目的成就。

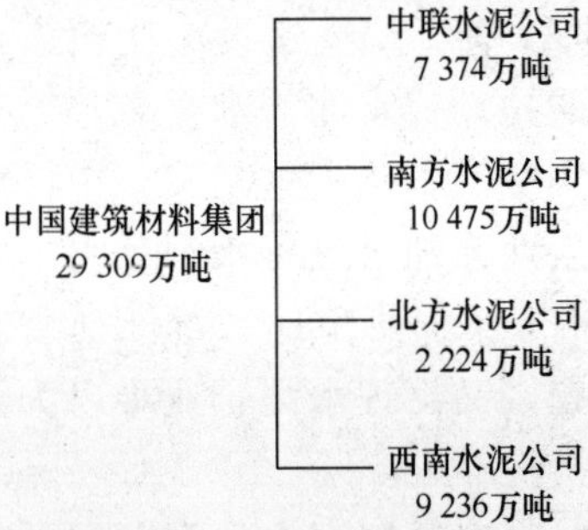

图 19-2 中国建筑材料集团 2015 年水泥熟料产能图

中国建筑材料集团公司在发展水泥生产的同时，不断积聚技术力量，开展水泥技术开发和建设工程承包业务。2001 年国家建材局撤销前夕，合肥水泥研究设计院被划归建筑材料集团。2004 年后，该院的主要工作是将已开发出的科研成果进行系统性开发和市场化经营。如：立磨的生料预粉磨系统和水泥终粉磨系统，挤压磨的生料终粉磨系统和水泥预粉磨系统，以袋式收尘器为主体的环保设备系列等的系统性开发。按技术特点分设了相应的科技公司进行市场化经营，不仅加快了科技成果推广，还大幅提高了经济效益。除技术开发外，合肥院利用自身技术优势开展水泥建设工程承包业务，从承包国内业务起步，后又成功走向世界。

2002 年南京水泥设计研究院部分技术力量进入中国凯盛国际工程公司。2004 年中国建材研究院水泥设计所整体进入北京凯盛建材工程公司。这两个单位与合肥水泥设计院一起形成中国建筑材料集团开展水泥技术开发和工程承包业务的中坚力量。集团的工程承包业务除国内业务外还向国外拓展。国外业务已经进入俄罗斯、哈萨克斯坦和阿塞拜疆等独联体国家，蒙古和巴基斯坦等中亚国家，印尼和越南等东南亚国家，以及阿尔及利亚和南非等非洲国家。目前正按“一带一路”国家战略，进一步开拓国际市场。

二、安徽海螺水泥股份有限公司

在我国预分解窑新型干法研究与开发进程中，郭文叁同志带领安徽海螺水泥股份有限公司全体干部职工，坚持贯彻中共中央“十四大”“十五大”和“十六大”各项决策，在安徽省委和省政府的指导和帮助下，冒着风险、克服困难、奋斗拼搏，造就了海螺水泥公司的迅速崛起。

在郭文叁同志担任宁国水泥厂厂长的1993—2004年期间，海螺水泥公司初步形成了职工持股的混合所有制企业体制。通过发行H股和A股，建立了融资渠道，基本完成了华东地区的企业布局，并开始向中南地区延伸。在企业发展过程中建立了一套科学管理制度、培养出一大批优秀人才，为2004年以后的大发展奠定了坚实基础。

2004年以后，在中共中央“十七大”“十八大”的指引下和安徽省委、省政府的领导下，郭文叁董事长团结广大干部和职工继续领导海螺水泥公司奋勇前行。

1. 生产发展

1）华东地区的发展

2004年后，海螺水泥公司在华东地区的发展，除在安徽、浙江和江西等省零星建设了一些日产5 000吨熟料生产线外，最突出的是建成了一个崭新的巨型熟料生产基地——芜湖海螺水泥有限公司。2005—2012年间，在安徽省芜湖市先后建成4条日产5 000吨、2条日产12 000吨的熟料生产线，形成年产熟料1 400万吨的生产能力，成为全公司乃至全国和全世界最大的熟料生产基地。

与此同时，不仅建立了一个水泥专用码头，该码头沿长江延伸近千米，可停泊10万吨级货轮；还成立了物流指挥中心，利用互联网调配全公司的物资流向，保障了企业的生产和销售。芜湖海螺的工厂环境优美，厂区与居民区用树林相隔，厂区内绿化面积达可绿化面积的95%以上，人工开挖的水塘内养着观赏鱼，塘边种着垂柳树，一进入工厂，整齐清洁、赏心悦目，如果说池州海螺是由自然环境造就的花园式工厂，那么芜湖海螺则是由人工打造的花园式工厂。

在芜湖海螺建成2条日产12 000吨熟料生产线的同时，铜陵海螺也建成1条同样的生产线。至此，海螺水泥公司在华东地区共有3条日产12 000吨、3条日产10 000吨熟料生产线，成为全世界具有万吨生产线最多的公司。

随着万吨熟料生产线的建成，海螺水泥公司在长江中游沿岸形成池州海螺、枞阳海螺、铜陵海螺和芜湖海螺4个年产千万吨级的熟料生产基地。海螺水泥公司由此而形成的规模和区位优势，使生产成本和销售成本大幅降低，在这方面，全国和全世界同行们都是望尘莫及的。

2）中南地区的发展

2002年，海螺水泥公司开始进入中南地区。到2004年末，在广东英德市、广西桂林市兴安县和湖南双峰县等地都已投产了1条或2条日产5 000吨熟料生产线。2005年开始，在原有基础上迅速扩大生产线建设。

广东省：主要围绕珠江三角洲市场进行建设。珠江三角洲是我国改革开放最早、经济发展最快的地区，水泥需求量很大，然而该地区缺乏石灰石资源，所需大量水泥均来自本省粤北地区、湖南和广西等外省区。海螺水泥公司在英德市建有4条日产5 000吨熟料生产线，后又在清远市建了2条同样的生产线。英德与清远熟料基地与珠江三角洲中心城市广州市相距近百公里，主要以陆路运输相通，销售成本较高。为降低运费，2013—2015

年间，海螺水泥公司在阳江市先后建成投产了 1 条日产 5 000 吨、1 条日产 12 000 吨熟料生产线。该线也是海螺水泥公司在我国建成的第四条 12 000 吨熟料巨型生产线。

广西壮族自治区：海螺水泥公司分别于 2004、2010 年在桂林市兴安县建成两条日产 5 000 吨熟料生产线。初建时，曾遭受多方质疑。当时桂林市各县都建有很多立窑水泥厂，这些水泥厂四周粉尘污染严重，大片青山被乱开乱挖，留下了块块白色斑痕，放眼看去令人心碎，不禁让人长叹。立窑水泥厂生产给当地环境造成了严重伤害，若再在这里建水泥厂，引起质疑是很自然的。基于此情况，海螺水泥公司在兴安县建设新型干法水泥生产线时特别注重环境保护工作，在工程建设和生产管理中不仅将粉尘和噪声污染降低到最小值，还将建设中破坏的树木全部复种，在厂区内种植各种花草的同时，在工厂四周边种植保护林带，造就了又一个花园式工厂。距离该工厂不远处有一个休闲度假村，它们长期友好相处。兴安海螺第一条生产线建成后，当地政府便禁止挖掘山体，众多立窑水泥厂不得不停产，于是终止了它们对环境的继续破坏。兴安海螺公司却对公众的质疑交出了一份令人满意的答卷，其生产线建设，成为当地既要经济发展又要青山绿水的典范。

海螺水泥公司在兴安县建成第一条生产线后，随即南下展开更大规模的建设，针对南宁市场和防城港等沿海市场，在南宁附近的扶绥县建成了 3 条日产 5 000 吨熟料生产线；针对粤西湛江市和茂名市等缺乏石灰石资源地区的水泥市场，先后在玉林市北流县、兴业县各建成 2 条日产 5 000 吨熟料生产线，其产品除供应当地市场外，还通过贵港运销至珠江三角洲地区。海螺水泥公司先后在广西壮族自治区的兴安、扶绥、兴业和北流等地建设了 4 个较大的水泥熟料基地。

湖南省：2002 年末，开始建设娄底市双峰县的日产 5 000 吨熟料生产线。2003 年应湖南省政府领导请求，兼并了新化县的雪峰水泥公司。该企业是计划经济时期建成的国有大中型企业，有 3 条湿法“华新”窑，在改革开放和技术转型的大潮中落后了，连年亏损，处境十分困难。这是继南京中国水泥厂、九江庐山水泥厂之后，海螺水泥公司兼并的第三个国有大中型企业。海螺水泥公司作为新兴大型企业尽到了自己的义务，获得了老一辈同行的赞赏。

双峰县日产 5 000 吨熟料生产线是海螺水泥公司进入湖南省后建设的第一条生产线，2004 年末投产后，产品市场销售非常好。成功试水后，便在湖南省全面铺开生产线建设：在双峰县建设了第二条日产 5 000 吨熟料生产线；在雪峰水泥公司建设 2 条日产 5 000 吨熟料生产线，对这个老企业进行全面改造；自此向北在益阳市、常德市、石门市和岳阳市，向南在邵阳市、祁阳县和永州市，都分别建设 1 条或 2 条日产 5 000 吨熟料生产线。这样的布局对长株潭核心消费区形成“半包围圈”，具有较强的市场控制力。

海螺水泥在湖南的熟料生产能力 2 000 万吨，是除安徽省外，熟料生产能力最多的省份。

3）西北和西南地区的发展

海螺水泥公司在华东和中南地区完成生产力布局后，于 2007 年下半年启动西北和西南地区的发展战略。此前，其发展方式主要是新建，兼并的案例较少。在西北和西南地区，除新建外，兼并重组的事例增多，鉴于该地区有些新建的水泥生产线属投机性投资，为防止盲目兼并而造成损失，特制定并购四原则：资源有保证、工艺装备完整、批文权证齐全、市场有潜力和竞争力。公司领导的监管很及时和到位。

西北地区　2009—2011 年间，在甘肃省平凉市新建投产了 2 条日产 5 000 吨熟料生产线，2013 年先后兼并了离省会兰州市较近的临夏水泥公司和太子山水泥公司，分别新建一条日产 5 000 吨生产线和收购一条 2 500 吨生产线。

进甘肃后不久，着手对陕西省进行布点，2010—2011 年在宝鸡市千阳县和咸阳市礼泉县分别新建了 1 条和 2 条日产 5000 吨熟料生产线。2011 年收购了宝鸡市众喜水泥公司 100% 股权，收购 2 条日产 5 000 吨熟料生产线，接手在建 1 条日产 5 000 吨熟料生产线，关闭其原有的 4 条小线。

继陕西之后进驻新疆，2012 年 4 月受让哈密弘毅建材公司 80% 股权，该公司有 1 条日产 3 000 吨熟料生产线；此后又入股青松建材化工（集团）股份公司，占股比例 26.21%，成为该公司第二大股东，已派出董事和监事参加管理，支持公司提升业务水平。

西南地区　西北地区发展战略启动后便进入西南地区，贵州省是发展的重点。为加快发展，采取了与贵州省盘江煤电公司紧密合作的办法，发展的构思主要是沿着遵义市—贵阳市—六盘水市经济带进行布点。2010—2015 年，在这条经济带上新建了 6 条日产 5 000 吨熟料生产线。此外，2011 年兼并了六盘水市的六矿瑞安公司，保留原有日产 2 500 吨熟料生产线；2014 年收购六盘水水矿鑫晟水泥有限公司日产 3 200 吨、2 500 吨线；同年收购了黔东北铜仁市的一家水泥厂后，在此新建了 2 条日产5 000 吨熟料生产线。海螺水泥公司在贵州省的熟料产能 1 900 万吨，水泥熟料总产能仅次于安徽省、湖南省，名列第三。

四川省先在达州大竹县建设 2 条日产 5 000 吨熟料生产线，后在广元市又建设 2 条同样规模生产线，2012 年收购了巴中县的 1 条日产 2 500 吨熟料生产线，接着在此新建 1 条日产 5 000 吨熟料生产线。

重庆市的巴忠县紧靠长江，交通便利，在这里建成 3 条日产 5 000 吨熟料生产线，2014 年在该市的梁平县又投产了 1 条同样规模生产线。

云南省是海螺水泥公司在西南地区进入较晚的省份，采取了“并购先行，自建跟上”的发展策略。2010—2013年，先后兼并了云南壮乡水泥公司、龙陵水泥公司、盈江县允罕水泥公司和昆明宏熙水泥公司，这4家公司各有1条日产1 500吨到3 200吨熟料生产线。后在保山市和文山县分别建设各1条日产5 000吨熟料生产线。

4）熟料总产能

经过生产大发展，海螺水泥公司熟料总产能由2004年的4 785万吨提高到2015年的20 073万吨，11年间增加到4.2倍。

海螺水泥公司熟料产能在各大区的分布，华东最高、中南次之、西南第三、西北第四，熟料产能布局符合我国经济发展现状。见表19-1。

表19-1 海螺水泥公司熟料产能分布表

地区	熟料产能		地区	熟料产能	
	万吨	%		万吨	%
华东	9 461	47.14	西南	3 971	19.78
中南	5 013	24.97	西北	1 628	8.11

2. 重视节能环保工作

在水泥熟料生产线上，普遍配套建设了低温余热发电装置，由于设置和操作技术较高，海螺水泥公司熟料生产线上低温余热发电能力都保持在3 140kJ/kg～40kW·h的高水平。

2010年10月，铜陵海螺日产5 000吨熟料生产线上建设的协同处置城市生活垃圾装置，成功投入运行。该措施虽然增加了企业运行费用，但可年处理20万吨生活垃圾，节约近1.3万吨标煤，减排CO_2约3万吨。该项技术在当地政府的支持下，已在本公司贵州省的贵定海螺、遵义海螺、贵阳海螺，重庆市的梁平海螺，甘肃省的平凉海螺，广东省的阳春海螺，安徽省的铜陵海螺二线和宁国水泥厂等各地生产线上推广。

2013 年 12 月 27 日国家颁布了新修订的《水泥工业大气污染排放标准》。新标准规定水泥窑 NO_x 排放量限值为 400 ~ 320mg/m^3。为降低 NO_x 排放量，海螺水泥公司采取了烧成系统低氮改造和加设 SNCR 脱硝装置的双保险措施，使水泥窑 NO_x 排放量降低至 400mg/m^3 以下。海螺水泥公司的所有生产线上都采取了这项有效措施，水泥窑 NO_x 排放都已达到国家标准。

美化厂区环境是海螺水泥公司节能环保工作的重要方面，也是其生产线建设的主要特色之一。走进海螺水泥公司的任何一个熟料生产基地，其厂区绿化面积都占可绿化面积的 90% 以上。如池州海螺、铜陵海螺、芜湖海螺、兴安海螺、北流海螺和英德海螺等厂区绿化面积都达可绿化面积的 95% 以上。每一个熟料生产基地都建设了海螺湖，一方面用作设备冷却水贮存，另一方面是一个小型游园。湖里养着鱼，湖中有喷泉，湖边植满垂柳，沿湖小路卵石铺地，青草依依，各类健身设施散落其间。海螺水泥公司的多个工厂被当地政府誉为“花园式工厂”。

3. 完善企业制度

2000—2001 年间，经安徽省体制改革委员会批准，在荻港、枞阳、铜陵和池州等二级公司熟料基地建设的资产增量中，以职工持股会的方式，职工出资持股 49%，海螺水泥股份公司持股 51%。

2002—2003 年，安徽海螺集团有限责任公司在安徽省委和省政府的决策和指导下，完成了改制工作。由国有独资改为国有控股，作为省政府出资人的安徽省投资集团控股公司持股 51%，中国海螺创业投资有限公司（以下简称“海创公司”）代表海螺集团全体员工持股 49%。海创公司成立于 2002 年，由当时的

7637名干部和职工持股，员工持股资金主要来源于国有企业职工身份置换补偿金和历年来工效挂钩工资节余。海螺集团改制后，海螺水泥公司的企业制度成为职工持股、国有控股的混合经济型体制。

2006年，在规范股份公司体制的进程中，将二级公司的职工股都转入海创公司。2013年海创公司分拆设立中国海螺创业控股公司（简称“海创控股公司”），当年在香港联交所成功发行H股，职工持股方式改变为持公众股，妥然消除了职工持股因处理不当而产生的隐患，同时也方便了职工的退出或进入。2015年海螺水泥公司职工持股示意图详见图19-3，海螺水泥公司职工持股与国有控股的企业制度是国有企业改革的一个成功范例。

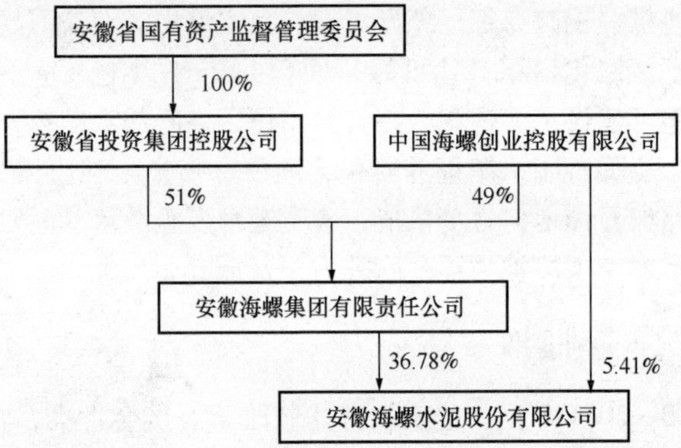

图19-3 2015年海螺水泥股份公司职工持股示意图

从图19-3可看出，海创控股公司是海螺集团和海螺水泥的重要股东，对这两个公司的运行和发展有着密切的关系。海创控股公司经多年的开拓发展，其主要业务为：提供节能环保解决方案、港口物流服务、新型建材的生产销售与投资、量产水泥窑余热发电锅炉、水泥厂立磨和水泥窑协同处置城市垃圾关键设备等节能环保装备，其生产和经营与海螺水泥公司一样优秀。

4. 主要财务数据

随着生产大发展和企业制度完善，企业管理愈加严格，各种财务数据不断提升，根据海螺水泥股份公司 2015 年报显示，主要财务数据如下：

总资产：1 057. 8 亿元；

净资产：739. 1 亿元；

总负债：318. 7 亿元；

负债率：30. 1%；

利润总额：100. 9 亿元；

资产利润率：9. 5%。

上述数据说明：海螺水泥公司已发展成超千亿资产的大体量水泥企业。

企业负债率一般控制在 60% ~70%，超过 70% 就有很大风险，不易融资。海螺水泥公司的负债率仅 30. 1%，比较小，说明其财务状况优良，财务管理非常稳健，资本经营风险很低。

2015 年水泥行业总利润为 330 亿元，海螺水泥的利润为 100. 9 亿元，占行业利润的 30. 6%。对属重型工业的水泥行业而言，资产利润率能达到 5% 就可称作是好企业，海螺水泥公司的资产利润率高达 9. 5%，在行业内遥遥领先，没有一个企业可以与之相媲美。

海螺水泥公司的财务数据非常优秀，十分出众。

5. 国有资产增值

海螺水泥公司前身——宁国水泥厂建设时正值我国投资体制改革。计划经济时期，国有企业建设资金全由政府拨款。改革开放后，先由拨款改为“拨改贷”，即须归还的低息贷款，后改为全额商业贷款，最后改为现在施行的商业贷款加一定比例的自有资金。宁国水泥厂建设的投资结构为：22%国家拨款、26%“拨改贷”、29%科威特贷款和23%商业银行贷款。1993年郭文叁同志接任宁国水泥厂时总资产为4.6亿元，逐步还清了所有贷款。科威特贷款的归还，开始由国家建材局支付，后在国家建材局支持下用出口水泥所得外汇来支付；向受让单位中央企业新型建筑材料公司一次性偿还了“拨改贷”；后又逐步还清了商业银行贷款。

1997年发行海螺水泥股份公司H股时，公司净资产为18.1亿元，其中国有资产为11.5亿元。1993年到1997年水泥国有资产增加了10.5亿元。从2015年的年报中得出，海螺水泥公司的净资产为739.1亿元。国有资产在海螺集团中占股51%，而海螺集团在海螺水泥公司中占股比例为36.78%，水泥国有资产总额为138.64亿元。2015年的水泥国有资产为1979年的13.2倍，1993年到2015年海螺集团的水泥国有资产增加了137.63亿元。

在宁国水泥厂基础上发展起来的海螺集团，除继承水泥业务外，还开创了海螺型材等等新业务，这些都是国有资产增值的重要方面。上述水泥国有资产增值的数据足以说明，海螺集团在郭文叁董事长领导下，通过全体干部和职工的共同努力，其国有总资产大幅增值了，为国家做出了巨大贡献。

6. 国际产能合作

“十二五”计划初期，海螺水泥公司以郭文叁董事长为首的领导层，根据对当时国内外水泥市场形势的预判，酝酿走出国门去发展生产。从2011年8月开始，连续数次派出工作组，先到印度尼西亚、缅甸、老挝、柬埔寨、越南和马来西亚等东南亚地区，后又到蒙古、哈萨克斯坦和俄罗斯等多国进行实地考察和洽谈项目。

2012年6月，海螺水泥公司协同安徽省国资委与印尼工业部共同签署“水泥项目备忘录”，规划了印尼南加里曼丹、西巴布亚和苏拉威西等项目，这些项目建成后将形成年产熟料2 000

万吨和年产水泥 2 500 万吨的生产能力。2012 年 12 月，南加里曼丹日产 3 200 吨熟料新型干法生产线正式开工建设，并于 2014 年 11 月建成投产，随后开始动工建设南加里曼丹第二条生产线和西巴布亚第一期日产 3 200 吨熟料生产线。

2014 年 1 月 24 日，海螺水泥公司与缅甸 MIG 公司组成联合体，成功中标缅甸工业部第三重工集团下属皎施水泥厂技改项目。该厂位于石灰石资源丰富的缅甸曼德勒省皎施县，有一条日产 500 吨熟料的生产线，规模较小，由于各种原因，不能正常运行。海螺水泥公司中标后，2014 年 4 月 1 日进驻工厂，经过 4 个月的工作，完成全部技改任务，全面恢复正常生产，通过这项工作，海螺赢得了荣誉，建立了一个进入缅甸的“桥头堡”。2014 年 11 月 13 日，海螺水泥公司与缅甸 MYINI 公司正式签署用 BOT 方式在曼德勒省皎施县建设一条日产 5 000 吨熟料生产线。2015 年 1 月 5 日，该项目通过缅甸投资管理委员会审查批准，便正式开工建设。

2013 年，习近平主席提出的“一带一路”构思，于 2014 年确立为国家发展战略。2011 年海螺水泥公司就为走出国门发展生产而到国外进行的实地考察和工厂建设，完全符合“一带一路”的国家战略，又一次说明郭文叁董事长及其领导的团队具有超群的预见能力。中共安徽省委的一位前任书记视察海螺集团后感言：“海螺的成功源于其领导人具有正确的预见。”这位广受尊敬的老领导的判断是正确的。

海螺水泥公司在“一带一路”方略的引导下，正加快步伐走出国门，实践国际产能合作，开辟出又一个新天地。

安徽海螺水泥股份公司是发展新型干法生产的先锋、现代企业管理的楷模、企业制度改革的勇士、企业科技创新的榜样、创建资源节约型和环境友好型企业的佼佼者，在中国水泥史上树立了一座令人敬仰的丰碑。

三、中国中材集团有限公司

1. 发展简况

2001年国家建材局撤销前夕，其所属企事业单位主要有两条出路：一条是划归地方政府；另一条是进入新型建筑材料公司或中国非金属材料总公司。除个别单位外，国家建材局所属企事业单位都进入这两个公司，少数国家拨款的事业单位留在中国建材联合会。

按自愿原则，南京水泥工业设计研究院、成都建材工业设计研究院、中国建材建设总公司、中国建材装备公司、建材地质中心、非金属矿研究所、水泥混凝土与制品研究所和陶瓷研究所等单位都进入非金属材料总公司。在这些单位中，中国建材建设总公司是大单位，下属4个安装工程公司和4个矿山工程公司。我国主要水泥设计和技术开发单位天津水泥工业设计研究院先由国务院国有资产监督管理委员会管理，后划归非金属材料总公司。

国家建材局撤销后，新型建筑材料公司和中国非金属材料总公司先由中央大型企业工委管理，2003年成为国务院国资委所属的中央企业。当年11月24日起，中国非金属材料总公司更名为中国材料科工集团公司。

2000年谭仲明同志从国家建材局调入中国非金属材料总公司任总经理。他团结领导班子，克服重重困难，解决非金属材料总公司前任留下的各种问题，同时着手领导公司各单位的整合工作。经多方努力，将设计院和建设公司等单位整合成立中材国际股份公司。为开辟水泥生产业务，2003年11月成立中材水泥有限公司。2005年4月，中材国际股份公司（简称中材国际）在上海证券交易所成功上市发行A股。

中国材料科工集团的整合工作有很大进展，业务工作取得惊人成绩。在此基础上，集团公司将中材国际、中材水泥通过并购重组而控股的天山股份、祁连山水泥、宁夏建材，以及中材科技等公司重组成中材股份有限公司，于2007年12月在香港联合交易所挂牌发行H股，取得成功。

2009年中材科工集团被国务院国资委确定为设立董事会的试点单位，同年更名为中国中材集团有限公司（简称中材集团）。

2000年到2004年，中材集团将设计、施工单位进行重组成立中材国际股份公司是第一次大整合。2011年进行了第二次大整合，将设计单位和本集团直属的水泥机械装备企业进行重组，成立中国中材装备集团公司，从而形成统一的装备研究设计、制造销售、备品备件和售后服务体系。

通过多年的整合和开拓，中材集团内形成三大业务部门：一是水泥技术装备和工程服务；二是水泥生产经营；三是无机非金属新材料。前两个部门都属于水泥业务，其营业额占集团总经营额的80%以上。

2. 水泥业务的企业架构

中材集团在不断整合和开拓中组成了自己的企业架构。通过各企业在此架构中的运行，开展水泥技术和工程服务的业务，以及水泥生产经营的业务。2015年中材集团水泥业务企业架构如图19-4所示。

3. 水泥技术装备和工程服务业务

2003年水泥预分解窑新型干法技术已被掌握，并在全国普遍推广。中材国际作为水泥新型干法成套装备供应商和工程建设服务商，在国内水泥厂建设工程承包市场上，占有90%以上的

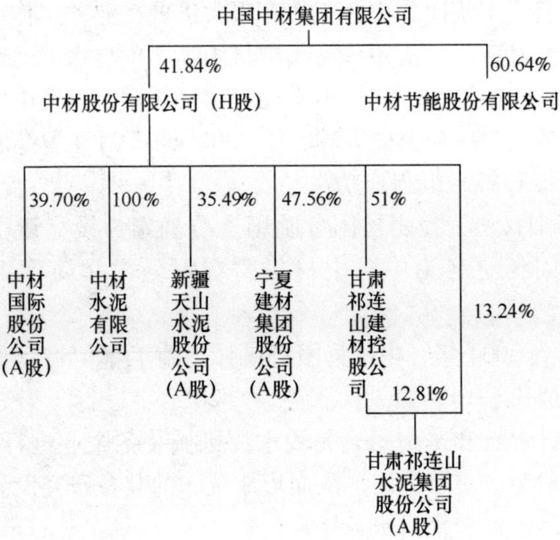

图19-4　2015年中国中材集团有限公司水泥业务企业架构图

份额。在这种国内承包工作量已很饱满的情况下，谭仲明同志及其领导的团队能居安思危，开拓进取，很有远见地着手准备跨出国门，出口水泥技术。

国际水泥技术装备和工程承包市场历来是老牌水泥装备供应商丹麦Smith公司、德国Polysius公司和KHD公司的天下。挤入国际市场与它们竞争须有极大的勇气和独到的竞争优势。

通过整合，中材国际集中了全国实力最雄厚的水泥技术开发和工程服务力量，实施了水泥装备开发、设计制造和成套的集成，以及工厂设计、施工和试投产的集成，形成了“一条龙”式的技术开发链和工程建设服务链，这为不断创新技术、保证质量、节省投资和缩短工期创造了条件，大大增强了市场竞争力。目前国际上尚无企业能像中材国际那样高度集成和紧密衔接。技术开发链使装备国产化率达到90%以上，装备与工艺不断提高，始终保持国际先进水平。工程服务链确保自己的优势，在国际市场竞争中，与国际著名水泥装备和工程公司相比，中材国际在工程质量同等条件下，工期可缩短20%，投资可节省25%。

中材国际凭借自身的优势，成功跻身于国际市场。2007年，承包建设的阿联酋日产1万吨熟料生产线建成投产，通过验收后正式交付给甲方投入运营。国际竞争对手、世界著名装备与工程承包商云集于阿联酋日产万吨熟料生产线所在地，对该工程进行评估。经过考核，他们肯定了中方在工程质量和施工期等方面都完成了合同要求，生产线技术经济指标和环保指标都达到国际先进水平，承认中方具有投资省和工期短的优势。

2009年和2010年中材国际全球（不包含中国）新签合同市场份额列于表19-2。从该表可看出，中材国际于2009年和2010年在全球水泥装备和工程市场所占份额分别是36%和37%，都高于Simth、Polysius和KHD公司，占世界第一位。

表19-2　中材国际全球（不包含中国）新签合同市场份额

年份	国际水泥装备与工程承包公司（%）				其他
	中材国际	丹麦 Smith	德国 Polysius	德国 KHD	
2009	36	33	14	5	12
2010	37	29	8	12	14

中材国际的成功，引领我国其他装备和工程单位进入了国际水泥工程承包市场，扩大了中国企业所占的份额。

中材国际开创了中国水泥行业出口技术的历史，谭仲明同志及他所领导的团队做出了巨大贡献。

在我国当代水泥工业转型升级的过程中，中材集团所属天津水泥设计研究院等设计研发单位开发出了从日产2 000吨到

12 000吨熟料预分解窑新型干法生产线成套装备和技术，发挥了十分关键的基础性作用。在当前水泥工业绿色发展进程中，也正在发挥着重要作用。1995 年天津水泥设计研究院开发出水泥窑协同处置城市工业废弃物技术，在金隅集团北京水泥厂试用成功。进入 21 世纪后，天津院开发出水泥厂处置自来水厂污泥的技术，南京水泥设计研究院也开发出水泥窑协同处置城市生活垃圾的技术，都已在工厂推广应用。2006 年天津院开发水泥厂低温余热发电装备取得成功。中材集团组建中国中材节能发展公司推广此项开发成果，到 2011 年在国内外 300 多条新型干法水泥生产线上建成低温余热发电装置，创造出很好的业绩。此后，中国中材集团将中材节能发展公司改组成中材节能股份公司。2014 年 7 月，中材节能股份公司在上海证券交易所成功发行 A 股，为公司进一步发展创造了良好的融资条件。

水泥行业的绿色产业有着良好前景，海螺创业控股公司和中材节能股份公司都是这个新兴产业中的佼佼者。

4. 水泥生产经营业务

中国中材集团公司的水泥生产经营业务是从 2003 年中材水泥有限公司兼并重组陕西汉江水泥公司开始的。接着，2005 年控股新疆天山水泥股份公司，2007 年控股宁夏建材集团股份公司，2009 年控股甘肃祁连山水泥集团股份公司。通过中材水泥、天山水泥、宁夏建材和祁连山水泥的改造、易地新建和进一步兼并重组，中材集团的水泥业务迅速发展。2003 年到 2015 年的 12 年间，熟料产能从零增加到 8 485 万吨，全国排名第 3 位。

从图 19-4 可看到，中材水泥公司是中材股份公司的全资子公司。该公司全资或控股的下属水泥公司有 10 家，如陕西的中材汉江水泥股份公司、江西的中材萍乡水泥公司、湖南的湘潭水泥公司、安徽的中材安徽水泥公司、广东的中材天山（云浮）

水泥公司和中材亨达水泥公司等。中材水泥公司 2015 年的水泥产能为2 500万吨。

新疆天山水泥股份公司是中材股份公司的控股子公司，其全资或控股的下属水泥公司有 26 家，主要分布在新疆地区，有一小部分公司在江苏。如江苏的宜兴天山水泥公司和溧阳天山水泥公司，新疆的哈密新天山水泥公司、库车天山水泥公司和伊犁天山水泥公司等。2005 年新疆天山水泥股份公司的水泥产能为3 870万吨。

宁夏建材集团股份公司是中材水泥股份公司的控股子公司，下属 10 个水泥公司，分布在甘肃、内蒙古和宁夏等省区。如甘肃的天水中材水泥公司、内蒙古的乌海市西水水泥公司和宁夏的青铜峡水泥股份公司等。宁夏建材集团股份公司 2015 年的水泥产能为 2 090 万吨。

甘肃祁连山水泥集团公司是中材水泥股份公司的控股子公司，有 16 个水泥生产基地，分布在甘肃和青海两省。如甘肃成县祁连山水泥公司、永登祁连山水泥公司和中材青海水泥公司等。甘肃祁连山水泥集团公司 2015 年的水泥产能为 2 800 万吨。

中材集团公司 2015 年水泥总产能约 11 300 万吨，进入亿吨产能的大型企业行列。熟料总产能为 8 485 万吨，名列全国第 3。中材集团发展水泥生产的模式与中国建筑材料公司、海螺水泥公司有明显不同，主要是先增资水泥股份制企业取得控股权，然后在此基础上采用各种方式进行扩张。实践证明，这也是一种可取的有效发展模式。

中央建材管理部门的历史变迁，赋予中材集团公司自己的特色。谭仲明董事长逝世后，由刘志江同志接任董事长，在他们的领导下，通过全体职工的共同努力，公司发展成科技开发、工程服务和生产经营三位一体的大型中央企业，在水泥工业现代化进程中，发挥了重要作用。

四、唐山冀东水泥股份有限公司

唐山冀东水泥股份有限公司发展的起始点是河北省冀东水泥厂的建设，这是我国预分解窑新型干法技术开发的重要一环，具有自己的特点。

1. 采用外国成套装备建厂

1978年5月，国家经济委员会建筑材料工业总局根据建材研究院的建议，决定从国外进口两套预分解窑新型干法生产装备，很快就获得国家计委批准。

建材研究院从1972年开始正式立项研究预分解窑。经实验室试验和烧油预分解窑工业试验后，1978年初，本溪水泥厂烧煤预分解窑工业试验线投入运行。在试验中认识到，由于我国工业基础薄弱，而且未经历过预热器窑新型干法的发展阶段，开发预分解窑新型干法技术并非易事。出于这样的思考，提出了引进外国预分解窑新型干法成套装备的建议。

建材总局从建材研究院抽调的技术干部任引进办公室负责人，与办公室其他同志一起组织天津水泥工业设计院等单位参加技术谈判和工厂选点等引进工作。在引进办大量工作的基础上，总局领导决定，将从日本石川岛播磨重工业公司引进的一套日产4 000吨熟料的预分解窑新型干法装备用于新建唐山冀东水泥厂，另一套从日本三菱重工业公司引进的相同规模和类型的装备用于建设安徽宁国水泥厂。

冀东水泥厂新建生产线上的引进装备有：大型一段破碎机、9千米长皮带、原料预均化堆取料机、连续式均化库、大型熟料提升机、$\phi4.7\times74$mm NSF型预分解窑、福勒大型冷却机和计算机模拟控制设备等。这些都是当时世界上最先进的水泥装备，第一次进入中国大陆，使国人大开眼界。

1979 年冀东水泥厂开工建设时，正值我国国民经济第二次大调整，大量压缩基建规模，国家投资政策也发生变化，由国家拨款改为低利率的“拨改贷”。十分幸运的是，冀东水泥厂建设未受压缩基建规模影响，只是建设进度略有减慢。企业投资中仍有 85% 国家拨款，“拨改贷”仅 15%，这样的投资结构，对今后企业营运十分有利。

1984 年 12 月，冀东水泥厂日产 4 000 吨熟料新型干法生产线建成投产。这条生产线的操作管理方式，在我国水泥工业史上首次由岗位作业改变为中央控制室集中管控辅以巡检的操作模式。这是水泥厂操作管理方式的飞跃式进步。经过设计院、建设公司和冀东厂的多方共同努力，成功实现了操作管理方式的转变。经过一段时间的磨合，冀东水泥厂生产经营进入常态。其各项技术经济指标均非常优秀，当时的大中型水泥企业都望尘莫及，在中国水泥界赢得一片赞扬声，坚定了行业内各方人士发展预分解窑新型干法技术的信心和决心。1992 年安徽宁国水泥厂提出了“赶冀东、超一流”的奋斗目标。可见，冀东水泥厂已成为当时水泥界的标杆企业。

冀东水泥厂的建成投产和成功运行在全国引起很大反响，有条件的地方政府纷纷效仿，进口预分解窑新型干法成套装备新建或扩建水泥厂。例如新建的广州珠江水泥厂、福建顺昌水泥厂，扩建的柳州水泥厂、新疆水泥厂等。冀东水泥厂对我国新型干法生产的发展起到了示范作用。

在冀东水泥厂的建设和投产过程中，天津水泥设计院通过技术谈判、设计转化和装备测绘，获得了为开发新型干法技术必不可少的一些知识。建材建设公司在建设过程中掌握了装备安装和维修技术，为新型干法的工程建设建立了技术基础。冀东水泥厂在投产过程中掌握了操作和管理技术，为新型干法的顺利推广创造了必要的条件。河北省冀东水泥厂在我国新型干法技术发展过程中发挥了“摇篮”作用。

2. 建设示范线

在江西水泥厂日产2 000 吨熟料预分解窑新型干法科技攻关过程中看到，天津水泥设计院采用已有技术积累开发出的装备虽有很大成绩，但尚存在许多问题，没有完全过关。为尽快解决这些装备问题，国家建材局决定引进13 项新型干法装备设计制造专利技术。用专利技术制造的装备集中使用于双阳水泥厂日产2 000吨熟料新型干法示范生产线上。示范线投产和此后的运行都非常顺利，象征着我国日产2 000 吨熟料新型干法的技术开发已取得成功。在此基础上，国家建材局于1993 年决定，采用专利技术制造的装备建设日产4 000 吨熟料新型干法示范线，定点在具有该类生产线操作经验的冀东水泥厂。

示范线仍由天津水泥设计研究院设计，都采用国产装备。冀东水泥厂通过改革已有一定自主权，积累了相当数量的资金，决定在示范线上从国外进口生料立磨和其他一些关键装备取代国产装备。

1978 年冀东水泥厂进口国外装备时曾考虑采用生料立磨。当时石川岛播磨重工公司正在试验用立磨制备水泥生料，立磨的振动问题有待解决，一些技术问题尚未过关。此外，考虑到冀东水泥厂石灰石矿中含有燧石，不易粉磨。所以，冀东水泥厂第一条生产线上仍采用了传统的风扫磨制备生料系统。此时国际上采用立磨制备水泥生料的技术已经过关，并已推广。冀东水泥厂采用部分国外装备建设示范线的决定，得到多方支持。

示范线于1994 年开工建设，1996 年建成投产，1997 年达到设计指标，装备国产化率为60%的冀东水泥厂日产4 000 吨熟料示范线建设取得成功。后经技术改造，示范线产能提升到日产

5 000吨熟料。这条示范线的建设有着重要意义：奠定了进一步开发日产5 000吨熟料新型干法技术装备的基础；采用国产装备和进口国外关键装备相结合的方法，开创了我国新型干法生产线建设的先例，引领中国水泥行业走上本国生产与全球采购相结合的开放式发展道路。

3. 企业制度改革

1994 年河北省冀东水泥厂改制为河北省冀东水泥集团公司。该集团公司的所有制性质为唐山市政府授权唐山市经济贸易委员会投资成立的国有独资企业，最终控股人为唐山市政府国有资产监督管理委员会。当年，河北省冀东水泥集团公司作为独家发起人设立唐山冀东水泥股份有限公司。1996 年 6 月，股份公司在深圳证券交易所挂牌上市，发行 A 股。

1997 年后股份公司多次配股，到 2007 年冀东水泥集团对其仍保持绝对控股地位。2008 年股份公司向特定投资者非公开发行股票后，集团对其所占股份比例由 52. 82% 下降到 40. 78%，由绝对控股改变为相对控股。

冀东水泥集团业务自进入 21 世纪后迅速发展，除水泥生产业务外，扩大到水泥制品、水泥机械设备、塑料和橡胶制品，以及水泥工程服务等领域，于2009 年改名为冀东发展集团有限公司。

2011 年唐山冀东水泥股份公司向境外投资者菱石投资公司非公开增持股票后，国有独资企业冀东发展集团在股份公司中的持股比例进一步下降。2015 年唐山水泥股份公司股权结构如下：

冀东发展集团公司 37. 48%；

安徽海螺水泥股份公司 13. 93%；

菱石投资有限公司 10. 00%；

公众股 38. 59%。

河北省冀东水泥厂改制后设立的唐山冀东水泥股份公司是地

方国有相对控股的混合所有制企业。

4. 实施“三北”发展战略

进入21世纪后，冀东水泥股份公司为加快水泥生产发展，在杜金弘董事长及其后任董事长张增光同志的领导下，制定和实施“三北”发展战略，即“巩固华北、挺进东北、开拓西北”的战略。

1）巩固华北

在河北省进行大规模的新建和扩建，由2条生产线迅速增加到20条生产线，分布在冀东的唐山市和滦县、冀中的涞水县和唐县、冀南的邢台市和冀北的承德市等。股份公司总部所在地唐山市丰润区有5条日产5 000吨熟料新型干法生产线，冀东水泥滦县公司有2条日产5 000吨熟料生产线，涞水冀东水泥公司有1条日产7 200吨熟料生产线，邢台市的奎山冀东水泥公司有2条日产5 000吨熟料生产线和1条2 500吨熟料生产线。这些都是冀东水泥股份公司在河北省较大的生产基地。此外，公司兼并了百年老厂启新水泥公司后移地建设了1条日产5 000吨熟料的新型干法生产线。

2003年进入内蒙古自治区，在那里先后建成6条不同规模的新型干法生产线，分布在呼和浩特市、包头市、鄂尔多斯市、锡林郭勒盟和乌兰察布市等地。呼和浩特市的内蒙古冀东水泥公司有2条日产5 000吨熟料生产线，包头冀东水泥公司有1条日产5 000吨熟料生产线，其余都是日产2 500吨到3 200吨熟料生产线。

2007年开始在山西省进行新建或兼并重组，有5条生产线，分布在运城、大同、阳泉和太原等市。在运城市闻喜县建成1条日产5 000吨熟料生产线，兼并大同水泥厂后扩建了2条日产5 000吨熟料生产线，在阳泉市新建1条日产7 200吨熟料生产线，在太原市兼并了双良鼎新水泥公司1条日产3 200吨熟料的生产线。

2）挺进东北

冀东水泥股份公司挺进东北是从2000年兼并重组吉林市松江水泥厂开始的，先对老厂进行改造，后在该厂的磐石矿区建设1条日产5 000吨熟料生产线和1条3 500吨熟料生产线，2004年在桦甸市建设1条日产2 500吨熟料生产线。

2002年进入辽宁省，与鞍山钢铁公司合资组建鞍山冀东水泥公司，建成1条日产5 000吨熟料生产线。后在靠近沈阳市的辽阳市建成1条日产2 500吨熟料生产线。

2012年回到吉林省，在永吉县建设了1条日产5 000吨熟料生产线。

冀东水泥股份公司在东北地区有6条熟料生产线。

3）开拓西北

冀东水泥股份公司于2001年着手开拓西北地区。先在陕西省咸阳市附近的扶风县建设2条日产5 000吨熟料生产线，后在西安市附近的泾阳县建设2条日产5 000吨熟料生产线，2008年在宝鸡市的凤翔县建设1条日产5 000吨熟料生产线。

冀东水泥股份公司在陕西省最大的一笔业务是控股陕西秦岭水泥（集团）股份公司。该公司是1996年10月由陕西省耀县水泥厂作为主发起人设立的公司，于1999年12月在上海证券交易所上市交易。2014年唐山冀东水泥股份公司持股陕西秦岭水泥（集团）股份公司28.05%，占控股地位。其第二大股东是陕西省耀县水泥厂，占股4.48%，其余都是低于4%的小股东及公众股。2015年，秦岭水泥股份公司实施重大资产重组，将水泥生产业务的资产全部出售给冀东水泥股份公司，同时注入废弃电器电子产品拆解业务的资产，公司主营业务由水泥生产与销售转变为废弃电器电子产品的回收与拆解处理，公司名称更改为“中国资源环境股份有限公司”。

冀东水泥股份公司收购陕西秦岭水泥（集团）公司的水泥资产有：2条日产5 000吨熟料生产线和2条日产2 500吨熟料生产线。冀东水泥公司在陕西省的熟料产能1 300万吨，水泥熟料总产能仅次于河北省，名列第二。

4）零星布点

2009年在湖南省常德市临澧县建成1条日产5 000吨熟料新型干法生产线。

2010年在山东省烟台市建成1条日产7 200吨熟料生产线。

2009年到2011年在重庆市建设了2条日产5 000吨熟料生产线和2条日产3 200吨熟料生产线。

5. 总体发展状况

1）熟料产能

2015年唐山冀东水泥公司熟料总产能为7 323万吨，名列全国第4位。在各地区的产能分布列于表19-3。

表19-3 唐山冀东水泥股份公司2015年熟料产能分布

地区	熟料产能	
	万吨	%
华北	4 219	57.6
西北	1 318	18.0
东北	890	12.2
湘鲁渝	896	12.2
总计	7 323	100.0

2）生产力布局评述

业内人士看好冀东水泥股份公司在三个地区的生产力布局。

一是京津冀地区的布局。京津冀是我国政治文化中心，也是北方经济最发达的地区，水泥市场容量较大。冀东水泥公司在该地区熟料产能达 2 750 万吨，占地区总产能的 25.12%，是最大的水泥制造商。公司该地区的主要竞争对手是北京金隅股份公司，其主营业务是房地产，在水泥生产经营方面也具较强实力，有颇多市场优势。两者如能联手，就可控制市场，避免恶性竞争。

二是内蒙古中部地区的布局。呼和浩特—包头经济带是内蒙古经济最发达的地区，呼和浩特市是自治区政府所在地，包头市是我国重工业基地。冀东水泥公司在该地区集中建设了 6 条水泥熟料生产线，其产能达 720 万吨，对水泥市场具有较大控制力。

三是陕西省西安市—咸阳市经济带布局。该经济带是我国西北地区最繁华的地带。冀东水泥公司在西北地区的生产线都集中在这一带，是当地最大水泥供应商，在市场上具有很强竞争力。

3）兼并重组老厂

冀东水泥股份公司在生产发展进程中兼并重组了四个老厂，即启新水泥厂、大同水泥厂、松江水泥厂和耀县水泥厂。启新水泥厂是我国水泥史上第一个民族水泥企业，创建后已经历 120 多年的风雨历程。松江水泥厂是 70 多年前日本人在东北沦陷区建设的。大同水泥厂和耀县水泥厂都是新中国成立初期建成的老厂。在经济体制改革和生产技术转型升级的大潮中，这些老企业未能发展起来，如今进入了新兴企业，携手共进，业内人士，特别是一些长者，对此感到特别的欣慰，对冀东水泥股份公司表示钦佩。

4）历史贡献

在水泥新型干法生产大发展过程中，新兴的冀东水泥股份公司最早进入东北地区和西北地区，对这些后进地区加快水泥工业的进步发挥了重要的促进作用。在水泥新型干法的技术开发过程中，冀东水泥股份公司则发挥了必不可少的摇篮和示范作用。在中国水泥发展史上，唐山冀东水泥股份公司是有巨大贡献的。

五、华润水泥控股有限公司

1. 发展简况

华润水泥控股有限公司（简称华润水泥）的母公司是国务院国有资产监督管理委员会所属华润（集团）有限公司。

华润水泥于2003年3月根据开曼群岛公司法在开曼群岛注册成立为一家获豁免的有限公司，并为华润集团公司所有的水泥及混凝土业务的控股公司。于2003年7月以介绍形式在香港联合交易所公司主板上市。2006年7月撤销其股份在联交所的上市地位。2009年10月以全球发售形式重新于联交所上市发行股票。

通过“两点一线”和“3+2”发展战略，华润水泥业务覆盖广东、广西、福建、海南、山西、内蒙古、云南和贵州等省区，2015年水泥熟料产能达6 393万吨，全国排名第5位。

2015年华润集团公司的组织架构如图19-5所示：

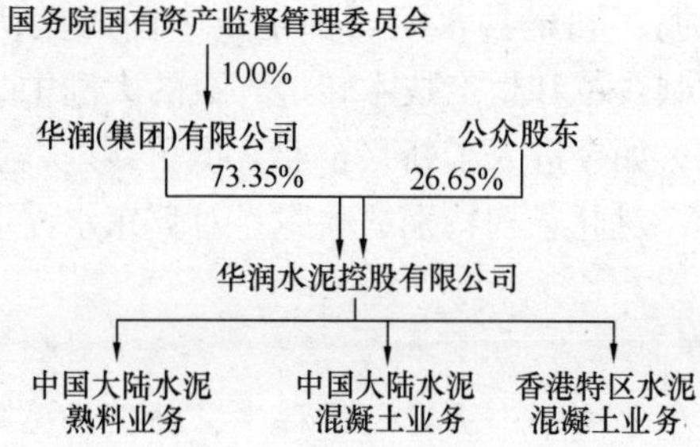

图19-5 2015年华润集团公司的组织架构

2. 母公司的传奇故事

母公司华润集团的前身是联和洋行（ Liow&CO. ），诞生于抗日战争时期的1938年。在老一辈无产阶级革命家周恩来同志和陈云同志的领导下，由杨廉安同志在香港创办。当时联和洋行的任务是配合宋庆龄女士领导的“保卫中国联盟”开展大规模抗日募捐活动，接受和保管社会各界的捐赠物资，采购军需物资及药品，辗转运抵八路军和新四军抗日根据地。

随着政治和军事形势变化，1948年8月联和洋行进行重大改组和扩大，同年12月改名为华润公司。“华”代表中国，“润”取自毛泽东主席的字号毛润之，蕴含着“中华大地、雨露滋润”的美好寓意。钱之光同志首任华润集团公司董事长。

在解放战争的“三大”战役、渡江作战直到广州和海南解放的过程中，华润集团采购各种军需物资，千方百计突破敌人封锁，将物资运送到前线。

1948年到1949年间，华润公司历经艰险，先后分四批把350多位著名民主人士、700多位文化名人及爱国侨领从香港秘密护送到东北解放区，确保了新中国第一届政协会议的胜利召开和首届人民政府的成立。

1949年9月，华润公司成功组织了招商局“海辽号”轮船在香港起义，随后又参与策动“两航”起义。这些起义在国内外都产生了巨大政治影响。

华润集团是创建新中国的幕后英雄，盛负“共和国长子”声誉。

3. 跨入水泥行业

新中国成立后，华润集团公司业务迅速扩大。1952年，公司由中共中央直接领导划归政务院管理，成为中国进出口贸易公司在港、澳及东南亚的总代理，架起了新中国与世界贸易沟通的第一座桥梁。

20世纪80年代初，我国对外贸易体制进行改革，华润公司贸易总代理的职能逐渐淡化，代理范围不断缩减，业务发展遇到前所未有的挑战。1985年公司董事会制定了“以贸易为主，开展多元化经营”的方针。从此，公司走上了实业化的道路，与有影响、有实力的财团合作，积极参加中长线项目投资，重点是零售业、房地产业、电力和公共基础设施。经过一系列多元化投资，到20世纪90年代初，华润公司已发展成拥有可观固定资产的企业。

1986年华润集团进入香港的房地产业，随后合资建设了与房地产业密切相关的水泥混凝土搅拌厂，开始经营商品混凝土。1993年在广东省东莞市与日本厂商合资建设与混凝土搅拌厂密切相关的水泥粉磨厂。华润集团持75%股份，日本厂商占25%股份。工厂粉磨设备全套从德国进口，电器设备都在日本购买。耗时4年，东莞水泥粉磨厂于1998年4月投产。华润集团虽是控股股东，由于不熟悉水泥业务，没有参与工厂的经营管理。工厂投产后连年亏损，经营近2年就亏了1亿元。在这种无以为继的状况下，1999年底华润集团派出以周俊卿同志为首的经营管理团队接管了粉磨厂。导入华润的企业文化和管理制度，进行合理选人和用人，强化经营管理制度，严格规范企业财务、人事、采购、库存、产品质量和营销等管理，主动出击、开拓市场。经过这一番整顿，2001年企业开始盈利，股东回报率达9.12%。在取得经济回报的同时，集结和培养了一批水泥人才，为下一步发展创造了条件。东莞水泥粉磨厂的成功，说明华润集团已初步进入水泥行业。

华润管理团队在东莞水泥粉磨厂经营管理中看到，外购熟料使工厂在保证连续生产、生产成本控制和自主经营等多方面受到很大制约，无法稳定生产和获取最大效益。进一步认识到，要发展水泥业务，最重要的是拥有水泥熟料生产基地。于是，派员沿着西江寻找水泥熟料生产基地的投资机会。2001年12月，华润集团以持股70%的比例控股和接管了广西红水河水泥厂。该厂当时有5条湿法回转窑，是广西柳州水泥厂之后的广西第二大厂。兼并后随即开建1条日产2 000吨熟料新型干法生产线。在周俊卿同志及其团队的努力下，华润集团公司正式跨入了水泥行业。

4. “两点一线”发展战略

2003年，华润集团整合旗下分属于不同利润中心的水泥和混凝土业务，成立华润水泥控股有限公司，为加快发展水泥生产业务建立专门的组织机构。华润水泥成立伊始便制定出“两线一点”的发展战略。“两点”是指水泥熟料生产基地和水泥市场；“一线”是指西江水运物流通道。“两点一线”战略实质上是T型发展战略的翻版，前者通道是西江，后者是长江，这是一个十分精明的决策，开创出我国第2条水泥物流大通道。

按“两点一线”战略，华润水泥于2004年选定在西江上游的贵港市覃塘区和平南县各开建一条日产5 000吨熟料新型干法生产线。建成投产后发现，西江上游常有枯水期，期间水泥熟料无法顺畅运抵珠江三角洲。为弥补这个缺陷，决定在西江下游的广东省肇庆市封开县再建设一个熟料生产基地。

在封开县建厂的优点是3 000吨货船可常年直达广州市，主要缺点是建厂地离石灰石矿山很远，相距40多千米，且有多座高山相隔。解决方案之一是建设长距离皮带输送机。这项工程投资高，难度大，而且国内尚无先例。唐山冀东水泥股份公司有9千米皮带机，江苏省镇江市的台湾水泥股份公司有16千米皮带机。面对这个难题，华润水泥大胆决策，毅然选择了建设长皮带机的解决方案。

2007年12月，包括2条日产5 000吨熟料生产线和长皮带运输机在内的封开熟料生产基地第一期工程开工。2009年12月

第1条日产5 000吨熟料生产线建成投产，皮带运输机相随完工。这条皮带机长达42千米，全部高架设置，曲线环绕在多个山头之间，是世界水泥行业中最长、最壮观的皮带运输走廊，业内人士对此都表示钦佩，如图19-6所示。

图19-6 华润水泥封开项目的曲线胶带运输系统是目前世界上最长的输送长廊

至2015年，华润水泥在西江上游的覃塘区建成2条日产5 000吨熟料生产线，在平南县建成5条同样的生产线。在西江下游的封开县建成5条日产5 000吨熟料生产线，另1条相同的生产线正在建设中，投产后封开厂将成为我国第6个、珠江三角洲第2个千万吨级水泥熟料生产基地。该基地大大提高了公司对珠三角水泥市场的保供能力。

至此，华润水泥实现了“两点一线”战略构思，在相关地区具有规模和地区优势，市场竞争力很强。

5. “3+2”发展战略

2003年华润水泥股票在香港联合交易所公司上市，建立了融资渠道。随着水泥业务迅速发展，由于股权结构上的缺陷，该融资渠道无法满足资金需求。于是，在2006年7月撤销了在联交所的上市地位，对股权结构进行重组。2009年10月，股票重新上市，建立了新的融资渠道。此时，“两点一线”布局已基本完成，为全面发展水泥生产业务，提出了“3+2”发展战略。

新战略构思中的“3”是指“资源掌握、资源转化、资源分销”；“2”是指“系统成本最低、区域市场领先”。不难看出，这个发展战略是水泥工业战略管理中“矿山、运输、市场”选点三原则的深化和具体化，是“两点一线”战略的提升。

在“3+2”发展战略的指导下，华润水泥公司在两广、海南和福建等南方地区，以及华北和西南等地区迅速开拓水泥业务。

1）广西

在广西，除兼并重组红水河水泥厂外，其余都是新建。在贺州市的富川县、玉林市的陆川县、钦州市的上思县、百色市的田阳县、柳州市的武宣县和南宁市等地进行全方位开拓，分别建设1条或2条日产5 000吨熟料生产线。包括红水河水泥厂扩建的日产2 000吨和3 200吨熟料2条线，以及贵港市的7条日产5 000吨熟料生产线在内，华润水泥公司在广西有17条熟料生产线。

2）广东、海南、福建

在广东和福建，新建和兼并并举，而在海南主要是兼并重组。

在广东省，除在罗定县新建1条日产5 000吨熟料生产线外，兼并重组了珠江三角洲当时所有的水泥熟料生产新兴企业，包括具有1条日产5 000吨熟料生产线的广州越秀水泥公司、越秀与德国海德堡水泥公司合资的具有1条日产7 000吨熟料生产线的广州越堡水泥公司、惠州市的台湾环球水泥公司和阳江市的阳江水泥公司。环球和阳江分别有日产3 000吨熟料和2 500吨熟料生产线。包括封开县的5条日产5 000吨熟料生产线在内，华润水泥公司在广东省共有10条水泥熟料生产线。

通过水泥业务的大规模扩张，在两广地区，特别在珠江三角洲的水泥市场上，华润水泥与海螺水泥公司、台湾水泥公司形成三足鼎立之势。

在海南省，兼并重组了昌江市的国投海南水泥公司。该公司是中央国有企业，有2条日产2 000吨熟料生产线和1条日产6 000吨熟料生产线。

在福建省龙岩市新建2条日产5 000吨熟料线，收购紫金恒发建材公司1条在建日产5 000吨熟料生产线，还兼并了台资漳平三德水泥公司2条日产2 500吨熟料生产线和振鸿水泥公司的1条日产2 500吨熟料生产线。华润水泥在福建省共有6条水泥熟料生产线。

此外，通过增资扩股，华润水泥还持有了福建建材（福建水泥公司控股大股东）49%的股权。

3）华北地区

在山西省，2010年6月收购了柳林县的福龙水泥公司已开工建设的2条日产5 000吨熟料生产线。这些生产线分别于2010年8月和2011年5月建成投产。2010年12月组建华润水泥（长治）公司，华润水泥控股公司持股72%，于2013年10月在长治建成一条日产5 000吨熟生产线。

在内蒙古，2011年6月，华润水泥控股公司受让美国高盛投资公司所持蒙西水泥集团公司40.6%的股权。蒙西水泥集团公司有11条新型干法生产线，是内蒙古最大的水泥企业，在内蒙古西部地区有很强的竞争力。

华润水泥在华北地区取得控股权的有3条日产5 000吨熟料生产线。

4）西南地区

在贵州省，2011 年 1 月华润集团与省政府签署战略合作协议。接着，华润水泥决定在毕节地区的金沙县建设 2 条日产 5 000吨熟料生产线。2012 年 12 月华润水泥与安顺市西秀水泥公司组建合资公司，华润持股 80%，决定建设 1 条日产5 000吨熟料生产线。截至 2015 年，有 1 条金沙县的日产 5 000 吨熟料生产线投产。

在云南省，通过收购大理三德公司 93.79% 的股权，控股了鹤庆县的 2 条日产 2 500 吨熟料生产线和弥渡县的日产 2 500 吨熟料生产线与日产 5 000 吨熟料生产线各 1 条。

到 2015 年，华润水泥在西南地区有 3 条日产 2 500 吨熟料生产线和 2 条日产 5 000 吨熟料生产线。

6. 水泥熟料产能分布

2015 年，华润水泥控股公司有新型干法生产线 44 条，水泥熟料总产能为 6 393 万吨，在各地的分布列于表 19-4。

表 19-4 华润水泥控股公司水泥熟料产能分布

地区	新型干法熟料生产线（条）	熟料产能	
		万吨	%
两广、海南、福建等南方地区	36	5 385	84.2
西南	5	543	8.5
华北	3	465	7.3
总计	44	6 393	100.0

从表 19-4 可见，华润水泥熟料产能集中在两广等南方地区，占总产能的 84.2%，在其他地区分布较少。

7. 工业生态园

华润集团利用多元化经营优势，在广西壮族自治区贺州市富川县境内创建了一个包括水泥厂、发电厂和啤酒厂在内的工业生态园。这是我国第一个由水泥企业参加的工业园，有1条日产5 000吨熟料的新型干法生产线，即200万吨水泥厂。贺州华润工业生态园示意图如图19-7所示。

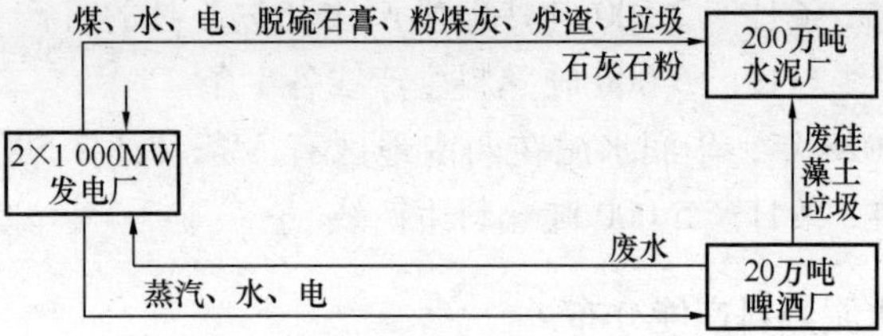

图19-7　贺州华润工业生态园示意图

生态园3个企业相互依存关系说明如下。

发电厂—水泥厂。电厂统一采购生态园使用的煤，统一建设生态园的水源地和水处理设施，以及煤堆存场所，向水泥厂提供煤、水、电，避免了水泥厂重复投资和减少了相应的运行费用。电厂产生的脱硫石膏、粉煤灰、炉渣都由水泥厂综合利用，其工业和生活垃圾等也由水泥窑协同处置。

水泥厂向发电厂提供石灰石粉，用于废气脱硫处理。

啤酒厂—水泥厂。啤酒厂每年产生400吨废硅藻土，给水泥厂作替代原料。生活垃圾由水泥厂处置。

发电厂—啤酒厂。发电厂向啤酒厂提供水、电和蒸汽，这可提高电厂供水设备利用率，使啤酒厂不设小锅炉，既降低煤耗又减少排放。

啤酒厂每年产生的80万吨废水进入电厂循环水系统，实现水资源利用最大化，减少环境污染。

贺州华润工业园呈现出很好的经济和社会效益。华润集团提供的资料：建设期节约土地 1 050 亩；节省建安费 8 600 万元；运营期每年节能降耗计减少标煤 29. 29 万吨、节水 78 万吨、废水处理复用 263 万吨；每年减排 $CO_2$273 万吨、$SO_2$26 万吨、NO_x4 250 吨；每年综合利用粉煤灰 92 万吨、脱硫石膏 44 万吨、炉渣 10 万吨。工业生态园实现了工业生产低能耗、低污染和综合利用的最佳化。

华润水泥控股公司自 2001 年跨入水泥行业以来，经过 15 年的不断奋进，发展成为熟料产能全国排名第 5 位的新兴大型水泥企业，是进入 21 世纪后我国水泥行业发展预分解窑新型干法生产的一大亮点。尤其是建设以广东封开水泥熟料生产基地为中心的西江水泥物流通道，以及参加建设广西贺州工业生态园所取得的成绩，都获得各方人士的赞扬，增添了我国当代水泥工业的光彩。

六、山东山水水泥集团有限公司

山东山水水泥集团有限公司的前身为山东水泥试验厂，建于“文革”期间，有一条立筒悬浮预热器窑新型干法生产线，后又建一条旋风悬浮预热器窑新型干法生产线。投产后，企业秩序混乱，管理无章，连年巨亏，经营极度困难，水泥行业效益排名倒数第一，是全国闻名的老、大、难单位。

1989 年山东水泥试验厂改名为山东水泥厂。1990 年济南市委和市政府调张才奎同志到山东水泥厂任党委书记兼厂长。他带领全厂职工奋力拼搏，克服重重困难，进行整顿秩序、制度建设、技术革新和工厂改革，努力恢复和发展生产。在这基础上，又制订“东进、西扩、南北辐射”战略，加速生产扩张，逐步将一个水泥设计能力为年产水泥30万吨、实际产出仅5万吨的亏损企业，改变为2004年水泥熟料产能超出1 400万吨的盈利优秀企业，在水泥界脱颖而出。

山东水泥厂在发展进程中，于2000年8月改名为济南山水集团有限公司。2004年后进一步改革企业制度，开拓水泥生产，使熟料生产能力继续保持在全国排名前列。2015年发生意想不到的股权结构变更，以及因此而造成的问题。

1. 改革企业制度

2001年职工持股的山水世纪创新水泥公司的创建和运行是济南山水集团民营化改革的开端。2004年到2005年间，为建立良好的企业机制和能与国际资本市场接轨的融资渠道，济南山水集团对企业制度进行重大改革。在济南市政府主持下，按国务院国资委有关规定，济南山水集团公司从国有企业改制为由3 929名职工持股的民营企业，将世创公司改名为山东山水水泥集团公司。民营化后的济南山水集团将其绝大部分水泥和相关业务的资产和持股职工都转划入山东山水水泥集团公司。该公司是在山东省济南市工商管理部门注册登记的中国企业。

在济南山水集团公司改制的同时，引进外资摩根士丹利投资公司（MS）、鼎辉（中国）基金（CDH）和国际金融公司（IFC）的资金。山东山水水泥集团公司改制为职工持股的中外合资企业。

在准备到香港上市发行股票过程中，为适应上市需要，设置了一系列境外机构。2005年1月在香港注册设立了中国山水水泥集团（香港）公司、先锋水泥公司和中国山水投资公司。山水水泥集团（香港）公司是合资公司，先锋水泥是子公司，山水投资公司是控股股东。张才奎同志作为张氏信托的受托人持有山水投资公司约65.55%的股权，其中张才奎同志本人持

13.18%的股权，李延民同志作为李氏信托的受托人持有约16.19%的股权，其中李延民同志本人持6.79%的股权；于玉川同志等7位署名小股东占18.26%的股权。李延民同志退休后，其受托股权都并入受托人张才奎同志名下。

经海外重组后，2005年中国山水水泥集团（香港）公司的股权结构和组织架构示于图19-8。

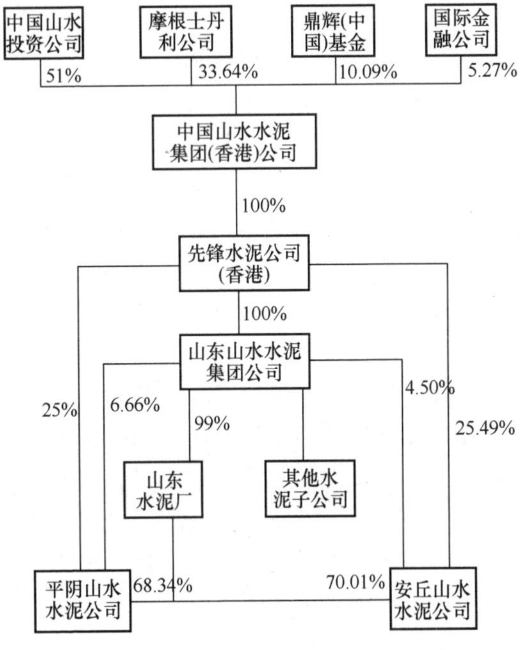

图19-8　2005年海外重组后中国山水水泥集团（香港）公司股权结构和组织架构示意图

为全球发售股票，2006年4月在开曼群岛注册成立中国山水水泥集团公司，作为上市实体并成为中国山水水泥集团（香港）公司的母公司。中国山水水泥集团是控股公司，通过在中国境内的山东山水水泥集团经营业务。2008年7月，中国山水水泥集团公司股票在香港联交所成功挂牌上市。发行股票后股权结构会不断变化，公司的基本架构不会改变。

2. 生产新发展

2004年后山东山水水泥集团公司生产业务发展可分为两个阶段。第一个阶段是引进外资后，在山东省继续开拓业务的同时进入东北地区；第二个阶段是股票上市后，在山东省、东北地区发展的同时，向内蒙古西部、吉林省和山西省等地区扩张。

引进外资后，在山东省兼并了烟台东源水泥公司、枣庄东源水泥公司和康达（山东）水泥公司。在辽宁省兼并了辽宁工源水泥（集团）公司和辽阳千山水泥公司。

股票上市后，建立了融资渠道，具有较多资金来源。山东省的发展是在淄博市、临朐县和沂水县等地新建了一批新型干法生产线。辽宁省的发展是对老厂进行改造和扩建；新建大连水泥厂生产线；兼并重组渤海水泥（葫芦岛）公司等等。

辽宁工源水泥公司的前身是抗日战争时期日本人建设的本溪水泥和工源水泥厂，辽阳千山水泥公司和渤海水泥公司的前身是日本人同期建设的小屯水泥厂和锦西水泥厂。这4个厂都曾是中央直属企业。在计划经济时期，辽宁省有6个中央直属水泥企业，对我国国民经济发展都做出过重大贡献。改革开放后，这些企业未能跟上形势，都陷入了困境。山东山水水泥集团兼并重组了其中的4个，使它们融入新兴大型水泥企业，共同发展，水泥行业同仁们都为之高兴。

在辽宁省的发展取得一定业绩后，便向内蒙古西部和吉林省拓展。兼并了赤峰市的远航水泥公司，接着在阿鲁科尔沁旗和扎赉特旗建设水泥熟料生产基地。在吉林市白山镇建设了一条日产4 000吨熟料生产线。

2010年聘请中国建材工业规划研究院制订了山西省“C战

略”，接着按此战略在山西省进行布局。在朔州市、吕梁地区方山县、晋城市和长治市等地建设了一批熟料生产线。陕西省北部缺石灰石资源，在吕梁地区建设水泥熟料基地，其产品可扩散到陕北地区的榆林市等地。

新疆喀什市是山东省政府支疆定点单位。应省政府要求，山东山水水泥集团公司在喀什市英吉沙县建设了一条日产 5 000 吨熟料新型干法生产线，是当地最大的熟料生产基地。

山东山水水泥集团公司各地所属熟料生产企业列于表 19-5，与表 14-3 所列熟料基地相比发生了巨大变化。自 2004 年以来水泥生产业务取得了惊人的进展，在山东省、辽宁省和山西省，其生产线数量和熟料产能都是排名第一，具有较强市场竞争力。

表 19-5　山东山水水泥集团公司所属熟料生产企业

企业名称	生产线规模（t/d）
山　东　省	
安丘山水水泥有限公司	2 × 5 000
昌乐山水水泥有限公司	2 500
东阿山水水泥有限公司	2 500
济南世纪创新水泥有限公司	2 500
济宁山水水泥有限公司	2 500
康达（山东）水泥有限公司	3 500
临朐山水水泥有限公司	4 500 + 5 000
平阴山水水泥有限公司	2 × 5 000
山东栖霞市兴吴水泥有限公司	3 200
山东水泥厂有限公司	1 000 + 2 × 2 000
山东微山水水泥有限公司	5 000
山东淄博山水宝山水泥有限公司	5 000
潍坊山水水泥有限公司	2 500
烟台山水水泥有限公司	3 000 + 5 000
沂水山水水泥有限公司	5 000

续表

企业名称	生产线规模（t/d）
枣庄创新山水水泥有限公司	4 000
枣庄山水水泥有限公司	4 000 +5 000
淄博山水水泥有限公司	2×5 000
辽　宁　省	
渤海水泥（葫芦岛）有限公司	4 000
朝阳山水东鑫水泥有限公司	4 000 +2 500
大连山水水泥有限公司	5 000
喀左丛元号水泥有限公司	4 000
辽宁山水工源水泥有限公司	1 200 +2 500 +5 000
辽阳千山水泥有限公司	1 000 +5 000
山　西　省	
河曲县中天隆水泥有限公司	2 500
晋城山水合聚水泥有限公司	5 000
晋城山水水泥有限公司	3 200
吕梁山水泥有限公司	4 000
山西晋牌水泥集团有限公司	5 000
朔州山水新时代水泥有限公司	5 000
太原山水水泥有限公司	2 500
内蒙古自治区	
阿旗山水水泥有限公司	2 500 +3 200
赤峰远航水泥有限公司	2×2 500
扎赉特旗山水水泥有限公司	2 500 +4 000
吉　林　省	
白山山水水泥有限公司	4 000
河　南　省	
辉县山水水泥有限公司	5 000
新疆维吾尔自治区	
英吉沙山水水泥有限公司	5 000

3. 熟料产能递增

中国山水水泥集团公司挂牌上市发行股票后，山东山水水泥集团公司熟料生产能力迅速递增，如图 19-9 所示。从该图可看到，2009 年到 2015 年的 6 年间熟料产能增加到 2. 36 倍，达 5 946万吨，全国排名第 6 位。

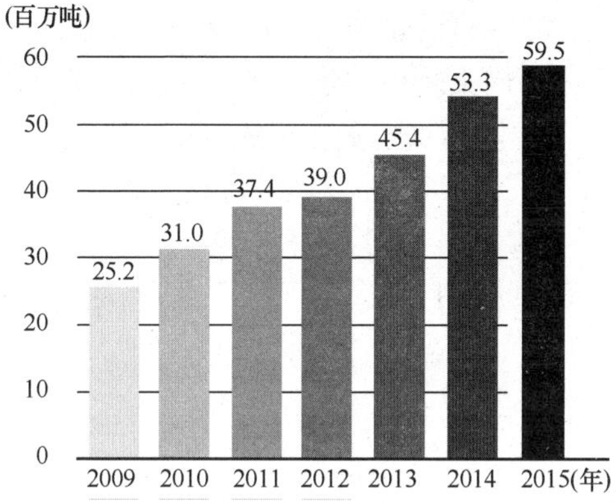

图 19-9 山东山水水泥集团公司 2009 年到 2015 年熟料产能递增示意图

张才奎同志及他所领导的职工在中国山水水泥集团公司的制度改革和生产发展两方面都取得巨大业绩，获得业内人士的普遍赞赏。

4. 股权结构变化

1）2008 年 7 月股票上市后的股权结构为：

中国山水投资公司	32. 07%；
摩根士丹利公司	27. 06%；
鼎辉基金	8. 12%；
国际金融公司	4. 25%；
建行国际集团控股公司	4. 56%；
其他公众股东	23. 94%。

与图 19-8 相比，股权结构的主要变化是中国山水投资公司

由绝对控股转变为相对控股地位，存在一定经营风险。

2）2014 年 11 月的股权结构

中国山水水泥集团公司股票上市后，股东不断变化，有的退出，有的进入，股权有的增加，有的减少。2014 年 10 月，中国山水水泥集团公司向央企中国建筑材料集团公司配股，使其股权比例占 20%，而中国山水投资公司的股权由当时的 30.11% 下降到 25.09%。接着，亚洲水泥公司跟进增资，使自己占股比例由 15% 增加到 20.90%，中国建筑材料集团公司的股权由 20% 下降到 16.67%。2014 年 11 月，中国山水水泥集团公司的股权结构为：

中国山水投资公司	25.09%；
亚洲水泥公司	20.90%；
中国建筑材料集团公司	16.67%；
高瓴基金	9.68%；
公众股东	27.67%。

从该股权结构可得出，中国山水投资公司的股权比例进一步下降，经营风险增大，公众股比例较低，已接近股市停牌底线。

3）2015 年 4 月的股权结构

2015 年初，天瑞集团股份公司开始进入中国山水水泥集团股票二级市场，同年 3 月股份比例达到 10.51%，一个月后增至 28.14%，取得控股地位。

2015 年 4 月，中国山水水泥集团公司的股权结构为：

天瑞集团股份公司	28.16%；
中国山水投资公司	25.09%；
亚洲水泥公司	20.90%；
中国建筑材料集团公司	16.67%；
公众股东	9.18%。

5. 问题

2015 年 4 月 15 日，天瑞集团股份公司发布通告称其持有中国山水水泥集团公司 28. 16% 的股权，取得控股地位。从此，中国山水水泥集团的股权结构发生变化，控股股东由中国山水投资公司变更为天瑞集团股份公司。

天瑞集团公司在二级市场购进股票过程中使公众股所占比例下降到 9. 18%，低于香港联交所关于公众股不得低于 25% 的规定。中国山水水泥集团公司在天瑞集团公司 2015 年 4 月 15 日发布关于持股通告后，随即无奈宣告停牌。

控股股东的变更造成了债务违约，接踵而来的就是司法诉讼和资金链紧张。

中国山水水泥集团公司控股股东变更事件在当今国内外资本市场为数不多，在我国水泥行业尚属首例，事态在发展中，业内人士对此都很关注。

七、台湾水泥股份公司

1. 台湾水泥工业近况

1）水泥人均消费量

台湾历年人均水泥消费量的变化示于图 19-10。1974 年到 2013 年的水泥消费量和人均消费量列于表 19-6。

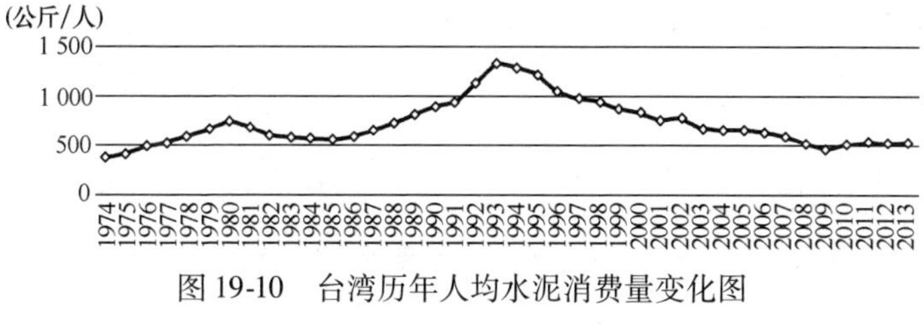

图 19-10　台湾历年人均水泥消费量变化图

表 19-6　台湾 1974 年到 2013 年水泥消费量和人均消费量

年度	水泥消费量（吨）	人均消费量（公斤）
1974	5 897 961	371
1975	6 539 060	405
1976	8 090 948	496
1977	8 773 058	523
1978	10 174 526	591
1979	11 545 288	662
1980	13 304 743	747
1981	12 439 675	686
1982	10 896 657	590
1983	10 946 339	584
1984	10 635 120	560
1985	10 617 867	551
1986	11 353 070	584
1987	12 700 933	649
1988	14 242 901	719
1989	16 279 476	810
1990	18 132 408	891
1991	19 275 614	935
1992	23 345 118	1 122
1993	27 973 394	1 332
1994	27 218 719	1 285
1995	26 163 083	1 225
1996	22 111 620	1 027
1997	21 001 721	966
1998	20 703 414	944
1999	18 922 807	857
2000	18 500 880	831
2001	16 692 277	745

续表

年度	水泥消费量（吨）	人均消费量（公斤）
2002	17 586 109	780
2003	14 847 958	657
2004	14 783 229	652
2005	14 793 857	650
2006	14 423 109	630
2007	13 534 726	590
2008	11 793 016	512
2009	10 373 309	449
2010	11 697 403	505
2011	12 343 572	531
2012	12 033 509	516
2013	12 244 526	524

从图 19-10 可明显看到，台湾人均水泥最高消费值出现在 1993 年，以后便逐渐下降。

表 19-6 说明，1993 年台湾水泥人均最高消费值是 1 332 公斤，以后便逐步下降，2000 年降到 831 公斤，2013 年继续降低到 524 公斤。

2）水泥产量

随着消费量不断下跌，水泥产量相应降低。

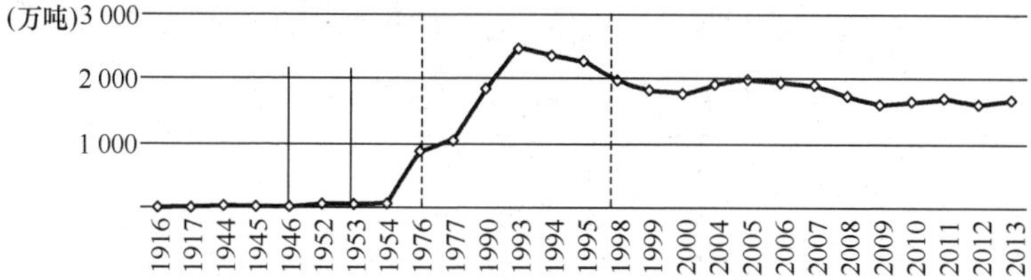

图 19-11　台湾历年水泥产量变化图

台湾历年水泥产量变化示于图 19-11。与表 9-4 相衔接的 2000 年后的产量数值示于表 19-7。从图 19-11 和表 19-7 可得出，进入21世纪后台湾水泥产量也有小量减少，从2000年的1 756万吨波动地下降到2013年的1 658万吨。与消费量相比，台湾境内水泥市场长期处于饱和状态，并且不断萎缩。

表19-7　2000年到2013年台湾水泥产量

年份	产量（万吨）
2000	1 756
2004	1 905
2005	1 989
2006	1 929
2007	1 896
2008	1 733
2009	1 591
2010	1 630
2011	1 685
2012	1 579
2013	1 658

3）水泥企业

台湾水泥产量下降，相应地企业数量减少。从表9-3所示的10个水泥企业减少到2013年的6家，如表19-8所示。从该表可见，台湾水泥公司熟料产能最多，占总产能的42.84%，其次是亚洲水泥公司，占总产能的31.67%。这两家企业的产能占总产能的74.51%，台湾水泥行业的生产集中度较高。

表19-8　2013年台湾水泥企业熟料产能

企业名称	熟料产能（万吨）	比例（%）
台湾水泥公司	949	42.84
亚洲水泥公司	702	31.67
幸福水泥公司	200	9.02
信大水泥公司	156	7.04
东南水泥公司	109	4.92
润泰精材公司	100	4.51
总计	2 216	100.00

各公司所属工厂分布示于图 19-12。与图 9-1 相比，高雄地区的水泥厂只留下一个厂，其余都已停业；台湾东北部地区的水泥厂依旧，仍全部保留着。

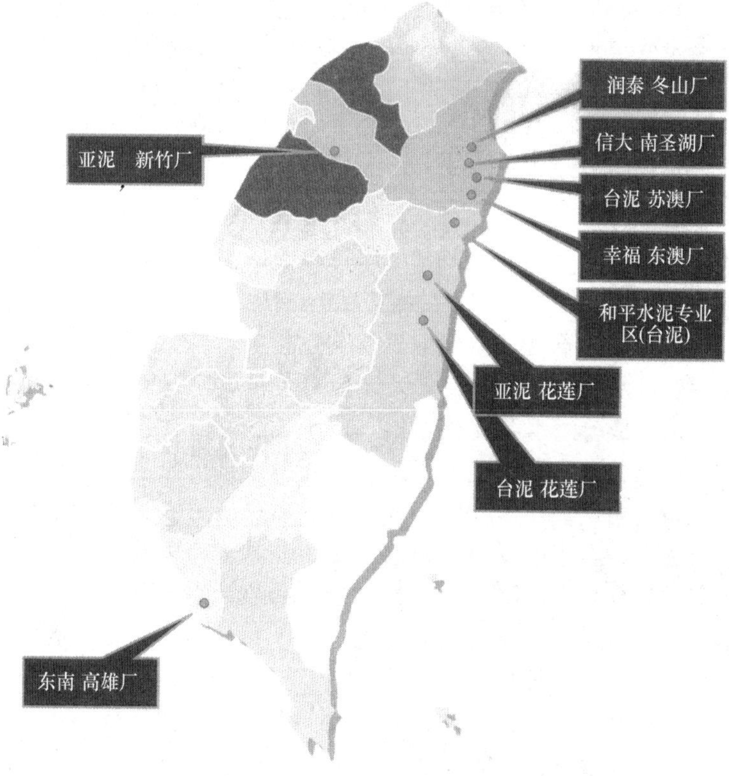

图 19-12　2013 年台湾水泥厂分布图

在台湾水泥市场需求量长期饱和并呈下跌趋势的情况下，台湾水泥公司、亚洲水泥公司、嘉新水泥公司和环球水泥公司先后进入大陆发展。嘉新和环球早已退出大陆市场和台湾市场。台湾水泥公司和亚洲水泥公司则在大陆取得了快速发展。2015 年，亚洲水泥公司在大陆的熟料产能达 2 108 万吨，为在台产能的 3.0 倍，在大陆排名第 12 位；台湾水泥公司在大陆的熟料产能达 4 340 万吨，为在台产能的 4.6 倍，在大陆排名第 7 位。这两家水泥公司的大陆业务远大于台湾业务，在大陆都已发展成排名前列的大型水泥企业。台湾水泥股份公司在大陆的熟料产能比全台湾熟料总产能高出 84.7%。

2. 公司简史

1945 年日本投降，民国政府行政院资源委员会接管了日本人留下的全部水泥工厂，在此基础上于 1946 年成立台湾水泥公司。1954 年在台湾国有企业民营化过程中，辜振甫先生将田产换得台湾水泥公司股票，成为该公司大股东。1962 年台湾水泥公司改组成台湾水泥股份公司，在台湾上市发行股票。同年，在香港成立香港水泥制造公司。1973 年，辜振甫先生担任台湾水泥股份公司董事长，1997 年在开曼群岛注册成立香港台泥水泥控股公司，当年该公司在香港联交所挂牌上市发行股票。2000 年，香港台泥水泥控股公司改名为台泥国际集团有限公司，管辖台湾水泥股份公司在大陆的业务。2003 年，辜成允先生接任台泥股份公司董事长职务。

台湾水泥股份公司在大陆的发展进程分三大步骤：两广新建；多方位兼并；拓展西南。

3. 两广新建

2003 年 9 月台湾水泥股份公司进入广东，成立台泥（英德）水泥有限公司，决定在英德市建设 4 条日产 6 000 吨熟料新型干法生产线。2006 年 1 月建成 2 条，2008 年 1 月又建成 2 条。至此，4 条生产线全部投产，形成年熟料产能为 744 万吨、水泥产能为 900 万吨的生产基地。

通过公路和北江水路，英德公司可将产品运抵珠江三角洲市场。随着清远水利枢纽工程建成，北江通航能力大幅提升，对降低销售成本非常有利。

2005 年 5 月，台泥公司在建设英德基地的同时进入广西壮族自治区，成立台泥（贵港）水泥公司，决定在广西贵港市覃塘区建设 4 条日产 6 000 吨熟料生产线。于 2008 年下半年，4 条生产线陆续建成投产，形成与英德基地相同规模的又一个水泥熟料生产基地。

台泥贵港基地的主要优势是既有丰富的石灰石资源又紧靠通航能力较大的西江。台泥公司与华润水泥公司同是西江水泥物流通道的主要客户。在西江枯水期间，华润公司有封开基地相接应，台泥则有英德基地相接应，在珠江三角洲水泥市场上各有自己的优势。

4. 多方位兼并

2008 年 1 月台泥公司兼并了位于江苏省镇江市句容县的嘉新京阳水泥公司，后将它改名为句容台泥水泥公司。该公司有 1 条于 1997 年建成的日产 6 700 吨熟料生产线，台泥兼并后扩建了 1 条日产 6 000 吨熟料生产线，全厂熟料产能达 394 万吨。

句容台泥公司紧靠长江，所建码头能停靠万吨巨轮，除在长江三角洲销售产品外，还通过江海联运将熟料运抵福州市的年产 225 万吨水泥的粉磨站，在福建沿海地区销售水泥。句容台泥公司的市场条件非常好。

2009 年 1 月，台泥公司兼并了香港昌兴国际集团公司旗下专营水泥的子公司昌兴矿业股份公司。该公司当时的水泥生产线状况列于表 19-9。

表 19-9　2009 年昌兴矿业公司被兼并时的水泥生产线状况

建设	股权	地点	生产线（t/d）
建成	独资	广东英德	3×5 000
建成	参股	广东英德	4×5 000
建成	参股	云南昆明	2 000+4 000
建成	参股	云南保山	4 000
在建	独资	重庆合川	5 000
在建	独资	贵州安顺	5 000
在建	控股	辽宁辽阳	5 000
已核准	控股	四川广安	5 000

昌兴矿业公司的兼并对台泥公司在大陆水泥业务的进一步发展产生了巨大影响。

1）昌兴矿业在广东英德独资的 3 条日产 5 000 吨熟料生产线与台泥（英德）水泥公司的 4 条日产 6 000 吨熟料生产线在同一地区相对着一江之隔，造就了台湾水泥公司在大陆具有一个年产 1 209 万吨熟料的巨型生产基地。这是我国继海螺水泥公司 4 个千万吨级熟料基地之后的第 5 个千万吨级熟料生产基地。这对台泥公司提高市场竞争力很有利。

2）昌兴矿业公司在辽宁辽阳在建的 1 条日产 5 000 吨熟料生产线，被兼并后很快就建成投产。这给台泥公司增添了南方布局以外的一个生产点。

3）从表 19-9 可看到，昌兴矿业公司在重庆、四川、贵州和云南等地都有水泥熟料生产基地。台泥公司兼并昌兴矿业公司后，顺势将水泥业务在大陆的发展进程跨出第三步，拓展西南。

5. 拓展西南

2011 年台湾水泥股份公司进入西南地区，在昌兴矿业公司原生产点的基础上，大刀阔斧地拓展水泥业务。开拓的方法主要是兼并重组和老厂扩建，只有少量新建。

台湾水泥公司在珠江三角洲与海螺水泥公司和华润水泥公司等3 家大企业呈三足鼎立之势，在西南地区则与中国建筑材料公司西南水泥公司和海螺水泥公司各自雄踞一方。台湾水泥公司在西南地区兼并重组过程中与中建材西南水泥公司按各自战略需要采用了互换企业权益的做法。台泥公司购入西南水泥公司 5 个水泥企业的权益，同时向西南公司出售 6 家水泥企业权益。这种做法避免了两大公司在同一市场上的碰撞，在水泥行业内开创了企业合作的新模式。

经过 4 年多开拓，台湾水泥公司在西南地区的水泥企业布局已基本定型，其独资或控股的水泥熟料生产企业列于表 19-10。从表中可看到，该公司在西南各省有 14 条不同规模的生产线，熟料产能共计 1 553 万吨，占公司在大陆地区总产能的 36% 。在台泥公司的大陆布局中西南地区的业务已占重要地位。

表 19-10　台湾水泥股份公司在西南地区的水泥熟料生产企业

企业名称	生产线规模（t/d）
重庆市	
台泥（重庆）水泥公司	2 ×5 000
四川省	
台泥（广安）水泥公司	5 000
华蓥台泥水泥公司	5 000
泸州赛德水泥公司	5 000

续表

企业名称	生产线规模（t/d）
贵州省	
台泥（合顺）水泥公司	2×5 000
贵州瑞安凯里水泥公司	2 500+2 800
贵州港安水泥公司	3 000
云南省	
保山昆钢嘉华水泥建材公司	3 000+5 000
云南昆钢嘉华水泥建材公司	2 000+4 000

在开拓西南地区业务时，2014年11月兼并了湖南省的金大地水泥公司。该公司有日产2 500吨、日产3 000吨和日产3 200吨熟料生产线各1条。从此，将西南地区的业务少量延伸到邻近的中南地区。

辜成允先生领导台湾水泥股份公司在大陆辛勤耕耘十余载，使水泥业务迅速发展，熟料和水泥产能从零开始，增加到2015年的4 340万吨和5 706万吨，在两广和西南地区水泥市场上有着举足轻重的地位，取得了很大业绩。辜先生在大陆与同行们友善相处，彬彬有礼，给业界人士留下了深刻印象。

八、华新水泥股份有限公司

1. 历史渊源

华新水泥股份公司历史源远流长。从1907年创办湖北水泥厂开始，经历了华记湖北水泥厂、启新华记水泥厂、华中水泥厂、华中水泥股份公司、华新水泥股份公司和华新水泥厂等一百多年的沉浮，造就了当今的华新水泥股份有限公司。

1）湖北水泥厂

1907 年初，湖广总督张之洞根据修筑粤汉铁路需要大量水泥的情况，发布告示招商兴办水泥厂。同年 2 月，华清实业公司总经理程祖福上书应招。7 月张之洞批准商办湖北水泥厂，并委任程祖福为该厂总办。

接着，程祖福先生便筹集资金、选择厂址、购置生产装备和筹备开工建设等等。筹得资金近 200 万两银。厂址选定在湖北省大冶县黄石港明家咀。通过德瑞洋行购得当时国际上最先进的 ϕ2.1×35m 干法回转窑工艺成套装备。1909 年 5 月建成投产，日产水泥 180～200 吨。水泥品质优良，很快就打开了国内外市场。

湖北水泥厂的崛起是中国民族水泥工业的重大拓展，与启新洋灰有限公司、广东士敏土厂在中华大地上形成北、南、中三足鼎立之势。

2）华记湖北水泥厂和启新华记水泥厂

湖北水泥厂建厂资金的 200 万两银中股本金较低，仅 42 万两银，其余都是贷款，其中包括日本三菱公司的借款。由于股本金过低，还本付息负担过重，工厂建成投产后不久就陷入债务危机。

1911 年日本三菱公司的借款到期，湖北水泥厂要求延期付款，然而前者提出转让工厂管理权的要求，遭到后者的断然拒绝。

由于湖北水泥厂不能如期还贷，三菱公司向湖北省政府提出查封湖北水泥厂一切资产的要求。湖北省政府在日本人的威胁下，将湖北水泥厂在湖北大冶、武汉和上海等 3 处的资产全部查封。

在万般无奈之下，程祖福先生决定以出让工厂管理权为条件向天津保商银行借得长期贷款 140 万两银。1914 年 3 月湖北水泥厂还清了三菱公司全部借款和利息，结束了这场债务纠纷。

1914年4月，启新洋灰公司以140万两银为代价，通过天津保商银行取得了湖北水泥厂经营管理权，并将它改名为华北湖北水泥厂。1935年天津保商银行贷款到期，程祖福先生无力偿还，由政府裁决，以厂抵债。从此，启新洋灰公司完全取得湖北水泥厂的产权和管理权，同时将华记湖北水泥厂改名为启新华记水泥厂。

3）华中水泥厂和华中水泥股份公司

抗日战争中的武汉战役打响前夕，1938年7月，原启新洋灰公司总技师王涛先生受命民国政府经济部，负责将启新华记水泥厂搬迁到敌后。他选定的搬迁地点是湘西地区的湖南省辰溪县梨子垸。历尽各种艰险，将2套生产装备中的一套装备成功搬运到选定地点。1939年元月动工建设，同年12月建成投产，拆迁建厂取得成功。搬迁后建成的工厂定名为华中水泥厂。

工厂建成后屡遭日军飞机轰炸。1941年4月到7月，连遭敌机三次轰炸，工厂损失惨重，被迫停产。为恢复生产，王涛先生奔赴重庆筹措资金。经民国政府经济部同意，成立华中水泥股份公司。出资股东是中国银行、经济部和华中水泥厂。筹得资金后，经过4个多月紧张抢修终于恢复生产。

1940年到1945年的5年间，华中水泥厂生产水泥51 230吨，供应战时敌后交通、工业和水利建设，为抗日战争做出了贡献。

4）华新水泥股份公司

1943年，抗日战争胜利在望。身兼华中水泥股份公司和昆明股份水泥公司两家公司总经理的王涛先生着手筹办现代先进水泥工厂。当年5月，在重庆中国银行总部召开华中水泥股份公司和昆明水泥股份公司的股东联席会议。会上决定，两家公司合并，增资改组，成立华新水泥股份公司。

派员赴美国采购了爱立斯·强默公司2套当时最先进的$\phi3.5\times145m$湿法回转窑装备。

厂址选定在湖北省黄石市枫叶山，回到湖北水泥厂所在地区。工厂定名为华新水泥股份公司大冶水泥厂。1949年4月建成第1条生产线，第2条生产线于1950年12月建成。

5）华新水泥厂

中华人民共和国成立后，通过没收官僚资产，华新水泥股份公司的民国政府资产成为国有资产。1953年9月，华新水泥股份公司改名为公私合营华新水泥厂。

1956年进行工商业改造，对私人股份采用定息制进行赎买。公私合营华新水泥厂改名为华新水泥厂，成为直属中央建筑材料工业部的国有企业。

2. 当今的华新水泥股份有限公司

1993年11月，经湖北省体制改革委员会批准，华新水泥厂改制为华新水泥股份有限公司。1994年1月，华新水泥股份公司在上海证券交易所挂牌上市，发行A股。同年，又发行B股。华新水泥股份公司是我国水泥行业发行股票较早的企业之一。

1999年3月瑞士Holcim公司在二级市场购进7 700万股B股，使持股比例达到23.40%，此时国有股占27.8%，其余为公众股。2005年4月，Holcim公司继续购进B股，持股比例提高到26.11%，国有股比例保持不变。2008年2月，经政府有关部门批准，Holcim公司认购7 520万股A股，持股比例提高到39.88%，国有股降低到19.64%，取得了控股地位。从此，华新水泥股份公司改变为外资控股、国有资本参股的混合所有制企业。

华新水泥股份公司股权结构变更后，外商主要在决策层发挥其作用，同时带来一些好的经营理念，完全保留了公司的名称、商标和管理团队，并对团队领导层实行期权激励机制。这些都是华新水泥股份公司不断取得进展的重要因素。

3. 生产发展

华新水泥股份公司是我国积极发展预分解窑新型干法生产的国有大中型水泥企业之一。早在1992年就开始建设日产2 000吨熟料新型干法生产线，于1994年建成投产。由于技术力量较强和管理水平较高，不仅投产顺利，而且投资较低。当时，其他厂建设日产2 000吨熟料生产线的投资额在7亿元到12亿元人民币之间，而华新水泥股份公司仅花了5亿元。1997年，利用亚行贷款建设1条日产4 000吨熟料新型干法生产线，采用丹麦史密斯公司$\phi 4.75 \times 74m$预分解窑新型干法生产线成套装备，于1999年建成投产。这2条生产线的建成投产使企业生产技术由落后的湿法生产转型为先进的预分解窑新型干法生产，也为今后企业的快速扩张奠定了技术基础。

进入21世纪后，在我国水泥新型干法生产建设大发展进程中，华新水泥股份公司紧跟时代步伐，千方百计加速发展生产，到2015年熟料产量达到4 247万吨，全国排名第8位。其熟料产能布局具有以下特点：

1）华新水泥股份公司除缺石灰石资源的鄂中地区外，在湖北省实施鄂东、鄂西南和鄂西北全方位布点，集中了本公司57%的熟料总产能，使湖北省成为全国水泥生产集中度最高的地区之一。

2）在湖北省主要沿长江两岸布点。此外在鄂西南地区的恩施市和鹤峰县，鄂西北地区的襄阳市、郧县和房县等地也建设了一些熟料生产线。沿长江的熟料生产基地列于表19-11。

表 19-11　华新水泥股份公司沿长江熟料生产基地

企业名称	生产线规模（t/d）
华新水泥（武穴）有限公司	2×6 000
华新水泥（阳新）有限公司	2×6 000
华新水泥（大冶）有限公司	2 500+5 000
华新水泥股份公司黄石分公司	2 500+5 500
华新水泥（赤壁）有限公司	4 000
华新水泥（宜昌）有限公司	2 500+3 500
华新水泥（长阳）有限公司	1 500+3 500
华新水泥（秭归）有限公司	5 000

华新水泥股份公司沿长江的熟料基地总生产规模仅次于海螺水泥股份公司。该公司是水泥行业“T型”发展战略的实施者之一，成为长江水泥物流通道上的重要成员。

华新水泥股份公司在湖北省具有很大的市场竞争优势，通过长江通道将竞争优势扩散到长江上、下游。

3）湖南省的熟料生产能力占本公司总产能的18%，约770万吨，在当地水泥市场上与海螺水泥股份公司、中国建筑材料集团南方水泥公司等形成多足鼎立之势。

4）在“十·五”计划期间，国家筹备建设金沙江上的溪洛渡水电站和向家坝水电站。这两个水电站的装机总容量高于长江三峡水电站。为配合水电站建设，华新水泥股份公司在电站附近的云南省昭通市建设1条日产4 000吨熟料新型干法生产线，于2006年建成投产，对水电站建设发挥了重要作用。

此后，在云南省的东川市、景洪县和迪庆县建设各1条日产2 500吨熟料生产线。

5）华新水泥公司是最早进入西藏自治区建设水泥新型干法生产线的企业。2005年6月在西藏山南地区建成1条日产1 000

吨熟料生产线，2010年又扩建一条日产2 000吨熟料生产线。2015年，与西藏高新建材集团公司合资成立高新雪莲水泥公司，在日喀则建成1条日产2 000吨熟料生产线。西藏自治区与湖北省一样成为我国水泥生产集中度最高的省区，华新水泥股份公司在此省区具有强大的竞争力。

6）除湖北、湖南、云南和西藏外，其他省市布点较少。在重庆市、广东省和河南省，各建1条日产5 000吨熟料生产线；在四川省建设了1条日产6 000吨熟料和1条日产2 500吨熟料生产线。这些生产点在当地水泥市场上的影响力不大。

4. 绿色发展

华新水泥股份公司是我国水泥行业绿色发展较快的企业，已将水泥窑协同处置固体废弃物业务作为企业转型升级的一个产业来发展。

公司的水泥窑协同处置废弃物业务已覆盖湖北、湖南、重庆、广东、河南、云南、四川和上海等8个省市。2015年新签项目7个，竣工项目6个，在建项目9个，运行和在建的处置工厂有25家，全部项目投产后，总处置废弃物能力将达到550万吨/年。

公司旗下湖北省的武穴、阳新、黄石、赤壁、秭归、宜昌，以及广东省的恩平、河南的信阳、湖南的株洲等9个企业已先后开展水泥窑协同处置废弃物业务，运行良好。2015年协同处置废弃物94万吨。

华新水泥股份公司的绿色产业已初步成型。

5. 国外发展

2011年华新水泥股份公司跨出国门，在塔吉克斯坦共和国亚湾市兴建1条日产3 000吨熟料新型干法生产线，于2013年建成投产，运行后取得很好效益。此后，在塔吉克斯坦的索格特州又建1条同样的生产线，于2015年点火，投产成功。

2014年上半年收购了柬埔寨CCC水泥厂40%的股权。该厂有1条日产3 200吨熟料生产线，于2014年8月完工，建成投产。2015年，公司增持28%股权，至总股权的68%，成为该厂的绝对控股股东。生产线投产1个月后即实现商业化生产，2015年始终维持了良好效率和盈利水平。

华新水泥股份公司的国外布局完全符合“一带一路”的国家战略，预见性极佳。

华新水泥厂在改革开放后的发展进程中，傅本义厂长组织企业股票上市，建设日产2 000吨熟料新型干法生产线，为今后发展创建了融资和技术基础。在李叶青总经理领导和组织下，华新水泥厂获得蓬勃快速壮大，使一个古老的工厂发展成现代新兴水泥企业。

九、红狮控股集团有限公司

1. 立窑起家

1994年，章小华先生等8位股东集资创办民营企业兰溪市第六水泥厂。该厂位于浙江省金华市附近的兰溪市。那里有石灰石资源，邻近有经济发达的杭嘉湖地区，具有较好的资源和市场条件。工厂采用机立窑技术进行水泥生产。

第六水泥厂创建时，我国预分解窑新型干法技术处于开发阶段，盛行立窑生产。1994年全国立窑水泥产量达3.4亿吨，占总产量的79%，立窑水泥企业有着很大的竞争空间。

第一条机立窑水泥生产线投产后，第六水泥厂凭借自己的民营企业机制和管理优势，取得很好效益。于是，不断扩大生产，到2000年底，增加到6条机立窑生产线，水泥年产能达100万吨，效益倍增，在水泥行业挖得第1桶金。

2. 转型升级

1995年，海螺水泥股份公司宁国水泥厂低投资建设日产2 000吨熟料新型干法生产线攻关项目取得重大突破，建设资金下降到3.4亿元。1999年到2000年间，获港海螺水泥公司建设日产2 500吨熟料生产线时，项目投资进一步下降到2.5亿元。此后，日产2 500吨熟料新型干法生产线技术开始在全国迅速推广。

2001年兰溪市第六水泥厂紧跟水泥技术发展新形势，决定改变技术方向，发展预分解窑新型干法新技术，在兰溪市的公司所在地建设2条日产2 500吨熟料新型干法生产线。2002年年底，这2条线建成投产。从此开始，企业生产技术由机立窑全面转向预分解窑新型干法。

为适应转型升级和发展需要，对企业制度进行改革。2002年5月，经浙江省政府批准，兰溪市第六水泥厂改制为浙江红狮水泥股份有限公司。

2002年，铜陵海螺水泥公司突破日产5 000吨熟料新型干法生产线低投资建设难关，为我国新型干法技术由日产2 500吨熟料生产线提升到日产5 000吨熟料生产线创造了条件。

红狮水泥股份公司十分敏锐地抓住这一新的机遇，2003年决定在石灰石资源丰富的杭州市建德县建设2条日产5 000吨熟料新型干法生产线。这2条生产线于2004年先后建成投产。

为适应企业发展新形势，2004年由浙江红狮水泥股份公司发起组建红狮控股集团有限公司，确立现代企业制度。通过集团化运作，有效整合资源，形成合力，提升企业整体竞争力。

集团公司的创立使企业发展更加得心应手。2005年红狮集团在兰溪市公司本部扩建1条日产5 000吨熟料生产线。2008年又在杭州市桐庐县建设1条同样的生产线。同时，兼并了衢州市的浙江青龙山建材公司的水泥生产线。红狮集团在浙江省的水泥熟料生产企业列于表 19-12。

表 19-12　红狮控股集团在浙江省的水泥熟料生产企业

地区	公司名称	生产线规模（t/d）
金华市兰溪市	浙江红狮水泥股份公司	2×500+5 000
杭州市建德县	建德红狮水泥有限公司	2×5 000
杭州市桐庐县	桐庐红狮水泥有限公司	5 000
衢州市	浙江青龙山建材有限公司	1 500+2 500

红狮控股集团公司在本省的逐步发展中，实现了由落后的立窑生产向当代最先进的预分解窑新型干法技术的转型升级。在企业制度方面，由兰溪市第六水泥厂发展成红狮集团。这些都为出省或出国大发展完成了技术准备和组织准备。

3. 出省发展

首先进入邻省江西。2005 年在靠近省会南昌市的高安县建了 1 条日产 5 000 吨熟料新型干法生产线，后又扩建 1 条同样的生产线。2011 年在革命圣地瑞金附近的会昌县建成 1 条日产 5 000吨熟料生产线。江西水泥市场，群雄林立，早已被海螺水泥公司、亚洲水泥公司和江西万年青水泥公司等所占。后进的红狮控股集团在江西见缝插针，建设了上述 2 个水泥熟料生产基地，在市场上也占有了一席之地。

接着进入福建省。在漳平市建设的 2 条日产 5 000 吨熟料生产线，分别于 2007 年和 2008 年建成投产。2010 年在三明市大田县建成 1 条同样的水泥熟料生产线。

2008 年四川省汶川大地震后进行灾后重建，水泥需求量大增。中国建筑材料集团、海螺水泥公司和台湾水泥公司等大企业都看好这个市场，纷纷入川投资设厂。红狮控股集团积极跟进，

2009年，在华蓥市附近的邻水县建设了1条日产5 000吨熟料生产线，后来在此又扩建1条同样的生产线。2010年在离重灾区汶川县不远的江油县建成1条日产5 000吨熟料生产线。为配合金沙江梯级电站建设，2011年在宜宾市长宁县又建设了1条日产5 000吨熟料生产线。

2010年红狮集团将水泥发展业务从四川省扩展到贵州省、云南省、湖南省和广西壮族自治区等南方各省区。2011年又移师北上，到新疆维吾尔自治区和甘肃省选点设厂。红狮控股集团公司在外省的水泥熟料生产企业情况列于表19-13。

表19-13　红狮控股集团外省的水泥熟料生产企业

地区	公司名称	生产线规模（t/d）
江西省	高安红狮水泥有限公司	2×5 000
	会昌红狮水泥有限公司	5 000
福建省	大田红狮水泥有限公司	5 000
	漳平红狮水泥有限公司	2×5 000
四川省	邻水红狮水泥有限公司	2×5 000
	江油红狮水泥有限公司	5 000
	长宁红狮水泥有限公司	5 000
贵州省	龙里红狮水泥有限公司	2×5 000
	贵州茂鑫水泥有限公司	5 000
云南省	宜良红狮水泥有限公司	2×5 000
湖南省	衡阳红狮水泥有限公司	5 000
广西壮族自治区	崇左红狮水泥有限公司	5 000
	武鸣锦龙红狮水泥有限公司	5 000
新疆维吾尔自治区	新疆车库红狮水泥有限公司	5 000
甘肃省	甘肃兰州红狮水泥有限公司	5 000

4. 发展特点

红狮控股集团公司自创办以来，在章小华董事长领导下经过21年的努力工作，2015年水泥熟料产能达3 968万吨，全国排名第9位，已成为现代中国水泥行业重要新兴大型企业。纵观其发展过程有如下特点：

1）立窑企业转型升级

现代中国新兴水泥企业的崛起有着不同的历程。海螺水泥股份公司和冀东水泥股份公司是购买国外预分解窑新型干法成套装备起步的；中国建筑材料集团和中国中材集团的水泥业务始于兼并重组新型干法企业；华润水泥股份公司是由外行业创办，主要靠直接投资创办新企业；山东山水水泥集团是由预热器窑新型干法发展成预分解窑新型干法的企业；华新水泥股份公司则是由湿法回转窑企业发展成新型干法企业的。

我国现代新兴水泥企业崛起的另一条途径就是立窑企业自身的转型升级，发展成为新型干法企业。中国曾有数千家立窑企业，能转型升级成新型干法企业的为数很少，成为大型企业的更是寥寥无几。在全国水泥熟料产能排名前30位的企业中仅有3家：红狮控股集团、天瑞集团水泥公司和广东塔牌集团股份公司。在这3家企业中，红狮控股集团水泥熟料产能最高，与其他2家公司一起都是立窑企业转型升级的成功者。

2）选正方向和紧跟形势

红狮集团成功转型升级的重要因素是选正了技术方向，同时能紧跟我国水泥工业发展新形势。

20世纪90年代，立窑企业发展途径曾有多种选择。许多立窑企业走了弯路，选错了技术方向，最终被淘汰出局。红狮集团选择了正确的技术方向，克服各种困难，坚持发展预分解窑新型干法生产，在当时这是非常难能可贵的。

在坚持正确技术方向的同时，红狮集团紧跟发展新形势，不失时机地发展新型干法生产。2000 年获港海螺水泥公司将建设日产 2 500 吨熟料生产线的投资首次降到 2.5 亿元时，红狮集团于 2001 年便开始筹建公司首条日产 2 500 吨熟料生产线。2002 年铜陵海螺水泥公司突破日产 5 000 吨熟料新型干法生产线低投资建设难关后，红狮集团新型干法生产线建设，于 2003 年随即将生产线规模由日产 2 500 吨熟料提升到日产 5 000 吨熟料，以改善生产成本。紧跟发展新形势，使红狮集团充分利用了一去不复返的水泥新型干法生产发展的机遇期。

3）分散布局

在相近规模的企业中，红狮集团熟料生产企业的布局与其他企业不同。华润水泥公司的熟料生产企业主要集中在广东、广西和福建；山东山水集团集中在山东、辽宁和山西；华新水泥公司集中在湖北和湖南。红狮集团的熟料生产企业在浙江省有 4 个；四川省有 3 个；福建、广西、贵州和江西各有 2 个；湖南、云南、新疆和甘肃各有 1 个。显然其熟料生产企业的分布很分散。

企业布局与其战略考虑和发展条件有关。分散布局的结果应从集团的整体效益来考量。

中国水泥工业发展已进入新历史阶段。红狮控股集团公司作为成功转型升级的民营水泥企业，正按绿色发展和“一带一路”的国家战略，谋求新发展、创建新业绩。

十、北京金隅集团有限责任公司

1. 公司概况

中华人民共和国成立后，实行计划经济体制，国务院设立工业管理部门管理各种工业。为管理建材工业，1952 年设立重工业部建筑材料工业局，1956 年成立国务院直属的建筑材料工业部。当时建材部的职能是实施行业管理和直接管理水泥、建筑玻璃和建筑卫生陶瓷大中型企业。

随着中央工业管理机构的建立，各省、市、自治区相应设立建材管理机构。1955 年北京市政府成立北京市建筑材料工业管理局，管理砖瓦、石灰等地方建筑材料以及水泥，建筑玻璃和建筑卫生陶瓷等中小企业，与其他省、市不同的是还管家具企业。地处北京市的大中型水泥企业琉璃河水泥厂由建材部直接管理。

北京市建材局成立后，为满足新首都大兴土木的需要，创建了一大批建材企业，包括砖瓦和石灰等地方建材企业、中小型水泥厂、陶瓷厂、加气混凝土厂，以及建材机械厂等等。20 世纪 70 年代，按党中央和国务院指示，建材部下放大中型企业，将琉璃河水泥厂划归北京市建材局管理。

到 20 世纪 80 年代，随着社会主义市场经济体制改革的深入，建材部直接管理企业的职能逐步弱化，而各省、市、自治区建材局直接管理企业的任务不断加重。为适应这样的新形势，建材部改为国家建筑材料工业局，而各省、市、自治区的建材局改为公司，进行公司制管理所属各企业。1989 年北京市建材局改为北京市建筑材料工业总公司，1992 年又改名为北京市建筑材料集团总公司，对企业实行集团制管理。1996 年在现代企业制度改革中，北京建材集团总公司改制为国有独资公司，授权管理所属各种企业的资产，其名称改为北京建筑材料有限责任公司。

1995 年时任北京建材集团总公司总经理的张毅先生提出和实施“大建材、大开发、大配套、大三产”的发展战略，领导集团公司进入了一个新的发展阶段。除涉足商品混凝土、玻璃棉和家具配套材料复合板等新产业外，最突出的是跨入房地产业和物业管理新领域。

许多省、市、自治区建材局转制过程中，当地政府将建材企业资产未能授权或未能充分授权给转制单位。北京市政府则不同，作为出资人，将建材企业资产完全授权给北京建筑材料有限责任公司经营。在这种条件下，该公司可利用所属被淘汰的砖瓦厂及其他单位腾出的市区或市郊的大片土地，开发房地产业。第一个房地产项目是利用位于北京市二环内宣武区的本公司招待所拆迁后的土地，建设金隅大楼。建成后自行物业管理，效益颇丰，取得成功。从此开始了北京建材集团总公司的房地产和物业管理业务。

为方便于市场化运作和体现企业的包容性，2000年北京市建筑材料有限责任公司改名为北京金隅集团有限责任公司。金隅名称来源于成功经营的第一个房地产项目金隅大厦。

2005年组建北京金隅股份有限公司，2009年在香港联交所挂牌上市，发行H股。2011年又在上海证券交易所发行A股。金隅集团公司在境内外建立了两个融资渠道，为企业快速发展创造了有利条件。

经过20余载辛勤耕耘，金隅集团公司已发展成为经营房地产、水泥、商品混凝土、家具和建筑保温材料等多种产业的大型企业。

房地产开发项目累计达120余个，总建筑面积为2 000多万平方米。产品内容包括普通商品住宅、高档别墅、商业用楼、经济适用房和廉租房等等。开发重点在北京，此外还将业务延伸到上海、天津、重庆和南京等12个城市。2014年，在中国房地产百强企业榜中金隅股份公司排名列第24位；在沪深上市房地产公司综合实力排名中占第7位。金隅集团公司所属金隅地产公司经营的地产有北京市的环球贸易中心、金隅大厦、腾达大厦和嘉华大夏等等。

金隅集团公司经营的商品混凝土产能达 2 500 万立方米，在北京市一家独大。金隅集团公司注册的“天坛”“龙顺成”商标是家具行业的驰名品牌。玻璃棉天花板和岩棉隔热板等都是北京市现代建筑业重要配套材料。

2. 水泥业进展

金隅集团公司发展水泥业务的基础是北京琉璃河水泥厂。20 世纪 80 年代到 90 年代在北京市新建了北京水泥厂和一些中小型水泥企业。2007 年开始，通过兼并重组和扩建，快速扩大水泥业务。

1）北京琉璃河水泥厂

北京琉璃河水泥厂由日本浅野洋灰株式会社等建成于抗日战争时期的 1943 年。当时有 4 条中空干法窑，台时产量仅 4.6 吨。抗日战争胜利后由民国政府资源委员会接收。解放战争胜利后，中央人民政府接管后交给中央工业管理部门管辖，后又下放给北京市建材局。

在中央建筑材料工业部和北京市建材局直接领导下，该厂主要依靠自己力量分别于 1958 年和 1975 年扩建投产 2 条 $\phi3.5\times50m$ 立波尔窑生产线。到 1979 年，水泥年产量达 123 万吨，成为当时全国水泥产量最高的大型水泥企业。

在中国水泥工业进入发展新型干法生产的新时期，北京琉璃河水泥厂拆除中空干法窑，于 1995 年建成 1 条日产 2 000 吨熟料新型干法生产线。接着，拆除立波尔窑，于 2002 年又建成 1 条日产 2 500 吨熟料生产线。至此，实现了由落后的中空干法窑技术向先进的预分解窑新型干法技术的转型升级，年熟料生产能力达到 140 万吨，与 1979 年的产能相近，并未大幅提升。

在经济体制改革和水泥行业生产技术提升的进程中，抗战期间建成的老厂，有的被兼并、有的被淘汰，至今仍能维持独立正常运行的极少。北京琉璃河水泥厂在金隅集团公司的支持下，成功实现转型升级，仍在为首都建设继续贡献力量。

2）新建水泥企业

金隅集团公司在20世纪80年代到90年代新建的水泥企业主要有：北京水泥厂和燕山水泥厂。

北京水泥厂始建于“八五”计划期间，于1994年建成投产第1条日产2 000吨熟料新型干法生产线，后又扩建1条日产3 200吨熟料生产线。国家建材局批准建设北京水泥厂第1条生产线的初衷是，在北京市建设1条现代化水泥生产线以改变中央领导和首都民众对落后水泥企业严重粉尘污染的看法。出于这种思考，规定北京水泥厂在生产线各扬尘点必须配置收尘设备，特别在窑尾排放点要采用国际最先进的袋式收尘装置。该装置的操作和维护难度较高。北京水泥厂经过长期努力，克服困难，成为我国水泥行业首个成功采用窑尾袋式收尘装置的企业，这对解决全国水泥企业的粉尘污染问题发挥了重要作用。第2条生产线建设是以协同处置城市废弃物的名义而被批准的，建成投产后，推动了工厂的水泥生产功能向环保功能方面转变。

燕山水泥厂建设的1条日产700吨熟料预分解窑新型干法生产示范线，对我国新型干法技术开发提供了一定帮助。

3）扩张水泥业务

在蒋卫平董事长领导下，金隅集团公司从2007年开始迅速扩张水泥业务。主要的扩张方式是兼并重组。2007年前后，江苏、浙江南方地区出现新型干法水泥产能过剩问题，京津冀北方地区在不同程度上也出现类似情况。中国建筑材料集团公司在南方地区开展大规模兼并重组活动；金隅集团公司则在河北、天津等北方地区对一些困难企业进行兼并重组，其中对河北太行水泥股份公司和天津振兴水泥公司的兼并重组在行业内引起很大关注。

河北太行水泥股份公司的前身是河北省邯郸水泥厂。该厂由建筑材料工业部建成于1968年，采用3套从民主德国进口的$\phi 4\times 60$m立波尔窑设备，1979年水泥产量达120万吨，是规模仅次于琉璃河水泥厂的大型水泥企业，曾是建筑材料工业部直属的大中型企业，后下放给河北省政府。1993年由河北省邯郸水泥厂独家发起成立河北太行水泥股份有限公司，2002年在上海证券交易所挂牌发行A股。该公司在北京市设立的北京太行前景水泥有限公司和在河北省保定市设立的保定太行和益水泥有限公司于2003年各成功投产1条日产3 000吨熟料新型干法生产线，将立波尔窑烧成系统改造成预分解窑烧成系统的技改工程也于2003年6月竣工并成功投产。2011年2月获北京市商务委员会批复，北京金隅股份公司控股兼并河北太行水泥股份公司，接着后者终止上市发行股票。兼并重组后进行了扩建，目前河北太行水泥股份公司已发展成年产水泥熟料300万吨的新型干法企业。保定太行和益水泥有限公司和北京太行前景水泥有限公司都随河北太行水泥股份公司进入北京金隅水泥股份公司。

天津市振兴水泥有限公司有2条日产2 500吨熟料新型干法生产线，建成于21世纪初。由于不堪重负，实行了“债转股”，中国建设银行成为其控股股东。该公司生产基地位于天津市郊，市场条件极佳，多家新兴水泥企业竞相购买其控股权。最终，北京金隅股份公司取胜，成功兼并了天津市振兴水泥公司。

北京金隅股份公司经过近几年扩张水泥业务后，所属水泥企业数量倍增，水泥生产规模大幅扩大，2015年熟料产能达3 339万吨，全国排名第10位，企业名称及其生产规模列于表19-14。从该表可看出，北京金隅股份公司所属企业主要分布在河北省，与河北冀东水泥股份公司的生产布局相重叠，都是京、津、冀地区水泥市场的主要供应商。如果这两家公司能很好协同，对解决因产能过剩而产生的问题定会有所帮助。

表 19-14 北京金隅股份有限公司所属熟料生产企业

企业名称	生产规模（t/d）
北京市	
北京市琉璃河水泥公司	2 000 + 2 500
北京水泥厂有限责任公司	2 000 + 3 200
北京太行前景水泥公司	3 000
河北省	
保定太行和益水泥公司	3 000
承德金隅水泥有限责任公司	4 000
邯郸金隅太行水泥有限责任公司	2 000 + 2 500 + 5 000
邯郸涉县金隅水泥公司	5 000
鹿泉金隅鼎鑫水泥公司	2 × 2 500 + 2 × 5 000
鹿泉金隅鼎鑫水泥公司三分公司	5 000
曲阳金隅水泥公司	4 000
邢台金隅咏宁水泥公司	2 × 2 500
宣化金隅水泥公司	2 500
赞皇金隅水泥有限责任公司	2 000 + 2 500 + 5 000
张家口金隅水泥公司	1 100
涿鹿金隅水泥公司	4 000
河南省	
博爱金隅水泥公司	2 500
沁阳市金隅水泥公司	2 500
吉林省	
四平金隅水泥公司	2 500
山西省	
广灵金隅水泥公司	4 000
岚县金隅水泥公司	2 500
陵川金隅水泥公司	3 200
山西左权金隅水泥公司	2 500
天津市	
天津市振兴水泥公司	2 × 2 500

3. 提升环保功能

金隅股份公司的水泥企业和其他新兴大型水泥企业一样，都已走上绿色发展道路，普遍推广了低温余热发电、脱氮和减少粉尘排放等技术措施。地处北京市的北京水泥公司和北京琉璃河水泥公司对绿色发展更为重视，不断提高自身的环保功能。

北京水泥公司已建成：年处理 10 万吨城市工业废弃物作业线；日处理 500 吨污水厂污泥的作业线；日处理 500 吨生活垃圾作业线和城市危险废弃物处置中心。北京琉璃河水泥厂已开发出垃圾焚烧炉灰处置技术，并已建立示范线，成功解决了垃圾焚烧炉灰的处置难题。

为支持解决北京市雾霾问题，金隅股份公司先后关闭了在北京市的 3 个中小型水泥企业，压减水泥产能近 150 万吨。北京水泥公司和北京琉璃河水泥公司是否能长期生存下去，看来将与企业环保功能的提升密切相关。

4. 评述

中华人民共和国成立后，人民政府从中央到地方都设置了建筑材料工业的管理机构。在中央设建材部，各省、市、自治区设建材局。随着我国政治和经济形势发展，各级建材管理机构都发生了变化。建材部先改为国家建材局，后被撤销。国家建材局所属企事业单位组建成两个公司：一个是生产型公司——中国建筑材料集团公司；另一个是科技和工程服务型公司——中国中材集团公司。这两个公司在社会主义市场经济的锤炼中，生产经营和科技开发都非常优秀，成果累累。

各省、市、自治区建材局都改制成公司。经过 20 多年发展，各地建材公司之间呈现出很大差别。北京市建材局已发展成以房地产业和水泥业为主的多产业大型上市公司，即当今的北京金隅集团公司。建材行业各方人士都认为金隅集团公司在各地建材局转制的公司中最为优秀，给予同声赞誉。

十一、中国天瑞集团水泥有限公司

1. 母公司概况

天瑞集团水泥有限公司的母公司是天瑞集团股份公司。1983年在经济体制改革的大潮中，李留法先生联合5户亲朋好友，集资组建民营股份制合作企业——汝州市铸钢厂。开始铸造内燃机电动机机壳，后开发生产铁路货车配件，成为铁道部定点配件生产厂家。

以铸造业起家，经历30多年的拼搏，在各级政府的支持下，李留法先生造就了一个2014年中国企业500强排名第382位的民营企业天瑞集团股份公司。其经营业务包括了铸造、水泥、旅游、煤化工和制铝等产业。

天瑞集团铸造公司拥有国际最先进的德国V法造型生产线，铸钢件生产能力达30万吨/年，产品出口到美国、俄罗斯和乌克兰等国家。

天瑞集团旅游发展公司下辖尧山—中原大佛景区、六羊山景区、南召真武顶景区等7个旅游点。在大佛景区有208米高的铜铸中原大佛。佛像由本公司铸造，被确认为世界第一高铜铸立佛。在鲁山上汤景区有重116吨吉祥铜钟，也是天瑞集团铸造，是世界上最大的外击式青铜钟，获世界吉尼斯纪录证书。

天瑞煤焦化有限公司位于河南省汝州市，下有备煤分厂、炼焦分厂、化工分厂、煤气发电厂、洗煤厂和年产250万吨原煤的煤矿，形成一个相互密切关联的煤化工产业园。

天瑞集团公司控股的三门峡开元铝业股份公司，其综合年产能力为 35 万吨，其中电解铝 30 万吨，铝合金为 5 万吨。

天瑞集团充分利用当地的人力、矿产和旅游资源，开发出相应的产业，形成具有自己特色的多产业公司。

2. 水泥业发展概况

河南省在水泥行业是全国闻名的立窑大省，立窑水泥厂众多，其中有盈利的好企业，也有为数不少的亏损企业。20 世纪 90 年代初，汝州市铸钢厂经营业绩出众，已成为当地著名的盈利企业，有能力涉足其他行业。在当地政府的牵线搭桥和大力支持下，兼并了若干亏损的水泥企业。

1994 年兼并亏损乡办企业白云山水泥厂。该厂有 3 条立窑，兼并后随即进行改造，对生产线工艺设备进行填平补齐，将其提升到正常的机立窑技术水平，同时改善其管理操作，经一番改进，生产线产量很快达到设计水平，最终扭亏为盈。

1998 年兼并已经倒闭的鲁山县梁洼镇镇办的白水泥厂，在此新建 3 条年产 10 万吨熟料的机立窑生产线，使该厂起死回生。

1999 年兼并了经营不善、已陷入严重亏损境地的国有企业汝州市磊裕水泥股份公司。该公司有 6 条年产 10 万吨熟料的机立窑生产线和 1 条华新型湿法回转窑生产线。兼并后对生产线进行不同程度的改造，对管理制度和秩序进行大刀阔斧的改进和整顿，使企业走出了困境。

在兼并上述水泥企业的基础上，2000 年成立天瑞集团水泥公司，有 12 条机立窑生产线和 1 条湿法回转窑生产线，年产熟料生产能力约 140 万吨，年产水泥 200 多万吨。所用工艺和设备都很落后，从总体看基本属立窑企业。

天瑞集团水泥公司成立后，紧跟水泥工业发展形势，于 2002 年在汝州市工业区开工建设 1 条日产 2 000 吨熟料新型干法生产线。

2003年，天瑞集团股份公司聘请中国国际工程咨询公司就集团公司发展问题进行策划。咨询公司提出了“以铸造为基础、重点发展新型干法水泥生产、适当发展旅游业”的咨询意见。

天瑞集团水泥公司采纳了咨询公司的意见。为加快发展新型干法水泥生产，在咨询公司专家帮助下，聘请优秀水泥专家，制订水泥发展规划，成功引进国际著名私募基金KKR和国际金融公司IFC的资金。在规划指导下，2002年开始建设的日产2 000吨熟料生产线点火投产后，接着扩建1条日产5 000吨熟料生产线，在河南省全面铺开新型干法水泥生产线建设；2004年开始进入辽宁省，在大连市和辽阳市等地区扩展水泥生产；2009年在郑州市荥阳县建成1条世界上最大的日产12 000吨熟料新型干法生产线，其产品质量非常优秀，具有该生产线的天瑞集团郑州水泥公司在市场竞争中被确立为郑州市所有商品混凝土厂的唯一水泥供应商。

天瑞水泥公司主要依靠自身努力，在众人帮助下，水泥生产迅速成长壮大。2010年开始准备在香港联交所发行股票，于2011年在香港成功挂牌上市，建立了国际融资渠道，为规范企业管理和进一步发展生产创造了条件。

3. 天瑞集团水泥公司现状

1）公司体制

2015年天瑞集团水泥公司股权结构如下：

天瑞集团股份公司	万祺（Wan Qi）有限公司	公众股
39.57%	28.71%	31.72%

中国天瑞集团水泥有限公司

天瑞集团股份公司是李留法先生的家族合股企业。万祺（Wan Qi）有限公司是加拿大私人公司。天瑞集团水泥公司的体制属中外合资民营资本控股的股份制企业。

2）企业状况

天瑞集团水泥公司下属全资、控股和参股的熟料生产企业列于表 19-15。

表 19-15　天瑞集团水泥公司所属熟料生产企业

企业名称	生产规模（t/d）
河南省	
天瑞集团郑州水泥公司	12 000
天瑞集团汝州水泥公司	2 000 +5 000
天瑞集团水泥公司（临汝镇生产区）	4 000
天瑞集团禹州水泥公司	2 ×5 000
天瑞集团南召水泥公司	5 000
卫辉天瑞水泥公司	2 ×5 000
天瑞集团光山水泥公司	5 000
国投新登郑州水泥公司	5 000
河南永安水泥公司	5 000
平顶山瑞平石龙水泥公司	2 ×5 000
辽宁省	
大连天瑞水泥公司	3 ×5 000
辽阳天瑞水泥公司	2 ×5 000
辽阳天瑞辽塔水泥公司	5 000
海城市第一水泥公司	4 000
辽宁辽东水泥集团山河水泥公司	3 200
安徽省	
天瑞集团萧县水泥公司	5 000

在上表中，河南省平顶山瑞平石龙水泥公司是天瑞集团水泥公司参股40%的参股企业，熟料总产能计算时按其产能的40%计入。2015年天瑞集团水泥公司熟料总产能为2 930万吨，占全国排名第11位。

从表19-15可看到，天瑞集团水泥公司所属熟料生产企业全部采用先进的预分解窑新型干法，一改过去立窑生产的落后状况，经过13年的发展，由立窑企业已成功转型升级为新型干法企业，在全国立窑水泥企业群中脱颖而出，成为当代中国的大型新兴水泥企业。

3）市场形势

天瑞集团水泥公司所属企业布局特点是集中在河南和辽宁两省，即使在安徽省有1条唯一的生产线，但该生产线靠近缺水泥资源的河南省东部的开封市和商丘市。河南水泥市场的销售商主要有3家，除天瑞水泥公司外，还有中国建筑材料集团的中联水泥公司和河南同力水泥股份公司。这两家公司在河南省的熟料生产企业分别列于表19-16和表19-17。

表19-16　中联水泥公司在河南省的熟料生产企业

企业名称	生产线规模（t/d）
安阳中联海皇水泥公司	4 000
安阳中联水泥公司	5 000
登封中联登电水泥公司	5 000
邓州中联水泥公司	3 200
河南淅川中联水泥公司	3 200
济源中联水泥公司	4 000
郏县中联天广水泥公司	2 ×2 500
洛阳中联黄河水泥公司	5 000
南阳中联卧龙水泥公司	3 500
新安中联万基水泥公司	2 800 +5 000
中联水泥公司南阳分公司	3 000 +6 000

表 19-17 河南同力水泥股份公司在河南省的熟料生产企业

企业名称	生产线规模（t/d）
河南省豫鹤同力水泥公司	5 000
河南同力水泥股份公司	2 ×2 500
河南驻马店豫龙同力水泥公司	2 ×5 000
洛阳黄河同力水泥公司	2 ×5 000
三门峡腾跃同力水泥公司	5 000
新乡平原同力水泥公司	5 000

从表 19-15、表 19-16 和表 19-17 可看出，河南省目前新型干法企业与过去的立窑企业相似，其数量较多，但不同的是这些企业集中隶属于天瑞、中联和同力等 3 家大企业。当前水泥企业都处于产能过剩的困境，河南省水泥企业集中度较高的状况，对避免因市场饱和而造成的恶性竞争非常有利。

在辽宁省，水泥企业主要分属于天瑞集团水泥公司、山东山水水泥集团公司和吉林亚泰（集团）股份公司。亚泰股份公司在辽宁省的熟料生产企业列于表 19-18。

表 19-18 吉林亚泰（集团）股份公司在辽宁省的熟料生产企业

企业名称	生产线规模（t/d）
辽宁富山水泥公司	5 000
辽宁交通水泥公司	5 000
亚泰集团铁岭水泥公司	2 ×2 500 +5 000

表 19-5、表 19-15 和表 19-18 说明，辽宁省的水泥企业中，天瑞集团水泥公司有 5 家，山东山水水泥集团公司有 5 家，亚泰股份公司有 3 家。3 家企业熟料产能占全省的 49%。可见，天瑞集团水泥公司在辽宁省的市场形势与河南省相似，都是企业集中度较高。

天瑞集团水泥公司在公司体制、企业状况和市场形势等方面有着自己的特点，在李留法董事长的精心培育下，从一个落后的小水泥企业已成长为国际先进水平的现代大型水泥企业。

综观全国水泥企业现状可以得出，一大批国际先进水平的现代化水泥企业已在我国涌现，它们中拥有世界上最大的熟料生产线、最多的千万吨级水泥熟料生产基地和最先进的物流系统，兴旺发达的中国水泥工业已在世界东方崛起。

第二十章　开创绿色发展和走向世界的新时代

一、社会背景

2005 年 10 月召开的中共十六届五中全会，要求加快建设资源节约型、环境友好型社会，为我国经济建设的可持续发展提出了明确目标。在 2007 年召开的中共第十七次全国代表大会上，首次提出“建设生态文明”是全面建成小康社会的重要内容。2012 年召开的中共第十八次全国代表大会，将生态文明建设提高到经济、政治、文化、社会建设五位一体的战略高度，再次确认为全面建成小康社会必不可少的重要方面。中共十八届三中全会对生态文明建设做出全面部署，从体制、政策、制度和理念等层面进行落实，加快各行各业的绿色发展步伐。

2012 年 11 月 29 日，中共中央总书记、国家主席习近平同志参观“复兴之路”大型展览会后提出：“实现中华民族伟大复兴的中国梦。”“中国梦”的基本目标是，在中国共产党成立一百年时全面建成小康社会，在新中国成立一百周年时建成富强、民主、文明、和谐的现代化国家。“中国梦”充分表达了中国各族人民积聚了一百多年的心声，一经提出立即得到热烈响应和衷心拥护。“中国梦”已成为凝聚当今中国社会团结奋进的理想信念和精神支柱。

2013 年 9 月和 10 月，习近平主席分别提出建设“新丝绸之路经济带”和“21 世纪海上丝绸之路”，即“一带一路”的战略构思。2014年11月，习主席在APEC会议上提出加强互联互通、深化“一带一路”合作的建议，还宣布我国出资400亿美元成立丝路基金，为沿“一带一路”各国的基础设施建设、资源开发、产能合作等有关项目提供融资支持。我国企业沿着“一带一路”走向世界是实现中国梦的重大战略部署之一。

二、绿色发展

水泥工业是资源型、高耗能和高排放型产业。例如：2012年水泥生产消耗的石灰石等矿山资源达22亿吨；消耗煤炭为1.9亿吨，占全国总煤耗的5.1%。根据环保部门提供的数据，中国水泥工业粉尘和主要有害气体排放量占全国工业总排放的比例：粉尘15%~20%、CO_2 9%~10%、NO_x 8%~9%、SO_3 3%~4%。

水泥工业又是一个环境友好型产业。长期以来利用高炉矿渣和粉煤灰等工业废渣作原料，2012年利用了约4亿吨工业废渣。最近，又出现水泥厂协同处置城市废弃物的举措，帮助解决城市环境难题，实现工厂与环境友好相处。

为适应社会发展、保持行业继续繁荣昌盛，以节能减排和环境友好为主要内容的绿色发展，是水泥行业的必然选择。近期中国水泥工业的绿色发展表现在如下几个方面。

1. 低温余热发电

这是指将预分解窑窑尾最后一级预热器排出的300~400℃废气和窑头冷却机排出的150~200℃废气用于发电。一般情况下，生产1吨熟料能发电30~42kW·h；同时减排相应所发电量的CO_2量，可使企业节省30%~40%的外购电量。低温余热发电是水泥工业节能减排的重大措施。

1998年海螺水泥股份公司宁国水泥厂采用日本川崎重工业

公司提供的设备，在日产 4 000 吨熟料新型干法生产线上建成我国第一个水泥窑低温余热发电装置，取得成功，显示出优异的社会效益和企业经济效益。此后，我国相关单位相继对水泥窑低温余热发电装置进行国产化技术开发。

2003 年天津水泥设计研究院开发出具有自主知识产权的第一代低温余热发电工艺和装备，主要特征是吨熟料发电能力为 3 140kJ/kg－28～35kW·h；2006 年开发出第二代低温余热发电技术，吨熟料发电能力提高到 3 140kJ/kg－38～42kW·h。与此同时，中国海螺创业控股公司与日本川崎重工业公司组建了海螺川崎节能设备公司和海螺川崎工程公司，分别从事低温余热发电设备制造和工程服务。海螺川崎开发出了具有多种特点的新一代低温余热发电技术。中国建材公司南京凯盛工程公司、大连易达新能源发展公司和中信重型机械公司等都开发出各具特色的低温余热发电装备。技术装备的开发成功和大量供应，为我国水泥企业快速推广低温余热发电措施奠定了技术基础。

从 2004 年开始，国务院先后制订了若干政策，以鼓励节能、环保事业发展。水泥窑低温余热发电措施先后列入了国务院批准发布的《节能中长期专项规划》、《产业结构调整指导目录》和《节能减排综合性工业方案》等法规之中。进入 21 世纪后，我国煤价和电价快速上涨，对水泥企业造成生产成本上升的巨大压力。在政府政策指导下和市场机制作用下，2005 年后，水泥窑低温余热发电技术的推广应用迅猛发展。

到 2010 年已在 692 条新型干法生产线上建成低温余热发电装置，占可设置生产线的 75%，已设置低温余热发电装置的生产线熟料产量为 8.54 亿吨，占同年新型干法水泥熟料总产量的 68%。2010 年水泥企业低温余热发电装机总容量为 4210MW，发电 295 亿 kW·h，节省标准煤 991 万吨，减排 CO_2 2 378 万吨。

2015年我国水泥新型干法生产线为1 614条，小型生产线已被淘汰，都是可设置低温余热发电装置的生产线，其中有约80%的生产线建设了该装置，尚有发展空间。

2. 协同处置城市废弃物

在中国，城市废弃物的处理问题非常严重，亟待妥善处置。历年来积存的生活垃圾已达60亿吨，占地5亿多平方米，目前仍在以每年3亿吨的速度增长，已有近400座城市陷入“垃圾围城”的困境。2010年10月海螺水泥铜陵厂在日产5 000吨熟料生产线上建成我国首条处置生活垃圾作业线，日处理垃圾600吨。经环保部门检测，其排出的废气完全符合《水泥工业大气污染排放标准》(GB 4915—2013)，其二噁英量甚微，远低于垃圾焚烧炉废气所含浓度。海螺水泥铜陵厂取得成功后，华新水泥股份公司武穴厂、中材国际溧阳水泥厂相继建成水泥窑处置生活垃圾作业线，都顺利投产，取得良好效果。

1995年10月金隅集团北京水泥厂和天津水泥设计研究院合作建设的年处理10万吨城市工业废弃物作业线成功投产，开始处理包括有毒废物在内的各种流体状或固体状的工业废弃物。2009年8月，广州越堡水泥公司和天津水泥设计研究院合作建设的日处理500吨污泥作业线建成投产，开始连续处置广州市污水厂污泥。其后，金隅集团北京水泥厂日处理500吨污泥作业线相继投产并连续运转，从而长期存在的污水厂污泥处理的难题在技术上得到破解。

到2015年，全国已有20多条水泥新型干法生产线上进行水泥窑协同处置城市废弃物作业。

在实践中得出，水泥窑协同处置城市废弃物是一项系统工程，不仅是水泥企业的事，还涉及社会各方面，须制订相关政策、法规和标准，须由民众支持，须由有关单位收集、分捡和运输废弃物，特别须要政府的协调和资金支持。

2014 年 3 月 1 日和 2015 年 4 月 1 日，分别开始实施《水泥窑协同处置固体废物污染控制标准》（GB 30485—2013）、《水泥窑协同处置固体废物技术规范》（GB 30760—2014）。2015 年 6 月 30 日，对《水泥窑协同处置工业废物设计规范》（GB 50634—2010）进行了部分修订，使水泥窑协同处置固体废物的设计、生产和管理规范化。

2015 年 4 月 23 日，工信部、住房城乡建设部、国家发改委、科技部、财政部、环保部等六部委联合下发《关于开展水泥窑协同处置生活垃圾试点工作的通知》［工信厅联节（2015）28 号］，对试点企业在资金、税收和政策等方面给予支持 。工信部选定了安徽铜陵海螺水泥公司、贵定海螺盘江水泥公司、遵义拉法基瑞安水泥公司、华新水泥（武穴）公司、华新（株洲）水泥公司、溧阳天山水泥公司等企业作为水泥窑协同处置生活垃圾的试点单位。拟通过两年左右时间，对试点作业线的技术、经济和污染控制水平等进行评估，客观分析其运行中所存在的问题，为进一步推进水泥窑协同处置生活垃圾工作提供可靠资料。

我国水泥窑协同处置城市废弃物的事业已有良好开端，并预示出有着巨大的开拓空间。在政府部门的支持下，这项事业正在有序地向全国各地扩展。

3. 降低粉尘和有害气体排放

随着经济发展和人民生活水平提高，我国广大民众的环保意识已大为增强。许多地区和城市频繁发生大面积雾霾天气，民众表示出空前的严重关切。在中共十八届三中全会精神引导下，改善空气质量、防治雾霾天气已成各级政府任期目标责任的重要内容。2013 年 9 月国务院颁发了《大气污染防治行动计划》，要求到 2017 年全国各地级及以上城市可吸入颗粒物浓度比 2012 年下降10%以上。全国31个省级政府都已订立《大气污染防治目标责任书》。

水泥工业对形成$PM_{2.5}$相关的主要大气排放物是粉尘和有害气体SO_3、NO_x。为贯彻落实国务院的防治计划，环保部与相关单位于2013年12月27日联合发布了新修订的《水泥工业大气污染物排放标准》，将PM排放限值由$50mg/m^3$下调到$30\sim20mg/m^3$；NO_x排放限值由$800mg/m^3$下调到$400\sim320mg/m^3$；SO_3排放限值确定为$200\sim100mg/m^3$。

1）粉尘减排

一般人认为水泥企业的粉尘污染都十分严重，其实并非如此，不同的生产方法具有显著不一样的粉尘排放情况。立窑生产线上的收尘设备大都是很简陋的沉降室，收尘效率极低，有些生产线上甚至没有任何收尘设施，直接排放。立窑生产曾一度造成水泥工业整体粉尘排放量居高不下。新型干法生产线上都配备高效电收尘或耐高温袋式收尘器。在严格管理的情况下，其收尘效率都很高，粉尘排放值可达$15mg/m^3$及其以下，低于国家标准规定的$30\sim20mg/m^3$。进入21世纪后，我国水泥工业粉尘排放量随着立窑生产被新型干法所取代而大幅下降。根据环保部和《中国水泥年鉴》提供的数据，2001年到2005年的“十五”计划期间，我国水泥平均产量不足8.6亿吨，但年均排放粉尘量高达542万吨；2008年水泥产量达到14.0亿吨，年排放粉尘减少到368万吨；2014年水泥产量增加到24.8亿吨，但年排放粉尘量进一步下降到95.8万吨，与2008年相比，水泥产量增加了77%，但粉尘排放量减少了272万吨。人们对水泥企业粉尘污染严重的印象已开始转变。目前，尚有一些新型干法企业，由于管理不善，收尘设备效率低下，甚至失效，造成生产线上的粉尘排放量达不到国家排标准。这些企业须为水泥工业的粉尘减排继续出力。另外，目前尚存在极少量立窑企业应加快淘汰。

2）SO_3 减排

水泥工业窑尾废气中的 SO_3 来源于燃煤。少数立窑企业为降低成本利用了当地高硫煤造成尾气中含有较高 SO_3。选用低硫煤就可减少尾气中 SO_3 量。新型干法企业不能使用高硫煤作燃料，因为气体中过高的 SO_3 会酿成窑尾系统结皮堵塞，使设备无法正常运行。中国水泥工业已基本实现由立窑等落后生产方法向新型干法先进生产技术的转变，因此现已不存在所排废气中 SO_3 超标的问题。

3）NO_x 减排

水泥新型干法尾气中 NO_x 量一般为 500～600mg/m^3，低于老标准 800mg/m^3 限值，但高于新标准 400～320mg/m^3。实施新标准后，水泥企业开始采取尾气脱硝措施。所用方法有两种：一种称低氮烧成技术，即通过烧成系统技术改造来降低尾气中的 NO_x；另一种称 SNCR 技术，即通过窑尾烧氨水将 NO_x 还原成 N_2 隋性气体，从而减少尾气中的 NO_x。在实施过程中，有些企业先进行烧成系统的低氮改造，达不到排放标准时再增加 SNCR 措施；也有些企业不进行改造即使用 SNCR 技术。2015 年我国已有 92% 的新型干法生产线采取了脱氮措施。使用 SNCR 技术除成本和安全问题外，还会增加煤耗和发生转移排放，提高单位熟料的 CO_2、NO_x 和 SO_3 排放量。看来，脱硝技术尚需进一步创新。

4. 延伸产业链

这是指水泥企业生产端上游发展混凝土骨料产业，下游发展商品混凝土产业。延伸产业链是水泥企业转型升级的重要内容，也是生态文明建设的一个方面。

近期我国混凝土骨料每年消耗量高达 100～120 亿吨，是一个量大面广的产业。然而，其生产方法非常落后，都是民间开采。生产粗骨料时，对矿山乱开乱挖，工具简陋，方法原始，非常野蛮，造成资源利用率低、伤亡事故时有发生、大规模破坏植被、大量水土流失。民间开采矿山生产粗骨料对生态环境的破坏很严重，不能再延续了，必须尽快制止。生产细骨料的主要方法是采集河砂。目前我国河砂资源几近枯竭，经常发生采集河砂时破坏河道和水利设施的事件。混凝土骨料生产的落后状况势必尽快改变，必须加速实施现代化进程。

现代大中型水泥企业为保证石灰石和黏土质原料连续供应，都有自备矿山，实行机械化、大规模科学开采，因此拥有矿山开采的装备、技术和人才等丰富资源，具备混凝土骨料生产实现现代化的优势。水泥企业发展混凝土骨料产业实属顺理成章，不仅能提高自身经济效益，还能解决民采混凝土骨料所造成的生态环境遭破坏的社会问题。

近期，一些大型水泥企业发展混凝土骨料产业已取得很大进展。如中国建筑材料集团、安徽海螺集团、冀东水泥股份公司、华润水泥公司、山东山水水泥集团和天瑞水泥公司等企业都已大批量供应混凝土骨料，达到了预期效果。水泥企业发展混凝土骨料的举措方兴未艾，正快速健康发展着。

2015年我国商品混凝土产量约16亿m^3，生产企业有9 600余家，其现状是企业规模较小，生产较分散，质量控制不严，由于水泥和骨料流通环节多，不仅提高了生产成本，还加重了环境污染的负担。这些问题为水泥企业发展商品混凝土产业腾出了空间。

目前，上述发展混凝土骨料的大型水泥企业都已延伸出商品混凝土产业。实践表明，这些企业发展商品混凝土的优势是：质量均匀、供应可控、环境污染较轻、成本较低、有利于控制水泥市场。水泥企业发展商品混凝土产业的工作已经起步，前景看好。

5. 美化环境

这是一项积极的环保措施，也是水泥企业生态文明建设必不可少的重要内容。我国大部分水泥企业已经行动起来，着手美化环境。池州海螺水泥公司是水泥行业美化环境的典范，他们的具体做法是：

1）厂区绿化，种植花草树木，开辟和保护水塘，确保一定绿化面积。

2）建设环保缓冲区，在工厂与周边区域之间建立绿色缓冲带，环绕工厂形成一个森林圈，不仅改善厂区小气候，还可减轻工厂噪声、热辐射、粉尘和气体排放对周边环境的影响。

3）矿山绿化和复垦，恢复矿区生态，确保矿区生态文明，根据企业具体情况建立一定规模的苗圃，不断满足工厂绿化的需要。

4）将美化环境事项列入企业日常管理范围，建立专业队伍，使环境美化程度不断升级。

5）将美化环境的理念融入水泥职工实现中国梦的行动之中。

三、走 向 世 界

随着预分解窑新型干法生产建设大发展，我国水泥行业逐步走向世界。先是技术出口，后是国际产能合作，开创了对外开放的新局面。

1. 技术出口

中国水泥工业在创建中及其以后的一百多年里，都是依靠进口外国装备和技术来发展生产和技术开发。

1889 年成立的我国第一个民族水泥企业唐山细绵土厂购买

外国立窑装备建设生产线，聘用外国技师负责生产技术。1906年重建后的启新洋灰有限公司向丹麦史密斯公司购买中空回转窑成套设备建设新的生产线，取代了立窑生产，提升了生产技术水平。1921年华商上海水泥股份公司和中国水泥股份公司购买德国伯力鸠斯的成套设备建设湿法水泥生产线，进一步提升了生产技术，开创了我国水泥生产的新局面。1945年华新水泥股份公司向美国爱立斯·强默公司购买当时最先进的湿法回转窑成套设备，使我国湿法生产技术水平大幅提高。

新中国成立后的20世纪50年代，政府管理部门向东欧国家购买了一大批湿法回转窑成套装备，以加快发展水泥生产，后又向史密斯公司购买了湿法长窑成套装备建设四川峨眉水泥厂。在消化吸收爱立斯·强默公司湿法窑装备和史密斯公司湿法长窑装备的基础上，自主开发出"华新"型湿法窑成套装备。20世纪70年代到80年代，该装备在我国普遍推广。所建设的企业都成为当时中国水泥行业的骨干。

改革开放后，政府管理部门从日本购买2套日产4 000吨熟料预分解窑新型干法成套装备新建了冀东水泥厂和宁国水泥厂。此后，在广东、广西、福建和新疆等地，陆续向外国公司购买成套装备建设新型干法生产线。通过自主研发、消化吸收外国装备技术和引进装备设计、制造专利技术，开发出日产2 000～2 500吨熟料和日产4 000～5 000吨熟料新型干法成套装备，并掌握了其建设和操作技术。在此基础上，采用国产装备与外国装备相结合的全球采购模式开发出日产10 000～12 000吨熟料成套装备和技术。上述装备和技术的开发成功，不仅使我国水泥工业实现转型升级，还为技术出口创造了主要条件。

21世纪初，中国中材集团在国内水泥厂建设工程承包市场上占有90%以上的份额，工作量很饱满。然而，集团领导能居安思危，不断开拓进取，于2003年开始筹划跨出国门，到国际水泥工程市场上去承包项目，出口水泥技术。

国际水泥工程承包市场历来是老牌水泥装备供应商丹麦Smith、德国Polysius和KHD等公司的天下，占有80%以上的份额。这些公司近百年内历来是我国水泥工业外国成套装备的传统供应商。挤入这样的市场与它们竞争，确非易事。然而，中材集团敢于挑战，毫不畏惧，努力发掘自身优势，跻身于国际市场。

中材集团的主要优势是，投资可节省20%，工期可缩短25%。由于优势显著，不仅成功进入了市场，而且所占市场份额迅速扩大。近几年所占海外市场份额的变化如图20-1所示。

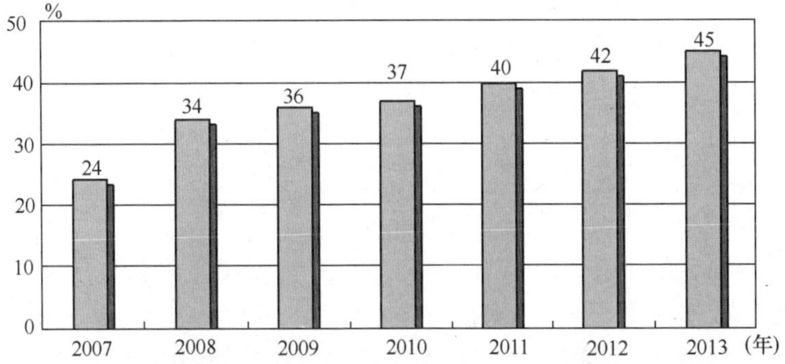

图20-1　中材集团水泥装备海外市场占比（%）

由图20-1可见，中材集团在国际水泥工程承包市场所占份额已达到45%，居世界第一位。2007年以来，其客户遍及亚洲、非洲、中东、欧洲和美洲等46个国家，国际著名水泥生产商，如法国Lafage和瑞士Holcim等都已成为其重要客户。

中材集团走向世界的同时，中国建材合肥水泥研究设计院、中国建材国际工程公司和中国建材凯盛工程公司也相继跨出国门，开发国际水泥工程市场，已取得良好业绩。我国若干贸易公司和投资公司借助水泥行业的技术力量也到国外去承包水泥工程项目。中材集团与其他中国企业所占国际水泥工程市场份额合计达到50%以上。

中材集团等单位出口技术的成功，象征着我国水泥生产技术取得划时代的进步，已进入国际先进行列。

2. 资本输出

中国水泥行业资本输出当前的表现形式是，企业带着资金和技术到国外投资建厂，发展水泥生产，流行的说法叫国际产能合作。

在20世纪，有过两批外国资本进入中国开办水泥企业。日俄战争后，日本实业资本随日本侵略势力到我国东北地区开办水泥工厂。1905年到1945年间建成了14个水泥厂，如表5-1所示。这些工厂在日本人掌管时掠夺我国资源，被中国政府接管后则对我国经济建设发挥了积极作用。改革开放后，国家建材局引进外国资金建设预分解窑新型干法企业。20世纪90年代靠引进外资建成的企业列于表11-2，这些企业的创建推动了我国水泥工业的技术进步。

1889年我国第一个民族水泥企业创建后到20世纪末的一百多年里，除20世纪60年代中国政府组织的少量援外项目外，水泥行业从未有过技术和资本输出。进入21世纪后，先是到国际市场承包水泥工程建设业务，进行技术出口，取得成功。后来到国外去开展国际产能合作，即资本输出。

2003年，水泥行业开始新型干法生产建设大发展，到2008年出现产能过剩的呼声。当时，新型干法产能虽然已有大幅增长，但属于淘汰的立窑水泥仍占总产量的37%，所以此时的产能过剩应是立窑水泥的过剩。随着立窑的淘汰，立窑水泥过剩逐步转变为新型干法水泥的过剩。2015年新型干法产量占总产量比例达98.4%，产能利用率由2014年的70%降低至67%，水泥行业发生了真正意义上的产能过剩。2015 年全行业利润不到 2014 年的一半，仅为 2011 年的三分之一，市场竞争加剧，企业压力不断增大，这种压力变成了走向世界开展国际产能合作的动力，使资本输出成为企业的内在要求。

2013 年习近平主席提出的“一带一路”构思现已成为我国的发展战略。2015 年 3 月 28 日，国家发改委、外交部、商务部联合发布了《推动共建丝绸之路经济带和 21 世纪海上丝绸之路的远景与行动》，为水泥行业谋划出新的出路，开创出海外发展空间。“一带一路”战略贯通着中亚、南亚、东南亚、西亚、部分非洲和部分欧洲等地区，覆盖 64 个国家和 44 亿人口，沿线大多数是新兴经济体和发展中国家，普遍处于经济上升期，对发展经济和改善民生有着迫切要求。沿线 64 个国家 2013 年水泥总消费量近 8 亿吨，人均消费量约 180kg，与工业发达国家最高人均消费量 700 ~ 800kg 相比有很大差距，与亚洲新兴经济体的1 000 ~ 1 500kg 相比则有更大差距。可见，“一带一路”战略开发出的水泥国际市场空间很大，为水泥行业资本输出创造了良好机会。

海螺水泥股份公司和华新水泥股份公司具有出色的远见。早在 2011 年就启动到“一带一路”沿线国家印度尼西亚和塔吉克斯坦选点投资建厂。习主席提出“一带一路”构思后，海螺和华新在该地区迅速扩大投资建厂范围，中国建筑材料集团、中国中材集团、红狮控股集团和上峰水泥股份公司等企业都纷纷跟进，到海外投资建厂。建厂地点除印尼、塔吉克斯坦外，海上丝绸之路沿线有老挝、缅甸、柬埔寨、尼泊尔、泰国、印度和巴基斯坦等；丝绸之路经济带沿线有蒙古、吉尔吉斯斯坦、哈萨克斯坦、俄罗斯和乌兹别克斯坦等。除“一带一路”沿线国家外，有些企业，如冀东水泥股份公司和同力水泥股份公司等还到非洲去投资建设水泥厂。截至 2015 年底，我国企业到海外投资建厂的情况见表 20-1。从该表可看出，海外投资建设的水泥生产线，已有11条投产，总产能为1 029万吨熟料，在建的有4条，尚有拟建的17条。在“一带一路”战略指引下，水泥行业资本输出已成功起步，正在加快步伐争取取得更大成效。

表20-1 2015年水泥企业国外投资建厂情况

生产线状态	条数	熟料产能（万吨）	比例（%）
投产	11	1029	25.48
在建	4	363	8.98
拟建	17	2 647	65.54
总计	32	4 039	100.00

技术出口和资本输出的成功进展，结束了我国水泥行业一百多年来进口技术和资本单向驱动的历史，开创了技术和资本双向驱动的新纪元，从这一方面进一步说明中国水泥工业强大了，水泥工作者对此感到十分的自豪。

自1973年立项开展预分解窑研究以来，经过技术开发、企业制度改革和发展生产等艰苦历程，至2015年我国水泥工业产量增长已出现拐点，生产技术已转型为预分解窑新型干法，技术和资金的流动由进口的单向驱动改变为既进又出的双向驱动。历经40多年的卓绝拼搏，中国水泥行业扬眉吐气、昂首阔步地进入国际先进行列，屹立于世界水泥“民族之林”。

第五部分

时代人物

第二十一章 “水泥大王”王涛

王涛，字松波，1905年3月出生在江苏省崇明县南堡镇（现隶属上海市）。父亲王志夔是清朝末期的秀才，一生教书，对家中孩子管教很严。孩子们必须黎明即起，洒扫庭除，锻炼体格，读书习字，任凭酷暑严寒，天天都不得间断。王涛就在这样一个家庭中成长，并从这里走上自己创业的道路。

王 涛

一、学 业 出 众

王涛天资聪颖，学习勤奋，1920年从苏州第二工业学校毕业后，即考入全国名校——北洋大学矿冶工程系深造。在大学期间，成绩优秀，年年享受免费生待遇。1926年大学毕业时，因成绩全校第一而获校长茅以升颁发的金质奖章。

经介绍，王涛大学毕业后到姚锡舟先生在南京创办的中国水泥股份有限公司工作，在德国总技师（即总工程师）克斯满领导下当一名化验室技术员，从此开始长达近 60 年的水泥生涯。克斯满对王涛颇为器重，有意进行培养，除化验室本职工作外，还经常带领他到窑头和磨房处理一些技术问题，从而使他学到了熟料烧成和水泥制备等方面的知识。1927 年中国水泥厂收购太湖水泥厂，厂方派他参加设备拆迁工作，进一步学到了水泥机电设备安装知识。这些，都为王涛日后兴办水泥实业奠定了良好的技术基础。

1929 年，王涛通过江苏省官费留学考试，赴德国皇家水泥研究院进修，师从世界著名水泥化学家库尔教授，研究水泥凝结硬化机理。当时水泥凝结硬化理论是水泥化学研究的前沿和热点，对改进水泥性能和发现水泥新品种具有重要现实意义。王涛在库尔教授指导下，用独特研究方法取得新颖科研成果，进一步补充和发展了水泥凝结硬化理论。库尔教授对此十分满意，与王涛共同署名将该成果以《水泥水化》为题发表于 1932 年 2 月出版的德国《水泥》杂志，此后又以德文单行本发表。这篇论文在国际水泥化学界受到高度重视和赞赏，成为日后诸多水泥论著经常援引的经典性著作。王涛因此而扬名海内外，其名字从此在水泥权威性著作中经常出现。王涛是中国第一位在国外学水泥的留学生，由于学业出众，成为中国第一位扬名国际水泥化学界的学者。

库尔对王涛的才学和勤奋极为赏识，总是举荐他为投师自己门下的年轻中国学者的学习榜样。在王涛留德期间，上海实业家刘鸿生先生造访库尔教授，请他为华商上海水泥股份有限公司龙华工厂推荐总技师。刘鸿生本意要请一位德国人来担任这一重任，出乎意料，库尔推荐的却是一位年轻的中国留学生，这位留学生便是王涛。库尔向刘介绍了自己的这位得意门生，风趣地说，如果王涛这样的人才被别人请走，将不利于你企业的竞争。王涛由于学业未成，无法应聘于刘鸿生门下，但他的名字已引起国内水泥界的重视，成为国内各大水泥企业竞相争聘的对象。

二、第一位中国水泥总工程师

1932年6月，王涛完成在德国三年的进修任务，如期回到祖国。他婉拒了一些水泥厂的聘请，应姚锡舟先生之聘仍返回水泥知识的启蒙地——中国水泥厂工作，担任德国总技师克斯满的副手，即副总技师。王涛是位要求上进的有志青年，在工作中逐渐感到在克斯满手下难以充分发挥自己的作用。当时启新洋灰公司丹麦籍总技师金森任期将到，公司领导对他的工作不满意，拟不再续聘而另选他人，初定王涛是人选之一，并设法向王涛本人转达了拟聘的意向。启新洋灰公司是一个大企业，下属分别位于唐山和湖北的两个水泥工厂，其总产销量约占全国的一半。到这样一个大型水泥企业去任总技师，无疑具有很大吸引力。因为中国水泥界此前尚无聘用中国人担任总技师的先例，所以启新洋灰公司对聘用王涛仍持十分慎重的态度。1932年11月，让公司董事、其北洋大学同学陈范有出面邀请王涛到唐山工厂参观，以参观为名，行考察之实。事后，王涛写出了考察报告《参观唐山厂概述及意见》。

王涛在考察报告中充分肯定了唐山工厂的有利条件，写道："因毗连开滦矿区，可得多量及廉价之燃料"，"因位于北宁路之中心地带，运输极称便利"，"因棉石（即石灰石）黏土之采掘即在厂之左右，且质量均称丰富"。但报告以主要篇幅分析和提出工厂存在的多方面问题和解决办法，指出：部分石灰石含镁量较高，"但幸此种石料极易辨别而剔除之"；有红黄两种黏土，"所含矽率之不同，对于配合洋灰原料之成分甚为自如，优质洋灰之制造亦较便宜也"；燃料灰分较多，

“但仍用种种化学方法以为补救，并非无办法也”；关于水泥质量，“现存水泥速凝问题也不难解决”；关于工艺布置，“历次扩充，前后似欠连接，机器之布置，颇不经济”，“设置存贮灰块之专仓及用机械转运法以补缺”；关于动力配备，“两种不同电压和周波并存，两台机组仅在半负荷情况下运行，不仅管理困难且造成很大浪费”；关于器材管理，“库存零配件大量积压，按现有生产规模可用20年之久”。

启新洋灰公司领导对这份报告评价很高，认为其所提问题，正切中要害，显示出作者的才学，表明了金森的不足。1933年2月，金森任期届满，公司聘用28岁的王涛任副总技师代行总技师职务，不久便正式任命为总技师，从而结束了建厂40多年来一直聘用洋人担任总技师的历史。同时，王涛作为中国水泥史上第一位中国水泥总工程师而名垂史册。

依照惯例，启新洋灰公司总技师主要负责唐山工厂的工作。当时工厂内部派系林立、权力割据，管理很不统一，人事关系极为复杂，造成工厂存在许多问题而无法解决。王涛上任伊始，就遇到这些难题。他面对来自各方的压力，知难而进，在公司领导的支持下，决定集中权力，统一指挥，经过不懈努力，建立起以总技师为首的生产技术管理体系。这个体系实际上就是生产指挥系统，权力很大，生产上的事全归总技师管，厂长所领导的仅是一些生产支持单位。生产技术管理体系建立后，管理权力不再分散，人事关系趋于正常，王涛确定了自己在工厂的领导地位，于是大刀阔斧地采取一系列技术和管理措施。

王涛在采取技术措施前，必先开展科学试验。为此，他特地从德国购进高温炉、显微镜、颗粒分析仪和高压渗透仪等仪器设备，建立了当时相当先进的试验室。还特别邀请自己的导师库尔教授作公司技术顾问，库尔每月都寄给他反映世界水泥最新技术成果的资料。

根据磨机各仓细度分析曲线，调整各仓钢球级配，大大提高了磨机产量和产品质量。通过原料试烧，采用高铁配料方案解决了长期困扰工厂的水泥假凝问题。对重要的技术措施，往往都建立相应的制度来进行保证。在窑房建立了看火工奖金制度，以解决高铁配料方案造成大窑烧成困难问题，确保熟料的产量和质量。在磨房建立了一整套检查制度，保证配料精确和磨机按合理细度曲线工作。王涛采取的一系列措施和管理制度使生产大幅度增产，使公司的“马牌”水泥质量显著提高。

在实行技术措施的同时，对工厂有关生产管理制度进行改革。改革了工厂零配件等器材用品的管理办法，建立全厂器材用品采购和支领的总技师审批制度，大大改善了厂内器材用品管理混乱和零配件大量积压的状况，有效地制止了这方面的浪费。针对全厂动力配备不合理状况，革新动力系统，实行统一规格、统一发电、统一配送的制度。王涛通过改革各项管理制度，使工厂改善了生产条件，降低了生产成本。

按老校长茅以升先生的要求，王涛任总技师后不久就着手解决拟兴建的钱塘江大桥墩基的抗海水侵蚀问题。通过大量试验工作，对波特兰水泥熟料化学成分进行调整，研制出一种能耐海水侵蚀的水泥。1935年，钱塘江大桥开工，王涛亲临施工现场，指导水泥在工程中的应用，取得了成功。事后，他对这种水泥的生产和应用进行总结，写成《抗海水水泥》一文，并发表于德国《黏土工业》杂志。在王涛任总技师之前，启新洋灰公司与其他中国水泥企业一样，只生产波特兰水泥一个品种，此后，能生产水泥新品种抗海水水泥，开创了中国特种水泥生产之先河。王涛所以能很顺利地解决水泥假凝问题和很快研制出抗海水水泥，与他具有深厚的水泥化学造诣密切相关。

王涛任总技师期间，不仅尽力组织生产，还关心企业发展。他分析了当时政局和华东市场竞争情况，提出关于在江苏长江一带建设新厂的建议。这个建议立即被公司领导采纳，并责成他主持新厂筹备工作，后来又正式任命他为新厂的技术专员。这个厂就是后来全国著名的江南水泥厂。

启新洋灰公司领导对王涛任总技师工作非常满意，认为比外国总技师好。王涛完全能胜任水泥总技师的消息在中国水泥界一经传开，便产生影响，有关企业开始冲破思想束缚，启用中国工程技术人员担任总技师。王涛在中国水泥史上为中国人取代洋人担任总工程师开创了先例，树立了榜样。

三、开办抗日敌后水泥企业

1937 年“卢沟桥事变”后，日本军队向中国发动全面侵略，天津、塘沽一带很快被占领，王涛和启新洋灰公司一起陷入被日本直接统治的境地。王涛是大名鼎鼎的启新洋灰公司的总技师，时任中国工程师协会唐山分会会长，是冀东地区的名人。他享受着与洋技师一样的优厚待遇，住有花园式小洋房，月薪 1 000 银元，年末还有可观的红利收入。然而王涛是位爱国志士，在个人名利与民族大义之间，义无反顾地选择了后者，誓不与侵略者为伍，决意离开启新洋灰公司。他预先派秘书将夫人和四个孩子悄悄地安顿在上海，然后只身登上西去的列车，秘密离开唐山，成功地逃脱敌人魔掌，投向抗日敌后，与国家和民族同患难、共命运。

他辗转天津、上海，然后随民国政府军西撤，1938 年 5 月到达民国政府临时所在地武汉。当年 6 月，安庆失守，九江告急，武汉战役即将打响。民国政府经济部加紧组织工厂内迁。

时任经济部部长的翁文灏与王涛是好友，知道他来到武汉，便请他负责将启新华记水泥厂迁往湘西山区。1938 年 7 月 7 日，经济部发布华记水泥厂迁厂命令，并以经济部资源委员会名义，借给法币 60 万元，作为迁建费。王涛临危受命，自感责无旁贷，决意完成此项任务。他随即急电华记水泥厂的母公司启新洋灰公司，要求派员来武汉磋商拆迁事宜。分管华记水泥公司的专务董事代表启新洋灰公司表示同意拆迁，并授权王涛管理该厂，同时申明今后倘与公司失去联系，可以权宜行事。

王涛持经济部命令和公司授权来到地处湖北黄石的华记水泥厂，宣布政府命令，申明迁厂大义，得到工厂员工的积极响应。接着就组织力量抢拆机器设备。经过 24 天奋战，完成一套旋窑生产系统的拆卸任务，连同材料分装数十条木船启运。船队沿长江经武汉穿行洞庭湖，抵达常德，然后进入滩多水急的沅江逆流而上，历尽各种艰辛，设备器材陆续运抵建厂工地。非常遗憾的是，由于战事已近黄石，还有一套设备未能拆走而落入敌人之手。在抢拆设备的同时，王涛派员到湘西勘察新厂址，经亲自踏勘，选定在沅江和辰水交汇处的工业重镇辰溪为复建厂地。在设备器材启运时，王涛即抽调华记水泥厂技术骨干奔赴湘西开始建厂，将陆续运来的机器进行分步安装，1939 年 7 月设备全部安装完毕，开始试车，1939 年 12 月正式投产。历经一年又半载的艰苦努力，王涛终于完成迁建任务。迁建的新厂取名为华中水泥厂，王涛任厂长，后在增资过程中，改名为华中水泥厂股份有限公司。

日本侵略军攻占平津地区后迅速南下，沪宁一带工商企业纷纷南迁，滇、黔、川等敌后地区一时间迁入大批企业。迁建企业建设和军事防御工程建设都需要大量水泥。云南省没有水泥工业，所需水泥全靠外地输入，但又交通不便，昆明市场水泥奇缺。云南工商界人士欣闻中国杰出水泥专家王涛已到抗日敌后办厂，于1939年初发函邀请他到昆明开办水泥厂。王涛接到邀请函时正忙于领导建设华中水泥厂，考虑到既然为了抗战来到湘西办厂，那么到云南办厂也应是自己义不容辞的责任，于是决定分身到昆明建厂。经考察，确认昆明附近的昆阳县海口镇具备建设水泥厂的条件。接着为建厂筹措资金，得到云南实业家缪云台先生和多家银行的支持。1939年5月，由四家银行和华中水泥厂合资的昆明水泥股份有限公司宣告成立，缪云台任董事长，王涛任总经理。自此，王涛一身二任，频繁奔波于昆明与辰溪之间，开始了更为紧张的两厂建设与生产经营工作。

建设昆明水泥工厂的最大困难是没有现成机器设备，如果完全向国外订货，时间来不及，运输也困难，而且投资大。王涛再三权衡利弊后做出大胆决定，对关键的烧成设备不采用中国已通行但进口困难的回转窑，而是自行设计制造立窑。他在德国留学时曾参观过立窑厂，见过立窑生产，但并不掌握其详细的设计参数和生产技术资料，自行设计建造立窑存在许多困难。王涛知难而进，召集了两位流落在大后方的中国水泥厂和江南水泥厂的工程技术人员，三人密切合作，凭各自经验和见识，边回忆、边绘图，设计出一台$\phi 2.5 \times 10m$的钢筒体立窑，同时完成全厂的工艺设计。设计工作完成后，王涛利用旧日的往来关系向丹麦史密斯公司订购水泥磨机一套，在上海订制钢筒体立窑一座。经历了各种曲折和磨难，1940年10月，终于将全部设备搞到手并安装就绪，于当年12月正式投入生产，云南省从此有了自己生产的水泥。该立窑生产线是一窑一磨，磨机轮流制备生料与水泥，年生产水泥6 000吨。

水泥厂投产后，产品供不应求。1942年4月，公司董事会决定增资扩建。由于时局变化，无法到上海订制机器设备，王涛带领大家设计出$\phi 2.5 \times 10m$的钢筋混凝土筒体立窑和$\phi 1.39$

×2.84m磨机，立窑自行建造，磨机向重庆顺昌机器厂订制。为进一步满足生产需要，后来又设计建造了$\phi 2\times 8m$等不同尺寸的4座砖砌立窑。扩建后，工厂生产能力达到年产水泥1.2万吨。

昆明水泥厂是继华中水泥厂之后，王涛在抗日敌后领导建设的第二个水泥厂，两者不同之处在于，后者采用从国外进口的回转窑设备，前者采用自行开发的国产立窑设备。在此之前，中国人开办立窑厂和回转窑厂都采用外国技术和设备。王涛创办昆明水泥厂时自行开发了立窑技术，数十年后该项技术得到进一步发展和广泛应用，对中国水泥工业发展产生了巨大影响。他在建厂过程中采用了自行设计制造的国产设备，在中国水泥发展史上尚属首例，对我国采用国产设备发展水泥工业具有开创性的意义。

昆明水泥厂投产后不久，王涛又到赣西南地区选址建厂。1941年1月，民国政府经济部工矿调整处、江西省建设厅和华中水泥股份有限公司三方决定合资筹建江西水泥厂。厂址选定在江西省吉安县天河镇，全厂采用国产设备，建设两台立窑，年设计能力为水泥5 000吨。1942年5月，江西水泥股份有限公司宣告成立，王涛兼任总经理。工厂于1943年2月建成投产，从此，江西省也开始生产水泥。在抗日敌后又增添了一支水泥生力军。

1944年初，王涛应贵州省政府请求接办了贵州水泥厂。该厂位于贵阳市，由贵州实业公司所创办，经营了两年，连年亏损，已无法继续维持下去。王涛到工厂进行了实地考察，得出亏损原因主要是管理不善。经过协商，由经济部工矿调整处、贵州省政府和华新水泥股份有限公司三方合资经营该厂。华新水泥股份有限公司投入350万元，并派员主持经营管理贵州水泥厂。不到一年，工厂便扭亏为盈，贵州省政府非常满意。

1937 年抗日战争全面爆发，王涛成年累月穿梭奔波于鄂、湘、滇、赣、黔等地区，克服各种艰难险阻，在我国水泥工业空白地区兴办起一个个水泥企业。其中，昆明水泥厂的水泥曾用于昆明空军基地、“五·一”兵工厂、滇越铁路和滇缅公路的建设，其他企业生产的水泥主要用于为抗战服务的各种设施建设，以及内迁企业复建，为支援抗日战争做出了贡献，同时也为当地水泥工业发展打下了基础。

王涛作为一名工程技术专家，在民族存亡的危机时刻，不顾个人名利和安危，走上了救国救民的道路，为抗日战争的伟大胜利贡献出自己的力量，他这种爱国主义的表现将流芳百世，永载史册。

四、创办华新水泥厂

王涛是一位深谋远虑、胸怀大志的工程技术专家。限于战时资金、设备和时间等条件，不得已创办了一些落后的小企业。但他心中的抱负始终是要创办先进的大型水泥企业。1943 年 2 月，苏联取得斯大林格勒战役的决定性胜利，中国人民抗日战争也开始由战略防御转为战略反攻，王涛看到了抗日战争胜利的曙光，认为创办先进大型水泥企业的时机已到，于是着手进行筹建，逐步开展资金筹集、厂址选择和设备订购等方面工作。

在王涛的运筹下，1943 年 5 月，华中水泥厂股份有限公司和昆明水泥股份有限公司在重庆召开股东联席会议，在会上决定，两个企业合并成立华新水泥股份有限公司，同时选定翁文灏任董事长，王涛任总经理。股东会议确定，华新水泥股份有限公司总资本额为法币 3 000 万元，华中水泥厂股份有限公司和昆明水泥股份有限公司按原有股本比例入股。为预防法币贬值或币制改变可能造成的损失，王涛将公司部分资本和少量贷款换得 150

万美元，存入美国花旗银行，另外筹集资金在湘西购买了木材林场，作将来建设新厂之用。

王涛对创办先进大型水泥企业有着明确的指导思想，综合考虑了市场、资源、运输、装备、市场竞争等诸多因素。厂址的确定主要根据市场、资源和运输等条件，初步选在武汉附近的大冶县石灰窑地区，按地名将拟建厂定名为华新水泥股份有限公司大冶水泥厂（简称大冶水泥厂）。武汉历来是中国的工业重镇，水泥市场较大，是华新水泥股份有限公司主要股东华中水泥股份有限公司的传统市场，附近地区尚无竞争对手，这里显然有着市场优势。大冶县及其附近地区有丰富石灰石资源，仅黄荆山石灰石储量就有2亿吨，而且矿区离厂区的距离不算远，直线距离为5公里左右。在运输方面，厂区离长江很近，有公路直达武汉，距华中钢铁公司铁路支线800米，可接轨进厂。王涛选择厂址靠近长江的考虑主要是：水运价格便宜，可将拟建厂的市场由武汉地区沿着长江水道延伸到下游的南京和上海地区；长江水深面宽，有利于大件运输，允许工厂安装大型设备，由于市场扩散半径大和允许安装大型设备，在长江附近只要资源有保证就可建设大型水泥工厂。

王涛为了使拟建厂产品能与地处上海的华商上海水泥厂和南京的中国水泥厂相竞争，毅然决定选用世界上技术先进的大型设备，创办远东最大的水泥工厂。1944年上半年，抗日战争胜利在望，他便派员前往美国购置设备。向美国爱立斯·强默公司购买2台$\phi 3.5 \times 145$m湿法回转窑，每台日产熟料600吨，是当时全国最大回转窑，也是当时世界上最大型回转窑之一。向同一家公司还购买带水力分离器闭路循环的$\phi 2.74 \times 3.96$m湿法生料磨2台，这种生料制备系统在我国首次使用，在国际上也是最先进的，特点是电耗比其他湿法生料磨低；同时购买了带选粉机闭路循环的$\phi 2.74 \times 3.96$m水泥磨4台，其电耗比开路循环水泥磨低

15%。用这些主机建成的水泥厂可年产水泥50万吨，其技术先进性和规模都超过长江下游地区的各竞争对手。

1945年8月15日，日本宣布无条件投降，全国人民无不欢欣鼓舞。王涛与许多业界人士一样，期盼着抗日战争胜利能带来国家生产建设的繁荣，然而现实情况使他大失所望，迎来的却是国民党挑起的内战，国家依然处于连绵的战火之中，经济恶化，物价飞涨，运费日增，材料奇缺，国币不断贬值，大冶水泥厂的建设工作，其难度与时俱增。

1946年3月，厂址最终确定在石灰窑地区的枫叶山，矿山建在龚家巷。为弥补通货膨胀所造成的损失，华新水泥股份有限公司于1946年6月召开股东会议，决定增资扩股和改组董事会，在总股本3 000万元的基础上增资1 000万元，改选孙越琦出任董事长。王涛变卖了上海的房产，所得200两黄金，除少数用作补贴家庭生活外，全部投资入股。用王涛的话说，为了“华新”的建设把全部家当都摆进去了。1946年9月，工厂建设破土动工，1948年1月进入机器设备的全面安装阶段。

在设备安装的关键时刻，公司新增的1 000万元股本金已全部用完，建厂资金发生困难，股东都不愿增加投入，设法融资也未能成功，在这无奈的情况下，王涛只得提出“以产援建，以产解危”方针，动员全厂职工生产自救，集中现有的材料和设备，按最低条件先拼凑出一条生产线，尽快生产出水泥，以解当前危急。

这时候，中国人民解放军已转入全面进攻，国民党政权已朝不保夕，少数有钱有势的人开始向境外转移。此时王涛对家人说，以前从“启新”出走是为了抗日，现在是国民党打内战，民国政府已如此之腐败，不能为他们干，决不能走。为表示这种心意，他将家属从汉口搬到黄石厂内，与全体员工生活在一起，工作在一起。王涛还在全厂员工大会上宣布：“别的我不敢担保，有一条我可担保，那就是我和老婆住在黄石厂里，决不溜走，决不逃跑。你们有饭吃，我有饭吃；你们没有饭吃，我也没有饭吃”。王涛的行动和讲话赢得了广大员工的理解，解除了员工一度对他会弃厂出走的疑虑，使安装工作顺利进行。

1949年4月，第一条生产线基本建成投产，生产出1 000吨水泥。当时国民党军队节节败退，兵慌马乱，生产的水泥找不到一家用户，工厂只得停产，想通过生产来寻找出路的希望又成泡影。工厂建设已无法进行下去，员工已有100天未领到分文工资，生活中最基本的一日三餐都发生问题，华新水泥股份有限公司陷入极度困境，此时，中国人民解放军已屯兵长江北岸，南京城解放在即。此时的王涛，把希望寄托在解放军尽快到达黄石解放工厂。

在中共地下党的帮助下，王涛组织员工互助自救，将一部分存煤和一些积压闲置的材料进行廉价变卖，换回粮食分给职工，说服自己家属带头献出金银首饰，动员富有职工将积蓄借给公司，使员工生活上的困难得到缓解。王涛在组织员工自救的同时，还在中共地下党组织的领导下积极参加护厂工作，以防国民党军队在撤退时搞破坏。他担任为护厂而组织的应变委员会主任，还任护厂队总指挥，布阵设岗，组织巡逻。在最紧张的日子里，他倡议并组织将员工及其家属的贵重物品藏入磨机等密闭设备中，封存保护，把护厂和维护员工自身利益巧妙地结合起来。驻黄石国民党军队在撤退时以炸毁工厂相威胁进行勒索，王涛巧与周旋，为其开出到公司长沙办事处支领2 000吨水泥的空头支票，化险为夷。国民党军队溃逃前炸毁了附近大冶钢厂的高炉和那里的铁路，大冶水泥厂则安然无恙。关于王涛护厂的事迹，在解放初的上海《文汇报》等各报上曾做过报道，说明事迹出众，得到了宣扬。

1949年5月15日，黄石解放，5月30日王涛带领全厂员工在厂门口真诚地欢迎解放军军代表进驻大冶水泥厂。6月15日，华新水泥股份有限公司正式实行军管。此后，人民政府对大冶水泥厂员工发放救济粮，补发工资，稳定人心。接着，通过贷款、调拨物资和收购产品等方法，使工厂迅速恢复生产。在恢复生产的同时，全厂员工利用工余时间安装第二条生产线，经过三个月奋战，1950年12月，该生产线竣工并顺利投产。这样，王涛八年前开始创办的大冶水泥厂，经历各种艰难曲折，最终在人民政府的帮助下全部建成，实现了创建技术先进的大型水泥工厂的夙愿。1953年，华新水泥股份有限公司大冶水泥厂改名为公私合营华新水泥厂。

华新水泥厂的技术装备在20世纪50年代国际水泥行业中仍属很先进的。中华人民共和国建国初期，为发展自己的水泥装备工业，国家建材主管部门组织力量对华新水泥厂湿法回转窑设备进行测绘，然后对其组织仿造和推广。后来该设备被称为“华新”窑，它是水泥装备系列中的主要定型产品，成为20世纪60年代到80年代共和国发展水泥工业的基本装备。华新水泥厂在建设和投产过程中培养出大批水泥技术人才，这些人才陆续被调往各地建材管理部门、事业单位和新建工厂。1953年到1957年间，从华新水泥厂调出的人数达315名之多，他们后来都成为新中国发展水泥工业的骨干力量。王涛创办华新水泥厂的功绩，不仅在为中国水泥工业增添了一个20世纪中叶规模最大、技术最先进的水泥工厂，而且为新中国成立后30年湿法回转窑水泥发展提供了宝贵技术和人力资源。

王涛留学归国后，成功出任中国第一位总工程师，接着筹办全国著名的江南水泥厂，抗日战争全面爆发后到大后方开办华中水泥厂、昆明水泥厂和江西水泥厂，抗日战争即将胜利时接办贵州水泥厂和开始创办中国最大、最先进的华新水泥厂，1933年到1949年间，他是一位驰骋于水泥界的风云人物，所创造的业绩无人可及，名声显赫，众声尊称王涛为“水泥大王”。

五、开拓水泥科研事业

1955年2月，王涛被调离湖北省黄石市的华新水泥厂，赴北京的重工业部建筑材料工业局工作，担任该局技术处非行政领导职务的一级工程师。1956年5月，成立建筑材料工业部，当年将局属建材综合研究所改组成部属水泥工业研究院和玻璃陶瓷工业研究院，王涛被任命为水泥工业研究院院长。

新中国初建年代，建材科研工作是从零开始的。王涛在世界著名水泥化学家库尔教授的实验室工作多年，是科研工作的内行里手，谙练其规律性。他担任水泥工业研究院院长后，立即按科研工作规律创建院内科研工作秩序。首先是制订科研总体规划，既开展当前生产中所需的试验工作，又从事长远性的科学研究。接着，建立研究工作程序，每一研究项目必须按程序依次展开。这些程序有：选题报告、方案的制订和论证、试验设计和阶段小结、研究报告和成果鉴定等。后来又制订了一整套科研管理办法，如：项目管理、仪器设备管理和物资供应管理等。水泥工业研究院于成立之始就在王涛院长领导下建立了科学秩序，使其科研工作迅速提高到一个崭新的水平，产生了一批重要研究成果，培养出一大批水泥科研人才，为新中国水泥科研事业发展打下了良好的基础。

水泥工业研究院成立初期，承沿其前身建材综合研究所工作，主要从事水泥品种和性能的研究。王涛在此基础上拓宽科研内容，开辟了水泥生产技术的研究领域，为此相继组建了热工研究室、粉磨研究室和自动化研究室，分别专门研究水泥生产中的工艺与相应设备问题。他积极开拓和认真指导研究院开展旋风悬浮预热窑、立筒悬浮预热窑和预分解窑的科学试验，即使在晚年，仍十分关心我国预分解窑新型干法生产的发展，提出在发展过程中，一定要抓住装备问题这个重要环节，对我国水泥生产技术由湿法转向新型干法尽心尽力。王涛过早地与世长辞，未能见到今天中国水泥预分解窑新型干法蓬勃发展的空前大好形势，不过，他在九泉之下，一定会对此十分高兴。

王涛在民国时期创办了抗日敌后水泥工业和先进大型水泥工厂，在共和国时期则创造性地开拓水泥科研事业，两者对推动我国水泥工业发展所起的重要作用，完全可以相提并论。

六、为人师表

在抗日战争时期，王涛限于当时困难条件，自行设计制造立窑用于建设小型水泥工厂，这在中国水泥史上开了先例，被后人所普遍、大量仿造。共和国成立后的“大跃进”时期，他曾支持立窑小水泥企业的发展。1960 年 4 月召开的第二届全国人民代表大会上，王涛以人大代表的身份做了《水泥工业中“小洋群”发挥了巨大的威力》的专题发言。他当时认为，在国家建设迅速发展、“大水泥”不能满足需要的情况下，作为一个补充，发展“小水泥”无论在技术上还是在经济上都是可行的。然而，我国立窑小水泥的发展情况大大出乎王涛的意料。在“文化大革命”期间，立窑小型水泥企业在全国广泛迅速发展，其产量超出回转窑大型水泥企业的产量，1981 年小水泥产量占到水泥总产量的 70%，成为中国水泥工业中的主导产品，已远不是大水泥的补充了。王涛对这种状态十分不满，在晚年自责地对年轻人讲：“我一生中最大的错误是在抗战时期搞了立窑，在大跃进时期支持了小水泥”。小水泥在中国的发展主要是由当时的社会政治和经济条件所造成，没有必要也没有人提出追查个人责任问题。王涛一生业绩，硕果累累，到了晚年，对此不事宣扬，反而自挑缺点，对我国水泥工业技术结构问题进行自责，公开承担责任，这种高风亮节，给后人树立了光辉榜样。

新中国成立后的很长一段时间里，能否处理好票子（金钱）、孩子（子女）、车子和房子问题是考察一个领导干部廉洁自律的主要方面。王涛一贯清正廉洁，克己奉公，在这些问题上永远是人们学习的楷模。

1951年，全国开展抗美援朝运动时，王涛积极参加华新水泥厂捐献一架飞机的活动，捐出了当年的全部收入。在公私合营华新水泥厂的资本中，王涛持有一定股份。1956年国家对私人资本采用定息制进行赎买，连续10年都以现金发放，王涛从此获得一笔巨款。他将这笔钱，没有留给自己，也没有分给子女，而是陆续献给了社会。1980年，他将这笔尚存的余款全部捐给华新水泥厂用于职工教育。1985年5月1日，在他病重期间，华新水泥厂用王涛捐款建设的职工教学楼落成，在墙壁醒目处镶嵌有大理石碑文："华新水泥厂创办人王涛暨夫人沙有德同志，为建此楼捐赠人民币八万一千四百八十元三角二分，刊此永志纪念"。

王涛对子女教育很严，要求他们摆脱父辈的福荫，成为自食其力的劳动者。在子女中，既有成长为教授和高级工程师的，也有当工人和支边农工的。他从来不以自己的特殊身份为子女谋取照顾。"文化大革命"结束后，单位领导考虑到王涛夫妇年事已高、身边确需子女照顾，历次向他提出可帮助解决子女调入问题，可是每次征求意见时都被拒绝。他认为不能因为自己需要照顾而增加单位的困难和负担，直到病逝，北京无一子女，身边无一子女。与当时有些领导干部纷纷调子女进京的情况形成鲜明对照。

1956年，王涛调入水泥工业研究院工作，时任全国人大代表，国务院机关事务管理局特拨给研究院一辆进口小轿车，供他使用。那时，王涛家住北京城里的西单地区，到地处东郊管庄的研究院上班，由小汽车接送。共和国建国初期，石油工业非常落后，汽油供应十分紧张，公共汽车只得以煤气作燃料维持运行。王涛上、下班时坐在小汽车内看见公共汽车顶上载着大大的煤气包，心中总是感到不是滋味。为节省可贵的汽油，他将家搬到管庄，由 14 间私房改住 2 小间公房，虽然居住水平大大下降，但他毫不在意，这种与国家同甘共苦的高尚情操令人敬佩。

王涛搬出私宅住进公房后，将自己的 14 间空房全部无偿借给街道居民委员会开办托儿所。居委会对王涛夫妇的支持十分感激，写信给水泥工业研究院表示感谢并要求给他们以表彰。因信封上写的是“单位负责同志收”，信件落到了时任院长的王涛手中，他对此秘而不宣，直到身后才由家属公开此事。王涛搬到管庄后一直住着两间小房，到 1981 年冬，单位领导才按规定分配给他 4 间住房。两年后，王涛对夫人立下遗嘱：“现住四间房是领导上给我的待遇，是工作需要。我去世后，你一定要退掉两间”。夫人沙有德一丝不苟地执行了王涛的遗愿，在群众中传为佳话。

王涛在水泥事业上之所以能取得如此巨大的成就，与他一贯的思想方法不无关系。上任一个单位的领导岗位时，往往先整顿和建立秩序，然后再开展业务工作；在抓生产时，十分重视技术开发和信息情报业务；在实施一项技术措施时，同时建立相应的制度来保证；在千头万绪的工作中，总是先抓重点，以点带面。这些经过长期实践而证明十分有效的思想方法值得中国水泥工作者经常学习。

新中国成立后，王涛曾任第一、二、三届全国人民代表大会代表，第五、六届中国人民政治协商会议全国委员会委员，中国民主建国会第六届中央委员会常务委员，是一位著名的爱国民主人士。1985年5月23日，他因病溘然长逝，享年80岁。王涛集科学家、工程专家和企业家于一身，他学识渊博、贡献巨大、品格高尚，是矗立于中国水泥史上令人敬仰的丰碑，是功勋卓越、德高望重的“水泥大王”。

第二十二章 “布衣部长”赖际发

中华人民共和国计划经济时期水泥工业的蓬勃发展，在中国水泥史上光彩焯烁、功不可没，而这大发展的总指挥就是原建筑材料工业部部长赖际发。他的一生是革命的一生，是创业的一生，是德高望重的一生。

赖际发

一、出生在贫农家庭

辛亥革命前一年，1910 年的 10 月 24 日，赖际发在福建省永定县汤湖乡龙潭村的一个贫苦农民家庭中呱呱落地。赖家世代务农，到祖父辈已无自己的田地，一家16口人全靠佃租别人的地，耕种谋生。打下的粮食大部分交租，留下的不够全年充饥，遇到灾荒年境，更无法度日，家庭生活十分清苦。为养家糊口，父亲出于无奈，去当吹鼓手和抬轿人，帮人家办红白喜事。赖际发幼年时，也跟着父亲去当吹鼓手，挣些钱帮助全家。在旧社会，吹鼓手、抬轿人被看成是“下九流”，是最受歧视的。由于这个原因，在赖家的祖宗祠堂里不准摆放赖际发祖父这一房的牌位，族谱中也不写他们家的姓氏，三代人都受歧视。

赖际发长到七八岁时，很想与左邻右舍的孩子一起到村上的私塾读书，由于交不起学费而被拒之门外。为了赖家能出一个读书识字的人，全家人咬紧牙关凑了几个铜板，但远不够交足学费。在家人的请求下，学堂老师答应半工半读，一面帮学堂干杂活，一面读书，赖际发很不容易地取得了这样一个读书机会。他在学习中刻苦认真，成绩出众，品学兼优，得到老师的称赞和爱护。不久，这个私塾改为洋学堂。

赖际发在洋学堂毕业后便报考高等小学，虽然入学考试成绩优异，但由于赖家社会地位低下，校方不予录取。经学堂老师和乡里秀才的疏通，方被允许入学。为了交学费，赖际发除靠亲朋好友资助外，经常利用课余时打工。给人抄字写信，随父亲做吹鼓手，参加红白喜事，挣些钱以勉强维持一个读书的机会。

赖际发15岁那年高小毕业，开始筹划毕业后的生活出路。想学门手艺，但拜师无门，想继续升学，又没有路费和学费。他感到前途渺茫，十分苦闷。一天，在村头巧遇热心助人的永定师范学校的吴仰文老师，两人交谈起来。赖际发向吴老师倾诉了自己心中的苦闷，老师十分同情这位好学上进的少年，鼓励他去报考永定师范学校，并答应说，如果考取了，设法帮助进校学习。隔天，赖际发瞒着家庭到县城应考，结果成绩优秀，榜上有名。吴老师得知他被录取后非常高兴，替他交了学费，还找一套旧课本给他读；由于在城里没有住处，又让他住在自己家中。在吴老师的慷慨帮助下，赖际发进入永定师范学校就读。在这里，他不仅是得到了一个宝贵的求学机会，而且是从贫苦农民家庭中走了出来，开始步入一条人生新路。

二、走上革命道路

1925 年秋天，在厦门集美学校加入中国共产党的吴仰文受党的指派，来到永定师范学校任教，以学校为基地，在永定、上杭和闽粤赣边区开展革命活动。赖际发进入永定师范学校后，在吴仰文老师的引导下，积极参加学校和永定县的各种革命活动。1926 年 2 月的一天，吴老师将赖际发叫到自己的房间，对他说：“现在有一个组织比国民党好、是专为穷苦人谋利益的。你愿意参加吗？回去考虑一下。”赖际发听说是“专为穷苦人谋利益的”，这正是自己多年来梦寐以求的愿望，第二天就去找吴老师，表示决心加入这个比国民党好的组织。就这样，赖际发在吴老师的启发和帮助下，加入了中国共产主义青年团，进行了入团宣誓，成为永定县第一批共青团员。

1926 年 10 月，由国共两党合作组成的国民革命军东路北伐部队由粤东大埔向福建进发，10 月 10 日占领永定县。城乡民众敲锣打鼓，热烈庆祝，永定师范学校师生都纷纷投入支援和宣传北伐军的活动。在这些活动中，赖际发作为一个偏僻山区农村青年，受到一次中国革命的洗礼，看到自己的活动是与全国革命紧密联系在一起的，是全国革命的一部分，大大提高了觉悟。

1927 年，赖际发从师范学校毕业，到本县汤湖乡小学当教员。他白天教书，晚上利用夜校进行革命宣传活动，积极发展团组织，吸收青年农民入团，成立了团支部，自任团支部书记。此外，他还帮助汤湖乡农民建立农民协会和赤卫队。年仅 17 岁的赖际发就带领赤卫队员向地主和豪绅们“借枪”，建立农民武装。农民协会在赖际发的领导下，依靠自己的武装力量，开展减租减息、清算土豪劣绅和制止奸商高抬物价等工作，还抓到为害乡里的八个土匪，就地正法，为乡亲除害。这些活动得到广大贫苦农民的热情拥护，大家拍手称快。赖际发亲身体会到，全中国贫苦百姓是多么急切地盼望着获得解放啊！增强了革命的决心和自己的责任感。

1927年4月12日，蒋介石发动反革命政变，全国革命形势逆转。汤湖乡的土豪劣绅、地主恶霸起来反攻倒算，反动政府和地方军阀进行军事反扑，无数共产党员和积极分子被捕和杀害，农会和赤卫队被解散，敌人三次派兵到汤湖乡搜捕赖际发。在这白色恐怖下，他被迫逃避外乡。三个月后，赖际发潜回家乡，与中共永定县委取得联系，开始从事秘密革命活动。他在家中建立联络站，接待来往革命同志，继续组织共青团员和积极分子开展抗捐、抗税和抗租斗争。

就这样，赖际发义无反顾地走上了革命道路，而且愈走愈远，愈走愈宽，在中国革命史上开始撰写自己可歌可颂的篇章。

三、组织武装暴动

第二次国内革命战争时期，中国共产党开始独立领导革命和创建军队，发动武装起义和武装暴动，建立革命根据地。

1927年8月1日，中国共产党在南昌发动武装起义。同年9月，朱德率领起义部队经闽西长汀县到达上杭县，在这里成立了中共特委，发动群众进行武装暴动，建立苏维埃政权。赖际发很快组织起一批青年，到上杭向起义军领枪，随军开展武装斗争。不久，起义军败退，他率领青年武装秘密返回家乡。1928年初，赖际发等在汤湖乡西华山的一座寺庙内集合，组成铁血团，喝鸡血酒结盟，决定发动武装暴动。后被奸细告密，反动政府派兵围捕，幸亏及时转移到山区，敌人扑了空。赖际发等在深山中埋伏直到当年的6月，在中共永定县委的领导下，与吴仰文等一起在汤湖和调吴两个乡同时发动武装暴动，取得成功，建立了乡苏维埃政权。赖际发当选为汤湖乡苏维埃政府主席兼赤卫队总指挥。

武装暴动的胜利引起永定县反动政府的极度恐慌，指派两个团的兵力围剿汤湖乡革命武装力量。赖际发率领赤卫队与数倍之敌展开殊死战斗。坚持17天后，毕竟力量悬殊，赤卫队伤亡严重，被迫退到山区。不久，赖际发与吴仰文汇合，将双方赤卫队合编成东路游击队，在上杭、永定一带开展游击战。1928年11月间，东路游击队攻打丰稔县城时，被反动民团包围，激战中，大部分战士壮烈牺牲，总指挥吴仰文被捕，赖际发带领五六个战士突出重围，转移到粤闽边区。敌人将吴仰文残酷杀害，四处张贴布告悬赏500块光洋捉拿赖际发。这次武装暴动暂被反动派镇压下去。

赖际发获悉最尊敬的革命引路人吴仰文老师壮烈牺牲，感到万分悲痛，这使自己更加深了对敌人的仇恨，更坚定对革命的决心，他从悲痛中振作起精神，将打散的队员集中起来，想方设法与上级党组织取得了联系，带领十多个队员穿密林、住草棚、吃野菜，克服各种困难，开展游击战，坚持革命斗争。在这困难时刻，经上级批准，赖际发转为中共党员。

1929年春天，中国共产党领导的军队——红四军第二次转战入闽，占领长汀县城，在闽西地区又燃起革命的火焰。这时，赖际发率领的游击队返回永定县家乡，准备再次暴动。在中共永定县委的统一部署下，趁反动军队主力外出、县城空虚之机，赖际发率领队伍与其他区乡赤卫队一起共三千多人，选在一个月色朦胧的夜晚，攻进永定县城，暴动取得胜利。赖际发又一次当选为汤湖乡苏维埃主席。

永定县暴动成功后，赖际发及其领导的部队都被调到上杭县，准备攻打上杭县城。守城敌军很顽强，攻打数次都未能攻破，有人称该城为“铁上杭”。1929年9月，朱德领导的红军到达上杭，在赤卫队员的配合下，把“铁上杭”砸得“粉碎”，干净利落地攻下了上杭县城。在这次战斗中，赖际发有勇有谋，带领队伍浴血奋战，表现非常突出，得到上级首长的赏识。同年10月，上杭县地方武装改编为红十二军一〇五团。任命赖际发担任一〇五团二营党代表。从此，赖际发成为了中国共产党领导的工农红军中的一员，开始跟随毛主席和朱总司令转战南北。

四、在反“围剿”战斗中建功

从1927年到1930年间，全国发生了近百次武装起义和武装暴动。通过起义和暴动，中国共产党组建了自己的军队——工农红军，在全国各地形成了近百个面积大小不同的革命根据地。比较著名的根据地有：中央革命根据地、鄂豫皖革命根据地、湘鄂西革命根据地、闽浙赣革命根据地和陕甘革命根据地等。中央革命根据地是在以井冈山为中心的湘赣边区，有毛泽东和朱德领导的红一方面军，军力最为强大。蒋介石对工农红军认为是心腹之患，千方百计妄图予以歼灭。从1930年到1933年间，他对中央革命根据地发动了五次大“围剿”，根据地军民在中国共产党领导下奋勇反抗，这就是近代中国革命史上著名的反“围剿”斗争。

赖际发加入工农红军后便跟随朱德领导的队伍进入井冈山中央革命根据地。在第一次反“围剿”战斗中，红十二军派赖际发所在的一〇五团远离根据地到敌占区去诱敌深入。他们接近敌军后，在其四面设立埋伏，打几梭子弹就往后跑。敌人慌忙追击，快到苏区时，不敢再追。一〇五团从正面向敌军猛烈开火，敌人恼怒追来，进入苏区后觉得犹如进入无人之境，就大胆猛追，一直追到红军主力的伏击圈。红军乘机将敌军的一个主力师全部歼灭。在这场战斗中，赖际发所在的一〇五团立了大功。

在第三次反“围剿”斗争中，蒋介石兵分三路向苏区展开钳形攻势，妄图在十天内把红军赶到赣江边消灭。红军采取避敌主力，声东击西，敌进我退，敌疲我打，一口一口地吃掉敌人的方针，取得了胜利。在这次斗争中的一个秋夜，下着毛毛细雨，赖际发带领的部队奉命突围并穿插到敌占区配合第一军团攻打敌人。在穿插战斗中，部分敌人被歼，另一部分逃脱。赖际发带队伍冒雨追击，雨越下越大，队伍在一个树林里稍事休息，团部设在一个小庙里。不料，被当地反动民团包围。上级指示，必须组织火力突围。赖际发对部队进行动员说：“坐守不如冲杀，冲杀可以保住全团。”他立即带领第三连战士在前面开路，打出一个缺口。反动民团毕竟是乌合之众，见状便四处逃窜。赖际发带领部队成功地完成了突围和穿插任务，得到军首长表扬。

第四次“围剿”被打破后，赖际发调任红二师六团政委。有一天，红军主力部队要穿插急进，被前面一座大山上的守敌扼住去路。不打开这条通路，部队就过不去。赖际发领导的这个团负责攻山，打了两天仍未能攻上去。周恩来同志亲临前线视察，对赖际发说：“此山关系全军命运，一定要攻下来。”隔天，赖际发亲自带领一个轻装连，乘夜从背面悬崖偷袭。到拂晓时，已接近山顶，不料被敌人发现，敌人用雨点般的手榴弹进行阻击。赖际发指挥战士往前猛冲，踢开身边滋滋冒烟的手榴弹，端起刺刀同敌人展开肉博战，经过激烈战斗，终于占领山头。经清点，全连只剩下连自己在内的 8 个人，连排干部全部牺牲。紧接着，其他连队也冲上山来，控制了全部制高点，保证了大部队顺利通过。

红军控制住制高点后，赖际发带领一个排和宣传队的同志到山下的一个村子里去写标语，夜间突然被一股打散了的敌军包围在一个院子里。此时谁也不知谁有多少兵力。赖际发从火力分析出敌多我少，觉得不能久留，便机智地一面应战，一面抽出兵力在后院墙下挖洞，巧妙地突破了包围。赖际发带领突出包围的数十人去追赶自己的部队。哪里有密集的枪声，哪里就有战斗，哪里就有红军，他们就往哪里跑。在追赶中，偶然见到一个大祠堂，就扑了进去，发现这里是一个敌军军部的所在地。敌军主力已去追赶红军，军部留守人员正在整装待发，突然见到红军，措手不及，纷纷争相逃命。赖际发等人在无意中占领了军部，收缴到大批军械等物资，还有一个大箱子，打开箱子一看，竟是满满的钞票。有的战士主张把钞票烧掉，赖际发则把钞票保留下来，以便打到白区时使用。赖际发巧袭军部建奇功的消息不胫而走，在红军中一时传为佳话，朱德总司令知道后连声称赞。在反围剿斗争中，赖际发与他的战友们多次为革命建功。

五、参加二万五千里长征

蒋介石在第四次“围剿”失败后，于1933年9月调动50万军队对中央革命根据地发动进攻，开始第五次“围剿”。当时中央革命根据地有红军八万人，如有正确领导，粉碎敌人这次“围剿”是有可能的。可是，中国共产党内占据领导地位的以王明为代表的“左”倾冒险主义者，早已解除毛泽东的领导职务，拒绝采用毛泽东打破前四次“围剿”的诱敌深入、各个击破的正确方针，而提出“御敌于国门之外”“不丧失一寸土地”等口号，与敌人硬打硬拼。结果，中央红军（红一方面军）接连失利，根据地大大缩小。1934年10月，中央红军被迫从井冈山中央革命根据地突围，开始长征。为去湘鄂西革命根据地与红二、六军团会合，接连突破三道封锁线，红军由八万人减到三万人，损失惨重。在这生死关头，毛泽东建议改变去湘鄂西的计划，向敌人力量薄弱的贵州进军，得到大多数人的赞同。中央红军进入贵州，抢渡乌江，接连打了几个胜仗。1935 年 1 月，到达遵义，召开中共中央政治局会议，在会上，批判了王明等人的错误路线，确立了以毛泽东同志为代表的新的中央领导。遵义会议后，中央红军进行了整编，在毛泽东等人的正确指挥下，采取机动灵活的运动战作战方针，通过凉山彝族地区、四过赤水、巧渡金沙江、抢渡大渡河、爬雪山、过草地，于 1935 年 6 月到达四川小金，与鄂豫皖革命根据地转移来的红四方面军会合。两军会合后，决定继续北上，建立川陕甘边区革命根据地。但当时红四方面军领导张国焘竟擅自带领四方面军南下，搞分裂活动。中央红军则继续北上，越过岷山，攻占天险腊子口，翻越六盘山，1935 年 10 月到达陕北保安县吴起镇，与陕北红军会师。在湘鄂西革命根据地的红二、六军团也于 1935 年 11 月开始长征，1936 年 4 月到达甘孜地区后改编为红军第二方面军。此时，红军第四方面军已克服张国焘的分裂主义行动，与第二方面军一起北上。1936 年 10 月，红二、红四方面军与中央红军会师于甘肃会宁县。历时两年、行程二万五千里的红军长征宣告结束。红军长征后，在毛泽东、朱德等同志领导下创建以延安为中心的陕甘宁革命根据地，在这里开创了中国革命的新局面。

中央红军长征前，赖际发已调任红二师后勤部长。1934 年 10 月他所在的部队从江西于都出发，于当年年末到达贵州，接中央命令要求迅速抢渡乌江，向遵义进军。此时，贵州军阀在乌江两岸早有设防，把南岸村庄烧毁，赶走老百姓，将大小船只都搜夺干净；在北岸修筑碉堡，每隔十里一个，派一连兵力据守。红二师四团红军在杨成武政委和耿飚团长率领下，星夜急行军赶到江边。开始，他们采用游泳泅渡的办法，选出八名最善泅水的战士，身系绳索游向对岸，接近江心时被激流冲没，不得不将战士拉上岸来，未能游过江。后来，他们采用竹筏夜渡的办法，这也未能奏效。此时，总参谋长刘伯承来到江边，告诉大家，必须采取果断措施迅速渡江，否则，后边蒋介石的嫡系薛岳部队追来，将是前后受敌，背水作战，后果不堪设想。最后商量决定：一面用火力佯攻渡口；一面选定河道偏僻狭窄的地方搭架竹桥，让主力部队过河。搭架竹桥的命令下达后，身为后勤部长的赖际发带领战士连夜四处寻找搭桥材料，很快就找到一大批竹竿、绳索和箩筐等物资。在杨成武和耿飚指挥下，四团战士将竹子扎成竹排，用沉入河底的石头箩筐将竹排锚住在水面上，再将竹排一个一个连接起来，搭建成浮桥。竹桥架到江心时，石头箩筐挡不住凶猛的急流，竹排被冲走，必须用更大、更重的箩筐锚住竹排。赖际发不顾疲劳又带领战士去寻找材料，从铁匠铺买来大铁块，从豪绅家搬来大石柱，从地主家要来布匹拧成粗绳作连接材料。靠红军首长、战士的机智和勇敢，终于在波涛汹涌的江面上架设成功一座竹排浮桥，红军主力部队浩浩荡荡地通过了乌江天险，布防在对岸的敌军迅速溃退，薛岳部队追到乌江边时只得望江兴叹。红军抢渡乌江成功，对保证遵义会议的召开具有重要意义。

遵义会议后，赖际发所在的部队到达贵州桐梓县，城内各族居民上街热烈欢迎红军。赖际发率领一个小分队，通过地下党组织的联络和群众帮助，先是巧夺了一座官僚地主的别墅山庄，搜出藏在棺材里的大批银元，后又从大山密林的石洞里搜寻出军阀们逃跑时隐藏的金银财宝。他们用了其中的一小部分去换粮、换布、换药品，解决当时部队的急需。余下的沿途开支，一直用到陕北。

通过凉山彝族地区时，由于缺粮，赖际发带领战士去山林打猎。有一次，他们同国民党的一个骑兵连遭遇。经过一番激战，打败了敌人，缴获了一批物资，还得到数十匹高头大马，补充了部队的供给。

在攀登雪山前，赖际发率领后勤战士为部队准备盛水的竹筒，为每一名指战员发一根棍子，用作拐杖和探路。在爬雪山时，组织担架，提供药品，救治伤员。过了雪山后，发现藏族喇嘛庙内有一大堆羊毛和兽皮，他们就发动各连战士搓毛线、织毛衣，用兽皮做背心和褂子等，为进入高寒地区做准备。

过了雪山，部队来到毛儿盖、黑水、波罗子等高寒地区。这里聚居的都是藏民，平时种点青稞和豌豆，粮食产量很少。部队进入该地区后，发生了粮食问题，每人每天只发几两粮，有的营部连一两粮也发不出了。赖际发作为后勤主管万分焦急，按上级布置，在各部队都成立筹粮委员会，分别到各处寻找粮食。由于反动派的欺骗宣传，很多藏民外逃，有的把粮食藏起来。战士们到藏民不在的家中，发现粮食后就留下借条把它扛回来，纸条上写明：“红军借粮，胜利后加倍归还。”战士们还到即将成熟的青稞田里收割，割完后在地上插上木牌。牌上写明收割原因、部队番号、收割数量、可凭木牌向后来的部队领钱。赖际发还发动战士将粮食炒熟，磨成面，做成干粮，为下一步行军做准备。过草地十分艰难和危险，泥泞的草地上常有深潭，陷进去就无法自拔。不久，很多战士都断了粮。这时，赖际发等同志提出学习远古祖先神农氏尝百草，找野菜充饥。他们在茂盛的草地上，通过亲自尝试，终于找出野葱、水芹和野萝卜等可充饥的无毒野菜，挽救了不少战士的生命。

许多红军战士在爬雪山、过草地时牺牲了。年轻的赖际发一路上积劳成疾，患上了肺病，不时吐血。熬过了草地，他已骨瘦如柴，虚弱得难以站立。明知红军会师地会宁城已不远，只隔几十里路，他却再也走不动了。一位战友拼着最后一点力气，把生命垂危的赖际发背起来，一步步向前挪动。走不多远，这位战士实在没有力气继续行走，想坐下来喘喘气，一蹲下就再也起不来了。幸亏肖华同志骑马经过，发现这个情况后就把他们两人捆在马背上，驮进了会宁城。

红军完成二万五千里长征，创造了世界历史上的奇迹。赖际发依靠着无私无畏的革命精神，支撑着虚弱的身体，奇迹般地坚持到长征的完成。他在陕北经过短期的治疗和休息，又英勇坚强地奔赴抗日战争的最前线。

六、建立秦赖支队

红军到达陕北前，日本侵略军已占领我国整个东北，正大举入侵华北地区，全国人民抗日浪潮风起云涌。红军是抗日的中坚力量，得到中国人民的广泛支持。到达陕北后不久便发生历史上著名的“西安事变”，在中共中央正确方针的指引下，得到和平解决。在全国人民的压力下，1937 年 2 月国民党基本接受共产党提出的建立第二次国共合作的主张，拉开了全国抗日战争的序幕。当时的抗日战争是在正面战场和敌后战场上分别进行的，正面战场由国民党军队进行，敌后战场则由共产党领导的军队进行。共产党军队在敌后不断扩大根据地，坚持开展反扫荡斗争，最后取得抗日战争的胜利。

第二次国共合作形成后，中国共产党领导的工农红军改编为国民革命军第八路军，下属三个师：一一五师、一二〇师和一二九师。赖际发所在的部队被改编为一二九师，师长刘伯承，副师长徐向前。赖际发被任命为一二九师民运部副部长。

国民革命军第八路军改编组建后，便分兵深入敌后，开辟抗日根据地。一二九师则进军太行山和太岳山，开创晋冀豫抗日根据地。赖际发奉命带领教导团第五连从陕西省东渡黄河来到山西省榆次县，开辟敌后根据地。工作先从组织机构着手，建立了八路军驻榆次办事处。然后，在榆次县地下党的配合下开展抗日救国运动，扩大革命力量。榆次县有一个山西省当时最大、最先进的纺织厂，这里曾造就了一批有觉悟的产业工人。赖际发选定在这个厂组织工人运动。他深入到车间中做调查，到工人宿舍去访问，启发工人组织起来与资方的不法行为做斗争，动员工人拿起武器参加抵抗日本侵略。此外，赖际发还深入到正太铁路工人队伍中，发动他们罢工，动员他们抗日。通过大量艰苦工作，赖际发在榆次地区发展出一支以教导团五连为核心，由纺织厂工人和铁路工人组成的抗日革命武装队伍。

秦基伟原是红军第四方面军的一位团长，历尽各种艰辛到达陕北后，也编入一二九师。八路军深入敌后开辟根据地时，他被派到山西省太谷县领导游击战，发展抗日武装力量。游击战取得很大胜利，武装力量迅速扩大，在离榆次不远的太谷地区形成一支以农民游击队员为核心，由阳泉煤矿工人、一些东北流亡学生和太谷铭贤学校学生组成的武装队伍。1937 年底，按一二九师领导指示，秦基伟领导的这支队伍与赖际发组织起来的那支队伍合并，组成一二九师独立支队，起名叫秦赖支队。

秦赖支队下属 3 个大队，分布在晋中地区的 9 个县。在这个地区内有正太铁路、同蒲铁路和平顺、阳泉公路纵横贯穿，在交通要道上设有许多日军的驻点。秦赖支队经常出没在交通线上，开展破路劫车的斗争。炸铁路、截汽车、伏击日军，夺取军械物资，破坏敌人的运输线。秦赖支队经常出其不意地攻打日军的驻点。炸碉堡、打援兵，消灭了许多日本鬼子，使敌人不敢出入，只得龟缩到几个大的驻点之中。秦赖支队还经常配合主力部队作战，截击骑兵，围歼日军，打了许多漂亮的胜仗。这支队伍不仅打仗出色，而且群众工作做得好，百姓捐粮参军十分踊跃。秦赖支队经常将夺得敌人的军械交给师部，还将百姓捐的粮食供给师部的需要。

秦赖支队自成立之日起，在不到一年的时间里就由原来的三四百人发展到四五千人，在对敌斗争中机智勇敢，打过无数硬仗，战功显赫。敌人听到他的名字都胆颤心惊，百姓听到他的名字都肃然起敬，奉若神明。秦赖支队威名远扬，不仅在晋中地区，即使在晋冀豫根据地也都是人人皆知的一支铁骑，为抗日战争立下了汗马功劳。

1938年4月，随着抗日根据地的扩大和抗日力量的增强，中共中央北方局决定成立晋冀豫军区，秦赖支队改编为第二军分区，管辖平定、榆次、太谷、寿阳四个游击大队，秦基伟任司令员，赖际发任政治委员。抗日战争转入一个新的阶段。

七、在反扫荡战斗中出生入死

1940年8月1日，日本政府公开提出所谓“大东亚共荣圈”口号，妄图建立一个由日本主宰的包括印度以东、澳大利亚和新西兰以北所有地区和国家的殖民大帝国。日本军队侵占大半个中国后，准备大举南进并发动太平洋战争。在这个时期，八路军在敌后的战斗接连取胜，抗日根据地日益扩大。日本侵略军为解决南进的后顾之忧，从1941年开始，集中兵力对抗日根据地发动所谓的“大扫荡”。八路军奋起进行反扫荡战斗，从1941年到1942年间，粉碎日军千人以上的扫荡140多次，取得了反扫荡斗争的巨大胜利，大大牵制了日军的南进，对中国抗日战争和第二次世界大战的最后胜利做出了重大贡献。

赖际发于1940年8月调任一二九师新十旅政委，率领部队参加了八路军对华北日、伪军发动的历时三个多月的“百团大战”，接着就参加反扫荡战斗。

1941年秋天，日军向太行山根据地大举扫荡，对新十旅步步紧逼。此时，新十旅决定化整为零，分散打击日寇。一天，赖际发带领的队伍突然被敌人重重包围。在突围过程中，第一层包围圈没有费很大力就被突破；突击第二层包围圈时，上有飞机，下有大炮，虽然冲了出来，但损失很大；不久又遇到第三层包围圈，赖际发夺得敌人一支冲锋枪，带领队伍向前猛冲，不料一颗炮弹落在身旁，炮弹爆炸掀起的尘土将他埋没。警卫员迅速将他从泥土中挖出，幸好没有受伤。赖际发拍去身上的黄土，带领战士继续冲杀，经过 4 个多小时的战斗，终于冲出重围。

1942 年 2 月，日军进行冬季大扫荡。赖际发率领新十旅在四周距离只有 60 公里的分割区内开展游击战。在掩护师部转移的战斗中，他带着师部的一部电台，用电波来迷惑敌人。日军误认为赖际发带领的部队为八路军主力，于是对其拼命追击，组织合围。赖际发带少量部队与数千名敌人周旋。在一次掩护撤退的战斗中，赖际发未能及时撤走，被敌人赶上，他击毙了扑上来的几个敌人后迅速跳进一个枯井，躲过了追寻的日军。敌军离开后，他爬出枯井，集合队伍继续追杀敌人。此时，一二九师师部已安全转移到一个新地点。

1942 年 10 月，日寇又进行秋季大扫荡。在这次反扫荡的一次遭遇战中，赖际发带领部队一方面进行正面作战，同时派出部分兵力从身后包抄敌人。在地方基干民兵的支援下，将敌人包围在一个小山坳里，展开激烈的战斗。在战斗中赖际发右肩受伤，鲜血渗透了衣服，经警卫员做简单包扎后，继续领导部队作战，最后全歼了这股敌军，取得胜利。

赖际发在反扫荡战斗中，既是一个英勇杀敌的战斗员，又是一位足智多谋的指挥员，他出生入死，屡建奇功，得到八路军总部的夸奖。

八、转向工业领导岗位

1942 年后，中国共产党开展了一次整风运动。1943 年秋天，赖际发被派到中共北方局党校参加整风学习。八路军总部军工部在整风中开展了“抢救失足者”运动。在运动中，军工部的干部和技术人员，有的被审查，有的被关押，各单位人心惶惶，军工生产濒临停顿。在这严峻的时刻，党中央从北方局党校抽调赖际发到军工部工作，任命他为军工部政委。

赖际发到军工部后，正确执行党中央的政策，果断地排除干扰和偏见，实事求是地给同志们作甄别、解疙瘩、卸包袱，调动大家的积极性，充分发挥工程技术人员的技术专长。经大量思想政治工作，军工生产很快恢复并在此基础上得到迅速发展。到1944年，军工部已有职工3 500多人，机器设备120多台。生产出的枪炮弹药，一批一批不断地运往前线供应给部队，向日军发起反攻，取得抗日战争的胜利。

1945年8月日本投降。1946年6月，国民党军队向中原解放区发动进攻，中国共产党领导各解放区军民奋起自卫，解放战争（即第三次国内革命战争）全面展开。为适应这样的新形势，赖际发被调任晋冀鲁豫军区司令部军工处负责人，领导军工生产。军工处有38个军工厂，大都分布在山西境内，工厂职工总数达两万多人。

赖际发指导各工厂开展劳动竞赛和立功活动，掀起生产热潮。他还组织工程技术人员开展研究试验工作，研制新武器，提高武器杀伤力，满足战争的急需。赖际发领导的军工处搞得热火朝天、有声有色，在整个解放区要数其发展最快、规模最大、影响最广、贡献最为显著。朱德总司令赞扬赖际发等人说：“打下全中国，要在功劳簿上给军工生产记一大功。”

中国人民解放军取得辽沈战役胜利后，随即打响了平津战役。1948年12月，在华北战场上解放军完成对太原城的包围，太原变成了一座孤城。此时赖际发被任命为太原工业接管组组长兼工业系统解放军总代表，全权负责接管太原城的工业企业。

太原是华北地区的工业重镇，有煤炭、钢铁、电力、纺织、造纸、化工和建材等企业。这些企业大都属阎锡山直接控制的实业公司所有。赖际发接到接管任务后即着手准备工作，对工厂的接管，预先逐个做出部署。1949 年 4 月 24 日，人民解放军对太原城发起总攻，首先在北城打开缺口，先遣部队蜂涌入城，与敌人展开激烈的巷战。赖际发带领接管组全体成员，在武装部门的掩护下紧跟先遣部队进入硝烟弥漫的太原城，首先接管了实业公司，即在公司值班室发出指令，命令各厂负责人不得擅离职守，必须保护好工厂。然后将接管组分成若干小组，派遣他们去分头接管各个工厂。阎锡山特工人员在多个工厂埋炸药、浇汽油，妄图破坏机器设备。敌特还经常向接管组住地放冷枪、掷铁块，制造恐怖气氛，妄图阻挠接管工作。赖际发领导接管组根据不同情况采取各种果断措施，粉碎了敌人的阴谋，使太原城各个工厂完整地回到人民手中，胜利完成了接管任务。

共和国建国初期的工业领导干部，大都是在解放战争即将结束的 1949 年前后，由解放军部队转业的。赖际发与众不同，他在抗日战争后期的 1943 年就转业到工业领导岗位，到解放战争结束时已积累了较丰富的工业部门管理经验，这为在新中国成立后升任建材部长打下了基础。

九、任建材部部长

1949 年 4 月 23 日，中国人民解放军占领民国政府首府南京，接着以秋风扫落叶之势向全国进军，到当年 6 月底，已解放了除西藏、台湾以外的整个中国，至此，解放战争基本结束。在这形势下，中共中央开始筹备中国人民政治协商会议，同时邀集各方面人士共商建国事宜。在这期间，革命队伍中为数不多的具有工业管理经验的赖际发被调往北京，协助李富春组建重工业部。

1949年9月21日，中国人民政治协商会议在北京召开，会上通过了《中华人民共和国组织法》和其他法律。1949年10月1日，在首都北京30万人集会上，毛泽东主席宣告中华人民共和国和中央人民政府成立。同年11月，中央人民政府宣布成立重工业部，赖际发被任命为重工业部办公厅主任。1952年，赖际发被提升为重工业部副部长，主管的部门中包括建筑材料工业管理局。从此，他与建筑材料工业结下了不解之缘，将后半生都献给了多彩的祖国建材事业。

1956年5月，全国人大常委会决定成立建筑材料工业部（简称建材部），并任命赖际发为建材部部长，主管全国的建材工业。在以后的岁月中，建材部机构几经变化，或并入建工部，或并入国家基本建设委员会，其间他虽然由正职改为副职，但都主管全国的建材工业。赖际发在主管建材工业时，除了管理水泥、平板玻璃、建筑卫生陶瓷和砖瓦等传统建材外，还领导开拓出玻璃纤维、石英玻璃和玻璃钢（玻璃纤维增强树脂）等新产品，组织出相应的新行业。然而他认为，在众多建材产品中，水泥是最重要的，是占第一位的，他十分重视水泥工业的发展。因此，建材部内有些机关干部诙谐地称赖际发为“水泥部长”。

在第一个五年计划期间，赖部长领导中央建材主管部门利用东欧国家进口的设备建设大同、昆明、永登、江油和耀县等水泥厂。1958年，他主持建材工业规划会议，确定“每个省、市、区至少建设一个大中型水泥企业”的工业布局。此后，他在总结经验的基础上还提出了一整套实施规划的办法：一是所谓“母鸡下蛋”的办法，即要求每个大、中型水泥厂根据自己的条件就地扩建，“生”出新的水泥生产线；二是“三就”的办法，即水泥厂建设力争做到就地取材、就地生产、就近使用；三是“三带”的办法，即老地区带新地区、老厂带新厂、老工人带新工人。按计划经济体制模式，赖际发招集各方良才贤士，领导创办了水泥生产和建设所需的企、事业单位，包括教育、科研、设计、地质、矿山建设、设备安装和设备修造等单位，建立起一个完整的水泥工业体系。为确定厂址，他总是先深入基层，掌握第一手资料，然后在会议上集思广益地广泛讨论，最后才拍板定案。在项目进行过程中，他还经常亲自出马，与有关部门进行联系和协调，解决工程中出现的重大问题。在共和国计划经济时期，赖际发指挥建设了一大批大、中型水泥企业，不仅使大水泥产量迅速增长，而且大大改善了大、中型水泥企业的布局。

在1958年“大跃进”期间，赖际发提出了“发挥地方积极性，大力发展地方小水泥”的主张。后来，根据当时出现的问题又提出小水泥发展要“从土到洋”和“四靠”“三就”等方针，并指示设计单位设计出立窑水泥厂标准图供推广，及时纠正小水泥盲目发展的混乱局面。

赖际发为发展中国水泥工业呕心沥血、日夜操劳。从1953年到1979年，我国水泥产量从385万吨增加到7 390万吨，提高了20倍。在这巨大的业绩中，凝聚着赖际发无数的汗水和心血。

随着革命的胜利，赖际发由一名赤卫队员成长为国家高级干部，由武装斗争转为和平建设，由穷山僻壤的农村进入富裕繁华的城市，工作和生活都发生了巨大变化。然而，他的革命本色没有变。

赖际发一贯清正廉洁、克己奉公。他在1929年加入工农红军离开家乡后，辗转南北干革命，从未回过家。1959年有一个出差福建的机会。出差前，他向总书记邓小平写报告，要求顺便看望母亲和家乡的父老乡亲们。报告很快获得批准。部办公厅知道这个消息后，准备买些东西，但不知买什么好，让秘书去征求赖部长的意见。赖际发严肃地对秘书说：“当了部长不能搞特殊，这不是党的作风，什么也不要买，要带东西自己出钱买。”办公厅后来又让秘书带上2 000元，并关照说：“与赖部长一起闹革命的老同志中一定还有健在的，遇到他们中有生活困难的，设法帮助一下”。还嘱咐说：“赖部长纪律性强，你视情况自己妥善处理即可。”赖际发在福建办完公务后，翻山越岭70多里，到达阔别三十年的老家——汤湖乡龙潭村。刚到家尚未坐定，就有许多乡亲来看望。几位一起闹革命的老人倾诉他们在漫长岁月中所经历的苦难，诉说赖际发的父亲和哥哥被敌人杀害的情景，也谈到解放后他们的生活情况，以及他们眼下仍面临着山区生活的艰难。秘书欲将带来的2 000元钱分发给贫苦的乡亲们，却被赖际发所阻止。他对秘书说：“不应以个人名义发钱，应当由政府按政策救济，公私要分明。”赖际发到家的第二天就到父亲和哥哥的坟上去拜祭，坟上不摆任何供品，只是面对坟墓深深地三鞠躬。当时，随行人员为做好保卫工作都带有手枪，还配备了一支冲锋枪。秘书见拜祭过于俭朴，建议鸣枪致敬。赖际发十分生气地说：“不能耍威风，不能脱离群众。”赖际发到家小聚后就赤脚下田劳动，一面插秧，一面聊家常，体验过去的生活，了解百姓的实情。回家访亲活动结束后，赖际发顺便到邻近几个县考察，临别时都一一付清饭钱和粮票，县政府送的一些土特产也都如数被清退，好言拒绝。

赖际发任部长后，国家给他配备了专车。在生活中，他绝不允许家属用专车办事。每天上下班的行车路线经过夫人的工作单位，他也从不让夫人搭车。1960年困难时期，国家高级干部按规定可购买特供食品，但赖际发从来不去购买。全家同普通百姓一样按国家定量安排一日三餐。粮食不够吃时，还让孩子从榆树上打榆钱吃。一次行政部门给他送来3条黄瓜，他却让人将黄瓜转送给幼儿园。

赖际发长期参加革命，在政府部门和军队中有许多老首长、老战友和老部下，但他从不利用这些关系为家人谋利。他将长子送回福建山区的老家参加农业劳动，进行锻炼。这位长子在农村劳动和工作都很出色，从生产队干部提拔当乡级干部和县级干部，后又提升为省林业厅厅长。其他三个子女也都靠个人努力，凭自己的才干，学校毕业后被分配到普通岗位上勤奋工作。

赖际发一贯任人唯贤、搞“五湖四海”。在建材部成立前后，为工作需要，人事部门从山西太原的一些工厂调来一批干部，又从重工业较发达的东北地区的工厂中抽调来一批干部。赖部长虽然在太原接管过工业，对那里的干部比较熟悉，但对不同地区的干部在工作中都是一视同仁，量才任用，给人一点都没有亲疏的感觉。建材部于 1956 年成立后，与建工部和建委几经合并和分开。每次分开时，两方面的干部都有一些交流，在建工和建委方面的干部转到建材方面来工作。赖际发对两方面干部的使用都同等对待，不分彼此，各尽其能。在他主持建材部工作期间，群众中从来没有出现过有关派系的议论。赖际发对自己秘书的任用很严格，对有才干的秘书，该提拔的都给适当提拔。但是，他在部长任职期间，没有将自己的秘书提升到超过正处级。这一做法后来在中央建材主管部门中形成了一个不成文的传统做法。

赖际发一贯艰苦朴素、关心群众。他家中的家具陈设非常简朴，都是在解放初期由国家配给的。在他任主管建材的建工部副部长期间，建工部有一个地毯厂，办公厅的同志见到他家会客室的地毯太破旧，欲将它换上一条本部门生产的新地毯，赖际发拒绝更换，后来乘他出差之机，将旧地毯换了下来。他出差回来发现后，立即叫秘书将新地毯送回办公厅，同时教育秘书说：“我们党的优良传统是艰苦朴素，一块新地毯值很多钱，能节省的都应节省。”赖际发平时身上总穿一套半旧的中山服，手中拿一个不知用了多少年的旧皮包。调到北京工作后，虽然也做了一套毛料服装，但只是在参加国事活动或外事活动时才穿着，平时都保存在衣橱中。

赖际发非常关心群众生活。20世纪60年代初，他当时已年过半百，还患有哮喘病，毅然决定到海拔3 200米高的青海茫崖石棉矿考察。那里空气稀薄、草木不生，喝水要到数十公里以外的地方用汽车拉，吃菜要到四川省去采购，许多人住在半地下的窝棚里，生活极其艰苦。赖部长横穿800公里戈壁滩到达茫崖石棉矿，处理完生产上的诸多问题后接着又带领随行人员和该矿领导去寻找水源。终于在离矿20公里的大河坝发现一条小溪，经现场勘察，此地还有丰富的地下水。于是，他当场拍板决定增加投资，将矿生活区搬到大河坝，用汽车接送职工上下班。在这里试种蔬菜和花草、树木取得成功，职工生活得到根本改善，大家无不欢欣鼓舞，拍手称快。

赖际发尊重科学、尊重人才，对科技人员在政治上信任、生活上关心、工作上倾听他们的意见。由于他热情坦诚、平易近人，许多有名的建材专家、学者都成了他的至交好友，随便出入他的家门，不论公事还是私事都愿意找他谈。

赖部长艰苦朴素和关心群众的实际行动有效地教育了广大干部，也深刻地感动了广大干部，大家都尊称他为“布衣部长”。

赖际发一贯刚正不阿、一身正气。无论是在革命战争年代还是在和平建设时期，他都坚持原则，不向强权低头，不搞两面手法，更不会为维护自己而推卸责任，加害别人。1964年建工部“四清”运动中，工作组发动群众揭发、批判刘秀峰部长，铺天盖地的大字报搞得满城风雨。此时，也有人动员赖际发起来揭发。他不随波逐流，却实事求是地说：“建工、建材两部合并后，领导班子是团结的，秀峰同志很支持建材工作，我们合作得很好，提不出意见”。为此，他受到工作组的斥责。后来刘秀峰部长的错案得到纠正，赖际发坚持原则的行动深受大家钦佩。

在“文革”期间，赖际发被群众组织批斗达数百次之多。1966 年 11 月的一个月内被揪到中南海批斗 9 次；有一次在国务院门口被批斗 7 天 7 夜；1967 年的一次批斗中，被人从桌子上推倒在地并拳打脚踢，受了内伤，身体遭到严重摧残，以致心脏病发作，被送往医院抢救。在这残酷的斗争中，赖际发始终保持着共产党员的高尚气节，坚持正确的立场，坚持革命的信念，不向邪恶势力屈服。后来，他在周恩来总理的保护下才保住了生命。

1970 年 3 月，经周恩来总理建议，中共中央决定让赖际发重新回到建材部主持工作。他不顾身体虚弱，不计个人恩怨，凭着自己对党、对革命事业的无限忠诚返回工作岗位，去挽救陷于瘫痪的建材工业。

粉碎“四人帮”后，赖际发精神振奋，对党和国家的事业充满信心。他衷心拥护党的十一届三中全会以来的路线、方针和政策，决心将“文革”中造成的损失夺回来，为实现祖国的现代化而继续努力工作。然而，他由于在“文革”中身体已受到严重损伤，肺心病经常发作，有时昏迷不省人事。1979 年开始住进医院，动了两次大手术。1982 年 2 月 24 日，赖际发病情恶化，与世长辞，终年 72 岁。

赖际发的人生轨迹，也就是中国共产党领导中国人民取得胜利的道路。他在革命和建设中所创建的丰功伟绩将永载史册，他在不同历史时期所表现的高风亮节将永照后人。他在中央建材主管部门各届主要领导人中所做的业绩最多，所获群众口碑最好，深受建材行业广大干部、职工的爱戴。中国水泥工作者和全国各族人民一起，将永远怀念尊敬的赖部长。

第二十三章　传奇人物刘公诚

刘公诚，中国共产党党员，全国政协委员、中国民主建国会中央常委、国家建材局科教委顾问、国家一级工程师、著名水泥专家。1914 年生于上海，1991 年 2 月 25 日在北京病逝。终年 77 岁。全国水泥界和各界有关人士都为之沉痛哀悼。刘公诚同志虽然走了，但他一生的传奇故事却长留人间，广为传颂。

刘公诚

一、出身豪门

刘公诚原名刘念悌。父亲刘鸿生是民国时期上海十里洋场数一数二的大富商，也是中国民族工业史上著名的爱国民族实业家，除创建火柴厂、纺织厂和水泥厂等实业外，他还开办仓库、码头和银行等服务业。刘鸿生一时被传称为“火柴大王”“企业大王”。也有人说，谁若在上海不知道刘鸿生，等于是法国人不知道拿破仑。可见，当时他在上海的名声显赫。

刘鸿生创办了宏大的家业，同时托起一个阔绰的家庭。他在上海的家设在一座占地 15 亩的刘家花园别墅里，家中佣人成群，出门保镖相随。家人平时购物不去一般商店，定期到供应欧美精品的永安公司，而且都在打烊以后。每当刘家汽车开到永安公司门口时，整个商场灯火通明，经理和营业员各就各位，都专为刘氏一家加班相迎。刘念悌就出生在这样一个家庭里，儿子中排行第六。

在刘念悌出生满月的宴庆会上，刘鸿生向到会的亲朋好友将这位新生的宝宝介绍为：“我的一条龙”，不加掩饰地表露出自己喜悦的心情与“望子成龙”的殷切期盼。刘鸿生深知“富不过三代”的道理，所以对刘念悌的管教从孩提时代起就特别严厉。聘请家庭名师，督导勤奋学习、遵守家规。在生活上绝不允许浪费奢侈，每月给 1 元零用钱，1 分也不多给。刘家逢年过节都要向社会行善，每到旧历年末，要向穷人发粥票，凭一张票可到慈善机关领到一碗白粥。刘念悌经常跟着母亲出去散发粥票，目睹大批衣衫褴褛的穷苦人为了一张粥票而你争我夺，在幼小的心灵上深深地留下了社会不平的印象，产生了对穷苦人的同情心。严格的家庭教育使刘念悌养成诚实、勤奋、正直和节俭的品德，在家庭的行善活动中使他了解到旧社会人间不平等的一角，这些对他的人生道路都产生了重要影响。

二、就读名校

刘念悌 14 岁时进入上海圣约翰大学附中读高中。圣约翰大学是由美国教会圣公会于1906年在圣约翰书院的基础上创办的，后来又附设了中等学校。当时一些社会名流和达官贵人都愿将子弟送到这里就读，因此这个学校就成了上海市著名的贵族学校。父亲刘鸿生在青年时代曾在圣约翰大学读书，功成名就后捐巨款为该校修建一个设施齐全的现代体育馆。刘念悌与圣约翰大学还有这样一段父辈的历史情结。

在这所学校里，文化氛围比较活跃，可以读到各种思想流派的报章杂志。刘念悌十分喜爱阅读邹韬奋先生主办的《生活周刊》，深受教育，渐渐萌发出纯真朴实的爱国主义思想。经同学介绍，他在学校参加了《同志合作社》，这是一个以爱国、救国为宗旨的学生群众社团。在这里，刘念悌阅读到许多进步书籍，和同学们一起经常讨论各种救国、救民的道路。在讨论中，他认为朱德、毛泽东的革命道路能为穷人打天下，可以消除人间的不平等，十分符合自己的心意，从此在年轻的心灵上产生出对朱德总司令和毛泽东主席的特别崇敬，深深地埋下了走向革命的"种子"。当时，在上海各处都是洋货充斥市场，从火柴到卫生纸都是外国货。《同志合作社》的同学们常常议论此事，对此都愤愤不平。在一次集会上，有位同学提议在学校开办一个国货商店，以实际行动来表示拥护国货，抵制洋货，获得了大家的响应。刘念悌自告奋勇地提出自己负责筹措开店的资金，得到了父亲的支持，筹得银洋三百元。从此，一个具有爱国色彩的国货店在圣约翰大学校园内破天荒地诞生。同学们都轮流值班售货，刘念悌在腰间围起白裙，也当起了售货员。国货店轰动了整个校园，天天顾客盈门，日日生意兴隆，大大激发了同学们的爱国热情。刘念悌从这里已开始有了爱国主义的行动表现。

1931年刘念悌高中毕业，以优异成绩考入国立清华大学化学工程系。这个学校有一个特殊的创办过程。清朝义和团起义失败后，清政府被迫与八国联军出兵国家和其他有关国家签订了

《辛丑条约》。该条约除划分列强各国在中国驻军范围等丧权辱国的内容外，还规定清政府须向各国支付一笔数额空前巨大的“赔款”。该“赔款”习惯上称之为“庚子赔款”。美国政府将“庚子赔款”中分得的部分银两退还给清政府，同时规定将这笔钱用于派遣学生赴美国留学。为处理利用“庚子赔款”派遣赴美留学事宜，清政府于1909年成立了专门行政机构，即游美学务处。该处下设游美肄业馆，具体办理选拔和派遣等事务工作。为使学生赴美后能很快适应美国的学制和教学方式，游美学务处决定将肄业馆改为学堂，在这里对学生进行学前培训。1911年正式成立学堂，定名为清华学堂，这是一所典型的留美预备学校。学堂当时聘用了18位美籍教师，除中文外都由美籍教师授课，教学上完全照搬美国学校的制度。辛亥革命后，清华学堂更名为清华学校，继续发挥留美预备学校的功能。1928年，民国政府教育部决定将清华学校改为国立清华大学，由留美预备学校改成国家的高等学校，清华学校有关派遣留美学生的任务转由教育部统一筹划。大学的领导和教师大都聘自美国学有成就的留美中国学者，学校主要采用美国大学的教学制度和方式，加之其有着一段不同寻常的发展经历，所以国立清华大学从成立之日起就成为全国的著名高等学府。刘念悌进入清华大学化学工程系就读，从此决定了他的后半生与水泥工业有着不解之缘。

父亲刘鸿生的一位日本知己好友见到刘念悌品学兼优，十分赏识，认为是一位难得的可造之才，于是极力主张刘鸿生将他送往日本深造。在父亲的督导下，1935年刘念悌在清华大学尚未毕业就东渡日本，考入日本国立帝国大学学习。该学校后来改名为国立东京大学，是日本的最高学府，出了许多日本国的政府高官和社会名流，在日本学界有着极高威望，日本青年都以成为该校学生而荣耀。刘念悌在帝国大学攻读化学专业，同时研究日本的政治和经济，还常常与同学们研讨中国的时局，接受进步思想。

刘念悌在青年时代有着优良的中等教育和高等教育经历，这不仅使他打下了坚实的外文和专业知识基础，而且还培育出强烈的爱国主义情结。

三、投身革命

1937年7月7日，北京爆发日本军队全面侵占中国领土的“卢沟桥事变”。在日本的中国进步留学生个个义愤填膺，采用各种方式反对日本的侵略行径，部分留学生毅然放弃学业回国，参加抗日救国运动。刘念悌此时正在准备大学毕业论文，眼见祖国正在被日军铁蹄所蹂躏，处在存亡危机之中，爱国热情涌上心头，顿时热血沸腾，心急如焚，再也无法留在日本继续学业，毅然放弃获得日本帝国大学毕业文凭的机会，于7月9日匆匆搭船返回祖国，准备参加抗战。

刘念悌在中学时代就十分敬慕朱德总司令和毛泽东主席。在大学和留学时期，一直关注着这两位伟人所领导的革命运动，不断阅读革命进步书籍。从日本回国后，他耳闻目睹中国民众处于水深火热之中，认为救中国的唯一希望只能寄托于朱总司令和毛主席领导的革命队伍，于是决定奔赴延安参加革命。

刘念悌带着南开大学校长张伯苓先生给周恩来同志介绍自己参加革命的信件，从上海出发，经武汉到达西安。在西安八路军办事处提出了去延安参加革命的申请。办事处工作人员从登记表上看出他是富家子弟，多次对他讲述延安生活艰苦，革命工作有生命危险，劝他三思而后行。刘念悌参加革命的决心毫不动摇，天天到八路军办事处去表示自己的心愿，坚持留在西安等待。半个月后，西安八路军办事处同意把他送往延安。经过长途跋涉，风餐露宿，历尽各种艰辛，于1937年冬天终于到达目的地。在赴延安途中，为表示要以公诚之心报效祖国，他特地将自己的名字改为刘公诚。

刘公诚到达革命圣地延安后，得到周恩来等中共中央领导同志的关怀和热情鼓励。一个大实业家的儿子和年轻的日本留学生，抛弃了优越富裕的家庭生活条件，不怕艰苦和牺牲，投奔革命，这一义举在全国抗日青年中产生巨大影响，坚定了抗日的决心，不少青年以刘公诚为榜样走上了革命道路。

刘公诚参加革命后接受组织安排的第一个任务就是赴上海帮助父亲刘鸿生摆脱日本人的胁迫和设法购置革命根据地所需的医疗药品。日本军队侵犯上海的“八·一三”战火中，刘鸿生在上海担任中国红十字会会长和伤兵救护委员会会长，组织民众和率领全家男子冒着敌人的炮火在前线救护抗日将士，投身于全民抗战运动。上海沦陷后，他的庞大家业无法搬走，只得和家业一起留在上海。日本军军部鉴于刘鸿生在上海工商界的地位和名望，曾数次派人胁迫他担任伪商会会长，都遭到拒绝后欲寻机陷害。就在这危急的时刻，1938 年年初，刘公诚从延安辗转香港来到上海，帮助父亲于 1938 年 6 月某一天的深夜，化装成危重病人，悄悄登上“俄罗斯皇后”号轮船，离开上海前往香港，使刘鸿生成功地脱离了险境。在父亲的支持下，刘公诚筹得一大批医药物品，设法转运到了延安。

从上海返回延安后，刘公诚被分配到抗日军政大学学习军事，同时讲授日本概论等课程，这些课程都很受学员欢迎。1938 年秋天，他在这里加入了中国共产党。由于斗争需要，整个入党过程都是秘密进行的。在秘密的入党宣誓仪式上，刘公诚激动得掉下了热泪，举起紧握的拳头，发出深藏内心的誓言：不惜献出自己的生命，要为中国革命事业和最终实现共产主义理想而终生奋斗。

入党后不久，刘公诚被派往民国政府陪都重庆市工作。此时，父亲刘鸿生已由香港转往重庆，到敌后创办实业。刘公诚到重庆后即向第十八集团军（即八路军）办事处报到，在办事处负责人钱之光同志的直接领导下开展各项工作。抗战期间，中国共产党在重庆虽有公开的办事机构，但其工作受到国民党特务机关的严密监视，不少革命同志受到迫害。在这白色恐怖条件下，为方便工作，刘公诚在重庆的公开身份是父亲所办工厂的职员，在这个身份的掩护下开展党组织交办的秘密任务。按党领导指示，他在重庆为刚开办的延安自然科学院募得一笔巨款，为革命根据地培养干部和发展科学技术事业发挥了重要作用。延安自然科学院就是国家重点高等院校北京理工大学的前身，从这里培养出了多位中华人民共和国国家领导人。

1945年，经党组织批准，在父亲的安排下，刘公诚赴美国学习化学工程专业技术。水泥生产技术属化学工程中的一个科目。恰好美国一家水泥公司愿意接受进修，从此他开始了从事水泥专业的生涯。

1947年，刘公诚在美国学成后回到上海，在父亲创办的华商上海水泥股份有限公司龙华工厂担任厂长，以资本家的身份组织水泥生产，又作为一名中共地下党员开展革命工作。在这期间，他利用厂长的合法身份和家庭关系，保护了不少上海中共地下工作者脱离危险，成功地掩护过前中国驻苏联大使刘晓同志在解放前夕领导上海市的地下革命工作。中国人民解放军横渡长江后，国民党军队进驻龙华工厂，修筑工事，设岗放哨，企图负隅顽抗，作垂死挣扎。眼看水泥厂有毁于一旦的危险，工厂组织了以资方刘公诚和工会李夫廷为首的应变委员会与工人纠察队，开展护厂工作。在这危急时刻，不少高级职员打算离开工厂，看到刘公诚亲自留厂，昼夜值班参加护厂工作，也都留厂坚守岗位。刘公诚和工人们成功地保住了工厂，用一个完整的现代水泥工厂来迎接上海市的全部解放。

四、秘密党员

1949 年上海解放后，中共地下党员纷纷暴露共产党员的政治面貌，一夜间，一个学生变成革命干部，一个工人变成军管会成员，一个公司职员变成市政府领导。然而，中共中央党组织为了便于在工商业界开展统一战线工作，却要求刘公诚继续保持资本家身份，不公开中共党员的政治面貌。这样，刘公诚就成为中国共产党掌握政权的国家中的一名秘密共产党员。

在中华人民共和国成立初期，刘公诚在党组织的安排下，在上海市工商界开展统战工作。在抗美援朝中，他动员工商界人士捐钱献物，仅上海水泥业界就捐献了战斗机五架。在工厂民主改革运动中，他说服工商业者打消顾虑，积极合作，不当运动的绊脚石，要做运动的促进派。在工商业改造运动中，动员父亲争取对自家的企业尽早实行公私合营，起带头作用，推进上海工商界顺利完成改造任务。刘公诚在上海工商界非常活跃，团结进步人士开展各项活动，他有时参加工商界的话剧演出，还代表上海市工商界青年与著名京剧演员杜近芳等一道赴苏联参加莫斯科世界青年联欢节。根据中共党组织授意，1952 年，他在上海参加了以工商界人士为主体的民主党派——中国民主建国会，此后，其公开的身份除资本家外就是一位民主党派人士。1956 年，刘公诚被调往北京，到建材部水泥工业研究院从事专业工作，在民主建国会担任中央常委，开展党的统战工作。无论在上海，或是在北京，他在党的统一战线工作方面都做了大量工作，有很大成绩。

解放后，资本家是剥削阶级，是改造的对象，群众都要与他们划清界限，防止“糖衣炮弹”的腐蚀。具有资本家身份的刘公诚在这样的社会条件下一直是忍辱负重地工作，还受到了各种冤屈。在“文化大革命”初期，刘公诚因为是资本家而成为批斗对象，被关进了牛棚，每天扫地擦厕所。刘公诚严守党的纪律，即使是对最亲近的妻子，也不透露自己的党员身份。造反派不知从哪里听到他是秘密党员的消息，把他抓到研究院试验厂的一间小屋里，进行挑灯夜审，要他交待秘密党员的事实。刘公诚守口如瓶，坚决不说。造反派气急败坏，兽性发作，对他严刑拷打，被打得遍体鳞伤，但他依然坚贞不屈，严守秘密。造反派无可奈何，折磨到深更半夜只得将他放回家。从试验厂到家只有十分钟的路程，刘公诚拖着受伤的身躯，忍着剧痛，一瘸一拐地走了一个多小时才到家。刘公诚的资本家身份还牵连到他的妻子和孩子。“文革”期间，其妻徐景淑也被下放到“五七”干校，在劳动中受到歧视和打击，心灵遭严重伤害。刘公诚总是对她说，这是个别人的行为，不代表党，以此进行安抚。在知识青年“上山下乡”过程中，革命干部子弟有的去参军，有的到工厂，刘公诚的三个儿子，则不能参军，不能进工厂，连建设兵团的农场也不能去，后来去了内蒙古农村插队落户。让三个十岁刚出头的需要朝夕呵护的孩子，远离家庭到一个非常贫苦落后的地方去独立生活，作为他们的亲生父母，如果没有坚强的革命意志是很难接受的。为了党的事业，为了做好一个秘密党员，刘公诚承受了许多不公正的遭遇。

1976年“文化大革命”结束。1978年10月，刘澜涛同志代表中共中央统战部正式公布刘公诚中共党员的身份。他说，由于历史原因，刘公诚同志的中共党员身份到现在才公开，他为党吃苦头，受委屈，做了大量有益的工作，党是感谢的，人民是感谢的。此时，刘公诚做了30年秘密党员后，本人的政治身份一下子由资本家变成了1938年参加革命的老干部，不失为一次传奇式的变化。

五、赤诚报国

刘公诚无论在做秘密党员时还是在公开党员身份后，始终都是按中共党员的标准严格要求自己，克己奉公，勤俭节约，清正廉洁，赤诚报国。

1956年从上海水泥厂调到建材研究院工作后，按国家规定，工厂的工资额可保留，可是他不拿保留工资，只领取研究院评定的一级工程师技术级的工资，将高出技术级别工资的200多元保留月工资如数交给国家。“文化大革命”期间，三个孩子在内蒙古农村插队落户，后来不少干部子弟“上山下乡”后从不同地区纷纷返回北京，可是他们因为是资本家的儿子而不能回京，刘公诚也没有找任何关系去为孩子做回京安排。“文化大革命”结束后，被调到建材部工作，组织上规定他上下班可以用小汽车接送，但他坦然放弃这种待遇，坚持乘公共汽车往返，以一介平民为乐。

刘公诚在生活上非常节俭，布衣粗饭，度过平生。就餐时若有剩饭剩菜，一定留着下顿再吃，绝不浪费。平时很少买新衣，经常穿孩子们不穿的衣服。接待外宾时，常穿过去的西装。不抽烟、不喝酒，社会上的高消费从不沾边。他对公务交往中的大吃大喝等铺张浪费现象十分反感。

刘公诚在工作中公私分明，为政清廉。写私人信件时，从不用公家的信纸、信封。用公车办私事时，历来照章付款，十分认真。下厂蹲点时由于便秘，厂领导送一袋水果，他坚持付钱，毫不含糊。出差开会，会议上发的纪念品，他尽量推辞，推不掉的回来后全部交给党委。他对政府部门及其下属单位出现的腐败现象深恶痛绝，非常气愤。

刘公诚一生省吃俭用，从不向党组织提个人任何要求，却把自己的财产都献给了党和国家。在抗美援朝运动中，用个人积蓄捐献了一架战斗机。1956年，父亲刘鸿生逝世后，得到20多万元的遗产，在当时这是一笔惊人的巨款，他将这笔钱全部献给了国家。在20世纪50年代末到60年代初的三年经济困难时期，为帮助国家渡过难关，将家中的珠宝首饰和珍贵文物也都交给了政府。不仅如此，后来他还动员妻子徐景淑女士将她父亲留下的14件家传古物都捐献给国家，这些古物都是稀世珍宝，有些属国家一、二级文物，现都珍藏在上海博物馆，文物清单见下图。

上海博物馆文物清单

徐景淑同志捐献文物清单

第全页

编号	品名	数量 件数	数量 单位	价格	备注
1	戰國秦商鞅戟	1	件		
2	新莽天凤二年鏡	1	件		
3	宋鈞窑碗	1	件		
4	明景德窑万历五彩人物碗	1	件		
5	清景德窑雍正青釉二系瓶	1	件		
6	清景德窑乾隆東青月耳罐	1	件		
7	清景德窑"乾隆年製"料款黄地粉彩碗	2	件		
8	清景德窑雍正款斗彩蝠寿盘	2	件		
9	景德窑细文"赤壁赋"笔筒	1	件		
10	景德窑白釉抹红题詩笔筒	1	件		
11	景德窑斗彩花卉碗	2	件		
	以上共計文物拾肆件				

接收单位：

1979年5月17日

“文化大革命”期间，他被批斗，下放劳动改造，工资停发，每月只给20元生活费。“文化大革命”结束后，落实政策，工作单位补发工资五万多元，他把这笔巨款也全部交了党费。

1982年刘公诚作为优秀共产党员的代表参加了中国共产党第十二次全国代表大会。曾被党员群众评选为中央国家机关优秀共产党员。

六、专业有成

刘公诚具有深厚的专业知识和很高的外语水平，懂英文、日文和德文等多种外语，而且工作态度非常认真，凡事都要首先深入调查，然后悉心分析。为研究提出一个建议，往往彻夜不眠，为中国水泥事业尽心尽力，做出了许多贡献。

解放初期，他带领上海水泥厂的技术人员研制成功粉煤灰水泥，这是一个硅酸盐水泥新品种，开创了我国利用工业废渣制造水泥的先例，为中国水泥工业多品种、多标号产品结构的形成创造了良好的开端。自20世纪50年代以来，该水泥品种已大量推广，成为中国通用硅酸盐水泥六大品种之一。随着生态水泥工业的兴起，将会得到更加广泛的生产和应用。

刘公诚与父亲和兄长一起在上海水泥厂培养出一大批水泥专业管理和技术人才。从1953年开始，这些人才被大量调往中央建材管理部门机关、水泥设计和科研单位以及新建或扩建的水泥企业。如当时全国著名的重点企业大同水泥厂、湘乡水泥厂、巢湖水泥厂、中国水泥厂和湖州水泥厂等都调入了上海水泥厂的人才，他们在工厂建设和生产过程中都发挥了主力作用。刘公诚作为上海水泥厂厂长，为共和国成立后水泥工业的快速发展做出了贡献。

1956年，刘公诚在水泥工业研究院创建了中国第一个水泥物化室。他亲自动手筹办仪器设备，建立实验室，培养各方面人才，规划学科设置，开辟了硅酸盐和铝酸盐两大类水泥的理论研究领域，确立了一系列物化测试方法，使物化室在水泥熟料化学和水化化学方面拥有丰富的技术积累。在这基础上，水泥物化室在改进水泥技术和开发水泥品种方面取得很多科研成果，发明了自应力铝酸盐水泥、硫铝酸盐水泥和铁铝酸盐水泥，在水泥新品种的科学研究领域达到国际先进水平。

在20世纪70年代初，贵州某重型机器厂工地采用铝酸盐水泥混凝土制作的梁柱发生重大质量事故。建材研究院领导指定刘公诚去解决这个问题。他在工厂工地进行调查研究，在实验室开展一系列物理化学测试，最终找出事故原因，在此基础上提出工程补救办法，解决了事故问题，获得工程部门领导的称赞。通过这次事故的解决，刘公诚进一步总结出铝酸盐水泥在工程中合理的使用办法，这对今后避免类似事故的发生具有重要作用。

“文化大革命”后期，中央建材主管部门领导将他借调到机关从事“小水泥”工作。从1971年到1977年，他参与多次全国“小水泥”现场会议的筹备工作。他冒着高温和粉尘，不怕艰苦和疲劳，常常深入企业现场做调查，对“小水泥”企业在实践中行之有效的革新成果和管理方法进行总结和提高，和其他同志们一起整理汇编成册，在会议上散发交流，用以指导“小水泥”企业的技术进步。刘公诚在我国“小水泥”的提高质量、降低消耗和减少粉尘污染等方面都有显著业绩。

“文化大革命”结束后，刘公诚被正式调到建材部科学技术委员会工作。他在全国水泥老厂改造、新品种水泥生产、节省能源、加强企业管理和技术引进等方面提出过有价值的建议，有力地推动了水泥工业的健康发展，其中有些建议至今仍在发挥重要作用。在制定建材工业技术政策中，他由于贡献突出而获得国家嘉奖。

刘公诚不仅做党的工作，又从事科学技术工作，既是“三八”式革命老干部，又是科技专家，他对党的革命事业、中国水泥工业生产和科学技术的发展都做出了重要贡献。

刘公诚在一篇日记中写道：“作为一个党员，在对祖国和党的事业这本账上，只有支方没有收方，我们不要做那种与党讲收支平衡的商贩，而要做祖国的赤子，要将自己的一切奉献给人民。”他已实现了自己的诺言。

刘公诚传奇的一生是革命的一生，无论在战争年代还是在建设时期，他按照改名时的信念，一如既往地以公诚之心报效祖国，这是一笔中华民族的精神财富，他所焕发出的光辉，是中国水泥发展史上一个耀眼夺目的亮点，永远激励着人们奋进。

第二十四章　当代杰出的水泥企业家郭文叁

1955年，郭文叁同志出生在山东省利津县的一个普通家庭；1965年，他随父亲来到济南军区后勤部农垦基地；1972年，到济南军区后勤部汽车修理连工作；1975年，被选送到同济大学读书；1978年，大学毕业，回到济南军区某部基建处工作。

1980年，宁国水泥厂通过建材部选调水泥专业技术干部，郭文叁同志被引进调入该厂。他经历了该厂基本建设、生产准备、试生产及生产发展的全过程。1991年，他被任命为宁国水泥厂副厂长；1992年下半年，开始全面主持工厂工作；1993年，正式担任厂长职务，当时年仅39岁，是当时水泥行业罕见的年轻厂长。

随着宁国水泥厂生产业务扩大和企业制度改革深化，郭文叁同志历任安徽海螺集团有限责任公司董事长、总经理、党委书记，安徽海螺水泥股份有限公司董事长、总经理等职，全面主持海螺集团和海螺水泥的工作。

郭文叁同志在水泥行业辛勤工作三十余载，把毕生精力和智慧都献给了国家。在中央相关政策指引下和安徽省委及省政府的帮助下，他带领全厂干部职工将一个偏僻山区的宁国水泥厂铸造成以水泥业为主体的现代巨型优秀企业——“海螺集团”。“世界水泥看中国，中国水泥看海螺”的赞誉声响彻中国，遍及世界。

郭文叁

一、走出山区

1992年，宁国水泥厂实现达产达标，年产水泥达150万吨。1993年，郭文叁同志正式主持工作后，和厂部、党委一班人，实施了以劳动人事和工资分配为突破口的五项改革制度，推行“增人不增资、减人不减资、剥离辅体、精干主体”等一系列改革管理措施，把竞争机制引入企业内部，干部能上能下，工资能升能降，并将医院、学校等辅体从水泥主体剥离出去，打破了国有企业固有的管理模式，使企业焕发生机，轻装上阵，集聚力量，蓄势发展。

同时，针对山区工厂产品单一、信息闭塞、交通不便、工厂子女就业难等制约工厂发展的不利因素，他在学习讨论、统一思想的基础上，制定了“一业为主、多种经营、跨地区、跨行业”

的发展战略。

在这一战略的指引下，1994年8月，抓住有利时机，利用芜湖国家级经济技术开发区的政策，由宁国水泥厂出资3100万元购买了区内的文洁家具厂3万多平方米厂房、120亩土地，组建了芜湖海螺塑料型材有限公司（以下简称“海螺型材”），引进PVC型材生产线，开发生产塑钢门窗。成功分流了宁国水泥厂的冗员，解决了工厂子女就业难等问题，迈出了“跨地区、跨行业”发展的第一步。

同时，与德国可耐福公司合资建设了年产2500万平方米石膏板项目。由于投资理念、管理方法上的分歧，为集中精力、财力发展水泥和型材产业，他果断决定退出。经与合资方的艰苦谈判，终于达成退股协议，并获得了860万马克的补偿收益，所得资金全部用于型材产业的发展。海螺型材已于2000年成功借壳红星宣纸上市。经过多年的发展，海螺型材已先后在浙江宁波、河北唐山、广东英德、新疆乌鲁木齐、四川成都等地建成8大生产基地，总产能达76万吨，成为海螺集团的第二大产业，产销量连续十多年位居世界第一，在国内外享有较高知名度。

1995年9月，安徽省政府〔1995〕第174号文任命郭文叁厂长为铜陵海螺水泥有限公司董事长兼总经理，按照省委、省政府要求，他积极组织铜陵水泥厂建设。经省政府批准，将原已停工的铜陵水泥厂改组设立为铜陵海螺水泥有限公司。经过9个多月的艰苦奋战，铜陵水泥厂日产4000吨新型干法水泥熟料生产线于1996年7月26日建成投产，为这个长达13年之久的“胡子”工程划上圆满句号，节约工程投资2.8亿元（工程投资概算16.8亿元，实际投资14亿元）。

1996年9月，为积极贯彻落实中共安徽省委六届二次全会和全省工业会议精神，应芜湖市委、市政府的请求，决定由宁国水泥厂出资2亿元以整体承债式并购了白马山水泥厂。当时，该厂只有3条高能耗的湿法水泥生产线，年产量不足40万吨且连年亏损。重组后，经过技术改造、强化管理、减员增效，很快扭亏为盈，焕发了新的活力。并入海螺后，至2005年累计产销水泥、熟料7800万吨，实现利税34.35亿元。

经过近四年的努力，企业发展走出了宁国山区，并形成了一个跨地区、跨行业企业集团的架构，发展取得了历史性突破。1996年9月3日，经安徽省人民政府皖政秘字〔1996〕第176号文批准，按照现代企业制度正式组建安徽海螺集团有限责任公司，实行国有资产授权经营。由此，企业进入了集团化发展的新阶段。

1997年，投资3.5亿元建设芜湖海螺国际大酒店和办公大楼，依托型材公司、白马山水泥厂的优势，成功地将集团总部顺利平稳地迁到芜湖，为企业快速发展创造了良好的条件。

二、加快发展生产

郭文叁董事长通过分析水泥工业结构调整与发展走势，在周密的市场调研和专家论证的基础上，确立了“以水泥为主、化学建材为辅，谨慎发展与主业相关产业”的发展战略。

按照这一战略，紧紧抓住国家水泥工业“上大关小”的政策机遇，在行业内率先打破“全能工厂”的建厂模式，凭借积蓄的管理、技术和资金优势，着力实施“T型”发展战略，先后在沿江、沿海并购了14个中小水泥企业，将之改造成水泥粉磨站；同时在安徽长江两岸石灰石资源丰富的地方建设大型熟料生产基地，发挥长江水路运输的成本优势，快速布局华东市场。这种“熟料基地+粉磨站”的建厂模式在行业内被称为“海螺发展模式”，也为加快我国水泥工业结构调整发挥了重要的示范带头作用。

1997年8月，海螺集团以4.6亿元成功并购宁波星港粉磨站。并购后迅速加大投资、扩大产能，从年产水泥60万吨发展到320万吨，较好地解决了铜陵海螺公司的销售问题，为铜陵海螺公司的快速发展奠定了基础。随后，依托宁波海螺公司的优势，在浙江成功收购了上虞水泥厂，建设了建德、象山、强蛟、乐清等企业，目前海螺水泥在浙江建有7家企业，产品辐射到福建市场。浙江作为优质市场，已成为“T型”战略的龙头省份，为安徽沿江熟料基地的发展奠定了坚实的市场基础。

从1998年10月开始，积极响应安徽省“开发皖江、呼应浦东”的号召，先后兼并了上海奉贤水泥厂、明珠水泥厂，并实施技术改造，成功地占领上海市场，为宁国水泥厂、白马山水泥厂的进一步发展拓展了市场。

2002年2月，在南京市委市政府的支持下，利用三联动的优惠政策，成功收购了濒临倒闭的南京中国水泥厂。重组后，关停了具有80多年历史的湿法水泥生产线，扩建了2条日产5 000吨生产线，使老厂焕发了新的活力。同时，在重组并购老厂和技术改造的基础上，利用中国水泥厂的影响力，先后在江苏投资建成了杨湾、南通、海门等特大型水泥粉磨站和深水码头，打通了出口通道。目前，海螺已在江苏建有11家企业，利用江苏的深水航道扩建大型码头，利用出口通道出口水泥和煤炭中转，已累计出口水泥、熟料9 300万吨。

随着海螺水泥在浙江、上海、江苏等地快速并购和扩建了大批粉磨站和港口设施后，市场辐射面积进一步扩大，市场份额不断提升，加上国内基建规模不断扩大、房地产市场迅猛发展，对水泥的需求量大幅度提升，产品处于供不应求的状态。为缓解这一供需矛盾，他抓住机遇，进一步加快了发展步伐，在安徽省的铜陵、池州、芜湖、枞阳等沿江地区先后建成了4个千万吨级水泥熟料生产基地，并在怀宁、宣城、宿州、淮南、亳州等地都有投资。目前，海螺水泥在省内建有19家企业，熟料总产能近

9 000万吨，除省内需要外，利用长江水道将熟料运往苏、浙、沪和东南沿海各地。

至此，海螺水泥“T型”发展战略已基本完成。这种独特的商业模式，为企业高速发展贡献了较大的利润，且通过熟料供应价格的调节，也为省内企业生产和效益的稳定提供了重要保证，为集团的高速稳定发展和改革创新奠定了坚实的基础。

“T型”发展战略基本完成后，郭文叁董事长通过详细考察和民主决策，确立了“立足省内、巩固华东、拓展华南”的新一轮发展战略。从2003年开始迅速向华南进军，先后在广西、广东、湖南、江西等地建设大型水泥生产基地，为华南地区水泥产业结构调整做出了重要贡献。

在巩固华东、拓展华南取得阶段性胜利后，他又抓住国家西部大开发的历史机遇，于2007年决定挺进四川、陕西、甘肃、贵州等西部省份，加快了“走向全国”的进程。

十多年来，郭文叁董事长和公司管理团队认真落实国家产业结构调整的相关政策，在一系列战略的引领下，先后在华东、华中、华南及西部的21个省、市、自治区建成了100多个大型熟料基地和水泥粉磨企业；同时，在江苏、上海、安徽等地相继并购重组了19家濒临倒闭的老企业，并进行了技术改造，使之产能持续增长。至2015年末，海螺拥有133条熟料生产线、349台水泥磨，形成熟料产能2.0亿吨、水泥产能2.9亿吨。发展区域不断扩大，基本完成了较为完善的国内市场布局。

集团成立之初，随着企业数量的增加，由于受地理位置、生产成本、产品特性、市场等不同因素的影响，如何充分发挥集团优势、建立合适的营销模式，成为公司生存与发展的头等大事。通过统一思想认识，更新营销观念，结合水泥品牌和质量标准的统一，郭文叁董事长领导的管理团队早在1997年8月就实施了水泥统一销售、统一结算，推行熟料基地、粉磨站、市场部

“三位一体”的销售模式。在当时水泥销售十分困难的情况下，在业内率先提出并施行“款到发货”的结算政策，打破了水泥行业长期以来垫资销售模式，为有效规避经营风险、保证资金安全、提升企业运营质量发挥了重要作用。

同时，为适应经营规模和管理幅度扩大的客观需要，经过多年探索与实践，在郭文叁董事长带领下，海螺逐步构建了国内外水泥企业独一无二的专业部室、区域、子公司“三位一体”、相互交叉的扁平管理架构。通过规范化、标准化管理，强大的管理体系像网络一样覆盖到全集团，把专业管理触角延伸到各子公司，不论企业发展到哪里，都能把海螺的管理和技术带到那里。管理效能大幅提升，在新区域拓展、新线建设和调试等阶段发挥出更为明显的作用。特别是2008年以来，先后组建了12大区域管理委员会，加快了内部资源和外部市场的整合，大大提升了企业抗击市场风浪、参与市场竞争的能力，提高了集团管理的针对性、有效性和时效性。

三、适时转变发展方式

经过多年的高速发展，进入“十二五”以后，海螺在水泥工业技术、装备、管理上已处世界先进水平，在全国产能过剩的情况下，产业结构调整、优化升级的任务繁重。作为我国水泥行业的领军企业，郭文叁董事长和他所领导的管理团队认真贯彻落实国务院〔2013〕41号文件精神，着力转变企业发展方式，在提高现有企业运营质量的基础上，进一步加快了兼并重组的步伐，同时，抓住机遇迅速向海外扩张。

在国内，围绕加快结构调整和完善市场布局，积极推进已取得批文的项目的建设，同时加快国内水泥企业兼并重组步伐，进一步整合市场，增强发展后劲。2013年以来，按照有利于完善市场布局、有利于区域资源整合、有利于提高运行质量的原则，在充分调研论证的基础上，先后在云南、贵州、江西、湖南、甘肃等地成功并购 8 家水泥项目，并购后新增熟料产能1 530万吨、水泥产能 2 145 万吨。

与此同时，积极响应国家和省政府“走出去”发展的号召，在安徽省有关部门的关心支持下，结合集团“十二五”规划实施，充分利用国内外两个市场、两种资源，加快海外发展的步伐，综合国内外各种条件，决定把印度尼西亚作为海外发展的第一站。

2011 年 4 月 29 日，郭文叁董事长亲自率团对印度尼西亚水泥工业进行了实地考察和战略规划。于当年 6 月 30 日，在安徽省国资委的见证下，海螺集团与印度尼西亚工业部签署了《印度尼西亚共和国水泥工业开发合作谅解备忘录》，迈开了海外发展的第一步。

通过三年多的努力，在郭文叁董事长的领导下，对印度尼西亚、缅甸、柬埔寨、老挝等 4 个国家，经过多次反复实地考察、科学论证，制定了详细的战略发展规划。至今已落实发展项目 12 个、设立了 12 家公司，海外员工达 1200 多人。截至 2015 年 11 月末，累计完成海外投资 39 亿元。通过近两年的努力，初步完成了在东南亚市场的战略规划，迈出国际化发展的坚实步伐，走在了中国建材行业海外产能合作的前列。

截至 2015 年末，海螺集团在印度尼西亚南加里曼丹省、西巴布亚省、孔雀港、北苏拉威西等地投资的项目已经落地并取得较快进展。2014 年 11 月 18 日，海外首个实体项目南加海螺一期 3200 吨生产线建成投产，实现产销平衡，并取得可观的投资回报。二期 3 200 吨生产线项目预计将于 2016 年 5 月投产，孔雀港项目及西巴项目也将相继投产。在缅甸，积极寻求投资合作机遇，规划水泥战略布局，形成了皎施、曼德勒和仰光等多个项目载体。缅甸海螺日产 5 000 吨熟料生产线 BOT 项目已开工建设，将于 2016 年建成投产。柬埔寨、老挝项目的开工也在积极推进之中。

在投资水泥生产线的同时，凭借海螺在国际水泥界的良好声誉，充分发挥工艺技术、设备成套、工程建设和运营管理等方面的综合优势，按照国际通行的 EPC 模式，积极承接海外水泥项目总包工程，出口余热发电技术装备和耐火材料等产品。印度尼西亚、老挝、缅甸、印度、巴基斯坦等国的水泥生产线、余热发电、燃煤电站等总包项目有序推进，合同总金额达 4. 8 亿美元。

此外，积极响应 2014 年 APEC 会议期间各成员国领导人就建设“一带一路”、加快互联互通、加强经贸合作等达成的共识精神，对东南亚部分国家和地区进行了广泛深入的项目考察和洽谈，为海外发展预留了空间，储备了资源。

四、技 术 创 新

郭文叁董事长及其团队以振兴民族水泥工业为己任，瞄准国际先进水平，通过引进消化、自主研发与集成创新，大力发展水泥新型干法，引领了中国水泥工业的技术进步和产业升级，促使中国水泥的崛起从梦想变成现实。

在天津水泥设计研究院、合肥水泥研究设计院和工程单位的密切协作下，1996 年 10 月，宁国水泥厂顺利建成投产我国首条自主成套设备的日产 2 000 吨新型干法生产线，其工程总投资 3. 4 亿元，工期仅 18 个月，创下了当时国内外同等规模水泥厂建设中投资最低、工期最短、建设质量最好的新纪录。建设过程中，不仅首次实现了企业自主设备成套，还明确提出企业要做建设项目的真正主人。

在其后的白马山水泥厂、荻港海螺等生产线建设过程中，郭文叁董事长对业主主导、系统优化、自主成套的项目管理模式进一步完善，从而形成了海螺如今由业主、工程部、装备部、发展部和工程审计部组成的“五位一体”工程建设管理模式，正是由于这种独有的技术管理体系不断优化，使海螺的技术改造和新线建设能够形成批量化，大大降低了造价，加快了工程建设进度，创造了一年可以同时投产几十条生产线的新纪录，而且每条生产线都能实现按期点火和投产即达标的目标。多年来，郭董事长亲自参与每一个新建项目的厂址选址规划、矿山踏勘、项目选址、总图设计审查等工作，掌握第一手资料，提高管理的针对性和有效性。1998 年到 2015 年，他共审批各类设计方案图 1476 项，其中：水泥生产线总图类 532 项、矿山类 120 项、建筑方案类 595 项、其他类 229 项。

水泥业界人士公认：宁国水泥厂日产 2 000 吨生产线的建成，解决了中国新型干法生产技术发展中遇到的投资过高问题，是技术和管理上的重大突破，大大加快了我国水泥工业技术进步的历史进程。

2000 年 8 月，郭董事长向前来海螺视察的时任国家经贸委主任盛华仁提出了开发首条低投资国产化日产 5 000 吨新型干法水泥熟料生产线的愿望，当即获得支持。盛主任还提出“除控制系统外设备全部国产化、投资不超过 5 亿元、工期不超过两年半”的具体目标。

在郭董事长倡导下，海螺集团组建了国家级技术研发中心、海螺设计院、自动化所，走产、学、研相结合之路。通过优化设计、集成创新和大胆实践，联手设备制造厂家攻克了日产 5 000 吨生产线设备国产化的技术难题。在天津水泥设计研究院和南京水泥设计研究院的密切协作下，于 2002 年在铜陵海螺、池州海螺率先建成了日产 5 000 吨熟料生产线低投资国产化示范线，并在集团内率先统一了水泥生产装备的技术标准，极大地提高了设备及备件的互换性，结束了我国大型水泥装备重复引进、代代引进的历史，改变了我国水泥工业投资发展模式，水泥吨投资由原来的1 000多元降低到300多元，彻底解决了推广中投资高的难题。从此，在我国掀起了一个新型干法生产线建设高潮。经过近10多年发展，我国新型干法水泥生产比重由20世纪末的不足10%迅速达到了90%以上，海螺集团日产2 000吨和5 000吨熟料低投资示范线的建成，有力地带动了我国水泥装备制造业的技术进步和产业发展，推动了中国水泥工业技术的整体进步和结构调整。郭文叁董事长和他的工作团队为此于2011年获得国务院颁发的“新型干法水泥生产关键技术与装备开发及工程应用项目”国家科学技术进步奖二等奖。

在成功开发日产5 000吨熟料新型干法生产技术的同时，海螺集团瞄准更高目标，筹划组建大型生产线和大型熟料生产基地。为提高认识，统一思想，郭董事长组织100多名公司技术骨干，带队赴韩国考察日产8 000吨熟料生产线，赴泰国考察日产10 000吨熟料生产线。这两次考察对公司上下启发很大，看到了超大型生产线对降低成本和提高产品质量与产业集中度的巨大优势。

为积累经验，决定先在池州海螺建设日产8 000吨新型干法生产线，该线于2003年8月正式建成。通过认真总结池州海螺日产8 000吨生产线运行经验，在借鉴国外大型水泥设备制造公司先进技术的基础上，积极与国内装备制造厂家合作，进行国内外装备成套，在设计研究院协作下，于2004年在铜陵、枞阳等地先后建成了4条日产10 000吨新型干法水泥熟料生产线。在认真总结万吨线运行经验的基础上，2011年又先后在芜湖、铜陵等地建成了代表世界最先进技术、单线规模最大的3条日产12 000吨熟料生产线，成功地实现了特大型水泥生产线建设与管理的再次跨越。

水泥装备技术上的跨越和突破，极大地提高了企业生产集中度，铜陵、池州、枞阳、芜湖海螺等多个千万吨级的世界单产规模最大的熟料生产基地陆续形成，年熟料产能分别达到 1 490 万吨、1 360 万吨、1 080 万吨、1 580 万吨。在郭文叁董事长领导下的海螺集团，不断创新技术，不仅使本企业生产技术登顶世界高峰，而且有力地推动了中国水泥工业实现划时代的技术进步。

五、开创环保产业

我国经济发展进入新常态，绿色发展提上议事日程。郭文叁董事长紧跟时代前进步伐，领导海螺集团及时调整发展方向，开创以余热发电和处置城市生活垃圾为主要内容的环保产业。

1. 余热发电

早在 1998 年，宁国水泥厂建设了我国第一个水泥窑低温余热发电装置。通过多年运行，掌握了技术，积累了经验。在此基础上，海螺集团与日本川崎重工公司合作，开发出低压闪蒸式热力系统、新型水泥窑高效余热锅炉等多项新技术，并生产相应装备。用此技术和装备作基础，组建工程设计、装备供应、工程建设和生产调试一条龙服务链，面向国内外客户。到 2015 年末，在国内外销售了 206 套余热发电机组，装机规模达 2 355 兆瓦，可年节约标准煤 504 万吨，减排 $CO_2$1 652 万吨。

2. 处置城市生活垃圾

在成功开发出低温余热发电技术后，与日本川崎重工公司继续合作开发出水泥窑协同处置城市生活垃圾的工艺和装备。2010 年，对铜陵海螺水泥公司日产 5 000 吨熟料生产线进行协同处置城市生活垃圾的示范性改造，取得成功，实现了城市生活垃圾的

“无害化、减量化、资源化”处理。此后，海螺集团开始提供水泥窑协同处置城市生活垃圾的工程承包服务。截止到2015年，在全国已累计签约24个项目，其中部分已建成投产，呈现出非常乐观的市场前景。

六、建立融资渠道

在计划经济条件下，企业领导只经营产品；在社会主义市场经济条件下，企业领导不仅要经营产品，还要经营资本；在计划经济向市场经济转变的过程中，谁先开始经营资产，谁就早日摆脱资金困境，取得企业发展主动权，从而使企业在市场经济中脱颖而出。郭文叁同志具有现代企业家的远见，在1993年11月召开的中共十四届三中全会后，便认准了既经营产品又经营资产的发展道路，较早地在不断学习中经营资产，这助他取得业务的成功。

经营资产的重要手段之一是建立融资渠道，并相应地建立起现代企业制度。1997年9月，以宁国水泥厂、白马山水泥厂为主体设立了安徽海螺水泥股份有限公司，并于1997年10月21日赶在亚洲金融危机到来前一天，成功完成了海螺水泥H股在香港上市，开创了水泥行业境外上市的先河。上市之后，归还了铜陵水泥厂贷款，解决了发展水泥的第一笔资金，海螺水泥由此从海螺集团脱胎而出，标志着计划经济模式下组建的宁国水泥厂基本完成了向现代企业的过渡，海螺集团水泥主业发展开始步入一个新阶段。

2000年，海螺型材成功借壳红星宣纸上市，成为中国资本市场重组的经典案例。

2002年，海螺水泥成功发行A股，成为建材行业首家A+H股水泥上市公司，实现企业与国际、国内资本市场的成功对接。

2006年2月20日，在安徽省政府和省国资委、股改办大力支持和指导下，通过两个半月的精心策划、不懈努力，成功实施了股权分置改革，海螺集团获得了海螺水泥 49.57% 股权的全部流通权，为上市公司发展创造了条件。股份公司进一步规范和提升内部的运营管理，凭借出色的经营业绩和良好的市场维护，股价一路攀升，远远高于承诺价格，为集团公司节约了补偿差价款 7 300 万元。在 2007 年 4 月 20 日召开的安徽省股权分置改革工作总结表彰会上，海螺集团被授予“股改先进单位”称号。

2003 年、2007 年，海螺水泥通过配售、定向增发等形式，加速资产整合，使集团的优质资源进一步向水泥主业集中，成为中国资本市场规范运作、提高上市公司运营质量的典范。

2008 年，在全球“金融海啸”到来之前，海螺水泥以 57.38 元/股的价格成功公开增发 2 亿股 A 股。此次公开增发，是资本市场对公司十余年来发展成果的高度认可，是公司综合竞争实力的集中体现。

自 1997 年初次试水资本市场以来，海螺水泥以优异的业绩、竞争优势和发展潜力，赢得了境内外广大股东的信赖，累计从资本市场上获得了 140 多亿元的资金，为企业各阶段战略规划的实施提供了强有力的资金支持，而且持续通过上市公司平台，完善了法人治理结构，规范了经营管理，引入了上市公司的监管机制，自觉接受中介机构和社会的监督，保证了企业投资、生产、经营过程的不断规范，为企业培养了一大批了解和熟悉资本市场的复合型人才，极大地助推了产业的大发展、大跨越。

七、企业制度创新

郭文叁董事长以及他领导的团队成功创办海螺集团公司并取得巨大成就的因素，除正确战略定位、大胆技术创新和及时转变经营理念外，还有一个重要因素是制度创新，即建立激励机制和约束机制相结合的企业制度。这种新制度就是职工持股的混合经济型企业体制。郭文叁董事长领导的企业制度创新始终都是根据国务院和安徽省政府有关文件，在安徽省委、省政府和有关部门的批准和帮助下，分步推进的，具体做法有以下几方面。

1. 1997年亚洲金融危机后，国家加强了宏观调控，并提出三年不准上新项目，银行不提供新项目贷款。为解决发展资金不足的问题，2000年，根据《安徽省国有控股、参股公司内部职工持股试行办法》（皖政〔1999〕22号）、《关于印发安徽省鼓励和引导民间投资若干意见的通知》（皖政〔2000〕27号）等文件精神，经省政府及有关部门批准，在池州、荻港、枞阳等公司，积极大胆地推行员工持股等混合所有制改革，在解决企业发展资金不足的同时，更是留住了人才、稳定了队伍，构建了国家、企业、员工利益共同体，为企业持续稳定健康发展打下了良好的基础。

2. 根据安徽省建设投资公司要求，经安徽省政府及省属企业国有资产管理办公室皖资函〔2001〕25号文批准，通过银行贷款和自筹资金的方式，以1.06元/股价格（溢价26.2%），由员工受让了省投资集团持有的铜陵海螺水泥有限公司31.8%股权。这一举措，不仅解决了省建设投资公司急需的资金问题，也使广大员工受益。

3. 2002年4月，安徽省委“稳定”工作会议期间，省政府分管领导代表省委主要负责同志与郭文叁董事长谈话，决定对海螺集团进行股权多元化改制试点，转让部分国有资产，筹集资金补充社会养老保险金和解决复退军人安置资金。

在省委、省政府的主导下，在省有关部门的直接领导下，集团实施了股权多元化改制。集团改制方案经2002年9月27日省长办公会和12月23日省委常委会讨论，根据省委常委会议〔2002〕24号纪要精神，由省政府以皖政秘〔2003〕40号文件批准。改制后，省政府持有集团51%的股权，仍然保持国有控股地位；经省经贸委皖经贸企改函字〔2002〕991号文批准，用解除劳动关系的经济补偿金和工效挂钩的工资结余设立安徽海螺创业投资有限责任公司，代表员工持有集团49%的股份。

改制过程中，郭文叁董事长和领导班子成员坚持从大局出发，牺牲个人利益，始终把集团公司和员工的利益放在首位，保证了改制的顺利实施。根据省委常委会议〔2002〕24号纪要和省长办公会〔2002〕第40号纪要审议通过的《海螺集团公司改制方案》要求，“集团公司经营层奖励性工资节余分配额度不低于工资节余总额21 089.78万元的30%，即为6173.19万元（作为注册资本，每股1元）；其中法定代表人的奖励额度应不低于经营层奖励总额的30%，即为1851.96万元”。为调动广大干部的积极性，推动改制顺利进行，圆满完成省委、省政府交给集团的改制任务，经郭文叁董事长提议，集团公司党委研究决定，将省政府奖励给集团公司8名高管的6173.19万元股份的工资节余，奖励给集团公司符合工效挂钩政策的153名中高层管理人员，并提交2003年1月19日集团公司职工代表大会，由出席本次会议的162名职工代表依据管理人员的经营管理能力和业绩贡献大小，以无记名评定的方式确定了153名中高层管理人员的奖励性工资节余分配额度。参加职代会的安徽省大企业工委和有关部门负责人在分配方案上签字确认。

通过改制，打破了国有企业职工身份界限，活化了经营机制，极大释放了内在活力，企业得到了飞速发展，为省属国有大企业产权制度改革探索了一条新路子。改制以后，集团资产规模和经营效益呈几何级增长，实现了国有资产的大幅增值。海螺集团的改制，不仅没有给政府增加一分钱负担，而且上缴省政府改制资金6亿多元，为安徽省的发展做出了应有的贡献。

4. 2007年，按照中国证监会《关于提高上市公司质量意见的通知》（国发〔2005〕34号）文件要求和海螺水泥作为试点企业的优势，为理顺产权关系、减少关联交易、提高上市公司运营质量，按上市公司定向增发管理办法，将职工投资的池州、枞阳、荻港、铜陵的股份置换成海螺水泥A股。2009年，股份解禁后，员工在资本市场上获得了较高的回报，方便了职工股的退出和进入，职工股转变为公众股的改革，避免了职工持股的某些弊端。

5. 2013年，为解决江北产业集中区、亳芜产业园发展资金问题，分拆安徽海螺创业投资有限责任公司，设立中国海螺创业控股有限公司。当年12月19日，中国海螺创业控股有限公司以红筹方式在香港联交所主板上市，成为安徽省首家在香港红筹股上市的企业，开创了控股公司架构企业在香港上市的先河，共募集资金41.3亿港元，用于江北产业集中区、亳芜产业园投资发展新型绿色建材产品，已建成年产3 200万平方米的CCA板生产线。

为激发企业内在活力，探索完善激励机制和约束机制，以中国海螺创业控股有限公司上市为契机，先后分两批对11049名年轻技术管理骨干、集团先进工作者等实施海螺创业股权激励，通过国际资本市场进一步完善了员工长期激励机制和约束机制。自2003年海螺集团改制以来，员工持股人数已从初期的6714人增加到目前的16577人，通过海螺创业控股公司建立了惠及集团广大员工的激励和约束平台，对企业持续稳定健康发展有巨大作用，既鞭策员工努力工作又使员工得益。

八、政府评价

2015年郭文叁董事长到达法定退休年龄。按规定安徽省政府审计厅对他进行离任审计，结束后提出了审计报告。这个报告是政府对郭文叁董事长工作最权威的评价。现将报告中“主要业绩和审计评价”一节原文转录如下：

郭文叁同志在任职期间内，认真贯彻落实省委、省政府的决策部署，大胆改革，奋力发展，严格管理，敬业务实，带领海螺集团领导班子和全体员工努力拼搏，实现了集团的跨越发展，使企业从一个山区工厂逐步走向世界。2015 年与 1997 年相比，海螺集团期末资产总额增长了 23 倍，期末净资产增长了 55 倍，年度营业收入增长了 52 倍，年度利润总额增长了 79 倍。近 4 年来，海螺集团实现利润在省国资委监管的省属企业利润总和中占比均超过 50%。19 年间，海螺集团累计向国家上缴利税 669.46 亿元。

1. 科学决策，制定和施行了成功的发展战略

1997 年以来，在郭文叁同志的主导下，海螺集团先后制定和实施了扼守长江黄金水道、快速进军长三角的“T 型”战略；“立足省内、走向全国”战略；在华东、华中、华南及西部全面发展的战略；利用两个市场、两种资源，加快海外发展的战略。实践证明，这一系列发展战略具有较强的科学性和前瞻性，对海螺集团近十几年来的快速发展切实起到了引领、规划作用。

2. 严格管理，培育了企业“匠人”氛围与传统

海螺集团的管理制度较为健全，基本涵盖了企业管理的各个方面，且十分注重落实，主要制度都细化分解为可操作的指标，年中、年末两次检查考核，结果与各层级业绩挂钩。郭文叁同志自身对企管工作也高度重视，并能做到身体力行、常抓不懈，发挥了良好的示范作用。长期以来的严格管理，培育了海螺集团严谨细致的“匠人”氛围与传统，它是企业实现经济效益的重要基础，同时也是海螺形象的标志之一。

3. 大胆探索，积极落实省委省政府国企改革部署

2000—2001年，海螺集团经省政府有关部门批准率先在沿江4厂试行了员工出资持股试点；2003年，郭文叁和海螺集团一班人积极贯彻省委省政府的决策部署，组织实施了集团层面的整体改制。改制有效激发了海螺员工的主人翁意识和艰苦创业积极性，有力推动企业不断做大做强，使国家、股东、员工都得到回报，实现了利益共赢。改制所带来的激励效应，是海螺集团近十几年来得以持续、快速发展的内在动力。

4. 依托资本市场，突破企业发展资金瓶颈

为了建立新的融资渠道保障发展目标实现，1997—2002年，海螺集团在省政府的大力支持和指导下，先后完成了“海螺水泥”H股在香港上市、“海螺型材”借壳红星宣纸上市、“海螺水泥”A股上市，成功地从资本市场募集了急需的发展资金，为企业各阶段战略规划实施提供了强有力的支持。郭文叁同志和海螺集团一班人在企业步入资本市场过程中，大胆谋划、扎实推进，付出了很大努力，做出了积极贡献。

九、行业评价

水泥行业的同仁们对郭文叁董事长领导海螺集团公司所取得的成就都深表钦佩，他对行业发展所起的作用都给予高度评价。有以下几方面的评述。

1. 长江“T型”战略

郭文叁董事长领导海螺水泥实施长江“T型”发展战略，妥然解决了矿山与市场的矛盾问题，还使超大型熟料生产基地的建

设成为可能，不仅大幅降低销售成本，同时取得了规模效益。继海螺之后，多个企业跟着在长江中游建设水泥熟料生产基地，下游设粉磨站，在长江中下游及其沿海地区，迅速形成一个强大的长江水泥物流体系。

在海螺实施长江“T 型”战略之后，华润水泥公司和台湾水泥公司等开始沿着西江建设水泥熟料生产基地。不久在我国南方地区形成规模仅次于长江的西江水泥物流体系。

中国的长江和西江的两个水泥物流体系举世无双，具有很高的经济效益，是我国水泥工业现代化进程中的重要标志，这两个水泥物流体系的形成中，海螺水泥发挥了重要的主导作用。

2. 海螺发展模式

将小立窑厂兼并后改造成粉磨站的“熟料基地 + 粉磨站”海螺发展模式，在水泥行业获得广泛推广，取得无法估量的社会效益和经济效益，同时加快了中国水泥工业技术结构和组织结构的升级。

3. 技术创新

海螺集团在郭文叁董事长亲自策划和组织下，攻克了日产 2 000吨熟料和日产 5 000 吨熟料新型干法生产线低投资建设的难关，解决了我国新型干法生产发展的瓶颈，从此迎来了 21 世纪初中国新型干法生产建设的新高潮，使水泥生产技术由落后的立窑和湿法窑迅速升级到先进的预分解窑新型干法。海螺集团和郭文叁董事长功不可没。

海螺水泥成功建设和运营 12 000 吨熟料生产线和千万吨级熟料生产基地，将中国水泥工业生产水平带到世界领先水平，迅速改变了在国际上的落后形象，水泥工作者都扬眉吐气，感到无比自豪。

4. 市场融资

海螺水泥较早开始经营资产，实现与资本市场对接，建立起融资渠道。郭文叁董事长和他的团队，一方面努力创造好的业绩，另一方面尽力做好股票市场的维护工作，使股价一直维持在高水平。2008年，海螺水泥以57.38元/股的股价成功增发2亿股A股，融得100多亿元资金，赢得普遍赞扬，在水泥行业内树立了融资典范。

5. 转变发展方式

海螺水泥在郭文叁董事长指挥下，根据国内外形势适时转变发展方式，创办环保产业和跨出国门实施产能合作，在当今实施绿色发展和“一带一路”的国家战略中，对中国水泥行业发挥了引领作用。

6. 企业对标

在水泥行业开展企业对标活动中，许多大型水泥企业都采用海螺水泥的技术经济指标作为标的，以不断提高本企业生产经营水平，海螺水泥在行业内发挥着标杆作用。

7. 制度创新

郭文叁董事长和他领导的团队，经过长期艰苦努力，逐步推进，最终创造性地建立了职工持股的混合经济型企业制度。实践表明，这种制度具有效的激励机制和约束机制，海螺集团之所以能取得如此巨大的成就，与此企业制度的建立是分不开的，职工持股的混合经济型企业制度已成为我国国有企业改革目标的主要选项。

常言道："时势造英雄"。中国水泥史上确是这样，在不同时期都产生了著名的代表人物：民国时期的王涛先生和刘公诚先生，新中国计划经济时期的赖际发部长。计划经济转变为社会主义市场经济和生产技术转型升级的剧烈变动的时势，造就了当代杰出的水泥企业家郭文叁同志，他对我国水泥工业现代化做出了突出贡献，在水泥史上将流芳百世。

资料目录

[1] 翦伯赞. 中国史纲要（上、下册）[M]. 北京：人民出版社，1983.

[2] 汝信. 简明中国百科全书 [M]. 北京：中国社会科学出版社，1989.

[3] 申漳. 简明科学技术史话 [M]. 北京：中国青年出版社，1981.

[4] 王绳祖. 国际关系史（上、下册）[M]. 武汉：武汉大学出版社，1983.

[5] 王立文. 中国革命史 [M]. 北京：北京理工大学出版社，1991.

[6] 李鸥，杨丽. 西欧建筑风格史话 [M]. 北京：北京大学出版社，1995.

[7] F. M. Lea. The Chemistry of Cement and Concrete [M]. Edward Arnold (Publishers) LTD. London，1970.

[8] 程月初. 漫谈我国水泥工业 [M]. 台湾区水泥工业同业公会印行，1997.

[9] 缪纪生，李秀英，程荣逵，卢保山. 中国古代胶凝材料初探 [J]. 硅酸盐学报，1981，9（2）：234-240.

[10]《セメントの制造と化学》，川崎重工业株式会社，昭和51年1月.

[11] D. Pl. -lng. Walter H. Duda《Cement-Data-Book》2nd edition Bauverlag GmbH. Wiesbaden und Berlin，1977.

[12] 李鹏翥.《澳门古今》（澳门水泥厂公司提供的复印本）.

[13] South China Morning Post. Page 2-Advertisement，Friday March 27 1987（广信青洲水泥有限公司提供复印件）.

[14] 南开大学经济研究所南开大学经济系. 启新洋灰公司史料 [M]. 北京：生活·读书·新知三联书店，1963.

[15] 梁锦泉. 广州水泥厂前身——广州河南广东士敏土厂的兴衰 [N]. 广泥之声报，1999-06-15（2）.

[16]《启新水泥厂史》(1889—1989).
[17]《华新厂志》(1946—1986).
[18]《大连水泥厂志》(1907—1985).
[19]《哈尔滨水泥厂志》(1932—1995).
[20]《工源水泥厂志》(1940—1985).
[21]《辽宁建材工业志》.
[22]《琉璃河水泥厂志》(1939—1990).
[23]《大同水泥厂厂史资料》.
[24]《山东省地方志——建材工业志》.
[25]《上海水泥厂七十年》(1920—1990).
[26]《中国水泥厂志》(1921—1985).
[27] 梁锦泉. 在历史上有开近代广州市重工业先河之称的广州水泥厂[N]. 广泥之声报, 1999-07-01 (2、3).
[28]《江南水泥厂志》(1935—1995).
[29]《太原水泥厂厂史》(1934—1959).
[30]《四川重庆水泥厂志》.
[31]《昆明党史》(云南水泥厂简史), 1999 (2~3)(专辑).
[32] 申子佳, 张觉明. 辜振甫传. 书华出版有限公司, 1994.
[33] 台湾区水泥工业同业公会. 会员公司水泥生产统计表(1991—2000).
[34] 安徽海螺集团公司. 亚洲水泥市场2000年年会资料汇编, 2000.
[35] 国家建材局建材规划院. 全国水泥工业资料汇编, 1983.
[36]《当代中国》丛书编辑委员会. 当代中国的建筑材料工业[M]. 北京: 中国社会科学出版社, 1990.
[37]《峨眉水泥厂志》(1965—1994).
[38] 任曰淼. 一个革命幸存者的回忆. 中国建筑材料科学研究院, 2002.
[39] 国家建筑材料工业局天津水泥工业设计研究院. 院庆35周年纪念论文集(1953—1988).
[40] 建筑材料科学研究院水泥科学研究所. 庆祝建院三十周年水泥与混凝土研究论文集上、下册(1954—1984).
[41] 江西水泥厂, 天津水泥工业设计研究院. 江西水泥厂2 000t/d工艺线

生产调试论文汇编，1991.
[42] 国家建筑材料工业局信息中心生产市场信息专业委员会．中国回转窑水泥企业大全，2000.
[43] 南京水泥工业设计研究院．水泥厂“湿磨干烧”技术论文集，2001.
[44] 中国水泥协会，浙江虎山集团．全国水泥湿法窑综合节能技术改造经验交流现场会资料汇编，2001.
[45] 于奎光．国产化、低投资发展我国新型干法水泥生产线［J］．中国水泥协会会刊，2001（9）.
[46] 杨培林．浅谈降低新型干法水泥生产线建设投资［J］．中国水泥协会会刊，2001（9）.
[47] 建材工业统计（水泥行业版·大中型篇），2001（12）.
[48] 中国国际工程咨询公司水泥工业结构调整政策措施研究课题组．关于我国水泥工业结构调整政策措施的研究报告，1999.
[49] 中国建筑工业出版社．中国建筑材料工业年鉴（1981—1982）．北京：中国建筑工业出版社，1982. 24-26.
[50] 傅智．高速公路水泥混凝土路面对水泥的技术要求．交通部公路科学研究所，1999.
[51] 李俭之，赵介山，陈绍龙．立窑水泥企业技术进步指南［M］．北京：中国矿业大学出版社，2003.
[52] 安徽海螺集团有限责任公司．让海螺告诉你，2000-06-30.
[53] 安徽海螺水泥股份有限公司关于控股股东安徽海螺集团有限责任公司完成改制的公告［N］．中国证券报，2004-02-21.
[54] 刘耀华．张才奎领导山东水泥厂和山水集团改革发展的成功实践．济办通报，2000（4）.
[55] 济南山水集团有限公司宣传部．国企好班长——济南山水集团党委书记、董事长、总经理张才奎，2000年9月.
[56] 中共本溪市委政研室，本溪市经贸委，本溪市乡企局联合调查组．“国企转民营转出新机制　水泥集团实现良性发展”．关于辽宁工源水泥（集团）有限责任公司改革与发展情况的调查报告，2002年3月.
[57] 王燕谋，苏慕珍，张量．硫铝酸盐水泥［M］．北京：北京工业大学

出版社，1999.
［58］实施水泥新标准技术资料汇编［M］. 北京：中国标准出版社，2000.
［59］王燕谋. 新中国建材工业创业者［M］. 北京：中国建材工业出版社，1992.
［60］安文保. 深切的怀念. 见：王燕谋主编. 新中国建材工业创业者. 北京：中国建材工业出版社，1992.
［61］国家建筑材料工业局. 刘公诚生平［N］. 中国建材报，1991-03-06.
［62］以公诚之心报效祖国的人［N］. 中国建材报，1991-03-09.
［63］李明豫. 哀思一缕忆音容［N］. 中国建材报，1991-05-18.
［64］英平. 传奇人物刘公诚［N］. 中国建材报，1994-11-03.
［65］杨志刚. 企业大王之子刘公诚［J］. 上海滩，2001，(3).
［66］王燕谋. 贯彻十六届五中全会精神创建节约型环保型水泥企业［N］. 中国建材报，2005-12-19.
［67］王燕谋. 中国水泥工业的强大［N］. 中国建材报 2011-6-15.
［68］王燕谋. 关于水泥行业全面深化改革的思考［N］. 中国建材报，2014-2-26.
［69］王燕谋. 关于水泥行业继续对外开放的思考［N］. 中国建材报，2015-1-9.

后　记

在许多业内人士的帮助下，《中国水泥发展史》第2版终于成功出版发行。特别要提出的是：中国建材集团公司的石珍明博士提供了大量行业生产信息；《地理水泥网》沈利利同志提供了有关企业的珍贵资料；责任编辑李杰同志工作非常优秀，发挥了重要作用。在此，对他们及其他提供帮助的同志们和单位一并表示深切感谢。

王燕谋同志采用退休多年的行业领导者的视角，撰写了第2版序言，对全书进行评述，有助于读者全面深入理解我国水泥行业发展史实，同时指出了出版发行此书的重要意义。

水泥是人类文明的一个社会产品，在可预计的将来，它仍然是不可或缺的重要建筑材料。世界各国水泥工业在各历史阶段有着不同的表象，但其总体生产水平是不断提高的，毋庸置疑，今后仍将继续进步。中国水泥行业在近一个多世纪的时间里，从无到有，从小到大，从落后到先进，至今已发展出一个繁荣昌盛的新局面。今后，随着社会经济水平的提升，水泥行业必将更好地向前发展，让我们一起努力吧！

编著者

2017年7月